이용식교수 고희기념논문집

Festschrift für Professor Dr. YONG-SIK LEE zum 70. Geburtstag

이용식교수
고희기념논문집 간행위원회

박영사

이용식 교수 근영

이용식 교수 이력과 경력

서울대학교 법과대학 법학과 학사
서울대학교 대학원 법학과 석사
서울대학교 대학원 박사과정 수료
독일 Freiburg 대학교 법학박사(Dr. jur.)

서울대학교 법과대학 법학과 조교
이화여자대학교 법학과 교수
서울대학교 법과대학/법학대학원 교수
서울대학교 법학대학원 명예교수

오로지 형법이론에만 관심이 있는 형법도그마틱커이다. 피고인 개인에게 유리한 형법이론이 아니면 그것은 형법이론이 아니라는 도그마를 가지고 있는 전 세계 유일무이한 학자이다.
저서로는 『현대형법이론 I』, 『현대형법이론 II』, 『형법총론』, 『형법각론』, 『과실범과 위법성조각사유』가 있다.
정년퇴임 후 논문으로는 "코로나 팬데믹 상황과 형법상 의무의 충돌 이론의 현대적 전개" (2020), "피해자의 자손행위를 이용한 간접정범의 성부" (2022), "현대형법학 비판: 에세이－형법학은 무엇을 향하고 있는가" (2022), "공동정범과 예견가능성 문제" (2023)가 있다.

서문

머리말*

7·3 사태. 2007년 7월 3일 23시 57분 통과된 로스쿨법으로 인하여 야기된 일련의 사태를 가리켜 하는 말이다. 로스쿨의 유치를 위하여 대학들이 벌이는 무한경쟁은 가히 살인적이다. 죽기 아니면 살기다. 교수 숫자를 엄청 늘리고 빌딩을 번쩍번쩍하게 새로 짓고 도서를 몇 만 권씩 구입하여 수백억씩 쏟아부어야 하는 것이다. 이것이 로스쿨이다. 이러한 일련의 사태를 바라보면서 저자의 머릿속에 들었던 질문은, 로스쿨의 본질은 무엇일까이었다. 본인은 로스쿨 근처에도 가 보지 못한 사람으로서 이에 대답하는 것은 난센스이고 불가능한 일일 것이다. 그러나 우리가 이념형으로 추구하고자 하는 로스쿨 모습의 핵심에 자리잡고 있는 것이 무엇일까는 그 제도적 원형(프로토팁)으로서 미국 로스쿨을 떠받치고 있는 핵심이 무엇인가를 보면 알 수 있지 않을까 생각된다. 그리고 로스쿨 유치를 위해 우리나라 대학들이 해야 하는 일들을 보면 또 조금 알 수 있을 것이다. 로스쿨 근처에도 가 보지 못한 저자가 보기에 로스쿨의 본질적 핵심은 돈에 있다. 누가 뭐래도 결국 로스쿨은 돈이라는 것이다.

'로스쿨=돈'이라는 명제. 그것이 모든 것의 결론이다. 그런데 윗분들은 로스쿨은 돈으로 사는 일은 없어야 한다고 말한다. 그분들이 로스쿨의 본질에 대해서 생각을 해 보았다면 그런 말을 할 수 있을지 저자는 모르겠다. 로스쿨의 본질이 돈인데, 로스쿨을 돈으로 사지 말라고 하는 것은 로스쿨의 본질에 반한다. 로스쿨은 돈으로 사는 것이다. 바로 그렇다. 그런데 이러한 로스쿨을 국민들이 결단했다. 그동안 법률가들은 돈과 권력을 가지고 있는 기득권층이라고 여겨져 왔다. 사법서비스의 문턱에 접근하려고 하면 고압적이고 권위적인 자세를 먼저 보이는 그런 자들로 치부되고 있다. 그래서 이를 허물어야 하겠다는 것이 국민들의 뜻이다. 그 수단이 바로 로스쿨의

* 『현대형법이론 Ⅰ, Ⅱ』(2008) 서문

도입으로서 법률가 숫자를 대폭 늘려 사법서비스를 개선·향상시키자는 생각이다. 따라서 국민들에게 로스쿨은 선인 것이다. 기존의 대학 학부 시스템은 악이고 폐해이며 청산의 대상이다. 국민이 선이라고 선택한 것은 로스쿨이었는데, 그러나 그 본질에는 돈이 도사리고 있는 것이다. 서민 대중과 약자를 위한다는 참여정부가 돈을 결단했다는 것을 어떻게 설명할 수 있는지 도대체 모르겠다. 로스쿨은 돈스쿨이고 이는 결국 미국에서처럼 유전무죄·무전유죄, 그리고 사법의 스포츠화로 연결될 수밖에 없는 것이다. 국민들은 이를 기꺼이 감수하겠다고 한다.

그런데 이러한 돈스쿨을 선택한 국민들이 1,500만 원 내외의 등록금이 비싸다고 아우성치는 것도 앞뒤가 맞지 않는다. 사실 우리나라의 로스쿨 등록금은 5,000만 원은 되어야 한다는 것이 회계학 전문가들의 분석이고 보면, 1,500만 원 내외의 로스쿨 등록금을 책정하여 적자를 안고 살아가겠다는 우리 대학들도 뭔가 이상하다. 심지어는 등록금 무료의 로스쿨을 시행하겠다고 신청한 대학들도 있다. 로스쿨을 유치하려는 목적이 다른 어딘가 정치적 이유가 있음을 짐작할 수 있다. 로스쿨 허가에서 지역안배 내지 지역 균형발전이 가장 중요한 원칙이라고 (대통령까지 나서서) 강조하는 것을 보면 역시 로스쿨은 정치적 산물임을 알 수 있다. 그렇다. 로스쿨은 바로 정치이다. 우리나라 로스쿨은 정치적으로 논의가 시작되어 정치적으로 논의가 끝났다. 우리나라에서 로스쿨 도입은 처음부터 끝까지 정치적 이해관계의 산물이었고(참여정부 주연, 한나라당 조연, 국민 관객의 영화였다), 이것이 바로 대한민국 로스쿨의 비극이다. 우리 모두가 패자이다.

이러한 로스쿨 체제하에서 법학의 모습은 어떠할지에 관해서도 로스쿨 문턱에 가보지 못한 본인은 전혀 알 길이 없다. 대체로 법률 이론이 아니라 실무적인 교육이 요구된다는 말을 한다. 즉 로스쿨의 본질은 이론이 아니라 실무에 있다는 것이다. 바로 그러하다. 이것 또한 미국을 보면 금방 알 수 있는 것이다. 로스쿨에서 법학의 학문적 성격은 쇠락의 길로 접어들었고 그 도착점은 법학의 학문적 종말이다. 로스쿨의 본질상 그것은 피할 수 없는 일이다. 우리는 그러한 운명적 결단을 이미 내린 것이다. 그것이 로스쿨의 본질이다. 그렇기 때문에 로스쿨법의 통과는 학문으로서의 법학에 대한 사형선고이고 법학의 학문적 성격에 종말을 선언한 것이다. 이는 필자가 전공하는 형법에 관해서도 그대로 적용된다. 결국 형법학은 쇠락해 가는 것이며, 이를 국민들은 기꺼이 선택하였다. 형법학의 종말. 그것이다.

로스쿨 유치신청을 하면서 나라에서는 교수들에게 지난 5년간 연구업적 800퍼센

트를 요구했다. 당초에는 2007년 7월 3일 법이 통과되고 8월 31일까지 이 업적 기준을 충족시켜야 했다. 이 연구업적 기준을 채우기 위해 본서가 계획되었다. 로스쿨 인가신청서에 연구업적으로 카운팅되지 않은 논문들을 모아서 책으로 만들어야 한다는 시급한 요구 때문이었다. 로스쿨이 없었더라면 본서는 성립되지 않았을 것이다. 로스쿨에 깊이 감사한다. 이 책을 로스쿨 평가위원회에 바친다.

2008년 1월 24일
독일 프라이부르크에서
이 용 식

해지는 땅 형법이론의 비가*

–이론형법학 만가, 그 상여를 메고 부르는 슬픈 노래–

로스쿨 시대의 표준적 형법 교과서 내지 기본서는 어떠한 형태의 것이어야 할까? 단언건대 그것은 가장 얇은 것이다. 기존의 형법교과서는 학생들에게 형법으로 가는 길을 안내하는 것이 아니었다. 오히려 형법학자와 형법전문가들이 자신이 아는 형법학과 형법판례를 과시하는 것이었다. 그래서 천 페이지 내외의 두꺼운 책들뿐이다. 이들은 지나간 시대의 교과서, 어제의 교과서, 학부시대의 교과서, 사법시험 시대의 교과서일 뿐이다. 이러한 두꺼운 교과서는 로스쿨 시대와 변호사 시험에는 전혀 맞지도 않고 불필요하고 오히려 해가 될 뿐이다. 백해무익하다. 기존의 교과서들은 정말로 수준 높은 학문적 연구서이다. 그러나 그것은 진정한 의미의 교과서가 아니며 기본서가 아니다. 로스쿨 학생들이 이러한 흘러간 시대의 형법교과서나 기본서를 본다는 것은 「똑똑한 학생들의 멍청한 선택」이다. 조금의 미련도 갖지 말고 던져버려라. 본서는 이를 되돌려 놓기 위한 것일 뿐이다. 따라서 본서의 학문적 가치는 전혀 없다.

법학전문대학원 시대에 대응하는 형법공부는 어떤 것인가? 변호사시험을 위해서는 가장 얇은 교과서 한 권과 가장 얇은 최근 3개년 판례정리집 한 권만 보면 그것으로 충분하다. 아니 그래야만 한다. 그 이상 보면 낙방한다. 변호사시험에서 답안을 작성하는 데 있어서는, 알고 있는 것을 쓸 시간도 없고 답안지공간도 없다. 그저 조문과 판례의 「결론」만을 쓸 수 있다. 그러니까 판례는 이해할 필요가 없다. 이해하면 오히려 손해다. 판례는 결론만 암기하면 된다. 판례의 논거를 이해해 보았자 답안지에 쓸 시간도 공간도 없다. 판례를 열심히 공부하여 이해한 논거를 쓰려고 하면 변호사시험에 떨어진다. 판례는 이해의 대상이 아니라, 암기의 대상이라는 것을 명심하여야 한다. 그것도 결론만. 그것도 최근 3개년 판례의 결론만. 변호사는 판례의 결론만 알면 되는 것이다. 판례형법이라는 이름하에 수백페이지에 달하는 두꺼운 책들은 거들떠보지도 말아야 한다. 판례는 해석을 하지 않는다. 판례는 규칙을 정한다. 정해진 규칙

---

* 『형법총론』 제1판(2018) 서문

을 변경한다. 새로운 규칙을 정한다. 변호사시험은 정해진 규칙을 암기하는 것이다.

형법이론은 닫혀진 텍스트를 열어, 거기에 감추어진 의미를 찾는 것이다(저자의 죽음-독자의 탄생)(입법자의 죽음-해석자의 탄생). 이론형법학은 말해진 것 속에서 아직 말해지지 않은 것을 찾는 작업이다. 사유 속에서 새로운 사유를 분만하는 것이다. 아직 사유되지 않은 것을 불러내는 것이다. 이론적 사유의 한계를 드러내고, 이론적 사유의 한계바깥을 사유하는 것이다. 형법이론학은 근본적으로 체계와 새로움에 대한 관심이다. 형법이론은 기존의 규칙을 근본적으로 다시 해석하고 새로운 법칙을 수립하도록 요구한다. 기존의 법칙의 전제에 대해, 그 법칙에 따른 추론과 결론에 대해 다시 생각하도록 주문하는 어떤 이의제기의 원천이다. 이론형법학의 사유를 향도하는 것은 "우리의 삶은 어떻게 새로워질 수 있는가? 얼마만큼 달라질 수 있는가?" 하는 문제이다. 새로워진다는 것은 무엇을 의미하는가? 그것은 자신의 한계에 도달한다는 것이고, 그 한계를 넘어 새로운 자기를 획득한다는 것이다. 형법텍스트는 끊임없이 해석되어야 한다. 완결될 수 없는 것, 완결되지 않은 상태로 계속 움직이고 생동하는 것을 계속 논의하는 것이 이론형법학의 존재방식이다. 이러한 이론형법학이 사라졌을 때, 우리가 경험하는 것이 바로 위에서 말한 「최근 3개년 판례외우기」이다. 「죽은 형법이론에 바치는 애도의 노래」가 「판례외우기」이다. 새로운 로스쿨시대에서는 형법을 알려고 해서는 안 된다. 우리는 형법모르기를 선택해야 한다.

옛날이야기이다. 법학도들에게는 "왜 법학을 전공하려 하는가?" 하는 질문이 항상 있어 왔고, "정의를 실현하기 위해서"라는 대답이 항상 있어 왔다. 법과대학 입학식장에는 "하늘이 무너져도 정의는 세워라"라는 라틴어 문구가 사람들의 마음에 감동과 충격을 준다. 그런데 정의란 무엇인가? 정의가 도대체 존재하는가? 단언컨대 정의는 존재하지 않는다. 정의는 존재하는 것이 아니다. 「정의」는 「정의란 무엇인가를 묻는 것 자체」이기 때문이다. 이러한 의미에서 정의는 그것을 사는 것(living)이다. 결국 정의는 존재하는 것도 아니고, 존재하지 않는 것도 아니다. 그 경계선에 있다. 정의란 무엇인가를 묻는 것이 정의이다. 그런데 사람들은 죽으러 로스쿨에 온다.

나의 형법교수로서의 경력은 그다지 화려하지 않다. 최상위대학에 근무하고 있지만, 전혀 어울리지 않는다. 최상위대학의 공기조차 낯설다. 내가 일류 형법교수라고는 말할 수 없다는 인식이 지배적이다. 그렇지만 나는 발전을 멈추지는 않았다. 형법공부를 계속했다. 형법을 배우는 게 좋다. 이 나이에도. 일생 일연구자(一生 一研究

者). 자신의 한계에 도달하고, 자신의 한계 너머를 사유하고, 자신과 달라지는 모습으로 거듭나기 위해서, 우리는 얼마만큼 많은 것을 견딜 수 있는가 얼마만큼 무거운 짐을 질 수 있는가. 이러한 형법아리랑을 나는 오늘도 부른다. 그것은 해지는 땅 형법이론의 비가이다. 이론형법학의 상여 그 죽은 시체를 메고 부르는 만가, 그 슬픈 노래이다. 이것이 새로운 로스쿨시대의 표준적 형법교과서이다.

2018년 1월 1일
독일 프라이부르그에서
이 용 식

빼앗긴 들에도 봄은 오는가*

-<해지는 땅 형법이론의 비가> -제2비가-

-한 형법학자의 악전고투: 이제 나 혼자 헤매어야 하는구나-

-이론형법학 선언(Das Strafrechtsdogmatische Manifest)-

-빼앗긴 자의 죽음 그 너머의 견딤-

-형법교과서의 코페르니쿠스적 혁명-

로스쿨의 시대는 형법교과서에 대해 새롭게 정의할 것을 요구하고 있다. 이를 위해서는 우선 먼저 형법교과서가 존재론적으로 변화해야 한다. 이러한 형법교과서의 존재론적 전회는 기존의 형태에서 벗어날 때 성립한다. 현대적 형법교과서 개념의 새로운 탄생을 위해서는 기존 교과서의 존재방식을 해체하고 전복하고 극복해야 한다. 존재형태적으로는 가장 얇고 작아야 한다. 그리고 존재내용적으로는 시험에 나오는 '중요한 부분만을' 그리고 '중요한 순서에 따라' 기술해야 한다. 그래서 필자의 형법총론 교과서에서는 '구성요건론' 다음에 바로 '공범론'이 나오고, 그 다음에 '미수론'이 나온다. 뒷부분에 가서 '위법성론'과 '책임론'이 언급된다. 이번 형법각론 교과서에서는 시험에 가장 많이 나오는 '재산죄'가 맨 처음에 나온다. 그다음에 두 번째로 시험에 많이 나오는 '인격적 법익에 대한 죄'가 기술된다. 시험에 많이 나오지 않는 '사회적 법익'과 '국가적 법익'에 관한 죄는 그중에서 출제가 되는 부분만을 기술하였다. 출제가 되지 않는 부분은 제거하였다. 이것이 형법교과서의 코페르니쿠스적 전환 혹은 혁명이다. 그리고 기존 형법교과서는 판례에 대한 콤플렉스가 편집증의 수준까지 발전한 양상을 보여주고 있다. 특히 판례중심이라는 이름하에 수백페이지에 달하는 두꺼운 책들은 그것이 교과서이든 수험서이든 당장 던져버려라. 우리는 오호 그 매력적인 얇은 '최근 3개년 판례정리집' 하나만을 달랑 암기하면 변호사시험에 충분하고도 남는다. 판례를 이해하려고 하면 불합격은 필연적 결과이다. 그런데 아직도 그 두꺼운 수험서를 붙잡고 이해하려고 노력하는 멍청한 학생들이 대부분이다. 어쩔 도리가 없다. 자비로운 신도 그들을 구원하지는 못한다.

* 『형법각론』(2018) 서문

로스쿨은 "이해에서 암기에로"의 패러다임 전환이다. 로스쿨은 '의미'에 대한 물음 그 자체가 무의미하게 되는 공간이다. 로스쿨은 이러한 자기경험을 이성적으로 다시 한번 되풀이해서 생각할 것을 거부한다. 로스쿨 시대에 가장 커다란 생각거리를 던져주는 것은 바로 사람들이 로스쿨에 대하여 아직 아무런 생각을 하지 않고 있다는 사실 자체이다. 로스쿨은 아직 사유하지 않고 있다. 사유하지 않을 뿐만 아니라 사유를 망각했다는 사실 자체를 망각하고 있다(망각의 망각). 로스쿨은 사유하지 않는다. 사유를 거부한다. 다만 계산할 뿐이다. 그것이 바로 최신 3개년 판례결론 외우기라는 정언명령인 것이다. 그리하여 로스쿨은 "규범에서 전략에로"의 패러다임 전환이다.

로스쿨은 가난한 청년의 첫 불행이다. 그들의 체념의 역사이고 희생의 역사이다. 자본주의는 자기 확대의 속성이 있다. 권력과 자본의 자기극대화의 논리에 근거한다. 외적인 제한을 모른다는 특징을 지닌다. 안으로부터 도모되는 자기극대화의 경향 속에서 모든 사람들은 팽창의 운동 속에 놓이는 집단적 양상을 보여주는 것이다. 로스쿨은 미국식 자본주의의 산물이다. 로스쿨은 사유하지 않는다. 아니 사유해서는 안 되는 공간이다. 이러한 풍요한 빈곤화과정에서 우리는 사유하는 멍청이가 되어 빈곤으로 떨어지지 말아야 한다. 경제 제일주의를 잊어서는 안 된다.

우리는 폐허 속에 살고 있다. 그나마 남아있던 것이 이미 다 깨져버린 것이 우리의 상태이다. 겉으로는 번성하지만 속으로는 다 파괴되어 있고 그 속이 다 깨져 버린 것이다. 밖은 있지만 안은 비어있는 정신적 폐허가 된 형법 학문의 참상을 이야기하는 것이다. 특히 도서관에서 여러 전통의 책을 읽어 생각하는 사람이 되는 모습은 먼 기억 속에만 존재한다. 생각하는 사람들이 책을 읽고, 여러 나라에서 온 글들의 지혜를 배우고, 모두가 진리를 찾던 도서관은 사라져 버린 것이다. 오로지 폐허가 그 자리에 남아있을 뿐이다. 거기에서 우리는 가만히 있으면 안 되고 매일 큰소리로 내가 돈을 얼마나 벌었는가, 내가 얼마나 스펙을 쌓았는가 큰소리로 말을 해야 한다. 한 사람이 말하면 다른 사람은 그것이 틀렸다고 한다. 모든 규범이 부정되는 곳에서 사람들이 길을 잃고 헤매는 것은 당연하다. 모든 게 뒤죽박죽이고 일관성을 잃어버리고 어떤 리듬을 상실한 이러한 정신적 폐허 속에서 우리가 보는 것은 쓰레기 더미에 버려진 형법이론의 해바라기를 늙은 정원사가 주워서 다시 거둬들이고 자라게 하고 정성껏 길러내는 모습이다. 이는 정신적 깊이에 마음을 여는 것이다. 형법적 사유의 나무와 화초를 기르는 그 폐허로부터의 순수한 새로운 "시작으로" 우리는 빼앗긴 땅, 이미 해가 진 땅, 깜깜한 밤의 세계 그 어둠의 세월도 견딜만한 것이 될 것이다. 참혹한 것을 견뎌야 한다. 더욱 견뎌야 한다. 끝까지 견뎌야 한다. 견딘다는 것은 "사유한다"는 것이다. 우리는 개념의 창조와 체계의 구축을 전통을 되살리면서 동시에 새로운 형법학적 담론의 방향을 사유해야 한다. 기존의 사고메카니즘이 중단되고 혼란에 빠진 상황에서 그에 부응하는 개념을 찾아 다시 중심과 균형을 가져오도록 사유해야 한다는 말이다. 새로운 진리는 기존의 논리와 시각에서는 보이지 않는 것이다. 그것을 제대로 보기 위해서는 기존의 관점을 일탈한 시각, 기존의 관점에서 삐딱한 시각 내지 비스듬한 시각에 서야 한다.

형법학적 사유란 무엇인가? 과거에 사유되었지만 충분히 사유되지 않은 것, 말해졌지만 들리지 않았거나 빠뜨린 것을 현재로 나르는 것이다. 기존의 의미에 새로운 의미를 부여하고, 사고의 문법을 재구조화하거나 대체하는 것이다. 그리하여 세상에 이제까지 없던 의미와 의미의 메카니즘을 창조 생산하는 것이다. 다시 말하면 새로운 유형의 합리성을 조형하는 것이다. 사태/사물/대상은 자신을 설명해 줄 새로운 개념을 요구하고 있기 때문이다. 그리하여 형법이론은 아주 작은 것/지나치게 쉬운 것/변두리에 있는 것에서 거기서 전체의 징후를 본다. 가장 작은 것에서 가장 큰 것의 특징을 잡아내는 것이다. 가장 작은 것과 가장 큰 것을 연결시키는 것이다. 공을 보면 한마디로 형법이론은 그 공이 아니라 그 공을 가지고 노는 보이지 않는 사람과 기술을 보는 것이다. 보이는 것에서 보이지 않는 것을 보는 것이다.

형법학적 사유란 무엇인가? 지금 우리나라 형법학은 비판적 기능을 상실하고 그저 순응의 수단이 되어 기성 판례와 실무질서에 봉사하게 되었다. 그럼으로써 결국 저항과 비판의 방식을 스스로 포기하게 되었다. 스스로 실무의 도구화하는 학문은 원래의 목적을 잊는다. 실무의 도구가 되면서 결국 이론가는 얼치기 실무가가 된다. 지나치게 실무를 중심에 두다 보니까, 규범의 사고를 벗어나 전략의 사고로 전락하게 된다. 결국 형법이론이란 과도하게 단순화하여 말하면 판례에 의해 통치 지배당하지 않는 사유를 말한다. 판례에의 지배와 복종에서 벗어나는 것이 곧 이론이다. 형법학자는 사회 속에 위치하면서도 그러나 이 사회의 기존질서에 포박된 것이 아니라, 그 질서의 밖에 자리한다. 사회의 안과 밖 사이에서 두 축 사이를 오가면서 보다 나은 가능성을 탐구한다. 이 점에서 형법학자는 이율배반적이라고 할 수 있다. 사회의 일부 이면서 동시에 사회의 밖에 서야 하기 때문이다. 형법학자는 이렇게 애매하게 선 변두리적 인간이다. 어떤 비극적인 주체이다. 거꾸로 말하여 비극적인 주체가 아니면 형법학자가 아닌 것이다.

형법학적 사유란 무엇인가? 형법학의 자기내면 깊숙이 들어가는 작업이다. 거기서 보편적인 것을 만나고, 보편성을 경험하는 것이다. 자기사유를 초월하여 타자사유에 마음을 여는 것이다. 바로 이것이 우리나라 형법학에는 결여되어 있다. 자기반성적 자기비판적 사고의 결여이다. 다른 것은 없느냐? 내가 잘못된 것은 아닌가? 라는 자기반성적 자기비판적 사고가 결여되어 있다. 자기극복 내지 자기초월의 사고 결여는 보편적인 시야로 열리지 못하고 있다는 것을 의미한다. 개념과 의미를 우리가 과거에 익숙한 것, 과거에 알던 것으로만 환원하고, 그것의 연장선상에서만 이해하려고 한다. 개체적인 심성은 보편적인 바탕 위에서 이루어져야 하는 것이다. 보편적인 바탕 위에서만 자기 자신을 알 수 있는 것이다. 타자에의 마음을 열 때, 보편에의 마음을 가질 때 비로소 우리 안에 자기 내면이 생기는 것이다. 그러므로 외래성의 극복보다 먼저 와야 하는 것이 낙후성의 극복이다. 서양(독일)의 극복보다 더 시급한 것이 동양(한국)의 자기극복이다. 우리도 모르게 우리가 옳다고 우리사고를 지배 통제하고 있는 사고의 틀을 끊임없이 반성적 비판적으로 사유해야 하는 것이다.

머리말이 길어졌다. 본서의 머리말을 써야 한다고 하는데, 아무리 해도 쓸 말이 없다. 형법총론 교과서의 머리말에 필자가 할 말은 다 했기 때문이다. 그래서 이번 머리말은 백지 빈 공간으로 몇 페이지 놔둘까 하기도 했다. 혹은 ＜머리말: 쓸 말 없음＞이라고 할까도 생각해 보았다. 어쨌든 본서 형법각론 교과서의 머리말이 길어졌다. 이는 단지 할 말이 없어서 길어진 것이다. 쓸 말이 없으면 쓸데없이 주저리주저리 길어지는 법이다. 본 머리말은 '해지는 땅 형법이론의 비가'에 이은 '이미 해가 진 땅 형법이론의 비가'이다. 그래서 제2비가이다. 어두운 밤이 지나면 새벽이 올 것인가? 새로운 아침의 태양이 떠오를 것인가? 그 어둠의 세월을 견딜 수 있는가? 그 견딤이 형법학선언이다. 그래서 본 머리말은 '이론형법학 만가, 그 상여를 메고 부르는 슬픈 노래'에 이은 '이론형법학의 죽음 그 너머'이다. 그리하여 본서는 로스쿨시대의 표준적 형법교과서이다. 메리 크리스마스!

2018년 12월 24일
독일 프라이부르그에서
이 용 식

이론형법학의 병리학*

－진리Virus의 전염병 앓는 이론형법학: 지식적 거리두기－

－해지는 땅 형법이론의 비가 <제3비가>－

－형법학의 종말 이후의 형법학: 시간이 흐르기 위한 조건들에 대하여－

－사물의 꿈: 형법학은 프락시스(Praxis)/실천이다－

－사물의 노래: 항의(Protest)로서의 이론형법학－

－<"사랑아"> 사랑아 형법사랑아 얼마나 아프고 아파해야－

우리나라 형법학은 퇴보의 역사이다. 정신적인 질서는 다 없어진 상태이다. 이것은 우울하다(형법학의 우울). 우울이라는 것은 어떤 소멸의 책임을 자기에게 돌려 스스로 자신을 공격하고 자해하는 데에서 발병한다. 또 이것은 한(恨)이 된다(형법학의 恨). 한(恨)이란 －나라 잃은 슬픔과 같이－ 이미 흘러갔지만 여전히 붙들려 있는 시간에 의해 구조화된 슬픔이다. 시간은 갔지만 나는 시간을 보내지 아니하였습니다(만해 한용운 －님은 갔지만 나는 님을 보내지 아니하였습니다). 나라 잃은 슬픔은 한국인의 의식에 있어서는 흘러가지 못한다. 이미 오래되었는데 현재를 붙들고 과거로 돌아가지 못하는 안타까움을 하소연하는 것이다. 우리가 보내지 않으면 계속 우리 곁에 남아 있게 되는 것이다. 이것이 형법학의 종말이고, 형법학의 우울이고, 형법학을 잃은 슬픔이고, 빼앗긴 들에도 봄은 오는가이다. 기쁘고 만족하고 좋을 때는 우리의 생각이나 사고가 가까운 것, 즉물적인 것에 국한된다. 슬플 때 비로소 보이지 않는 것, 사라진 것, 먼 것들에 우리는 관계하는 것이다. 비애나 슬픔의 감정은 자각과 깨우침과 열림의 순간이 개진되는 바탕이 된다. 그리하여 이론형법학은 형법학의 종말 그 문명적인 파국의 역사적인 좌절 앞에서 그리하여 어떤 쇄신의 시도도 불가능해 보이는 현실에서, 학문과 정신의 가능성을 다시 사유하려는 어떤 지적 악전고투의 표현이다.

이론형법학이란 어떠한 것인가? 이론형법학은 자기반성적이다. 자기에 대한 비판적인 자기교정이다. 자기를 새롭게 개진해 가는 자기교정이다. 자신을 거슬러서 사유

* 『과실범과 위법성조각사유』(2020) 서문

하는 자기역류적 사고이다. 이미 행해진 것을 그대로 적용하는 것이 아니라 거기에 거슬러서 하는 것이다. 형법학이 무엇인지 그리고 무엇일 수 있는지를 매번 매순간 다시 사유하는 것이다. 매순간 자기 자신이 무엇인지 무엇일 수 있는지에 대해 스스로 의심하는 자이다. 그러므로 매번의 형법논의와 형법강의는 매번 전혀 새로운 것이 될 수 있도록 추구되어야 한다. 매일 매번 다른 방식으로 재창조·재구성될 수 있도록 추구하는 것이다. 이론형법학은 이론형법학을 맹신하지 않는다. 형법학의 이론을 매번 재창조하려는 것이다. 그리하여 이론형법학은 – 매번 원점에서 다시 시작하는 자세를 보이는 – "실천"이다. 즉 존재하고 있는 모든 형법이론은 실패한 형법이론으로 전제하는 것이다. 성공했을지라도 그 케이스뿐이니까 이번에는 실패할 수 있다. 실패했기 때문에 재발명되어야 하는 것이다. 이와 같이 이미 존재하는 관념들에 의해서 규정·고착되지 않도록 하려는 자기비판적 사고가 형법학에 토대로 자리한다. 이론형법학은 기존에 존재하는 판단과 규정지움에 항의하는 것이다. (너는 너 자신을 아무 말 말고 이미 있는 기존의 질서에 끼워 넣어 짜 맞추어야 한다 / 있어 왔던 것들의 되풀이 / 상투성의 세계 / 이미 짜여진 틀 안에서의 주어진 세목의 기계적인 반복)

이론형법학이란 무엇인가? 이론형법학은 진리를 확신하는 자이다. 진리를 향해가는 실천이다. 이와 달리 '모든 것은 다 가치가 있다. 진리는 없고 그래서 모든 것을 수용한다'고 하는 입장이 있다. 그리하여 진리는 포기되고 상품가격이 모든 것을 판단한다. 가장 비싼 것이 진리가 된다. 그러나 이론형법학은 '진리는 더 많은 사람들이 욕망하는 것들을 선택하는 과정에서 실현되는 것이 아니다'라고 확신하는 것이다. 진리는 즉 '이 세계를 진정으로 변화시키는 무언가'는 다수결에 의하는 것이 아니다. 이론형법학은 '이것이 진리다라는 실천' 속에서만 진리가 가능하다는 어떤 태도이다. 즉 이론형법학은 '새로운 무언가가 도래할 수 있다'고 가정하는 실천이다. '현실언어가 아직 포착하지 못한 것이 있다'고 가정하는 실천이다. '타자의 사유를 그대로 반복하기'를 거부하는 것이다. '있는 것'을 사유하면 이미 타자의 고정관념에 의해 지배되어 버린다. 이론형법학은 '있는 것의 사유'에 의심과 질문을 던지고, '없는 것' 내지 '존재하지 않는 것', '비존재'를 사유하는 것이다. '이미 있는 것'이 아니라 '없었던 것' 그래서 '낯선 것', '비동일적인 것'을 사유함으로써, 새로운 가능성을 보여주는 것이다. 이론적 사유의 핵심은 자기자신의 변형가능성에 있다. 이론적 사유가 없다면 우리는 기존 고정관념의 지배질서의 힘에 의해 끊임없이 통제될 것이다. 형법이론은 집단적으로 강제되는 이념과 범주를 기계적으로 되풀이하지 않을 것이다. 틀에 박힌 생각을 재현하려고 하지 않는다. 그리하여 시장의 구매력에 휘둘리지 않으려는 것이다. 자신의 상품화와 사물화에 저항하는 것이다. 타율성에 대한 저항이다. 그리하여 이론이 하는 일은 사람들의 자기형성과 자기성장을 돕는 것이다.

이론형법학이란 무엇인가? 이와 같이 이론형법학은 변화를 추구하는 것이다. 그것이 아무리 사소한 변화일지라도 진정으로 변화할 수 있다면 그것은 거대한 것이다. 뭔가 포기되고 버려지고 새로움이 출현했다면 그것은 엄청난 것이다(그런데 돈이 모든 것을 지배하는 상품자본주의 – 우리나라는 물질적 편향성이 아주 심한 나라이다 – 에서는 예컨대 자동차를 바꾸는 것이 거창한 것이 될 것이다). 이것은 상품가격으로 표시할 수 없는 우리 '존재의 변화'인 것이다. 진리는 '변화의 가능성'이고, 우리들은 모두 자신의 '진리 즉 변화가능성'을 생산할 능력을 갖는다. 이와 같이 이론형법학은 '새로운 사유를 산출하는 실천'이다. 지나간 시절과의 작별이 있고 또 새로운 시대를 맞이하고, 과거에는 절대적인 확신을 주었던 것이 환멸의 대상이 되고, 거짓과 오류로 보였던 것이 새로운 진리가 되는 것이다. 어제가 그대로 반복되지 않고 새로운 내일이 가능할 수 있다는 것이다. 어제 나를 지배하는 관념의 흔들림이 없다면, 이는 어제의 반복일 뿐이고 내일은 없는 것이다. 물론 고정관념의 지배를 반복하면 편안하고 안정적이다. 그러나 '이미 설정된 지식의 한계 밖으로' 나갈 수는 없다. 물론 '새로운 관념을 내가 발명'해 내는 것은 고통스럽고 불확실하고 성공이 보장되는 것도 전혀 아니고 그리하여 불안정적이다. 그러나 '타자의 관념에 복종'하여 즉 고정관념의 지배에 '내 자신을 내어주는 것'은 윤리적은 아니다. 그것은 '정치적인' 삶의 태도이지 '윤리적인' 삶의 태도가 아닌 것이다. 그리하여 '새롭지 않은 모든 것이 소멸'하는 지점 즉 '기존의 지식이 정지'하는 지점이 바로 새로움을 만들기 위해 출발하는 장소이다. 그곳이 진리의 장소이다. 그리하여 이론형법학은 '타자의 해석을 반복'하는 것이 아니라, '타자의 해석에 저항'하는 것이다. 타자에게 해석을 맡기는 것이 아니다. 모두가 '이렇다'고 말할 때, '달리 말하려고 노력하는 것'이다. 기존 고정관념의 지배 속에서 '새로움을 추구'하는 것이다. 형법학적 사고는 '확산되는 타율성에 대한 저항'으로 자리한다. 이와 같이 이론형법학은 자신의 윤리적 변화가능성을 사유하는 것이다. 이론형법학은 이론에 대한 비판적 존재론이다. '이론을 넘어서는 것', '비이론적인 것' 혹은 '이론 이전의 어떤 것'을 헤아려 보는 것이다. 이론을 절대시하지 않는 것 그리하여 이론의 또 다른 가능성을 성찰하는 것이다. 즉 '이론'은 – '이론의 이해라기보다는 – '이론을 사는 것'(living)이다.

이론형법학이란 무엇인가? 이와 같이 지식의 목표는 '지식'이 아니라, '지식의 붕괴'이다. '지식'='지식에서 거리두기'(지식적 거리두기, wissenschaftliche Distanzierung)이다. 지식은 지식을 쌓기 위한 것이 아니다(지식≠지식쌓기). 지식을 쌓아서 지식의 제1인자 Top이 되는 것이 아니다. 지식은 초과되어야 한다(지식=지식초과). 지식은 자신의 붕괴 속에서 새로운 것을 생산할 수 있도록 만드는 공간이다. 지식은 이와 같이 지식의 안과 밖 그 경계에 위치한 사고이다. 지식은 지식의 허망함을 깨닫게 해 준다는 조건하에서만 유용한 것이다. 지식은 (기존)지식이 아닌 (새로운) 다른 무언가를 자처하는 순간이 바로 진리의 차원에서 지식이 작동하는 것이다. 이것이 우리가 진리라는 병에 걸렸을 때 일어나는 일이라고 할 수 있다. 이러한 진리의 병이 우리의 존재를 변화시킨다. 이론형법학은 뜬구름을 잡는 것, 존재하지 않는 것, 이 세상에는 실용적으로 필요 없는 것을 탐구하는 듯한 모습을 보인다. 그러한 태도는 이론형법학이 진리의 전염병에 걸려 있기 때문에 그러한 언어구조를 만들어 내는 것이다. 이론형법학이 걸려 있는 바이러스 전염병은 그런 거다. 이 전염병은 '우리를 진리로 데려간다'는 의미에서 궁극적으로는 아주 선한 병이다(형법을 하지 않는 일상의 모든 나머지 순간에는 우리 모두는 '세속의 환상'이라는 일반적인 전염병에 걸려 있는 것이다). 이와 같이 이론형법학은 병이다. 일종의 정신병이다. 진리를 향한 정신적인 전염병이다. 이론형법학은 존재하지 않는 것에 대해서 질문을 던지려고 하고, 일상생활에 존재하는 우리의 삶을 흔들려고 하고 그 모든 것에 만족하지 않고 그것을 넘어서려고 하는 진리충동과 관련되어 있다. 그와 같은 정신병이 이론형법학의 병이다. 그러한 방식으로 이론형법학은 우리를 진리로 데려간다. 이론형법학은 바로 그러한 진리를 향한 전염병에 걸린 담화의 구조이다. 진리는 이성이나 합리적인 접근을 통해서 파악할 수 있는 것은 아니다. 오히려 진리는 병적인 것이다.

이러한 두서없고 뜬금없는 언급들은 우리가 이론형법학의 참상을 이야기하면서, 모든 형법이론이 파괴된 만큼 형법이론학을 다시 정립하는 데 필요한 정신적 조건을 그려보고자 한 것이다. 이러한 것을 자신의 것으로 현실화하는 실천적 행위가 이론형법학이다. 절망적인 심정을 표현하는 형법비가이다. 인간의 내면은 주어진 상황과의 관계에서 사람을 움직이는 동력일 수 있다. 이러한 내면의 요구는 단순히 공리적 계산에 일치하지 않는다. 돈은 모든 것을 평준화한다. 돈은 모든 가치의 공통분모이다. 돈은 모든 사물의 핵심, 특유의 고유성, 특별한 가치, 유일성, 비교불가능성을 없애 버린다. 돈은 질을 양으로 평준화해서, 어떤 것이 가지고 있는 독자적인 가치를 없애 버린다. 그 평준화된 가격을 가지고 모든 것을 평가하게 만든다. 그런데 이론형법학은 그러한 돌이킬 수 없는 공리적 동기를 넘어서, 보다 깊은 자기성장에의 요구이며 절망적 상황에서도 스스로 '중심을 보전하고자 하는 의지'에 관계된다. 상품자본주의는 진실과 거짓을 초월한다. 그리고 인간의 정신을 숨어들어 가게 만든다(풍요한 빈곤의 시대 / 번영의 빈곤의 시대). 정신은 쇠퇴하고 소멸된다는 것이기도 하지만, 어떤 상황에서도 그것은 지속된다. 이론형법학의 연구는 내면의 부름에 대한 대답이다. 냉정한 계산의 소산이 아니라 정열의 소산이다. 모든 것이 파괴된 가운데 새로운 시대를 열어야 한다. 그리하여 우리는 어둠의 세월도 기꺼이 견딜 수 있다. 폐허에서 다시 한번 희망하자, 진리Virus의 전염병 앓는 이론형법학이여!

<“사랑아”>, 형법사랑아! 혼자서 불러 보는 가슴 아픈 그 이름(형법) / 눈물이 새어 나올까 봐 입술을 깨물고 / 또다시 다짐한 듯 가슴을 펴 보지만 / 홀로 남겨진 내 모습이 더욱 초라해져 / 사랑아. 그리운 내 (형법)사랑아 이렇게 아픈 내 (형법)사랑아 얼마나 아프고 아파해야 아물 수 있겠니 / 사랑아. 미련한 내 (형법)사랑아 버릴 수 없는 내 욕심에 못다한 (형법)사랑이 서러워서 또 이렇게 운다 얼마나 아프고 아파해야 아물 수 있겠니. 내 (형법)사랑아.

본서는 본인의 정년기념으로 만들어졌다. 이러한 은덕을 베풀어 주신 서울대학교 법학연구소 소장이신 정긍식 교수님께 진심으로 감사를 올린다. 존경하는 교수님의 은혜가 아니었다면 본서는 성립되지 않았을 것이다. 또 교수님은 출간의 과정에서 나의 많은 신경질을 그 크나큰 가슴으로 품어 주셨다. 생각하면 가슴이 너무 뭉클하다.

이 봄과 이 봄의 하늘을 모두에게 보내며

2020년 4월 4일

이 용 식

제2판 머리말*

이론형법학 Virus의 팬데믹과 반팬데믹

－해지는 땅 형법이론의 비가: <제4비가>－

－속지 않아서 파문당한 사람의 진리를 위한 방황－

－권력에 대하여 충실하지 못한 자가 하는 것에 대한 충실성－

－미래를 유산으로 물려받기－

제1판 머리말(＝제1비가)은 형법학의 모든 것이 파괴된 가운데 새로움의 시대를 열어야 한다는 것이었다. 그 핵심은 교과서의 존재형태부터 가장 얇아져야 한다는 것이다. 얇은 것이 진리다. 두꺼운 것은 진리가 아니다. 두꺼운 교과서의 종교는 결코 사라지지 않을 것이다. 두꺼운 책의 종교에 속지 마라. 두꺼운 책은 그것을 들고 다니면 (당연히 이해하지도 못하면서) 마치 자신이 많은 것을 알고 있다고 착각하게 만드는 히로뽕일 뿐이다. 머리 나쁜 그런 멍청한 학생들이 아직도 대다수이다. 머리 좋은 최상위 학생들은 가장 얇은 교과서 하나를 읽고 최신 3개년 판례 요약집을 달달 외우는 것이다. 역설적으로 바로 여기에서 바로 이렇게 해야만 오히려 '자신의' 생각이라는 것이 나올 수 있는 것이기 때문이다.

'형법하기'란(＝'형법학'이란) 무엇인가? 통설과 판례에서의 '통념'과 '통념으로 이루어진 생각틀'을 낯설게 여겨 비판적 거리를 취하는 것이다. 자신을 마주하고 자신 너머까지 보려는 생각하기이다. 이해하는 것은 필요없다. '일반적인 지식'을 어떻게 날카로운 무기로 만드는가 하는 기예이다. '자신만의 지식'을 생산해 내는 사유이다. 타자의 지식을 봉합하는 것이 아니다. 존재하는 고정관념에 저항하는 것이다. 고정관념이 나에게 들어오는 것을 막아내는 것이다. 타자의 명령을 거부하는 것이다. '지식'이 아니라 '지식을 무너뜨리는 실천'이다. 알도록 강제당하고 학습당하는 것을 몰락시키는 것이다. 타자로부터 벗어나서 자기 자신을 어떻게 창안해 낼 것인가 하는 여정이다. 그것은 각자에 의해서 발명되는 것이다. 다시 발명되어야 한다는 것이다.

이론형법학은 고정관념을 거부하는 실천 속에서만 실현될 것이다. 주어진 것을 거

---

* 『형법총론』 제2판(2020) 서문

부하고 새로움을 스스로 창안해 내는 것이다. 그리하여 형법이론가를 만드는 것은 사회로부터의 파면이라는 것이다. 형법이론가는 사회적 협의를 통해 정립되는 존재가 아니라, 그렇게 정립된 사태로부터 추락하고 이탈하는 존재여야 한다. 사회적 한계 내부로부터 해임된 존재여야 한다. 권력에 대하여 충실하지 못한 자의 충실성을 지켜내는 존재이다. 이론형법학은 '나'의 존재가 '다른 나'의 존재로 이행하는 것이며 '새로운 나'의 존재가 되는 사건이다.

좌우 편 가르기가 사고의 기본양식으로 받아들여지고 있는 것이 오늘날의 현실이다. 한마디 말이 옳다고 주장되어도 그것은 곧 다른 말에 의하여 대치될 것이다. 우리가 궁리하고 만들어내는 명제는 얼마나 오래 타당성이 있을 것인가. 산업문명의 발달이 인간정신의 온전함을 유지하는 것에 문제를 가져온다. 그것은 인간의 정신을 숨어들어 가게 한다. 사람들은 어질러진 일들 가운데 넋을 잃었다. 모든 것이 생각없이 부셔져 버렸다. 똑같은 무언가가 매일의 일상을 지배하고 반복된다. 모든 지식은 상품화 가능한 지식으로 만들어져 버렸다. 오늘날 창조성을 강조하는 것은 상업적인 의미를 가진 소위 문화콘텐츠의 생산에 단지 그것이 필요한 것이기 때문일 뿐에 불과하다. 물론 현실의 문제는 현실의 문제대로 해결을 하여 우리의 통용되는 기준에 의하여 처리해야 하는 것이다. 싫든 좋든 결론을 내야 한다. 그때그때의 룰에 의해서 최선의 결과를 얻어내야 한다. 그러나 그것이 전부 궁극의 답은 아니다. 그것이 갖고 있는 문제들을 또 찾아내어 논의를 계속하는 것이 이론형법학이 하는 일이다. 이론형법학은 현실의 문제에 대한 해답을 제대로 대지는 못해도 어떤 문제에 대한 해답에 대해서 그것이 가지고 있는 문제가 무엇이었느냐를 다른 관점에서 이야기하는 것이다. 따라서 그것은 실용성으로부터 자유로운 것이다. 삼각형의 두 변의 합은 다른 한 변보다 크다는 것을 이론적으로 증명하는 작업은 실용적인 현실생활의 측량 문제하고는 관련이 없는 일이다. 그런데도 굳이 증명하겠다고 할일 없는 짓을 한다. 도대체 왜? 그러나 우리가 누리는 모든 과학기술문명은 고등수학이 그 바탕에 있어서 나온 것이다. 우리에게 의미있는 거의 모든 것은 실용성으로부터의 자유에서 나온다. 이것이 이론형법학의 본질이다.

범죄론이란 '범죄가 거기에 있기 때문에' 담론이 형성된 것이 아니다. '왜' 그것이 거기에 있는지, 존재하는지 하는 사유를 구성해내는 것이다. '범죄가 무엇인지'를 탐사하는 것이 아니라, '범죄가 무엇일 수 있는지'를 타진하는 것이다. '범죄를 그렇게 바라보기 위해서' 형성된 것이다. 그리고 법조문 텍스트는 원래 (다른) 해석에 열려있는 개방되어 있는 것이다. 입법자의사설은 해석에 대하여 배타적이고 폐쇄적이다. 자신을 유일신이라고 말하는 것이다. 조문 텍스트는 즉각적으로 바로 그 의미가 생산되는 것이 아니다. 이후에 사후적으로 항상 재규정되는 과정을 거치는 것이다. 사후적으로 의미를 부여받게 된다. 등장할 때부터 영원불변한 의미로 등장할 수 있는 것이 아니다. 법조문은 새로이 도래할 해석자를 기다리는 텍스트이다. 현재의 해석을 무너뜨릴 도래할 해석자를 기다린다. 결국 이론형법학은 미래를 유산으로 물려받는 것이다.

2020년 8월 20일

이 용 식

차례

제1 장

'불법영득의사'에 대한 고찰

'불법영득의사'에 대한 고찰

김 봉 수*

사랑하고 존경하는 은사님께

학자로서의 삶에 있어서 은사님을 만난 것은 저에게 큰 행운이었습니다. 대학원시절 형법에 관한 거칠고 영글지 않은 생각들을 마음껏 풀어낼 수 있도록 한없이 들어주시고 기다려주신 은사님이 계셨기에 형법학의 즐거움을 만끽하며 그 시절을 보낼 수 있었습니다.

이제 교수가 되고 보니 누군가의 이야기를 묵묵히 들어준다는 것이 얼마나 큰 인내심을 요구하는 일인지 매순간 절감하며, 그때마다 은사님을 떠올리며 감사하고 있습니다.

저도 누군가에게 은사님과 같은 교수로 기억될 수 있도록 늘 노력하며 살겠습니다. 다시 한번 주신 가르침에 감사드리며 항상 건강하시길 기도합니다.

I. 서 설

이 글은 불법영득의사의 개념을 분석하기 위함도, 그 필요성에 대한 논쟁을 다시 하기 위함도 아니다. 이 글은 유독 재산범죄에서만 '불법영득의사'가 요구되는 이유, 즉 [불법영득의사의 존재론]에 대한 나름의 고민인 동시에, 또 한편으로는 그 존재가 현행 법해석의 장에서 어떠한 기능과 역할을 수행하며, 어떻게 자리매김되고 있는지, 즉 [불법영득의사의 가치론]에 대한 짧은 생각을 담고 있다.

---

* 전남대학교 법학전문대학원 교수

Ⅱ. 주관적 불법요소로서 불법영득의사에 대한 고찰

1. '주관적 불법'의 범죄체계론적 의미

형법이 규정한 범죄의 불법성은 구체적인 형법규정을 통해 금지된 행위, 즉 범죄구성요건의 행위를 통해 징표되고 또한 담보된다. 즉 구성요건행위(행위불법)가 불법의 핵심이다. 물론 결과불법도 불법의 내용이긴 하지만 이 역시도 행위와 인과관계가 인정되는 범위 내로 한정된다는 점에서 행위불법에 종속적이다. 때문에 불법의 상당부분은 구성요건행위를 중심으로 행위자로서의 주체, 행위대상으로서의 객체, 행위로 인한 인과적 사태로서의 결과로 구성된다. 특히 이러한 불법요소들이 '사실'로서의 존재론적 지위가 가지고 있고, 그 존부의 문제가 외부에서 일반인의 인지능력을 통해 확인 가능하다는 점에서 이를 '객관적 불법(구성요건)'이라 한다.

하지만 범죄의 성립은 불법의 확정만으로 바로 이루어지지 않고, 책임의 (인정)문제가 남는다. 어찌 보면 형법이론사는 불법과 책임의 관계를 어떻게 이해할 것이냐에 대한 논쟁의 역사라고 할 수 있는데, 이러한 논쟁 과정에서 등장한 것이 바로 '주관적 불법'이다. 여기서 다루고자 하는 불법영득의사 역시 고의와 함께 바로 '주관적 불법요소'로서 자리매김되어 있다.

독일에서 불법과 책임의 관계는 일반적으로 '귀속가능성(Zurechenbarkeit; imputativitas)'의 관점에서 논해지는데, 귀속의 관점에서 불법과 책임을 연결된 개념으로 이해하는 견해와 양자를 분리·구별하는 입장으로 대별된다.[1)]

전자의 입장에 따르면, 불법은 '인간의 지적 의사(der intelligible Wille des Menschen)'와 관련되는 사건이기 때문에, 자연(우연)사건 내지 귀속능력자의 의사에 귀속될 수 없는 거동의 결과는 불법이라고 할 수 없고, 행위자에게 귀속가능한 법위반만이 불법이 된다. 따라서 요구와 금지를 인식할 수 있는 수명자만이 불법을 행할 수 있고 따라서 불법판단함에 있어서 객관적 불법 이외에 "주관적 불법"이 함께 검토되어야 한다. 이러한 관점에서 불법과 책임은 분리되어 있지 않다고 본다.[2)]

---

1) 불법과 책임의 관계에 대한 독일의 이론사에 대한 자세한 논의는, 문채규 · 강수경, "불법과 책임의 구별 그리고 규범이론－독일의 논의를 중심으로－", 서울대학교 법학 제59권 제4호, 2018/12, 41－82면 참조.

2) Adolf Merkel, Kriminalistische Abhandlungen I. Zur Lehre von den Grundeintheilungen des Unrechts und seiner Rechtsfolgen (Breitkopf und Härtel, 1867), S. 44. (문채규 · 강수경, 앞의 논문, 48면 재인용).

반면 후자의 입장은, 자연주의 및 실증주의에 영향 하에서 '객관적 외부사건(Außenweltgeschehen)'은 불법에, '주관적 내부사건(Innenweltgeschehen)'은 책임에 해당한다고 본다.[3)] 즉 행위의 객관적 측면(주체, 객체, 결과, 인과관계)은 불법의 내용으로 보고, 행위의 주관적 측면(행위자, 인식, 의사 등)은 책임의 영역에 배당한다.

익히 알고 있는 고전적 범죄체계론이 후자의 입장을 대변하고, '주관적 불법(구성요건)'을 인정하는 신고전적·목적적 범죄체계론이 전자의 관념을 이론적 토대로 한다.

여기서 굳이 '주관적 불법'의 이론사를 다시금 살펴본 이유는, 현재의 주관적 구성요건요소가 불법요소로 자리매김하게 된 이론적 배경에 '귀속가능성'이 있음을 상기시키기 위함이다. 즉 객관적 불법에 대응하는 '주관적 불법' 개념과 고의 등의 주관적 구성요건화는 책임과 무관하게 이루어진 것이 아니라 '책임을 염두해 둔 불법', 다시 말해서 불법을 책임에 '귀속'시키기 위한 사전적 근거(매개)－비유컨대, 책임의 전초기지 －를 마련하기 위해 이루어진 것이다.

즉 객관적 불법에 대한 인식/인용으로서 주관적 불법(예컨대, 고의 등)이 인정된다는 것은, 행위를 포함한 객관적 불법이 행위자의 자유의지에 의한 의사결정의 산물임을 인정하는 것이고, (비록 책임무능력의 입증에 의해 번복될 수 있긴 하지만) '잠정적'으로 책임의 귀속'가능성'을 사전 승인하는 의미를 갖기 때문이다.

따라서 주관적 불법요소는 과거 책임요소였던 그 태생적 역사가 말해주듯 순수한 불법이 아니며 귀속의 관점에서 책임과 내용적 관련성을 가지고 있다는 점에서 이중적 지위를 갖는다. 이것이 현대 범죄체계론에서 '고의의 이중적 지위'를 인정하는 이론적 배경이다.[4)]

---

3) Diethart Zielinski, Handlungs－ und Erfolgswert im Unrechtsbegriff: Untersuchungen zur Struktur von Unrechtsbegründung und Unrechtsausschluß, Dissertation an der Rheinischen Friedrich－Wilhelms－Universität Bonn (Duncker & Humblot, 1973), S. 26. (문채규 · 강수경, 앞의 논문, 52면 재인용).

4) 하지만 '책임요소로서의 고의(책임고의)'는 그 구체인 내용이 무엇인지 정확히 규명되지 않고 있으며, 다만 위법성조각사유의 전제사실에 관한 착오와 관련한 법효과제한적 책임설에서만 그 존재가치가 잠시 확인될 뿐이다. 그 외의 영역에서는 책임고의는 여전히 '유령적' 개념으로서 유명무실하다. 이처럼 책임고의가 개념상 또는 기능상 텅빈 개념이 될 수밖에 없는 이유도 불법요소로서의 고의(불법고의)가 책임과의 관계에서 책임고의에 기대되는 의미와 기능을 이미 불법단계에서 선취하고 있기 때문이 아닌가 한다.

2. 재산범죄의 주관적 불법요소로서 '고의'와 '불법영득의사'

(1) 주관적 구성요건으로서 '고의'

형법 제13조는 '고의'라는 표제하에 "죄의 성립요소인 사실을 인식하지 못한 행위는 벌하지 아니한다. 다만, 법률에 특별한 규정이 있는 경우에는 예외로 한다."는 규정을 두고 있다. 비록 고의 개념을 적극적으로 정의내리고 있진 않지만, "죄의 성립요소인 사실을 인식"하는 것을 '고의'의 개념으로 읽는 것에는 이견이 없어 보인다.[5]

이런 고의 개념과 관련하여 우리가 주목할 것은 그 인식의 대상이 '사실'이라는 점이다. 이는 전술한 바와 같이 고의가 주관적 불법으로 편입/재배치된 배경이 기존 개관적 불법의 귀속근거를 불법단계에서 미리 마련(선취)하고자 하는 의도와 연결된다. 즉 행위와 결과를 포함한 객관적 불법이 단지 우연적 사건(자연적 사태)에 머물지 않고 행위주체로서의 행위자에게 귀속되기 위해서는 단순히 행위자가 구성요건행위를 했다는 물리적 '사실'만으로는 부족하고, 그 행위가 행위자의 자유의지에 터잡은 의사결정의 산물임이 확인되어야 한다. 그리고 그러한 의사결정을 통해 이루어진 객관적 불법(주체, 객체, 행위, 결과, 인과관계)의 귀속은 객관적 불법요소(죄의 요소)되는 '사실'에 대한 온전한 '인식'을 전제로 한다. 그리고 또 다른 고의내용인 '의사'는 이러한 인식을 바탕으로 형성된 범죄실현에의 의지(: 범죄실현의사)로 이해할 수 있다.

이러한 고의개념을 전제로 할 때, 재산범죄의 고의란 결국 재산범죄의 객관적 구성요건요소에 대한 인식 및 의사를 의미한다.

하지만 전술한 바와 같이 현재 학설과 판례는 명문의 규정이 없음에도 재산범죄의 주관적 불법과 관련하여 고의 외에 불법영득의사를 요구한다.

(2) 재산범죄 특유의 주관적 구성요건으로서 '불법영득의사'

불법영득의사는 "권리자를 배제하고 타인의 물건을 자기의 소유물과 같이 그 경제적 용법에 따라 이용·처분할 의사"라고 정의된다. 이 개념을 도식화해 보면 아래와 같다.

---

5) 물론 명문으로 규정되어 있지 않지만, 인식과 함께 '인용(의사)'이 필요한지에 대해서는 과거 논란이 있었지만, 그 구체적인 명칭에 대한 의견불일치(용인, 감수, 인용, 의사)는 있을지언정 의지적 요소로서 '인용(의사)'을 고의의 내용으로 보는 것에 대해서는 의견수렴이 이루어진 것으로 볼 수 있다.

불법영득의사	=	① 소유자 배제의사	+	② 소유권 향유의사
		- 권리자를 배제하고		- 타인의 물건을 자기의 소유물과 같이 그 경제적 용법에 따라 이용·처분할 의사

이는 현행 재산범죄 영역에서 고의와 함께 '초과주관적 구성요건요소'라는 지위를 다수설과 판례로부터 인정받아 범죄성립요건으로 기능하고 있다. 하지만 명문의 규정이 없음에도 '불법영득의사' 개념을 인정할 것인지, 인정한다면 그 규범적 의미 및 체계적 지위는 어떻게 볼 것인지를 두고 오랜 논쟁이 있어 왔다. 이는 결국 재산범죄의 주관적 불법내용으로서 고의와 불법영득의사의 관계 정립의 문제로 귀결된다.

이와 관련해서는, ① 불법영득의사를 고의와 구별되는 독자적인 주관적 구성요건요소가 아니라 고의내용의 일부로 이해하는 견해[6]와 ② 불법영득의사를 고의와 구별되는 '초과'주관적 구성요건요소로 보는 견해[7]가 대립한다.

문제는 고의와 불법영득의사의 관계설정에 관하여 전자 혹은 후자가 주장만 내세울 뿐 그 논거 내지 논증이 빈약하다는 점이다. 예컨대 명문의 규정이 없다거나, 재산범죄의 보호법익이 소유권 혹은 점유라서 영득의사가 필요 또는 필요치 않다는 논리가 전부이다. 물론 이러한 단편적인 논거들도 불법영득의사의 필요 내지 불요에 대한 근거가 될 수는 있을 것이다. 하지만 불법영득의사의 필요성이나 개념의 인정 여부에 대한 찬·반론의 선택 차원을 넘어서서 불법영득의사의 범죄체계적 지위 및 범죄성립(불법 및 책임)에 있어서의 기능과 역할을 제대로 논거지우기 위해서는 (1) 불법영득의사의 개념요소인 '불법', '영득', '의사'의 의미를 분석해야 할 뿐만 아니라 (2) 전술한 주관적 불법의 등장배경을 고려하여 객관적 불법의 주관적 귀속가능성의 차원에서 불법영득의사가 갖는 의미와 '초과주관적 구성요건'이라는 현재의 체계적 지위에 대해 면밀히 재검토해 볼 필요가 있다.

---

6) 박상기, 형법각론, 박영사, 2011, 385면; 배종대, 형법각론, 홍문사, 2015, 549면; 임웅, 형법각론, 법문사, 2015, 484면; 정성근/박광민, 형밥각론, 성균관대학교출판부, 2015, 445면; 성낙현, "횡령의 객관적 구성요건의 실체", 법조 제54권 제10호, 2005, 32면; 이주원, "횡령죄에 있어서의 상계충당과 불법영득의사의 존부", 안암법학 제30호, 2009, 79면 참조.

7) 김일수/서보학, 새로쓴 형법각론, 박영사, 2015, 306면; 이재상, 형법각론, 박영사, 2013, 408면; 김준성, "불법영득의사의 내용과 적용범위", 형사법연구 제24권 제3호, 2012, 200면 참조.

Ⅲ. '불법영득의사' 개념에 대한 비판적 고찰

1. '불법(不法)'의 의미 – '무엇'의 불법을 말하는가?

불법영득의사에서 '불법'은 무엇의 불법을 말하는가? ① 영득을 위한 '행위의 불법'인가, ② 아니면 영득한 '상태의 불법'인가, 그도 저도 아니면 ③ 영득하려는 '의사의 불법'을 말하는가?

이에 대해 논하기 위해서는 다시 한번 불법영득의사의 개념으로 돌아갈 필요가 있다. 불법영득의사는 권리자를 배제하고(① 소유자 배제의사), 타인의 물건을 자기의 소유물과 같이 그 경제적 용법에 따라 이용·처분할 의사(② 소유권 향유의사)를 말한다. 그리고 이를 초과주관적 구성요건요소로 파악하는 현재의 통설·판례에 따르면, 불법영득의사는 재산범죄의 객관적 구성요건되는 사실의 충족과 그러한 사실에 대한 고의(인식·인용)를 전제로 '초과적'으로 요구된다. 이는 객관적 구성요건요소의 충족(해당성)을 통해 객관적 불법은 확정되었고, 그에 대한 고의를 통해 주관적 불법까지 갖추어졌음에도 아직 재산범죄의 불법이 완성되지 못했음을 –즉, 재산범죄의 불법을 인정하는데 있어 이 2가지의 충족만으로는 부족함을– 의미한다.

일반적인 범죄의 불법은 객관적 구성요건해당성(객관적 불법)과 고의(주관적 불법)만으로 충분한데, 왜 재산범죄에서는 '불법영득의사'까지 있어야 하는가? 질문을 바꾸어 위 두 가지만으로는 채워지지 않는 공백으로서 재산범죄의 불법은 무엇인가? 이때 '불법영득의사'를 동원하여 메우려는 공백은 객관적 불법영역의 공백인가? 아니면 주관적 불법영역의 공백인가? 그것도 아니면 재산범죄의 객관적·주관적 불법영역에 공통으로 걸쳐 있는 공백인가? 이에 대해 질문하는 것은 불법영득의사의 필요성을 확인하는 것을 넘어 그 존재가치 및 체계적 지위 그리고 실질적 기능을 논증하는 데 있어서 필요하다.

(1) 재산범죄에 있어 불법의 공백

절도죄를 예로 들어 살펴보자. 형법에 규정된 절도죄의 불법내용은 "타인의 재물을 절취한 자"이다. 범죄성립요건론에서 말하는 전형적인 '불법'의 틀에 이를 대입하면 아래와 같다.

〈절도죄의 불법구조와 공백〉

객관적 구성요건					+	주관적 구성요건	
주체	객체	행위	결과	인과관계		인식	인용
사람	타인의 재물	절취	**취득**	결과 귀속		객관적 구성요건사실에 대한 인식	**범죄실현 의사**

여기서 절도죄의 객관적 불법요소 중 주체로서의 사람, 객체로서 타인의 재물, 행위로서 절취, 결과로서의 재물취득, 그리고 인과관계 등을 사실로서의 절도사건 속에서 확인－포섭하는 것은 가능하다. 문제는 불법평가적 관점에서 객관적 구성요건해당성이 과연 형법이 금지한 절도(죄)의 객관적 불법을 충분히 담보하는가에 있다.

만약 甲이 A의 재물을 A의 의사에 반하여 몰래 가져와 자신의 지배하에 두었다고 했을 때, 이러한 객관적 사실만으로 甲에게 절도죄의 (객관적) 불법이 있다고 단정할 수 있는가? A의 재물을 甲이 가지고 있는 상태, 즉 '취득'이라는 사실이 절도죄의 불법을 온전히 드러내는가? 소유자인 A의 의사에 반하여 그의 재물을 가져온 행위, 즉 '절취'가 재산범죄로서 절도죄의 불법성을 온전히 담보하는가? 아니면 [절취－취득]이 결합하면 절도죄의 객관적 불법이 완성될 수 있는가? 그렇다면 주관적 불법으로서 고의, 즉 甲이 객체인 재물의 타인성과 절취행위 그리고 재물취득의 사실을 인식하고 이를 인용하였다면 절도죄의 불법이 충족되는가?

2% 아니 20% 정도 부족하다. A의 재물이 현재 甲에게 있다(甲이 점유하고 있다)는 사실, 즉 '재물취득'이라는 '상태로서의 사실(결과)'만으로 형법이 절도죄 규정을 통해 금지하고자 한 결과불법(결과반가치)이 확실히 존재한다고 말할 수 없다. 이는 절취의 불법과 영득의 불법에 관한 기존의 논쟁 속에서도 이미 충분히 확인되었다. 그렇다고 소유자의 의사에 반한 점유이전행위로서 절취행위의 존재가 재산범죄로서의 행위불법(행위반가치)을 모두 담보해 주는 것도 아니다. 주지하다시피 행위반가치는 구성요건행위의 객관적 존재와 더불어 행위시 고의의 존재를 필요로 한다. 그렇다면 甲이 고의를 가지고 A의 재물을 무단으로 점유이전하여 취득하였다면, 재산범죄로서 절도죄 불법(결과반가치와 행위반가치)이 온전히 충족되는가?

2. '의사(意思)'로서 불법영득의사

고의 내용 중 의(意)적 요소로서 '의사'는 "단지 소망, 공상, 희망이나 단순한 행위의사를 말하는 것이 아니라 구성요건실현을 위한 행위결정 내지 의욕"[8]을 의미한다. 그리고 구성요건의 객관적 표지들을 인식한 자만이 그 구성요건을 통해 표상되는 범죄의 실현을 의욕할 수 있다는 점에서 의적 요소인 '의사'는 지적 요소인 '인식'에 의존한다. 그렇다면 불법영득의사에 있어서 '의사'의 의미는 고의의 내용인 (범죄실현)의사와 동일한 개념인가? 아니면 이와는 구별되는 개념, 즉 고의의 의사를 '초과'하는 그 무엇인가?

(1) 의사(의욕)의 내용으로서 '범죄(구성요건)실현'과 '불법영득'

가. 고의에 있어서 의사(의욕)내용으로서 '범죄실현(취득)'

고의의 내용으로서 의사는 '범죄실현의사'이다. 즉 구성요건표지에 의해 표상되는 범죄의 실현을 의욕의 내용으로 한다. 그렇다면 재산범죄에 있어서 '범죄실현'은 무엇을 의미하는가?

'법익의 보호'를 대전제로 하는 형법의 특성을 고려했을 때, '범죄'란 '법익위태화'로 정의할 수 있다. 즉 형법은 법익을 보호하기 위해서 특정한 행위와 그로 인해 예상되는 특정한 결과를 금지하고, 이러한 금지명령에 대한 위반을 '불법'으로 규정한다. 그리고 우리는 범죄구성요건 중 '행위'와 '결과' 속에서 이러한 형법의 의지를 재확인한다. 결국 '범죄실현'이란 구성요건행위(수단)를 통해 구성요건결과(목표)를 달성하는 것을 의미한다. 이를 재산범죄에 대입하여 일반화하면, 재산범죄의 실현은 결국 재물 또는 이익의 '취득'을 실현하는 것이 된다. 결국 구성요건고의에 있어서 의사(의욕)의 내용은 '취득'이라 할 수 있고, 이러한 차원에서 고의내용으로서의 의사(의욕)은 '취득의 의사'로 정의할 수 있다.

나. 불법영득의사에 있어서 의사(의욕)내용으로서 '영득'

그렇다면 불법영득의사는 무엇에 대한 의욕인가? 이 문제를 기존에는 영득의 대상에 관한 문제로 논의되어 온 듯하다. 하지만 불법영득의사를 가진 자가 영득할 구체

8) 김일수, "구성요건고의의 구성요소", 고시계, 1987/06, 114면.

적인 대상이 '물체 그 자체'인지(물체설), 아니면 그 물체의 '경제적 가치'인지(가치설)에 대한 논의는 필요하긴 하지만 지엽적인 문제이다. 영득대상의 구체화로는 왜 고의의 범죄실현의사 이외에 또 다른 의사로서 불법영득의사가 필요한지에 대해 충분하고 설득력 있는 답을 내놓을 수 없다.

불법영득의사의 필요성을 논증하기 위해서는 영득 '대상'의 구체화에 앞서 '영득' 그 자체에 대한 논해야 한다. 즉 불법영득의사에 있어서 의욕의 내용으로서 주목해야 할 것은 재물(또는 이익)의 '영득'이다. 불법영득의사의 필요성 및 개념적 정당성을 확보하기 위해서는 무엇보다 고의의 의사내용인 '취득'과 불법영득의사의 내용인 '영득'이 서도 다르다는 것이 논증되어야 한다. 만약 양자가 같다면 불법영득의사는 고의의 (범죄실현)의사일 뿐, 그 독자성을 상실하게 된다.

다. '취득' vs '영득' = '점유'의사 vs '소유'의사

국어사전적 정의를 보면, '취득(取得)'은 '자기 것으로 만들어 가짐'을 의미하는 데 반하여, '영득(領得)'은 '취득하여 제 것을 만듦'이라 정의되어 있다. 여기에 형법적 관념을 덧입혀 보면, 취득은 타인의 재물 또는 이익을 자기 것으로 만들기 위해 필요한 첫 번째 '물리적' 과정으로서 '점유(占有)'를 본질로 한다. 반면 영득은 개념적으로 이미 취득을 전제로 하고 있다는 점에서 '점유 이후'에 본격적으로 '제 것으로 만드는' 단계로서 '소유'에 대응한다.

즉 고의에 있어서 (범죄실현)의사는 '취득'을 내용으로 하고, 여기서의 취득은 곧 '(사실적·물리적) 점유'를 의미한다. 결국 고의에서의 의사는 (타인의 재물 또는 이익을) '점유하고자 하는 의사(: 점유의사)'라고 정의할 수 있다.

반면 불법영득의사는 '영득'을 내용으로 하는데, 이는 타인의 재물 또는 이익을 취득(점유)한 사실상의 상태를 공고히(고착화)하려는 의사라고 할 수 있다. 이는 불법영득의사의 개념이 왜 '소유자 배제의사'와 '소유권 향유의사'로 채워져 있는지 그 이유를 말해준다. 즉 불법영득의사의 본질은 타인의 재물 및 이득을 단순히 물리적으로 사실상 '점유'하는 차원을 넘어 '소유하고자 하는 의사(: 소유의사)'인 것이다.

(2) '취득(점유)'의사와 '영득(소유)'의사의 구별지점으로서 '사용절도'

위와 같이 [취득 vs 영득], [점유의사 vs 소유의사]라는 인식틀을 통해 바라봤을 때, 고의내용으로서의 범죄실현의사와 불법영득의사는 의욕의 내용면에서 질적으로 구별된다. 전술한 바와 같이 불법영득의사를 고의내용의 일부로 보거나 이를 바탕으로 불법영득의사 개념의 불필요성을 주장하는 견해는 양자가 의(意)적 요소라는 점에서는 유사하지만 그 의사(의욕)의 내용적 면에서는 서로 다르다는 점을 놓치고 있다. 그리고 이러한 의욕의 내용상 차이가 이후 범죄구성요건 해석론 차원에서 얼마나 중요한 의미를 갖는지를 간과하고 있다.

그리고 이러한 양자의 구별 필요성과 차별성을 가장 선명하게 보여주는 문제영역이 바로 '사용절도'이다. 주지하다시피 불법영득의사는 사용절도의 불가벌성을 논증하는데 있어 핵심적인 근거인 동시에 불법영득의사 구별설 및 필요설의 주된 논거로서 기능한다.

여기서 우리가 질문해야 할 것은 "왜 불법영득의사가 가벌성의 근거, 즉 가벌(절도)과 불가벌(사용절도)을 가르는 규범적 기준이 되는가?"이다. 문제의 핵심을 보다 정확히 드러내기 위해 다음과 같이 질문을 바꾸어 보자.

"고의의 '범죄실현(취득)의사'만으로는 부족한가?"

가. 재산범죄의 보호법익과 객관적 불법의 불일치와 공백

형법각칙에서 규정하고 있는 대표적인 재산범죄 유형을 간략히 정리해 보면, 아래와 같다.

재산범죄	행위		결과		고의		초과
절도죄	절취(하는 행위)	+	재산 (재물/이익)의 취득	+	범죄 실현 의사	+	불법 영득 의사
강도죄	폭행 또는 협박으로 강취(하는 행위)						
사기죄	기망하여						
공갈죄	공갈하여						
횡령죄	횡령하거나 그 반환을 거부(하는 행위)						
배임죄	임무에 위배하는 행위						
장물죄	취득, 양도, 운반 또는 보관(하는 행위)						
손괴죄	손괴 또는 은닉 기타 방법으로		효용을 해함				×

여기서 재산범죄의 구성요건행위의 구체적인 모습을 보면, 이러한 행위태양을 통해 실현가능한 목표 내지 결과는 '취득'임을 확인할 수 있다. 이렇게 재산범죄의 객관적 불법(구성요건행위와 결과)이 '취득(점유)' 차원에 머물러 있는 것은 아마도 '소유권의 절대적 권리성 및 불가침성'에 기인한 것으로 보인다. 이로 인해 주관적 불법인 고의내용(특히 범죄실현의사) 역시 '취득(점유)의사'로서의 한계를 가진다.

즉 소유권의 특성 때문에 법현실 속에서 소유권(법익)에 대한 현실적 위태화는 점유침해로서의 행위와 결과(취득)를 통해서만 객관적으로 인지되고 확인된다. 우리가 법현실 속에서 소유권의 위태화를 감지하고 형법상 금지를 통해 규율할 수 있는 가시영역은 여기까지다. 마치 광부가 갱도 안에서 유해가스의 유출 여부를 새장 속 카나리아를 통해 확인하듯, 형법상 재산범죄의 불법은 점유침해행위와 점유취득이라는 사실적 표지에 의해 징표되고, 이에 대한 금지를 통해 규정될 수밖에 없다.

하지만 이러한 객관적 불법과 그에 대한 고의(취득/점유의사)가 소유권의 위태화를 감지케 하는 최소한의 불법을 말해 줄 수는(필요조건이 될 수는) 있을지언정, 소유권의 위태화를 본질로 하는 재산범죄의 불법성 전체를 온전히 드러내 주지는(충분조건이 되지는) 못한다.

요컨대, 현행 형법상 재산범죄 규정은 절대적 권리인 소유권 그 자체를 직접적으로 위태롭게 하는 것은 사실상 불가능하기 때문에, 재물의 소유권을 추정케 하고 그 소유권행사의 사실적·물리적 토대가 되는 점유를 기준으로 그 침해(행위)와 취득(결과)을 재산범죄의 객관적 불법표지로 삼은 것이다.

하지만 그렇더라도 '소유권의 위태화'를 본질로 하는 재산범죄의 불법성과 귀속가능성으로서 주관적 불법요소의 기능을 고려할 때, (비록 전술한 이유들로 인해 재산범죄의 객관적 불법이 '점유'에 터잡을 수밖에 없지만) 그러한 객관적 불법이 단지 단순한 점유의 침해에 머무는 것이 아니라 궁극적으로는 소유권의 위태화와 연결 또는 이를 전제(목표)로 하는 것임이 주관적 불법차원에서라도 담보(확인)되어야 필요성이 존재한다.

나. 객관적 불법을 확장·보충하는 주관적 불법요소로서 '불법영득의사' – 소유권의 위태화를 '지향하는' 객관적 불법(점유침해·취득)

이처럼 불법영득의사는 '소유권의 위태화'를 본질로 하는 재산범죄의 불법(성)과 점유(침해)에 터잡아 형성된 객관적 불법 사이의 격차(格差)를 메우는 보충재의 역할을 한다. 즉 재산범죄의 객관적 불법은 비록 표면상으로는 점유의 침해(행위) 및 그 취득(결과)을 말하고 있지만, 이는 단순한 점유침해 및 취득으로서의 불법이 아니라 '소유권의 위태화를 지향(指向)하는 점유'의 불법임을 말해주는 것이 바로 주관적 불법요소로서의 '불법영득의사'이다. 즉 사실적 차원에서 '점유침해적'의 성격을 갖는 재산범죄의 (객관적) 불법에 '소유권침해'라는 불법의 실질을 덧입혀주는 것이 바로 불법영득의사를 필요하는 이유이고, 그 존재가치인 것이다.

불법영득의사에 의해 비로소 '점유침해'로서의 객관적 불법과 그에 대한 주관적 불법(고의)은 '소유권(법익)태화'라는 재산범죄의 불법적 실질을 획득한다. 즉 불법영득의사는 '점유침해 및 취득'이라는 '표면상·사실상 차원'의 불법을 '소유권의 위태화'라는 '실질적·규범적'차원의 불법으로 '진화(進化)'시킨다.

(3) 불법영득의사를 통한 '불법의 질적 변화'의 정당성 여부 – 이는 '논리적 비약'인가, 아니면 '변증법적 이행'인가?

사실상 '점유침해 및 취득'에 머물러 있던 객관적 불법이 불법영득의사를 통해 '법익의 위태화'라는 불법의 본질과 연결되고, 이를 통해 '소유권의 위태화를 지향하는 점유침해 및 취득'이라는 규범적 차원에서의 불법적 실질을 획득한다는 것은 재산범죄의 불법이 '점유침해'에서 '소유권 위태화'로, 즉 '질적(質的)'으로 변화함을 의미한다. 하지만 이러한 '불법의 질적 변화' 과정을 어떻게 바라보느냐에 따라 이는 '논리적 비약'으로 읽힐 수도, '변증법적 이행'[9]으로 받아들여질 수도 있다.

---

9) 변증법의 기본 법칙 중의 하나인 "양적 변화에서 질적 변화로의 이행의 법칙 및 그 역의 법칙(Law of transition from quantitative change to qualitative change, vice versa)"을 의미한다. 즉 하나의 대상이 근본적으로 변화하여 다른 것으로 되는 것은 질적 변화에 의해서지만, 이 변화가 생기기 위해서는 우선 그 대상이 가지고 있는 양적 규정의 변화가 전제돼야 한다. 따라서 일반적으로 양의 변화가 어느 정도 일어나도 질은 변화되지 않고 그대로 유지되지만, 양적 변화가 일정한 질적 동일(同一) 속에서 눈치채이지 않게 점차적으로 진행되고 그것이 일정한 한계에까지 증대하게 되면 필연적으로 일정한 순간에 그 변화의 과정에서 비약적인 이행이 생기게 되는데, 이때 질에 근본적인 변화가 일어나 새로운 질로 이행한다. 이러한 양적 변화와 질적 변화는 상호 연결성과 의존성은 자연과 사회 또 사고를 통해 전 과정에서 보여진다. 이처럼 양의 변화는 질의 변화를 촉발·인도하고, 이렇게 이루어진 질의 변화는 다시 양의 변화를 이끌어 낸다.
이 법칙을 최초로 정식화한 것은 헤겔이지만, 헤겔은 이를 절대 이념에 이르는 논리적 사고의 법칙으로 이해하여 이를 통해 현실적 세계를 설명하려 했던 반면, 이를 변증법의 기본원리로서 정립한 마르크스는 이를 사고에 의한 것이 아니라 객관적 실재에 관한 법칙, 즉 자연에서 보여지고 그 다음에 그 반영인 사고에서 법칙으로 인식되는 것으로 이해했다는 점에서 차별화된다. (이에 대한

이를 위해서는 '점유침해 및 취득'이라는 '사실적' 불법이 '소유권의 위태화'라는 '규범적' 불법으로 질적 변화하는 과정이 '불법영득의사'라는 초과주관적 구성요건만으로 충분히 설명되고 정당화될 수 있는지, 특히 주관적 불법이 책임 이전단계에서 객관적 불법의 귀속가능성을 선제적으로 판단하는 기능을 한다고 했을 때, 불법영득의사만으로 점유침해·취득한 자에게 소유권 위태화의 불법을 귀속시키는 것이 과연 타당한지 질문해 보아야 한다.

먼저 고의를 비롯하여 주관적 구성요건의 유무(존부)는 객관적 불법(객관적 구성요건의 충족)으로부터 추정된다. 그렇다면 객관적 구성요건이 충족되었다고 했을 때, 고의를 넘어 불법영득의사를 추정케 하는 표지가 존재하는가? 불법영득의사를 추정인자는 고의 유무를 판단(추정)하기 위해 고려되는 그것들과 다른가? 요컨대 불법영득의사의 내용인 소유자배제 및 소유권향유의 의사는 무엇을 통해 확인되는가? 바꾸어 말해 우리는 무엇을 보고 행위자에게 불법영득의사가 있었음을 추정할 수 있는가?

가. 불법영득의사를 추정케 하는 [객관적 표지]

A. 점유추정력에 따른 '소유권에 준하는 사실상의 지위'

전술한 바와 같이 재산법질서 속에서 영득죄의 구성요건행위들(절취, 기망, 폭행·협박, 공갈, 횡령 등)만으로는 소유권 자체를 취득할 수 없다(민법 제188조). 다만 점유하는 물건에 대하여 점유자를 소유권자로 추정하는 법리(민법 제200조)에 의해, 즉 점유의 소유추정력에 의해 '소유권에 준하는 사실상의 지위'를 취득하게 되고, 이러한 사실상 지위의 획득으로부터 영득의사(권리자 배제 및 소유권 향유의사)를 추정할 수 있다. 즉 점유는 물건에 대한 권리를 사용할 수 있는 현실적 토대 및 가능성이라는 점에서 점유의 취득은 그와 결부된 권리(소유권의 내용으로서 사용, 수익, 처분 등)를 이용할 의사를 포함한다고 볼 수 있다. 이러한 관념은 '사용절도'에 관한 판례법리 속에서 엿볼 수 있다.

B. '사용절도'의 판단표지로서 '경제적 가치의 소모' 및 '반환 유무'

절도와 달리 사용절도는 (자동차등불법사용죄를 제외하고) 원칙적으로 불가벌이다. 그리고 대법원은 아래 판례처럼 그 이유를 '불법영득의사 없음'에서 찾는다. 여기서

보다 자세한 설명은, 임석진, 윤용택, 황태연, 이성백, 이정우, 양운덕, 강영계, 우기동, 임재진, 김용정, 박철주, 김호균, 김영태, 강대석, 장병길, 김택현, 최동희, 김승균, 이을호, 김종규, 조일민, 윤두병 저, 「철학사전」, 중원문화, 2009을 참조)

우리가 주목해야 할 것은 법원이 불법영득의사의 유무를 판단하는 객관적 표지들이다.

대법원 1992. 4. 24. 선고 92도118 판결

가. 타인의 재물을 점유자의 승낙 없이 무단사용하는 경우에 있어서 그 사용으로 ①물건 자체가 가지는 경제적 가치가 상당한 정도로 소모되거나 또는 사용 후 본래의 장소가 아닌 다른 곳에 버리거나 곧 ②반환하지 아니하고 장시간 점유하고 있는 것과 같은 때에는 그 **소유권 또는 본권을 침해할 의사가 있다고 보아 불법영득의 의사를 인정**할 수 있을 것이나 그렇지 아니하고 그 사용으로 인한 가치의 소모가 무시할 정도로 경미하고 또 사용 후 곧 반환한 것과 같은 때에는 그 소유권 또는 본권을 침해할 의사가 있다고 할 수 없어 불법영득의 의사를 인정할 수 없다고 봄이 상당하다.

나. 동네 선배로부터 차량을 빌렸다가 반환하지 아니한 보조열쇠를 이용하여 그 후 3차례에 걸쳐 위 차량을 2-3시간 정도 운행한 후 원래 주차된 곳에 갖다 놓아 반환한 경우 ③피해자와의 친분관계, 차량의 운행경위, 운행시간, 운행 후의 정황 등에 비추어 불법영득의 의사가 있었다고 볼 수 없다고 한 사례.

위 판례에서 대법원은 재물의 '경제적 가치의 소모(①)'와 '반환 유무(②)'를 불법영득의사의 유무를 판단하는 객관적 표지로 거론하고, ①과 관련해서는 '가치의 소모 정도'를, ② 점유취득 후 반환까지 시간의 장단 등을 구체적인 판단기준(③)으로 제시한다. 즉 일시사용에 필연적으로 부수되어 생긴 결과[10]나 경미한 가치소모의 경우[11], 제대로 반환이 이루지지 않은 경우[12]에는 불법영득의사를 인정한다. 여기서 ①, ②는 불법영득의사 인정을 위한 'OR'가 아니라 'AND' 요건이다.

즉 점유침해 및 취득이 ①, ②라는 객관적 표지를 충족하면 불법영득의사가 인정되고, 사용절도가 아닌 절도가 된다는 것이 판례법리인 것이다. 즉 ①+②는 점유침

10) **대법원 1985. 3. 26. 선고 84도1613 판결** 불법영득의 의사없이 타인의 자동차를 일시사용한 경우, 이에 따른 유류소비행위는 위 자동차의 일시사용에 필연적으로 부수되어 생긴 결과로서 절도죄를 구성하지 않는 위 자동차의 일시사용행위에 포함된 것이라 할 것이므로 자동차 자체의 일시사용과 독립하여 별개의 절도죄를 구성하지 않는다.

11) **대법원 1992. 4. 24. 선고 92도118 판결.**

12) **대법원 1981. 10. 13. 선고 81도2394 판결** 절도죄에 있어서의 불법영득의 의사는 영구적으로 그 물건의 경제적 이익을 보유할 의사가 필요치 아니하여도 소유권 또는 이에 준하는 본권을 침해하는 의사, 즉 목적물의 물질을 영득할 의사나 물질의 가치만을 영득할 의사라도 영득의 의사가 있다고 할 것인바, 피고인이 길가에 세워져 있는 오토바이를 소유자의 승낙없이 타고가서 용무를 마친 약1시간 30분 후 본래 있던 곳에서 약 7,8미터 되는 장소에 방치하였다면 불법영득의 의사가 있었다고 할 것이다.

해 및 취득자에게 불법영득의사가 있었음을 추정케 하는 '객관적 표지'로서 기능한다.

문제는 경제적 가치의 소모 및 반환 유무를 통해 불법영득의사의 유무를 판단하게 되면, 실행종료(점유침해 및 취득) 이후 가치소모의 정도, 반환까지 소요된 점유기간을 판단하는데 있어서 최소한의 시간이 요구되고, 그만큼 영득죄의 기수판단시기가 늦추어진다. 예컨대 점유침해 및 취득과 동시에 바로 체포된 경우, 아직 불법영득의사 여부를 판단할 만한 객관적 표지들이 현실화되지 않았기(존재하지 않기) 때문에, 이를 절도죄 또는 사용절도로 판단하기가 쉽지 않게 된다. 이처럼 ①, ②는 불법영득의사를 추정 또는 인정하기 위한 '객관적' 표지이기 하지만, 행위시를 기준으로 봤을 때 '사후적' 표지라는 한계를 가진다.

C. 횡령죄를 통해서 본 영득의사의 '표현'으로서 '구성요건 실행행위'

위와 같이 사용절도에서의 '객관적 표지(경제적 가치 소모 및 반환 유무 등)는 그 사후적 성격으로 인하여 '기수판단의 지체(遲滯)' 문제를 초래한다. 따라서 불법영득의사를 추정·인정하기 위한 객관적 표지를 보다 시간적으로 앞선 단계에서 찾고자 하는 해석론적 시도가 존재하는데, 그 극단적인 예를 횡령죄의 해석론에서 확인할 수 있다.

횡령죄는 영득죄 중에서 불법영득의사의 실체를 가장 적나라하게 드러내 보여주는 범죄라 할 수 있다. 왜냐하면 횡령죄는 권리자와의 위탁관계를 통해 적법하게 점유를 취득한 이후에 이루어지는 영득범죄이기 때문이다. 따라서 권리자의 의사에 반하여 점유를 침해하고 취득하기 위한 별도의 행위나 과정이 존재하지 않는다. 다만 점유취득의 원인되는 법률관계(위탁관계)에 위반하여 현재의 점유상태를 유지·지속하고자 하는 반환거부 등의 소극적 행위만이 존재할 뿐이다.

그렇다면 무엇이 '점유침해 및 취득'의 의미를 갖지 않는 반환거부 등의 소극적 행위를 영득죄의 영득행위로 만드는가? 즉 영득죄로서 횡령죄의 행위불법(행위반가치)은 무엇을 근거로 성립하는가?

이 물음에 대한 답을 엿볼 수 있는 것이 바로 '횡령죄의 미수/기수시기 판단'에 관한 논의다.

횡령죄의 기수시기와 관련해서는, ① 불법영득의사의 표현 또는 실현을 기준으로, 불법영득의사가 외부적·객관적으로 표현되기만 하면 바로 기수를 인정하는 '표현설'과 ② 표현만으로는 부족하고 불법영득의사의 내용이 실현되어야 한다는 '실현설'이

대립한다. 이러한 견해차는 횡령죄의 법적성격, 즉 위험범으로 보느냐(①), 침해범으로 이해하느냐(②)와 논리적 연관성을 갖는다. 이와 관련하여 대법원은 다음과 같이 판시한 바 있다.

> "횡령행위라고 함은 위탁관계에 의하여 재물을 보관하는 자가 대외적으로 불법영득의 사를 표현 내지 실현하거나 또는 자신이 보관하는 재물을 소유자의 의사와 관계없이 임의로 제3자에게 처분함으로써 정당한 소유자의 본권침해에 관한 구체적인 재산상 위험을 초래하는 유형의 범죄행위를 지칭한다."[13]

즉 위 판례에서 횡령죄의 구성요건행위인 횡령행위는 '불법영득의사의 표현 내지 실현행위'와 동치된다. 다만 위 대법원판례가 기존의 판례법리와 차별화되는 지점은 '구체적인 재산상 위험'이라는 결과개념을 명확히 했다는 점이다. 이처럼 판례법리에 따르면 횡령행위는 불법영득의사의 외부적 표현행위이기 때문에, 그 표현시점이 실행착수시기가 되고 그 의사내용이 실현시점이 기수가 된다.[14]

이처럼 불법영득사의사가 주관적 불법의 울타리를 넘어 객관적 불법의 핵심 내용으로 전면에 등장하는, 즉 '객관적 불법과 주관적 불법의 역전현상'이 발생하는 이유는, 횡령죄에 있어서는 영득을 위한 별도의 객관적인 행위(점유침해 및 취득행위)가 필요하지 않기 때문에 횡령죄의 실행행위인 횡령행위의 영득(행위)성을 포착·담보해 줄 객관적 표지를 발견하기가 쉽지 않기 때문이다. 즉 불법영득의사의 '전면화(全面化) 내지 전치(前置)' 현상은 바로 '객관적 불법표지의 부재'라는 한계상황을 타개하기 위한 궁여지책으로 이해할 수 있다.

객관적 불법과 주관적 불법의 전형적 관계에 의할 때, 주관적 불법요소인 고의는 객관적 불법요소들에 대한 인식·의사로서 논리필연적으로 객관적 불법요소의 존재/충족을 그 전제로 형성·성립한다. 하지만 횡령죄와 같이 객관적 불법표지가 빈약한

---

13) 대법원 2012. 8. 17. 선고 2011도9113 판결.

14) 하지만 위 판례와 같이 횡령행위를 '불법영득의사의 표현행위'로 보아 그 표현시점을 실행착수로, 그 실현시점을 기수시기로 파악하는 것이 과연 타당한지, 권리자 배제 및 소유권향유를 내용으로 불법영득의사의 '실현'을 단지 '소유자의 본권침해에 관한 구체적인 재산상 위험'과 등치하는 것이 영득죄의 불법 관점에서 과연 정당화될 수 있는지 대해서는 의문이다. 생각건대 주관적 구성요건요소인 불법영득의사에 의존하여 객관적 불법을 채울 것이 아니라 불법영득의사의 표현 내지 실현의 실질적 의미를 '법익에 대한 침해'로 (침해범의 관점에서) 파악하여 횡령행위의 개념과 실행착수 및 기수시기를 재정립하는 것이 바람직하다. 이에 대한 보다 자세한 내용은 김봉수, "횡령죄의 미수범 성립 여부", 형사판례연구[21], 2013, 225-251면 참조.

한계상황에서는 주관적 불법이 객관적 불법을 구성·형성하는 역전현상이 불법영득의사를 통해 이루어진다. 즉 횡령죄에서는 불법영득의사가 –절도죄에서처럼 취득범죄로서의 한계를 보충·보완하는 초과주관적 구성요건요소를 넘어– 횡령죄의 객관적 불법의 핵심인 횡령행위의 개념 자체를 구성·정의함으로써, 객관적 불법의 형성단계에서 등장하게 된다. 이는 단지 의사적 측면에서 고의를 보충하는 의미의 '초과'와는 구별되는 또 다른 차원에서 '초과'를 의미한다.

그렇다면 불법영득의사의 징표하는 표지로서 '표현'이란 무엇인가? 어떠한 행위가 횡령죄에서 영득의사의 표현행위(실행행위)인가? 여기서 횡령죄의 객관적 불법은 순환론에 빠진다. 즉 불법영득의사를 담보해 줄 객관적 표지로서의 행위가 '불법영득의사의 표현'행위라고 정의하게 되면, 결국 불법영득의사는 스스로 자신의 존재를 증명하는 셈이 된다. 이러한 순환론에서 벗어나기 위해서는 다시 무엇을 영득의사의 '표현'으로 볼 것인지에 대한 구체적인 판단기준 내지 사실적인 지표가 제시되어야 한다.

하지만 횡령죄에 관한 판례들 속에서 이에 관한 대법원의 법리나 유의미한 기준은 찾아보기는 힘들다. 그저 판결문에는 아래와 같은 어둠과도 같은 '종합적 고려' 속에서 불법영득의사를 길어 올리는 법관만의 '놀라운 비법' 내지 '탁월한 혜안'만이 은연중 빛을 발하고 있을 뿐이다.

나. 불법영득의사를 추정케 하는 [주관적 표지]

A. '영득객체의 타인성'에 대한 '사실'의 인식 유무 및 정도

현행 형법각칙상 영득죄는 재물의 타인성을 전제로 한다. 물론 이를 명문으로 규정하고 있지 않은 사기죄·공갈죄나 이익죄인 배임죄와 관련하여 영득객체의 범위가 문제될 수 있으나, 그 궁극적 보호법익인 '타인의 재산보호'에 있다는 점과 횡령과 배임의 불법구조적 동일성을 기초로 불법'이득'의사 역시 필요하다는 입장에서 보면, 이들 범죄에 대해서도 '재물 또는 이익의 귀속주체로서의 타인성'은 부정할 수 없다.

이때 '의사'는 '인식'을 바탕으로 형성된다는 법리를 충실히 따른다면, 불법영득의사 역시 그 토대가 되는 나름의 인식이 요구된다. 그렇다면 여기서 객관적 구성요건되는 사실에 대한 고의의 인식과 내용상 구별되는 불법영득의사만의 독자적인 인식대상 내지 내용을 요구할 것인가?

하지만 그렇지 않아도 객관적 불법과의 관련성이 희미한 불법영득의사를 구성요건화되지 않은 대상 또는 내용에 대한 인식을 전제로 인정하는 것은 불법영득의사의 불명료성을 더욱 가중할 뿐 아니라 현실적으로 고의와 독립된 인식대상을 상정하는 것 자체가 쉽지 않다는 점에서 타당하지 않다. 그렇다면 결국 고의의 인식은 공유하되 이를 통해 직접적으로 형성되는 고의의 (범죄실현)의사와 달리, 불법영득의사는 이러한 고의인식으로부터 간접적으로 형성 내지 추정된다는 보는 것이 합리적이다.

이러한 관점에서 불법영득의사를 간접적으로 추정케 하는 고의의 인식대상 내지 내용은 무엇이 있을까?

생각건대, 취득한 '재물의 타인성에 대한 인식의 유무 및 그 정도'가 의사 내지 의욕으로서 불법영득의사의 유무를 판단하는 하나의 척도가 될 수 있을 것으로 보인다. 즉 자신이 취득하고자 하는 재물이 타인의 소유물임을 인식하지 못한 경우와 이를 인식한 경우 그리고 인식하였더라도 타인성을 명확히 인식한 경우와 그렇지 못한(그 가능성만 인식한) 경우는 불법영득의사의 유무 판단에서 있어서 유의미한 주관적 판단표지가 될 수 있다.

불법영득의사의 개념이 권리자를 배제하고 마치 자신이 소유자처럼 소유권(재물의 사용·수익·처분)을 향유하려는 의욕임을 상기해 볼 때, 이러한 의욕으로서의 영득의사가 인정되기 위해서는 행위자가 우선 '자신이 재물의 소유자가 아님'을 인식할 필요가 있다. 즉 자신이 재물의 소유자가 아님을 인식하였음에도 불구하고 소유자를 포함한 권리자를 배제하고 마치 자신이 소유자처럼 소유권을 향유하고자 의욕하는 것이 바로 불법영득의사의 실체이다.

따라서 영득의사의 '불법(성)'은 '영득객체의 타인성에 대한 사실의 인식'을 토대로 한다. 하지만 앞서 살핀 바와 같이 영득객체의 타인성은 객관적 구성요건요소이고 이에 대한 인식은 '1차적'으로 고의의 내용이다. 즉 이를 불법영득의사를 위한 별도의 인식내용을 주장하거나 논증하지 않는 한, 타인성에 대한 인식의 부재는 불법영득의사 이전에 고의의 유무에 대한 문제가 된다.

B. 타인성에 대한 '규범적 의미'의 인식 유무와 그 정도

영득죄에 있어서 객체의 타인성은 '규범적' 구성요건이다. 따라서 이는 '순수한 사실'로서의 인식만으로는 제대로 포착되지 않고, 규범적 차원에서의 인식이 요구된다. 이러한 '규범적 구성요건'의 특수성에서 출발하여 재물의 타인성에 대한 '사실적' 인식은 고의의 내용이지만, 그에 대한 '규범적' 인식은 불법영득의사의 인식내용이 된다고 함으로써, 인식의 대상(객체의 타인성)은 동일하지만 인식의 내용적 측면에서 양자를 구별하는 해석론도 생각해 볼 수 있다.

즉 영득객체의 외관적 속성(예컨대, 생김새, 색깔, 재질 등)을 통해 인지되는 '사실로서의 타인성'은 고의의 인식내용이지만, 영득객체의 규범적 속성(재산법상 타인의 소유권에 속함)을 인지하는 것은 '규범으로서 타인성(법적으로 내것이 아님)'에 대한 -타인성의 규범적 의미에 대한- 인식으로서 불법영득의사의 전제가 된다고 이해하는 것이다. 하지만 이러한 해석론의 난점은 후자의 '규범적' 인식과 책임요소인 '위법성 인식'의 구별이 모호해진다는 것이다. 그리고 이는 규범적 구성요건요소(재산범죄에 있어서 재물의 타인성)에 대한 착오가 사실의 착오(또는 구성요건 착오)인지, 법률의 착오(또는 금지의 착오)인지에 관한 논쟁을 촉발하는 원인(쟁점)이 된다.

a. 규범적 구성요건인 '타인성'에 대한 인식의 층위

'사실로서의 타인성', 즉 사실적 차원에서 남의 것이라는 인식은 사실적·형식적·직관적 인지로서 '취득'범죄의 주관적 불법요소로서 되는 반면 '규범적 의미로서의 타인성'은 법적으로 자신의 소유가 아님(남의 것임)을 인식하는 것으로서 '영득'범죄의 주관적 불법을 형성한다. 즉 단순한 취득범죄에서는 점유침해 및 취득이라는 객관적 불법의 귀속가능성을 담보해 줄 정도의 인식, 즉 '사실로서의 타인성'에 대한 인식(사실차원에서 내것 아님의 인식)'만으로 족하지만, 영득범죄에서는 '소유권의 위태화'라는 객관적 불법의 행위자에게 귀속시켜 줄 정도의 인식, 즉 타인성에 규범적 의미에 대한 인식까지 요구된다.

물론 '타인성의 규범적 의미' 즉 법적으로 내 것이 아님(남의 것임)을 인식하는 것과 '행위의 금지성'으로서 위법성을 인식하는 것은 서로 인식의 대상을 달리한다는 점에서 구별된다. 즉 위법성의 인식은 (타인성에 대한 규범적 의미를 전제로 하지만) 어디까지나 '영득객체'가 아니라 '행위의 허용(금지) 여부'에 대한 인식을 말한다.

따라서 영득객체의 인식영역에서는 그 '타인성'에 대한 인식의 층위에 따라 고의 내용으로서의 '사실적 인식'과 불법영득의사의 전제로서 '규범적 의미 인식'으로 나뉘지만, 후자는 영득행위의 금지성(위법성)에 대한 인식, 즉 타인의 재물을 영득하는 행위 자체가 전체 법질서 차원에서 허용 또는 금지되어 있는지에 대한 인식과는 인식의 대상 자체를 달리한다는 점에서 구별된다. 요컨대, 재산범죄에 있어서 규범적 구성요건인 타인성에 대한 인식은 '영득객체의 규범적 의미'에 대한 인식인 반면, 위법성 인식은 '영득행위의 규범적/사회적 의미'에 대한 인식이다.

b. 영득객체의 규범적 의미에 대한 인식가능성에 관한 판단표지

전술한 바와 같이 재산범죄 중 영득죄가 성립하기 위해서는 불법영득의사가 있어야 하고, 영득의사의 불법성을 담보하기 위해서는 영득객체의 타인성에 대한 사실적 인식(고의의 인식)은 물론 규범적 의미의 인식까지 요구된다.

문제는 고의는 물론 불법영득의사도 주관적 영역에 속하기 때문에 결국은 특정 표지들을 통해 '인식가능성' 차원에서 추정될 수밖에 없다. 그렇다면 과연 어떤 표지들을 통해 행위자가 영득객체의 타인성을 사실적·규범적 차원에서 '온전히' 인식했다고 평가(그 인식가능성을 추정)할 수 있을까?

이와 관련하여 법원은 영득객체의 타인성과 관련하여 어떠한 인식의 (가능성)표지를 사용하는지 살펴볼 필요가 있다.

먼저 **[절도죄]**와 같이 재물에 대한 기존의 점유(사실상의 지배상태)로부터 소유권(권리성)이 추정되므로 객관적으로 '타인의 점유상태'가 충분히 인지가능한 경우(예컨대 타인의 지배공간(범위)에 내에 있거나 이름 등 권리가 표시되어 있는 물건 등)에는 그 '사실상 타인의 점유상태'에 대한 사실적 인지만으로도 영득객체의 타인성을 인식(가능)하였다고 것으로 평가할 수 있다. 따라서 점유상태에 대한 인지를 통해 타인성에 대한 인식이 가능하기 위해서는, '타인의 점유상태'로서의 사실이 일반인의 관점에서 객관적으로 인지·인식 가능한 상태였음을 요한다. 예컨대, 버린 물건 혹은 주인 없는 무주물로 생각하고 영득한 경우, 재물에 대한 타인의 점유상태가 일반인의 관점에서 객관적으로 인식가능하였는지를 기준으로 판단할 필요가 있다. 즉 ① 사실상 타인의 물건임을 인식하였으나 버려진 물건이나 무주물로 생각한 경우에는 타인성에 대한 사실의 인식은 있었으므로 고의는 인정되나, 규범적 의미의 타인성은 인식하지 못한 것으로 보아 영득의사의 불법성을 부정하는 것이 타당하고, ② 재물의 위치 및 장소, 보관 및 관리 여부, 경제적 가치 및 상태 등 사실적 표지들에 비추어, 타인의 점유(지배상태)성 자체가 객관적으로 명확하지 않은 경우에는 재물의 타인성에 대한 사실적 인식(가능성) 자체가 없다고 보아서 고의를 부정하는 것이 필요하다.

또한 **[횡령죄와 배임죄]**와 같이 권리자와 행위자의 특수한 관계(신분)을 요하는 재산범죄의 경우에는 재물(또는 재산상 이익)의 귀속관계, 즉 '재물의 위탁관계 및 사무의 위임관계'에 대하여 인지(가능)하였다면, 위탁대상인 재물 또는 사무처리의 결과 발생한 재산상 이익의 타인성에 대한 인식과 그에 터잡은 영득의사의 불법성을 추정할 수 있을 것이다.[15] 따라서 인식대상으로서의 위탁관계 및 위임관계의 존재에 대한 입증은 법률의 규정 혹은 계약 또는 이에 준하는 사실(증빙자료)에 의해 명확히 입증될 필요가 있다. 만약 이에 대한 엄격한 증명과 제한적 해석을 하지 않으면 점유의 침해 및 취득으로서의 사실행위 자체가 존재하지 않는 횡령 및 배임의 객관적 불법의 특성(취약성)으로 가벌성의 범위가 불명확해질 우려가 있다.

한편 **[사기죄와 공갈죄]**와 같이 기망 또는 공갈의 상대방, 즉 처분권자의 처분행위에 의한 직접적인 취득만을 구성요건으로 하는 편취죄의 경우에는, 피기망자가 처분권자라는 사실에 대한 인식과 처분행위 및 결과에 의미의 인식(가능성)을 전제로 재물의 타인성에 대한 인식 및 영득의사의 불법성을 추정하는 것이 가능하다.

(4) 재산범죄에 있어 결과개념의 불명확성과 주관적 불법의 비대(肥大)화

가. 영득범죄에서 기수시기의 '앞당김' 현상과 위험범화

현행 재산범죄의 규정을 살펴보면, 구성요건상 결과개념을 명시적으로 규정되어 있지 않다. 다만 해석상 재물의 '점유취득'을 재산범죄의 결과로 보는 것이 일반적이다. 예컨대, 절도죄는 영득범죄임에도 '권리자의 의사에 반하는 점유이전(절:竊)'으로 인한 '점유취득(취:取)'의 시점을 기수시기로 본다. 하지만 점유의 취득이 (아무리 영득을 위한 전단계라 하더라도) 영득은 아니다. 따라서 재물의 '점유취득시'를 기수시기로 보는 통설/판례의 해석은 '소유권침해 내지 위태화'를 보호법익으로 하는 영득범죄의 본질을 고려했을 때, 기수시기를 앞당긴 것으로 평가할 수 있다.

이러한 기수시기의 '전치'현상은 사기죄 및 공갈죄에서도 확인되는데, 판례는 '손해의 발생'을 구성요건결과로 보지 않고 처분행위에 의한 재물 또는 이익의 직접적 취득을 결과로 본다. 그리고 재물의 점유취득을 구성요건결과로 이해하는 해석론은 횡령죄 및 장물죄에서도 마찬가지다.

그나마 재산범죄 중 구성요건결과를 명문으로 규정하고 있는 것은 배임죄뿐이다. 하지만 대법원은 배임죄의 구성요건결과인 '손해 발생'의 해석과 관련하여, "재산상의

---

15) 하지만 대법원도 재물의 보관자가 소유자와 사이에 아무런 계약관계에 있지 아니하거나, 소유자의 명시적인 위탁행위가 없는 다양한 사안에서도 횡령죄의 성립을 긍정하고 있다(대법원 1985. 4. 9. 선고 84도300 판결, 대법원 1996. 5. 14. 선고 96도410 판결, 대법원 2003. 9. 23. 선고 2003도3840 판결, 대법원 2022. 6. 23. 선고 2017도3829 전원합의체 판결 등 참조). 이러한 판례법리의 문제점에 대해서는 [불법영득의사의 체계적 지위]와 관련하여 후술한다.

손해를 가한 때라 함은 총체적으로 보아 본인의 재산 상태에 손해를 가하는 경우를 말하고, 현실적인 손해를 가한 경우뿐 아니라 재산상 실해 발생의 위험을 초래한 경우를 포함한다”[16]고 판시함으로써, 여기서도 배임죄의 기수시기를 ‘실해 발생의 위험’을 초래한 시점으로 앞당기고 있다.

그렇다면 재산범죄, 특히 영득죄에 있어서 이러한 기수시기의 ‘앞당김’ 현상과 이로 인한 재산범죄의 ‘위험범(危險犯)’화는 왜 일어나는가?

나. 영득죄에 있어서 결과개념의 부재(不在)

앞서 절도죄의 예를 들어 설명했다시피, 영득범죄에서의 영득(領得)은 ‘소유’관념과 연결된다. 이는 영득범죄의 보호법익으로 구체화된다. 문제는 소유권 보호의 관점에서 현실적으로 그에 대한 침해가 본격화되는 시점을 특정하는 것이 쉽지 않다는 점이다. 특히 형사불법, 특히 객관적 불법의 관점에서 어떠한 행위와 결과를 소유권에 대한 침해와 그 실행행위로 볼 것인지에 대한 문제가 앞서 논한 기수시기의 ‘앞당김’ 현상과 이를 통한 위험범화의 근저에 놓여 있다.

즉 영득범죄에 있어서 실행행위로서 ‘영득’행위와 그 결과로서 ‘영득’상태를 특정해줄 ‘현실적이고 객관적인 표지’를 어디서 찾을 것인지가 결국 영득범죄의 범죄성격(침해범 vs 위험범) 및 미수·기수시기를 결정하는 데 중요한 기준이 되는 것이다.

그리고 현행 형법은 그 현실적·객관적 표지를 ‘재물의 취득’, 즉 ‘점유’에서 찾고 있는 것이다. 즉 민법상 소유권의 불가침성으로 인해 소유권의 실현 및 향유를 위한 현실적 토대인 ‘점유(占有)’를 기준으로 영득범죄의 객관적 불법을 확정한다.

하지만 ‘점유침해(의 행위 및 결과)’를 ‘소유권침해’, 즉 ‘영득’범죄의 불법으로 평가하기 위해서는 그 점유침해가 ‘소유권침해를 위한 것’임이 규범적 관점에서 확인될 필요성이 제기된다. 이에 현행 형법은 ‘점유행위 및 점유상태’라는 객관적 불법표지 위에 주관적 불법표지인 ‘불법영득의사’를 덧입혀 영득범죄의 불법을 완성하고, 이를 (점유침해)행위자에게 귀속시킨다.

그러나 객관적으로 점유 관련 불법을 영득의사의 불법성만 가지고 소유권침해범죄로 처벌하는 데는 지금까지 살펴본 바와 같이 한계가 존재한다. 따라서 영득범죄가 소유권침해범죄임을 징표하는 객관적 표지(구성요건요소)가 필요하다.

16) 대법원 2009. 5. 29. 선고 2007도4949 전원합의체 판결.

(5) 영득범죄의 결과개념으로서 '손해의 발생'

영득죄에 있어서 객관적 불법과 주관적 불법간의 질적 괴리를 최소화하여 소유권 침해범죄로서의 본질을 명확히 하기 위해서는, 무엇보다 객관적 불법표지로서 영득죄의 결과를 명시적으로 규정할 필요가 있다. 그렇다면 기존의 결과개념인 '재물 또는 이익의 취득(점유)'보다 구성요건행위의 소유권침해성을 보다 명확하고 선명하게 드러내주는 결과개념은 무엇이 있을까? 다시 말해 불법영득의사를 추정케 할 만한 객관적 불법의 표지로서 무엇이 필요할까?

'손해의 발생' 즉, 행위자의 재물의 취득으로 인해 소유자의 재산상태가 감소하면 이를 손해로 보고, 이러한 손해가 발생하면 점유취득 및 침해를 통해 소유권에 대한 객관적 침해가 있다고 보는 방안을 생각해 볼 수 있다. 그리고 '손해발생'이라는 객관적 표지를 통해 권리자에 대한 배제 및 소유권향유의 의사를 추정하는 것이 [객관적－주관적] 불법의 관련성 및 균형성 측면에서도 바람직하다고 생각한다.

다만 손해발생을 재산범죄, 특히 영득범죄의 결과개념으로 명문화할 경우, '초과주관적 구성요건'이라는 불법영득의사의 기존 지위가 그대로 인정될 수 있을지가 문제된다.

Ⅳ. 불법영득의사의 체계적 지위에 대한 재검토

일반적으로 재산범죄에 있어서 불법영득의사를 '초과주관적 구성요건요소'라 한다. 이는 통상적인 주관적 구성요건인 고의, 즉 객관적 구성요건요소에 대한 인식 및 의사를 '초과'하는 주관적 요소라는 의미일 것이다.

하지만 고의와 비교하여 무엇이 얼마나 '초과'한다는 것인지, 여타 초과주관적 구성요건요소들(목적, 경향 등)과는 어떠한 차이를 갖는 것인지 등 '초과주관적'의 구체적인 의미나 그 체계적 지위의 실질에 대해서는 심도 있는 논의가 이루어지지 못한 듯하다. 따라서 이하에서는 형법상 '초과주관적 구성요건요소'의 개념에 대해 살펴보고, 기존과 같이 불법영득의사를 여기에 배치하는 것이 타당한지에 대해 검토해 보고자 한다.

1. '초과'의 대상 및 성질에 대한 고찰

'초과(超過)'의 사전적 의미는 '일정한 수나 한도(범위)를 넘어선다'이다. 따라서 초과는 '기준점'을 전제로 한 개념이다. 그렇다면 '초과'주관적 구성요건요소라 했을 때, 그 초과의 기준점은 무엇일까? 이는 범죄성립을 위해 필수·기본적으로 요구되는 주관적 구성요건인 '고의'일 것이다. 그렇다면 불법영득의사는 '고의'를 초과하는 그 무엇인가? 이때의 '초과'는 고의에 대한 '양적 초과'인가, 아니면 '질적 초과'인가?

꼬리에 꼬리를 무는 의문들을 해소하기 위해서는 먼저 고의와 불법영득의사를 대조해 볼 필요가 있다.

(1) 불법영득의사는 '고의'와 구별되는 개념인가?

일반적 설명에 따르면, 고의는 '객관적 구성요건요소에 대한 인식 및 의사'를 의미하는데 반하여, 불법영득의사는 전술한 바와 같이 '권리자를 배제하고 소유권을 향유할 의사'로 정의된다.

특히 '의사(意思)'적 측면에서 국한하여 보면, 고의는 객관적 구성요건요소(되는 사실)에 대한 인식을 바탕으로 한 '범죄실현의사'인 반면, 불법영득의사는 권리자의 배제와 소유권향유에 대한 의지 내지 의욕, 즉 '소유권침해의사'라고 볼 수 있다. 이를 간단한 도식으로 표현하면 아래와 같다.

〈고의와 불법영득의사의 관계〉

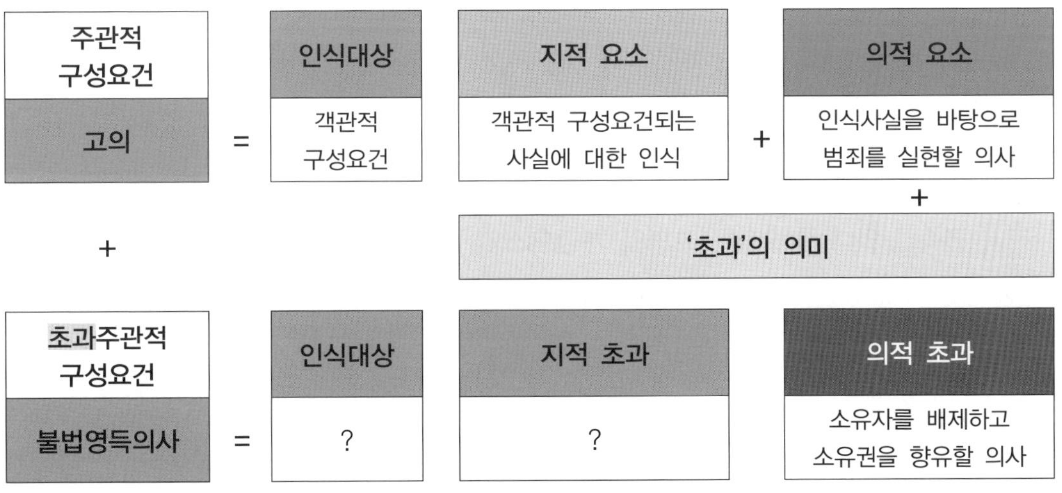

위 도표에서 확인되듯, 대상에 대한 인식과 이를 전제로 한 의사로 구성되는 고의와 달리, 불법영득의사의 개념은 의(意)적 요소로만 채워져 있다. 즉 인식대상과 지(知)적 요소로서의 인식에 대한 적극적 정의가 부재(不在)한다. 때문에 고의와 불법영득의사의 관계를 어떻게 이해하느냐에 따라 '초과'의 의미에 대한 관념과 해석이 달라질 수 있다.

가. 불연속(독립요건) 모델 – 고의와 독립한 주관적 구성요건으로 이해

이는 고의와 불법영득의사를 동일한 층위에 놓고, 양자의 관계를 독립적으로 이해하는 입장으로서, 현재의 통설/판례의 해석론이라 할 수 있다. 즉 고의는 객관적 구성요건요소에 대한 인식과 의사이고, 불법영득의사는 재산범죄중 영득죄에 있어서 요구되는 특별한 주관적 구성요건으로 본다. 따라서 고의 및 불법영득의사를 동등한 주관적 '요건'으로 취급하고, 그 고의 및 불법영득의사의 유무 또는 요건충족 여부를 각각 독립하여 판단한다.

하지만 '의사는 인식을 바탕으로 한다'는 법원리에 따를 때, 위 도표에서도 확인되듯 불법영득의사의 경우에는 [인식]차원에서 공백이 발생한다. 즉 소유권침해를 내용으로 하는 불법영득의사의 형성에 전제가 되는 인식 및 그 대상이 부재하는 것이다. 객관적 구성요건표지(주체, 객체, 행위, 결과, 인과관계 등)를 인식대상으로 하는 고의와 구별되는 불법영득의사는 무엇에 대한 인식을 전제로 하는가?

많은 지면을 할애하여 지금까지 살펴보았지만, 범죄구성요건 차원에서 양자의 독립성을 전제로 하여 그 답을 찾는 것은 재산범죄 구성요건의 단순성 및 주관적 불법표지의 불명확성 등의 한계로 인해 쉽지 않다.

따라서 양자를 '구성요건'차원에서 대등하고 독립적으로 이해하여 불법영득의사에 '초과주관적 구성요건'이라는 체계적 지위를 인정해 온 기존의 관점에서 벗어나 양자의 관계를 새롭게 정립해 볼 필요성이 있다.

나. 연속(고의내용) 모델 – 고의의 개념요소인 의사의 특별한 내용으로 이해

여기서 논하고자 하는 '연속성[스펙트럼] 모델'은, 아래의 그림과 같이 고의와 불법영득의사의 관계를 '주관(의사)의 연속성 차원'에서 접근한다.

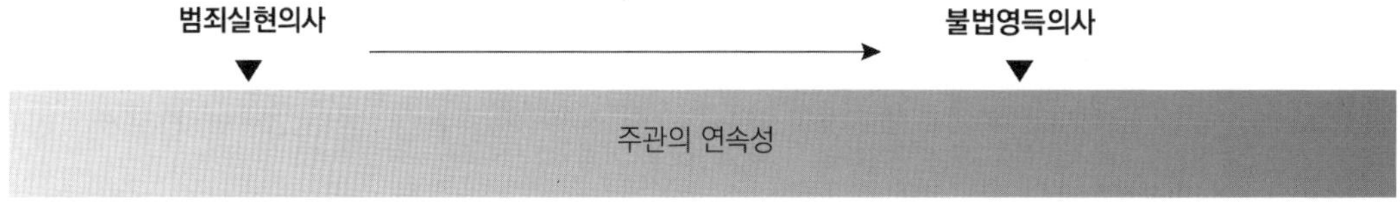

범죄실현의사 → 불법영득의사

주관의 연속성

이에 따르면 불법영득의사는 고의의 인식 및 의사에 소유권침해의사가 추가된 주관적 상태를 의미한다. 즉 '의(意)'적 측면에서 고의(범죄실현의사)의 '심화'버전이 불법영득의사인 것이다. 따라서 양자는 체계적 지위상 서로 분리/독립된 요소가 아니라 주관의 연속성 측면에서 고의의 심화·발전된 주관불법의 양태가 '불법영득의사'라고 볼 수 있다. 즉 '의(義)'적 강도/수준에 따라 고의의 유형을 분류하듯 재산범죄 영역에서 가장 강력한 의적 수준을 요하는 고의양태가 '불법영득의사를 내용으로 하는 고의'라고 볼 수 있다.

따라서 개념의 층위를 놓고 봤을 때, 불법영득의사는 고의와 대등한 개념이 아니라 고의의 구성요소인 '의사'의 내용, 즉 재산범죄영역에서 특별히 요구하는 의사(의욕의 내용과 수준)로 이해해 볼 수 있다. 즉 일반범죄의 경우에는 객관적 구성요건요소에 대한 인식을 전제로 한 '범죄실현의사로서의 고의'가 요구되지만, 재산범죄(영득죄)에서는 '(범죄실현의사에 더하여) 불법영득의사까지 그 내용으로 하는 고의'를 필요로 하는 것이다.

이러한 관점에서 따르면, 고의와 불법영득의사를 같은 개념 층위에 놓고 대등한 차원에서 양자의 체계적 지위를 논하는 것, 즉 고의와는 구별되는 별개의 '초과'주관적 구성요건요소로 이해하는 것은 개념과 그 구성요소를 혼동하는 것이 된다.

연속성(스펙트럼) 모델론에 따르면, 여기서의 '초과'는 고의와의 관계에서 '체계적 지위' 차원의 초과가 아니라 고의의 개념범주 안에서 '의사의 내용적 차원'의 초과를 의미하게 된다.

하지만 이는 기존의 불법영득의사의 '소유권침해'적 의사내용의 의미를 부정하거나 그 존재가치를 부정하여 단순히 형식적인 범죄실현의사로 환원하고자 하는 기존의 고의포함설과는 구별된다. 앞서 강조해 온 바와 같이 영득범죄에 있어서 범죄실현의사는 점유침해를 그 내용으로 한다. 반면 불법영득의사는 소유권침해를 의사내용으로 하기 때문에, 양자를 동일시하여 불법영득의사를 범죄실현의사로 치환하거나 환원하는 것은 불가능하다. 즉 불법영득의사의 내용적 의미와 존재가치는 여전히 유지되며 단지 체계적 지위와 관하여 지금처럼 고의와 독립한 초과주관적 구성요건요소가 아니라 고의 내에서 확인되고 평가되어야 할 고의의 의(意)적 요소(의사)로서 자리매김하는 것이 타당하다.

V. 불법영득의사에 관한 대법원 해석론의 문제점

1. 주관적 요소로서 고의·목적·불법영득의사의 관계성

(1) 고의(故意)와 목적(目的)의 관계

가. 조종(操縱)성 vs 지향(指向)성

형법상 '고의(故意)'는 범죄구성요소 되는 사실에 대한 인식을 바탕으로 범죄실현에 필요한 구성요건상 행위, 즉 실행행위를 조종·지배하는 의사를 말한다. 즉 고의는 행위 및 그와 직접적 관련성을 갖는 요소들(주체, 객체, 결과, 인과관계 등)을 인식 및 의욕의 대상으로 하는 주관적 요소라 할 수 있다.

반면 형법상 '목적(目的)'은 행위와 직접적인 관련성이 없다. 목적은 행위 밖에 존재하는 일종의 목표지점, 즉 지향점을 의미한다. 즉 목적은 행위와의 관련성을 기준으로 했을 때, '외재(外在)성'을 그 개념적 특질으로 한다. 또한 '지향(指向)'한다는 것은 정작 행위를 하는 현재의 시점에는 아직 실현(현실화)되지 않은 '미래(의 시간)'의 그 무엇을 의미한다는 점에서, 목적은 '미래(未來)성'을 개념요소로 한다.

때문에 외재성 및 미래성을 개념적 특성으로 하는 '목적(目的)'은 인과관계를 통해 행위와 직접적으로 연결되고 구체화·현실화된 '구성요건결과'와는 구별된다.

나. 기본요소 vs 초과(超過)요소

범죄구성요건은 형법이 금지하고자 하는 불법을 구체화·체계(요건)화시켜 놓은 것이다. 그리고 일반적인 범죄의 구성요건은 객관적 요소(주체, 객체, 행위, 결과, 인과관계 등)와 이를 인식하고 의욕하는 주관적 요소로 구성된다. 때문에 후자에 속하는 고의는 범죄구성요건의 핵심축 내지 기본요소을 이룬다.

하지만 목적(目的)은 '목적범'이라는 특수한 범죄형태에서 기본적 구성요건인 고의와 별개로 요구되는 '추가적' 구성요건이라는 점에서, '초과(超過)성'의 의미를 갖는다.

그렇다면 왜 목적범에서는 '고의' 외에 '목적'이라는 '추가적·초과적' 구성요건의 충족을 요구하는가?

예컨대, 형법 제225조의 공문서위조·변조죄는 '행사할 목적으로' 공문서를 위조·변조한 경우에만 성립하는 목적범의 형태로 규정되어 있다. 이는 고의만을 가지고 한 공문서의 위조·변조행위로는 형법이 법익보호를 위해 설정해 놓은 불법의 실질을 온전히 충족시키지 못함을 의미한다.

문서의 사회적 신용을 보호법익으로 하는 위조·변조죄에 있어서 불법의 실질, 즉 보호법익에 대한 실질적인 침해로서의 불법은 위·변조문서를 진정한 문서처럼 '행사'할 때 비로소 실현 내지 현실화된다. 하지만 위·변조문서가 행사된 이후에는 법익침해의 확대를 방지하거나 피해회복에 현실적인 어려움 등이 있을 수 있다는 점을 고려하여 형사정책적 차원에서 형법은 '행사 이전', 즉 행사를 위한 준비단계인 위조·변조 시점에 형법이 개입할 수 있도록 위·변조행위를 범죄구성요건화한 것이다. 하지만 형사정책적 필요성에 의해 형법의 개입시점을 앞당기긴 하였으나, 불법의 온전한 실질은 여전히 '행사'에 의한 법익침해에 있기 때문에 위·변조행위만을 구성요건화하는 것만으로는 문서위·변조의 실질적인 불법을 온전히 담아낼 수 없는 한계가 존재한다.

따라서 '문서의 사회적 신용성'이라는 보호법익의 관점에서 볼 때, 침해를 위한 준비(예비)단계에 불과한 위·변조행위를 형법상 처벌하기 위해서는, 위·변조행위가 문서죄의 실질적 불법과의 관련성, 즉 법익에 대한 침해행위로서 '행사' 자체는 아니지만 법익침해를 위한 필수적인 전제 내지 수단으로서의 규범적 의미가 명확히 논증될 필요가 있다. 즉 문서죄의 보호법익과 구성요건행위 간의 [목적－수단]관계가 명확히 설정되었을 때, 형법 제225조의 '위·변조행위'의 가벌성은 '법익에 대한 위태화'로서 정당화될 수 있다. 바로 이러한 이유에서 위·변조행위를 중심으로 한 기본적인 구성요건에 더하여 실질적 불법과의 관련성을 징표하는 표지로서 '행사할 목적'이 추가적·초과적으로 구성요건화된 것으로 이해할 수 있다. 이때 '행사목적'은 제225조의 위조·변조행위의 조종 내지 지배와 직접적 관련성이 없는 주관적 요소라는 점에서 '외재(外在)적'이고, 위·변조 행위시점에서는 아직 현실화되지 않은 미래의 목표(지향점)라는 점에서 '미래(未來)적'이고, 제225조의 객관적·주관적 구성요건에 의해 표상되는 형식적/기본적 불법을 넘어서 실질적 불법성을 담보하는 주관적 표지라는 점에서 '초과(超過)적'인 성격을 갖는다. 그리고 바로 이러한 특성들로 인해 목적은 고의와 개념적으로 구별된다.

(2) 영득의사(領得意思)와 목적(目的)의 관계

그렇다면 불법영득의사와 목적의 관계는 어떠할까? 보다 적극적으로 우리는 재산범죄의 불법영득의사를 기본주관적 구성요건인 '고의'와 초과주관적 구성요건인 '목적'과의 관계 속에서 어떠한 의미와 규범적 지위를 부여해야 할까?

이와 관련된 논의를 살펴보면, 크게 불법영득의사를 고의와 관련성 속에서 고의의 내용으로 포섭하거나 고의와 구별되는 초과주관적 요소로 보는 입장과 불법영득의사를 목적범의 목적에 준하여 이해하는 입장이 존재한다. 불법영득의사가 고의의 내용인지 아니면 독립한 초과적 주관적 요소인지에 대한 문제는 앞서 살펴보았으므로, 이하에서는 고의와 구별을 전제로 불법영득의사의 독립성은 인정하되, 그 내용과 지위를 목적범의 목적과 동일한 또는 준하는 개념으로 이해하는 입장에 대해 검토해 보고자 한다.

2. 불법영득의사는 '목적(目的)'인가?

불법영득의사를 목적과 관련지어 이해하는 해석론으로는, 크게 목적범의 유형인 '불완전한 이행행위범의 목적(성)'으로 이해하는 학설과 불법영득의사의 유무를 목적의 내용과 유무와 관련하여 충전 내지 치환하여 판단하는 대법원판례 법리가 존재한다. 이러한 해석론의 논지를 간략히 정리해 보면 아래와 같다.

(1) '불완전한 이행위범'의 목적으로서 '불법영득의사'을 이해하는 견해

일각에서는 고의와 목적의 관계를 기준으로, 목적범을 '불완전한 이행위범'과 '단축된 결과범'으로 유형화한다. 여기서 불완전한 이행위범의 목적은 '객관적 행위상황을 인식하고 구성요건을 실현하려는 의사와 객관적 구성요건을 실현하기 위한 목적성'을 의미하는 반면, 단축된 결과범의 목적은 '객관적 행위상황을 인식하고 구성요건을 실현하려는 의사'와 '결과에 대한 목적성'으로 구성된다.[17] 그리고 이러한 논리를 바탕으로 재산범죄 중 절도죄와 사기죄의 불법영득(이득)의사를 '불완전한 이행위범의 목적(성)'으로 이해하는 나름의 논리를 전개한다.

> "절도죄는 '절취행위(타인점유를 배제하는 절취행위)'와 '불법영득의 목적으로 자기지배하에 두는 행위'로 이루어진[18] '불완전한 이행위범'이다. 사기죄는 독일형법의 경우 재산상의 이득을 요건으로 하지 않으므로 불법이득을 목적으로 하는 '기망행위'로 목적범이 성립하는 단축된 결과범이다.[19] 그러나 우리 형법의 사기죄는 재산상 이득을 요건으로 하기 때문에 불법이득을 목적으로 하는 '기망행위'와 '기망자의 재산상 이득을 취하게 하는 피기망자의 처분행위'가 요구되는 불완전한 이행위범이다."[20]

하지만 절도죄가 '절취행위' 외에 '영득행위'를 전제하는 '(불완전한) 이행행위범'으로 볼 수 있는지, 목적범의 유형 중 불완전한 이행위범에 있어서 '타인행위(피기망자의 처분행위)'도 목적의 내용이 될 수 있는지에 대해서는 의문이 남는다. 이에 관해서는 조금 뒤 후술하기로 한다.

(2) 불법영득의사를 목적으로 치환하는 판단하는 대법원판례 법리

대법원은 학교법인 이사장인 피고인이 산하 대학의 건물 중 일부를 정관 기타 규정상 근거 없이 주거용으로 사용하다가 거실 확장 공사 및 인테리어 공사를 한 후 그 공사대금을 대학 교비회계에 속하는 수입으로 지급한 사안(**소위 '교비횡령 사례'로서 이하에서는 [1]사례로 칭함**)에서 다음과 같이 판시하였다.

> [1] "사립학교법 제29조 제2항의 위임에 의하여 교비회계의 세출에 관한 사항을 정하고 있는 사립학교법 시행령 제13조 제2항은 교비회계의 세출을 그 각 호에서 정한 경비로 한다고 하면서, 학교운영에 필요한 인건비 및 물건비(제1호), 학교교육에 직접 필요한 시설·설비를 위한 경비(제2호), 기타 학교교육에 직접 필요한 경비(제5호) 등을 들고 있으므로, 교비회계에 속하는 수입에 의한 지출이 허용되는 교비회계의 세출에 해당하는지 여부는 지출과 관련된 제반 사정을 종합적으로 살펴볼 때 당해 학교의 교육

---

17) 손지선, "목적범에 관한 고찰-'불완전한 이행위범과 단축된 결과범' 분류기준의 재고-", 형사법연구 제30권 제1호, 2018/03, 114면.

18) 이재상·장영민·강동범, 형법총론, 박영사, 2017, 274면.

19) Hans-Heinrich Jescheck/Thomas Weigend, Lehrbuch des Strafrechts A.T., 5 Aufl., 1996, S. 266.

20) 손지선, "목적범에 관한 고찰", 129면.

에 직접 필요한 것인지에 따라 판단하여야 한다. 한편 타인으로부터 용도가 엄격히 제한된 자금을 위탁받아 집행하면서 제한된 용도 이외의 목적으로 자금을 사용하는 것은 그 사용이 개인적인 목적에서 비롯된 경우는 물론 결과적으로 자금을 위탁한 본인을 위하는 면이 있더라도 사용행위 자체로서 불법영득의 의사를 실현한 것이 되어 횡령죄가 성립하므로, 결국 사립학교의 교비회계에 속하는 수입을 적법한 교비회계의 세출에 포함되는 용도, 즉 당해 학교의 교육에 직접 필요한 **용도가 아닌 다른 용도에 사용하였다면 사용행위 자체로서 불법영득의사를 실현하는 것이 되어** 그로 인한 죄책을 면할 수 없다."21)

한편 새마을금고의 임원인 피고인 등이 위 금고의 직원들로 하여금 고객들이 맡긴 정기예탁금을 정상거래시스템이 아닌 부외거래시스템에 입금하고 통산전산망의 차명계좌에 예금액으로 기재한 사안(**소위 '비자금조성 사례'로서 이하에서는 [2]사례로 칭함**)에서 다음과 같이 판시한 바 있다.

[2] "업무상횡령죄가 성립하기 위하여는 자기 또는 제3자의 이익을 꾀할 목적으로 업무상 임무에 위배하여 자신이 보관하는 타인의 재물을 자기의 소유인 것 같이 사실상 또는 법률상 처분하는 의사를 의미하는 불법영득의 의사가 있어야 한다. 법인의 운영자 또는 관리자가 법인의 자금을 이용하여 비자금을 조성하였다고 하더라도 그것이 당해 비자금의 소유자인 법인 이외의 제3자가 이를 발견하기 곤란하게 하기 위한 장부상의 분식에 불과하거나 법인의 운영에 필요한 자금을 조달하는 수단으로 인정되는 경우에는 불법영득의 의사를 인정하기 어렵다. 다만 **법인의 운영자 또는 관리자가 법인을 위한 목적**이 아니라 법인과는 아무런 관련이 없거나 **개인적인 용도로 착복할 목적으로** 법인의 자금을 빼내어 별도로 **비자금을 조성하였다면 그 조성행위 자체로써 불법영득의 의사가 실현된 것**으로 볼 수 있을 것인바, 이때 그 행위자에게 법인의 자금을 빼내어 착복할 목적이 있었는지 여부는 그 법인의 성격과 비자금의 조성 동기, 방법, 규모, 기간, 비자금의 보관방법 및 실제 사용용도 등 제반 사정을 종합적으로 고려하여 판단하여야 한다."22)

위 판례사안들에서 대법원은 '목적'의 유무나 그 구체적인 내용을 기준으로 불법영득의사의 존부를 판단한다. 즉 재산범죄는 명시적으로 목적을 구성요건으로 규정하

21) 대법원 2012. 5. 10. 선고 2011도12408 판결.
22) 대법원 2010. 12. 9. 선고 2010도11015 판결.

고 있는 목적범이 아님에도 불구하고, 초과주관적 구성요건인 불법영득의사의 존부를 판단함에 있어서 '용도' 내지 '목적'을 핵심적인 판단표지로 삼고 있는 대법원판례의 법리를 어떻게 이해해야 할까? 여기서 횡령객체의 본래 용도나 횡령(비자금 조성행위)의 이유 내지 동기를 과연 목적범의 목적으로 이해하는 것이 타당한가?

이하에서는 불법영득의사를 목적과 관련지어 이해하는 위와 같은 해석론과 판례 법리를 비판적으로 검토해 보고자 한다.

3. 불법영득의사에 대한 '목적' 관련적 이해의 문제점과 한계

(1) '불완전한 이행위범의 목적성' 논리의 문제점

가. '목적되는 행위'의 의미

목적범의 유형 중 불완전 이행위범은 고의의 대상이 되는 제1행위(구성요건행위) 외에 목적의 대상이 되는 제2행위(목적되는 행위)를 전제로 한다. 예컨대, 문서위조죄에서 고의대상인 '위조·변조행위(제1행위)' 외에 '행사(제2행위)'를 목적대상으로 한다. 여기서 양자의 행위는 [시간적 관점]에서 보면, 제1행위는 현재의 행위지만, 제2행위는 미래에 행해질 행위로서의 의미를, [내용적 관점]에서 보면, 목적되는 제2행위와의 관계에 있어서 제1행위는 수단 내지 준비·예비적 성격을 갖는다. 때문에 제1행위를 기준으로 했을 때, 제2행위는 아직은 '불완전한 이행된 (상태에 있는)' 장래의 목표(목적)되는 범죄(행위)를 의미한다.

나. 목적되는 제2행위의 '행위(성)'에 대한 검토

재산범죄 중 절도죄를 일종의 목적범, 특히 불완전한 이행위범으로 이해하는 견해는 앞의 인용문에서도 확인되듯 절도죄를 '영득(행위)'을 목적으로는 '절취행위(제1행위)'범죄로 이해한다. 하지만 위 인용문에서도 명확히 확언하지 못하고 있듯이 절도죄를 '불완전한 이행위위범'으로 볼 수 있는지, 즉 '영득'을 목적되는 '제2행위'로 볼 수 있는지 의문이다.

불완전한 이행위범은 특정한 '결과'가 아니라 향후 행할 '행위'를 목적으로 한다는 점에서 단축된 결과범으로서 목적범 유형과 구별된다. 따라서 불완전한 이행위범에서의 목적은 '행위성'을 전제로 한다.

하지만 앞서 '취득'과 '영득'의 구별에서 언급한 바와 같이 현행 절도죄의 구성요건은 외관상 '점유의 침해와 취득'을 전제로 하는 절취행위만을 규정하고 있다. 그리고 영득은 '불법영득의사'를 통해서 오직 '주관적 차원'에서만 파악될 뿐이다. '권리자배제의사'와 소유권 향유의사'로 구성되는 불법영득의사의 유무를 판단함에 있어서도 이러한 의사를 징표할 객관적 행위를 반드시 전제로 하지도 않는다. 즉 점유의 침해와 취득으로서의 절취행위 이후 영득을 위한 별도의 행위(성)은 요구되지 않는다. 불법영득의사의 내용인 배제의사와 향유의사는 이미 현실화된 적극적 행위(절취행위)를 통해 징표·추론된다. 따라서 영득은 절취(취득)범죄의 목적이 되는 제2행위가 아니라 절취행위(점유침해)로 인해 발생한 구성요건결과(점유취득)가 행위자의 영득의사에 의해 법익침해상태가 보다 '고착화·공고화된 상태'로 이해하는 것이 바람직하다.

따라서 영득을 절취행위의 목적이 되는 '행위'로 이해하여 이를 불완전한 이행위범에 있어서의 목적으로 바라보는 것은 이행위범의 개념에도 부합하지 않는다.

다. 이행위범에 있어서 행위의 '주체성'에 대한 검토

위 인용문을 보면, (절도죄와 달리) 사기죄와 관련해서는 불완전한 이행위범의 목적되는 행위를 '피기망자의 처분행위'라고 명확히 밝히고 있다. 하지만 문제는 여기서 '행위'는 자신의 장래적 행위 이외에 타인의 행위도 포함하는 것인지가 문제된다. 또한 사기죄는 기망에 의한 피기망자의 처분행위가 있어야 성립하는 범죄인데, 과연 이를 '불완전한' 이행위범으로 볼 수 있을지, 즉 사기죄의 범죄성립 요건화되어 포함·실현된 '타인'의 행위를 과연 외재성, 미래성, 초과성의 특질로 하는 목적범의 '목적'이라 볼 수 있을지 의문이 남는다.

목적은 초과'주관적' 구성요건이다. 비록 객관화·현실화되기 이전 단계에서 아직 머릿속에만 존재하는 '관념(觀念)적·구상(構想)적인 행위'이긴 하지만 어디까지나 행위자의 의사(주관)에 의해 좌우될 수 있는 행위어어야 목적으로서 의미를 갖는다. 그런데 사기죄를 '타인의 행위(처분행위)'를 목적으로 하는 (불완전한) 이행위범 형태의 목적범으로 보는 것이 과연 타당한가? 더욱이 사기죄는 구성요건행위인 기망행위와 인과적으로 연결된 피기망자의 처분행위를 통해서 비로소 범죄가 실현된다. 즉 기망행위와 함께 피기망자의 처분행위는 기본적인 구성요건 불법에 이미 포함되어 있다. 따라서 이러한 사기죄의 불법구조를 고려했을 때, 이미 사기죄의 범죄성립요소인 피기망자의 처분행위를 과연 외재(外在)적이며 '초과'주관적인 구성요건으로서의 '목적'

으로 평가할 수 있을지 의문이다.

(2) '불법영득의사'를 '목적'으로 치환하는 법리의 문제점

전술한 바와 같이 대법원은 고의와 별개로 불법영득의사의 유무를 판단한다. 이때 대법원은 정해진 '용도' 이외의 사용행위를 통해 불법영득의사를 추정('교비횡령'사례)하거나 비자금의 목적에 따라 조성행위(자)의 불법영득의사 유무를 판단('비자금조성'사례)한다.

하지만 대법원 판례논리를 보면, 정작 불법영득의사의 개념 정의나 고의와의 관계성에서 벗어나서 직관적·사실적으로 불법영득의사의 유무를 판단한다. 물론 고의와 달리 영득의사를 징표하는 객관적 지표가 부족한 상황하에서 실무적으로 종합적 고찰이 필요한 것도 사실이나, 문제는 개념층위를 달리 하는 판단표지들이 혼재하여 영득의사의 판단표지로 사용되고 있다는 점이다.

가. 행위의 '목적'과 행위객체의 '용도'에 대한 구별 필요성

전술한 목적범의 유형에 따르면, 불완전한 이행위범의 목적은 궁극적인 범죄실현을 위해 해당 구성요건행위 이후에 추가적으로 행해질 자신의 또 다른 행위를, 단축된 결과범은 해당 구성요건행위를 통해 침해하고자 하는 법익침해의 종국적인 결과를 목적내용으로 한다.

반면 용도는 '구성요건행위'가 아니라 '행위객체'와 관련된다. [1] **사례(교비횡령)**에서 대법원이 불법영득의사를 인정하는 표지로 삼고 있는 '교비의 용도'는 사용행위와 관련된 '목적'이 아니라 행위객체인 교비의 '정해진 사용처'에 불과하다. 즉 교비의 용도에는 횡령죄의 구성요건행위인 횡령행위(사용행위), 즉 '행위의 지향성'이 담겨 있지 않다. 또한 목적의 특성들인 외재성, 미래성, 초과성 등도 교비의 '용도' 개념에서는 발견되지 않는다. 왜냐하면 교비의 용도는 구성요건인 행위객체의 속성이라는 점에서 '내재적'이고, 기본구성요건인 행위객체에 내포되어 있다는 점에서 초과적이지 않으며, 그 사용처는 구성요건행위인 사용행위 이전에 이미 주어진/현실화된 것으로 '과거/현재적'이라는 점에서, 목적의 '미래성'을 충족시키지 못한다.

따라서 행위객체의 '용도'는 초과주관적 구성요건인 '목적'이나 '불법영득의사'가 아니라 기본구성요건인 '고의'의 인식/의욕의 대상 및 판단표지로 보는 것이 타당하다.

나. 행위의 '목적'과 행위의 '동기'에 대한 구별 필요성

한편 이러한 개념적 혼동과 혼란은 [2] **사례(비자금조성)**에서도 다시 반복되고 중첩된다. 즉 [2] 사례에서 구성요건행위인 횡령행위는 비자금을 조성행위이고, 여기서 '비자금'은 규범적으로 횡령행위의 객체에 해당한다. 여기까지는 [1] 사례와 동일하다. 하지만 대법원은 여기서 다시 비자금의 '목적'이라는 이름하에 '법익을 위한' 것인지, 아니면 '개인을 위한 (용도)'인지를 재차 묻는다.

상식적인 정의에 따르면, '비자금'이란, 세금 추적을 할 수 없도록 특별히 관리하여 둔 돈을 통틀어 이르는 말로 무역과 계약 따위의 거래에서 관례적으로 생기는 리베이트와 커미션, 회계 처리의 조작으로 생긴 부정한 돈 따위가 이에 해당한다. 따라서 비자금이라는 개념 안에는 그 용도가 포함되어 있다. 그렇다면 대법원판례가 말하는 비자금의 '목적'이란 무엇을 의미하는가?

생각건대 이때 대법원이 말하는 비자금의 '목적'이란 횡령행위인 조성행위의 '목적'은 불완전한 이행위범의 '목적'도, 단축적 결과범의 '목적'도 아니다. 단지 조성행위를 한 '동기'에 불과하다.

그렇다면 행위의 '동기'와 행위의 '목적'은 어떻게 다른가? 동기는 행위의 '원인'이다. 즉 [동기－행위]는 [원인－결과]의 관계를 형성한다. 반면 [행위－목적]은 [수단－목표]의 관계를 맺는다. 행위시를 기준으로 동기는 이미 행위를 통해 실현되어 현실화된 반면, 목적은 행위시 아직 '도래'하지/실현되지 않은 상태로 존재한다.

따라서 대법원판례가 비자금의 '목적'이라 말하는 것은 목적범의 '목적'이 아닌 행위의 원인된 '동기'에 불과하다. 실체법 영역에서 범행의 동기는 고의 등에서 부수적으로 고려되는 요소일 뿐, 독자적인 규범적 의미나 체계적 지위를 갖지 못한다.

따라서 이러한 행위의 '동기'를 초과주관적 구성요건인 '목적'과 혼동하거나 (설사 목적범의 목적을 의미하는 것은 아니라 선해하더라도) 이를 역시 초과주관적 구성요건요소인 '불법영득의사'의 유무판단에 표지로 삼는 것은 타당하지 않다. 더욱이 비자금 조성행위의 동기(법인을 위한 동기인지, 개인을 위한 동기인지)를 기준으로 불법영득의사의 유무를 달리 판단하여 횡령죄의 성립여부를 달리 판단하고 있는 대법원의 위 판례법리는 구성요건의 체계론은 물론 실체적 정의의 관점에 비추어 보더라도 타당하다 할 수 없다.

4. 소결 – '목적'과 '불법영득의사'의 바람직한 관계 설정을 위한 모색

통설적 견해는 '불법영득의사'와 '목적' 모두 '초과주관'적 구성요건으로 이해한다. 따라서 기본 구성요건인 고의와는 체계적 지위를 달리하고, 고의의 유무와 별도로 그 유무가 논증되고 확인되어야 한다.

하지만 앞서 초과주관적 구성요건인 목적범의 '목적'과 재산범죄에 있어서 '불법영득의사'는 체계적 지위만 같을 뿐, 범죄형식 및 내용상 호환되거나 치환될 수 없다.

먼저 목적범의 목적은 목적범의 구성요건행위와 일정한 관련성을 가진다. 즉 궁극적 범죄실현을 위한 후속행위이거나 최종적 행위결과로서 의미를 갖는다. 하지만 영득의사는 점유의 침해 및 취득행위와 [목적–수단]의 관계를 갖지만, 불완전한 이행위범의 목적으로서의 후속행위나 단축된 결과범의 결과와 같이 구성요건행위와의 관련성이 약하다. 즉 불법영득의사는 순수한 주관적 의사라는 점에서 앞서 언급한 목적범 유형별 목적의 '행위성'이나 '결과성'의 의미를 갖지 않는다.

예컨대 절도죄에서 영득의사는 절취(점유침해 및 취득)행위 이후에 궁극적인 법익침해를 위해 필요한 '추가적 행위'나 '결과'가 아니다. 영득의사는 어디까지 '의사'이다. 따라서 영득의사를 목적되는 행위나 결과로 치환하거나 동일시 하는 것은 타당하지 않다. 전술한 바와 같이 불법영득의사는 고의와의 관계 속에서 파악되고 그 규범적 의미와 체계를 부여받아야 한다.

제2장

상당인과관계설에서 상당성의 의미에 대한 재고찰

- 상당인과관계설의 발전적 해체를 목표로 -

상당인과관계설에서 상당성의 의미에 대한 재고찰

- 상당인과관계설의 발전적 해체를 목표로 -*

류 부 곤**

Ⅰ. 들어가며

대학에서 형법총론 강의를 거듭할수록 강의가 부담스럽다고 느껴지는 부분이 있다. 바로 '인과관계' 부분이다. 인과관계는 범죄의 성립에 있어 구성요건적 결과를 요구하는 결과범이 대부분인 우리 형법의 범죄체계론에서 행위와 결과를 연결하는 요소로 그 중요성은 새삼 재언할 필요가 없을 것이다.

그런데 현재 나와있는 교과서나 이론서에 정리되어 있는 내용 중에서 구체적인 내용이 무엇이라고 명확하게 설명할 수 있는 부분은 오로지 조건설에서의 '조건공식' 정도에 불과하다. 인과관계라는 것이 본래 수많은 행위와 결과의 유형을 연결시켜주는 원칙론이라고 할 수 있으므로 판단기준을 구체화함에는 한계가 있을 것이지만 현재 설명되고 있는 기준들이 현실의 구체적인 사례들에서 인과관계를 판정함에 기본적인 가이드가 되고 있는지조차 의심스럽다.

인과관계에 관해 가장 기본적인 논리구조라고 할 수 있는 조건설에서 출발하여 조건설의 문제점을 현실의 경험법칙에 맞게 수정하였다고 하는 '합법칙적 조건설'에서 '합법칙'이 의미하는 바는 무엇인가? 일반적인 설명에서 '합법칙'은 '법칙적 연관성'과 '시간적 견련성'이라고 표현하여 "우리가 이미 알고 있는 경험법칙을 동원하고 시간으로 멀리 떨어져 있는 조건요소를 배제하는 것이다." 정도로 설명된다. 그러나 합법칙적 조건설에서 '합법칙'의 의미는 모호하고, 시간적으로 가깝다는 것 또한 구체적

* 이 글은 이용식 교수님의 학은에 대한 필자의 그야말로 미미한 답이다. 사실 교수님의 학은을 생각하면 부모님의 '내리사랑'이 떠오른다. 자식이 부모의 은혜를 갚는다는 것은 상상하기 어려운 것처럼, 교수님께서 주신 은혜와 사랑이 그저 필자를 통해 누군가에게도 내려 전해지길 바랄 뿐이다. 철학이 사라진 시대, 교수님의 일갈(一喝)이 오랫동안 울려퍼지길 진심으로 바란다.

** 경찰대 법학과 교수, 법학박사

기준을 제시하지는 못한다. 일명 '콘터간 사례'[1]의 경우에서 요구되는 '합법칙'은 탈리도마이드와 기형발생의 의학적 연관성을 말하는 것인가? 그런데 그러한 지식은 규범적 인과판단의 전제이자 기초자료일 뿐 그것이 규범적 판단의 결과가 될 수는 없는 것이다. 시간적 견련성의 경우도, 단지 살인자를 출생한 엄마의 행위가 살인행위의 발생시점에서 상당시간 이격되어 있으므로 살인행위의 조건이자 원인이 될 수 없다고 설명하는 것일 뿐 견련성의 실체가 충분히 규명되었다고 할 수는 없다. 예를 들어 살인자가 살인행위를 하기 몇 달 전에 살인실행의 동기와 관련하여 그 무언가 기여한 바 있다면 이것은 조건으로 포함해야 하는 것인가 그렇지 않은가? 그것이 몇 주 전이라면?

가장 불분명하고 추상적이지만, 실무에서의 전면적인 기준으로 작동하고 있는 인과관계의 '상당성'이야말로 이러한 문제의 극단이라고 할 수 있다. 필자의 경험 중에는 강의시간에 상당인과관계설에 대해서 한참을 설명하고 나아가 결과적 가중범에서 판례가 중한 결과에 대한 인과관계 판단기준으로 많이 사용하는 '예견가능성'까지 설명을 다 했는데, 그 수업의 말미에 어떤 학생이 "교수님, 계속해서 '상당하다'라는 표현을 많이 사용하시는데 도대체 그게 무엇입니까?"라는 질문을 받은 적이 있었다. 그 순간, "나는 이미 오랜 시간 듣고 읽어서 익숙해져 버렸지만, 별다른 배경지식 없이 접하는 '상당성'이라는 용어는 구체적으로 손에 잡히는 개념이 아니겠구나"라는 것을 새삼스럽게 깨닫게 되었다.

'상당한' 혹은 '상당하다'라는 단어를 국어사전에서 검색하면 '많다'라는 의미와 '알맞다', '적합하다'라는 의미가 동시에 나온다. 인과관계에서 '많다'라는 의미로는 사용되지 않을 것이므로 국어사전의 용례에 맞추어 '상당인과관계'를 표현하면 '알맞은 인과관계' 혹은 '적합한 인과관계'가 될 것인데, 이는 다시 '행위와 결과를 연결함이 알맞거나 적합한 경우'와 같이 표현될 수 있을 것이다. 그런데 이러한 표현은 동어반복에 가까워 보인다. 행위와 결과를 연결함이 알맞거나 적합한 경우라는 것은 인과관계의 판단기준이라기 보다는 인과관계의 통상적 정의라고 보이기 때문이다. 인과관계가 인정된다는 것은 곧 행위와 결과가 연결되어짐이 적합하거나 알맞은 경우일 것이다. 그러므로 무엇이 적합하고 무엇이 알맞은 것인지 기준이 제시되지 않는다면, 일단 사전적 정의에 의할 때는, '상당인과관계'라는 표현은 객관적 범죄성립요건으로서

1) 독일에서 신물질로 개발된 '탈리도마이드'라는 성분이 '콘터간'이라는 이름의 약으로 판매가 되었는데, 그 부작용으로 수많은 기형아가 출생한 사건.

인과관계가 가져야 할 규범적 속성을 표현한 것에 불과하다고 할 수 있다. 즉 인과관계는 원래 '상당한' 것이어야 한다.

Ⅱ. 상당인과관계설에서 '상당성'의 의미에 대한 설명들

1. 인과관계 판단기준인 '상당성'의 시작과 전개

상당인과관계설은 통상 '일반화'를 통한 고찰방법을 사용해야 한다는 사고에 기초하고 있다고 한다. 그리고 이러한 '일반화'의 시작점은, 상당인과관계설의 역사를 정리한 문헌[2]에 의하면 '객관적 가능성'이라는 개념을 사용하여 "어떤 행위가 있음으로써 결과발생의 가능성이 증가했는가 하는 문제"를 다루는 개연성이론[3]이며, 이 이론에서는 "A라는 행위가 B라는 결과를 조성하는 상황이라는 것이 일반적으로 성립하고 있을 때 A를 상당원인, B를 상당결과라고 말할 수 있다"고 설명한다. 이러한 설명에서는 행위가 야기하는 결과에 대한 객관적 가능성이 '일반적인 관련성'의 수준에 이를 때 이를 '상당한 원인'이라고 평가하는 것이며, 가능성이 일반화될 수 있는 수준에 이르렀다는 것은 곧 수치적으로 상당한 수준의 가능성, 즉 '개연성'을 의미하는 것으로 보인다. 그런데 이는 곧 상당성이라는 개념이 '높은 확률의 가능성'을 지칭하는 것이 아닌가 하는 의심을 낳는다. 물론 상당성은 인과관계를 확정하기 위한 규범적 표지이므로 단지 높은 확률이라는 것 자체가 상당성 개념은 본질은 아니고, 높은 확률로부터 규범적으로 형성된 '일반화된 관계'라는 것이 상당성의 본질이라고 추정된다.

상당인과관계설에 대한 학계의 현황에 대해 개관해 보면 우선 독일에서는 상당인과관계설은 이미 사라졌다고 할 수 있는데, 다만 그 가치가 부인되어 소멸된 것이 아니라 이후 전개된 객관적 귀속이론에 그 내용이 흡수되어 전개되고 있다고 표현할 수 있다.[4] 한편 우리나라의 대법원 판례는 상당인과관계설을 확고히 채택하고 있다고 할 수 있지만, 학계에서 상당인과관계설을 지지하는 견해는 매우 소수이다.[5] 따

2) 대표적으로 이용식, "상당인과관계설의 이론적 의미와 한계 – 상당성의 본질", 서울대학교 법학 제44권 제3호(2003).

3) 1888년에 발표된 Kries의 논문 "Ueber den Begriff der objektiven Möglichkeit und einige Anwendungen desselben,"(Vierteljahrsschrift für wissenschaftliche Philosophie 12)에서 주장된 이론이다.

4) 이용식(2003), 201.

5) 교과서 차원에서는 배종대(형법총론, 2001)와 오영근(형법총론, 2002), 그리고 학술논문으로는 도중

라서 상당성의 이론적 실체에 대한 본격적인 연구는 찾아보기 쉽지 않다. 상당인과관계설에 따라 인과관계를 판단하고 있는 대법원의 여러 사례들을 분석하여 상당성의 실체적 의미를 추출 내지는 분석해보려는 시도[6]가 몇몇 있을 뿐이다.

우리나라의 학계에서 상당인과관계설의 타당성을 주장하는 견해는 상당성 판단의 핵심을 '경험적 통상성'이라고 표현한다.[7] 상당인과관계설은 인과관계 자체를 중요한 범위로 제한함으로써 구성요건단계에서 귀책범위를 한정하려고 시도한다. 그리하여 사회생활상의 일반적 경험지식이라는 일반적인 기준에 의하여 결과귀속을 한정한다. 상당인과관계설이 조건설을 전제로 하는 것인지에 대해 명확하게 표현하는 견해는 없으나 결과에 대해서 조건관계가 인정되는 행위 중에서 상당성의 요건을 만족시키는 것만이 상당인과관계를 갖는다고 할 수 있을 것이다. 즉 조건관계에 있는 원인들 중에서 특정한 행위로부터 그러한 결과가 발생하는 것이 '일반적으로 예견할 수 있는 경우'에 상당인과관계가 인정된다고 할 수 있다.

상당인과관계설에 대한 학계의 논의에서 비교적 상세히 논해지고 있는 부분은 결과발생에 대한 일반적 예견가능성의 판단기초를 어디에서 구할 것인가의 문제이다. 즉 예견가능성의 판단을 행위자가 인식한 사정만을 기초로 할 것인지(주관적 상당인과관계설), 아니면 행위시에 일반인이 인식가능한 사정을 기초로 할 것인지(객관적 상당인과관계설) 혹은 그 두 가지 사정을 절충하여 행위시에 일반인이 인식·예견할 수 있었던 사정에다 행위자가 특별히 알고 있었던 사정을 추가하여 판단의 기초로 할 것인지의 문제이다. 이러한 상당성판단의 기초에 대한 문제는 예견가능성이나 객관적 가능성의 구체적 평가에 있어서 차이를 가져올 수 있어서 상당인과관계의 여부를 가를 수 있는 중요한 문제라고는 할 수 있다. 하지만 이 글에서 규명내지는 분석하고자 하는 바는 상당성 판단기법의 구체적 타당성이라기보다는 그 판단기준의 이론적 실체와 실천적 의미이므로 이 문제는 이 글의 논의대상에서는 일단 배제하고자 한다.

진, "형법에 있어서 상당인과관계와 객관적 귀속", 비교형사법연구 제2권 제2호(2000), 이건호, "형법 제17조의 '위험발생'의 의미와 상당인과관계설", 형사법연구 제17호(2002) 정도이다.

6) 김준호, "위험의 실현으로서의 상당인과관계", 저스티스 제137호(2013); 이경재, "상당인과관계설의 상당성 판단기준을 위한 상당성의 구체화 작업 시도: 피해자의 도피행위를 중심으로", 형사판례연구 제21권(2013); 임철희, "피해자의 자기위태화, 상당인과관계 그리고 결과귀속 –대법원 1994. 3. 22. 선고 93도3612 판결에 대한 평석–", 안암법학 제49호(2016); 김종구, "대법원 판례와 상당인과관계설 및 법적 인과관계", 원광법학 제34권 제4호(2018).

7) 도중진(2000), 26.

2. 상당성의 이론적 실체에 대한 여러 분석과 결과들

행위와 결과 간의 관계적 속성으로서 '상당성'의 실체적 의미에 대한 역사적 전개 상황은 상당성개념을 '전형성'으로 기초지우는 질적 고찰설과 '가능성'으로 기초지우는 양적 고찰설로 입장을 정리해 볼 수 있다.

질적 고찰설로 평가되는 입장은 앞서 소개한 Kries의 견해와 일본의 '정형적 인과관계설'이라고 할 수 있다고 한다. Kries의 객관적 가능성은 그 자체로 수치화될 수 있지만 산출된 수치 자체가 객관적 위험성으로 평가되는 것이 아니라 수치로 추정된 결과에 대한 (행위자의) 직관적 인식가능성이 인과관계 판단의 요소가 되는 것이고 이러한 직관적 인식가능성이 '전형성'이라고 표현되고 있다. 구성요건의 정형적 판단에 중점을 두는 일본의 정형적 인과관계설[8]에서는 인과경과를 전체적으로 보아 구성요건이 요구하고 있는 정형성을 갖추고 있는가를 판단하려 한다. 여기서서는 구성요건적 정형성이 곧 전형성의 실체가 된다. 즉 인과경과를 전체적으로 보아 구성요건이 요구하고 있는 정형성을 갖추고 있는가를 판단하려는 것이다.[9]

행위자에게 인정되는 직관적 인식가능성이라는 기준은 인과관계는 객관적 구성요건요소라는 본질적 속성에 반하는 것으로 평가될 가능성이 크다. 물론 직관적 인식가능성을 인과관계 판단기준으로 사용한다는 것은 행위자에게 주관적으로 실재하는 인식을 규명하겠다는 것이 아니라 일반화되고 객관화된 '인식가능성'을 전제로 하는 것이겠지만 근본적으로 사람의 주관적 인식이라는 것이 판단기준이라는 점에서 구성요건요소로서의 '객관성'을 인정하기는 어려워 보인다. 인과관계는 객관적으로 존재하는 사정이므로 이를 행위자나 사후평가자가 인식할 수 있는지의 여하에 따라 인과관계 존재 자체가 바뀔 수 있다는 발상은 어떻게도 받아들이기 어렵다. 이러한 관점이 "책임론의 문제를 먼저 선취하는 것이며, 적어도 객관적 상당인과관계설과는 모순된다."[10]는 비판적 설명은 이러한 맥락으로 이해된다.

이와 같이 상당성의 실체를 질적인 관점에서 규명해보려는 시도가 가진 구조적 문제점과 실천적 가치에 대한 의문점으로 인해 상당성을 인과관계의 척도로 사용하려는 입장의 다수는 이를 양적인 관점에서 바라보려 한다. 즉 객관적으로 측정할 수 있고 많고 적음으로 표현할 수 있는 '결과발생의 가능성'이라는 양적 척도를 상당성

8) 이에 대해서는 대표적으로 團藤重光, 刑法綱要總論(1989).
9) 이용식(2003), 212.
10) 이용식(2003), 212.

판단의 핵심 기준으로 사용하고자 하는 것이며, 그 '가능성'이 객관화된 어느 기준 이상을 넘어서는 것으로 확인될 때 상당성이라는 규범적 척도가 충족되었다고 평가하자는 것이다. 여기서 중요한 것은 그 가능성이 '객관화된 어느 기준 이상을 넘어서는 것'이라는 부분이며 이는 '일반적 결과지배능력 내지 결과야기능력'이라고 표현된다.[11] 이를 이용식 교수는 '일반화적 사고'라고 설명하는데, 그러나 이용식 교수가 적확하게 비판[12]하고 있는 바와 같이 일정한 행위나 행태가 가진 결과에 대한 지배능력이나 야기능력을 객관화·수치화하는 것이 가능할지도 의문인데, 그러한 객관화가 가능하다고 하더라도 그것이 개별적 행위상황에서 인과관계를 긍정할 수 있는 규범적 기준으로 바로 확정될 수 있는지에 대해서는 부정적일 수밖에 없다. 특정한 행위가 '결과에 대한 야기력이 얼마이다'라는 것은 그 행위에 대한 독립적인 평가일 것인데 실제 행위가 행해지고 일정한 결과가 발생하는 상황은 결코 '독립적'이지 않기 때문이다. 예를 들어 '치사율 70%'의 독약을 사용하는 '모든' 상황에서 그 독약의 사용이 결과에 대한 70%의 규범적 인과력을 가지고 있다고 '평가'되지는 않는다는 것이다.[13] 이러한 이유로 상당성을 양적인 개념으로 접근한다고 하더라도 결국은 그 자체로 확정적이고 객관화된 수치나 확률을 그대로 사용하는 것은 아니고 다시 이를 (규범적 개념인) 위험개념으로 전환하여 평가를 하게 된다.

그러나 위험개념 역시 인과관계라는 규범적 요소의 판단기준으로 사용되기에는 유용한 개념이 아니다. 물론 상당성의 본질적 개념에 대해 설명을 시도하는 여러 견해에서 그러한 설명의 출발점이자 개념의 구체화에 사용되는 중요한 '재료'이기는 하다. 인과관계의 표지로서의 상당성을 결과발생에 대한 (질적인) 전형성으로 이해하든 결과발생에 대한 (양적이 의미에서의) 상당한 가능성으로 이해하든 공통적인 출발점이자 배경이 되는 것은 결과발생과 관련하여 그 행위에 내재하는 일정한 영향도라는 의미의 '위험성'이기 때문일 것이다. 즉 인과관계를 행위와 결과의 연관성(혹은 연결성[14])이라고 이해할 때 이러한 연관성(연결성)은 그 행위가 그러한 결과의 필연적 원인으로 평가될 가능성에서 찾게 될 것이고 그것은 곧 그 행위가 그러한 결과를 발생

11) 독일에서 Radbruch가 제시한 상당성 기준 중의 하나.

12) 이용식(2003), 213-214.

13) 보다 자세한 상황에 대한 예시는 이용식(2003), 214.

14) 형법 제17조에서의 '연결'도 이러한 원론적인 의미의 표현으로 볼 수 있다. 이를 좀 더 정치하게 '인과적 연결'이라고 설명하는 견해로 한상훈, "형법 제17조(인과관계)의 유래와 '위험발생' 및 '연결'에 대한 재해석", 형사법연구 제35권 제3호(2023).

시킬 가능성이 얼마나 되는가 하는 위험성 개념이 구체적 기준에 대한 논의의 중심 대상이 됨을 의미한다. 하지만 정리할 수 있는 것은 거기까지이다. 불능미수와 불능범에 대한 논의에서 보듯 위험성의 정도와 판단하는 방식은 매우 다양하고, 특히 행위 자체의 위험성[15]과 구별하여 인과관계의 판단에 있어서 다시 결과발생의 가능성으로서의 위험성 개념이 어떠한 위상으로 간주되는 것이 바람직할 것인가는 그야말로 설명하기 나름인 혼돈의 영역이다. 이는 이용식 교수가 예를 들어 설명한 사례[16]에서 잘 보인다. 어떠한 시도에 대해 일반적인 사람의 인식으로는 결과가 발생할 가능성보다는 발생하지 않을 가능성이 훨씬 크다고 인식되어 그러한 행위를 해도 위험하다고 인식하지 못하는 상태(이러한 경우 흔히 '불가능'하다고 인식한다)에서 행위가 행해졌으나, 실제로는 예상치 못한 외부적인 사정의 영향으로 결과가 발생해 버린 사안[17]에서 '희박한 위험성'은 인과관계의 판단에 어떠한 영향을 주는 것인지 의문이 아닐 수 없다. 우선, 결과가 발생해 버렸는데 이 행위를 '위험성이 희박했다' 혹은 '위험하지 않았다'고 평가할 수 있는 것인가? 반대로 위험성이 희박했다는 사정은 그 행위에 대한 '상당한' 인과성을 바로 부정할 수 있는 근거가 되는 것인가? 이러한 질문들에 대한 답은 결과반가치와 행위반가치의 관계를 어떻게 설정할 것인가 혹은 위험성과 상당성의 관계를 구체적으로 어떻게 설정할 것인가 등의 여러 관점의 차이에 따라 달라질 수밖에 없다. 특히 문제는 이러한 사례에서 '위험성' 개념이 가지는 주관적 특성이 고스란히 드러난다는 것이다. 원래 형법에서의 위험개념은 본질적으로는 주관적인 속성을 가지고 있다. 오늘날 위험개념에 대해 주관적 위험설은 거의 사라지고 객관적 위험설이 대세가 되었다고는 할 수 있지만, 현상학적으로 보면 보호법익에 대한 위협이라는 내용을 가지는 위험은 발생한 결과와 같이 객관적으로 확인하는 것이 아니라 당해 위험으로부터 보호받고자 하는 법익의 주체가 '인식'하는 것이므로 하나의 상황에서 확인된 위험은 사람의 인식에 의해서 이루어지는 주관적인 결과물이고, 따라서 객관적 위험설은 이러한 주관적 위험을 규범적 관점에서 확인하고 승인하기 위한 객관화의 필요성을 강조하는 관점이라고 할 수 있다.[18] 그렇다면 위

15) 어차피 결과가 발생하지 못하는 불능범의 사례에서는 불능범과 불능미수를 가르는 표지인 '위험성'은 인과관계 표지가 아니라 행위 자체의 속성에 대한 표지이다.

16) 이용식(2003), 219.

17) 예를 들어 사거리를 한참 벗어난 거리에서 조준하여 사격한 것이 바람의 영향 등으로 살상력을 가진 채로 명중하여 사망의 결과를 야기한 경우.

18) 이러한 설명은 '위험한 물건'에서의 위험성 판단을 위해서도 필요하다. 拙稿, "특수폭행죄의 해석에

험성 개념에서 출발하는 상당성 판단도 다분히 '주관적'인 것이 될 수밖에 없다는 것이다.[19] 행위의 위험성으로 상당성을 파악하면 외연적으로는 무언가 '객관화된' 고도의 개연성이나 높은 위험성이 상당성의 기준이자 요건이라 말할 수도 있을 것 같지만 개연성이나 높은 위험성의 구체적 실체에 대해서는 여전히 객관화되기 어려운 주관의 세계를 떠도는 양상에서 벗어나기 어려울 것이라는 것이다. 어쨌거나 인과관계는 '객관적' 구성요건요소이다.

일본에서는 이와 같이 직접적으로 위험개념과 연결된 상당성 개념의 모호함을 극복하기 위한 시도로 독일에서 Engisch가 도입한 '위험실현'[20]의 척도를 상당인과관계설의 틀 안에서 이해해 보려고 하는 시도를 하고 있다.[21] 주지하는 바와 같이 이 '위험실현'척도는 우리나라에서는 객관적 귀속의 한 척도로 받아들여지고 있는데, 일본에서는 인과관계의 상당성을 인정하는 척도로 받아들이려는 시도가 있다는 것이다.[22] 행위로부터 결과가 발생하였지만 그 행위가 그러한 구체적 결과를 야기할 위험성이 적다고 평가되어 그러한 행위와 결과발생의 관계를 '일반화'할 수 없는 경우라면 그러한 행위를 '억지할 필요성'이 상대적으로 적어서 '처벌목적'을 추구할 필요가 없다는 생각이다.[23] 나아가 구체적 결과를 야기할 위험이 적은 행위는 결과를 발생시키고자 하는 사람이 이용할 가능성이 매우 적기 때문에 구태여 결과발생의 방지를 위해 그러한 구체적 위험성이 적은 행위까지 처벌할 필요는 없다고 한다.[24] 이러한 생각은 상당성의 '배제요건'으로 '통상인이 이용하지 않을 것 같은 사실'이라는 구체적 기준을 제시하여, 상당인과관계설이 비유형적 인과유형을 배제하여 인과관계의 성립을 규범적으로 제한하는 기능을 수행하도록 한다는 점에서는 긍정적인 면이 있다. 하지만 통상인이 이용할만한 것인가 그렇지 않은가를 객관화하기 위해서는 그

있어서 위험한 물건의 의미", 형사판례연구 제25권(2017), 238-243 참조.

19) 이용식 교수는 이에 대해 '상당성설에서의 입장과 불능범에서의 입장이 일치해야 한다면'이라는 단서를 달아 '결국 상당성을 조금은 주관적인 쪽으로 이해하게 될 것이다'라고 표현하고 있다. 이용식(2003), 220., 주 81.

20) Engisch는 위험실현에 대해 다음과 같이 설명한다. "입법자가 어느 행위를 금지하는 것은 그 행위가 일정한 결과를 발생시키는 위험성을 가지기 때문이다. 입법자가 행위를 금지할 때 상정하고 있는 전형적인 인과경과를 통해 결과가 발생된 경우에 행위의 규범위반성이 기초지워진다."(이용식(2003), 221에서 재인용)

21) 일본에서 상당성설의 전개과정과 현황에 대한 상세한 자료는 도중진(2000), 2-16. 참조.

22) 대표적으로 山口厚. 도중진(2000), 14. 참조.

23) 山口厚. 도중진(2000), 14. 참조.

24) 町野朔. 도중진(2000), 14. 참조.

이용가능성에 대한 추상화의 작업이 반드시 필요하지만 이에 대해서는 역시나 불분명하며, 무엇보다 이러한 생각은 인과관계를 범죄의 성립과 처벌에 있어 그 여부를 좌우하는 '종국적 규범척도'로 간주하는 것으로 보인다는 점에서 오늘날 우리나라 학계에서 대법원의 상당인과관계설에 대해서도 가해지는 '결론적 타당성에 매몰된 판단'이라는 비판에서 자유롭기 어려워 보인다. 처벌의 필요성과 인과관계의 여부를 연결하는 이러한 사고방식은 구성요건요소로서의 인과관계의 위상과 본질을 더욱 불분명하게 만드는 것이라고 할 수 있다.

이상의 논의[25]에 대한 분석에서 우리는 무엇을 얻을 수 있는가? 상당성에 대한 이론적 고찰론에서 공통적으로 추구되는 바는 '보편성', '일반성'이라고 할 수 있다. 어떤 행위를 어떠한 결과에 대한 규범적인 차원에서의 원인이라고 확정하기에 '합당'하고 '적합'하다고 할 수 있어야 인과관계가 인정될 수 있다는 사고에서 출발한다. 그래서 그러한 보편성을 질적인 정합성에서 찾아보고자 하기도 하였고, 일정한 수준 이상의 양적인 가능성이나 위험성에서 구해보고자 하였다. 하지만 질적인 차원에서 정합성을 찾는 시도는 본질적인 모호함과 함께 책임론과 구성요건론을 오가게 되는 구조적인 문제점으로 인해 일찌감치 상당성에 대한 논의의 장에서 사라지게 되었고, 이후 양적인 차원에서의 접근은 단순한 직접적인 결과발생의 가능성에서 나아가 위험개념론에서의 규범적 위험성에 대한 평가과정과 그러한 위험개념에 기반한 인과과정의 유형론으로 발전되어 왔지만, 그럼에도 불구하고 그 종착점에는 여전히 구체화되기 어려운 모호함과 관점에 따른 다양한 선택지가 남아있다고 할 수 있다. 무엇보다 상당성의 실체를 이론적으로 규명하려는 이러한 시도들이 봉착하는 문제점은 '보편화'와 '일반화'라는 개념 자체가 가지는 추상적 속성과 인간이 가지는 인식능력의 근본적 한계에 따라 위험성 개념에 내재한 주관적 속성이 결합하여 객관적 구성요건요소인 인과관계를 주관적인 것으로 만들어버린다는 점이다. 이러한 주관성은 결국 상당성을 판단하여 인과관계를 확정하는 것에 대해 결론의 타당성만을 근거로 판단하는 것이며 상당성개념은 그러한 자의적 결론을 이끌어내기 위한 은신처가 된다는 비판의 근거가 된다. 결론적으로 상당성은 모호하고 다의적이며 실천적 가치가 부족

25) 물론 일본의 상당인과관계에 대한 논의는 여기서 끝나는 것이 아니긴 하다. 이후에도 상당성에 대해서는 행위와 결과의 연결로서의 위험실현 판단, 행위의 현실적 위험성의 확정판단, 결과의 기여도에 대한 판단 등으로 계속해서 모색되고 있다. 하지만 어느 논의도 지금까지 행해진 이론적 분석의 난해함과 혼란스러움을 해결해 주고 있다고 보이지는 않는다.

하다. 온갖 다양성이 가득한 이 세상에서 '일반화'라는 시도가 가지는 근본적인 한계라고 보인다.26)

Ⅲ. 대법원이 말하는 상당인과관계에서의 상당성

그렇다면 대법원은 인과관계의 판단기준으로 판례에서 일관되게 표현하고 있는 '상당인과관계'에 대해 뭐라고 설명하고 있는지가 중요하다. 상당성개념이 근본적으로 모호하고 다의적인 것이라고 하더라도 실무에서 나름의 일관성과 구체성을 가지고 이를 적용하고 정립하여 가고 있다면 그 실천적 가치는 충분히 확보될 수 있다.

그러나 판결문을 통하여 표현되고 그 판결문을 통하여 이해하고 해석할 수밖에 없는 대법원의 생각과 기준은 사실 자세히 알길이 없는 것이 현실이다. 인과관계에 관한 대법원 판례를 보면, 대게 상당한 인과관계가 있다 또는 없다는 형식으로 판결문이 작성되고 있으며, 자세한 판단의 척도는 제시되지 않고 있다.27) 어떠한 논점이나 법리든 상세히 기술하지 않았던 과거의 판결문과 달리 쟁점이 되는 법리나 논점에 대해서는 상세히 기술하고 대법관들의 다양한 반대 혹은 별개 의견이 설시되는 최근의 대법원 판결문에서도 유독 인과관계, 즉 상당인과관계의 의미와 기준에 대해서는 과거의 설시와 별반 차이가 없다. 특히 1980년대 이후 우리 형법학계에는 독일의 객관적 귀속론 등 인과관계에 대한 여러 이론이 소개되어 활발한 논의가 이어져왔고, 그 결과로 위험의 창출, 위험의 실현, 규범의 보호목적범위로 대표되는 객관적 귀속론이 학계에서의 정설로 자리를 잡았다고 할 만한 상황이 20년도 더 지났다고 할 수 있는 시점인데도 대법원의 판결문에 이러한 학계의 논의나 설명이 (표면적으로는) 전혀 반영되고 있지 않다는 점이 의아한 부분이다.28)

---

26) 조금은 다른 이야기일 수 있으나, 예전에 미 해군 전투기의 조종사용 좌석을 설계하는 업체에서 조종사의 신체 각 부위 사이즈를 모두 취합한 다음 이를 토대로 '평균적인 신체사이즈'를 추출해 내고 이에 맞추어 조종사용 좌석을 만들었던 사례가 있다. 그러나 이 조종사용 좌석은 개별 조종사 누구에게도 편하게 맞지 않아서 결국 금방 퇴출되었다고 한다. 일반화·평균화 오류의 대표적인 사례라고 할 수 있다. 이 사례는 Todd Rose(정미나 역), 평균의 종말, 21세기북스, 2021에서 인용함.

27) 김종구(2018), 105.

28) 김종구 교수는 1980년대 이후 법학교육을 받고 법조계에 몸담고 있는 판사들은 객관적 귀속론에 대해 충분한 이해도가 있을 것인데도 상황이 다르지 않는 점이 문제이며, 이는 실무를 담당하는 판사들이 학계의 동향에 무관심하다는 것을 보여주는 것이라고 비판한다. 김종구(2018), 103.

그럼에도 불구하고 지금까지 판례의 분석을 통해 상당인과관계의 구체적 내용과 기준을 모색해 온 문헌들의 내용과 비교적 최근에 나온 판결문들을 종합해 보면 대법원이 사용하는 상당인과관계론에서 상당성의 기준은 다음의 몇 가지로 정리해 볼 수는 있을 것 같다.

1. 직접적인 조건관계

일정한 행위가 발생한 결과에 대해 직접적으로 조건적인 원인관계에 있는 경우에는, 굳이 이를 '상당한' 인과관계라고 표현할 필요는 없지만, 대법원도 상당인과관계를 인정하고 있다. 이러한 유형은 인과관계에 대한 규범판단의 이전에 사실판단의 단계에서 소위 조건공식[29]을 충족하여 인과관계가 긍정되는 유형이라고 할 수 있다. 비교적 최근의 사례로는 다음의 사례를 들 수 있다.

[대법원 2012. 3. 15. 선고 2011도17117 판결]

피고인의 택시가 차량 신호등이 적색 등화임에도 횡단보도 앞 정지선 직전에 정지하지 않고 상당한 속도로 정지선을 넘어 횡단보도에 진입하였고, 횡단보도에 들어선 이후 차량 신호등이 녹색 등화로 바뀌자 교차로로 계속 직진하여 교차로에 진입하자마자 교차로를 거의 통과하였던 피해자의 승용차 오른쪽 뒤 문짝 부분을 피고인 택시 앞 범퍼 부분으로 충돌한 점 등을 종합할 때, 피고인이 적색 등화에 따라 정지선 직전에 정지하였더라면 교통사고는 발생하지 않았을 것임이 분명하여 피고인의 신호위반행위가 교통사고 발생의 직접적인 원인이 되었다고 보아야 한다.

[대법원 2022. 6. 16. 선고 2022도1401 판결]

피고인의 트럭이 피해자를 직접 충격한 것이 아니었다고 할지라도, 피해자가 도로에 넘어진 직접적인 원인은 횡단보도를 통과하면서 감속하지 않은 피고인의 차량이 급정거한 때문으로 봄이 합리적이다. 즉 피고인의 트럭이 피해자를 직접 충격하지 않았더라도 피고인이 횡단보도 부근에서 안전하게 서행하였더라면 사고 발생을 충분히 피할 수 있었을 것이므로, 피고인의 업무상 주의의무 위반과 사고 발생 사이의 상당인과관계를 부정하기는 어렵다.

---

29) "A행위가 없었다면 B라는 결과가 발생하지 않았을 것이다"는 명제가 참이면, A는 B의 조건이 된다.

위 사례들에서 인과관계가 긍정되는 이유로 설시되는 것은 각 행위(정지선에서 정지하지 않고 그대로 달린 행위, 횡단보도를 감속하지 않고 통과한 행위)가 없었다면 이 사건의 결과인 사고는 일어나지 않았을 것이라는 사실판단의 결과이다. 이러한 사실판단이 실제로 타당한 것인지는 별론으로 하고, 이러한 사실판단의 결과에 따른 조건적 인과관계의 결정방법이 규범적 인과관계판단까지 모두 포함하는 성격의 상당인과관계설이라고 규정될 이유가 있는지는 의문이다. 이러한 판례에서 대법원이 사용한 인과관계판단의 방법은 단순한 조건설에 지나지 않는 것이다. 조건공식에 따라 판단된 인과관계의 결과에 대해 '상당인과관계'를 운운하는 것은 내용이 없는 것에 (그동안 쭉 관행적으로 사용되던) 명패만을 패용한 것에 불과한 것이다.

대법원이 이러한 사례들에서 단순히 조건설에 따라 판단한 것이라고 평가하는 또 다른 이유는, 사실 이 사례들은 다른 (객관적 귀속론에서 제시하는) 규범적 판단기준들이 사용되어 평가될 여지가 충분히 있는 사례들이라는 점이다. 정지선에서 정지하지 않은 행위, 횡단보도를 빠르게 통과하는 행위가 곧바로 결과를 야기한 것이 아니라 피해자나 다른 현장의 사정이 개입하여 발생한 사고이다. 이러한 유형에서는 (과실범 사례이므로) 합법적 대체행위이론이나 규범의 보호목적범위의 차원에서의 규범적 검토가 필요하다. 특히 후자의 경우 피해자가 도로에 넘어진 것은 피해자도 주의를 다하지 않았거나 (피고인에게 귀책시키기 어려운) 놀람으로 인한 결과로 볼 수도 있기에 피고인에게 귀책이 인정될 상황인지에 대해서는 면밀한 검토가 필요하다. 이후에 보는 바와 같이 몇몇 사례에서 대법원은 행위가 결과에 미친 영향력을 규범적 차원에서의 귀책가능성의 여부로 검토하고 있다. (상당)인과관계를 긍정할 때에는 단순히 조건공식에 따라 그 행위가 원인이 되었다고 단정하면서, 인과관계를 부정하는 경우에는 규범적으로 귀책이 된다고 보기 어렵다는 평가의 결과라고 설시하는 것은 인과관계에 대해 정해진 결론에 따라 다른 방법론을 사용하는 것처럼 보여서, 상당성개념을 자의적 결론의 은신처로 사용한다는 비판의 대상이 될 수밖에 없다.

2. 예견가능성

대법원이 설시하는 상당성의 핵심적인 표지는 주지하는 바와 같이 '예견가능성'이라고 할 수 있다. 특히 대법원은 인과과정에 피해자의 선택 등 다른 사정이 개입한 경우에는 행위자의 행위가 (추상적 차원에서) 결과를 발생시킬만한 충분한 가능성을 가진 것이라면 피해자나 제3자의 행위로 인한 개입사정이 ‘통상 예견할 수 있는 것’인 경우에는 상당인과관계를 원칙적으로 긍정하는 태도를 보이고 있다.[30] 그러나 그러한 상황의 전개가 통상적으로 예측가능한 범위내에 있다는 것이 규범적으로 인과관계를 긍정할 수 있는 결정적 근거가 되어야 할 이유에 대한 설명은 찾아보기 어렵다. 이에 대해서 대법원의 상당성을 ‘위험실현 여부’로 이해하는 입장에서는 ‘통상의 예견가능성’이 긍정된다는 표현은 위험실현의 개연성이 인정되었다는 규범적 판단의 결과라고 평가하기도 하나[31], 대다수는 중간에 개입한 사정이 결과의 발생에 어떠한 영향을 미쳤고 그로 인해 처음의 행위에 결과를 귀속시킬 수 있을지에 대한 규범적 판단이 배제되어 있는 것이라고 평가한다.[32]

나아가 예견가능성이라는 척도가 가지는 큰 문제점은 인과관계를 규범적으로 제한하는 기능이 사실상 없다는 것이다. 판례사례에서 예견가능성의 척도가 가장 유용하게 사용되는 유형은 피해자가 행위자의 공격을 피하기 위해 일정한 선택적 행위를 해서 발생한 사고의 유형이라고 할 수 있다. 행위자의 공격으로부터 벗어나기 위해 피해자가 높은 곳에서 뛰어내리거나 부주의하게 도로를 횡단하는 등의 행위를 해서 그로 인해 상해를 입거나 심지어 사망에 이르는 경우, 인간은 누구나 자신에게 다가오는 해악으로부터 도피하려고 하며, 범죄피해자가 범죄행위로부터 피하려고 한다는 것은 사회의 일반구성원이라면 누구나 알고 있는 것[33]이므로 이러한 피해자의 선택은 충분히 예견가능하다는 것이 행위자의 공격행위에 상당인과관계를 인정하는 이유이다.[34] 그런데 도피행위와는 달리 강간죄의 피해자가 수치심에 자살한 사례에서는 예견가능성에 대한 평가없이 “강간행위로 인하여 생긴 당연의 결과라고 볼 수 없다”[35]고 인과관계를 부정하고 있다. 하지만 예견가능성만을 기준으로 보면 이러한 사례에서도 예견가능성이 부정되는 것은 아니기에 인과관계가 부정되어야 할 이유가 없다.[36] 범죄피해자가 범죄로 인하여 받게되는 피해의 양상은 범죄행위시에 바로 확정되는 것이 아니라 시간을 두고 여러 형태로 발현될 수 있으며, 아울러 2차 피해에 대한 사회의 관심과 인식도가 높아지고 있는 것을 감안하면 이러한 피해에 대한 인

30) 대표적인 사례로 대법원 1994. 3. 22. 선고 93도3612 판결 사례(소위 ‘김밥콜라 사례’).
31) 김준호(2013), 321.
32) 이용식(2003), 232; 임철희(2016), 221.
33) 김호기, “형법학에서의 인과관계의 의미와 객관적 귀속론”, 형사법연구 제26호(2006).
34) 대표적으로 대법원 1990. 10. 16. 선고 90도1786 판결.
35) 대법원 1982. 11. 23. 선고 82도1446 판결.
36) 이에 대한 자세한 설명으로 김호기(2006), 544.

과관계의 유무는 일반적인 예견가능성만으로 판단될 수는 없는 것이다. 이와 같이 예견가능성이라는 차원에서 연결되어 발생하는 현상들의 문제는 다음의 사례에서도 볼 수 있다.

[대법원 2014. 7. 24. 선고 2014도6206 판결]

스스로 편도 2차로의 고속도로 추월차로인 1차로 한가운데에 정차한 피고인으로서는 현장의 교통상황이나 일반인의 운전 습관·행태 등에 비추어 고속도로를 주행하는 다른 차량 운전자들이 제한속도 준수나 안전거리 확보 등의 주의의무를 완전하게 다하지 않을 수도 있다는 점을 알았거나 충분히 알 수 있었다고 할 것이므로, 설령 이 사건에서 피해자들의 사상의 결과 발생에 피해자 공소외 2의 과실이 어느 정도 개재되었다 하더라도, 피고인의 정차 행위와 그와 같은 결과 발생 사이에 상당인과관계가 없다고 할 수 없다.

예견가능성은 일반인을 기준으로 객관적으로 판단되어야 하는 것인데, 피고인이 한 것과 같은 행위로 뒤따르는 차량들에 의하여 추돌 등의 사고가 야기되어 사상자가 발생할 수 있을 것이라는 점은 누구나 쉽게 예상할 수 있다고 할 것이다. 설령 피고인이 정차 당시 사상의 결과 발생을 구체적으로 예견하지는 못하였다고 하더라도, 그와 같은 교통방해 행위로 인하여 실제 그 결과가 발생한 이상 교통방해치사상죄의 성립에는 아무런 지장이 없다.

고속도로에서 달리던 차량이 갑자기 정차하여 뒤따르던 차량들이 급정거하였고, 그러다 뒷차 중의 한 대가 정지하지 못하고 앞차를 추돌하여 그 차의 운전자와 앞차들의 승객들에게 사상의 결과가 발생한 사안에서, 대법원은 판결문에서 보는 바와 같이 추돌의 발생장소가 최초 급정거한 곳에서 몇 대의 차량을 지나서 떨어져 있었고 추돌한 차량이 안전거리를 확보하지 못했거나 전방주시를 제대로 하지 않은 과실이 있었을 것으로 추정되는 상황이라고 하더라도 이러한 상황은 고속도로에서 차량을 갑자기 정차하는 행위자에게 충분히 예측가능한 상황이라는 것을 상당인과관계를 인정하는 핵심적인 근거로 들고 있다. 그러나 예견가능성을 기준으로 하면 행위자에게 인과관계가 인정되는 범위는 그 뒤에 벌어지는 고속도로의 정체상황에서 발생하는 모든 상황으로 확장될 가능성이 있다. 행위자의 급정거로 발생한 정체의 꼬리(그 위치가 최초 정차장소에서 100m이건 1km이건 상관없이)에서 이 사건과 같이 안전거리 미확보나 전방주의태만으로 추돌사고가 날 가능성은 누구에게나 예상가능한 상황이기 때문이다. 그러니 이 사례 역시 후방에서 발생한 사고의 책임은 최초의 정차행위자에게 지우는 것이 타당하겠다는 결론에 따라 예견가능성이라는 논거를 적극적으로 사용하여 상당성을 긍정하였다는 평가에서 자유롭기 어렵다. 예견가능성이 인정된다고 1km 이상 떨어진 정체의 꼬리에서 발생한 사고에 대해서까지 최초 정차행위자에게 상당인과관계를 긍정할 것이라고는 예상되지 않는다. 그러므로 예견가능성은 제한적으로 상당성을 긍정하는 직접적인 표지가 될 수 없다.

3. 규범적 귀책가능성

최근의 판례들에서는 상당인과관계에서의 상당성을 입증의 문제이자 대상으로 보는 경우들도 나타나고 있다. 다음의 사례들을 보자.

[대법원 2022. 5. 26. 선고 2021도12218 판결]

설령 일련의 조치 과정에 관련 규정을 따르지 않은 잘못이 일부 있더라도 그러한 규정은 다른 선박의 항로 방해 위험성 등 외부적 위험이나 기상 악화 시 선박 자체의 작업 안전성 등의 목적을 달성하기 위하여 부과된 행정적 조치·의무에 관한 것이어서 이를 해태하였다고 하여 그에 관한 행정적인 책임을 넘어 형사상의 과실까지 당연히 인정된다고 단정할 수 없고, 나아가 위와 같은 일련의 조치 과정에서 인정된 사정과 이 사건 사고 사이의 상당인과관계에 대하여도 합리적인 의심의 여지 없이 확신을 가지게 할 정도로 증명이 이루어졌다고 보기도 어렵다.

[대법원 2022. 4. 28. 선고 2021도11012 판결]

설령 피고인의 재판관여행위가 담당재판장이나 담당판사의 행위에 하나의 계기가 되었다고 하더라도, 담당재판장들이나 담당판사는 피고인의 요청을 무조건 따른 것이 아니라 위에서 본 바와 같은 논의 등을 거쳐 독립하여 재판을 수행하였고, 피고인에게 법관의 재판권에 관하여 지휘·감독할 수 있는 사법행정권이 없음을 잘 알고 있었으며, 피고인의 말을 권유 정도로 이해한 점 등에 비추어 보면, 피고인의 재판관여행위와 결과 사이에 상당인과관계 또한 인정되지 않는다.

인과관계의 판단은 인과과정에 대한 사실자료가 확정된 상태에서 그러한 자료에 대해 여러 사실적 기준과 규범적 기준으로 평가하고 판단하는 것이라고 할 수 있는데, 상당인과관계의 '입증'이나 '증명'이 이루어지지 않았다는 것이 정확히 어떠한 의미인지 이해하기가 어렵다. 전자의 경우 형사책임의 인정여부에 대한 의문이 있는 상황이어서 행위자에게 과실범의 범죄책임을 지우기 어렵다는 취지로 보이는데 이를 '상당인과관계의 여부가 의심의 여지없이 증명되지 않았다'고 표현하고 있어서, 이전의 사례들에서 보였던 인과관계 판단과 최종적 범죄책임의 인정여부를 혼용하는 태도가 보인다고 할 수 있다. 후자의 경우는 피고인의 행위가 직권남용권리행사방해죄에서의 구성요건적 실행행위에 해당하는지 여부에 대한 판단과정과 상당인과관계의 여부를 중첩시키고 있는 것으로 보인다. 설시되고 있는 논거자료는 강요행위가 있었는지의 여부에 대한 것들로 보이는데 이에 대해 상당인과관계가 인정되지 않는다는 평가를 하는 것은 앞서 소개한 행위의 직접적 위험성을 근거로 상당성을 판단하려는 과거의 시도를 떠올리게 한다. 이러한 판결문의 설시를 이론적 문제없이 선해하는 방법은 '상당인과관계'를 범죄의 성립에 관련한 최종적 결론으로 이해하는 것이다. 사실 상당인과관계설에서 이러한 태도는 생소한 것이 아니다. 이미 상당인과관계설에 대한 논의의 출발에서 '정의감정' 및 '결론의 타당성'은 상당성의 개념요소로 제시되었던 바 있다.[37)]

4. 합법칙적 대체행위 이론

인과관계에 대한 학계의 논의에서 상당인과관계설과 객관적 귀속이론은 이른바 '다른 트랙'으로 간주되지만, 특정한 유형에서는 대법원이 상당인과관계의 여부를 판정함에 객관적 귀속이론의 전형적 척도를 그대로 사용하는 경우도 있다. 합법칙적 대체행위 이론이 적용되는 과실범의 인과관계 사례가 그것이다. 다음에 보는 바와 같이 대법원은 객관적 귀속이론에서 위험실현의 척도와 관련하여 제시되는 합법칙적 대체행위 이론의 판단방법을 거의 그대로 사용하면서, 다만 합법칙적 대체행위 이론에서 견해의 대립이 있는 부분에 대해서는 어느 쪽으로 일관되지 않고 사례에 구체적 타당성에 맞추어 판단하는 경향을 보이고 있다.

[대법원 2011. 4. 14. 선고 2010도10104 판결]

피해자는 이전에도 여러 차례 봉침시술을 받아왔었고 봉침시술로 인하여 아나필락시 쇼크 및 면역치료가 필요한 상태에 이르는 발생빈도가 낮은 점 등에 비추어 피고인이 봉침시술에 앞서 피해자에게 <u>설명의무를 다하였다 하더라도 피해자가 반드시 봉침시술을 거부</u>

37) 이용식(2003), 213 참조.

하였을 것이라고 볼 수 없으므로, 피고인의 설명의무 위반과 피해자의 상해 사이에 상당인과관계를 인정하기는 어렵다.

[대법원 2018. 1. 25. 선고 2017도12537 판결]

피고인이 (해당 물질에 대한) 급성 흡입독성시험을 실시하였다면, 제품의 유해성을 확인할 수 있었을 것이므로, 위 피고인이 급성 흡입독성시험을 실시하지 않은 업무상과실과 이후 발생한 피해자들의 사상의 결과 사이에 인과관계가 인정된다.

일정한 주의규범이 제시하는 의무적인 조치를 행하지 아니하였고, 그 후 그러한 주의규범이 방지하고자 한 일정한 결과가 발생한 경우, 그 주의규범에 따른 조치를 다하였다면 결과가 발생하지 않았을 것으로 평가되는 경우에는 그 발생한 결과는 일정한 조치를 다하지 않는 과실행위자에게 귀속된다. 그러한 결과는 주의의무 위반의 과실행위로 인한 것으로 규범적으로 평가되기 때문이다. 이러한 합법적 대체행위이론의 평가방식이 그대로 사용된 사례들이다. 전자는 주의의무를 다하였더라도(즉 설명의무를 다하였더라도) 피해자의 선택에 따라 결과가 발생할 가능성이 충분히 있었으므로 결과귀속을 부징해야 할 사례이고, 후자는 반대로 주의의무를 다하여 흡입독성시험을 실시했다면 제품의 유해성이 사전에 인식되어 피해자들이 상해를 입을 상황이 발생하지 않았을 것이라는 점이 인정되어 피해자들에게 발생한 상해의 결과를 귀속시킬 수 있다는 사례이다. 대법원은 이러한 판단방식을 그대로 사용하면서 다만 귀속이 아닌 (상당)인과관계라도 표현하고 있다.

앞의 사례들은 합법적 대체행위의 가정적 결과가 어느 쪽으로든 확인되는 경우들이다. 하지만 합법적 대체행위의 가정적 결과가 어느 한 쪽으로 확정되지 못하고 가능성의 영역으로 남게 되는 경우에는 주지하는 바와 같이 무죄추정설(의무위반관련성설)과 위험증대설(또는 확연한 증대를 요구하는 절충설)로 다시 학계의 견해가 나뉜다. 그런데 다음에 보는 바와 같이 대법원 판례 역시 마찬가지이다.

[대법원 1990. 12. 11. 선고 90도694 판결]

혈청에 의한 간기능검사를 시행하지 않거나 이를 확인하지 않은 피고인들의 과실과 피해자의 사망 간에 인과관계가 있다고 하려면 피고인들이 수술 전에 피해자에 대한 간기능검사를 하였더라면 피해자가 사망하지 않았을 것임이 입증되어야 할 것(수술 전에 피해자에 대하여 혈청에 의한 간기능검사를 하였더라면 피해자의 간기능에 이상이 있었다는 검사결과가 나왔으리라는 점이 증명되어야 할 것)이다.

[대법원 1995. 9. 15. 선고 95도906 판결]

공사감독관이 위와 같은 직무에 위배하여 당해 건축공사가 불법하도급되어 무자격자에 의하여 시공되고 있는 점을 알고도 이를 묵인하였거나 그와 같은 사정을 쉽게 적발할 수가 있었음에도 직무상의 의무를 태만히 하여 무자격자로 하여금 공사를 계속하게 함으로써 붕괴사고 등의 재해가 발생한 경우에, 만일 자격있는 자가 시공을 하였다면 당해 재해가 발생하지 아니하였거나 재해 발생의 위험이 상당히 줄어들었으리라고 인정된다면, 공사감독관의 그와 같은 직무상의 의무위반과 붕괴사고 등의 재해로 인한 치사상의 결과 사이에 상당인과관계가 있다.

전자는 무죄추정설과 같이 합법적 대체행위의 경우에 결과발생의 가능성이 거의 0에 수렴해야 한다는 견해를 취한 것이고, 후자는 (절충설적)위험증대설과 같이 합법적 대체행위의 경우에 결과발생의 가능성이 없거나 현저히 줄어드는 경우에는 결과귀속을 긍정할 수 있다는 입장을 취한 것이다. 대법원이 이와 같이 동일한 유형에서도 판단의 기준을 달리 한 것은 의료과실의 특수성과 안전관리의 중요성 등 문제영역별로 요구되거나 고려되어야 할 사회적 평가기준이나 가치가 함께 반영된 결과로 보인다. 그런데 어쨌거나 이러한 판단기준과 방법론은 전형적인 규범적 귀속론이라고 할 수 있고 인과관계의 상당성으로 논할 문제라고는 보이지 않는다. 상당성을 이와 같은 상황에서도 사용하는 것은 상당성의 정체성에 대한 모호함을 더욱 가중시킴과 동시에 계속해서 지적되는, 자의적 판단의 결과물로 상당성이 채워지고 있다는 의심을 더욱 강화시키는 것이라고 하지 않을 수 없다.

Ⅳ. 마무리: “상당인과관계에서 ‘상당’을 지우자”

대법원이 ‘상당’인과관계라고 표현하는 것의 실천적 의미는 어디에서도 찾을 수가 없다. 상당성개념의 본질을 찾아가는 여정이 그 종착지를 발견하지 못한 채로 거의 끝나가는 상황이라고 할 때 대법원이 인과관계 판단에 관한 새로운 루트를 개발하지 않은(혹은 개발하려는 의지도 보이지 않은) 상황에서 ‘상당’이라는 명패를 계속 사용하는 것은 인과관계론을 이해할 수 있도록 체계화하려는 학자들의 노력을 외면하는 처사이자, 조금 심하게 말하면 내용이 없는데 무엇인가 있는 것과 같이 보이려는 일종의 ‘명칭사기’라고도 할 수 있다. 이 말은 개별 사례들에서 인과관계에 대한 대법원의 판단결과가 틀렸다거나 바람직하지 않다는 의미가 아니다. 인과관계는 본래 사실판단의 과정과 규범판단의 과정이 혼합되어 있는[38] 복합적 사고작용을 필요로 하며, 나날이 복잡하고 다양한 행위양태가 나타나는 현대사회에서 인과관계 판단기준의 단계화·유형화는 불가피한 과제라고 할 수 있다. 또한 과학적·사실적 인과관계가 아닌 (형)법적 인과관계라는 점에서 사회적 가치판단의 결과 또한 필연적으로 반영될 수밖에 없고 그런 차원에서 객관화하기 어려운 주관의 영역이 존재하는 것 또한 감수해야 할 것이다. 다만 본문에서 언급한 바와 같이 상당성이 가지는 문제는 그 주관의 영역이 너무 크고 또 일반적 관점에서 구체적인 내용과 기준이 가늠이 잘되지 않는다는 점에 있는 것이다. 객관적 귀속이론이 규범적 귀속의 체계화를 위한 노력이라는 점을 대법원도 이해하고 함께 동참해 나갈 필요가 있다고 생각한다. 그러려면 우선 판결문에서 쓰고 있는 상당인과관계에서 ‘상당’이라는 글자부터 지워야 한다.

38) 인과관계의 내용이 그렇다는 것이지 이를 상당인과관계설과 같이 혼합하여 판단해야 한다는 의미는 아니다.

제3장

결과의 조기발생 사례

결과의 조기발생 사례

최 준 혁*

I. 들어가며

1. 이용식 교수님에 대한 기억

기억으로는, 이용식 교수님께서 이화여자대학교에 계시다가 서울대학교로 1997년에 부임하셨고, 필자는 학부 마지막 학기인 그해 1학기에 교수님의 형사소송법 강의를 듣게 되었다. 교수님께서는 故 이재상 교수님의 교과서를 강의에서 사용하시면서 따로 강의안을 나눠주셨는데, 표가 여러 개 들어있는 등 알기 쉬운 내용이어서 그 후 상당기간 동안 보관하고 있었다. 석사과정과 박사과정에서도 교수님이 개설하신 여러 강의를 수강하였다.

교수님과 본격적으로 가까워지게 된 상황은 교수님께서 2004년에 독일 프라이부르크(Freiburg) 대학으로 1년 동안 연구년을 오셨을 때이다. 프라이부르크 대학에서 에저(Eser) 교수의 지도로 박사학위를 받으신 교수님은 그 후에도 방학 때마다 프라이부르크에 자주 방문하신다고 알고 있었는데, 공교롭게도 교수님께서 프라이부르크에서 연구년을 보내신 기간은 필자가 그 대학에서 LLM 과정에 있던 2003－2005년과 겹쳤고, 그 결과로 교수님을 1년 동안 '모시게' 되었다. 조교는 아니지만 조교와 비슷한 상황이 된 것이다.

필자는 프라이부르크에서 공부하겠다는 생각을 처음부터 하지는 않았지만, 생각해보면 프라이부르크에 머물렀던 2년이 인생에서 가장 즐거웠던 순간 중 하나였다. 그 이유 중 하나가 이용식 교수님인데, 앞에서 '모신다'는 표현을 쓰기는 하였으나 일반적인 교수－조교의 관계는 아니었다고 기억한다. 즉, 상하관계가 아니라 -감히 이렇

* 인하대학교 법학전문대학원 교수, 법학박사

게 표현할 수 있다면- 대등한 관계에서 여러 가지 주제에 대한 깊은 논의를 교수님과 단독으로 장시간 하게 되는 상황에 직면하였다. 필자는 당시 주제였던 중지미수에 대하여 궁금한 점을 교수님께 여쭈어 보았고, 교수님께서는 간접정범의 본질에 관심을 가지고 계셨기 때문에 간접정범이 정범인지 공범인지에 대한 토론을 계속 하게 되었다.[1] 당시에도 필자는 어떤 독자적인 의견을 제시할 정도의 능력은 없었고 교수님의 대화 상대가 되면서 가끔 간단한 생각을 교수님께 말씀드리거나 질문을 하는 정도였는데 그 과정에서 정말 많은 내용을 배우고 생각할 수 있었다. 교수님이 계시는 기간 동안 교수님의 제자들이 프라이부르크를 방문하였는데, 지금은 학계의 중진으로 활약하는 그분들을 집에 초대해서 한식을 대접하면서 잘 놀았던 기억도 생생하다.

독일에서 돌아와서 중지미수에 대한 박사논문을 쓸 때도 교수님께서 심사위원으로서 엄격하게 지도해 주셨고, 교수님께서 쓰신 논문도 많이 참고하였다. 중지미수에 관한 교수님의 논문 중 몇개가 2005년과 2006년에 집중되어 있는데[2][3] 중지미수가 교수님의 관심범위에 들어간 이유에 교수님의 연구년 체류 당시 필자의 무식한 질문이 원인의 하나가 되지 않았을까 추측해 본다. 적어도 '자의성은 실체가 없기 때문이다. 그렇다면 중지미수의 본질은 자의성이 될 수 없다'는 지적[4]은 필자의 생각[5]과 완전히 동일하다.

교수님께서는 예나 지금이나 학회에서 예리하고 긴 질문을 하시기로 잘 알려져 있는데, 다행히도 필자가 한양대에서 열린 한국형사법학회 2007년 춘계학술회의에서 신진학자발표를 할 때는 별다른 질문을 하지 않으셨다. 그런데, 형사판례연구회나 대

---

1) 이용식, "의무범 이론에 대한 소고", 현대형법이론 II, 박영사, 2008, 134면은 '간접정범의 정범성을 인정하는 것은 어디까지나 우리 형법에 대한 객관적 해석의 결과라고 이해해야 할 것이다. 이 글에서도 간접정범을 정범으로 보는 것을 전제하였다'고 분명히 밝힌다.
독일형법의 모욕죄를 의무범으로 분류하는 록신(Roxin)의 견해에 대해 이용식, 현대형법이론 II, 123면. 록신의 사례는 로젠펠트(Rosenfeld)가 제시하였는데, 그에 관하여 최준혁, "출판물에 의한 명예훼손죄의 해석론 – 가중처벌요소와 공범을 중심으로 –", 형사정책 제25권 제3호(2013), 93면.
2) 이용식, "부작위형태의 중지행위의 요건에 관하여", 현대형법이론 II, 3면; 이용식, "부작위범의 중지미수", 현대형법이론 II, 45면.
3) 그 후에는 이용식, "과실범의 중지미수", 과실범과 위법성조각사유, 박영사, 2020, 105면; 이용식, "중지미수의 자의성", 과실범과 위법성조각사유, 121면.
4) 이용식, "중지미수의 자의성", 과실범과 위법성조각사유, 147면.
5) 최준혁, 중지미수의 이론, 경인문화사, 2008, 242면; '중지미수의 핵심적 요건이라고 흔히 설명하는 자의성 판단': 최준혁, "이탈과 중지미수, 그리고 인과성", 형사판례연구 제30권(2022), 80면.

법원 형사실무연구회 등 여러 자리에서 다른 분들의 발표에 대해 교수님께서 그 자리에서 하시는 질문이나 말씀은 물론이고 필자에게 따로 질문하시는 내용에도 정말 유익한 부분이 많았다. 정년퇴임 이후에도 학회참여 및 논문 등으로 활발히 활동하시고 있는 점도 본받을 필요가 있다고 생각한다.

지도교수님인 신동운 교수님을 비롯하여 서울대학교에서 배운 여러 선생님들께 항상 감사하는 마음을 가지고 있는데, 지도교수님뿐만 아니라 이용식 교수님도 학문적으로 필자에게 많은 영향을 주셨다고 생각한다. 하지만, 예전에 교수님께서 2017년에 한국교정학회의 『교정연구』 편집위원장을 하시게 되었을 때 편집위원을 맡아 일한 것 이외에는 교수님의 학은과 인간적인 매력에 보답할 기회가 거의 없었던 것 같다. 바쁘다는 핑계로 교수님 댁 앞으로 찾아뵙지도 못하고 있어 죄송할 따름이다.

어떤 독일학자의 기념논문집에서 '기념논문집에 글을 써 달라는 의뢰를 받았을 때 사실 선뜻 내키지 않는 경우도 있지만, 이 경우에는 꼭 써야겠다고 생각했다'라는 취지로 퀼(Kühl)이 쓴 글을 본 기억이 있는데, 필자에게 이용식 교수님의 칠순기념논문집에 무엇인가 쓸 수 있는 기회는 여기에 해당하며 참여할 수 있게 되어서 매우 기쁘다.

2. 이용식 교수님과 착오론

한때 교수님의 제자들이 농담삼아 '착오학파'라고 스스로를 지칭하였다는 점에서 보듯이 교수님은 착오론에 대한 여러 글을 쓰셨다. 『현대형법이론 I』에 착오론이라는 제목으로 실린 "공격객체의 특정과 고의의 인정여부", "개괄적 고의사례에 관한 이론적 논의", "결과의 조기발생사례의 형법적 취급", "이중착오", "오상공동정범" 이외에도 『과실범과 위법성조각사유』에 실려 있는 위법성조각사유의 전제사실의 착오에 대한 두 글[6] 등이 있다.

이 글에서는 결과의 조기발생 사례에 대한 교수님의 생각이 무엇인지를 확인하려

6) 이용식, "위법성조각사유의 전제사실의 착오에 대한 대법원판례의 이해구조 －오상을 이유로 하는 위법성조각과 정당방위상황의 인정－ －판례의 시각에 대한 학계의 이해부족－", 형사판례연구 제24권(2016), 157－198면; 이용식, "과실범의 위법성조각사유의 전제사실에 관한 착오－과실범에서의 오상방위 오상피난－더블과실인가 하프과실인가－주관적(책임) 과실조각 혹은 면책가능한(허용된) 위험－", 교정연구 제26권 제4호(2018), 101－126면.
두 글은 교수님께서 최근에 쓰신 글의 특징인 '길어지는 제목'을 잘 보여준다.

고 한다. 결과의 조기발생 사례는 반전된 개괄적 고의 사례라고도 부르는데,[7] "종래 우리나라에서는 논의가 그다지 많지 않았고, 고의기수가 인정된다는 결론만이 간단히 언급되고 있을 뿐 그 논거는 제시되지 않고 있다."[8] 그에 대한 대법원 판례도 없다.[9] 그러다보니 이에 관한 몇 안 되는 국내의 논의는 출발점으로 독일의 학설과 판례를 자세히 소개한다.

독일의 논의를 적절히 활용하는 것에 대해 필자는 아무런 저항감이 없으나,[10] 최근에는 일반적으로 그다지 환영받지 못한다고 보인다. 피해자를 이용하여 강제추행죄의 간접정범이 될 수 있다는 2016도17733 판결을 비판한 글의 결론[11]에서 교수님은 아래와 같이 쓰셨다.

> 피해자의 자손행위를 이용한 경우에 간접정범과 자수범에 관한 독일이론을 아무런 비판적 성찰 없이 답습하고 있다. 종래의 고정관념을 단순히 반복하는 데 그치고 있다. 바로 필자 자신이 평생 그래왔다(독일산 앵무새). 독일이론에 대한 이러한 맹신적 추종은 도저히 받아들일 수 없다. 그에 대해서는 격렬하게 저항해야 한다.

이는 지나치게 겸손하신 교수님의 평소의 태도를 잘 보여주는 표현인데, 적어도 비판적 성찰 없는 독일이론의 답습이 문제임은 당연하다. 그런데, 독일의 논의를 이용할 수밖에 없는 상황이 아직도 많이 존재한다는 점은 교수님께서 쓰신 다른 글[12]

---

7) 이용식, "결과의 조기발생 사례의 형법적 취급", 현대형법이론 I, 233면; Kühl, Strafrecht Allgemeiner Teil, 7. Aufl., Vahlen 2012, § 13 Rn. 48a; Sowada, Der umgekehrte 'dolus eventualis': Die vorzeitige Erfolgsherbeiführung als Problem der subjektiven Zurechnung, JURA 2004, 816.

8) 이용식, "결과의 조기발생 사례의 형법적 취급", 236면.

9) 김성룡, "결과의 조기발생사례의 실체법적 함의", 형사법연구 제24호(2005), 49면; 성낙현, "개괄적 고의사례와 그 반전된 사례의 형법적 평가에 대한 재론", 형사법연구 제28권 제2호(2016), 47면.

10) 최준혁, "독일법이 한국에 미친 영향 – 한국형법의 역사와 정체성 –", 인하대학교 법학연구 제14집 제3호(2011), 209면.

11) 이용식, "피해자의 자손행위를 이용한 간접정범의 인정여부 —간접정범과 자수범의 이해구조: 하나의 이단적 고찰— —간접정범과 자수범에 관한 독일이론의 맹신적 추종에 대한 참을 수 없는 저항— —동일과 비동일의 동일/동일과 비동일의 비동일— —자수범론에서 말하는 '간접정범'과 간접정범론에서 말하는 '간접정범'의 의미차이와 간극— —자수범과의 작별: 아듀 자수범!—", 형사판례연구 제30권(2022), 53면.
이 판결은 형사판례연구회에서 논의되었을 때(이상민, "성적 의사결정의 자유의 의미와 간접정범 형태의 강제추행죄의 성립여부", 형사판례연구 제27권(2019) 격렬한 논쟁의 대상이었다. 교수님께서 이 글에서 필자의 졸고를 인용("동승자가 특가법상 도주차량죄의 공동정범이 될 수 있는가?", 비교형사법연구 제19권 제4호(2018)해 주셔서 매우 기쁘게 생각한다.

12) 이용식, "과실범의 위법성조각사유의 전제사실에 관한 착오", 103면.

에서도 드러난다.

> 물론 과실범에 있어서의 위법성조각사유의 전제사실에 관하여 우리나라에서는 아직 논의가 없다. 그리하여 아무런 참고문헌이 존재하지 않는다. 이는 독일의 경우에도 마찬가지로 달랑 논문 두 편이 있을 뿐이다. 그리하여 본고는 전적으로 이 두 편의 독일 논문을 소개하는 수준에 그치고 있다. 그리고 이는 전적으로 필자의 능력부족 탓이다.

결과의 조기발생 사례를 인과관계의 착오의 1종이라고 하여 행위자의 인식과 현실의 인과관계와의 불일치가 상당한 범위 내에 있으면 발생된 결과에 대하여 고의를 긍정하는데, 인과관계의 착오에 대한 상당성판단에 의하여 고의의 존부를 결정한다는 것은 확고한 이론적 근거가 있다고는 말할 수 없다고 교수님은 비판하신다. 인과관계의 착오론은 그 자체 완전하게 충족되고 있는 객관면과 그 자체 완전하게 충족되고 있는 주관면과의 불일치를 조정하는 것이지, 객관면 또는 주관면에서 결여되고 있는 부분이 있는 경우에 이를 메워 보충하는 것이 아니기 때문이다.[13] 이 문장의 의미, 그리고 결과의 조기발생 사례에 관한 교수님의 설명이 무엇인지 이해하기 위해서는 일반적인 논의의 순서에 따라 구성요건착오에서 인과관계의 착오, 개괄적 고의 사례, 결과의 조기발생을 살펴보면 될 것이다.

Ⅱ. 이용식 교수님의 설명

1. 방법의 착오

행위자가 공격하려고 의도하지 않았던 객체에 대하여 고의를 인정할 수 없다는 입장에서는 과연 행위자가 공격하려고 의도했던 대상이 누구인가라는 점을 설명하여야 하며, 행위자의 착오가 객체의 착오인지 방법의 착오인지가 분명하지 않은 경우가 많다고 법정적 부합설은 지적한다.[14] 행위자가 불특정인을 살해하려는 의도를 가질 수도 있으나 특정인만을 살해하려는 의도도 가질 수 있으며, 후자의 경우에 행위자의 의도의 대상이 아니었던 사람에게 범행의 결과가 발생한 경우에 방법의 착오가

13) 이용식, “결과의 조기발생 사례의 형법적 취급”, 257면.
14) 이용식, “공격객체의 특정과 고의의 인정여부”, 188면.

있다. 그렇다면 특정인만을 살해하려고 의도했다는 행위자의 표상이 실제에서도 그러한 의미를 갖는지를 검토해야 하는데, 자동차 폭탄사례는 방법의 착오에 근접한다고 보인다. 즉, 교수님은 구체적 부합설[15]의 입장이다.

2. 개괄적 고의 사례

소위 개괄적 고의 사례는 객관적 귀속이론의 진전과의 관계, 즉 범죄체계론에서의 이 문제의 위치를 의식하면서 검토할 필요가 있다.[16] 베버의 개괄적 고의 설명은 개별적으로 성립하는 다수의 범죄를 하나로 본다는 죄수론적 발상에 토대를 두고 있으나 개별행위와의 대응관계를 떠난 전체적 범행계획을 고의개념으로 상정할 수는 없다. 미수설을 객관적 귀속과 연결시켜보면, 제1행위와 결과 사이의 객관적 귀속을 부정하고 결과가 제2행위에 객관적으로 귀속됨을 전제로 한다. 기수설 중 통설인 상당성설(예견가능성설/비본질적 착오설)도 인과경과의 상당성이 객관적 귀속의 문제임을 인정하고 있으며, 이 견해에 의하면 상당성, 즉 객관적 예견가능성이 고의를 기초짓게 되어 현실적 인식으로서의 고의의 개념정의에 반하며 착오론이라는 위치도 적절하지 않다.[17]

그러므로 객관적 귀속이론에 따라 문제를 해결하면 되는데, 구체적인 인과경과의 인식은 불필요하다고 하더라도 '고의에의 귀속'이라는 추가적 단계를 설정해야 하는지 생각할 수 있다. 기준은 계획(Roxin), 인식되는 위험의 실현(Jakobs), 고의에 의한 인과과정의 지배(Kratzsch, Frisch, Puppe) 등을 생각할 수 있다. 객관적 귀속에 의하여 사례를 해결할 때도 주관적인 사정을 고려하는 방향, 객관적인 사정을 고려하는 방향, 주관적 사정을 규범적/객관적으로 평가하여 고려하는 방향 등을 생각할 수 있으며 위험실현의 객관적 귀속판단에서는 제2행위의 위험실현, 행위자 자신의 행위개입, 인과적 기여의 강도의 비교 등이 문제가 된다.

결론적으로, 미수설은 법감정에 반한다는 지적이 있으나 우연이 행위자에게 이롭게 작용하는 때에는 반드시 고려해야 하며 개괄적 고의 사례에서 결과의 불발생은 행위자에게는 미수와 마찬가지로 취급하여야 한다. 객관적 귀속이론은 결과발생의 형벌가중적 기능을 방지하려는 원리에서 출발하며, 개괄적 고의 사례는 이에 미치지

15) 이용식, 형법총론(2판), 박영사, 2020, 60면.
16) 이용식, "개괄적 고의사례에 관한 이론적 논의", 193면.
17) 이용식, "개괄적 고의사례에 관한 이론적 논의", 202면.

못하는 경우이다.[18] 즉, 소위 개괄적 고의로 논의되는 사례에서는 별개의 행위가 있다고 보이므로 88도650 판결의 사안은 살인미수와 과실치사의 실체적 경합으로 해결하면 된다.[19]

이 글의 마지막 부분은 결과의 조기발생 사례에 관한 중요한 방향을 언급하고 있다.

> 한 가지 덧붙여 고의에의 귀속론이나 인과관계의 착오 무용론이냐의 문제는 개괄적 고의사례의 처리에 있어서는 별다른 실천적 가치를 갖지 아니한다고 생각한다. 그러나 다른 문제 예컨대 인과관계 착오의 전형적인 사례, 실행행위 도중에 행위자가 책임무능력 상태에 빠져든 사례, 결과의 조기발생 사례의 해결에 있어서는 어떠한가 그리고 어느 쪽 설명이 우위에 서는가 하는 문제는 각각의 사례군을 상세히 음미해 보아야 하는 것이므로 다음의 과제로 미루어 둔다.[20]

3. 결과의 조기발생 사례

(1) 개념정의

결과의 조기발생 사례는 행위자가 결과야기를 위하여 예정한 복수의 행위 중에서 일부의 행위밖에 실현하지 못하였는데 그로부터 기수의 결과가 발생한 경우로서, 행위와 결과 사이에 인과관계와 객관적 귀속 또는 상당인과관계가 인정된다는 것이 전제된다. 피해자를 망치로 구타하여 실신시킨 후 목을 매어 사망케 함으로써 자살로 위장하였는데 사실은 피해자가 이미 구타에 의해 사망한 경우, 즉 행위자가 계획한 복수의 행위를 모두 시도하였는데 그 이전의 행위에 의하여 결과가 발생한 경우도 여기에 포함된다.[21]

제2행위의 실현이 결과의 조기발생 사례의 요건이라고 하는 입장[22]은 제1행위를 예비행위, 제2행위를 실행행위로 보면서 예비행위로부터 결과가 발생한 경우만 결과의 조기발생이라고 하기 때문에 위 사례에서 실행의 착수를 전제로 하는 인과관계의 착오는 문제되지 않는다. 그런데, 고의기수범의 성립을 인정하는 통설은 제1행위를 실행의 착수로 인정할 수 있다고 보고 발생한 결과에 대한 고의도 인정하고 있으나,

18) 이용식, "개괄적 고의사례에 관한 이론적 논의", 232면.
19) 이용식, 형법총론, 61면.
20) 이용식, "개괄적 고의사례에 관한 이론적 논의", 232면.
21) 이용식, "결과의 조기발생 사례의 형법적 취급", 234면.
22) 김성룡, 앞의 글, 53면; 성낙현, 앞의 글, 47면.

통설의 입장에서도 예비단계에서 결과가 발생한 경우에는 소수설과 같은 결론이 도출될 것이다. 이러한 관점에서 교수님은 제2행위의 실행의 착수가 결과의 조기발생 사례의 개념설정에 결정적인 것은 아니며, 예비 단계에서 당해 결과가 발생한 결과도 포함하여야 한다고 설명하신다.[23] 이러한 설명은 피해자의 사망을 야기한 행위가 살인미수에 해당하는지 아니면 예비단계인지에 따라서 구분하는 독일의 연방대법원과 다수설의 입장[24]과 같다.

(2) 사례

이에 관한 대법원 판례가 없는 반면 독일의 판례는 매우 많기 때문에, 교수님은 독일의 여러 사례를 제시하신다.[25]

[사례 1] 甲은 기차여행 중에 자신의 부인 乙을 망치로 때려 실신시켜 저항을 못하게 하고 나서 달리는 열차에서 던져 살해하려고 계획하였다. 甲은 망치로 乙의 머리를 가격하여 실신시킨 후 달리는 기차 밖으로 던져 버렸다. 그런데 乙은 甲의 망치가격으로 사망하였다.[26]

[사례 2] 甲은 乙을 목매달아 살해하려고 하였다. 乙이 저항하자 甲은 이를 제압하기 위하여 구타하였고 乙은 바닥에 쓰러졌다. 실신했다고 생각한 甲은 乙을 목매달았으나, 乙은 이미 구타로 사망하였다.[27]

[사례 3] 甲은 자신의 부인 乙을 살해하고 재산을 취할 의도로 우선 폭행을 가하여 실신시키고 재갈을 물리고 밧줄로 사지를 묶어 저항을 무력화한 다음에 자동차 트렁크에 태워 100km 떨어진 한적한 숲으로 운반하여 위임장에 서명케 한 후 살해하려고 계획하였다. 목적지에 도착한 후 자동차 트렁크를 열어 乙을 끌어내리려고 하였는데, 이미 乙은 사망한 상태였다.[28]

[사례 4] 甲은 乙을 구타하여 저항을 불가능하게 하고 주사기로 乙의 팔에 공기를 주입하여 살해하려고 하였다. 乙은 구타에 의하여 사망하였는데, 공기가 정맥에 제대로 주사되었다고 해도, 심지어 그 양의 두 배를 주입해도 乙은 사망하지 않을 것임이 판명되었다.[29]

---

23) 이용식, “결과의 조기발생 사례의 형법적 취급”, 235면.
24) Kühl, Strafrecht AT, § 13 Rn. 48a.
25) 이용식, “결과의 조기발생 사례의 형법적 취급”, 235면 이하. 김성룡, 앞의 글, 54면 이하도 참조.
26) RG DStR 1939, 177.
27) BGH GA 1955, 123.
28) BGH NStZ 2002, 309= BGH NJW 2002, 1057.

비교적 최근에 발생한 아래 사례도 함께 논의할 수 있을 것이다.

[사례 5] 심하게 술에 취하였으며 동성애 성향이 있던 피해자 O는 A의 성기를 만졌다. 이미 술에 취해 있던 A는 크게 화가 나서 O의 입술을 때렸다(행위 당시의 혈중알코올농도는 0.24~0.26%였다). 이로 인해 O의 위에서 음식물이 역류하였고, 술로 인해 구역질반사가 일어나지 않아 O는 기침을 하기 시작했고 몇 분 후 질식사하였다. A는 O의 바지를 내리고 칼로 그의 성기를 절단했는데, A는 O가 이미 사망했다는 점을 인식하지 못했으며, 오히려 O가 아직 살아있다고 생각하며 자신의 행위로 인한 O의 사망을 감수하였다.[30]

(3) 판단

1) 고의 인정의 최소요건으로서의 실행의 착수

가. 고의의 실행행위의 관계

고의는 실행행위시에 존재해야 하며(고의와 실행행위의 동시존재 원칙), 실행행위가 없으면 고의도 없다. 실행행위는 구성요건실현을 직접적으로 개시하는 행위, 즉 실행의 착수가 있을 때부터 인정되는 것이며 행위자가 예비단계에 있다면 실행행위는 인정되지 않고 고의도 인정되지 않는다. 그러므로 고의의 인정여부를 결정하는 기준으로 독일의 통설은 결과를 야기한 행위가 실행의 착수 단계에 이르렀는지 여부를 사용한다. 독일의 판례 및 다수설과 우리의 통설을 대변하는 록신의 입장은, 예비행위가 위험하지 않다는 점은 예비행위로부터 결과가 발생한 사안에서 고의가 부정되는 논거로서 적절하지 않으며 예비행위가 불가벌이기 때문이기보다는 문제의 행위가 예비단계이므로 실행행위가 아니라는 설명이다.[31]

나. 결과의 조기발생 사례에서 실행의 착수 여부

실행의 착수를 부정하는 소수설과 실행의 착수를 인정하는 통설은, 실행의 착수시기의 결정에서 행위자의 주관적 측면을 고려해야 한다고 강조한다는 점은 동일하나 어떠한 주관면을 어떻게 고려해야 하는가에 대하서는 입장차이가 있고, [사례 3]을 제외하면 결론도 서로 다르다. 행위자의 행위계획을 고려할 때 제1행위와 제2행위의

---

29) BGH NStZ 2002, 475.

30) BGH NStZ 2018, 27. 사실관계의 정리는 주로 Eisele, JuS 2017, 1223에 따름.

31) 이용식, "결과의 조기발생 사례의 형법적 취급", 239면.

밀접한 관련성이 긍정되고 밀접한 관련성이라는 규범적 평가가 실행의 착수시기를 앞당겨 전치시킬 수 있게 하는 것이다. 통설은 범행결의(계획)와 고의를 동일시하는 것이 아니라, 고의는 범행결의에 따라 실행에 착수하면 인정된다는 의미이다. 소수설, 즉 결과를 발생시킨 제1행위가 행위계획에서 어떠한 위치인지를 고려하지 않고 행위계획상의 다른 행위, 즉 제2행위에서 분리시키고 제1행위시에 행위자가 결과발생의 인식을 가지고 있는가 여부만을 검토하는 엄격한 개별적 고찰방법은 타당하지 않다. 실행의 착수시에서의 고의는, 그 구체적 내용이나 방법에서 단계적으로 세분되어 있다고 하더라도 전체로서의 실행고의의 일부이다. 일련의 구성요건실현행위를 시작할 때 고의가 존재하고 있다는 의미에서 고의와 실행행위가 동시존재한다고 통설이 설명한다면 이는 동시존재원칙의 위반이 아니며, 실행행위에서 결과가 발생한다는 점을 인식하는 것으로 충분하지 실행의 착수부터 종료시까지 항상 결과발생의 인식이 존재할 필요는 없다. 즉, 결과를 직접 발생시키는 행위만을 실행행위라고 평가해야 한다는 것은 타당하지 않다.[32]

2) 고의기수범 인정의 요건으로서의 결과의 고의에의 귀속

가. 학설의 비교

인과관계와 객관적 귀속 또는 상당인과관계를 긍정한 후 비본질적 착오라는 이유로 기수범을 인정하는 통설은, 실행의 착수시점에 고의가 있다면 그 구체적인 인식의 내용을 문제삼지 않고 기수범의 성립을 인정하는 입장이다. 고의의 관점에서 통설을 설명하면, 최종살해행위인 제2행위와 그 전단계의 행위인 제1행위가 밀접하게 관련되어 있다면 제1행위시에 일련의 실행행위의 인식이 인정되어 고의기수범이 성립한다는 뜻이다.

하지만, 행위자가 결과를 발생시키기 위해 추가적인 행위를 할 필요가 있다고 생각한다는 점이 결과의 조기발생 사례의 핵심이어서 일반적인 인과관계의 착오와 유형이 다르다. 그렇다면 '이 행위에 의하여 결과가 직접 발생한다'는 인식을 고의의 요건으로 한다면 결과의 조기발생 사례에서는 그러한 고의는 없으므로 착수미수의 단계에서 결과가 발생한 경우에는 고의미수범의 성립만을 인정하자는 견해를 생각할 수 있다. 고의기수범을 인정하기 위해서는 행위자가 결과를 발생시키는 데 필요하다고 생각되는 모든 행위를 해야 한다는 이러한 입장은 결국 기수의 고의와 미수의 고

32) 이용식, "결과의 조기발생 사례의 형법적 취급", 245면.

의를 구별하는 것인데, 착수미수와 실행미수가 행위불법에 차이가 있다는 점은 형법의 중지미수에서 근거를 찾을 수 있다.[33]

나. 미수설에 대한 비판

착수미수와 실행미수의 불법에는 차이가 없는데, 착수미수가 실행미수보다 결과발생의 위험성이 항상 적다고 말할 수는 없고 결과에 대한 위험도 동일하게 평가된다. 실행의 착수로 나아간 행위자는 이미 한계선을 넘었기 때문에 미수의 종료시까지 고의를 유지할 필요도 없고, 고의가 지속되었는가는 고의의 결과귀속에서도 중요한 요소가 아니다. 입법자도 착수미수와 실행미수에 대하여 동일하게 평가하고 있다. 그렇다면, 구성요건실현의사를 가지고 결정적 단계인 실해의 착수 단계를 돌파하였다고 평가된다면 완전한 행위반가치 내지 고의책임은 실현되었다고 보아야 한다.[34]

다. 통설의 타당성과 의미

통설은 형식적인 '실행행위'에 의거할 뿐 실질적인 근거를 제시하지 못하였다. 실행의 착수에 대한 형식적 객관설을 취하면 통설을 가장 쉽게 설명할 수 있겠으나, 구성요건실현의 위험을 실질적으로 판단해야 할 것[35]이며, [사례 3]은 강도치사죄로 보아야 한다.[36] 결과의 조기발생 사례에서는 현실적으로 결과가 발생하고 있으므로 행위자가 자기행위에 의하여 기수결과야기의 위험이 발생한다는 것을 인식하면서 구성요건실현의사를 행위로 옮겼다면 기수범의 고의를 인정하기에 충분하다.

인간이 자기의 행위를 완전히 통제할 수 있는 것은 아닌 이상, 행위자가 인과경과를 수중에 장악하고 있는 경우에도 결과가 발생할 수 있으며, 그때 발생한 결과를 행위에 객관적으로 귀속가능하며 당초의 고의가 실현되었다고 볼 수 있는 범위 내라고 볼 수 있다면 행위자에게 귀속가능하다고 하는 것이 형법의 법익보호를 위해 바람직하다. 그렇다면 '실행의 착수 단계에서 결과가 발생했는가 아닌가'를 중요한 기준으로 삼는 통설의 입장은 이유가 있으며, 통설은 이 사안을 어디까지나 고의의 문제로 고찰하고 있는 것이다.[37]

---

33) 이용식, "결과의 조기발생 사례의 형법적 취급", 249면.
34) 이용식, "결과의 조기발생 사례의 형법적 취급", 249면.
35) 이용식, 형법총론, 121면.
36) 이용식, "결과의 조기발생 사례의 형법적 취급", 241면. 실행의 착수시기에 관한 실질적 객관설을 적용한 논의로 최준혁, "특수강도 중 야간주거침입강도죄의 실행의 착수시기의 문제", 죄형법정원칙과 법원 I, 박영사, 2023, 386면 이하.
37) 이용식, "결과의 조기발생 사례의 형법적 취급", 257면.

Ⅲ. 검토

1. 쟁점

(1) 인과과정의 착오/개괄적 고의 사례/결과의 조기발생 사례의 관계

1) 동일한 기준을 사용할 것인지

결과의 조기발생 사례에 관한 언급이 없는 경우[38]를 제외하면 인과관계의 착오 안에서 개괄적 고의 사례를 논의하고 결과의 조기발생 사례를 함께 논의하는 설명이 일반적이다. 개괄적 고의 사례와 결과의 조기발생 사례를 논의할 때는 결론도 동일한 경우[39]가 보통이나 반드시 그러한 것은 아니다.[40]

2) 인과과정의 착오 및 개괄적 고의 사례에 관한 설명

가. 인과과정의 착오의 해결

인과과정의 착오에 관한 다수설은 인과과정의 불일치가 본질적인지 여부를 기준으로 하는데, 어떠한 사건의 진행과정이 일반적인 생활경험에 비추어볼 때 충분히 예견가능한 범위에 속하는 일이고 그 행위가 행위자가 생각한 행위와 전혀 다른 행위라고 평가될 수 없을 때 비본질적 불일치가 있다고 설명한다.[41] 그러나 인과관계와 객관적 귀속이 인정되는 사례에서 본질적 불일치가 있어서 고의가 조각되는 경우는 생각하기 어려우므로[42] 기본적으로 인과과정의 착오는 객관적 귀속의 문제이다.[43] 미수범인지 여부에 대한 판단이 남을 뿐이다.[44]

다른 한편으로, 본질적/비본질적 불일치라는 다수설의 기준인 불일치의 예견가능

---

38) 신동운, 형법총론(15판), 법문사, 2023, 244면; 이재상·장영민·강동범, 형법총론(11판), 박영사, 2022, 14/29; 이형국·김혜경, 형법총론(7판), 법문사, 2023, 187면.

39) 김성돈, 형법총론(8판), SKKUP, 2022. 254면; 오영근·노수환, 형법총론(9판), 박영사, 2024, 198면; 이주원, 형법총론, 박영사, 2022, 98면.

40) 예로 최호진, 형법총론, 박영사, 2022, 275면.

41) 김성돈, 형법총론, 250면. 이러한 설명은 독일판례와 동일하다(그에 대하여 NStZ 2018, 28).

42) 결과의 조기발생 사례에서 행위자가 아직 실행의 착수에 이르지 않은 경우가 '본질적 불일치'에 해당한다는 독일의 학설도 있다(그에 대해 NStZ 2018, 29 참조).

43) Roxin/Greco, Strafrecht Allgemeiner Teil I, 5. Aufl., C.H.Beck 2022, 12/153.

44) 장성원, "인과과정 착오의 구조적 본질 –행위의 객관적 귀속과 고의로의 주관적 귀속–", 비교형사법연구 제20권 제1호(2018), 25면.

성과 평가에서의 동가치성의 내용은 최근 독일에서 약간 달라졌다고 한다.45) 본질적/비본질적 불일치라는 기준과 그 요소로서의 예견가능성 및 동가치성은 아직도 사용되나 예견가능성 기준은 실제로는 의미가 없는데, 이미 살펴보았듯이 인과과정의 예견가능성은 특히 객관적 귀속의 영역, 즉 객관적 구성요건요소 단계에서 평가되어 예견가능하지 않은 인과과정은 이미 그 단계에서 걸러지기 때문이다. 동가치성 기준은 상대적으로 모호하고 문제해결에 한정적으로만 적합할 뿐인데, 실제의 인과과정과 행위자가 생각한 인과과정을 수평적으로 비교하는 것은 체계적으로 볼 때 문제가 있다. 사건에서의 객관적 구성요건요소의 충족과 그 주관적 행위측면(고의)이 합치(Kongruenz)해야 고의기수범을 인정할 수 있는데 불일치 사례에서 이러한 합치가 존재하는지가 문제된다는 판단이 체계적으로 올바르다는 것이다.

나. 행위의 구분/행위를 연결하는 계획 등의 요소

개괄적 고의 이론을 주장한 학자들은 제1행위시 결과발생에 대한 고의를 가진 행위자가 후속조치와 관련된 행위부분까지 미리 자신의 계획 속에 넣고 있었던 경우에 그 조건이 충족될 수 있다고 설명한다.46) 그리고, 소위 개괄적 고의 사례에서 인과과정의 착오 이론이나 개괄적 고의 이론은 제1행위와 제2행위가 한 개의 행위라는 전제에서만 주장될 수 있다. 특히, 개괄적 고의 이론을 주장하면서 수개의 행위가 존재한다고 전제하면, 고의와 행위의 동시존재 원칙에 반하게 된다.47)

위의 지적은 일응 타당하다고 보인다. 개괄적 고의 사례와 결과의 조기발생 사례에 관한 소수설이 제1행위와 제2행위가 구분된다는 점을 강조하는 이유도 이러한 문제점을 극복하기 위해서일 것이다. 그런데, 개괄적 고의 사례에 관한 과거 논의를 '전체고의(Gesamtvorsatz)'48) 또는 '전체행위 중 비독립적인 개별행위(unselbständige Teilakt der Gesamthandlung)'49)라고 부르는 설명에서 보듯이, 비록 '개별행위와의 대응관계를 떠난 전체적 범행계획을 고의개념으로 상정할 수는 없'으나, 제1행위와 제2행위가 구분된다는 점을 인정하면서도 범행계획 등 다른 요소에 의해서 이를 규범적으로 하나로 연결하여 평가할 수 있다는 생각은 이미 과거의 논의에도 어느 정도 표현되어 있다고 보인다. 본질적/비본질적이라는 다수설의 기준이 보여주듯이 이는 가

45) 이하의 설명은 Frisch, Strafrecht, Vahlen 2022, 3/154,
46) 김성돈, 형법총론, 253면.
47) 김성돈, 형법총론, 253면.
48) Sowada, JuS 2004, 815.
49) Baumann/Weber/Mitsch/Eisele, Strafrecht Allgemeiner Teil, 13. Aufl., Gieseking 2021, 11/74.

치판단의 문제이다.[50] 즉, 제1행위와 제2행위가 구분된다는 것만으로 모든 문제가 해결되지는 아니하며, 개괄적 고의 사례에서 제2행위에 대한 고의가 없다는 것이 핵심이 아니라 제1행위시에 존재했던 고의가 제2행위의 결과도 함께 포괄할 수 있는지가 문제되는 것처럼[51] 이 행위들이 하나로 연결될 수 있는지, 연결될 수 있다면 근거는 무엇인지를 다시 판단할 필요성이 생긴다. 물론 (극)소수설의 입장에서처럼 결과발생의 원인이 된 행위 당시에 고의가 없었다는 점을 강조하면서(고의와 행위의 동시존재의 원칙), 각각의 행위를 하나로 연결될 수 없으니 개별적으로 분리하여 고찰해야 한다고 보는 방식도 불가능하지는 않다.

(2) 고의를 통한 문제해결

1) 생각할 수 있는 방법들

가. 추가적인 요건으로서의 고의의 귀속

인과과정의 착오 상황에서 행위자가 객관적으로 예견가능한 인과과정의 불일치를 효과적으로 예측하지 못하는 경우도 생각할 수 있기 때문에 이 문제를 객관적 귀속만으로 해결하기는 어렵다.[52] 그리고 고의에 관한 주관적 귀속에 관한 논의는 일반적으로, 객관적 귀속보다 고의기수범의 성립을 좁히려는 노력이다.[53]

나. 고의의 내용 또는 종류에 기반한 설명

이용식 교수님은 '고의는 행위자의 마음 속에 있는 것으로, 대체로 결과발생을 원하는 마음 정도로 파악할 수 있다'는 서술[54]에서 보듯이 고의의 대상에 대하여 통설과 크게 다른 설명을 하시지는 않는다. 그런데 이 영역에서는 고의의 개념이나 종류 등에 관한 설명에서 출발해서 문제를 해결하려는 다양한 시도가 있었다.[55]

---

50) Roxin/Greco, Strafrecht AT I, 12/154.
51) Baumann/Weber/Mitsch/Eisele, Strafrecht AT, 11/74.
52) Kühl, Strafrecht AT, 13/44.
53) 공범에서의 고의귀속에 관하여 최준혁, "객관적 귀속 이론의 정립과 적용 –신양균 교수님의 형사실체법 이론–", 전북대학교 법학연구 제64집(2020), 80면.
54) 이용식, 형법총론 57면.
55) 그에 관한 설명으로 Kühl, Strafrecht AT, 13/45a–c.

2) 고의에 기반한 다양한 설명

가. 범행계획

록신은 고의의 인식대상은 객관적 귀속의 근거가 되는 상황에 대한 인식으로 충분하다고 설명한다.[56] 그런데 고의의 주관적 귀속을 위해서는 계획실현(Planverwirklihung)이 필요한데 이는 록신이 고의의 개념정의인 인식과 의욕을 계획실현으로 구체화하기 때문이다. 즉, 결과는 객관적으로 평가했을 때 행위자의 계획에 상응한다고 볼 수 있을 때에만 고의적으로 야기되었다고 볼 수 있다.[57] 객관적 구성요건에서의 귀속기준으로 위험실현이 필요하다면 주관적 구성요건에서는 계획실현이 필요한데, 객관적 귀속과 고의의 귀속의 불일치는 행위자가 의도한 바와 완전히 다른 방식으로 행위객체에 대한 침해가 발생한 경우에 문제가 된다.[58] 록신은 개괄적 고의 사례의 고의귀속을 위해서는 행위자가 피해자의 사망을 의도하였는지 아니면 부수적 결과로 감수하였는지에 따라 구별해야 한다고 설명한다.[59] 개괄적 고의 사례에서 비본질적 불일치 기준을 사용하는 독일의 판례도 인과과정의 예견가능성과 관련하여 행위자가 살인의 의도를 가지고 행위한 경우로 한정하면 수긍할 수 있는데, 다만 이때 살인의 의도는 변경되지 않았어야(unrevidiert) 한다. 반면에 BGHSt 14, 193은 행위자에게 미필적 고의만 있었던 경우에도 '실제의 인과경과가 피고인의 생각과 불일치하는 정도가 작아서 법적으로 의미가 없다는 점에 고의의 종류에 관한 구별은 영향을 미치지 않는다'고 판결하였으나 바로 이 부분에서 법률적인 가치평가의 차이가 발생한다고 록신은 지적한다. 자신의 견해는 개괄적 고의 사례에서의 제2행위에 대한 결의가 처음부터 존재하였는지 또는 제1행위가 종료된 후에 생겼는지에 따라 기수와 미수를 구별하자는 소위 범행계획설(Tatplantheorie)[60]과도 큰 차이가 없는데, 제1행위시에 살인의 의도로 행위한 행위자는 많은 경우에 사체를 은닉해야 하기 때문에 처음부터 제2행위도 계획할 것이기 때문이다.[61] 결과의 조기발생 사례에서도 록신은 미수설을 비판하는데 제1행위와 제2행위에서 서로 구별되는 위험이 존재하는지 여부도 규범적 판단의 문제인데, 인과과정의 불일치를 위에서의 논의에 따라 비본질적이라고 판단하

---

56) Roxin/Greco, Strafrecht AT I, 12/154.
57) Roxin/Greco, Strafrecht AT I, 12/6.
58) Roxin/Greco, Strafrecht AT I, 12/155f.
59) Roxin/Greco, Strafrecht AT I, 12/177f.
60) 범행계획설에 대해 Baumann/Weber/Mitsch/Eisele, Strafrecht AT, 11/77.
61) Roxin/Greco, Strafrecht AT I, 12/180.

였다면 실행의 착수부터 기수에 이르기까지의 살해행위 전체는 금지된 위험한 행위 1개로 보아야 하며 그 진행과정의 변경이 있다고 하더라도 이는 동일한 살해의 위험 범위에 있기 때문에 중요하지 않다는 것이다.[62]

반면에 흐루쉬카(Hruschka)는 범행계획은 고의와 동일하지 않다고 비판한다.[63] 고의가 인식과 의욕이라는 일반적인 설명을 따르면, 살인의 고의란 행위자가 피해자의 사망을 (적어도) 객관적 살인행위의 (적어도 가능한) 결과라고 적극적으로 예견하였다는 것이며, 이는 행위와 피해자의 사망 사이의 인과과정에 대한 적극적인 예견을 포함한다. 행위와 고의의 동시존재 원칙은 여기에서도 지켜져야 하는데,[64] '본질적인 불일치'의 의미는 행위자가 객관적 구성요건실현의 중요한 요소를 간과하였다는 뜻이며, 다르게 말하자면 불일치가 본질적일 때 불일치에 존재하는 착오는 고의를 조각한다. 그런데 본질적 또는 비본질적이라고 말하기 위해서는 행위자가 살해행위를 하면서 피해자의 사망이 자신의 행위의 결과가 될 수 있다는 점을 적극적으로 받아들였여야 하며, 행위자가 이를 받아들이지 않았다면 처음부터 고의는 존재하지 않는다.[65]

나. 범행결의

쾰러(Köhler)는 범행결의(Tatwillen)의 주관적 귀속이라는 기준에서 보면, 구성요건에 해당하는 행위 또는 결과의 객관적 실현은 그것이 실천적인 효력에 대한 인식(Geltungswissen)과 연결되어 있는 경우에만 주체의 행위로 인정될 수 있다고 한다.[66] 객관적 귀속연관이 부정되지 않는다고 하더라도 구성요건에 해당하는 결과의 고의로의 귀속은 구체적으로 금지되는 실현형태를 구성하는 상황에 대한 인식이 없었음을 이유로 부정된다.[67]

비본질적 불일치라는 통설의 설명은 평가기준이 불명확할 뿐만 아니라 주관적 귀속 개념의 근거제시와 연결되지 않는다는 문제에 그치는 것이 아니라, 객관적으로 경험에 상당하게 연결되는 인과과정의 위험설정만으로 구성요건적 결과를 인정하기에 충분하다고 본다는 문제가 있는데 그것만으로는 고의의 귀속을 정당화할 수 없다고 쾰러는 비판한다. 객관적으로는 침해가 미수에 그쳤음에도 그와 연결되는 고의없

62) Roxin/Greco, Strafrecht AT I, 12/190; Sowada, Jura 2004, 819.
63) Hruschka, Strafrecht nach logischer–analystischer Methode, 2. Aufl., de Gruyter 1988, S. 34.
64) Hruschka, Strafrecht nach logischer–analystischer Methode, S. 33.
65) Hruschka, Strafrecht nach logischer–analystischer Methode, S. 34f.
66) Köhler, Strafrecht Allgemeiner Teil, Springer 1997, S. 150.
67) Köhler, Strafrecht AT, S. 153.

는 행위로 인해 구성요건이 실현되었다고 판단한다면 잘못된 심정(Gesinnung)만 존재할 뿐인 상황에 대한 처벌이라는 것이다.[68]

다. 위험의 인식으로서의 고의

푸페(Puppe)는 위험고의(Vorsatzgefahr)의 창출만으로 결과를 고의에 귀속하기에 충분하다고 보기 때문에, 결과의 조기발생 사례에서 행위자가 제1행위시에 이러한 위험을 인식하면서도 행위를 통해 실행의 착수를 하였다면 그가 결과발생을 의욕하였는지 아닌지는 중요하지 않다고 설명한다.[69]

그러나, 야콥스(Jakobs)는 한편으로는 인과과정의 착오, 다른 한편으로는 결과의 조기발생 사례와 개괄적 고의 사례를 나누어서 설명한다. 전자는 행위자가 생각한 결과가 자신의 행위를 통해 어떻게 발생하는지 착오한 반면 후자는 행위자의 여러 행위 중 어느 것이 자신이 생각한 결과를 발생시켰는지의 문제라는 것이며 결과의 조기발생 사례는 행위자의 생각에 의하면 아직 착수미수 단계이나 이미 결과의 조건은 충분한 경우이다.[70] 야콥스는 [사례 1], [사례 2] 등을 제시하면서 통설을 비판하는데 이러한 상황에서 행위자는 결과의 조건을 인식하지 못했기 때문에 그가 인식한 위험도 실현되지 않았다는 이유에서이다(미수설).[71]

(3) 검토

필자는 능력부족으로 인해 이 문제에 대해서 아직 어떠한 완결적인 결론을 내지 못하였기 때문에 앞으로의 논의를 위해서, 지금까지의 검토를 통해 확인할 수 있는 내용이 무엇인지만을 언급하겠다.

① 고의와 행위의 동시존재의 원칙을 강조한다면 결과를 발생시킨 제1행위 당시에 행위자에게 고의가 없었다고 볼 가능성이 높다. 그런데, 이는 고의의 대상이 무엇인가라고 하는 질문과 연결된다. 인과과정에 대한 적극적 예견(흐루쉬카) 또는 실천적인 효력에 관한 인식(쾰러)을 고의를 인정하기 위해서 요구한다면 결과의 조기발생 사례를 경합범으로 해결하게 된다. 의욕을 고의의 요소로 보지 않는다고 하더라고 미수설을 주장할 수 있다(야콥스).

68) Köhler, Strafrecht AT, S. 154.
69) Nomos Kommentar – StGB 6. Aufl.,(2023), § 16 Rn. 86.
70) Jakobs, Strafrecht Allgemeiner Teil, 2. Aufl., De Gruyter 1991, 8/75.
71) Jakobs, Strafrecht AT, 8/76.

② 구성요건고의는 객관적 구성요건요소에 대한 인식과 의욕이라고 정의하나, 인식과 의욕은 상호 보완적이다. 그리고 고의의 개념과 고의의 입증이라는 두 측면의 구별은 유동적이다.[72] 유동적 또는 상호보완적이라는 점은 결과의 조기발생 사례에서도 마찬가지인데, '객관면 또는 주관면에서 결여되고 있는 부분이 있는 경우에 이를 메워 보충'해야 하기 때문이다. 하지만, 고의에서 의욕의 측면을 제외하면서 주된 결과 −의도적 고의, 부수적 효과− 미필적 고의를 연결하는 입장(야콥스)은 그 체계 안에서는 논리일관적이나 결과의 조기발생 사례에 적용하기에 적합하지 않다. 착수미수와 실행미수를 구별하는 입장도, 이 구별은 미수 전반이 아니라 중지미수를 인정하기 위해 요구되는 중지행위가 무엇인지와 관련해서만 의미가 있다고 보이므로 이 문제의 해결과 관계가 없다.

③ 계획실현설은 사건의 진행이 어떠하든 애초에 확정적 고의가 있으면 무조건 최후의 결과에 대한 고의귀속을 인정하려고 하기 때문에 고의귀속판단에서 사실적인 측면을 도외시하고 규범적 관점만을 지나치게 강조하는 문제가 있다는 지적[73]은 적절하다. 그런데 개괄적 고의 사례와 결과의 조기발생 사례에서 모두 계획이 제1행위와 제2행위의 연결고리라는 견해(김성돈, 오영근)는 스스로 이 비판에서 완전히 자유롭기는 어렵다.

④ 계획실현설에 대한 비판의 핵심은 결국, 행위자가 '계획'이라고 예정하였다면 그 실질이 무엇인지와 무관하게 고의가 귀속된다고 보아야 하는가라는 질문이라고 보인다. 예비와 실행의 착수에 따라 구별하는 다수설은 의미가 있으나, 행위자의 범행계획에 포함되어 있다고 하더라도 누적적 인과관계에 해당하는 상황이 아니라면 '계획'만을 이유로 고의귀속을 인정하기는 어렵다. 그렇다면 제1행위와 제2행위가 구별된다고 볼 실질적인 기준의 내용에 관한 질문을 해야 하는데, 대법원 2023. 4. 27. 선고 2020도6874 판결이 정당방위의 침해의 현재성을 판단하기 위해 사용한 "'침해의 현재성'이란 침해행위가 형식적으로 기수에 이르렀는지에 따라 결정되는 것이 아니라 자기 또는 타인의 법익에 대한 침해상황이 종료되기 전까지를 의미하는 것이므로, 일련의 연속되는 행위

72) 최준혁, "카르프조프의 간접고의(dolus indirectus)에 대한 간단한 고찰 −형법에서의 고의 개념의 역사−", 법사학연구 제61호(2020), 172면,

73) 김성돈, 형법총론, 254면.

로 인해 침해상황이 중단되지 아니하거나 일시 중단되더라도 추가 침해가 곧 바로 발생할 객관적인 사유가 있는 경우에는 그중 일부 행위가 범죄의 기수에 이르렀더라도 전체적으로 침해상황이 종료되지 않은 것으로 볼 수 있다”는 기준도 참고할 수 있다. 아래에서 보듯이, [사례 5]를 판단하면서 독일연방대법원이 시간적, 공간적 구별과 관련하여 상당히 완화된 기준을 사용하고 있다고 보인다는 점을 덧붙인다.

2. [사례 5]에 대한 독일연방대법원의 해결

다음의 이유를 들면서 제2형사부는 살인죄를 인정한 지방법원의 판결을 파기환송하였다.

1. (독일)형법 제16조 제1항에 따르면, 범행고의는 범행의 결과를 초래한 행위시에 존재해야 한다. 행위 후에 생긴 의도(이른바 사후고의, dolus subsequens)는 의미가 없다(Fischer 형법주석서 64판, § 15 Rn. 4a 참조). 따라서 고의로 실현된 행위가 구성요건에 해당하는 결과를 야기해야만 고의기수범으로 처벌될 수 있다(독일연방대법원 1983년 6월 14일 결정 - 4 StR 298/83, NStZ 1983, 452 참조).

살인에 관한 미필적 고의로 행해진 (사망 후) 성기 절단과 피해자의 사망 원인이 된 입술에 대한 가격을 연결시킴으로써 지방법원은 이 원칙을 위반하였다.

2. 이러한 연결은 사건 전반을 종합적으로 고려한다고 해서 허용되지 않는다(독일연방대법원 위 결정). 지방법원처럼 예상된 인과관계와 실제 발생한 인과관계의 불일치를 인정하기 위해서는, 행위자가 범행의 결과를 초래한 행위(이 사건에서는 입술에 대한 가격) 이전에 이미 피해자를 살해할 결의를 했어야 한다. 하지만 사실심법원의 판결에는 가격의 효과와 관련한 범행의 주관적인 측면에 대한 판단이 결여되어 있다.

피고인의 생각에 의하면 단일하고 살인의 미필적 고의로 처음부터 행해졌으며 피해자에 대한 “낙인찍기”를 하려는 범행경과가 존재하고 그 경과에서 객관적으로 사망의 원인이 된 가격이 중요한 중간단계 없이 성기의 절단으로 이어졌다는 지방법원의 가정은 설득력있는 근거가 부족하다. 행위자가 가격 시점에 이미 나중의 절단을 결심했는지 여부에 관한 피고인의 즉흥적인 발언들은 지방법원의 판단과는 달리 큰 증거가치가 없다. 또한, 객관적인 범행경과를 보아도 지방법원의 결론은 불분명하다. 가격과 절단 행위 사이에는 적어도 “몇 분”의 시간이 있었으며, 그동안 피해자는 누운 채로 질식했고, 그 사이에 피고인의 추가 범행이 확인되지도 않았다. 범행경과에서의 이러한 공백으로 인해 처음부터 절단을 목표로 한 고의가 있었는지에 대한 의문을 제기할 수 있음에도 불구하고, 지방법원은 이 점을 충분히 고려하지 않았다.

이 판결은 [사례 3]과 유사한 사실관계에 대한 판단인데, 인과과정과 관련된 고의의 불일치에 대한 판단에서 비본질적인 불일치라는 결론으로 성급히 나아가서는 안 된다는 점을 분명히 하였다. 특히 본질적/비본질적 불일치라는 기준을 통해 행위 시점에 존재하지 않는 고의를 사후고의로 대체할 수는 없음을 이 판결은 확인하였다.[74)]

Ⅳ. 맺으며

결과의 조기발생 사례에 여러 어려운 쟁점들이 연결되어 있음을 확인하였다. 이론적으로 어려운 형법총론의 문제에 대하여 과감히 접근하여 문제를 정밀히 분석하고 수긍가능한 결론을 도출해내는 것이 교수님의 글의 특징이라고 생각한다. 이 주제를 생각하면서 필자가 정확하게 알지 못하는 부분이 무엇인지를 교수님의 설명을 따라가면서 다시 한번 확인할 수 있었다.

교수님의 건강과 행복을 진심으로 기원하면서, 필자도 교수님의 업적에 어느 정도나마 따라갈 수 있도록 노력해야겠다는 생각을 다시 하게 되었다.

74) Engländer, NStZ 2018, 29.

제4장

인식의 불확실성과 미필적 고의

- 영미 형법상 '의도적 무지(willful ignorance)' 개념에 비추어 -

인식의 불확실성과 미필적 고의

- 영미 형법상 '의도적 무지(willful ignorance)' 개념에 비추어 -*

홍 진 영**

Ⅰ. 들어가며

형법 제13조의 본문에서는 "죄의 성립요소인 사실을 인식하지 못한 행위"는 벌하지 아니한다고 하여, 범죄가 성립하기 위해서는 원칙적으로 고의가 존재하여야 함을 선언하고 있다. 이러한 문언에만 기초한다면 형법 제13조의 본문에 최대한 충실하게 고의를 "죄의 성립요소인 사실의 인식"이라고 파악하는 것도 불가능하지는 않겠지만, 통설은 고의는 본질적으로 인식적(혹은 지적) 요소와 의욕적(혹은 의지적) 요소를 모두 포함하는 개념이라는 입장을 취한다.[1] 고의에 대한 논의는 대체로 여기서의 의욕적 요소를 근거 지우는 행위자의 내적 태도, 다시 말해 미필적 고의와 인식 있는 과실을 구분하는 개념적 표지를 무엇으로 볼 것인지에 관한 논의에 집중되었고, 인식적 요소에 관하여는 결과발생의 가능성을 인식한 것만으로도 인식의 요건을 충족시키는 데에 충분하다고 하는 정도 외에는 별다른 논의가 없었다.

그렇지만 인식적 요소와 관련하여서도 여러 가지 쟁점이 논하여질 수 있다. 이 글에서는 그중에서도 특히, '피고인이 결과 발생의 가능성을 구체적으로 인식하였다고 볼 수는 없지만, 결과 발생의 가능성을 의심하고도 인식을 의도적으로 회피한 것으로 볼 수는 있는 경우'에 고의를 인정할 수 있는가의 문제에 관심을 둔다. 가령 청소년유해업소의 업주가 청소년을 업소에 고용하면 처벌받는 사실을 잘 알고 있으면

---

* 24년 전 필자에게 처음으로 형법을 가르쳐주신 이용식 교수님의 고희를 진심으로 축하드리고 넓고 깊은 가르침과 은혜에 거듭 감사드립니다.

** 서울대학교 법학전문대학원 부교수, 법학박사

1) 형법 제13조의 표현에도 불구하고 인식은 고의의 필요조건일 뿐 충분조건이 될 수 없다는 데에 대체로 합의가 이루어지고 있다는 평가로, 이용식, "부실감사와 미필적 고의", 국가와 헌법: 동당 성낙인 총장 퇴임기념논문집, 박영사(2018), 311면.

서도 청소년인 줄 몰랐다고 하면 어떻게든 처벌을 받지 않고 넘어갈 수 있을 것이라고 생각하여 연령 확인을 의도적으로 회피한 채 청소년을 고용하였다면, 이러한 업주는 청소년을 고용한다는 사실을 실제로 인식하지 못하였으므로 고의범으로 처벌하여서는 안 되는 것인가? 13세 미만의 미성년자를 강간하려는 사람이 상당히 어려 보이는 상대방의 나이에 대해서 '모르는 게 약'이라는 생각으로 나이를 묻지 않고 성관계로 나아간 경우, 13세 미만의 미성년자라는 점에 대한 인식이 없었다고 보아 가중처벌을 하여서는 안 되는 것인가? 인식적 요소와 의욕적 요소를 상호 분절적인 요건으로 파악하는 관점에서는, 이러한 사안들에서 행위자의 인식이 결여되어 있으므로 고의를 인정할 수 없다는 결론을 내릴 가능성이 다분히 존재한다. 그러나 인식적 요소와 의욕적 요소는 행위자의 내면에서 서로 분리되어 있는 것이 아니고, 인식이 의욕에 영향을 미치기도 하지만 의욕이 인식에 영향을 미치기도 한다는 점에 착안한다면 결론은 달라질 수 있다. 사실 위와 같은 쟁점이 문제되는 사안은 현실에서 쉽게 찾아볼 수 있음에도 이 점에 대하여 정면으로 논의하고 있는 문헌이나 판례는 국내에서는 좀처럼 찾기 어려운데, 영미 형법에서는 이러한 경우를 오래 전부터 이른바 '의도적 무지(willful ignorance)'의 사안으로 다루면서 현실적 인식이 부재하였다 하더라도 인식이 존재하는 것과 다름없이 의제할 수 있는 여지를 열어두고 있다. 이에 이 글은 '의도적 무지' 개념과 그 배후에 있는 관념을 관찰해 봄으로써 고의범 처벌에 있어서 무엇이 비난가능성의 본질을 이루는지, 인식과 의사의 관계는 어떻게 설정하여야 하는지, 고의에 대한 판단은 어느 정도까지 규범적 평가를 끌어들일 수 있는지 등의 쟁점을 해결할 수 있는 약간의 실마리를 얻을 수 있다는 기대에서 출발하였다.

이하에서는 먼저 영미 형법에서의 주관적 요건(mens rea)을 간단히 개관하고, '의도적 무지' 개념[2]의 의미 및 논의의 필요성과 그에 대한 판례가 영국과 미국의 사법부에서 전개된 과정을 살핀다. 이러한 논의를 참고하여 행위자가 구성요건적 사실에 관한 구체적인 인식을 회피하고 객관적 구성요건을 충족시키는 행위로 나아간 경우를 우리 형법에서 어떻게 다루는 것이 타당한지에 대하여 논의한다. 우리 형법에 관한 논의를 위해서는 특히 대법원 2014. 7. 10. 선고 2014도5173 판결의 판시 및 그에 대한 학계의 검토 내용을 중점적으로 살피고 그 당부를 평가한다.

2) 이 개념은 국내에서는 거의 다루어지지 않고 있다. 약간의 논의로는, 지유미, "영미법상 주관적 범죄성립요건으로서 'Recklessness'에 대한 고찰", 가천법학 제14권 제1호(2021. 3.), 99－100면.

Ⅱ. '의도적 무지'에 관한 영미 형법의 도그마틱

1. 영미 형법에서의 범죄의 주관적 요건(mens rea)

영미 형법에서 'mens rea'라는 개념은, 넓게는 "일반적으로 부도덕한 동기"를, 좁게는 "도덕적으로 유책한 정신 내지 마음의 상태"를 의미하는바, 오늘날에는 두 번째 의미로 사용하는 것이 일반적이라고 한다.[3] 영국 형법에서 주관적 요건의 대표적인 유형으로는 '의도적 고의(intention)', '지정고의(知情故意, knowledge)', '신뢰(belief)', '무모성(recklessness)',[4] '과실(negligence)' 등이 있고 그 외에도 'maliciously', 'willfully', 'dishonestly', 'permitting' 등 다양한 유형들이 존재한다고 한다.[5] 미국 모범 형법전[6]에서는 주관적 요건을 '의도적 고의(purpose)', '지정고의(knowledge)', '무모성(recklessness)', '과실(negligence)'의 네 가지 유형으로 나누고 있으나 영국과 마찬가지로 그 외에 다양한 유형들이 활용되고 있다. 통상 모범 형법전의 주관적 요건의 정의는 영미 형사법에서의 '표준적인 설명'에 해당한다고 이해되므로,[7] 이하에서는 우선 모범 형법전에서의 열거하고 있는 위 네 가지 요건을 중심으로 하여 영미 형법에서의 범죄의 주관적 요건을 다루기로 한다.

위 법전 제2.02조 제2항에서는 위 각각의 요건에 대하여 다음과 같이 징의한다.

> (a) 의도적 고의(purpose): 어떤 사람이 어느 범죄의 요건에 관해 '의도적으로(purposely)' 행위를 하였다고 하려면, (ⅰ) 해당 요건이 행위자가 한 행위의 성질이나 그 결과에 관한 것인 경우, 그러한 성질의 행위에 관여하거나 그러한 결과를 초래하겠다는 의식적 목표(conscious object)가 존재하였어야 하고, (ⅱ) 해당 요건이 행위에 수반한 상황에

---

3) 이경재, "영국형법상 범죄의 주관적 요소", 법학연구 제20권 제1호, 충북대학교 법학연구소(2009), 38면.

4) "recklessness"는 우리 형법에 그에 정확히 대응하는 용어가 없어 번역하기가 매우 까다롭다. 이에 위 용어를 번역하지 않고 사용하는 국내 문헌도 있으나(지유미, 위 논문, 96면), 이 글에서는 일단 기존에 '무모성'으로 위 용어를 번역한 예를 따르기로 한다.

5) Jeremy Horder, Ashworth's Principles of Criminal Law, 9th ed, Oxford University Press, 2019, p. 209.

6) 미국에는 연방과 각 주에서 시행하고 있는 52개의 서로 다른 성문 형법이 존재하나, 미국법률협회(American Law Institute)에서 성안한 모범형법전에서 제시하고 있는 바람직한 형법전의 모습이 연방과 각 주에 많은 영향을 미치고 있고, 주요 형법 개념에 관한 법원의 해석에도 적극 참고되고 있다. 모범형법전에 대하여 소개하고 있는 국내의 문헌으로는, 장규원, "미국 모범형법전에 대한 고찰", 비교형사법연구 제9권 제1호(2007), 459－476면.

7) R. A. Duff, "Two Models of Criminal Fault", 13 Crim. L. & Phil. 643 (2019), p. 643.

관한 것인 경우, 그러한 상황이 존재한다는 점을 알고 있거나, 그와 같이 믿거나, 혹은 이를 희망하였어야 한다.

(b) 지정고의(knowledge): 어떤 사람이 어느 범죄의 요건에 관해 '알면서(knowingly)' 행위하였다고 하려면 (ⅰ) 해당 요건이 행위자가 한 행위의 성질이나 그에 수반한 상황에 관한 것인 경우, 자신의 행위가 그러한 성질을 지니고 있거나, 그러한 상황이 존재한다는 점을 알았어야 하고, (ⅱ) 해당 요건이 행위의 결과에 관한 것인 경우, 행위자가 자신의 행위가 그러한 결과를 초래할 것임이 거의 확실(practically certain)하다는 점을 알았어야 한다.

(c) 무모성(recklessness): 어떤 사람이 어느 범죄의 요건과 관련하여 '무모하게(recklessly)' 행위를 하였다고 하려면 그 행위자가 그 요건이 존재할 상당하고도 부당한 위험(substantial and unjustifiable risk) 또는 그의 행동으로부터 초래될 수 있는 상당하고도 부당한 위험을 의식적으로 무시(consciously disregards)하였어야 한다. 그러한 위험은 행위자가 한 행위의 성질과 목적, 그가 인지하고 있었던 상황을 고려할 때, 이를 무시한 것이 법을 준수하는 사람(a law-abiding person)이라면 행위자가 처한 상황에서 준수하였을 행위의 표준(standard of conduct)으로부터 심대하게 일탈(gross deviation)한 것이라고 볼 만한 성질과 수준을 갖춘 것이어야 한다.

(d) 과실(negligence): 어떤 사람이 어느 범죄의 요건에 관련해 '과실에 의해(negligently)' 행위하였다고 하려면, 그 행위자가 그 요건이 존재할 상당하고도 부당한 위험 또는 그의 행동으로부터 초래될 수 있는 상당하고도 부당한 위험을 알았어야 한다. 그러한 위험은 행위자가 한 행위의 성질과 목적, 그가 인지하고 있었던 상황을 고려할 때 이를 알지 못한 것이 합리적인 사람(reasonable person)이라면 행위자가 처한 상황에서 준수하였을 주의의 표준으로부터 심대하게 일탈한 것이라고 볼 만한 성질과 수준을 갖춘 것이어야 한다.

미국 모범 형법전의 입안자들은 이처럼 '의도적 고의'-'지정고의'-'무모성'-'과실'을 순차적으로 열거함으로써 타인의 법익을 침해하거나 위태화하는 객관적 행위에 부착된 주관적 심리 상태를 비난가능성의 수준에 따라 서열화하고자 하였다.[8] 이러한 서열화에는 사람들이 갖는 보편적인 도덕 감정이 반영된 것으로 이해된다.[9] 독일과 우리나라 형법에서 책임 원칙에 따라 원칙적으로 고의가 있어야 처벌할 수 있고 과실만 있는 경우에는 예외적으로만 처벌할 수 있다고 보는 것에 상응하여, 영미 형

8) Kenneth Simons, "Should be Model Penal Code's Mens Rea Provisions Be Amended?", Ohio St. J. Crim. L. 1 (2003), p. 10.
9) R. A. Duff, 위 논문, p. 645; 지유미, 위 논문, 104면.

법에서는 원칙적으로 '무모성' 이상의 심리 상태가 존재하여야 처벌할 수 있고 과실만 있는 경우에는 예외적으로만 처벌할 수 있다고 본다.[10] 이러한 점에서 우리의 미필적 고의 개념과 '무모성' 개념은 형법이 원칙적으로 처벌할 수 있는 주관적 심리 상태의 하한선을 지키는 역할을 한다는 공통점이 있다.

2. '무모성'과 미필적 고의의 비교

'무모성' 개념이 반드시 모든 영미법계 국가에서 동일하게 이해되는 것만은 아니지만,[11] 적어도 모범 형법전의 개념 정의에 의한다면 '무모성' 개념은 일정한 구성요건적 상황의 존재나 결과가 발생할 가능성, 즉 위험에 대한 인식이 존재할 것을 전제로 한다.[12] 범죄의 처벌을 위한 주관적 심리 상태에 일정한 인식을 원칙적으로 요구하는 이유는 인식이 있어야 선택의 여지가 발생하고,[13] 선택의 여지가 있어야 법익을 침해하거나 위태화하는 행위를 선택한 것에 대해 비난할 수 있기 때문이다. 여기까지는 미필적 고의 성립을 위해 결과 발생의 가능성에 대한 인식을 요구하는 것과 유사한 면이 있지만, '용인' 내지는 '감수'와 같은 심적 태도 내지는 의지적 요소를 추가적으로 요구하지 않는다는 점에서 결정적으로 미필적 고의와 구별된다. 이러한 유사점과 차이점을 기초로, 영미 형법/독일 형법을 비교하는 외국 학자들이나 영미 형법/우리 형법을 비교 연구하는 국내 학자들은 '무모성'에 대하여 우리 형법에서의 미필적 고의 및 인식 있는 과실을 포함하는 개념이라고 설명하거나,[14] 미필적 고

---

10) R. A. Duff, 위 논문, p. 647.

11) '무모성'에 대한 영미법계 국가들에서의 다양한 정의에 관해서는, Findlay Stark, Culpable Carelessness: Recklessness and Negligence in the Criminal Law, Cambridge University Press, 2016, 제2장 참조. 특히 '무모성'의 판단 기준을 주관적 기준(행위자가 위험을 실제 인식하였을 것을 요구)으로 이해하는가, 객관적 기준(행위자가 -설령 실제 인식을 하지 못하였더라도- 위험을 객관적으로 인식했어야 함을 요구)으로 이해하는가에 따라 '무모성'의 법적 성격은 판이하게 달라진다. 전자로 볼 경우 우리의 고의 개념에 보다 가까워지는 반면, 후자로 볼 경우 우리의 과실 개념에 보다 가깝게 된다. 영국에서는 한때 객관적 기준을 채택한 바 있으나 2000년대 이후 다시 주관적 기준으로 회귀하였다[이에 대한 상세하게 설명하고 있는 국내 문헌으로는, 김종구, "고의와 과실의 중간 개념에 관한 비교법적 고찰 -영미법상 무모성(recklessness)을 중심으로- ", 형사법의 신동향 통권 제57호(2017. 12.), 200-208면 참조]. 여기에서는 주관적 기준에 따라 '무모성' 개념을 이해하는 것을 전제로 논의를 전개한다.

12) Findlay Stark, 위의 책, p. 47.

13) Findlay Stark, 위의 책, p. 141.

14) 지유미, 위 논문, 111면. 인식설의 입장에 서서 '무모성'은 미필적 고의에 대응하는 개념으로 볼 수 있다는 취지로, 박상진, "영미형법에 있어 주관적 범죄요건(Mens Rea)에 대한 연구", 비교형사법연

의와 대략적으로 유사하다고 설명하기도 한다. 위와 같은 설명이 타당한지에 대해서는 약간의 검토가 필요하다.

먼저 인식적 요소의 측면에서 보면, '무모성'이 미필적 고의와 인식 있는 과실을 포함한다고 말하기 위해서는 '무모성' 개념에서 요구하는 위험의 인식 수준이 인식 있는 과실 개념에서 요구하는 위험의 인식 수준과 같거나 그보다 낮다는 점이 전제되어야 한다. 그런데 양 개념에서 요구하는 위험의 인식 수준은 모두 추상적으로만 서술되어 있고, 특히 '무모성'에서 요구하는 인식의 수준에 관하여 견해가 통일되어 있지 않아 정확한 비교가 불가능하다. 만일 '무모성' 개념에서 요구하는 위험의 인식 수준이 구성요건적 상황의 존재나 결과 발생의 개연성 정도까지는 인식할 것을 요구하는 취지라면,[15] 우리 형법에서 인정되는 미필적 고의 및 인식 있는 과실의 사안 중 구성요건적 상황의 존재나 결과 발생의 가능성은 인식하였으나 개연성에 대한 인식까지 미치지 못한 경우는 무모성 개념으로 포섭될 수 없을 것이다. 그러나 '무모성' 개념에서 요구하는 위험의 인식 수준이 구성요건적 상황의 존재나 결과 발생의 가능성 정도의 인식만으로도 충분하다면[16] 미필적 고의 및 인식 있는 과실의 사안은 대체로 '무모성'의 개념에 포섭될 수 있다.

다음으로 의사적 요소의 측면에서 보면, '무모성' 개념이 오로지 인식의 측면에만 초점을 맞추고 있는 개념이고 의적 요소에 대한 고려를 배제하고 있다고 할 수는 없다. 인식을 통하여 열린 선택의 여지 속에서 적법하지 않은 행위로 나아갔다는 데에 이미 의적 요소가 반영되어 있는 것이고, 그러한 의지적 행위에 수반된 법익 경시적 태도(insufficient concern for the interest of others)가 처벌의 근거가 되는 것이기 때문이다.[17] 즉, '용인', '감수'와 같은 태도를 별도의 요건으로 요구하지 않는다는 것일

구 제9권 제2호(2007), 422, 423면.

15) '무모성'에서 요구하는 인식의 수준은 결과 발생의 개연성의 인식이라는 언급으로, 박상진, 위 논문, 417면.

16) '무모성'에서 요구하는 인식의 수준이 미필적 고의에서 요구하는 인식의 수준과 유사하다고 보는 언급으로, Findlay Stark, 위의 책, p. 210; 한편, Glanville Williams는 '무모성'에서 요구하는 인식의 수준은 일률적으로 말하기 어렵다는 전제에서, 아무런 사회적 유용성이 없는 행위의 경우에는 그로 인한 해악 발생의 가능성이 있다는 점만 인식하더라도 '무모성'을 인정하는 데에 지장이 없는 반면, 사회적 유용성이 있는 행위의 경우에는 그 유용성과 해악의 수준을 형량하여 보더라도 여전히 유용성이 상당하다면 해악 발생의 개연성에 대한 인식이 있어야 '무모성'을 인정할 수 있다고 본다. Glanville Williams, Criminal Law: The General Part(2nd ed), Stevens & Sons, 1961, pp. 59, 62. Robin Charlow, "Wilful Ignorance and Criminal Culpability", 70 Tex. L. Rev. 1351 (1991), pp. 1378－1379에서 재인용.

뿐, 일정한 인식 수준에 이르렀음에도 불구하고 행위로 나아갔다는 데에서 의적 요소는 이미 그에 표상되어 있다고 보는 것에 가깝다. 다른 한편으로, 독일이나 우리나라에서 통설로 받아들여지고 있는 의사설에서도 결과발생에 대한 심정적 · 정서적 태도에 지나치게 의존함으로써 자의적 판단이 이루어지는 것을 경계하고 행위자가 결과 발생을 희망하였는지 여부와 관계없이 결과 발생의 의지를 갖고 있었는가에 초점을 맞추는 방향으로 논의가 전개되고 있는 점[18]을 볼 때, 구성요건적 상황이나 결과발생의 가능성에 대한 일정 수준의 인식을 가지고 문제된 행위로 나아간 경우에 미필적 고의를 인정하지 않고 인식 있는 과실로만 인정할 여지는 상당히 좁아지게 된다.

이러한 점을 종합하여 본다면, '무모성'과 미필적 고의는 지적 요소와 의적 요소 양 측면에서 외연을 다소 달리 하기는 하지만, 대략적으로나마 유사한 심적 상태를 포섭할 수 있는 개념에 해당하다고 보더라도 큰 무리는 없을 것이다. 이에 국내 문헌 중에서는 '무모성'과 같이 고의보다 한 단계 낮은 주관적 요건을 새롭게 도입할 필요가 있다는 주장을 제기하기도 하지만, 미필적 고의가 '무모성'과 유사한 역할을 하고 있는 이상 '무모성'이라는 개념 자체를 도입할 실익이 크지는 않다고 보인다. 그보다는 오히려 '무모성'을 포함한 주관적 요소의 서열화, 계층화에 관한 영미 형법의 태도에 시사하는 점이 상당히 있다고 여겨진다. 즉, 우리 형법에서는 과실과 대비되는 고의의 개념이 단일하게 사용되고 여기에 의도적 고의, 지정고의, 미필적 고의가 모두 포함되므로 과잉처벌의 위험이 상존하는 반면, 영미 형법에서는 행위자의 자유가 보다 폭넓게 보장되어야 할 범죄의 유형에 있어서는 주관적 요건을 의도적 고의나 지정고의로 엄격하게 요구하고 '무모성'의 심적 상태만을 갖춘 경우에는 처벌이 불가능하게 하는 등으로 처벌의 범위를 조절하는 모습을 볼 수 있는 것이다. 이러한 점을 고려하면 일응 영미 형법에서처럼 주관적 요건을 세분화하는 것이 더욱 합리적인 입법 방식으로 보이고, 비용과 시간은 들겠지만 그러한 방향으로 형법전을 재구조화하는 것도 생각해봄 직하다. 그런데 주관적 요건을 세분화하는 방안이 성공을 거두기 위해서는, 각각의 주관적 요건이 의미하는 바가 비교적 명확하여야 하여야 할 뿐만 아니라, 각각의 주관적 요건에 상응하는 비난가능성의 서열이 분명하여 엄격한 주관적 요건을 활용하더라도 비난가능성이 높은 사안이 처벌에서 누락되지

17) Findlay Stark, 위의 책, p. 3.

18) 이 점과 관련하여 특히 김호기, "도로교통에 있어서 운전자의 위험운전행위에 대한 형법적 대응", 형사정책 제32권 제3호(2020. 10.), 158면 이하 참조.

않아야 한다. 즉, 과다포함의 문제를 해결하려다 과소포함의 문제를 초래하지는 않는지 충분히 점검하여야 한다. 이와 같은 맥락에서, '의도적 무지' 개념은 기존의 주관적 요건에 관한 4가지 개념이 비난가능성의 서열을 체계적으로 반영하지 못함으로써 발생하는 비례적 처벌의 공백 상태에 대처하기 위하여 고안된 개념임을 상기할 필요가 있다. 아래에서 보다 본격적으로 살핀다.

3. '의도적 무지'의 개념과 그 구체적 필요성

'의도적 무지'는 'willful ignorance'의 번역어로, 'willful ignorance' 대신 'willful blindness'라는 용어를 사용하는 법원이나 관련 문헌도 다수 있고,[19] 그 외에 'deliberate indifference', 'deliberate ignorance', 'conscious avoidance', 'contrived ignorance' 등의 용어와도 호환하여 사용된다. 타조가 맹수의 공격을 받으면 도망을 가는 것이 아니라 머리를 모래 속에 처박는 모습에 빗대어, 의도적 무지 법리에 관한 배심원 설시를 "타조 설시(ostrich instruction)"라고 지칭하기도 한다.[20] '의도적 무지'의 상황은 구성요건적 사실 중 일부에 대한 현실적 인식은 결여되어 있지만, 구성요건적 사실이 존재할지도 모른다는 점에 대한 일정한 의심은 존재하는 상태에서 진실이 무엇인지 알고자 하는 노력을 의도적으로 회피한 경우를 말한다. 영미법계의 다수 국가들에서는 범죄 성립의 주관적 요건으로 일정한 현실적 인식이 요구되는 경우라 하더라도, '의도적 무지'로 인해 결과 발생에 관한 현실적 인식이 결여된 것이라면 해당 주관적 요건이 충족된 것으로 볼 수 있다는 법리를 채택하고 있다. 위 개념이 적용될 수 있는 대표적인 사안으로는 흔히 마약 운반 사례가 거론된다. 즉, 어떤 낯선 사람이 가방을 어떤 주소지로 전달하는 심부름을 해 주면 상당한 금원을 사례로 지급하겠다고 할 경우, 가방 안에 수상한 물건이 있다는 의심을 자연스럽게 할 수 있을 것이다. 그러나 가방 안에 있는 물건의 정체를 쉽게 확인할 수 있음에도 불구하고 그러한 노력을 의도적으로 방기한 채 가방을 소지하고 전달하였는데 사실은 그 가방 안에 마약이 들어 있었다면, 마약 관련 범죄에서 요구되는 주관적 요건이 갖추어졌다고 간주한다는 것이다.[21]

---

19) Kenneth W. Simons, "The Willful Blindness Doctrine: Justifiable in Principle, Problematic in Practice", 53 Ariz. St. L. J. 655 (2021), p. 655.

20) Ira Robbins, "The Ostrich Instruction: Deliberate Ignorance as a Criminal Mens Rea", J. Crim. L. & Criminology 81 (1990).

'의도적 무지' 개념이 필요한 이유를 이해하기 위하여, 모범 형법전에서의 주관적 요건을 '의도적 고의'-'지정고의'-'무모성'-'과실' 순으로 서열화하는 근거부터 살필 필요가 있다. 먼저 범죄로 나아가고자 하는 뚜렷한 의도가 있는 경우에 가장 비난가능성이 높다는 점에 대해서는 구태여 부연할 필요가 없을 것이다. 문제는 '지정고의'와 '무모성'의 서열에 대한 근거이다. 이 두 주관적 요건은 앞서 본 것과 같이 구성요건적 상황이나 결과에 대한 일정 수준의 인식을 요구한다는 점에서 공통되고, 다만 그 인식의 수준이 어느 정도인가에 차이가 있다. 모범 형법전에서는 인식의 수준이 확실할수록 여러 선택지 속에서 법익 침해·위태화의 방향으로 나아갔다는 의지적 측면이 더 뚜렷하게 드러나고 형법이 보호하고자 하는 법익을 경시하거나 그에 무관심한 태도가 더 높은 수준으로 존재하므로 그 비난가능성을 더 높게 볼 수 있다고 전제하는 것으로 보인다.[22] 그러나 '의도적 무지' 사안은 이러한 비난가능성의 서열에 관한 직관 내지 상식과는 잘 맞지 않는다. 타인의 법익을 침해할 수도 있다는 일정한 의심이 드는 상황에서, ① 그러한 의심을 기초로 의사결정을 위한 정보를 더 수집함으로써 인식의 수준을 높였으나 그럼에도 불구하고 행위로 나아간 경우에 비하여, ② 의심이 들지만 그럼에도 불구하고 의심을 해소하기 위한 추가적인 정보 수집을 하지 아니한 채 행위로 나아간 경우에 반드시 법익 경시적·무관심적 태도가 더 낮다고 볼 수는 없는 것이다. 전자는 숙고된 판단을 하기 위한 의식적인 노력이라도 하였지만 후자는 숙고된 판단을 하고자 하는 노력 자체를 의식적으로 포기하였다는 점에서 형법이 표준으로 삼고 있는 합리적 인간으로부터 오히려 더 거리가 멀다고 볼 수도 있다. 이러한 점으로 인해 영미법계 국가들에서는 주관적 요건 사이에서의 '키 맞추기'를 위해 아래와 같이 '의도적 무지' 사안에서 일정한 수준의 인식을 의제하는 법리를 형성해 온 것이다.

21) Alexander Sarch, Criminally Ignorant, Oxford University Press, 2019, p. 12; Deborah Hellman, "Willfully Blind for Good Reason", Criminal Law and Philosophy 3 (2009), p. 302.

22) Alexander Sarch, 위의 책, p. 87.

4. '의도적 무지' 법리의 전개 – 영국과 미국의 경우

가. 영국

영국 법원은 영미법계 국가 중에서 '의도적 무지' 개념을 처음으로 도입하였다. 1861년에 선고된 R v. Sleep 판결[23]에서 피고인은 정부용품횡령법(the Embezzlement of Public Stores Act)을 위반하여 정부용품을 횡령하였다는 혐의로 기소되었는데, 위 법에서는 횡령한 물건이 정부용품이라는 점에 대한 '지정고의'를 주관적 요건으로 요구하였다. 피고인은 유죄의 평결을 받았으나 Willes 판사는 위 유죄 평결을 취소하면서, 위 법률에 따라 유죄로 인정되려면 피고인이 해당 물건이 정부용품이라는 점을 알았거나 "그러한 사실에 대하여 의도적으로 눈을 감았어야(willfully shut his eyes to the fact)" 한다고 판시하면서, 이 사건의 경우에는 배심원단이 피고인이 해당 물건이 정부용품이라는 점을 현실적으로 알았는지, 혹은 "그러한 인식을 얻는 것을 의도적으로 피하였는지(willfully abstained from acquiring that knowledge)" 판단하지 않고 유죄 평결을 한 것이 잘못이라고 하였다. 즉, 위와 같은 판시는 인식을 의도적으로 회피하였다는 점에 대한 충분한 증거가 있다면 이를 근거로 유죄를 인정할 수 있다는 점을 의미하는 것이다.[24] 14년 뒤의 Bosley v. Davies 사건에서는 피고인이 실제 도박이 이루어지고 있다는 점에 대하여 현실적인 인식을 갖고 있지 않다 하더라도, 무슨 일이 벌어지고 있는지에 대해 "못본 척하고(connive)" 있었다는 점을 뒷받침하는 정황이 존재한다면 현실적 인식이 없더라도 '지정고의'가 인정될 수 있다는 취지의 판결이 선고되었다.[25] 유사한 취지의 판결례들이 이어지면서, 19세기 후반에 '의도적 무지' 상태가 현실적 인식을 대체할 수 있다는 법리가 영국법에 확고하게 자리잡게 되었다.[26]

20세기 판례 중에서 '의도적 무지' 사안에 관한 대표적인 선례는 Westminster City Council v. Croyalgrange Ltd 판결[27]이다. 이 사건에서 피고인은 자신이 소유한 부동산이 불법 성매매 업소로 사용되도록 하였다는 혐의로 기소되었다. 법원은 "[어떤 구

---

23) [1861] 30 L.J.M.C. 170, 169 E.R.1296.
24) J. Ll. J. Edwards, "The Criminal Degrees of Knowledge", Mod. L. Rev. 17 (1954), p. 298; Ira Robbins, 위 논문, p. 196.
25) Bosley v. Davies, 1 Q.B.D. 84 (1875);
26) J. Ll. J. Edwards, 위 논문, p. 301.
27) 1 WLR 674 (1986).

성요건에 관하여] 피고인에게 '지정고의'가 있을 것이 요구되는 사안에서, 사실인정의 주체는 피고인이 명백한 사실에 의도적으로 눈을 감았거나 그러한 사실에 대하여 의심을 하였지만 그 의심에 관하여 확신을 얻기를 원하지 않아 더 이상의 조사를 회피하였다는 증거를 '지정고의'가 존재한다는 점에 대한 판단의 근거로 삼을 수 있다"고 판시하였다. 한편, 피고인이 장물죄로 기소되었던 R v. Griffiths 판결[28]에서 항소법원은 "배심원에게 피고인이 훔친 물건이라는 점에 대해 의심하면서도 [구성요건적] 상황에 대하여 의도적으로 눈을 감았다면 훔친 물건이라는 점에 대한 실제의 인식 내지 믿음이 없더라도 피고인이 유죄라고 설명하는 것"은 잘못된 설명이지만, "배심원에게 상식과 법에 따를 때, 피고인이 [구성요건적] 상황에 대하여 의도적으로 눈을 감았다는 점에 근거하여 훔친 물건이라는 점을 실제 인식하였거나 그와 같이 믿었다고 판단할 수 있다고 설명하는 것"은 매우 적절한 설명이라고 판단하였다. 이와 같은 판시들은 영국법에서 '의도적 무지' 법리는 '의도적 무지' 상태가 '현실적 인식'을 대체할 수 있다는 실체법상의 법리라기보다는, '의도적 무지' 상태에 관한 증거로 '현실적 인식'의 존재를 간접적으로 추론할 수 있다는 증거법상의 법리임을 보여준다는 평가[29]가 있다.

나. 미국

미국에서도 19세기부터 '의도적 무지'의 개념이 법원에서 받아들여졌고, 형사 사건에서는 1899년에 선고된 Spurr v. United States 사건[30]에서 가장 먼저 다루어졌다. 위 사건에서 피고인은 은행원들로 하여금 자금이 부족한 계좌에서 발행된 수표를 인증(certify)하는 것을 금지하는 조항을 "의도적으로(willfully)" 위반하였다는 혐의로 기소되었다. 연방대법원은 '의도적으로'는 '의도'와 '지정고의'를 모두 요구하는 개념이라고 해석하면서, "만일 은행원이 계좌에 자금이 있는지 여부에 대하여 의도적으로 스스로를 무지 상태에 두었다면(purposely keeps himself in ignorance of whether the drawer has money in the bank)" 유죄로 인정될 수 있다고 하였다.

특히 '의도적 무지' 법리는 1970년대부터 마약 관련 소추 사건에서 활발하게 이용

28) 60 Cr App R 14 (1974).
29) Mark Dsouza, "Criminally Ignorant – an invitation for broader evaluation", Jurisprudence 12.2 (2021), p. 227.
30) 174 U.S. 728 (1899).

되기 시작하였는데,[31] 이러한 역사적 맥락 속에서 위 법리가 보다 확고하게 자리매김하도록 하는 데에 기여한 판결은 1976년 연방 제9 항소법원에서 선고한 United States v. Jewell 판결[32]이다. 피고인은 연방 형법 제21장의 제841조 제(a)(1)항을 위반하여, '알면서(knowingly)' 배포할 의도로 규제약물(controlled substance)을 소지하였다는 혐의로 기소되었다. 이 사건에서 피고인은 110파운드의 마리화나가 숨겨진 차량을 운전하다가 발각되었는데, 피고인은 차량에 마약이 숨겨져 있던 사실을 알지 못하였다고 주장하였다. 1심에서는 배심원들에게 소위 "타조 설시", 즉 '의도적 무지'가 인정되면 그로써 '지정고의'를 대체할 수 있다는 취지의 배심원 설명을 하였고, 배심원단은 피고인에게 유죄의 평결을 하였다. 연방 제9 항소법원은 유죄 평결에 대한 피고인의 항소를 기각하면서, 행위자가 눈감지 않았다면 명백히 알 수 있었을 사실에 대해 아는 것을 회피하기 위하여 의도적으로 눈을 감은 경우 행위자는 그와 같은 사실에 대하여 알고 있는 것으로 취급되고, '알면서(knowingly)' 행위하는 것은 반드시 현실적 인식(positive knowledge)을 갖추고 있을 것을 요구하지 않는다고 하였다. 이러한 점에서 위 판결은 '의도적 무지' 법리를 실체법상의 법리로 받아들인 것으로 이해할 수 있다. 이후 위 판결은 '의도적 무지' 사안에 관한 리딩 케이스가 되었고, 이후 모든 관할의 연방 항소법원이 위 법리를 받아들였다.[33] 다만 법원마다 '의도적 무지' 상태를 어떻게 정의할 것인지에 대하여 통일된 입장을 가지고 있다고 볼 수는 없다.[34]

연방대법원에서도 2011년에 선고한 Global-Tech Appliances, Inc. v. SEB S.A. 판결[35]에서 '의도적 무지' 법리가 형사 실무에 견고하게 자리잡고 있다는 점을 확인하였다.[36] 위 판결에서는 각 연방 항소법원마다 '의도적 무지' 법리를 조금씩 다르게 전개하고 있다고 하면서도, 다음의 두 가지 기본 요건, 즉 "① 피고인이 어떠한 사실이 존재한다는 고도의 개연성에 대하여 주관적 믿음을 가지고 있을 것,[37] ② 피고인

31) Ira Robinson, 위 논문, p. 199. 그 외의 영역에서 활용된 예로는, 같은 논문, p. 202.
32) 532 F.2d 697 (9th Cir. 1976).
33) Jonathan Marcus, "Model Penal Code Section 2.02(7) and Willful Blindness", 102 Yale. L. J. 2231 (1993), p. 2232.
34) 다양한 정의 방식에 대해서는, 다소 오래 전 논문이기는 하지만 우선 Robin Charlow, 위 논문, pp. 1366-1372.
35) 131 S.Ct. 2060 (2011).
36) 위 사건 자체는 특허에 관한 분쟁이다. 위 판결에 관하여 특허법의 관점에서 상세한 해설을 담은 국내의 논문으로는, 최승재, "특허간접침해의 성립여부와 주관적 요건의 판단 -GLOBAL-TECH APPLIANCE, INC., v. SEB S.A.- ", 정보법학 제15권 제2호(2011), 1-30면.

이 그러한 사실을 아는 것을 회피하기 위하여 의도적으로 행동하였을 것"[38]을 요구한다는 점에 있어서는 합의를 이루고 있다고 관찰하였다. 연방대법원은 위와 같은 요건은 의도적 무지 법리의 적용 범위를 적절하게 제한할 수 있다고 긍정적으로 판단하면서, "'의도적 무지' 상태의 피고인이란 불법의 고도의 개연성을 확인하는 것을 회피하기 위한 의도적인 행동을 하였고, 문제된 사실을 사실상 알고 있는 것이나 거의 마찬가지라고 말할 수 있을 정도의 행위자를 말한다"고 판시하였다.

5. '의도적 무지' 법리의 이론적 근거

앞서 본 것처럼 영국법에서는 '의도적 무지' 법리를 증거법상의 법리로 취급하고 있는 것으로 평가되지만, '지정고의'에서 요구되는 내적 심리 상태는 어떠한 사실이 존재한다는 "올바른 믿음(correct belief)"[39]임에도, 그와 같은 믿음을 형성하지 않은 '의도적 무지' 상황이 입증되었다고 하여 '지정고의'의 증명이 있었다고 하는 것은 다소 무리한 추론이다. 따라서 '의도적 무지' 법리는 실체법상의 법리로 파악하여야 그 본질에 부합하는 접근이 가능하다고 생각한다.[40]

실체법상 법리로서 '의도적 무지' 법리를 뒷받침하는 근거는, 행위자가 실제의 인식을 갖추고 있지 않다 하더라도 의도적으로 진실을 외면하였다면 실제의 인식을 갖춘 경우와 "동등한 비난가능성(equal culpability)"을 갖추고 있다는 것이다.[41] Husak과 Callender는 이러한 규범적 평가를 위해 '의도적 무지' 상황은 ① 구성요건적 사실이 존재할지도 모른다는 점에 대한 일정한 근거를 갖춘 의심(warranted suspicion)이 존재하고, ② 그러한 의심을 쉽고, 신속하며, 통상적인 방법으로 해소할 수 있음에도

37) 따라서 '의도적 무지' 상태에 있는 피고인은 항상 '무모성'의 주관적 요건을 충족한다. Larry Alexander & Kimberly Ferzan, Crime and Culpability, Cambridge University Press, 2009, p. 34.

38) 다만, 법원에 따라서는 반드시 의도적, 목적적으로 무지 상태를 보존하는 경우뿐 아니라 추가적인 사실 탐지를 위한 노력을 하지 않고 있다는 점을 스스로 인식하는 경우까지도 '의도적 무지' 사안에 포함되어야 한다고 보기도 한다. United States v. Ferrarini, 219 F.3d 145 (2d Cir. 2000).

39) Robin Charlow, 위 논문, p. 1375.

40) 물론 피고인이 어떠한 구성요건적 상황 내지 결과에 대하여 몰랐다고 주장하는 경우, 피고인이 의도적으로 그러한 사실로부터 거리를 두는 듯한 행동을 한 것이 피고인이 무지 상태를 가장하기 위하여 취한 행동으로 보아, 이를 '지정고의'를 뒷받침하는 하나의 간접사실로 볼 수는 있을 것이다. 그러나 이러한 경우를 진정한 '의도적 무지' 상황이라고 볼 수는 없다.

41) Douglas N. Husak & Craig A. Callender, "Wilful Ignorance, Knowledge, and the "Equal Culpability" Thesis: A Study of the Deeper Significance of the Principle of Legality", 1994 Wis. L. Rev. 29 (1994), p. 53.

불구하고, ③ 피고인이 자신의 행동에 대한 비난이나 책임 추궁을 회피하고자 하는 동기를 가지고 있어야 한다고 주장한다.[42] 특히 이 중에서 두 번째 요건은 '의도적 무지'의 사안을 과실범의 경우와 구별하기 위하여 중요하다. 이 문제에 천착해 온 Alexander Sarch 교수는 위와 같은 요건이 중요한 이유에 대하여, 자신이 하고자 하는 행동이 타인의 법익을 침해할 상당하고도 부당한 위험을 낳을 수 있다는 점을 인식하고 있는 사람에게는 그와 같은 행동으로 나아가기에 앞서 합리적으로 정보를 취득할 의무(a duty to reasonably inform oneself)가 존재하고, 그러한 도덕적 의무를 충분히 심각한 방식으로 위반한 경우에는 타인의 법익을 경시하는 태도가 단순한 무모성의 경우보다 더 강하게 드러나 비난가능성의 수준이 증가하기 때문이라고 설명한다.[43] 그러나 정보 취득에 지나친 비용이 든다거나, 전문적인 지식을 요한다거나, 정보 취득을 위한 노력이 오히려 스스로를 위험에 빠지게 할 가능성이 있다거나, 다른 중요한 가치와 충돌한다거나[44] 하는 등의 사유가 있는 경우에는 정보를 취득하지 않았다는 점을 들어 비난가능성에 가중치를 부여하기는 어려울 것이다.[45]

이러한 "동등한 비난가능성"을 근거로 형사 책임에 필요한 요건을 의제하는 법리는 다른 곳에서도 찾아볼 수 있다. 가장 대표적인 예가 이른바 원인에 있어서 자유로운 행위의 예이다.[46] 자의로 음주나 약물 복용 등을 하여 스스로의 책임능력을 제한한 행위자가 책임능력의 제약이 있는 상태에서 타인의 법익을 침해하는 행위로 나아간 경우에 있어서, 구성요건적 실행행위로만 시야를 좁히게 된다면 그 비난가능성에 대한 적절한 판단이 불가능하므로 원인설정행위를 함께 고려하여 비난가능성을 총체적으로 평가함으로써 심신이 건재한 사람이 동일한 행위를 한 경우와 비난가능성이 동등하다는 결론을 얻게 되는 것이다.

이처럼 '의도적 무지' 법리는 "동등한 비난가능성"을 근거로 주관적 요건으로 요구되는 심리 상태가 존재하지 않음에도 마치 존재하는 것처럼 의제하는 효과를 낳는

42) Husak & Callender, 위 논문, pp. 39－42. 다만, 동기를 고려하여서는 안 된다는 반론으로는 Deborah Hellman, 위 논문, p. 313.
43) Alexander Sarch, 위의 책, pp. 109, 112, 113, 114, 118.
44) 가령 Deborah Hellman 교수는 변호인이 자신의 의뢰인이 거짓말을 하고 있다는 의심을 하면서도 그에 대하여 의심을 해소할 수 있는 수단을 활용하지 않는 것은 변호인의 직업 윤리상 정당한 것이므로 이러한 사안에서 '의도적 무지' 법리를 적용할 수는 없다고 한다. Deborah Hellman, 위 논문, p. 307.
45) Alexander Sarch, 위의 책, p. 124.
46) Alexander Sarch, 위의 책, p. 145.

다는 점에서, 주관적 요소의 존부에 관한 판단에 규범적 평가를 정면으로 끌어들인다. 위와 같은 법리를 해석론으로 전개하는 것이 죄형법정주의에 위반된다는 비판[47]도 있으나, 성문의 형법전 없이 이른바 '커먼로 범죄'를 오랜 기간 적용해 온 영미 형법에서는 형법의 성문화가 진행된 후에도 보통법상의 법리를 성문법 해석에 적극 차용하고 있고, '의도적 무지' 법리 또한 영미법계에서 형법의 성문화가 진행되기 이전부터 존재하여 온 보통법상의 법리이므로 위 법리를 채택하고 있는 법원들에서는 죄형법정주의의 위반이 아니라는 입장을 견지하고 있다고 한다.[48]

6. '무모성' 개념과 '의도적 무지' 법리의 우리 형법에의 함의

우리 형법은 기본적으로 독일 형법의 체계를 따르고 있고 앞서 살핀 것처럼 주관적 요건의 세부 유형과 개별 요건의 외연이 영미 형법과는 상당 부분 다르므로, '무모성'이나 '의도적 무지' 법리를 우리 형법의 해석과 적용에 기계적으로 끼워 넣는 것은 불가능하다. 그럼에도 불구하고 이 글에서 위와 같은 개념을 살펴보고자 한 것은 우리 형법의 고의 개념을 해석, 적용함에 있어서도 위와 같은 개념들의 배후에 있는 관점을 음미할 가치가 충분하기 때문이다.

'의도적 무지' 사안에 관한 논의는, 선험적인 논리 체계에 따라 주관적 요건을 유형화, 서열화한 후 이를 연역적으로 사안에 적용하는 방식만으로는 보편타당한 도덕과 상식적 정의의 관점에 비추어 묵과할 수 없는 결론을 방지하기 어렵다는 점을 보여준다. 보통법의 장점은 새로운 유형의 사안을 맞닥뜨릴 때마다 상식적 관점에 비추어 기존의 규범이 타당한 결론을 내릴 수 있는지 반추하고, 이에 대해 끊임없이 수정, 변경을 가하는 유연성을 보이는 데에 있다. 영미의 법원이 '의도적 무지' 법리를 채택하게 된 것은 인식의 확실성이라는 단일한 기준만으로 주관적 요건의 비난가능성을 서열화하게 된다면 인식을 의도적으로 회피한 행위자에 대하여 비난가능성의 수준에 상응하는 처벌을 할 수 없고(응보적 관점), 법을 위반하는 행동을 하고도 몰랐다는 변명으로 쉽게 빠져나갈 수 있는 공백을 초래하게 되어 범죄를 충분히 예방할 수 없다(예방적 관점)는 점을 다양한 사례들을 다루며 깨닫게 되었기 때문이다.

최근 미필적 고의의 개념과 관련하여, 종전에 독일에서 주장되었던 인식설이 오히

---

47) 특히 Husak & Callender, 위 논문.
48) Alexander Sarch, 위의 책, p. 140.

려 타당하다는 견해가 국내에서도 제기되고 있다.[49] 인식설에서는 의적 요소는 주된 지적 요소에 종속적으로 수반될 뿐이라고 본다. 인식이 있음에도 불구하고 행위를 하였다는 것은 그 자체로 의적 요소를 충족시킬 수 있으므로 별도의 내적 심리 상태를 고찰할 필요가 없다는 것이다. 이러한 견해에는 충분히 경청할 만한 부분이 있다. '용인'이나 '감수'와 같은 용어로 행위자의 내적 심리 상태를 환원시킨다는 것이 가능하지 않음에도 판단자로 하여금 그러한 심리 상태가 존재하였는지에 관한 판단을 하도록 하는 것이 합당한가 하는 의문이 들기 때문이다. 그러나 의사설의 문제를 해결하기 위하여 인식설을 채택하는 것은 의사는 인식의 수준에 비례한다는 도식적 사고를 강제함에 따라 또다른 문제를 불러일으킬 수도 있다는 점을 유념할 필요가 있다. 인식설에 대하여 일반적으로 가하여지는 비판, 즉 고의의 외연을 넓힘으로써 보충성의 원칙을 해하는 결과를 가져오게 된다는 비판을 극복하기 위해 고의에 필요한 인식의 수준을 가능성이 아니라 개연성 등으로 상향시키고자 할 경우에는 정확히 '의도적 무지' 사안이 다루는 영역에 있어서 처벌의 공백이 발생하게 된다는 점이 상기되어야 한다. 그와 더불어, '의도적 무지'의 법리는 인식이 의사에 일방향으로 영향을 미치는 것이 아니라, 그와 반대로 의사가 인식에 영향을 미칠 수 있고, 이에 양자를 종합하여 고려하는 것이 필요함을 보여준다. 아래에서는 행위 상대방의 연령이 구성요건의 일부를 이루는 사건에서 미필적 고의를 판단하는 방법과 관련하여 '의도적 무지' 법리가 시사할 수 있는 바를 구체적으로 고찰하여 보고자 한다.

Ⅲ. 연령의 미확인과 미필적 고의의 인정 - 과실범의 고의범화? 주관적 고의의 객관화?

1. 미필적 고의에 관한 대법원의 기본 입장

대법원의 미필적 고의에 관한 가장 표준적인 판시는 다음과 같다.

범죄구성요건의 주관적 요소로서 미필적 고의란 범죄사실의 발생 가능성을 불확실한

49) 대표적으로, 정승환, "인식 있는 과실과 과실의 공동정범", 비교형사법연구 제11권 제1호, 390-397면; 류부곤, "고의의 본질에 관한 소고", 형사법연구 제24권 제3호(2012), 115면.

것으로 표상하면서 이를 용인하고 있는 경우를 말하고, 미필적 고의가 있었다고 하려면 범죄사실의 발생 가능성에 대한 인식이 있음은 물론 나아가 범죄사실이 발생할 위험을 용인하는 내심의 의사가 있어야 하며, 그 행위자가 범죄사실이 발생할 가능성을 용인하고 있었는지의 여부는 행위자의 진술에 의존하지 아니하고 외부에 나타난 행위의 형태와 행위의 상황 등 구체적인 사정을 기초로 하여 일반인이라면 당해 범죄사실이 발생할 가능성을 어떻게 평가할 것인가를 고려하면서 행위자의 입장에서 그 심리상태를 추인하여야 한다.[50)]

위와 같은 판시를 통해, 대법원이 미필적 고의를 판단함에 있어 지적 요소와 의사적 요소를 모두 고려한다는 점은 분명하게 드러난다. 다만 대법원은 살인죄의 미필적 고의와 관련하여서는 유독 "살인죄에 있어서의 범의는 반드시 살해의 목적이나 계획적인 살해의 의도가 있어야만 인정되는 것은 아니고, 자기의 행위로 인하여 타인의 사망의 결과를 발생시킬 만한 가능 또는 위험이 있음을 인식하거나 예견하면 족한 것이고 그 인식 또는 예견은 확정적인 것은 물론 불확정적인 것이라도 이른바 미필적 고의로 인정된다."[51)]는 취지의 판시를 하며 의사적 요소에 관하여 언급을 하지 않고 있다. 이에 대법원이 살인죄에 대해서는 가능성설을 취하고 있다고 보는 견해도 있지만, 타인의 생명이라는 가장 중대한 법익이 침해될 수 있다는 가능성을 인식하고도 그와 같은 행위로 나아간 경우에는 의사적 요소를 거의 예외 없이 인정할 수 있다는 점이 전제된 판단으로 본다면,[52)] 대법원의 위와 같은 판시도 의사설의 기본 입장과 모순되는 것은 아니다.

그런데 대법원은 아래 대법원 2014. 7. 10. 선고 2014도5173 판결에서는 위와 같은 표준적인 판시를 원용하지 않고, 다소 독특한 내용의 판시를 하였다.

---

50) 대법원 2004. 5. 14. 선고 2004도74 판결.
51) 대법원 1998. 6. 9. 선고 98도980 판결 등.
52) 같은 취지에서, 판례가 말하는 결과발생의 가능성에 대한 예견이라는 표현 안에 인용과 같은 의지적 측면이 전제되어 있다고 해석할 수 있다는 언급으로, 이용식, 위 논문, 317면.

2. 연령의 미확인에 관한 사안에서의 미필적 고의 판단

가. 검토 대상 판례: 대법원 2014. 7. 10. 선고 2014도5173 판결

(1) 사안의 경과

이 사안에서 피고인은 성매매 알선업소를 운영하면서 청소년 갑, 을을 성매매 여성으로 고용하고 이들로 하여금 손님과 유사성행위를 하도록 함으로써 아동 · 청소년의 성을 사는 행위를 알선하는 행위를 업으로 하였다는 아동·청소년의 성보호에 관한 법률 위반(알선영업행위등)[53]의 공소사실로 기소되었다.

피고인은 위 갑, 을의 성을 사는 행위를 알선한 것은 사실이나 이들이 청소년이라는 점을 알지 못하였다고 주장하였다. 1심에서는 피고인이 갑, 을이 어려 보여 미성년자가 아닐까 의심을 하면서도 신분증 등을 통하여 연령 확인을 하지 않았고, 이들이 미성년자라는 사실을 알고 있었던 다른 성매매 업주 지인과 이들에 관한 이야기를 나눈 적이 있으며, 이들이 미성년자로 의심된다는 말을 하기도 하였던 점 등을 종합할 때 피고인은 갑, 을이 미성년자임을 인지하였다고 봄이 상당하다고 보아 피고인의 위와 같은 주장을 배척하고 위 공소사실에 대하여 유죄로 판단하였다.

피고인은 위 판결에 항소하였는데, 항소심에서는 피고인이 갑, 을의 실제 연령을 정확하게 파악하지 않은 잘못을 저질렀다고 볼 수 있기는 하지만, 피고인이 이들을 미성년자로 의심하였을 것이라는 위 갑, 을의 추측성 진술 외에는 피고인이 갑, 을이 청소년임을 알았을 것이라고 인정할 만한 증거가 없다고 보아 피고인의 항소를 받아들여 위 유죄 판단 부분을 파기하고 무죄로 판단하였다.

(2) 대법원의 판단

대법원은 검사의 상고를 받아들여 위 항소심 판결을 유죄 취지로 파기하고 원심에 환송하였다.

대법원은 먼저 다음과 같은 법리를 제시하였다.

---

53) 제15조(알선영업행위 등) ① 다음 각 호의 어느 하나에 해당하는 자는 7년 이상의 유기징역에 처한다.
2. 아동·청소년의 성을 사는 행위를 알선하거나 정보통신망에서 알선정보를 제공하는 행위를 업으로 하는 자

> 청소년 보호법의 입법목적 등에 비추어 볼 때, 유흥주점과 같은 청소년유해업소의 업주에게는 청소년 보호를 위하여 청소년을 당해 업소에 고용하여서는 아니 될 매우 엄중한 책임이 부여되어 있으므로, 유흥주점의 업주가 당해 유흥업소에 종업원을 고용하는 경우에는 주민등록증이나 이에 유사한 정도로 연령에 관한 공적 증명력이 있는 증거에 의하여 대상자의 연령을 확인하여야 한다. 만일 대상자가 제시한 주민등록증상의 사진과 실물이 다르다는 의심이 들면 청소년이 자신의 신분과 연령을 감추고 유흥업소 취업을 감행하는 사례가 적지 않은 유흥업계의 취약한 고용실태 등에 비추어 볼 때, 업주로서는 주민등록증상의 사진과 실물을 자세히 대조하거나 주민등록증상의 주소 또는 주민등록번호를 외워보도록 하는 등 추가적인 연령확인조치를 취하여야 하고, 대상자가 신분증을 분실하였다는 사유로 그 연령 확인에 응하지 아니하는 등 고용대상자의 연령 확인이 당장 용이하지 아니한 경우라면 대상자의 연령을 공적 증명에 의하여 확실히 확인할 수 있는 때까지 그 채용을 보류하거나 거부하여야 할 의무가 있다. 이러한 법리는, 성매매와 성폭력행위의 대상이 된 아동·청소년의 보호·구제를 목적으로 하는 아동·청소년의 성보호에 관한 법률의 입법취지 등에 비추어 볼 때, 성을 사는 행위를 알선하는 행위를 업으로 하는 자가 그 알선영업행위를 위하여 아동·청소년인 종업원을 고용하는 경우에도 마찬가지로 적용된다고 보아야 한다. 따라서 성을 사는 행위를 알선하는 행위를 업으로 하는 자가 성매매알선을 위한 종업원을 고용하면서 고용대상자에 대하여 아동·청소년의 보호를 위한 위와 같은 연령확인의무의 이행을 다하지 아니한 채 아동·청소년을 고용하였다면, 특별한 사정이 없는 한 적어도 아동·청소년의 성을 사는 행위의 알선에 관한 미필적 고의는 인정된다고 봄이 타당하다. (밑줄은 필자)

이어서 대법원은 피고인은 갑, 을이 청소년인 사실을 알지 못하였고 그들로부터 나이가 21세라고 소개받았다고 진술하면서도, 구인광고를 보고 찾아온 갑, 을을 처음 보았을 때 (갓 성인이 된 나이인) 20세가량으로 보였고, 이에 갑의 신분증을 확인하였으나 신분증상의 사진이 흐릿하고 실물과 다른 것 같기도 하여 본인이 맞느냐고 물어보았더니 갑으로부터 화장을 하였다거나 살이 쪄서 그렇다면서 본인이 틀림없다는 답변을 듣고는 더이상 확인하지 않았고, 을에게도 신분증 제시를 요구하였으나 신분증을 가지고 오지 않았으니 다음에 올 때 가져다 주겠다는 말을 듣고는 잊어버렸으며, 이들로부터 대학에 들어갈 준비를 한다는 말을 들은 적이 있다고 진술한 점을 언급하였다. 대법원은 갑, 을이 피고인으로부터 신분증을 보여달라는 말을 들은 적이 없다는 취지로 진술하였다는 점도 함께 언급하였다.

이와 같은 사실관계 및 법리에 비추어, 대법원은 위 갑, 을을 이용하여 영업으로 성매매알선 행위를 하기 위하여 이들을 고용하는 피고인으로서는 그 고용에 앞서 이들이 주민등록증 등 연령에 관한 공적 증명력이 있는 신분증을 제시하지 아니하거나 제시한 신분증의 사진과 실물이 다르다는 의심이 들었다면 공적 증명에 의하여 그 연령을 확실히 확인하거나 사진과 실물을 자세히 대조해 보는 등 추가적인 연령확인 조치를 취하여야 할 의무가 있었음에도, 피고인은 갑에 대하여는 성인이라거나 신분증을 가지고 오지 않았다는 말만 듣고는 더 이상 갑의 신분증을 확인하지 않았고, 을에 대하여는 신분증을 확인하였다는 피고인의 진술에 의하더라도 을로부터 제시받은 신분증의 사진이 실물과 달라 보였음에도 말로써 확인하여 본 외에는 추가적인 확인조치를 취하지 아니하였다는 것이므로 결국 피고인이 아동·청소년의 연령확인에 관한 필요한 조치를 다한 것으로 보기 어렵고, 사정이 이러하다면 피고인에게는 아동·청소년인 갑, 을을 고용하여 이들의 성을 사는 행위의 알선을 한다는 사실에 관하여 적어도 미필적 고의가 있었다고 볼 여지가 충분하다고 하였다.

나. 위 판결에 대한 학계의 평가

대법원은 위 판시를 통하여 미필적 고의에 관한 판단으로는 종전에 찾아볼 수 없는 독자적인 논리 구조를 채택하였다. 인용하고 있는 선례도 모두 청소년보호법에서의 청소년 고용 업주의 연령확인의무에 관한 것이다.[54] 일견 대법원의 판단 구조는 피고인이 연령확인의무를 이행하지 않은 과실이 있으므로 그러한 과실을 근거로 미필적 고의를 인정하겠다는 것처럼 보이기도 한다.[55]

류부곤 교수는, 위 판결에서는 피고인이 범죄구성요건인 일정한 사실을 결과적으로 인식하지 못하였다는 점을 사실로 받아들였으면서도, 아동·청소년의 불법 고용을 막기 위한 취지로 부과되는 연령확인 의무를 다 하지 않았다는 점을 근거로 그러한 의무 위반의 고의에 그로부터 2차적으로 야기된 아동·청소년 불법 고용 행위의 고의까지 포함하는 것으로 판단하였는데, 이는 "존재론적 고의 개념"에 의하면 받아들이기 어려운 면이 있다고 평가하였다.[56] 김호기 교수도 유사한 맥락에서, 위 판결은 심

54) 대법원 2002. 6. 28. 선고 2002도2425 판결; 대법원 2006. 3. 23. 선고 2006도477 판결; 대법원 2013. 9. 27. 선고 2013도8385 판결.

55) 이종수, "당선 목적 허위사실공표죄의 미필적 고의에 관한 연구", 서울대학교 법학 제61권 제1호(2020. 3.), 278면. 다만, 위 논문에서는 위 판시 내용을 일반화하기에는 무리가 있다고 언급하고 있다.

56) 류부곤, "주관적 고의의 객관적 구성", 형사판례연구 제27권, 박영사(2019), 101－102면. 여기서

리적·사실적 고의 개념이 갖는 이론적, 실천적 한계를 극복하기 위하여 제시된 규범적 고의 개념에 입각하여야 이해할 수 있다고 한다. 규범적 고의 개념은 고의비난의 근거를 행위상황 내지 행위로 인한 위험을 인식하고 숙고할 의무를 올바로 이행하지 않았다는 점에서 찾게 되므로, 행위자가 이성적이고 합리적인 존재에게 요구되는 수준의 인식·숙고의무를 이행하고도 결과발생의 개연성을 인식하지 못하였을 때에만 고의범의 책임을 면할 수 있다고 본다. 기존의 심리적·사실적 고의 개념은 타인에 대한 배려의 결여가 오히려 보상을 받는 부당한 결과를 방지할 수 없어, 스스로 자기 자신의 잘못을 주장함으로써 이익을 얻는 것이 금지되어야 한다는 원칙(nemo auditur turpitudinem suam allegans)에 반한다는 것이다.[57)]

다. 피고인이 미필적 고의에 필요한 인식을 결여하였는지 여부

그런데 대법원의 판단 구조에 대하여 살피기에 앞서, 이 사건에서 미필적 고의에 관한 기존 법리에 의할 때 원심의 판단처럼 고의를 인정할 수 없는 것인지에 대해서는 상당한 의문이 든다. 주지하듯, 미필적 고의의 성립을 인정함에 있어서 필요한 인식은 “범죄사실의 발생 가능성에 대한 인식”이지, “범죄사실 자체에 대한 인식”이 아니고, 갑, 을이 아동·청소년이라는 점이 범죄사실의 일부라면 그에 대한 인식 역시도 그들이 아동·청소년일 가능성에 대한 인식이면 충분한 것이지 아동·청소년이라는 점에 대한 현실적이고도 구체적인 인식일 필요는 없기 때문이다. 대법원과 원심에서 인정한 피고인 스스로의 진술에 의하더라도, 피고인은 구인광고를 보고 찾아온 갑, 을을 처음 보았을 때 20세가량으로 보여 그 중 1인에 대해서는 신분증 확인을 하였으나 본인의 사진인지 의구심이 들었음에도 불구하고 더 이상 확인하지 않았고, 다른 1인에 대해서는 아예 신분증 확인을 하지 않았다는 것이다. 20세가량으로 보여 신분증을 요구할 정도라면 갑, 을이 아동·청소년에 해당할 수 있다는 의심을 한 것이고, 그러한 의심을 해소시키지도 않았다면 갑, 을이 아동·청소년일 가능성에 대하여 인식한 것이다. 대법원에서도 지적한 것처럼 아동·청소년이 성매매 알선업으로

“존재론적 고의 개념”은 심리적·사실적 고의 개념과 거의 동일한 의미로 사용된 것으로 이해된다.

57) 김호기, 위 논문, 169, 170, 176면. 고의의 개념을 이와 같이 파악할 경우, 객관적 무모성 개념과 유사성을 띠게 된다. 김호기 교수는 위와 같은 규범적 고의 개념의 도입 가능성에 대하여 긍정적인 입장을 취하면서도, 대법원의 위 판시가 형법 제13조에 부합하는 해석인지에 대하여는 별도의 논의가 필요하다고 하여 판단을 유보하고 있다. 같은 논문, 183면.

유입되는 경우가 종종 있고 그 과정에서 청소년들이 가짜 신분증을 가져오는 등으로 업주를 속이려고 하는 일이 발생하곤 하는데, 피고인이 성매매 알선업을 계속하여 영위하고 있는 업주로서 그러한 사정을 충분히 알고 있을 것이라 추단된다는 점도 위와 같은 인식의 존재를 뒷받침할 수 있다. 그와 달리 원심에서는 마치 갑, 을이 아동·청소년이라는 점에 대한 인식은 '지정고의'에 이르는 확실한 인식이어야 한다는 전제에 서 있는 것처럼 보이나,[58] 그와 같이 판단해야 할 뚜렷한 근거는 보이지 않는다. 따라서 대법원이 연령확인의무에 관한 위와 같은 법리를 특별히 설시하지 않았다 하더라도 이 사건에서 유죄의 결론을 도출하는 것이 불가능하지는 않았다고 생각된다.

라. '의도적 무지' 법리와의 비교

이 사안에 대하여 '의도적 무지' 법리를 대입하여 보면, 대법원의 판시 내용을 이해할 만한 실마리가 생긴다. 앞서 본 것처럼 피고인이 갑, 을이 아동·청소년일 가능성을 인식하였다고 판단할 수 있지만, 그럼에도 불구하고 그 인식 자체가 미약한 것은 사실이다. 만일 인식설 중에서 개연성설을 취하게 된다면 이러한 사안에서 미필적 고의는 부정될 가능성이 높다. 그런데 이처럼 피고인의 인식이 미약한 상태가 피고인이 스스로 선택한 바에 따른 것이라면, 인식의 미약함을 근거로 하여 미필적 고의를 부정하는 것이 정당하지 않다는 결론에 이를 수 있다.

통상적인 미필적 고의범의 사안에서는 대체로 인식이 존재한다는 판단이 선행한 후, 그러한 인식을 전제로 한 의지적 결단이 존재하는지를 판단하는 과정을 거치게 된다. 그런데 행위자가 타인의 법익을 침해하거나 위태화하는 행위로 나아감에 있어서 그 구체적 상황에 관한 인식이 항상 시간적, 논리적으로 의사에 선행하게 되는

58) 원심의 취지에 동조하는 듯한 언급으로, 김호기, 위 논문, 182면(심리적·사실적 고의 개념에 따르게 된다면 고의가 성립하기 위하여는 행위자가 행위상황을 현실적으로 올바르게 인식하여야 한다고 한다); 류부곤, 위 논문, 102면(위 주 56)의 논문에서는 "고용의 대상이 된 청소년들의 연령에 대하여 행위자의 의식에는 이에 대한 인식과 의사가 분명히 존재할 것이지만 이후 그들을 고용한 상태에서는 '내가 혹시 청소년을 고용했을지도 모르지만 할 수 없다'가 아니라 '내가 고용한 사람이 청소년은 아니다' 혹은 '나는 청소년이 아닌 사람을 고용했다'는 명확한 인식을 가지고 있다고 보아야 한다"고 서술하고 있다. 그러나 고용행위로 나아갔다는 사정이 미성년자라는 점에 대한 의심을 갑작스럽게 미성년자가 아니라는 확신으로 변경시킬 수 있는 근거가 되지는 못한다. 불확실한 인식상태를 견디겠다는 의지적 결단이 의심을 확신으로 만들어줄 수 있다면, 미필적 고의에 의한 범죄행위의 성립을 인정할 수 있는 경우란 존재하지 않을 것이다).

것은 아니다. 경우에 따라서는 그러한 행위로 나아가고자 하는 의지로 인하여 상황에 대한 구체적인 인식을 회피하는 내면적 심리가 형성될 수도 있다. 자신의 행동이 타인의 법익을 침해하거나 위태화하는 결과를 낳을지도 모른다는 불편한 의심과 그럼에도 불구하고 그러한 행동으로 나아가고자 하는 의사의 공존은 전형적인 인지부조화의 심리 상태이다. 인지부조화의 상황에서 행위자에게는 ① 의심이 해소되지 않았으므로 문제된 행동으로 나아가지 않는 것, ② 의심을 해소하기 위한 가용한 수단을 활용하는 것, 그리고 ③ 상황에 대한 정확한 인식을 회피하고 문제된 행동으로 나아가는 것의 세 가지 선택지가 있다. 이 중 세 번째를 선택한 경우, 즉 행위자가 스스로의 의지적 결단에 의하여 인식을 회피하고, 그 결과 낮은 상태의 인식 수준을 유지하며 법익 침해 또는 위태화의 결과로 이어지는 행동을 하였을 때에는 미필적 고의 성립에 필요한 의지적 요소, 즉 비난가능성의 근거를 인식 회피 행위와 실행행위 양쪽 모두에서 찾는 것이 타당하다.

이러한 아이디어를 배후에 두고 있는 '의도적 무지' 법리는 미필적 고의에 관한 판례의 기존 입장에 수정을 가하지 않으면서도, 이를 보다 구체화하는 데에 도움을 줄 수 있다. 특히 인식의 회피가 행위자의 의지적 결단에 의하여 이루어졌는지 여부를 판단함에 있어 참고할 수 있는 것이 '의도적 무지' 법리에서 Husak과 Callender가 두 번째 요건으로 제시한 의심의 해소 가능성이다. 의심을 해소하기 위해 사실확인을 하여야 할 의무가 도덕적으로 더 강하게 부여될수록, 그리고 의심을 쉽고 신속하며 통상적인 방법으로 해소할 수 있는 가능성이 높을 수록, 의심의 해소를 선택하지 않은 것에서 더 강한 의사적 요소를 발견할 수 있고, 이를 높은 비난가능성의 근거로 삼을 수 있다. 대법원이 제시한 연령확인의무는 바로 이 맥락에 놓을 수 있다. 아동·청소년의 성적 완전성은 우리 사회에서 매우 강력하게 보호가 요청되는 법익에 해당한다. 그런데 성매매 알선업의 업주가 상대방이 아동·청소년인지 여부를 확인하는 것은 전혀 어려운 일이 아니다. 신분증의 확인은 연령 확인이 필요한 어떠한 경우에나 보편적으로 활용되는 수단이고, 시간이나 비용이 들지도 않는다. 이처럼 피고인에게는 연령에 관한 공적 증명 수단인 신분증의 제시를 요구함으로써 자신의 인식 결여 상태를 해소할 수 있는 분명하고도 간이한 수단이 존재하고, 그러한 확인 절차를 거치지 않고 갑, 을을 고용하지 않으면 안 될만한 불가피한 사정이 있는 것도 아니므로,[59] 인식의 미약함으로 인하여 자유의지의 행사 폭이 좁아졌다고 볼 수 없어 고의범으로서의 비난가능성을 인정하기에 충분하다.

위와 같은 판단이 일부 비판적 입장처럼 고의범을 과실범화하는 것인가? 그렇지 않다고 생각한다. 고의범이든 과실범이든, 행위자에게 주어진 타인의 법익을 침해하거나 위태화하지 않을 의무를 위반하는 것이라는 점에서는 동일하다. 살인범과 과실치사범은 타인의 생명권을 침해하지 않을 의무를 위반하는 범죄라는 면에서는 다를 바가 없는 것이다. 타인의 법익을 침해·위태화할 가능성을 의심한 상태라면, 구체적인 상황에 관하여 사실을 확인하거나, 그러한 행위로 나아가지 않는 선택을 하여야 위 의무를 위반하지 않을 수 있다.[60] 그런데 적법한 행위의 가능성에 대한 인식이 닫히지 않은 상태에서 의식적으로 적법하게 행동할 수 있는 수단을 선택하지 않았다면, 그러한 행위가 단순히 주의를 태만히 한 비의지적 행위라고 말할 수는 없는 것이다.

위와 같은 판단은 심리적·사실적 고의 개념을 규범화하는 것인가? 일정 부분은 그렇지만, 그러한 규범화가 주관적 고의 개념을 객관적 고의 개념으로 바꾸는 것은 아니다. 애초부터 고의는 순수하게 심리적·사실적 개념이라고만 파악될 수는 없는 개념이다. 고의를 인정하는 과정은 내면의 심리 상태에 대한 사실인정에서부터 시작하지만, 증거에 입각하여 행위자에게 인정된 인식과 의사의 수준이 고의범으로 비난가능한 정도에 이르렀다는 규범적 평가의 과정을 거쳐야 고의범의 판단이 마무리된다. 계획적으로 범죄를 실행한 행위자에게 고의를 인정하는 과정은 마치 순수한 사실 판단과 같은 외관을 보이기도 하지만, 그러한 사안에서는 고의범으로서의 비난가능성이 매우 뚜렷하기에 더 이상의 규범적 판단을 덧붙일 필요가 없는 것일 뿐 그 배후의 가치판단이 존재하지 않는 것이 아니다. 미필적 고의에 관한 판단에서 규범적 판단이 배후에 머물지 않고 전면에 드러나는 이유는 미필적 고의가 고의범의 한계선상에 놓여 있기 때문이다. 고의의 판단 과정을 이렇게 이해하는 한, 규범적 판단의 개입은 고의범을 처벌하는 취지에 비추어서 불확정적인 고의 개념의 경계를 확정짓기 위한 불가피한 과정으로 이해되어야 한다. 그러나 이러한 규범적 판단은 어디

59) 피고인이 갑, 을을 당장 고용해야 할 사정은 오로지 자신의 범죄적인 영업을 지속시켜야 한다는 필요일 뿐이다.

60) 일부 하급심에서는 공직선거법 제250조 제1항 허위사실공표죄의 미필적 고의를 판단함에 있어서 "피고인이 적시한 구체적 사실이 진실한지를 확인하는 일이 시간적, 물리적으로 사회통념상 가능하였다고 인정됨에도 그러한 확인의 노력을 하지 않은 채 그 사실의 적시에 적극적으로 나아갔다면 미필적 고의를 인정할 수 있다"고 판시하고 있는데(부산고등법원 2019. 9. 10. 선고 2019노270 판결), 위와 같은 사실확인의무의 부과는 위와 같은 논거에 따라 타당한 것으로 평가할 수 있다. 반대 견해로는, 이종수, 위 논문, 276면.

까지나 증거에 의하여 드러난 내면의 인식과 의지에 기초한 평가적 고찰이므로 여전히 주관적 고의 개념을 유지하면서 이루어지게 된다. 행위자가 일반 평균인의 관점에서는 도저히 이해하기 어려운 비합리적인 착오 상태에서 행위를 하였다 하더라도, 그러한 착오가 실재하는 이상은 자유의지에 기초한 행위자 비난이 불가능하여 주관적 고의 개념에 입각하여 고의범으로의 책임을 물을 수는 없다. 그러한 경우에도 비합리적인 착오를 부정하고 규범적으로 인식이 있는 상태로 의제하여 고의범으로서의 책임을 묻는 단계에 이를 때 비로소 고의가 '객관화'되었다고 할 수 있을 것이다.[61)]

요컨대, 대법원이 연령확인의무를 고려한 것은 타당하지만, 연령확인의무를 위반한 어떤 경우이든 미필적 고의를 인정할 수 있는 것처럼 판시함으로써 마치 고의범의 본질과 고의범의 처벌 취지에 부합하지 않는 연령확인의무 위반의 사안으로까지 처벌의 범위를 확장하는 듯한 오해를 낳은 것은 타당하지 않다. 대법원의 위 판시내용은 ① 행위자가 범죄의 구성요건적 사실이 존재할지도 모른다는 점에 대한 의심을 가진 상태에서, ② 그러한 의심을 해소할 수 있는 수단을 활용하는 것이 사회통념상 불가능하지 않음에도, ③ 의심의 해소를 의식적으로 회피한 채 구성요건적 행위로 나아갔다면 미필적 고의를 인정할 수 있다는 취지로 제한하여 받아들이는 것이 타당하다. 위와 같은 범위 내에서의 미필적 고의의 인정은 형법 제13조의 문언에도 반하지 않는다. 먼저 우리 형법상 고의에 대한 해석론에 있어서 결과 발생의 가능성에 대한 인식만으로 충분하다고 보는 입장은 이미 견고하게 유지되어 있으므로 낮은 수준의 인식에도 불구하고 고의범을 인정하는 것이 기존의 해석론을 벗어나는 것이라 할 수 없다. 만일 고의의 인정을 엄격하게 하기 위하여 지금보다는 고의 인정에 필요한 인식의 수준을 높여 결과 발생의 개연성을 인식할 것을 요구한다 하더라도, 예외적으로 의도적 무지의 사안에서 고의를 인정하는 것이 형법 제13조의 문언의 범

---

61) 이러한 점에서, 앞서 김호기 교수의 논문에서 소개된 규범적 고의의 개념은 고의를 '객관화'한다고 말할 수 있다. 그러나 이 글의 논지는 그러한 결론에까지 찬성하는 취지는 아니다. 다만, 실무에서 고의 인정을 함에 있어서 고의가 사실상 '객관화'되는 경향이 어느 정도는 발견되고 있다는 점을 부정할 수는 없는데, 이는 내면의 심리 상태를 파악하는 방법론상의 한계에 기인한다. 즉, 행위자의 진술이나 여타의 증거에 근거하여 내면의 심리 상태를 정확히 복원할 수 없어 결국 경험칙을 보조적으로 활용하여 내면의 심리 상태를 추단하게 되는데("일반 평균인이라면 이러한 상황에서는 A라고 인식하는 것이 보편적이므로, 피고인도 A라고 인식하였을 것이다"), 경험칙 자체도 과학적 결론이라기보다는 일정 부분 어림셈에 기초할 수밖에 없다 보니, 그 과정에서 규범적 판단이 의식적·무의식적으로 개입("A라고 인식하는 것이 옳다")하게 되는 것이다. 이러한 현상을 어떻게 평가할 것인지는 보다 심도 있는 고찰을 요하는 문제이므로, 이 글에서는 이 정도의 언급으로 그치고 추후의 연구 과제로 삼기로 한다.

위를 벗어난 것으로 볼 수도 없다. 형법 제13조에서는 "죄의 성립요소인 사실을 인식하지 못한 행위는"(밑줄은 필자)이라고 하고 있으므로, 의도적으로 인식을 결여하였거나 낮은 수준의 인식을 유지하는 행위는 벌할 수 있는 것으로 충분히 해석할 수 있을 것이다.

마. 비교 사안에 대한 평가

류부곤 교수는 위 2014도5173 판결과 대비하여 대법원 2012. 8. 30. 선고 2012도7377 판결에 대해 주관적 고의의 개념에 충실하게 법리를 전개하여 결론을 도출한 경우라고 평가하고 있다.[62] 그러나 필자는 위 2012도7377 판결의 법리에는 원칙적으로 동의하지만 그에 따라 도출된 구체적 결론에는 동의하지 않으며, 위 판결은 미필적 고의가 인정되었어야 하는 사안이라고 생각하기에 그에 관한 검토를 부기하여 둔다.

위 판결에서 피고인은 13세 미만의 미성년자인 피해자(여, 12세)를 강간하였다고 하여 구 성폭력범죄의 처벌 및 피해자보호 등에 관한 법률 위반으로 기소되었으나, 피고인은 피해자가 13세 미만인 사실을 몰랐다는 취지로 범의를 부인하였다. 원심에서는 신체적, 정신적으로 미숙한 단계의 인격체인 13세 미만 미성년자의 정상적인 성적 발달을 특별히 보호한다는 위 처벌 규정의 취지를 고려할 때, 피고인이 피해자를 강간할 당시 피해자가 13세 미만의 여자라는 사실을 현실적이고 구체적으로 인식하지는 못하였다 하더라도, "피해자가 13세 미만의 여자인 이상 그 당시의 객관적인 정황에 비추어 피고인이 피해자가 13세 미만의 여자라는 사실을 인식하였더라면 강간행위로 나아가지 아니하였으리라고 인정할 만한 합리적인 근거를 찾을 수 없다면" 피고인에게 적어도 13세 미만 미성년자에 대한 강간죄의 미필적 고의는 있었다고 보아야 한다는 법리를 새롭게 제시하였다.

대법원은 "피해자가 13세 미만의 여자라는 객관적 사실로부터 피고인이 그 사실을 알고 있었다는 점이 추단된다고 볼 만한 경험칙 기타 사실상 또는 법적 근거는 이를 어디서도 찾을 수 없다"고 하며 원심이 제시한 법리는 "범죄의 구성요건이 범죄의 주관적 구성요건사실 역시 객관적 구성요건사실과 마찬가지로 검사에 의하여 입증되어야 한다는 형사소송법상의 중요한 원칙을 정당한 이유 없이 광범위한 범위에서 훼손하는 것으로서 쉽사리 용납될 수 없다"고 하였다. 그러나 원심에서는 비단

62) 류부곤, 위 주 56)의 논문, 102면.

위와 같은 법리를 제시하기만 한 것이 아니라, ① 피해자는 만 12세 6개월인 중학교 1학년생으로 키는 약 155cm, 몸무게는 약 50kg이었던 점, ② 피고인은 피해자를 모텔에서 보니 15살 또는 16살 정도로 어려 보여 몇 살이냐고 물어보니 피해자가 중학교 1학년이라 14살이라고 했다고 진술하였고, 피해자도 피고인에게 14세라고 말하였다고 진술한 점, ③ 우리 사회에서 나이를 말할 때에는 만 나이가 아닌 연 나이로 말하는 경우가 훨씬 더 많은 점[63] 등을 제시하였다. 피해자가 자신의 연 나이를 14살이라고 피고인에게 말하였다면 피고인은 피해자가 13세 미만의 여자일 가능성에 대하여 충분히 인식하고 있었던 것으로 볼 수 있다.[64] 설령 이 사건에서 피고인의 피해자의 연령에 대한 인식이 미약한 수준에 머무르고 있었던 것으로 보더라도, 이 역시 피고인이 추가적인 정보를 충분히 쉽게 지득할 수 있는 상황(정확한 생년월일에 대한 질문)에서 스스로의 선택에 의하여 보다 명확한 인식 상태로 나아가는 것을 회피하였다고 볼 수 있으므로 미필적 고의범이 갖추어야 하는 수준의 비난가능성이 충족되었다고 보는 데에 지장이 없다.

Ⅳ. 나가며

영미 형법은 우리에게는 아직까지 낯선 미지의 영역에 가깝지만, 다루는 사안들의 내용은 어느 사회에서나 볼 법한 보편적인 것들이다. 유사한 사안을 다루는 낯선 방식을 관찰하는 것은 우리 형법의 개념들을 보다 명료하게 이해하고 그 내용을 풍부하게 하는 데에 도움을 줄 수 있다. 이 글에서는 영미 형법의 '의도적 무지' 개념을 단초로 하여 미필적 고의에 관한 우리 법리와 그 구체적인 적용 사례 중 한 단면을 살펴봄으로써 연령확인의무와 미필적 고의의 관계에 관한 판례가 결론적으로 타당함을 옹호하되 그 논리를 좀더 보강하고자 시도하였다. 그러한 시도에 따라 내린 결론

63) 이러한 관행은 연령에 관한 법적·사회적 기준을 통일한다는 목적으로 2023년부터 시행된 이른바 '만 나이 통일법'이 적용되고 있는 현 시점에서는 더 이상 확고한 관행이라고 보기는 어려우나, 위 사건 당시에는 비교적 확고한 관행이었다고 볼 수 있다.

64) 미성년자의제강간죄가 문제된 사안에서 유사한 상황을 토대로 미필적 고의를 인정한 예로, 대전지방법원 2017. 7. 14. 선고 2017고합65 판결. 미성년자의제강간죄에서 피해자의 연령에 관한 미필적 고의 인정을 둘러싼 다양한 하급심 판결례의 소개는, 고대석, "미성년자의제강간죄에서 대상의 착오에 대한 고찰 -개정 형법을 중심으로", 사법 통권 제55호(2021), 397-406면 참조.

을 요약하면 다음과 같다:

> 구성요건적 상황의 존재 혹은 결과 발생의 가능성에 대한 인식이 있는 상황에서, 의심을 해소하고 인식의 수준을 보다 높일 수 있는 손쉬운 방법을 인지하고 있음에도 불구하고 그러한 방법을 활용하지 않고 인식의 수준을 계속 낮은 상태로 유지한 경우, 인식 수준의 형성 과정 자체에 고의범에서 요구하는 의지적 결단의 요소가 결합되어 있는 것으로 보아야 하고, 이를 행위 자체에 부착된 의지적 결단의 요소와 함께 고려하여야 한다(결과 발생 가능성을 더 뚜렷하게 인식할 수 있었음에도 불구하고 스스로의 선택에 의하여 이를 하지 않았다 + 인식이 불확실한 상태에서 스스로의 선택에 의하여 행위로 나아갔다). 이처럼 종합적으로 고려된 의지적 결단이 '용인'이라는 용어로 표상되는 의사적 요소로 포섭될 정도의 비난가능성을 갖는지를 최종적으로 검토해야 한다. 물론 주의의 태만으로 인하여 구성요건적 상황의 존재 혹은 결과 발생의 가능성에 대해서조차도 인식하지 못한 착오 상태에 빠져 있었던 경우에는 인식이 낮은 수준을 넘어서서 인식이 결여된 것이므로 고의범으로 처벌할 수 없다. 인식의 수준을 높이는 방법을 활용하는 것이 사회통념상 불가능하였거나, 이를 의식적으로 활용하지 않은 것이 아니라 주의의 태만으로 인하여 활용하지 못한 경우에는 낮은 수준의 인식 유지가 스스로의 의지적 결단에 따른 것이라고 보기는 어려우므로, 미약한 인식 상태에서 행위로 나아간 것만으로는 고의범의 성립에 필요로 하는 의지적 결단이 충분하다고 볼 수 없어 고의의 인정을 부정해야 하고, 과실범만을 인정할 수 있을 뿐이다.

제5장

착오 – 형법학 논고

착오-형법학 논고

김 상 오*

Dieses Buch wird vielleicht nur der verstehen, der die Gedanken, die darin ausgedrückt sind – oder doch ähnliche Gedanken – schon selbst einmal gedacht hat.

Ludwig Wittgenstein, *Tractatus Logico-Philosophicus*

머리말

형법학은 착오의 학문이다. 형법학의 관심 대상이 범죄의 성립과 처벌이라면, 어떤 요건을 만족했을 때 범죄가 성립하는지 규명하는 것이 형법학의 주된 목표일 것이다. 현시대에서 우리는 가장 가벌성이 충만한 범죄인 고의기수범에 대해 구성요건, 위법성, 책임이라는 세 단계를 설정하고, 각 단계마다 상세한 요건을 두고 있다.[1] 하지만 이로써 형법학의 임무가 끝나는 것은 아니다. 계약법의 여러 쟁점이 계약이 지켜지지 않았을 때 논해지는 것처럼, 형법의 여러 쟁점도 고의기수범이 성립하지 않을 때 비로소 촉발된다. 고의기수범의 성립요건 중 어느 하나 이상이 결여되었을 때의 가벌성이 문제되는 것이다. 가벌성이 충만한 고의기수범에서부터 출발하여 결여된 요건의 중요도가 클수록 가벌성은 점차 줄어든다 – 장애미수, 불능미수, 환각범을 생각해 보라. 결국 어느 지점에서는 그러한 행위를 처벌할 것인지, 처벌하지 않을 것인지가 문제된다. 이것은 더 이상 양형으로 해결할 수 있는 문제가 아니다. 행위자를 전과자로 만들 것인지 아닌지, 당사자에게는 일생에 영향을 미칠 수 있는 중요한 경계선을 그리는 작업을 바로 착오론이 수행한다.

---

* 김·장 법률사무소 변호사, 법학전문석사

1) 이 글은 범죄의 참가형태, 즉 공범론에 대해서는 다루지 않는다.

형법학은, 진정으로, 착오의 학문이다. 형법학에서 사용되는 수많은 개념은 의미가 통일되어 있지 않다. 결과,[2] 객관과 주관[3] 등 형법학의 핵심 개념을 서로가 다른 의미로 사용하는 경우가 많고, 그 차이에 대해 민감하게 생각하지도 않는다. 물론 개념의 다의성을 부정하려는 것은 아니다. 형법학에서 개념들은, 특히 법조문에서조차도, 맥락에 따라 다른 의미로 사용되고 이는 분명 필요하다. 그런데 문제는 대부분이 그 차이를 인식하지 않는다는 것, 인식하려고 노력하지 않는다는 것, 그래서 불필요한 오해를 야기한다는 것이다. 도대체가 우리는 착오의 도가니에 빠져 있다. 나는 형법학에서 사용되는 개념의 의미를 명확히 구분하여 사용한다면 상당히 많은 형법학의 문제를 해결할 수 있을 거라고 믿는다.

이 글은 2부로 구성되어 있다. 제1부는 착오의 의미를 토대로 범죄의 성립요건 내에서 착오가 어떤 방식으로 존재할 수 있는지를 규명한다. 이것은 범죄의 성립요건의 내재적인 구조 자체에서 도출된다.[4] 이러한 작업은 착오의 존재양상에 대해서만 탐구할 뿐, 가벌성에 대해서는 어떠한 판단도 하지 않는다. 제2부는 착오의 가벌성에 대해 다룬다. 형법에서 고려되는 착오는 범죄의 성립요건이 결여되었음을 의미하지만, 그럼에도 예외적으로 가벌성이 인정될 수 있는 근거에 대해 논한다. 그런 점에서 제1부는 착오의 존재론이고, 제2부는 착오의 가치론이다.

착오론은 가벌성의 한계를 그리는 작업이다. 그러한 작업은 어떤 형법상 착오에도 적용되는 확고한 의미, 즉 범죄의 성립요건이 결여되어 있다는 것을 기꺼이 받아들이는 것으로부터 시작되어야 한다. 형법상 착오의 영역에서 인정되는 대표적인 가벌적 형태로는 과실과 미수가 있다. 과실과 미수는 예외적인 범죄유형이라는 점을 우리는 항상 명심해야 한다.

이 글은 이용식 교수님께서 내용과 형식에 자유를 주었기 때문에 가능했다. 2013년 봄부터 시작된 교수님과의 인연은 나의 일생을 바꾼 결정적인 계기가 되었다. 부디 이 글이 또 다른 착오를 자아내지 않기를 바라며, 교수님께 진심을 담아 올립니다. 감사합니다.　감사합니다!

---

2) 김상오, "준강간 불능미수 판례에 대한 이해와 오해", 홍익법학 제21권 제1호, 2020, 555–557면 참조.

3) 김상오, "객관주의에 기초한 미수범의 성립 제한", 고려법학 제102호, 2021, 108–110면 참조.

4) 범죄의 성립요건에 대한 통설은 시대마다 장소마다 다르다. 나는 21세기 초 우리나라의 범죄체계가 보편성을 가진다고 전혀 생각하지 않는다. 하지만 제1부에서 전개되는 착오론의 내적 논리는 어떤 범죄체계에서도 동일하게 적용될 것이다.

제1부

1 착오는 객관과 주관의 불일치이다.

1.1 법학에서 착오는 법률요건과 관련된 범위 내에서만 고려된다.

1.11 객관적 요건과 그에 상응하는 주관적 요건이 모두 법률요건의 요소가 되는 경우, 그에 대한 착오는 법률요건과 관련된다.

1.12 그렇지 않은 경우, 법학에서 착오는 고려되지 않는다(의미가 없다).

1.121 객관적 요건 또는 주관적 요건만이 법률요건의 요소가 되는 경우, 그에 대한 착오는 그 요건의 충족 여부와 무관하기 때문이다.

1.2 형법학에서 착오는 범죄의 성립요건과 관련된 범위 내에서만 고려된다.

1.21 범죄의 성립요건은 법률요건이다.

1.22 어떤 객관적 요건과 그에 상응하는 주관적 요건이 모두 범죄의 성립요건의 요소가 되는 경우, 그에 대한 착오는 범죄의 성립요건과 관련된다.

1.23 그렇지 않은 경우, 형법학에서 착오는 고려되지 않는다.

1.231 예컨대, 만 14세인 사람이 본인이 형사미성년자에 해당하므로 책임이 조각된다는 인식을 가지고 범죄행위를 했다면, 착오는 고려되지 않는다. 형사미성년자에 해당하는지 여부는 오로지 객관적 요건인 실제 나이만으로 판단되기 때문이다(형법 제9조). 만 13세인 사람이 본인은 형사미성년자에 해당하지 않아 처벌을 받는다고 오인한 경우에도 마찬가지다.

1.232 반대로 그에 상응하는 객관적 요건 없이 주관적 요건만 범죄 성립에 요구되는 경우에도 착오는 고려되지 않는다. 초과주관적 구성요건요소가 요구되는 경우, 범죄 성립은 초과주관적 구성요건요소의 존부에만 달려 있고, 객관적으로 그 목적이 실현되었음은 요구되지 않는다. 따라서 위조사문서가 실제로 행사되었는지 여부는 사문서위조죄의 성부와 무관하다(형법 제231조).

1.233 '법률의 부지는 용서받지 못한다'는 격언은 곧 법률의 존재에 대한 인식이 불요하다는 것, 그에 대한 착오는 고려되지 않는다는 것을 의미한다.

1.3 형법학에서 고려되는 착오는 범죄의 객관적 성립요건과 그에 상응하는 주관적 성립요건의 불일치이다.

1.31 범죄의 성립요건은 선험적으로 정해진 것이 아니다.

1.32 (현재 우리나라의 다수설에 따르면) 범죄의 성립요건으로 구성요건, 위법성, 책

임의 세 가지 단계가 요구된다.

1.321 구성요건은 객관적 구성요건과 그에 상응하는 주관적 구성요건으로, 위법성(조각사유)은 객관적 정당화상황과 그에 상응하는 주관적 정당화요소로, 책임은 그 전제로서 객관적인 불법과 그에 상응하는 위법성의 인식을 요소로 한다.

1.33 이런 범죄체계에서는 일견 여섯 가지의 착오가 고려될 수 있다. 구성요건 단계에서 객관적 구성요건이 충족되어 있으나 주관적 구성요건이 결여된 경우, 이를 구성요건착오라고 한다.[5] 반대로 주관적 구성요건이 충족되어 있으나 객관적 구성요건은 결여된 경우, 이를 반전된 구성요건착오라고 한다. 위법성 단계에서는 주관적 정당화요소는 충족되어 있으나 객관적 정당화상황이 결여된 경우, 이를 위법성조각사유의 전제사실의 착오라고 한다. 반대로 객관적 정당화상황이 충족되어 있으나 주관적 정당화요소가 결여된 경우, 이를 반전된 위법성조각사유의 전제사실의 착오라고 한다.[6] 책임 단계에서 객관적인 불법이 존재하나 그에 대한 위법성의 인식이 결여된 경우, 이를 금지착오라고 한다. 반대로 위법성의 인식은 존재하나 불법이 결여되어 있는 경우, 이를 반전된 금지착오라고 한다.

1.34 우리는 '반전된'이라는 명칭에서 비롯되는 착오의 논리구조를 이해해야 한다.[7] 어떤 착오가 금지착오인지 구성요건착오인지 구별하기 위해서는 그 반전된 형태를 함께 고려해야만 한다. 금지착오의 반전된 형태가 반전된 구성요건착오일 수는 없으며, 구성요건착오의 반전된 형태가 반전된 금지착오일 수는 없다. 어떤 착오가 반전된 구성요건착오인지, 반전된 금지착오인지 구분하기 위해서는 그 반전된 착오가 구성요건착오인지, 금지착오인지 함께 살펴보아야 한다.[8]

5) 구성요건착오를 "주관적으로 범죄사실을 인식하여 행위하였고 또 객관적으로 결과도 발생하였으나 양자가 불일치하는 경우"만을 의미한다고 보는 견해도 있다(임웅, 형법총론(제12정판), 법문사, 2021, 185면). 이런 견해에서는 "주관적으로 범죄사실을 인식하지 못하고 행위하였으나 객관적으로는 결과가 발생한 경우"는 구성요건착오라고 보지 않는다. 하지만 구성요건착오를 전자와 같이 한정하여 보게 된다면, 착오이론의 적용영역을 스스로 제한하는 셈이 된다. 그 안에서 착오의 일반이론이 펼쳐질 수는 없고, 다른 영역의 착오와의 관계도 설명할 수 없게 된다.

6) 줄여서 '허용구성요건착오'라고 할 수도 있겠으나, 이를 위해서는 구성요건의 의미가 무엇인지에 대한 논의가 선행되어야 할 것이다.

7) Ingeborg Puppe, *Kleine Schule des juristischen Denkens*, 4. Auflage, Vandenhoeck & Ruprecht, 2019, 247면 이하 참조.

8) 장성원, "반전된 착오의 구분과 체계적 지위", 형사정책 제26권 제1호, 2014, 253면.

1.4　형법학에서 고려되는 착오만이 이 글의 탐구 대상이다.

2　어떤 착오가 고려되는지 알기 위해서는 우선 범죄의 성립요건을 명확히 해야 한다.

2.01　구성요건착오와 관련하여 법정적 부합설과 구체적 부합설이 제기되는데, 그 차이는 방법의 착오에 대한 결론에 있다. 갑에게 총을 발사하였으나 총알이 빗나가 그 옆에 있던 을이 맞아 사망한 경우, 법정적 부합설은 을에 대한 살인죄가 성립한다고 보지만, 구체적 부합설은 을에 대해서는 살인죄가 성립하지 않는다고 본다.

2.02　이러한 차이는 주관적 구성요건인 고의의 인식대상의 차이에서 비롯된다.[9)]

2.021　앞의 사례에서 구체적 부합설은 '그 위치에 있는 사람'을 고의의 인식대상으로 본다. 하지만 법정적 부합설은 '사람'을 고의의 인식대상으로 본다. '그 위치에 있는' 사람을 살해한다는 의사로 갑에게 총을 발사하였으나 '다른 위치에 있는' 을이 맞았다면, 구체적 부합설은 을에 대한 살인죄의 고의를 인정하지 않는다. 하지만 법정적 부합설은 '사람'에 대한 인식은 있었으므로 을에 대한 살인죄의 고의를 인정한다.

2.1　구체적 부합설에서는 방법의 착오를 고려하지만, 법정적 부합설은 그것을 고려하지 않는다.

2.2　인과과정의 착오가 본질적이지 않은 경우 고려되지 않는다는 것은, 고의가 인과관계의 본질적인 부분만을 인식대상으로 한다는 것을 의미한다.

2.3　대부분의 구성요건착오는 객관적 구성요건과 그에 상응하는 주관적 구성요건(고의)의 대상을 명확히 함으로써 해결될 수 있다(형법 제13조).

2.4　규범적 구성요건착오는 구성요건착오이다.[10)]

2.41　규범적 구성요건이 규범적 객관적 구성요건과 그것에 상응하는 주관적 구성요건으로 이루어져 있다는 한에서 그렇다.

2.42　반면, 일부 규범적 구성요건착오는 금지착오로 해결해야 한다는 견해가 있다.

2.421　만약 이 견해가 2.41의 조건을 만족함에도 유지된다면, 착오의 본질을 형해

9) 이용식, "공격객체의 특정과 고의의 인정여부", 서울대학교 법학 제45권 제3호, 2004, 251면.

10) 이에 대해서는 김상오, "적극적 위법성요소", 형사법연구 제34권 제3호, 2022, 120면 이하 참조. 이와 반대되는 언명으로 안정빈, "과실범 공동정범 및 과실범에서의 정범과 공범의 구별", 중앙법학 제25권 제4호, 2023, 199면.

화한다는 점에서 문제가 있다. 구성요건착오는 객관적 구성요건이 충족되었으나 주관적 구성요건이 결여된 경우이고, 금지착오는 불법이 존재하나 위법성의 인식이 결여된 경우이다. 규범적 구성요건착오는, 그것이 존재한다면, 규범적 객관적 구성요건이 충족되었으나, 그에 상응하는 주관적 구성요건이 결여된 경우이다.

2.422 규범적 구성요건착오를 금지착오로 보는 견해는 구성요건에 대한 착오이기는 하지만 사실상 규범에 대해 착오한 것이라는 논거 외에는 의미 있는 논거를 들지 못한다.

2.4221 예를 들어, 어떤 사람이 음란 서적을 판매하여 문제가 되었다고 하자(형법 제243조). 그런데 그 사람은 해당 서적의 내용은 아주 잘 이해했지만, 형법이 금지할 정도로 음란하다고는 인식하지 못했다고 하면, 행위자는 사실상 형법상 음란 개념에 대한 규범 평가를 착오한 것이므로 금지착오라고 봐야 한다는 것이다.

2.4222 어떤 서적이 형법이 금지하는 음란한 서적이라고 인식하는 것은 음란문서판매죄의 주관적 구성요건인가? 만약 그렇다면 그러한 인식이 없는 경우는 구성요건착오가 되어야 한다.

2.4223 이에 동의하지 않는다면, 그러니까 형법이 금지하는 음란한 서적이라는 인식이 고의의 내용이 되지 않는다면, 금지착오로 볼 수 있다. 하지만 이 경우에 그에 상응하는 '음란성'이라는 규범적 객관적 요건은, 주관적 구성요건으로서의 고의가 객관적 구성요건요소에 대한 인식과 의사라고 보는 한, 더 이상 구성요건에 위치할 수 없다. 따라서 음란성을 규범적 구성요건요소라고 부를 수 없다.

2.423 문제는 구성요건의 위법성 징표기능이라는 환상 때문에 대부분의 학자들은 음란성의 규범적 구성요건요소로서의 지위를 포기하기를 꺼려한다는 것이다.

2.4231 그들은 형법에서 금지하는 음란한 의미의 문서를 판매하지 않는 한 음란문서판매죄의 구성요건을 충족한다고는 볼 수 없다고 한다.

2.424 이를 해결하기 위한 방법은 두 가지가 있는데, 하나는 고의의 의미를 바꾸는 것이다. 모든 객관적 구성요건이 주관적 구성요건으로서의 고의와 상응한다는 전제를 버리는 것이다.[11]

2.4241 그렇다면 음란성에 대해서는 초과객관적 구성요건요소 따위의 이름을 붙여

야 할 것이다.

2.425 다른 하나는 규범적 구성요건요소의 지위를 포기하는 것이다. 규범적 요소를 그 원래의 의미에 맞게 위법성에 위치시키는 것이다.

2.4251 그렇게 한다면 더 이상 구성요건의 위법성 징표기능은 유지될 수 없다. 위법성 단계에서는 위법성조각사유만을 검토할 것이 아니라 위법성을 확정하기 위한 적극적 요소를 함께 검토하여야 한다.[12)]

2.426 어느 경우에도 착오의 본질에 위배될 수는 없다.

2.427 착오는 범죄의 성립요건이 정해지면 그에 따라 존재할 뿐이다.

2.43 관련하여 대법원 2024. 7. 25. 선고 2023도16951 판결을 살펴보자: 피고인은 경찰관 공소외 1, 2에게 술에 취해 항의하던 중, 피고인이 공소외 1에게 고성을 지르고 몸을 들이밀면서 다가가자 공소외 2는 공소외 1을 보호하기 위하여 피고인을 급하게 밀쳐냈고, 피고인은 공소외 2에게 왜 미느냐고 하면서 공소외 2를 밀쳤다. 그리고 피고인은 공소외 2가 자신을 밀친 것이 위법한 공무집행이라 생각했다고 항변했다.

2.431 공무집행방해죄(형법 제136조 제1항)가 성립하기 위해서 학설상으로는 공무의

---

11) 하지만 한국 형법의 맥락에서는 형법 제13조에 반한다는 비판이 제기될 수 있다.

12) 김성돈, "대법원의 위법성 판단 '기준'과 '방식' 그리고 '법'학 패러다임", 형사법연구 제34권 제4호, 10면은 이러한 견해에 대하여 ① 적극적 실질적 위법성이론의 채택을 옹호하는 것으로 보일 수 있다, ② 착오의 체계정합성은 어떤 표지에 대한 범죄체계상의 지위가 부여된 이후에 생겨나는 것이고, 그 반대일 수 없다, ③ 한국 형법전에는 그와 같이 이해할 수 있는 법률구성요건이 존재하지 않는다, ④ 법률상의 구성요건을 불법유형으로 인정하는 이상 적극적 위법성요소가 형법규정에 들어있다고 이해하기는 어렵다는 반론을 제기한다. 하지만 ① 적극적 위법성요소가 죄형법정주의를 저버리는 것은 아니므로 그것의 도입이 범죄 성립범위의 실질적인 확장으로 이어지지는 않고, ② 규범적 요소를 적극적 위법성요소로 위치시키는 이유는 무엇보다도 그것의 규범적 성격에 있으며, 착오론에서의 실익은 그 귀결일 뿐이다. 도리어 일부 구성요건착오는 금지착오로 해결해야 한다고 하면서도, 그 표지의 범죄체계상의 지위에 의문을 품지 않는 것이 문제이다. 만약 부작위범에서 보증인의무가 위법성요소가 아니라 구성요건요소라면, 그 착오는 어째서 보증인의무의 범죄체계상의 지위에도 불구하고 금지착오로 해결되어야 하는가? ③ 한국 형법전의 법률구성요건은 해석에 맡겨져 있고, 적극적 위법성요소로 해석하는 것이 자연스러운 처벌규정도 존재한다. 각종 행정법상의 처벌규정, 예컨대 병역법 제88조 제1항 입영기피죄의 "정당한 사유"를 도대체 구성요건요소로 해석해야만 하는 이유는 −단순히 그것이 처벌규정에 기재되어 있다는 이해할 수 없는 이유를 제외하고는− 발견되지 않는다. 동물보호법 제8조 제1항 제4호의 "정당한 사유"와 관련하여 김동완, "맹견의 공격에 대한 '정당방위' 성립 여부", 사법 제55호, 2021, 439−440면 참조. ④ 형법 제129조 제2항의 사전수뢰죄에서 '공무원 또는 중재인이 되는 것'을 객관적 처벌조건이라고 해석하는 것처럼, 각칙상의 요건을 모두 불법유형으로서 구성요건이라고 해석할 필연적인 이유는 없고, 적극적 위법성요소의 존재 또한 부정할 이유는 없다.

적법성이 객관적 구성요건으로서 요구된다고 한다.[13] 만약 그렇다면, 공무의 적법성에 대한 인식이 고의의 내용이 된다. 그러나 피고인은 경찰관이 자신을 밀친 것이 위법한 공무집행이라 생각했으므로, 이러한 인식은 존재하지 않았다. 따라서 구성요건착오가 된다.

2.432 만약 이를 금지착오로 보고자 한다면, 공무의 적법성을 초과객관적 구성요건 또는 적극적 위법성요소로 보아야 할 것이다.

2.4321 공무의 적법성은 그에 관계되는 시공간적 대상물이 없다는 점에서 음란성과 다르다.

2.433 공무의 적법성을 구성요건요소로 보면서 금지착오로 해결되어야 한다고 주장할 수는 없다.

2.434 한편, 위 판결에서 판례는 '전제사실' 자체에 대해서는 피고인의 인식에 어떠한 착오도 존재하지 않는다는 이유로 위법성조각사유의 전제사실의 착오라고 볼 수는 없고, 금지착오로 보아야 된다고 하였다. 이러한 결론은 공무의 적법성을 적극적 위법성요소의 측면에서 보아야만 가능할 것이다.

2.5 부작위범에서 보증인의무는 적극적 위법성요소다.

2.51 보증인의무에 대한 착오는 금지착오로 해결되어야 한다고 보는 것이 일반적인 견해이다.

2.52 금지착오는 객관적인 불법이 존재하나 위법성의 인식이 결여된 경우이다. 따라서 보증인의무는 위법성의 인식의 대상이자 불법을 구성하는 요소다.

2.53 만약 보증인의무가 구성요건요소라면, 그에 대한 착오는 구성요건착오가 되어야 한다.

2.54 보증인의무가 없음에도 보증인의무가 있다고 착오한 사례를 살펴보자: 지나가던 사람이 물에 빠진 사람을 보고 구할 수 있는 능력이 있음에도 구하지 않았다고 하자. 그리고 그는 '물에 빠진 모르는 사람을 구하지 않는 행위는 살인죄로 처벌받는다'고 생각했다고 하자. 보증인의무가 구성요건요소라면 이 사례는 반전된 구성요건착오로, 보증인의무가 위법성요소라면 이 사례는 반전된 금지착오로 판단될 것이다(1.34).

3 위법성조각사유의 전제사실의 착오는 사실의 착오다.

---

13) 김성돈, 형법각론(제8판), 성균관대학교 출판부, 2022, 826면; 이재상·장영민 · 강동범, 형법각론(제10판), 박영사, 2016, 745면 등.

3.1 사실의 착오는 현재의 범죄체계에서 고려되는 착오가 아니다.

3.11 형법학에서 일견 고려되는 착오는 구성요건착오, 반전된 구성요건착오, 위법성조각사유의 전제사실의 착오, 반전된 위법성조각사유의 전제사실의 착오, 금지착오, 반전된 금지착오뿐이다.

3.12 형법학에서 사실의 착오는 범죄의 성립요건인 사실과 그에 상응하는 주관적 인식의 불일치를 의미한다.

3.13 구성요건착오는 범죄의 객관적 구성요건이 충족되어 있으나 그에 상응하는 주관적 구성요건이 결여된 경우를 의미한다.

3.14 객관적 구성요건에 해당하는 사실의 착오는 구성요건착오이지만, 그 외의 사실의 착오는 구성요건착오가 아니다.

3.15 위법성조각사유의 전제사실은 객관적 구성요건이 아니다.

3.16 위법성조각사유의 전제사실의 착오는 사실의 착오이지만 구성요건착오는 아니다.

3.2 다른 범죄체계에서는 위법성조각사유의 전제사실의 착오의 사례가 사실의 착오로서 고려될 수 있다.

3.21 그 범죄체계는 구성요건고의를 별도로 구분하지 않는다. 범죄 성립의 주관적 요건으로 사실의 인식과 위법성의 인식을 두고 있을 뿐이다.

3.22 주관적 요건을 사실의 인식과 위법성의 인식으로 나눌 경우 위법성의 인식의 대상은 범죄의 성립사실을 제외한 객관적 요건, 즉 법률(규범)에 한정된다. 따라서 그에 대한 착오는 법률의 착오로 명명된다.

3.23 그와 같은 범죄체계에서 규범적 구성요건에 대한 착오는 법률의 착오가 된다.

3.3 사실의 착오와 법률의 착오, 구성요건착오와 금지착오는 다르다.[14)]

3.4 위법성조각사유의 전제사실의 착오는, 주관적 정당화요소가 존재하는 한, 구성요건착오나 금지착오가 아닌 위법성조각사유의 전제사실의 착오 그 자체로 이해되어야 한다.

3.41 그에 따라 에스토니아 형법 제31조는 위법성조각사유의 전제사실의 착오에 대해 별도로 규정하고 있다.[15)]

---

14) 김상오, "적극적 위법성요소", 앞의 글, 112면.

15) 오스트리아 형법 제8조 또한 그러한 규정이 있으나, 오스트리아 형법 개정의 시기나 조문 간의 관계를 살펴볼 때 이는 위법성조각사유의 전제사실의 착오의 체계적 지위를 명백하게 인식하고 규정

3.42 다만, 그 효과에 있어서 달리 정함이 없는 경우에는 유추적용을 고민해 볼 수 있을 것이다.

3.5 벨첼은 이상의 문제에 다음과 같이 지적하였다: "법률의 착오이면서 구성요건착오인 경우가 있다. 재물의 타인성과 같이 규범적 구성요건에 대한 착오가 그 예이다. 그리고 사실의 착오이면서 금지착오인 경우가 있다. 위법성조각사유의 객관적 전제요건에 대한 착오가 그 예이다."[16)]

3.51 이러한 표현은 위법성조각사유의 전제사실의 착오를 그 자체로서 보지 않는다는 점을 제외하고는 너무나 명쾌하다.

4 동일한 객관적 요건과 그에 상응하는 주관적 요건에서 착오가 동시에 일어날 수는 없다.

4.1 구성요건착오면서 반전된 구성요건착오일 수는 없다.

4.11 구성요건착오는 객관적 구성요건이 충족되어 있으나 그에 상응하는 주관적 구성요건이 결여된 경우이고, 반전된 구성요건착오는 주관적 구성요건이 충족되어 있으나 그에 상응하는 객관적 구성요건이 결여된 경우이다.

4.12 구성요건착오면서 반전된 구성요건착오는 객관적 구성요건과 그에 상응하는 주관적 구성요건이 결여되어 있으면서 동시에 충족되어 있는 것이므로 그 자체로 모순이다.

4.2 추상적 사실의 착오는 문제되는 구성요건이 두 개이기 때문에 동일한 객관적 요건과 그에 상응하는 주관적 요건에서의 착오가 아니다.

4.3 착오는 객관과 주관의 불일치이다(1).

4.31 하나의 객관적 요건과 그에 상응하는 주관적 요건의 불일치는 곧 어느 한 요건의 결여이다.

4.32 결여의 관점에서만 본다면, 하나의 객관적 요건과 그에 상응하는 주관적 요건에서 동시에 일어난 착오는 객관적 요건과 주관적 요건 모두의 결여이다. 따라서 동시착오는 착오가 아니다.

4.4 동시착오는 착오가 아니라 범죄의 불성립을 의미한다.

5 서로 다른 객관적 요건과 그에 상응하는 주관적 요건에서는 착오가 동시에 일어날 수 있다.

한 것이라기보다는 사실의 착오를 명확하게 하는 의미에서 규정한 것으로 보인다.

16) Hans Welzel, *Das Deutsche Strafrecht*, 11. Auflage, De Gruyter, 1969, 167면.

5.1 구성요건고의와 위법성의 인식이 동시에 결여된 경우, 주관적 정당화요소가 충족되면서 위법성의 인식이 결여된 경우는 빈번하다.

5.11 이와 같이 구성요건착오와 금지착오가 결합된 형태나 위법성조각사유의 전제사실의 착오와 금지착오가 결합된 형태에서는 범죄체계의 단계적 성질상 구성요건착오나 위법성조각사유의 전제사실의 착오가 먼저 고려된다.

5.12 그러나 후행단계의 착오(금지착오)의 고려가 부정되는 것은 아니다.

5.2 이중착오를 논의하기 위해서는 먼저 그것이 착오인지 명확히 해야 한다.

5.21 다음의 사례를 생각해 보자: 축산물 위생관리법 제2조 제1호, 제7조 제1항, 제45조 제1항 제1호에 따르면 허가받은 작업장이 아닌 곳에서 가축을 도살한 경우에는 10년 이하의 징역 또는 1억원 이하의 벌금에 처한다고 규정하고 있다. 가축은 축산물 위생관리법 시행령 제2조 제1항에서 정하고 있고, 메추리는 가축에 포함된다(제5호). 갑은 야산에서 메추리를 도살하였는데, 그것을 참새인줄로 잘못 알았다(참새는 축산물 위생관리법상 가축에 해당하지 않는다). 그런데 갑은 또한 참새도 가축에 해당한다고 믿었고, 야산에서 도살하는 자신의 행위가 위법하다고 생각하고 있었다.[17)]

5.22 위 사례는 구성요건착오와 반전된 금지착오의 결합형태로서 이중착오의 사례로 일컬어진다.

5.221 위 사례에서 갑의 행위가 구성요건착오에 해당하기 위해서는 객관적 구성요건이 충족되었음에도 주관적 구성요건이 결여되어야 한다.

5.222 갑은 허가받은 작업장이 아닌 야산에서 가축인 메추리를 도살하였으므로 그 행위는 객관적 구성요건을 충족한다.

5.223 그러나 주관적 구성요건이 결여되었는지는 논란이 있다. 갑은 '허가받은 작업장이 아닌 곳에서 가축을 도살한다'라고 인식하였다. 그러나 갑은 동시에 '허가받은 작업장이 아닌 곳에서 참새를 도살한다'라고 인식하였다. 전자에 초점을 둔다면 주관적 구성요건은 충족된 것이고, 후자에 초점을 둔다면 주관적 구성요건은 결여된 것이다.

---

17) 이 사례는 독일의 족제비 사례(Mauswieselfall)를 한국의 법에 맞게 변형한 것이다(Michaela Plaschke, "Ein Nagetier schreibt Rechtsgeschichte: Der Doppelirrtum im Strafrecht," *Jura* 23, 2001, 235면). 이용식, "이중착오", 서울대학교 법학 제44권 제1호, 2003, 183면에서 이를 소개하고 있으나, 원 사례의 문제상황(구성요건요소의 구체적인 대상을 타법에서 정하고 있는 것)을 충분히 담아내지는 못한 것으로 보인다.

5.224 구성요건착오인지 여부를 결정하기 위해서는 특정 구성요건에 대한 고의의 인식대상이 먼저 규명되어야 한다(2).

5.23 만약 위 사례를 주관적 구성요건이 충족된 것이라고 본다면, 구성요건착오는 존재하지 않기 때문에 이중착오의 사례라고 볼 수 없다.

6 책임 단계에서 고려되는 금지착오, 반전된 금지착오와 별개로 면책사유[18]에 대한 착오가 고려되는지 문제 될 수 있다.[19]

6.1 면책사유에 대한 착오를 논하기 위해서는 먼저 면책사유가 객관적 요건과 그에 상응하는 주관적 요건으로 성립하는지 답해야 한다(1.3).

6.11 독일 형법 제35조 제2항은 면책적 긴급피난의 면책상황에 대한 착오를 규정하고 있다: "행위자가 행위 시에 제1항에 따라 면책되는 상황이라고 착오한 경우 그는 그 착오를 회피할 수 있었을 경우에만 처벌된다. 그 형은 제49조 제1항에 따라 감경된다."

6.12 이는 면책적 긴급피난의 주관적 요건만이 충족된 경우에 대한 규정이다. 하지만 반전된 착오에 대해서는 규정하고 있지 않다.

6.13 록신은 면책적 긴급피난이 성립하기 위해서는 피난의사가 반드시 필요하고, 객관적 요건만 충족된 경우에는 면책적 긴급피난이 인정되지 않는다고 주장한다.[20]

6.2 범죄의 성립요건과 관련된 착오는 범죄의 성립을 기준으로 다루어져야 한다.

6.21 예를 들어, 위법성조각사유가 객관적 정당화상황과 주관적 정당화요소로 이루어져 있다면, 범죄 성립의 관점에서는 그 요건으로 객관적 정당화상황의 부존재와 주관적 정당화사유의 부존재가 요구된다.

6.22 면책사유에서도 마찬가지로 객관적 면책상황과 주관적 면책요소로 이루어져 있다면, 범죄 성립의 관점에서는 그 요건으로 객관적 면책상황의 부존재와 주관적 면책요소의 부존재가 요구된다.

6.3 형법상 고려되는 착오는 범죄의 성립요건과 관련되어야 한다(1.2).

6.31 어떤 착오가 범죄 성립에 영향을 미치지 못한다면, 그 착오는 고려되지 않는다.

---

18) 여기서 면책사유는 책임조각사유와 구분되는 의미로 사용된다(그 구별에 관해서는 Yong-Sik Lee, *Entschuldigungsgründe im deutschen und koreanischen Strafrecht*, Max-Planck-Inst. für Ausländisches und Internat. Strafrecht, 1992, 37-39면 참조).

19) 한국에서의 논의로는 김성돈, 형법총론(제6판), 성균관대학교 출판부, 2020, 424-426면 참조.

20) Claus Roxin, *Strafrecht Allgemeiner Teil*, Band Ⅰ, 4. Auflage, C. H. Beck, 2006, 976-977면.

6.32 어떤 착오가 고려되지 않는다면, 그 객관적 요건과 그에 상응하는 주관적 요건이 모두 범죄의 성립요건의 요소가 되지는 않는다.

6.33 면책적 긴급피난의 객관적 요건인 면책상황의 충족 여부가 범죄 성립에 영향을 미치지 못한다면, 그 요건은 범죄의 성립요건이 되지 않는다.

6.4 면책사유의 존재나 한계에 대한 착오는 고려되지 않는다.[21)]

6.41 불법을 인식대상으로 하는 위법성이 인식이 범죄 성립의 주관적 요건으로서 요구되는 한편, 책임을 인식대상으로 하는 '책임의 인식'은 범죄 성립의 주관적 요건으로서 요구되지 않기 때문이다.

6.5 면책사유에서 착오는 고려되지 않는다.

6.51 면책사유는 기대불가능성을 근거로 하는 성질상 행위자의 주관적 측면만을 고려한다.

6.52 강요된 행위를 생각해보라(형법 제12조). 저항할 수 없는 폭력이나 방어할 방법이 없는 협박이 실제로 존재함에도 그러한 인식이 없는 자에게 형법 제12조를 적용할 이유는 없다.

6.521 면책적 과잉방위(형법 제21조 제3항)의 사례에서도 중요한 것은 행위자의 주관적 측면이며, 그에 상응하는 객관적 요건을 요구하지 않는다.

6.6 형법학에서 착오는 범죄의 성립요건의 결여이다.

6.61 체계구성요건과 독립된 착오구성요건은 있을 수 없다.

6.62 착오는 범죄체계의 확립과 동시에 존재하고, 그와 분리되어 논해질 수는 없다.

6.7 범죄의 성립요건의 법률효과는 국가의 형벌권이다.[22)]

7 착오는 불가벌이다.

---

21) Bernd Heinrich, *Strafrecht Allgemeiner Teil*, 4. Auflage, Kohlhammer, 2014, 504면.

22) 나는 위법성조각사유나 책임조각사유와 같이 범죄의 성립을 저지하는 요건에 대해서는 별도의 법률효과가 부여될 수 없다고 본다. 형벌권의 부재는 법규범으로 인해 창설된 것이 아닌 그대로의 자연상태이다.

Denn das praktische Interesse liegt hier dem theoretischen so nahe, daß sein wohlgemeinter Eifer schwer zurückzuhalten ist von unzeitiger Einmischung. Nicht Jeder vermag das rein theoretische, allem Interesse, selbst dem moralisch-praktischen, entfremdete Forschen nach objektiver Wahrheit deutlich zu unterscheiden vom frevelhaften Angriff auf geheiligte Herzensüberzeugung.

Arthur Schopenhauer, *Über die Grundlage der Moral*

제2부

1 형법상 고려되는 착오는 원칙적으로 불가벌이다.

1.01 반전된 금지착오인 환각범은 가장 착오의 원칙에 알맞은 해결방식이다.

1.1 하지만 모든 고려되는 착오를 불가벌로 둘 수는 없다는 실천적 관심 때문인지, 착오의 예외적인 가벌형태가 나타난다.

1.11 착오의 예외적인 가벌형태를 규율하는 방식으로는 두 가지가 있다. 하나는 착오를 인정하되, 예외적인 범죄유형을 두어 처벌하는 것이다. 구성요건착오에 대한 과실범(형법 제14조), 반전된 구성요건착오에 대한 미수범(형법 제25조)이 이에 해당한다. 다른 하나는 요건을 규범화하는 것이다. 위법성의 인식이 결여된 모든 경우에 금지착오를 인정하는 것이 아니라 정당한 이유가 있는 경우에 한해서 금지착오를 인정하는 방식이 이에 해당한다(형법 제16조).

1.12 한국 형법에서 명시적으로 규정하고 있는 방식은 앞서 본 것과 같지만, 실제 적용에서는 꼭 그것에 한정되지 않는다. 법률 없이 예외적인 범죄유형을 새롭게 창설할 수는 없겠지만, 요건의 규범화는 법률이 없어도 가능한 것으로 여겨질 수 있기 때문이다.

1.121 예컨대, 고의에 대한 규범화 시도가 이루어지고 있다. 구성요건고의가 결여되었다면 구성요건착오이다. 하지만 고의가 규범화되면 구성요건고의가 결여되었다고 해서 바로 구성요건착오를 인정하지 않는다. 구성요건고의가 실제로 없었다고 하더라도, 즉 객관적 구성요건에 대한 현실의 인식과 의사가 행위자에게 존재하지 않는다고 하더라도, 예견가능성 등을 기초로 고의를 인정한다.[23]

1.122 요건의 규범화가 주관적 요건에서만 이루어지는 것은 아니다. 위법성조각사유의 전제사실의 착오에서는 객관적 정당화상황의 규범화가 나타난다. 판례는 정당방위상황이 실제로 존재하지 않았다고 하더라도 행위 시에 존재하는 여러 사정을 종합하여 정당방위상황을 긍정하기도 한다.[24] 다만 이러한 규범화는 착오의 범위를 제한하는 방식이 아니라, 확장하는 방식으로 작동한다.

1.2 고려되는 착오의 예외적 가벌성을 인정하기 위해서는 가벌성의 근거를 합당할 정도로 제시해야 한다.

1.21 범죄는 객관적 불법과 주관적 책임으로 구성된다.

1.211 객관과 주관은 형법에서 크게 세 가지 의미로 사용된다. 1) 객관은 행위와 관련된 것을, 주관은 행위자와 관련된 것을 가리킬 때 쓰인다. 2) 객관은 행위의 외적 측면을, 주관은 행위의 내적 측면을 가리킬 때 쓰인다. 3) 객관은 일반인을 기준으로 판단하는 것을, 주관은 행위자를 기준으로 판단하는 것을 가리킬 때 쓰인다.[25]

1.212 객관적 불법과 주관적 책임은 이 중 첫 번째의 의미로 사용된다.

1.213 그러나 불법이 행위 관련적 개념이라고 하더라도, 행위는 행위자를 떠나서는 생각될 수 없다.

1.22 불법을 기초하는 것은 결과반가치와 행위반가치이다.

1.221 결과는 세 가지 의미로 사용된다. 1) 행위객체에 대한 유형의 사실적 작용, 2) 외부세계에 대한 영향의 야기 또는 외부세계의 변동으로서의 결과, 3) 보호법익의 침해 또는 그 위태화가 그것이다.[26]

1.222 결과반가치에서 말하는 결과란, 형법이 보호하고자 하는 법익이다. 결과반가치는 보호법익에 대한 침해 또는 위태화를 의미한다.

1.223 행위반가치는 객관적 측면과 주관적 측면으로 나눌 수 있다. 객관적 측면은 행위태양으로, 주관적 측면은 구성요건고의로 나타난다.

---

23) 관련된 논의로 김성돈, "불인식과 형법", 형사법연구 제16호, 2001, 39면 이하; 김호기, "도로교통에 있어서 운전자의 위험운전행위에 대한 형법적 대응", 형사정책 제32권 제3호, 2020, 155면 이하; 류부곤, "주관적 고의의 객관적 구성", 형사판례연구 제27권, 2019, 85면 이하 참조.

24) 이용식, "위법성조각사유의 전제사실의 착오에 대한 대법원판례의 이해구조", 형사판례연구 제24권, 2016, 183면 이하.

25) 김상오, "객관주의에 기초한 미수범의 성립 제한", 앞의 글, 108－110면.

26) 김상오, "준강간 불능미수 판례에 대한 이해와 오해", 홍익법학 제21권 제1호, 2020, 565－556면.

1.2231 여기서의 객관과 주관은 두 번째의 의미이다(1.211).

1.23 책임은 불법한 행위가 행위자에게 귀속될 수 있는지의 문제이다.

1.231 행위가 행위자에게 귀속될 수 없는 한 가벌성은 인정될 수 없다.

1.24 불법과 책임은 응보의 관점에서 필요한 가벌성의 근거이다.

1.25 예방의 관점에서 규범력이 가벌성의 근거로 필요하다.

1.251 규범력은 소극적인 측면과 적극적인 측면으로 나눌 수 있다.

1.252 소극적 규범력은 행위자가 규범을 준수할 수 있을 때 충족된다.

1.2521 규범을 준수할 수 없는 자에게 규범에 따를 것을 요구할 수는 없다.

1.2522 예컨대, 위법성의 인식이 결여된 경우는 정당한 이유가 있는 경우에만 금지착오를 인정하는데, 과거에는 '법률의 부지는 용서받지 못한다'는 격언과 같이 금지착오를 아예 인정하지 않았다. 이는 모두가 법을 알고 준수할 수 있다는 전제에서 가능한 것이었다. 하지만 현대의 복잡한 법규범 속에서 모든 법을 알 수는 없다. 따라서 정당한 이유가 있는 한에서는 −즉, 소극적 규범력이 행사되지 못하는 한에서는− 법률의 부지도 용서받을 수 있어야 한다.

1.2523 만약 법규범을 수범자들에게 공포하지 않는 사회가 있다면, 소극적 규범력이 충족될 수 없으므로 어떠한 법위반을 이유로도 처벌을 해서는 안 된다.[27]

1.2524 행정법규의 시행에 있어 계도기간을 두는 것은 소극적 규범력을 확보하기 위한 장치이다.

1.253 적극적 규범력은 규범의 행사로써 그 목적이 의도한 바대로 작동할수록 강해진다.

1.2531 만약 어떤 규범이 의도한 바와는 관련이 없는 방식으로 행해진다면, 적극적 규범력은 약해진다.

2 과실은 의무위반이 인정되는 한에서 가벌일 수 있다.

2.1 과실범은 구성요건착오를 보충하는 범죄유형이다.

2.11 과실은 구성요건착오를 전제한다.

2.111 구성요건착오는 객관적 구성요건이 충족되었으나 주관적 구성요건이 결여된 경우이다.

2.112 과실은 주관적 구성요건이 아니다.[28]

27) 유사한 관점으로 Lon Fuller, 법의 도덕성, 박은정 역, 서울대학교출판문화원, 2015, 70면 참조. 풀러가 제시한 여덟 가지 실패의 길은 모두 소극적 규범력으로 환원될 수 있지 않을까 생각한다.

2.12 과실범의 구성요건착오는 있을 수 없다.[29]

2.2 과실은 주의의무위반이다.

2.21 주의의무는 예견의무와 회피의무로 구성된다.[30]

2.211 예견의무는 결과를 예견할 의무를, 회피의무는 결과를 회피할 의무를 의미한다.

2.212 여기서 결과란 외부세계에 대한 영향의 야기를 의미한다.

2.22 예견의무는 예견가능성을 전제한다.

2.221 결과를 예견할 수 없었다면 예견의무는 인정될 수 없다.

2.222 결과를 예견할 수 있었다고 하더라도 항상 예견의무가 인정되는 것은 아니다.

2.2221 허용된 위험의 원칙은 위험이 상존하는 영역에서는 결과발생을 예견할 수 있더라도 예견의무를 부과하지 않겠다는 것이다.

2.23 회피의무는 회피가능성을 전제한다.

2.231 결과를 회피할 수 없었다면 회피의무는 인정될 수 없다.

2.232 결과를 회피할 수 있었다고 하더라도 항상 회피의무가 인정되는 것은 아니다.

2.2321 결과를 예견할 수 있었다고 하더라도 결과를 회피할 수 없었다면 주의의무는 인정될 수 없다.

2.3 주의의무위반이란 예견의무위반과 회피의무위반으로 구성된다.

2.31 예견의무위반이란 결과를 예견할 수 있었고, 예견했어야 함에도 예견하지 않았음을 의미한다.

2.32 회피의무위반이란 결과를 회피할 수 있었고, 회피했어야 함에도 회피하지 않았음을 의미한다.

2.4 주의의무위반의 인식은 고의다.

2.41 주의의무위반의 인식은 예견의무위반의 인식과 회피의무위반의 인식이다.

2.411 예견의무위반의 인식은 결과를 예견했어야 함에도 예견하지 않았음을 인식하는 것이다. 예견하지 않았음을 인식한 순간 결과는 예견된다.

---

28) 대개의 교과서들은 과실을 주관적 구성요건요소라고 언급하는데, 이는 큰 착오이다.

29) 과실범의 구성요건착오를 인정하는 견해로 Eberhard Struensee, "Der subjektive Tatbestand des fahrlässigen Delikts," *JuristenZeitung* 42(2), 1987, 59면; 정영일, "과실범에 있어서 행위자의 주관과 착오론", 형사법연구 제28권 제4호, 2016, 81면. 이에 대한 비판으로 이용식, "과실범의 위법성 조각사유의 전제사실에 관한 착오" 교정연구 제28권 제4호, 2018, 107－108면.

30) 이용식, "형사판례법리로서 가정적 승낙의 논리구조 비판", 형사판례연구 제25권, 2017, 166면은 "주의의무위반의 실체는 사전적으로 위험을 창출한다고 판단되는 행위를 의미한다"라고 한다. 이러한 정의를 선택한 이상 과실은 예견의무와 회피의무로 구성된다고 말할 수는 없다.

2.412 결과의 예견은 고의의 인식적 요소이다.

2.413 회피의무위반의 인식은 결과를 회피했어야 함에도 회피하지 않았음을 인식하는 것이다. 결과를 회피하지 않은 것은 결과를 용인한 것이다.

2.414 결과의 용인은 고의의 의지적 요소이다.

2.415 고의는 인식적 요소와 의지적 요소의 결합이다.

2.42 만약 어떤 의무가 과실범의 주의의무라면, 그 위반에 대한 인식은 고의를 구성하여야 한다.

2.421 교통법규를 지키는 의무가 과실치사의 주의의무라면, 교통법규위반에 대한 인식은 살인죄의 고의를 구성하여야 한다.

2.422 하지만 교통법규위반에 대한 인식은 살인죄의 고의를 구성하지 않는다.

2.423 따라서 교통법규를 지키는 의무는 과실치사의 주의의무가 아니다.

2.43 주의의무는 결과와의 관련성에서만 그려질 수 있다.

2.5 부작위범의 작위의무가 결과를 방지할 의무라면, 부작위범의 작위의무와 과실범의 주의의무는 동일하다.[31)]

2.51 결과를 방지하는 것은 결과를 회피하는 것이다.

2.52 회피의무는 예견의무를 전제한다.

2.521 예견의무는 인식 있는 과실과 인식 없는 과실의 구별을 위해 필요하다.

2.6 과실은 결과의 객관적 귀속이다.[32)]

2.61 주의의무위반의 인식이 고의라면, 주의의무위반의 불인식은 고의의 결여이다.

2.62 헤겔은 고의가 객관적 귀속의 핵심이라고 본다.[33)]

2.63 고의가 없음에도 객관적 귀속을 인정하겠다는 것이 과실의 실체다.

2.64 과실과 객관적 귀속은 모두 행위자의 행위와 결과를 연결하는 규범적 판단이다.

2.65 합법적 대체행위이론은 객관적 귀속과 과실을 모두 부정한다.

2.651 합법적 대체행위이론은 문제된 의무를 위반하지 않았다면 결과가 발생하지 않았을 것이 증명되어야만 객관적 귀속이 인정된다고 본다.

---

31) 이와 반대되는 견해로, 김정현, 부작위범의 인과관계, 경인문화사, 2023, 254면; 김혜경, “작위행위와 작위의무의 구별과 과실범의 주의의무”, 형사판례연구 제32권, 2024, 113면.

32) 불완전하지만 조금 더 풀어쓴 형태로 김상오, “객관주의에 기초한 미수범의 성립 제한”, 앞의 글, 119－131면.

33) Friedrich Hegel, 법철학, 임석진 역, 한길사, 2008, 233면.

2.652 예를 들어, 의사인 갑이 혈청에 의한 간기능검사를 시행하지 않고 할로테인을 사용해 전신마취를 하여 수술 중 환자가 급성간염으로 사망하였으나, 간기능검사를 시행했다면 환자가 사망하지 않았을 것임이 증명되지 못한 사례를 생각해 보자.[34)]

2.653 간기능검사를 시행할 의무는 주의의무인가? 간기능검사를 시행하지 않음을 인식했다고 해서 살인죄의 고의가 인정되지는 않는다.

2.654 간기능검사를 시행하지 않는다고 환자의 사망을 예견할 수도 없고, 간기능검사의 시행이 사망을 회피하도록 하지도 않는다.

2.655 간기능검사를 시행할 의무는 주의의무가 아니다.

2.66 주의의무위반이 인정되나 객관적 귀속이 부정되는 사례 혹은 객관적 귀속이 인정되나 주의의무위반이 부정되는 사례는 상정할 수 없다.

2.7 과실범의 예외적 가벌성을 위해서는 행위반가치와 소극적 규범력이 인정되는지 숙고해야 한다.

2.71 행위반가치의 객관적 측면으로 인해 고의가 없더라도 결과가 귀속될 수 있다.

2.72 어떤 행위자에게 적법한 행위를 요구할 수 없다면, 과실은 성립할 수 없다.

2.721 적법한 행위의 가능성을 일반인의 기준으로 측정하기 위해서는, 일반인의 능력을 발휘할 수 있도록 하는 충분한 지원이 제공되어야 한다.

2.722 각종 행정법규상의 주의규정들은 이러한 지원을 제공한다.

2.8 과실범의 처벌은 결과책임주의로부터 벗어날 수 없다.

3 미수는 결과가 인정되는 한에서 가벌일 수 있다.

3.1 미수범은 반전된 구성요건착오를 보충하는 범죄유형이다.

3.11 미수는 반전된 구성요건착오를 전제한다.

3.111 반전된 구성요건착오는 주관적 구성요건이 충족되었으나 객관적 구성요건이 결여된 경우이다.

3.12 모든 반전된 구성요건착오가 미수범이 되는 것은 아니다. 즉, 객관적 구성요건이 충족되지 않았다고 반드시 미수가 되는 것은 아니다.

3.121 주체에 대한 착오를 생각해보자. 신분이 없는 자가 신분이 있다고 착오하고 신분범의 구성요건을 행한 경우는 미수범이 되지 않는다(형법 제27조).

34) 대법원 1990. 12. 11. 선고 90도694 판결.

3.122 이는 주체에 대한 착오에 국한되지는 않는다. 칼을 휴대하지 않고 있는 자가 칼을 휴대하고 있다고 생각하고 피해자에게 상해를 가하였다고 하자. 그의 죄책은 특수상해죄의 미수범(형법 제258조의2 제1항, 제3항)이 아니라 상해죄의 기수범(형법 제257조 제1항)이다.

3.123 이러한 점에서 구성요건흠결이론은 여전히 지지될 수 있다.

3.2 미수범의 예외적 가벌성을 위해서는 결과반가치와 적극적 규범력이 인정되는지 숙고해야 한다.

3.21 미수는 객관적 구성요건이 결여되었음에도 결과반가치가 인정되는 경우에만 성립할 수 있다.

3.22 그 기준이 어디인지 알기는 어렵지만, 가벌적인 결과반가치가 인정되는 시점부터 실행의 착수를 인정할 수 있고 미수범의 성립이 가능해진다.

3.23 미수를 처벌한다고 해서 범죄를 억제하겠다는 형법의 목적이 달성된다고는 보기 어렵다.

3.24 미수의 고의는 인정되지 않으므로, 기수범 처벌의 위협만으로 고의는 억제되기 때문이다. 물론 결과가 발생하지 않더라도 기꺼이 그 행위를 하겠다는 의사는 억제할 수 있을 것이다.

3.3 예비죄는 반전된 구성요건착오의 예외적 가벌형태가 아니다.

3.31 예비죄는 미수의 가벌성의 근거인 결과반가치마저 결여되어 있다.

3.32 예비죄의 고의는 사전고의에 불과하다.

3.321 사전고의는 구성요건고의가 아니다.

3.33 범죄의 발전적 관점에서 모든 범죄행위가 예비 단계를 거치는 것은 아니다.

3.34 예비죄는, 그것이 가벌적이라면, 독자적인 범죄형태로 보아야 한다.

4 과실의 미수는 성립하지 않는다.

4.01 구성요건착오와 반전된 구성요건착오는 동시에 일어날 수 없다(1－4.1).

4.02 과실은 구성요건착오를 전제한다(2.11). 미수는 반전된 구성요건착오를 전제한다(3.11).

4.03 과실의 미수는 논리적으로 성립할 수 없다.

4.1 이에 대해 제한속도를 위반하여 운전하였으나 아무런 인명사고가 없었다면 주의의무를 위반하였으나 아무런 구성요건적 결과가 발생하지 않았기 때문에 과실미수라고 볼 수 있다는 견해가 있다.[35] 그 견해에 따르면 우리 형법

에는 과실미수를 처벌하는 규정은 없지만, 과실미수는 이론적으로 가능하다고 본다.

4.11 이러한 견해는 주의규정위반을 주의의무위반이라고 본다.

4.111 과실에서의 주의의무를 예견의무와 회피의무로 보지 않는다면, 이러한 입론이 가능할 수 있다.

4.112 주의규정위반이 과실이라면, 과실은 거의 모든 경우에 성립하므로, 예외적 가벌성이라는 원칙에 반한다.

4.113 교통법규를 위반한 것은 업무상과실치사미수가 아니다. 만약 그렇다면 우리는 도처에 과실치사행위가 도사리고 있음을 인정해야 한다.

4.2 한편, 주의의무에 위반하여 법익침해의 위험이 발생한 경우를 과실범의 미수라고 부르는 견해도 있다.[36]

4.21 이는 범죄발생의 위험이라는 결과가 발생한 과실위험범이고, 미수범이 아니다. 과실위험범으로 실화죄와 과실일수죄가 우리 형법에 도입되어 있다(형법 제170조 제1항, 제181조 후단).[37]

4.3 과실범의 중지미수 또한 논리적으로 성립할 수 없다.[38]

4.4 과실의 미수를 인정하지 않는다면 주의규정의 위반을 처벌할 수 없는 것이 아니냐는 비판이 제기될 수 있다. 의료행위에 있어 지켜야 할 수칙을 지키지 않았을 때, 이를 과실범의 미수라고 부르지 않아서는 안 된다는 것이다.

4.41 하지만 주의규정 등을 위반한 경우에는 그 자체를 처벌하는 것으로 해결될 일이다. 도로교통의 맥락에서는 업무상과실치사의 미수이기 때문에 처벌하는 것이 아니라, 도로교통법위반으로 처벌한다. 건축의 맥락에서는 업무상과실치사의 미수이기 때문에 처벌하는 것이 아니라 건축법위반으로 처벌한다. 이미 수많은 행정법규에 의해 그것이 가능함이 입증되고 있다.

4.42 주의규정위반죄는 과실범이 아니라 고의범이다.

4.43 주의규정은 주의의무 자체가 될 수는 없다. 하지만 주의의무위반의 판단기준으로서 작동할 수 있다.

---

35) 김성돈, 형법총론(제6판), 앞의 책, 511면.

36) 신동운, 형법총론(제14판), 법문사, 2022, 493면.

37) 김상오, "객관주의에 근거한 미수범의 성립 제한", 앞의 글, 131면.

38) 과실범의 중지미수를 긍정하는 견해로 이용식, "과실범의 중지미수" 교정연구 제29권 제1호, 2019, 37면 이하.

5 (온전한 의미에서) 이중착오는 단일착오보다 불리하게 취급되어서는 안 된다.

5.1 이중착오는 단일착오보다 범죄의 성립요건이 더 많이 결여되어 있으므로 가벌성 또한 더 낮다.

5.2 다음 사례를 생각해보자: 갑은 장을 보고 집으로 돌아가는 길에 김밥집 주인이 앞서 뛰어가는 학생 A에게 "계산을 하고 가야지"라고 하며 쫓아가는 것을 보고 A를 뒤쫓던 중 학생 B를 만났는데 B를 A로 오인하여 멱살을 잡은 후 지니고 있던 장바구니를 B의 얼굴에 휘둘러 전치 8주의 안와골절 등의 상해를 입게 하였다. 이러한 방위행위는 공격자인 A에 대하여 이루어졌더라도 상당성의 범위를 넘은 것이었지만, 갑은 그러한 방위행위가 상당한 행위라고 생각하였다.[39)]

5.21 위 사례에서 갑은 A에 대해 방위행위를 했더라면 객관적 정당화상황이 충족될 수 있었으므로 위법성조각사유의 전제사실의 착오를 하였으며, 상당성을 넘은 행위임에도 상당한 행위이므로 위법성이 조각된다고 믿었으므로 금지착오를 한 것이 된다. 즉, 위법성조각사유의 전제사실의 착오와 금지착오의 결합형태로서 오상과잉방위가 된다.

5.22 이에 대해 "실제로 정당방위상황이 존재하고 그 상황에서 행하여지는 인식있는 과잉방위는 고의불법으로 평가되는데, 그보다 더 불법한 오상방위상태에서 저지른 과잉방위가 단순한 과잉방위보다 더 유리하게 평가될 수는 없"다는 견해가 제기된다.[40)] 이 견해는 오상방위의 고의조각적 효과를 인정하는 전제에서 오상과잉방위는 고의를 인정하는 과잉방위보다 유리하게 평가될 수는 없다는 이유로 오상과잉방위의 고의도 인정해야 한다고 본다.

5.23 이는 결국 착오 자체를 범죄화하는 것이다. 그러나 소극적 규범력의 입장에서 볼 때 착오를 탓할 수는 없다.

5.24 오상과잉방위는 오상방위나 과잉방위보다 불리하게 취급되어서는 안 된다.[41)]

5.25 만약 오상방위의 고의조각적 효과를 인정한다면 오상과잉방위도 그렇게 해야 한다. 그렇게 하지 않는다면, 오상방위의 고의조각적 효과도 인정할 수 없을 것이다.

---

39) 이는 오상방위에 관한 헌법재판소 2010. 10. 28. 선고 2008헌마629 결정의 사실관계를 변형한 것이다.
40) 이용식, "이중착오", 앞의 글, 196면.
41) 여기서 오상과잉방위나 과잉방위는 금지착오를 전제한 것이다.

6 주관적 정당화요소는 불요하다.[42)]

6.1 불법은 결과반가치와 행위반가치로 구성된다(1.22).

6.11 결과반가치나 행위반가치 중 어느 하나가 결여된다면 불법은 성립할 수 없다.

6.2 객관적 정당화상황은 결과반가치를 상쇄한다.

6.21 결과반가치는 법질서 전체의 관점에서 판단되어야 한다.

6.211 행위자가 돌을 던져 창문을 깼는데, 이로 인해 방 안에서 연탄가스에 중독되어 죽어가던 아이가 살 수 있었다고 하자. 행위자가 돌을 던지지 않고 창문이 온전하며 아이가 죽은 세계와 행위자가 돌을 던져 창문이 깨졌지만 아이가 살아나게 된 세계가 있다면 법질서 전체의 관점에서는 후자를 택할 것이다.

6.22 객관적 정당화상황이 존재한다면, 객관적 구성요건의 충족으로 발생한 보호법익의 침해는 법질서 전체의 관점에서 허용된다.

6.23 객관적 정당화상황이 존재함에도 결과반가치가 상쇄되지 못한다고 한다면, 애초에 위법성조각 자체를 인정할 수 없을 것이다.

6.3 주관적 정당화요소는 행위반가치를 상쇄시키지 못한다.[43)]

6.31 정당화상황에 놓여 있다는 행위자의 인식은 객관적 구성요건을 향한 인식의 객관적 비난가능성에 영향을 미치지 못한다. 여기서 객관적 비난가능성이란 행위 측면에서의 비난가능성을 의미한다.

6.32 주관적 정당화요소는 마치 합법성을 향한 의지로 착오되는 경향이 있다. 하지만 그것은 주관적 정당화요소의 역할이 아니고, 책임 단계에서 위법성의 인식의 부존재로서 행해진다. 주관적 정당화요소가 존재하더라도 위법성의 인식은 있을 수 있다.

6.33 주관적 정당화요소가 고의의 행위반가치를 상쇄할 수 있다고 하더라도 행위반가치의 객관적 측면을 상쇄할 수 있다고 볼 근거는 없다.

6.4 주관적 정당화요소는 불법의 성립과 관련하여 아무런 역할을 하지 못한다.

6.41 적극적 규범력의 관점에서도 주관적 정당화요소는 불요하다.

6.42 우연한 객관적 정당화상황으로 인해 처벌되지 않는다고 하여도 범죄를 억제

---

42) 김상오, “주관적 정당화요소 불요론”, 연세대학교 법학연구원, 법학연구 제29권 제1호, 2019, 72면 이하 참조.

43) 이와 정확히 반대되는 견해로 홍영기, “불법평가에서 주관적 정당화요소의 의의”, 형사법연구 제27권 제4호, 2015, 35면.

한다는 형법의 목적은 달성되기 때문이다. 어느 누구도 우연한 정당화를 노리고 범행을 하지는 않는다.

6.43 주관적 정당화요소의 부존재는 범죄의 성립요건이 될 수 없다(1–6.32).

6.5 위법성조각사유의 전제사실의 착오와 반전된 위법성조각사유의 전제사실의 착오는 고려되지 않는다.

6.51 위법성 단계에서는 객관적 정당화상황의 존부만이 문제될 뿐이다.

6.52 위법성조각사유의 전제사실의 착오는, 위법성의 인식도 결여되는 한에서 금지착오로 고려된다.

6.53 반전된 위법성조각사유의 전제사실의 착오는, 객관적 불법이 결여되므로 위법성의 인식을 충족하는 경우에는 반전된 금지착오로 고려된다.

6.54 착오론을 통해 가벌성의 한계를 고찰한 후에는 그것이 기반하고 있던 범죄체계를 던져버려야 한다.

7 범죄체계는 변화한다.

제6장

과실부작위범에 있어서의 동가치성/상응성

- 부작위범의 세 가지 분류기준을 중심으로 -

과실부작위범에 있어서의 동가치성/상응성

- 부작위범의 세 가지 분류기준을 중심으로 -

안 정 빈*

〈이용식 교수님 고희를 기념하며〉

법대 입학을 하고 이용식 교수님의 형법총론 수업을 듣게 되며 교수님과의 인연이 시작되었다. 법대에서 개설되는 이용식 교수님의 형법 수업을 늘 흥미진진하게 들었다. 지금은 사정이 많이 달라졌지만, 예전에는 서울법대에서 형법을 전공하는 대학원생이 드물었다. 교수님께서 수업 시간에 말씀하신 '형법을 전공하면 형법이 아닌 다른 법을 전공하는 것만큼 돈도 되지 않고 범죄자를 상대하는 것이라 연구용역도 없지만 그래도 밥은 먹고 살 수 있다. 다른 법은 많이들 전공하니 형법을 전공하는 학생들이 나오면 좋겠다'는 얘기가 뇌리에 꽂혔다.

인권과 정의, 법치의 실현 같은 거창한 담론이 아니라, 밥은 먹고 살 수 있다는 그 소박함으로 법학도들에게 대학원 진학을 권유하는 그 담백함이 좋았다.

서울법대는 학부 졸업 때 각 법학 연습이라는 과목을 듣고 수업에서 학사졸업 소논문을 제출하게 되는데, 그때에도 이용식 교수님의 형법연습 과목을 듣고 학사졸업 소논문을 제출하였다. 돌이켜보면 학부, 석사, 박사과정에서 모두 지도교수로 이용식 교수님을 모신 셈이다.

석사과정에서는 '법인 형사처벌 양벌규정에 관한 연구'로 논문지도를 받고, 박사과정에 진입했다. 박사과정에 합격한 날 교수님께서는 '부작위 공범론'으로 박사논문을 쓰라고 주제를 주셨다. 박사과정 내내 이용식 교수님의 강의조교를 하며 교수님의 모든 수업을 참관했다. 법학부가 아직 완전히 폐지되지 않았던 시점에는 법학부, 로스쿨, 일반대학원 강의 모두 참관했다. 같은 내용을 계속 들으면서 어느 순간 이 수

* 경남대학교 법학과 조교수

업 내용들을 잘 정리해 두어 나중에 나도 독자적으로 강의를 하게 될 때 참조해야겠다는 생각이 들었다.

박사과정에서는 아침부터 시작된 일정을 새벽 2시 무렵까지 교수님과 함께했다. 주중뿐 아니라 주말도 예외는 없었다. 사생활도 없었고 개인 시간도 없었지만 이러한 혹독한 수련과정이 좋았다. 매일 성장하고 점점 형법학자가 되어 가는 느낌이었고 늘 배우고 새로워졌다. 이용식 교수님의 형법이론을 모조리 흡수하자는 각오로 매일 매일을 보냈다.

여름방학을 맞이하여 튀빙겐대학 형사정책연구소에 가게 되었다. 지금도 소장으로 계시는 요르그 킨지히 교수께서 연구소 도서관에 자리 한 칸을 내어주셨다. 그렇게 방학 몇 달을 튀빙겐대 법학과에서 지내고 있을 무렵 이용식 교수님께서 독일로 오실 예정이니 프라이부르크에서 보자고 하셨다. 나는 부랴부랴 튀빙겐에서 프라이부르크로 건너갔다. 그리고 일주일을 교수님과 함께 지냈다. 교수님과 나의 숙소는 달랐다. 나는 프라이부르크 대학 도서관에서 걸어서 40분가량 걸리는 외곽에 숙소가 있었다. 도서관에 있다가 식사 시간에 교수님과 함께 작은 중국음식점에서 매 끼니를 함께 먹고 프라이부르크에서 지낸 일주일이 행복했다.

일주일이 지나 이용식 교수님은 프랑크푸르트공항으로 가셔야 했고 나는 다시 튀빙겐대학에 돌아가 짐을 정리하고 인사를 해야 했다. 이용식 교수님께서는 200유로화 용돈을 주시며 남은 기간 맛있는 것을 사 먹으며 지내라 하셨다. 더 주지 못해 마음이 그렇다고 말씀하시며 낡은 자루 가방을 들고 프랑크푸르트행 기차에 오르셨다.

그 뒤로 나는 방학 때 독일을 다시 나갔고 다른 대학 객원연구원으로 지냈지만 이용식 교수님과 프라이부르크에서 함께 했던 일주일이 교수가 된 지 5년이 되어가는 지금까지도 가슴에 남아 있다.

내가 교수가 된 지 5년이 되어간다는 것은 이용식 교수님이 정년퇴임하신 지 5년이 되어간다는 것을 의미한다. 교수님이 정년퇴직하시는 그 시점에 나는 경남대 법학과 교수로 부임했기 때문이다.

지금도 법학부 수업에서 학생들에게 강의를 하거나 대학원 석박사 수업에서 세미나식 수업을 하면서 이용식 교수님께서 수업하시던 모습 그대로 수업을 하는 내 모습을 보게 된다. 수업시간의 제스처 하나까지도 나는 모두 이용식 교수님을 닮았다.

3년 전 어머니께서 돌아가셨다. 어머니가 돌아가시고 며칠 뒤 이용식 교수님으로부터 전화가 왔다. 그때 교수님께 이렇게 말씀드렸다. “저에게는 Vater, Mutter, Doktorvater

세 분의 부모님이 계셨습니다. 그런데 이제는 Vater, Doktorvater 두 분의 부모님이 계십니다.”

오로지 형법연구만 하시며 일평생을 사셨던 이용식 교수님의 모습이 곧 나의 미래가 될 것이다.

I. 문제의 제기

한파 속 야외에 방치돼 있던 취객이 사망한 사건에서 그를 집 앞에 데려다주었던 경찰관 2명이 벌금형을 선고받았다.1)

위 사례는 전형적인 업무상과실치사죄의 공동정범 사례로 판단된다. 약식기소가 아닌 정식 공판을 진행하게 된다면 과실범인 업무상과실치사죄의 정범과 공범의 구별이 가능한 구조가 될 것이다.

이 구조에서는 상급자인 경사와 하급자인 경장이 함께 팀원이 되어 업무를 수행하였다. 그렇기 때문에 상급자인 경사에게 더 책임이 크므로 정범이 되고, 하급자인 경장이 책임이 작으므로 경장이 방조범이 되는 것이 적절할 것이다. 정식재판에서 상급자에게 벌금 500만원이 선고된다면, 하급자에게는 과실 방조범으로서 무죄가 선

---

1) “집 앞 계단서 얼어죽은 취객… 귀가 확인안한 경찰 벌금 · 감봉”, 2024. 1. 14. 조선일보 기사 https://www.chosun.com/national/national_general/2024/01/14/JD7ZCK6CVRA23CXRTOZTSBNSME/
조선일보 기사에 따르면, 취객을 집 안까지 들여보내지 않고 돌아가 결국 죽음에 이르게 했다는 업무상과실치사 혐의가 인정됐기 때문이다. 서울북부지법은 업무상과실치사 혐의를 받는 서울 강북경찰서 미아지구대 소속 A경사와 B경장에게 각각 벌금 500만원과 400만원의 약식명령을 선고했다. 이들은 2022년 11월 30일 오전 1시28분쯤 ‘주취자가 길가에 누워있다’는 신고를 받고 현장에 출동했다. 이어 만취한 60대 남성 C씨를 발견해 그를 강북구 수유동 다세대주택 건물 안 주거지 계단에 앉혀놓고 돌아갔다. C씨가 집 안에 들어가는 모습은 확인하지 않았다. 그로부터 약 6시간 후 C씨는 야외 계단에서 숨진 채 발견됐다.
부검 결과 사인은 저체온증이었다. 당시 서울은 한파경보가 내려져 있었고 최저기온은 영하 8도까지 떨어진 상태였다. 당시 경찰은 날씨와 C씨 상태 등을 근거로 A경사와 B경장이 사망을 예견했을 가능성이 충분함에도 구호 조치할 의무를 위반했다고 보고 둘을 지난해 6월 검찰에 송치했다.
C씨 유족이 처벌을 원하지 않는다는 처벌불원서를 낸 것으로 전해졌지만, 검찰은 지난해 9월 두 사람을 약식 기소했다. 경찰관 직무집행법에는 ‘경찰관은 술에 취해 자신 또는 다른 사람의 생명 등에 위해를 끼칠 우려가 있는 사람을 보호해야 한다’고 명시돼 있다. 이런 사람을 발견했을 때는 보건의료기관이나 공공구호기관에 긴급구호를 요청하거나 경찰서에서 보호하는 등의 조치를 해야 한다.

고되어도 좋을 것이다. 만약 둘 다 경사직급이거나 경장직급이라면 이 경우에는 정범과 공범의 구별을 하지 않아도 될 것이고 그럼에도 불구하고 정범과 공범의 구별을 해 주어도 무방할 것이라 생각한다.

그런데 조금 더 생각해 보면 행위는 두 명의 경찰이 하였는데 한 명만 형사처벌을 받고 하급자는 형사처벌을 받지 않는 것은 다소 의아할 수도 있다. 여기서 의무범이론이 적용이 된다면 어떻게 될 것인가?

또한 최근 대검찰청 수사심의위원회에서는 지난 2022년 10월 서울 이태원에서 발생한 '할로윈 참사' 당시 인파 관리를 위한 안전 관리 대책을 제대로 세우지 않았다는 혐의를 받는 서울경찰청장에 대해 '기소 의견'으로 의결하여 서울서부지검에 기소 권고했다.[2] 이는 전형적인 과실부작위범 사례로 볼 수 있을 것이다.

이하에서는 과실부작위범에 있어서의 동가치성/상응성에 대해서 부작위범의 세 가지 분류기준을 중심으로 살펴볼 것이다.

Ⅱ. 의무범과 부작위범

1. 의무의 강약설

부작위범에 있어서의 보증인의무는 형법외적 특별의무에서 파생될 수 있다. 경찰관직무집행법이라는 형법외적 특별의무로부터 부작위범의 보증의무가 생성이 되고 이러한 보증의무를 다하지 않은 경찰관들에게는 부작위범이 성립할 수 있다.

부작위범에 있어서의 정범과 공범의 구별에 있어서 의무범적 부작위범 이론에 따라 의무의 크기가 큰 '경사'에게는 의무범의 정범적격이, 의무의 크기가 작은 '경장'에게는 의무범의 종범(방조범)적격이 인정되어 부작위범으로 보더라도 경사는 정범이 되고 경장은 방조범이 될 수 있다. 이는 '의무의 강약설'[3]을 적용한 결과이다.

---

2) "'핼러윈 참사' 안전 소홀… 김광호 서울경찰청장 檢수사심의위 기소 권고", 2024.1.16. 조선일보 기사 https://www.chosun.com/national/court_law/2024/01/16/B7EEF4WLKZCNDIQJCNIA3MPJZQ/

3) 강기중 · 안정빈 "부작위 사기죄와 관련한 형법 도그마틱 –비의무범적 재산범죄인 사기죄에서의 고지의무를 중심으로–", 「법학논총」 제30권 제1호, 조선대학교 법학연구원, 2023, 211면.
위의 논문 제목에서 확인할 수 있듯이 필자는 사기죄는 비의무범적 재산범죄라고 보아왔지만 사기죄가 비의무범적 재산범죄라는 견해는 이후 논문에서 사기죄의 의무범성을 긍정하며 의무범적 재산범죄로 견해를 변경하였다. 안정빈, "부작위범에서의 동가치성 및 과실부작위범 –행위지배표지

1) 동가치성 검토 여부

의무범적 성격을 띠고 있는 －가령 형법각칙상의 배임죄, 유기죄, 횡령죄, 사기죄 등의 범죄에 있어서는－ 행위태양상 굳이 형법총칙 부작위범 조문인 제18조를 거치지 않더라도 부작위 행위태양으로 의무범 성립이 가능하게 되므로 이때는 작위와의 동치성 검토가 불필요하다 할 것이다. 이를 반대로 생각하면 만약 어떠한 형법각칙상의 범죄를 동가치성 검토를 거쳐야만 한다면 이는 의무범이 아니라 지배범이라 추정할 수 있을 것이다. 즉, 배임죄, 유기죄, 횡령죄, 사기죄 등의 범죄가 아닌 살인죄 등의 범죄에 있어서는 형법총칙 제18조를 통해서 작위와의 동가치성을 검토하게 되는데 이는 살인죄가 의무범이 아니라는 방증이 된다.

특히 배임죄는 힘 있는 자들에 대한 처벌의 공백을 최소화해보자는 측면에서 구동된다는 점에서 의무범과 밀접한 관련이 있다고 할 것이다.[4)]

그리고 배임죄의 구성요건실현 행위인 '임무위배행위'는 사기죄의 '기망'과 마찬가지로 그 개념 자체로 요구되는 어떠한 행위를 하지 않는 부작위를 내포한다고 볼 수 있으므로, 부작위에 의한 배임죄 또는 사기죄에서 작위와의 동가치성이 가지는 독자적인 의미가 크다고 보기는 어렵다고 판단될 수 있을 것이다. 이는 강제추행죄의 '추행' 등과는 다른 측면이다. 강제추행죄의 '추행' 등에서는 그 개념 자체로 요구되는 어떠한 행위를 하지 않는 부작위를 내포하지 않기 때문이다.

결국 동가치성 검토를 하지 않아도 되면서 부작위에 의해 손해 발생의 구체적인 위험이 초래되었다고 보는 이상 이러한 부작위가 작위에 의한 배임행위와 동등한 형법적 가치를 가지지 않는다고 보기는 어렵게 된다. 그렇다면 조금 더 쉽게 죄가 성립되는 것인가?

의 불충분성에 대한 의무범이론의 상보성을 중심으로－", 「중앙법학」 제25권 제2호, 중앙법학회, 2023, 68면.

기존에 사기죄가 배임죄나 횡령죄인 의무범죄에 비해 엄격한 인과관계를 요건으로 한다고 전제하며 사기죄를 비의무범적 재산범죄로 판단했던 논문으로는 필자와 강기중 경무관과의 공저 논문 외에도 한 편이 더 있었다. 안정빈, "우리 형법상 사기죄 규정 해석 및 적용과정상의 문제점과 한계 －사기죄의 제한해석을 중심으로－", 「서울법학」 제28권 제2호, 서울시립대학교 법학연구소, 2020, 114면, 132면 참조.

4) 고정항, "부동산 매매계약의 구속력에 관한 연구 －부동산 매매대금을 중심으로－", 경남대학교 박사학위논문, 2024, 13－14면.

2) 수뢰죄

그렇다면 수뢰죄의 경우는 어떠한가? 수뢰죄 판결 중에 동가치성 검토를 한 판례는 찾기 어렵다. 이는 수뢰죄가 의무범에 가깝다고 볼 수 있는 근거로 사용될 수 있는가? 공무원이라는 지위에서는 뇌물을 받지 말아야 할 (특별)의무를 지니고 있다고 볼 수 있다. 이러한 의무를 위반하여 뇌물을 받게 되면 이는 수뢰죄를 범한 것인데 공무원이 직접 본인이 뇌물을 받는 경우도 있겠지만 가족/친지를 통해 뇌물을 받는 경우도 있을 것이다. 가족/친지를 통해 뇌물을 받게 된다면 공무원이 가족/친지를 도구적 존재로 삼아 간접정범으로서 뇌물을 수령케 한다고 볼 수는 없을 것이다. 그렇다면 공무원은 가족/친지에 대한 간접정범 성립가능성이 없게 된다. 그렇게 된다면 공무원의 가족/친지가 공무원을 대신하여 뇌물을 받게 되더라도 공무원은 뇌물죄로 처벌받지 않게 된다. 그렇지만 이러한 공무원을 처벌하지 않을 수 없을 것이다. 특별의무를 방기한(저버린) 공무원을 처벌해야만 한다면 이는 행위지배설의 관점이 아닌 의무범적 관점에 서야 비로소 논리구성이 이론적으로 가능하게 된다.

앞에서는 배임죄, 유기죄, 사기죄 등이 대표적인 형법각칙상의 의무범 조문이라고 하였는데 그 외에도 형법 및 형사특별법 조문과 관련한 '부진정부작위범'도 의무범적 성격을 지니고 있다고 할 수 있을 것이다.

2. 부작위범의 세 가지 분류기준

그렇게 되면 부작위범의 분류는 크게 세 가지로 나눌 수 있게 되는데, 퇴거불응죄 또는 다중불해산죄 등의 조문을 중심으로 하는 진정부작위범, 의무범적 조문이 아닌 살인죄 등의 각칙 조문 등과 관련한 부진정부작위범, 유기죄/배임죄/사기죄 등의 의무범조문과 관련된 의무범적 부작위범이 바로 이 세 가지 분류기준이다.

1) 사회적/규범적 행위론

행위론을 인과적 행위론, 목적적 행위론, 사회적 행위론으로 나눌 때 부작위범은 주로 사회적 행위론을 기반으로 논의구성을 하게 된다. 부작위는 말 그대로 아무것도 하지 않았다는 것인데 이는 사회적/규범적 행위개념을 전제로 했을 때 가장 의미가 깊어지기 때문이다. 이왕 사회적/규범적 행위개념을 전제로 복수의 자연인의 행위를 분석함에 있어서는 사회적/규범적 관점에서 어떤 자연인의 행위가 보다 범죄에 대한 직접적 연관성이 깊은지를 해결하는 것이 관건이 된다. 어떠한 부작위행위가 발생하는 장소에 있는 여러 사람들이 다들 아무 것도 하지 않고 있을 때 과연 누가 부작위 정범이 되고 누가 부작위 방조범이 되는지는 사회적인 맥락의 잣대를 가져다 대어야 의미가 발생하게 되기 때문이다.[5] 눈에 보이기에는 아무 행위도 하지 않는 여러 사람들을 분류하여 형사책임을 차등적으로 부과하려면 개별 개개인들의 보증인적 의무의 대소에 따를 수밖에 없다.

2) 고의 부작위범과 과실 부작위범

고의부작위범일 경우에는 독일에서는 부작위범 감경이 이루어지는데, 우리나라에서는 부작위범 감경 조항이 없으므로 감경할 수 없다. 그런데 과실부작위범의 경우에는 과실범 감경이 이루어질 수 있어서 절반으로 처벌할 수 있을 것이다. 과실 방조는 처벌하지 않으므로 경장은 처벌받지 않을 것이다.

Roxin 교수의 의무범이론에 따르면 의무범 단일정범만 성립하므로 경찰관 두 명 다 과실부작위범 정범이 성립될 것이지만, 의무의 강약설[6]에 따르면 한 명은 과실부작위정범, 다른 한 명은 과실부작위방조범이 될 것이다.

또한 호텔 수영장에 빠져 뇌사 상태 이른 5세 남자아이가 16개월 만에 결국 사망한 사건[7]에 있어서 5세 아이의 부모와 수영장 안전요원, 그리고 호텔측의 형법상 책임이 문제될 수 있다.

Ⅲ. 부작위행위와 과실행위

부작위행위와 과실행위는 ‘의무위반’ 행위라는 점에 있어 공통점이 있다. 그러나 과실범은 어떤 (부주의한) 태도가 엄연히 존재하는 작위범죄이고 부작위범은 행위와

5) 김춘수 시인의 꽃이라는 시의 내용은 부작위행위의 사회적/규범적 의미를 이해하는 데 아주 좋은 전제가 된다.
6) 안정빈, “부작위 행위자들 사이에서 정범과 공범의 구별”, 「형사법연구」, 한국형사법학회, 2019, 25면.
7) “호텔 수영장 빠져 뇌사 상태 이른 5세 남아, 16개월 만에 결국 사망”, 2024. 1. 15. 매일경제 기사 https://www.mk.co.kr/news/society/10921447

관련해서는 존재론적으로 무(無)의 상태를 의미한다. 다만 부작위범은 보증인의무가 전제될 때에야 비로소 행위로서의 개념적 존재(혹은 의미)를 확보하게 될 뿐이다.

1. 부작위범의 예외적 적용 여부

따라서 부작위범은 작위범인 고의범 및 과실범과 같이 전형적인 범죄형태가 아니라 '예외적'으로만 인정되고 있는 범죄개념이라고 해야 할까?

1) 부작위범 개념 논의의 이유

그러한 점에서 의료과실 등에 있어서 설명의무를 불이행함에 있어 고의 혹은 주의의무 위반이 인정되어 고의범 혹은 과실범이 인정되는 사안에서, 부작위 개념을 별도의 '불법'여부를 판단하는 요소로서 논의할 이유가 무엇인지 고민해보아야 할 지점이다. 예외사유로서 위법성조각여부를 판단하는 기준이라면 충분한 범죄구조론적 논의가 추가적으로 더 필요할지도 모르겠다.

2) 책임과 관련한 논의 필요성

다만 '책임'과 관련해서는 일부 의미가 있을 것으로 보이기도 한다. 행위자에게 부작위범의 구성요건요소인 보증인의무(의사의 설명의무가 보증인의무에 해당하는 지에 대해서는 별도의 논의가 필요할 것으로 생각되기도 한다.) 혹은 그 지위의 '범위에 대한 착오(의미의 인식에 대한 착오)'가 있을 경우, 그것은 법률의 착오(포섭의 착오, 형법 제16조)로서 의미가 있을 것으로 사료된다. 따라서 이 경우 이러한 착오는 고의성립에 아무런 영향을 주지 못하고, 과실이 아닌 고의범이 성립될 수 있다.

3) 별도로 부작위범을 논하는 실익

그러나 다수설은 법률의 의미도 고의의 인식 대상이라는 관점을 취하고 있다. 이러한 다수설의 관점에서는 그 의미를 제대로 인식하지 못한 경우, 고의가 부정되고 결국 과실범이 성립되게 된다. 이것은 보증인 지위나 의무가 주어지는 '상황에 대한 착오'의 경우도 마찬가지이다. 이 경우는 '사실의 착오'로 평가되어 고의가 부정될 수 있을 것으로 사료된다. 사실의 착오이든 의미의 착오이든 모두 이렇게 과실이 인정된다면 별도로 부작위를 논할 실익이 있는지 생각해 보아야 한다.

2. 과실부작위범의 특수성

상기와 같은 이유로 과실부작위범의 특수성에 대해 논의할 실익이 있다고 판단된다. 과실부작위범은 일반과실이 아니라 특수한 과실이다. 일반과실은 내 행위를 어떻게 컨트롤할 것인가 하는 문제와 관련이 있으나 감독과실, 대형사고 등은 리스크 관리와 관련한 과실이다. 행위컨트롤문제가 아니라 리스크관리를 못 했다는 데 책임이 있다.[8)]

1) 고의범에서와 다른 과실범에서의 이론 필요성 대두

고의범에서와 다른 과실범의 형태에서는 주의의무의 형태의 다양성과 맞물려 새로운 이론을 필요로 한다. 과실이 위험사회에서 현실적으로 새로운 생각을 요구하게 된다.[9)]

2) 신분범 이론으로 해결되지 않기에 의무범이 필요한 쟁점들

아래의 다섯 가지 예((1) ~ (5))들은 신분범으로는 해결이 되지 않고 의무범 관점에서만 해결이 가능한 주요 예들로 볼 수 있다.

신분범으로 해결할 수 없는 지점에서 의무범이론의 필요성이 있다고 할 것이다. 그렇다면 어느 지점에서 의무범이론의 필요성이 대두되게 될 것인지 크게 다섯 가지로 나누어 보았다.

---

8) 이때에는 일반 과실의 형태가 그대로 적용되는 것일까?
시스템을 정비하지 않아서 문제가 발생하였다는 것은 행위할 당시의 문제가 아니다. 현 대사회에서 빈번한 문제이다. 현재의 기업에서는 과실부작위가 문제가 된다. 대형사고로 연결되기 때문이다.
이는 일반과실과는 다소 다른 특수한 과실이다. 부주의인데 주로 시스템을 갖추지 못한 부작위에서 발생하므로 부작위범의 문제인데, 이러한 과실부작위를 부작위로 해결할 것인지 과실범으로 해결해야 할지의 문제가 있다.

9) 가벌성을 확대하는 쪽으로 연결되는 측면이 없지는 않다. 그러나 현실에 맞는 차원에서는 새로운 사고가 필요하다.
조직과실, 감독과실 등의 문제에 있어서는 우리가 고려해야 하는 문제에 있어서 전통적 가벌성 억제와는 상반되는 부분이 있어서 그 부분을 어떻게 해결해야 할지가 관건이다. 보이스피싱 형사처벌도 그러한 예들 중에 하나에 해당한다.

(1) 과실부작위범 영역

현대사회를 규율하는 질서는 과거의 형법 패러다임과는 다르게 변화되었다. 과실부작위범은 과실범의 특질과 부작위범의 특질을 둘 다 지닌 것인지 아니면 과실범도 부작위범도 아닌 제3의 영역인지 논구해 보아야 할 것이다. 통상 부작위범은 고의범에서만 논의가 된다. 그렇다면 부작위범은 과실범에서는 논의될 성질인지 여부가 쟁점이다. 그리고 과실부작위범을 처벌한다면 이는 행위지배설이 아닌 의무범설로 설명되는 것이 보다 더 적절할 것이다. 즉, 과실부작위범 영역은 신분범 이론으로 해결되지 않기에 의무범이 필요한 쟁점이다. 그렇다면 신분범 이론으로 해결되지 않기에 의무범이 필요한 쟁점이 또 존재하는가? 아래의 네 가지 경우에도 필요성이 존재한다고 볼 수 있다.

(2) 부작위범 상호간 쟁점

부작위범 상호간 쟁점에서도 의무범설로 설명하는 것이 필요하다. 부작위범과 부작위범 사이에서의 정범과 공범의 구별은 행위지배설로는 설명할 수 없다. 따라서 부작위범 사이에서 정범적격을 갖는 자와 방조범적격을 갖는 자를 구분하고자 한다면 의무범설로만 설명이 된다. 행위지배설 관점에서 신분범이론을 적용한다 하더라도 부작위범 상호간에서 정범 적격을 갖는 사람을 정하기는 어렵기 때문이다.

(3) 강한 보증인의무를 지닌 부작위범

의무범에 가담한 사람 가운데 실제 행위지배를 한 사람이 있더라도 특별한 의무의 주체가 아니면 정범이 될 수 없고 공범만이 성립할 수 있다.[10)]

가령 강도가 어린 자녀를 살해하는데 옆에서 팔짱을 끼고 있는 부모를 정범으로 처벌하는 것이 적절한가 방조범으로 처벌하는 것이 적절한가? 강도가 어린 자녀를 살해하는 작위 정범이니 옆에서 가만히 있는 부모는 방조범으로 처벌하는 것이 적절한가? 아니면 부모는 자녀에 대한 보호의무를 다하지 않으니 정범으로 처벌하는 것이 적절한가? 의무범이론에 따르면 부모에게도 부작위 살인죄 정범성립이 가능하다. 이 지점에서도 의무범 이론의 필요성이 있는 것이다.

---

10) 이상주, 「주석형법」 [총칙1] 제3판, 한국사법행정학회, 2020, 95면.

(4) 간접정범과 도구적 이용

공무원의 배우자가 뇌물을 수령하는 데 있어서 공무원은 배우자가 뇌물을 받도록 하는 간접정범으로 볼 수 있을까? 배우자가 도구에 불과하고 아무런 사고를 하지 못하는 경우가 아닌 이상 공무원이 배우자를 간접정범 형태로 지배할 수는 없을 것이다.

그렇다면 공무원은 뇌물죄의 간접정범으로 처벌할 수 없으니 공무원을 처벌하지 않아야 할 것인가 하는 문제가 있다.

공무원을 처벌하게 된다면 이는 행위지배설이 아닌 의무범설의 이론으로 설명이 가능하다.

형법 제33조 공범과 신분 규정에도 형법 제30조, 제31조, 제32조까지의 규정을 비신분자에게도 적용한다고만 되어 있다. 이는 제34조 간접정범은 신분범을 이용해서는 범할 수 없다는 방증이 된다.

(5) 사기죄/횡령죄/배임죄 등의 범죄

사기죄/횡령죄/배임죄 등의 범죄는 구성요건이 작위 또는 부작위로 가능하다. 사기죄의 경우에는 조문에 부작위로 한다는 내용이 없지만 판례는 부작위 행위태양으로도 사기죄를 범할 수 있다고 한다.[11)]

이는 형법총론 제18조를 거치지 않고도 사기죄로 의율하는 것이기에 형법각칙 사기죄 조문만으로도 부작위 행위태양의 사기행각을 처벌할 수 있다는 것이다. 사기죄에서 동가치성을 검토하게 된다면 이는 의무범이 아니라 행위지배와 관련이 있다는 방증이 된다. 형법각칙이나 특별법에 조문에 금지규범을 정해놓은 것은 진정부작위범이고, 형법총론 제18조를 거쳐서 동가치성 판단을 해서 부작위범 성립을 인정하는 것은 부진정부작위범이다.

사기죄/횡령죄/배임죄는 형법총론 제18조 조문을 거치지도 않고 동가치성 판단을 하지도 않으면서 부작위 행위태양에 대해서도 범죄성립을 가능하게 하므로 이러한 범죄들을 의무범적 부작위범이라 할 수 있을 것이다.

따라서 부작위범의 종류에는 진정부작위범, 부진정부작위범 및 의무범적부작위범 이렇게 세 종류로 나눌 수 있다고 볼 수 있을 것이다.

---

11) 대법원 2017. 2. 16. 선고 2016도13362 전원합의체 판결 등.

3) 실화죄 경합 판결[12)]

(1) 범죄에 대한 개인책임 원리

과실범인 실화죄의 경합 판결과의 비교해 본다면 실화죄 경합 판결에서는 과실범을 서로 상대방의 담뱃불이 꺼졌는지 확인할 주의의무까지 부과하며 과실의 경합으로 묶고 있다.[13)] 이는 분명 잘못되었다. 범죄에 대한 '개인' 책임은 현 시대 형법의 중심적인 조직 원리이기 때문이다.[14)] 그런데 판례는 끽연자 두 명의 과실이 중첩된다고 판단하면서 과실 중첩에 대한 이론적 설명이 없다.

(2) 흡연자에 대한 공동의 주의의무 부과

흡연자들에게도 일종의 공동의 주의의무를 부과한 것으로 판단될 여지가 있기 때문이다. 과실의 경합과 과실의 중첩의 차이는 무엇인가 하는 의문도 제기될 수 있다. 판례는 과실의 경합이라는 표현을 쓰고 있는데 서로 상대방을 검사할 의무까지 부담한다면 이는 경합이 아니라 중첩에 가까운 것으로 판단되고 결국 과실범의 공동정범을 인정하는 것과 진배없는 게 아닌가 하는 생각도 든다.

끽연자 두 명 중 어느 끽연자의 꽁초불씨로 인하여 공장동 전소의 결과가 발생하였는지 입증할 수 없다면 '과실 미수는 불가벌'이라는 형법원칙에 따라 형법상 책임질 사람이 부재하게 된다. 그렇기 때문에 어쩔 수 없이 과실범의 공동정범으로 구성해야 하는데 과실범의 공동정범을 인정하자니 끽연자들 사이에 공동정범성을 설명하기 어려워 결국 과실의 경합이라는 결과가 도출된 것 같다.

(3) 그루핑(Grouping) 쟁점

그런데 이 판례는 하급심판례를 검토해 보더라도 끽연자 두 명이 원래부터 아는 사이이면서 담배를 함께 피우러 간 상황인지 아니면 우연히 흡연장에서 조우한 사이인지가 명확하지 않다. 만약 과실의 경합을 인정한다 하더라도 이 끽연자 두 명이 담배를 함께 피우러 가자고 해서 함께 흡연장에 나온 사이라면 과실의 경합을 인정

---

12) 대법원 2023. 3. 9. 선고 2022도16120 판결.

13) 안정빈, "과실범 공동정범 및 과실범에서의 정범과 공범의 구별 –실화죄 과실경합 등 비의료영역에서의 과실범과 의료과실의 비교를 중심으로–", 「중앙법학」 제25집 제4호, 중앙법학회, 2023 참조.

14) Arlie Loughnan, "Historicizing Criminal Responsibility", Chapter Seven, 「The New Philosophy of Criminal Law」, Rowman & Littlefield, 2016, 133면.

하는 것이 덜 부당하지만, 우연히 흡연장에서 조우한 사람들일 경우 과실의 경합을 인정하는 것은 적절하지 않다.

'함께 담배를 피우러 가자'고 제안하고 거기에 응해서 담배를 피우러 나갔을 경우에는 일종의 Grouping이 가능할 것이다. 그렇기 때문에 과실범의 공동정범이든 과실의 경합이든 책임을 두 명 당사자에게 물을 여지가 있지만, '함께 담배를 피우러 가자'고 제안하지 않은 상황에서 우연히 흡연장에서 같은 시점에 담배를 태우느라 만난 사람들 간에 서로 상대방의 담뱃불이 제대로 꺼졌는지를 확인할 공동의 주의의무를 부과하거나 혹은 과실의 경합을 인정하기는 무리일 것이다.

또한 '함께 담배를 피우러 가자'고 제안한 사람들 간에 평등한 관계가 존재하는지 아니면 수직적 관계가 존재하는지도 검토해 보아야 한다. 만약 임원이 말단직원에게 함께 담배를 피우러 나가자고 한 뒤 임원이 급하게 들어가자고 할 경우 현실적으로 말단직원은 임원에게 담배를 제대로 껐는지를 확인할 수 있는가?

그리고 만약 담배를 피우러 가자고 한 사람들 간에 수평적인 관계가 있다면 이들 간에는 굳이 과실범의 정범과 공범의 구별을 해주어야 하는지의 문제도 발생할 것이다.

(4) 검토

생각건대 처벌의 공백을 막고자 준강간의 불능미수 판결[15]이 등장했고 처벌의 공백을 막고자 과실의 경합 판결[16]이 등장했다.

과실부작위범에 있어서 과실범의 공동정범도 검토하고 부작위범의 공동정범도 검토해야 하는지에 있어서는 과실범 공동정범 검토만 하게 되면 부작위범 공동정범 검토는 하지 않아도 될 것이라 생각된다. 또한 두 가지 요건을 모두 충족시키기는 쉽지 않을 것이다. 과실범의 부작위범에 있어서 동가치성 검토를 하는 것이 적절하지 않다. 고의범에서는 작위와 부작위가 차이가 있지만 과실범에서는 기준행위에 위반한 것은 모두 과실로 동일하기 때문에 그 안에서 굳이 또 작위와 부작위를 나눌 필요가 없기 때문이다.

경산 실화죄 판결에서는 흡연자들이 공장의 근로자들이기 때문에 그 부분에 대해서 더 높은 주의의무가 있다는 논지를 전개하고 있다.[17] 업무종사자는 일반인보다

---

15) 대법원 2019. 3. 28. 선고 2018도16002 전원합의체 판결.
16) 대법원 2023. 3. 9. 선고 2022도16120 판결.
17) 대법원 2023. 3. 9. 선고 2022도16120 판결.

높은 주의능력이 있다는 것도 사실이다.[18] 그런데 이 건 판결 사안이 '담배를 피우는 업무에 종사하는 자'에게 '담배를 피우지 않는 업무에 종사하는 자'의 경우보다 더 높은 주의의무를 부과하는 업무 형태가 아님에도 불구하고, 실화죄 처벌에 있어서 근로자라는 논리를 끌어들이는 것은 적절하지 못하다고 판단된다.

4) 단일정범체계에서 제한적 정범개념으로 전환 필요성

(1) 독일과 한국에서의 차이

과실범에서도 정범과 공범이 구별된다는 전제는 과실범의 단일정범개념과 모순된다[19]는 것이 독일 형법학계의 입장이다,

독일은 단일정범체계이므로 과실교사, 과실방조를 과실범으로 올린다. 그러므로 정범이 된다. 과실방조나 과실교사를 과실정범으로 처벌을 하기 때문에 독일에서는 과실범에서의 공동정범이 성립되는지 여부만 검토할 것이다.

그런데 우리 형법은 단일정범체계가 아니므로 독일과 양상이 다를 수밖에 없다. 제한적 정범개념에 따르면 형법각칙의 형법구성요건을 스스로 실현한 자만이 정범이 성립되고 교사범과 방조범은 공범이며 형벌확장사유가 된다. 그런데 우리나라에서는 독일에서와 달리 과실범을 단일정범개념이 아니라 과실범도 제한적 정범 개념으로 돌아가는 것이 필요할 것이다. 과실범에서도 고의범에서와 비슷하게 정범과 공범을 구별하여 가벌성을 줄이자는 의도이다. 독일에서는 과실범은 무조건 정범 성립이 되기 때문이다.

그러므로 과실범의 단독정범, 과실범의 공동정범 성립 여부 논의만 존재하는 독일과 달리 한국은 과실범의 단독정범, 공동정범 성립 여부 논의 외에도 과실범의 정범과 공범의 구별을 해줄 수 있다. 즉, 독일에 비해 과실범의 가벌성의 범위를 좁히자는 의도이다.

이는 과실범의 공동정범 성립은 부정하면서 과실범의 정범과 공범의 구별도 하지 않아 과실범은 모두 정범으로 판단하는 것에서 한층 더 나아가는 관점이다.

---

18) 심담, 「주석형법」[총칙1] 제3판, 한국사법행정학회, 2020, 206－207면.
19) 이용식, "과실범에 있어서 피해자의 승낙 －동의에 의한 타인위태화와 관련하여－", 「경찰학논총」 제7권 제2호, 2012, 122면.

(2) 새로운 법형상의 언급

실화죄 경합 판결에서 판례는 실화죄 공동과실의 경합 새로운 법형상을 언급한 것으로 판단된다. 실화죄 판례로 인해 '단독과실의 경합', '공동과실의 경합', '공동정범'이라는 세 가지 양상으로 나뉘는 구조가 되었다. 생각건대 실화죄 판례에서는 피고인들을 단독과실의 경합으로 보았어야 한다.[20] 과실범의 공동정범 요건이 인정되면 인정할 수밖에 없지만 과실 교사범이나 과실 방조범에 해당하는 사안들까지 과실 공동정범으로 의율하면 안 될 것이다. 그런데 과실범 공동정범으로 공소제기를 하게 되면 대체로 방조범이나 교사범까지도 모두 다 정범으로 승격되는 일이 발생되기 때문에 이는 부적절한 것이다.

3. 공동의 작위의무와 공동의 주의의무

1) 과실범 공동정범 인정에 따른 요건

판례는 과실범의 공동정범을 인정하고 있다.[21] 그러나 그것이 인정되기 위해서는 최소한 행위자들 상호간 공모가 필요하다. 또한 행위지배이론에 의하면 기능적 행위지배, 의사의 연락[22] 등이 필요하다.

---

20) 그런데 경산 실화죄 판결에서 법원은 '과실의 경합'이라고는 표현했지만 실제로는 과실범의 공동정범을 인정한 결과처럼 되어버렸다.

21) 재난발생의 직접적 원인제공자가 아닌 잠재적 조건형성에 기여한 자에 대하여서까지 확장시키는 적극적인 법이론을 대법원이 구성하고 있는데 이는 누구나 자신이 스스로 창출한 위험 및 그 위험이 전형적으로 실현된 결과에 대하여서만 형사책임을 부담한다는 형법의 기본적인 원칙에 반하는 문제점이 있다는 견해로 김호기, "재난에 대한 형법적 대응 –과실범, 추상적 위험범 형식의 형벌규정을 이용한 재난에 대한 형법적 대응의 적정성 검토–", 「피해자학연구」 제23권 제2호, 한국피해자학회, 2015, 165면.

22) 범죄자들 상호 간 의사연락을 한다면 이미 그 자체로 과실이 아닌 고의의 영역으로 전환된다. 범죄공동설 입장에서는 범죄의 공동에 대한 고의가 결여될 수밖에 없는 '과실범'의 공동정범을 부정하는 논거로 쓰인다. 박석정, "과실범의 공동정범에 관한 소고", 「집합건물법학」 제14집, 한국집합건물법학회, 2014, 173–174면.

2) 규범적 관점에서의 접근

(1) 공동의 주의의무 위반 성립 가능성

그러나 주의의무 위반의 공동이 가능한가? 간단히 말해 실수를 함께 하는 것이 가능한가? 판례의 경우 현대사회의 협업 과정에서의 처벌 공백을 최소화하기 위해 규범적 관점에서 과실범의 공동정범을 긍정하는 게 아닌가 생각된다. 다만 성립요건의 명확성을 통해 처벌범위와 가벌성 확장을 막는 것을 어느 정도 달성해야 하지 않을까 하는 숙제가 있을 것이다.

(2) 공동의 작위의무와 공동의 주의의무의 차이점

또한 공동의 작위의무와 공동의 주의의무의 차이점에 대해서도 현재까지의 이론과 판례로는 명확히 알 수 있는 바가 없다. '공동의 의무를 공통(공동)으로 위반'하는 것이 대법원에서 거론하는 부작위 공동정범 성립요건[23]인데 실제로 우리 대법원에서 부작위 공동정범 판결을 선고한 바가 없어서 구체적으로 어떻게 적용되는지를 확인할 수 없다.

(3) 단독작업과의 차이에 따른 특수성에 기인

공동작업의 경우 단독작업과는 달리 참여자들이 상호 이용 및 보충관계에 있다는 것을 서로 잘 인식한 상태로 작업을 하게 되고 －이 점에서 고의범의 공동정범의 기능적 행위지배와 유사한 점에 착안하여－ 단순히 개인 혼자 작업할 때와 다르게 공동작업에서의 각 개인에 대해서 법적 평가를 달리해야 한다는 견해[24]에서는 과실범의 공동정범이 필요하다고 본다.

4. 고의범과 과실범에서의 공동의 주의의무

과실이란 법공동체가 －비록 준수할지라도 결과의 발생이 방지될는지는 확실히 알 수는 없지만－ 사회구성원 모두에게 지켜줄 것을 기대하는 주의를 게을리 한 것을 말하며 이를 통해 주의의무는 개인의 자유로운 행동의 일반적 한계설정 기준으로 작용하게 된다.[25]

---

23) 대법원 2008. 3. 27. 선고 2008도89 판결(케어코리아 사건 판결).
24) 김태훈, "과실범의 공동정범에 관한 연구", 서울대학교 박사학위논문, 2019, 43－44면.

행위반가치론에 따르게 되면 주의의무위반에 과실범의 불법성이 있다고 보게 되고 이에 고의범과 차이점이 생긴다. 반면 결과반가치론에 따르면 과실범의 불법성은 법익침해에 있다는 점에서 고의범과 동일하게 된다.

그렇다면 고의범에서의 공동의 주의의무와 과실범에서의 공동의 주의의무는 어떻게 차이가 나게 될 것인가?

과실범에서의 공동의 주의의무와 고의범에서의 공동의 주의의무가 차이가 나지 않는다는 입장을 취하게 된다면 이는 결과반가치론을 취했다고 볼 수 있을 것이고, 과실범에서의 공동의 주의의무와 고의범에서의 공동의 주의의무가 차이가 없다고 본다면 이는 행위반가치론을 취했다고 볼 여지도 있다.

1) 명확한 기준의 부재

또한 과실범 공동정범에 있어서는 명확한 기준을 발견하기가 용이하지 않다. 개별 행위자들이 과실이 있어서 과실범의 성립요건을 갖추고 있고 그 과실범들 간의 과실이 중첩(또는 경합)되어서 과실범의 공동정범이 성립해야 할 것으로 판단되기는 한다.

2) 상해죄 동시범 특례조항과의 비교

가령 예를 들어서 공사현장에서 A, B, C가 있다고 가정해보자. A가 시설을 하고 B가 추가 설치를 하였으며 C가 스위치를 눌러 운용을 하다가 장비가 낙하하여 지나가던 행인들에 맞아 행인들이 사망하였다. C가 스위치를 눌러서 행인들이 사망하였으니 C에게 살인의 고의가 없는 이상 C는 과실범이 된다. B가 추가 설치를 하면서 C가 스위치를 눌러 운용할 때 주의사항이 있음에도 불구하고 C에게 제대로 알려주지 않았다면 B도 과실범이 되어 B와 C는 과실범의 공동정범이 될 수 있을 것이다.

그런데 B가 C에게 스위치 조작에 관한 위험성과 그에 대한 주의사항을 알려주었음에도 불구하고 C가 스위치 조작을 성급하게 하다가 사고가 발생하였다면 B는 과실범의 공동정범에서 빠져야 할 것이다. 결국 과실범의 공동정범에서의 입증책임의 전환은 개별 과실행위자에게 돌아가게 되는 구조 같다.[26] 형법 제263조 상해죄 동시범 특례조항에서 개별 행위자가 본인이 상해행위의 결과발생에 책임이 없음을 입증

25) 이상돈, 「형법강론」 제4판, 박영사, 2023, 81면.
26) 그럼에도 불구하고 형법상 개별 책임의 원칙과 반하는 문제점은 여전히 있는 게 아닌가 생각된다.

하지 않는 이상 상해죄 공동정범으로 의율되는 것과 마찬가지이다.

3) 성수대교 판례

그렇다면 성수대교 판례에서 과실범의 공동정범으로 인정된 피고인들 간에 본인이 과실 없음을 항변하였으나 과실범의 공동정범이 인정된 피고인은 없었는가? 제작, 시공을 담당했던 건설업자 및 공무원 등 피고인들은 본인은 주의의무를 다 했다고 항변했겠지만 불능미수범에 해당한다고 할 수 없어 법원은 이유를 받아들이지 않았다.

(1) 과실범 공동정범 인정에 따른 문제점

그리하여 대법원은 성수대교 사건에서 과실범의 공동정범을 인정하고 있다. 그리고 본고에서는 이러한 판례의 관점에 대해 다소 비판적인 관점을 취하고 있다. 비판적 관점이라 하여 과실범 공동정범을 전면 부정하자는 취지가 아니라 과실범 공동정범이 아닌 과실범의 정범과 공범의 쟁점이 되었으면 어땠을까 하는 생각에서이다. 본고의 취지는 과실범의 정범과 공범을 나누어 기소해야 옳을 것이라는 입장에 가깝기 때문이다.[27]

(2) 과실범 교사범과 과실범 방조범 논의 부재

'그대로 가자'사건 판례[28]라든지 본격적으로는 성수대교 판례 이후로 대법원은 과실범의 공동정범을 처벌할 수 있다고 판단하고 이러한 과실범의 공동정범 쟁점을 여러 판례에 적용하고 있는 반면, 과실범의 교사범 혹은 과실범의 방조범은 이렇다 할 대법원 판례도 없는 데다가 학설도 처벌하지 않는다고 보는 입장으로 판단된다.[29]

그런데 공동정범이 일반적 정범의 형벌확장사유로 기능한다면 마찬가지로 정범의 형벌확장사유로 기능할 수 있는 교사범 혹은 방조범에 대해서도 과실 교사범 혹은 과실 방조범의 가벌적 측면에 대한 논구는 필요치 않은가 하는 의문이 있다.

(3) 판례의 설시 내용과 인정 이유

성수대교 판례[30]에 있어서는 개별 피고인들의 과실범 요건 충족은 인정되어야 하

---

27) 또한 여기서 의미하는 공범은 방조범이다.
28) 대법원 1962.3.29. 선고 4294형상598 판결.
29) 이상돈 교수 등 과실 교사범을 긍정하는 견해도 있다. 이상돈, 「형법강론」 제4판, 박영사, 2023 참조.
30) 대법원 1997. 11. 28. 선고 97도1740 판결.

고, 그러한 개별 피고인들의 과실비율에 대한 정확한 책정은 쉽지 않은 상황에서 전체적으로 과실범의 공동정범을 인정한 것이다.31)

5. 진정부작위 공동정범 무죄판결

영월 세경대학 사건에 있어서도 영월군수에게 신고하지 않고 민족통일강원한마음대회 행사 기간에 학교 기숙사를 빌려준 혐의로 공중위생관리법위반혐의로 부작위 공동정범으로 공소제기를 하였는데 이 건에 있어서도 대법원은 교수나 대학직원이 숙박업신고의무의 대상자가 아니라는 이유로 처벌할 수 없다고 판시한 바 있다.32)

적어도 대학 측이 고의로 신고의무를 누락한 것은 아닐 것이어서 과실범 사례로 보인다. 결국 진정부작위 공동정범으로 기소해서 다 무죄가 되었다. 여기서도 정범과 공범을 구별하여 기소하였더라면 다른 결과가 나왔을 수도 있을 것이다. 부작위 공동정범으로 공소제기하는 것만이 검찰에 유리한 것은 아니다.

Ⅳ. 결론

가벌성을 줄여주는 것이 필요하다 하더라도 복수의 관여자를 모두 방조범으로 처벌할 수는 없다. 정범 없는 방조범은 존재할 수 없기 때문이다.

1. 부작위범에서의 동가치성 판단

대법원 2020. 6. 25. 선고 2018도13696 판결에서 부작위에 의한 기망에 있어서 작위와의 상응성 여부를 검토하지 않은 것을 비판하며 작위와의 상응성을 검토하여 2018도13696 판결에서 사기죄 성립을 부정해야 한다는 견해33)가 있다.

이 입장에서는 상응성을 검토할 경우 2018도13696 판결에서는 사기죄 성립이 부정된다고 보는 것 같다. 상응성을 검토하여 사기죄 불성립이 될 경우에 이는 가벌성

---

31) 여러 사람의 과실이 누적적 인과관계를 형성할 경우 과실범의 공동정범을 인정하는 것이다.
32) 대법원 2009. 2. 12. 선고 2008도9476 판결.
33) 박성민, “부작위에 의한 기망행위 －대법원 2020. 6. 25. 선고 2018도13696 판결－”, 「홍익법학」 제23권 제4호, 홍익대학교 법학연구소, 2022, 114면.

제한의 측면에서는 적절한 부분이 없지 않을 것이다. 그렇다면 과연 사기죄에서 상응성을 검토하는 게 맞는지부터 확인해 보아야 할 것이다. 사기죄는 행태의존적결과범으로 주로 분류되는데 이러한 행태의존적결과범인 사기죄를 부작위로 범하였을 때 행위정형의 동가치성을 우선적으로 검토한 뒤에 부작위 사기죄 성부를 논하는 판례를 확인한 바는 없다. 박성민 교수는 이에 대해 행위정형의 동가치성을 검토해야 한다고 한다.

살인죄는 단순결과범으로 분류되는데 이러한 살인죄에 있어서는 판례가 부작위 살인죄를 검토함에 있어서 행위정형의 동가치성을 우선적으로 살핀다. 대표적으로 김성룡 교수 또는 문채규 교수 그리고 독일의 Roxin 교수는 상응성 검토 불필요설의 입장을 취하고 있다.[34] 반면에 박성민 교수는 링크게시행위 관련 판례에 대해서 평석하면서 불법저작물 관련한 링크를 게시한 뒤에 이를 다시 삭제하지 않는 부진정부작위에 있어서 이러한 링크미삭제행위가 불법저작물 링크를 걸었던 것과 행위정형의 동가치성이 있는지를 검토해야지만 부작위범으로 처벌할 수 있다고 하면서 행위정형의 동가치성을 검토하지 않을 경우 행위자에게 가혹한 측면이 발생한다는 것을 근거로 들고 있다.[35]

1) 부작위범이 작위범에 가담할 때

부작위범이 작위범에 가담하는 경우 작위범은 당연히 정범일 것이고 부작위범의 경우에는 이러한 부작위 가담행위로 인하여 정범이 될 것인가 방조범이 될 것인가와 관련하여 결과적으로 사안의 결과발생이 되었을 때 사후적으로 이러한 사안의 결과발생방지가 어려웠다고 판단될 경우 가담했던 부작위범은 방조범이 되는 것이고 사안의 결과발생방지가 그다지 어렵지 않았었던 것으로 판명이 날 경우 정범으로 볼 수 있을 것이다.

---

34) 김성룡, “묵시적 기망·부작위를 통한 기망 및 작위와 부작위의 상응성”, 「형사법연구」 제23권, 한국형사법학회, 2005 참조.

35) 박성민, “계속범의 방조범 －링크행위에 있어 방조범 성립을 긍정한 대법원 2021. 9. 9. 선고 2017도19025 전원합의체 판결을 중심으로－”, 「법학연구」 제30권 제1호, 경상대학교 법학연구소, 2022, 57－58면.

2) 작위정범에 가담한 부작위범

작위정범에 가담한 부작위범을 원칙적 방조범설에 따라서 판단하는 것에서 조금 견해를 달리하여 잠재적 행위지배기준설적 관점에서 볼 수도 있는 것이다. 이러한 잠재적 행위지배기준설은 원칙적 방조범설을 비판하는 입장으로 보이기는 하지만 의문이 드는 지점은 과연 작위정범이 현실적 행위지배를 하고 있음에도 불구하고 부작위범도 잠재적 행위지배가 긍정된다는 것을 어떻게 설명할 수 있는가 하는 점이다.

3) 행위지배의 의무 부과성

부작위범도 잠재적 행위지배를 쉽게 할 수 있으면 행위지배를 해야한다는 것은 다시 말하면 의무의 부과인 셈이다. 의무라는 것을 달리 표현하면 그렇게 볼 수 있는 것이고 결국 의무의 정도 혹은 의무의 강약, 의무의 대소에 따라서 의무가 크면 정범, 의무가 작으면 방조범으로 볼 수 있는 의무의 강약설과 같은 의미로 귀결되는 게 아닌가 하는 생각이다. 작위와의 동가치성은 ① 작위의무의 한정원리라고 볼 수도 있고, ② 작위의무의 존재를 전제로 부작위범 성립을 다시 한정하는 요건들의 총체라고도 볼 수 있으며, ③ 한정원리가 아닌 단순한 해석원리라고 볼 여지도 있을 것이다.

4) 작위와의 상응성 검토 필요성 유무

박성민 교수는 미술품 대작 사기 사건에 있어서도 작위와의 상응성을 검토해서 부작위 사기죄가 되지 않아야 한다는 입장을 보이고 있다.[36] 그런데 대법원 2000. 1. 28. 선고 99도2884 판결 또는 대법원 1980. 7. 8. 선고 79도2734 판결 등에 있어서 판례는 부작위 사기죄의 경우 행위정형의 동가치성을 판단하지 않고 있다. 결국 판례는 부작위 사기죄에 있어서 행위정형 동가치성을 판단하지 않고 사기죄의 성립을 인정하고 있다고 볼 수 있는데 이는 형법 제347조 사기죄 조문의 실행을 작위 또는 부작위 어떠한 방식으로 실행하더라도 둘 다 형법 제18조 조문을 거치지 않고 사기죄가 성립할 수 있기 때문이 아닌가 생각된다.

마치 의무범적 부작위범인 배임죄 또는 유기죄에 있어서 부작위 행위양태로 배임

36) 박성민, “부작위에 의한 기망행위 －대법원 2020. 6. 25. 선고 2018도13696 판결－”, 「홍익법학」 제23권 제4호, 홍익대학교 법학연구소, 2022, 136면.

죄나 유기죄를 범할 경우 형법 제18조를 거치지 않고서도 부작위범이 성립하는 것과 구조가 동일하다고 판단된다. 그렇기 때문에 우리 판례가 부작위 사기죄 관련 판시를 하면서 행위정형의 동가치성을 언급하지 않는 것이고 그럴 필요가 없기 때문이다.

5) 보험사기 판례

보험사기 관련한 대법원 2017. 4. 27. 선고 2017도1405 판결에서 보험사고가 기(旣)발생하였으나 이를 말하지 않고 보험계약 체결에 나아가거나 혹은 보험사고가 발생할 가능성이 많다는 것을 인지함에도 불구하고 보험계약 체결을 실행하는 경우, 혹은 보험금을 타내려고 보험사고를 인위적으로 발생케 하는 경우에는 고의의 기망행위에 해당한다고 판시하고 있는데 여기에서 설시한 내용들은 상법상 고지의무 위반이 있어야 사기죄가 성립하는 것이고 어떠한 것들이 고지의무 위반의 내용들이 되는지를 예시적으로 설명한 것이지 이 내용 자체를 부작위범에 있어서 작위와의 동가치성이 있어야 한다고 판시한 것으로 보기에는 무리가 있지 않은가 생각된다.

6) 사기죄에서의 행위정형의 동가치성

임의적 결과범으로 분류되는 살인죄에 있어서는 부작위 살인죄로 의율하기 위한 전제조건으로서 작위와의 행위정형의 동가치성을 요구하고 있다. 이는 단지 형법상 대부분의 범죄에 있어서 형법각칙 조문은 작위행태를 기본적인 행위양태로 보고 있음에 기반하는 것이다. 그러므로 임의적 결과범인 살인죄에 있어서도 작위와의 행위정형의 동가치성을 검토하는데 더욱이 행태의존적 결과범인 살인죄에 있어서는 더더욱 작위와의 행위정형의 동가치성을 검토해야 한다는 관점으로 바라볼 것이 아니라 형법각칙 각 개별 조문이 조문 내에 작위 행위태양과 부작위 행위태양을 모두 포괄하고 있는지 여부에 따라 판단해야 할 문제인 것이다.

2. 유기죄의 특성

유기죄에 있어서는 요부조자를 다른 데 갖다 버리는 것뿐만 보호의무자가 요부조자를 그대로 방치한 채 다른 데로 가버린다든지 혹은 보호의무자와 요부조자가 함께 같은 장소에 있으면서도 보호의무자가 아무 것도 하지 않는다든지 하는 것들이 유기죄 각칙 조문의 성질상 모두 포함되어 있다. 그래서 유기죄에 있어서는 형법 제18조를 거칠 필요 없이 형법각칙 조문만으로도 부작위 행위양태에 있어서도 유기죄가 성립하는 것이다. 그래서 이를 별도로 부작위유기죄라고 명명하지도 않는 것이다.

3. 사기죄의 조문 구조

사기죄에 있어서도 당연히 부작위 행위태양으로 사기를 행하는 것이 조문구조상 그대로 현출되기 때문에 −유기죄에 있어서 부작위 형태로 유기를 하는 것도 형법 제18조를 거칠 필요도 없이 각칙조문만으로 그대로 현출되는 것과 마찬가지로− 사기죄에 있어서도 작위와의 행위정형의 동가치성을 검토하지 않아도 되는 것이다.

김성돈 교수는 부작위범의 성립을 인정함에 있어서 결과범의 경우에는 작위와의 상응성이 불필요하다고 보고 있고 거동범의 경우에만 필요하다고 보고 있는데[37] 이러한 입장에 따르면 살인죄에 있어서도 동가치성 검토를 하지 않고 바로 부작위 살인죄의 성립을 인정하는 데에 이르게 될 것이다.

4. 상응성과 행위정형의 동가치성

부작위범에 있어서 보증인적 지위와 상응성을 검토하는 경우가 많다. 상응성은 행위정형의 동가치성이라고 부르기도 하고 일본에서는 행위정형이라는 단어를 빼고 동가치성이라고 사용하면서 앞에 여러 종류의 수식어가 붙기도 한다. 그렇다면 부작위범에 있어서 상응성 요건을 검토하는 것이 과연 필수적인가 하는 데에 대한 검토가 있어야 할 것이다.

5. 한국형법조문과 독일형법조문

독일형법조문과 달리 한국형법조문에는 동가치성이 명시적으로 조문화되어 있지 않은데, 현재까지 형법학계 다수설은 부작위범에서 동가치성 판단을 하는 쪽이다. 세월호사건, 조카살해사건 등에서도 동가치성에 대해 판례가 언급했다. 그림 대작 사건 판례(대법원 2020. 6. 25. 선고 2018도13696 판결)의 경우에는 사기죄 동가치성 검토를 하지 않아 판례가 잘못됐다고 판단하는 시각이 있는데, 그 부분에 있어서 동가치성

37) 김성돈,「형법총론」, skkup, 2022, 582면.

검토를 하지 않은 것이 과연 문제가 되는가에 대해서 회의적이다.

1) 사기죄에서의 동가치성 미검토 문제

(부작위) 사기죄에 있어서 판례는 부진정부작위범으로 보고 있는 입장으로 판단된다. 판례는 작위/부작위는 기망에 있어서 조문 자체에서 기망의 definition과 관련하여 작위 또는 부작위를 모두 포함하는 것처럼 쓰여 있다. 즉 제3의 부작위 유형에 가깝다. 조문 속에 부작위만 들어 있는 것이 진정 부작위이고, 각칙 조문 속에 작위만 들어있고 부작위는 총칙 제18조를 이용하는 것이 부진정부작위이고, 각칙 조문 속에 작위/부작위 모두 들어 있는 것이 제3의 부작위 즉, 의무범적 부작위범이다. 이러한 의무범적 부작위범에서는 동가치성 검토를 할 필요가 없다. 기존의 부작위범 이론에 대해 판례는 파격적으로 부진정부작위범이 아니라고 주장하는 것에 가깝다고 판단된다. 기존의 이론이 적용되지 않는 영역이라는 선언에 가깝다.

보이스피싱에서 중요한 역할을 하지 않아도 공동정범이 성립된다는 판례의 태도는 과연 문제라고만 볼 수 있을까? 마찬가지로 사기죄 부작위는 동가치성 검토를 할 필요가 없다는 것이 황당한 주장일까? 사실은 판례의 입장은 파격적이라 판단된다. 판례가 잘못됐다고 하는 것이 적절한지 의문이다. 앞으로는 판례의 입장을 관철하는 부분도 필요할 것이라 생각된다.

준법감시인 혹은 준법지원인의 법인 내 임직원의 위법행위와 관련하여서도 준법감시인/준법지원인이 이를 막지 못하여 위법행위가 발생하였을 때 준법감시인/준법지원인이 고의로 이러한 위법행위를 조장하였다고 볼 수 있는 경우가 아니라면 이는 준법감시인/준법지원인의 부작위인 동시에 과실이라 볼 수 있는 상황들이 적지 않을 것이다.

가령 주의의무위반이 공동으로 행해지는 과실범의 공동정범을 범행계획의 실현이 공동으로 이루어지는 고의범의 공동정범처럼 생각할 수 없으며 범행결의가 과실범의 정범성을 표지 지을 수도 없을 것이다.[38)]

과실부작위범 혹은 부작위 과실범에서의 방조범은 불가벌인가? 과실 방조는 형법상 불가벌이다. 부작위 방조는 형법상 처벌한다. 방조범으로 처벌하는 것이다.

우리나라의 경우에는 부작위 감경조항은 조문상 없다. 방조범의 경우에는 형법 제

38) 이용식, “과실범의 공동정범”, 「형사판례연구」 제7권, 한국형사판례연구회, 1999, 88면.

32조 종범 감경조항에 의해 감경될 수 있으니 조문상 명시적인 부작위 감경은 못 받고 방조감경만 받을 수 있는 것이다.

독일의 경우에는 독일형법 제13조에서 부작위범의 경우 작위에 비해 임의적으로 감경할 수 있게 해 두었고, 독일형법 제27조의 종범 조문에서 종범의 형은 필요적 감경사유로 규정하고 있다. 그렇다면 독일의 경우에는 부작위 방조의 경우 아주 낮은 형을 받게 될 가능성 있다.

과실부작위범에서의 방조를 과실 방조라고 보게 되면 형사상 불처벌이지만 과실부작위범에서의 방조를 부작위 방조라고 보면 형사상 처벌 대상범죄가 된다. 즉 과실부작위범을 과실범으로 보든 부작위범으로 보든 차이가 없는 게 아니라는 것이다. 과실부작위범을 과실범으로 볼 때보다 부작위범으로 볼 때 처벌의 위험성이 커진다. 실제로 처벌도 할 수 있다. 이는 한국뿐만 아니라 독일에서도 마찬가지인데 독일에서 부작위범 임의적 감경조항이 있어도 부작위 방조범은 어쨌든 처벌이 되는 것이다. 그러나 과실 방조범은 여전히 불처벌이다. 그렇다면 가벌성을 줄여주기 위해서는 과실부작위범을 과실범으로 보아야 하겠다. 그렇지만 가벌성을 줄여주기 위한 부분보다 더 중요한 것은 과연 과실부작위범의 성질이 과실범인가를 먼저 검토해 보는 것이다.

2) 실화죄 과실 부작위범

경산 실화죄 관련 판례에서도 타인의 담배꽁초불이 제대로 꺼졌는지는 근로자의 작위의무에서 비롯될 수 있고, 자기 자신의 담배꽁초불이 제대로 꺼졌는지는 과실범의 주의의무 위반과 관련이 될 것이다. 타인의 담배꽁초불이 제대로 꺼졌는지 확인할 의무는 비근로자인 일반인에게는 작위의무가 지워지지는 않을 것이다.

가령 경산 실화죄 사례에서도 타인의 담배꽁초불이 제대로 꺼졌는지는 근로자의 작위의무에서 비롯될 수 있고, 자기 자신의 담배꽁초불이 제대로 꺼졌는지는 과실범의 주의의무 위반과 관련이 될 것이다. 그러므로 타인의 담배꽁초불이 제대로 꺼졌는지를 확인할 작위의무는 비근로자인 일반인에게는 부과되지는 않는 게 옳다. 게다가 공장근로자라 하더라도 모든 근로자에게 담배꽁초 꺼진 것을 확인하는 등의 일반적 시설보호 의무를 부과하는 것은 부적절하다.

제7 장

과실범의 공동정범에 관하여

과실범의 공동정범에 관하여*

김 태 훈**

Ⅰ. 서 론

오늘날 현대사회는 분업, 협업이 일상이다. 과실범의 공동정범을 인정할 것인지 문제는 이러한 시대적 변화에 따라 보다 큰 의의를 갖는다.[1] 즉, 다수인이 특정한 목표를 위하여 일체가 되어 서로가 다른 사람의 행위를 이용하여 각자 자기의 의사를 실행에 옮기는 과정[2]에서 타인의 법익을 침해하는 결과가 종종 발생하는데, 이러한 과정에서 어떠한 행위자들이 '실수'할 경우, 즉 다수인이 그 주의의무를 다하지 아니한 결과들이 결합하여 타인의 법익을 침해할 경우 이를 '과실범의 공동정범'으로 처벌할 수 있을까? 이에 대하여 국내에선 부정하는 견해가 다수설로 보인다.[3] 그러나 이러한 종래의 다수설은 고의범과 명백히 구별되는 과실범에 대하여 다분히 고의범의 시각으로 접근한 측면이 있기에 반드시 타당하다고 볼 수 없다.[4] 즉, 과실범

---

* 이 글은 존경하는 이용식 교수님의 지도를 받아 작성한 필자의 서울대학교 법학박사 학위논문인 「과실범의 공동정범에 관한 연구」를 수정·보완한 것으로, 법원의 공식적인 입장과는 무관함을 밝힙니다.

** 판사, 법학박사

1) 이용식, 「형법총론」, 초판, 박영사, 2018, 85면.

2) 이는 후술할 고의범의 공모공동정범의 요건인 '공모'에 대한 판례에도 종종 인용되는 문구이다(대법원 1996. 3. 8. 선고 95도2930 판결 등 참조).

3) 과실범의 공동정범을 인정하지 않는 견해로, 형법 제30조의 공동정범이 성립하기 위해서 ① 특정 범죄를 공동으로 실현하려는 고의의 공동이 있어야만 한다는 점을 근거로 부정하는 견해(범죄공동설), ② 범행 가담자 서로가 서로의 행위를 인식, 이용하고 범행을 지배하는 기능적 행위지배가 있어야만 한다는 점을 근거로 부정하는 견해(기능적행위지배설) 등이 있다.

4) 고의범을 전제로 하여 공동정범의 성립요건을 정립하고 나서, 그 주관적 요건인 공동의 범행결의가 과실범에는 존재하지 않기 때문에 과실범의 공동정범을 인정할 수 없다는 통설의 논거는 모순이라는 견해로, 그 구체적인 비판으로 이용식, 「과실범의 공동정범」, 현대형법이론Ⅱ, 박영사, 2008, 314면 참조.

특유의 구성요건인 '주의의무'를 다수인이 공동으로 위반할 수 있는지, 위반하였다고 형법적으로 평가하려면 어떠한 요건에서 인정되는지 등에 대한 설득력 있는 분석 및 비판 대신, 독일의 통설을 맹종하여 과실범에 '고의의 공동이 없다', '기능적 행위지배가 없다'라는 비판은 타당하지 않은 측면이 있다.

다수인의 과실이 결합하여 발생한 결과를 형법적으로 평가할 때, 과실범의 공동정범을 인정하여 처벌하는 것은 과연 국민의 법감정에 치우친 부당한 해석이거나 공동정범에 대한 몰이해에 근거한 오류인가? 이 글은 위의 질문에 '그렇지 않다.'라고 답하기 위한 사고의 단초를 제공하고자 한다.

Ⅱ. '과실범의 공동정범'에 관하여

1. 문제의 제기

> 트럭운전사 甲이 乙 소유의 장작을 트럭에 가득 싣고 밤 11시경 검문소에 도착했다. 검문경찰관 A가 정차신호를 보내자 서행하며 차를 멈추던 중 甲 옆에 앉아있던 乙이 "그냥 가자"라고 하여 甲은 급가속하였고 이에 검문경찰관 A는 트럭 뒷바퀴에 치어 사망하였다.[5]

위의 사례는 대법원 1962. 3. 29. 선고 4294형상598 판결이다. 대법원은 위 사안에서 과실범의 공동정범을 인정하였다. 즉, 원심은, "......(생략) 과실범에 있어 운전수 또는 조수가 아닌 피고인을 공동정범으로 기소한 자체가 부당할 뿐 아니라...(생략) 피고인에게 과실 또는 인식 있는 과실조차 인정할 수 없으니 본 건은 범죄가 되지 아니하거나 또는 범죄의 증명이 없음에 귀착된다." 하여 피고인에게 무죄를 선고하였으나,[6] 대법원은 "형법 제30조에 「공동하여 죄를 범한 때」의 「죄」는 고의범이고 과실범이고를 불문한다고 해석하여야 할 것이고 따라서 공동정범의 주관적 요건인 공동의 의사도 고의를 공동으로 가질 의사임을 필요로 하지 않고 고의 행위이고 과실 행위이고 간에 그 행위를 공동으로 할 의사이면 족하다고 해석하여야 할 것이므로 2인 이상이 어떠한 과실 행위를 서로의 의사연락 아래 하여 범죄 되는 결과를 발생케 한

5) 소위 '그냥 가자' 사건, 대법원 1962. 3. 29. 선고 4294형상598 판결 참조.
6) 서울고등법원 1961. 7. 3. 선고 4294형공1085 판결 참조.

것이라면 여기에 과실범의 공동정범이 성립되는 것이다. … 피고인은 원심 공동 피고인과 서로 의사를 연락하여 경관의 검문에 응하지 않고 트럭을 질주케 하였던 것임을 충분히 인정할 수 있음이 명백하므로 피고인은 과실치사죄의 공동정범이 된다"[7]라고 하여 피고인의 판시 범죄사실에 대하여 유죄를 선고하였다. 이러한 대법원 판결 이후 과실범의 공동정범에 대하여 범죄공동설과 행위공동설의 논쟁이 있었다.[8] 이러한 논쟁은 그 학설사적 의미를 별개로 하고, 오늘날 과실범의 공동정범에 대한 연구에서 크게 다루어지지는 않는다. 위에서 살펴본 바와 같이 과실범의 공동정범을 부정하는 견해는 주로 형법상 공동정범의 성립에 필요한 공동의 범행 결의, 기능적 행위지배가 과실범에서는 있을 수 없다는 점을 논거로 하기 때문이다.

위 대법원 판결 이후 대법원은 수많은 사례에서 과실범의 공동정범을 인정하며 그 요건을 '공동의 목표'(성수대교 붕괴 사례), '주의의무의 공동 위반'(가습기 살균제 사례) 등으로 서서히 구체화하고 있다. 그러나 판결은 개개 사안에 대한 법원의 답변일 뿐, 구체적으로 어느 정도 사안에서 '공동의 주의의무'가 인정되고 피고인들이 이를 '공동으로 위반'하였는지 일반적 기준을 정립하고 있는 판례는 아직 보이지 않는다. 결국 위 기준은 어느 정도 이론으로 정립되어야 할 것이다.

2. 과실

그렇다면, 과실범의 공동정범에 관하여 연구하기 위해 먼저 형법에서 말하는 '과실'은 무엇일까? 우리 형법은 '정상적으로 기울여야 할 주의를 게을리하여 죄의 성립 요소인 사실을 인식하지 못한 행위는 법률에 특별한 규정이 있는 경우에만 처벌한다.'고 규정하며, '죄의 성립 요소인 사실을 인식하지 못한 행위는 벌하지 아니한다.' 고 규정한 고의와 달리 과실범에 대한 근거 규정을 별도로 두고 있다.[9] 그렇다면, 정상적으로 기울여야 할 주의를 게을리한다는 것은 무슨 의미인가? 이에 대하여 구성요건이 실현되지 않도록 주의해야 할 의무라고 보는 견해,[10] 객관적으로 요구되는 주의의무를 다하여 구성요건적 결과 발생을 인식 및 예견하여 그 결과를 회피할 수 있었으나 그렇게 하지 아니한 경우를 말한다는 견해도 있다.[11] 이러한 과실은 고의

7) 대법원 1962. 3. 29. 선고 4294형상598 판결 참조(밑줄은 필자가 임의로 가하였음).
8) 이재상, 「과실범의 공동정범」, 형사법연구, 2000, 220면 참조.
9) 형법 제14조(과실) 참조.
10) 신동운, 「형법총론」 제10판, 법문사, 2017, 229면 참조.

보다 그 불법성이 약하다고 보는 것이 종래의 견해였다. 즉, 과실로 범죄를 저지른 자의 비난 가능성이 고의범의 그것보다 적다는 것이다.[12] 그러나 오늘날 위와 같은 시각이 반드시 들어 맞지는 않다. 쉽게 말해, 여러 사람의 실수로 인하여 수많은 사람들의 법익이 중대하게 침해되는 결과는 비일비재하고, 당장 과실범의 공동정범이 문제되는 사건들을 보면 그 불법성이 약하다고 보기 힘든 대형참사들이 늘어나고 있는 것이다.

3. 공동정범

공동정범이란 무엇인가? 간단히 말하여, 공동정범(Mittäterschaft)이란 2인 이상이 공동하여 죄를 범한 경우,[13] 즉 2인 이상의 자들이 동시적, 상호적 이용관계에서 공동으로 범죄를 실행하는 참가형식을 뜻한다.[14] 우리 형법은 제30조에서 "2인 이상이 공동하여 죄를 범한 때에는 각자를 그 죄의 정범으로 처벌한다."고 하여 공동정범에 대한 근거 규정을 두고 있다. 소위 '일부 실행, 전부책임'의 원리로 공동정범을 처벌하고 있는 것이다.[15]

4. 과실범의 공동정범

가. 과실범의 공동정범 부정설에 대한 비판

과실범의 공동정범을 인정할 수 없다는 견해는 그 근거를 조금씩 달리하나 주로 집단에 대한 비합리적인 처벌위험을 경계하는 시각을 공유한다.[16] 즉, 형법의 보충성 등을 근거로 형사처벌의 근거가 되는 주의의무위반은 개별적으로 평가되어야 한다는 것이다. 그러나, 다수인의 과실이 결합하여 결과가 발생하였는데 그 중 누구의 과실로 발생한 것인지 불분명한 경우 과실범의 미수를 처벌하지 아니하는 우리 법제상 '아무도 처벌받지 않는'결과는 과연 정당한 것일까? 실제로, 필자의 수사 실무경험을

11) 이용식, 위의 책, 63면 참조.
12) 오영근, 「형법총론」, 제4판, 박영사, 2018, 125면.
13) 이재상·장영민·강동범, 「형법총론」 제9판, 박영사, 2017, 469면 참조.
14) 이재상·장영민·강동범, 앞의 책, 469면 참조.
15) 이재상·장영민·강동범, 앞의 책, 469면 참조.
16) 이정원, 「과실범에서의 정범과 공범: 과실범의 범죄구조를 중심으로」, 형사법연구 제16호, 한국형사법학회, 2001.

떠올려보면, 과실범의 공동정범 사건에서 피의자들은 대부분 '(본인이) 잘못한 것은 맞지만 다른 사람들의 과실이 더 크기 때문에 본인의 주의의무위반과 결과 발생 사이의 인과관계를 인정할 수 없다'라는 취지로 부인하는 경우가 많다. 그렇다면 다수인들이 각각 주의의무를 소홀히 하여 이러한 과실들이 순차적으로 결합한 결과 생명 등 중대한 법익이 침해된 경우, 모두 혐의없음 처분을 하거나 무죄를 선고하는 것이 과연 형법상 공동정범의 법리에 충실한 결론인가? 아니면 위와 같은 다수인들을 모두 정범으로 보아 각각 과실범으로 보는 것은 타당한가? 거대한 작업의 부분들을 수행하는 다수인들에게 각각 과실이 인정될 때 모두 정범으로 보고 발생한 결과와 다수인들의 개별 주의의무 위반 사이의 인과관계를 각각 판단하는 것은 그 수사 및 재판의 난점을 차치하고 법리적으로도 무언가 이상하다는 생각을 지울 수 없다. 결국, 공동정범은 고의범에서만 가능하다는 전제를 깨고 과실범의 시각에서 공동정범이 가능한지 검토하는 것은 지극히 이성적인 이론연구의 과정인 것이다. 과실범의 공동정범이 인정될 요건을 정립하여 이에 해당할 경우 처벌하는 것은 소위 '대형참사'가 발생하였다고 해서 관련 과실 행위자 모두를 부당하게 처벌(이른바 '희생양 찾기')하는 것과 반드시 구별되어야 한다는 것이 필자의 생각이다.

나. 과실범의 공동정범의 요건

1) 문제의 제기

오늘날 고의범에서 공동정범을 인정하기 위해서는 행위자들 사이에 공동의 범행결의, 공동의 행위지배가 필요하다는 것이 통설이다. 즉, 행위자들 사이 공동의 범행계획에 따른 공동실행의 인식과 의욕(공모)과 서로가 서로를 이용하는 각 행위자간의 상호적 이용보충관계(기능적 행위지배)가 인정될 때 관련자들을 공동정범으로 처벌할 수 있다는 것이다. 그렇다면 과실범의 경우는 어떠한가? 과실범들이 법익침해의 결과를 공동의 범행계획에 따라 인식, 의욕하였다면 그것은 이미 고의범들일 것이다. 따라서 과실범은 개념 본질적으로 고의범의 공동정범에서 필요로 하는 '공모'가 있을 수가 없는 것이다. 기능적 행위지배 역시 고의범에 특유한 구성요건으로 막바로 과실범에 적용하는 것은 맞지 않다. 그렇다면 과실범의 공동정범은 어떠한 요건에서 어떻게 인정될 수 있을까?

잠깐 다시 현대사회의 일상에 대하여 논의해보면, 오늘날 사회 구성원은 집 밖을 나오면 무수히 많은 다른 사람들과 부대끼며 살아간다. 실제로 다수의 사람들과 접촉하였는지 여부가 중요한 것이 아니다. 간밤에 잘 자고 아침에 일어나 지하철을 타고 직장으로 이동하는 사람을 상상해보자. 그가 간밤에 잠들었던 곳이 단독주택이든 다가구주택이든 다세대주택이든 그 건물을 설계한 사람들, 시공 및 감리자, 안전관리자, 담당 공무원 등 수 많은 사람들이 그 건물의 안전을 보장하는 데 필요한 주의의무를 중첩적으로 지고 있다. 그리고 그가 지하철, 버스, 심지어 자가용 승용차를 타고 이동했다고 하더라도 교통수단과 관련하여 교통수단의 생산자, 안전검사자, 도로의 관리자 등 수많은 사람들이 그의 안전을 보장하는데 필요한 주의의무를 마찬가지로 지고 있다. 이렇게 우리는 서로가 서로에게 무수히 많은 주의의무를 중첩적으로 부담하고 있다. 그 주의의무의 근거는 개별 법령에 구체적으로 명시되어 있기도 하고, 사회상규상 도출되기도 한다. 이러한 맥락에서, 현대사회에서 어떠한 공동작업에 참여한 다수인들은 그 상호 이용 및 보충관계에 관하여 어느 정도 이를 인식하고 작업을 수행하는데, 이는 고의범의 공동정범에서 '기능적 행위지배'와 어느 정도 유사한 측면이 있다. 즉, 고의범의 공동정범에서 일부 실행한 자에게 결과발생에 대하여 전부 책임을 지우게 하는 근거 중 하나로 그 공동 범행으로 인하여 범행의 위험성이 증대되었다는 것을 들 수 있는데, 현대사회에서 공동작업을 수행하는 다수인들도 마찬가지로 상호 이용 및 보충관계가 중첩되는 거대한 규모의 작업일수록 그 위험성이 증대된다는 것을 충분히 인식할 수 있다는 것이다. 쉽게 말해, 혼자 일하는 것보다 여러 사람들이 함께 일하면 더 거대한 규모의 작업을 효율적으로 수행할 수 있는데 그만큼 상호 이용 및 보충 관계가 중첩되는 점, 그리고 그 과정에서 실수를 할 경우 법익침해의 위험성이 크다는 점을 규범적으로 인식할 수 있다는 것이다.

이러한 공동작업을 수행하며(성수대교 붕괴사건에 대한 대법원 판결에서는 이에 대하여 '공동의 목표'라는 요건을 설시한바 있다) 참가자들은 '공동의 주의의무'를 객관적으로 지고, 이러한 점을 인식하며, 이를 공동으로 위반한 경우 과실범의 공동정범으로 평가될 부분이 분명히 존재하고, 이러한 요건들을 합리적으로 구체화하는 것은 엄연히 존재하는 현상에 대한 정당한 형법적 평가의 연구 과정으로서 매우 중요한 작업이라고 할 것이다.

2) 공동의 주의의무

이러한 공동의 주의의무에 대하여 구체적으로 서술하기에 앞서, 일본 최고재판소의 판결 하나를 소개하고자 한다. 이는 불꽃축제가 실시된 공원과 인근 역을 연결하는 육교에서 다수의 참가자들이 겹쳐 넘어지면서 사상자가 발생한 사고에 관하여 경찰서 부서장과 경찰서 지역관(규모가 큰 경찰서 지역과장의 위 계급)과 업무상과실치사상죄의 공동정범이 성립하지 않는다고 판시한 사례이다.[17] 즉, 2001. 7. 21 19:45경 효고현 아카시(明石) 공원 불꽃축제 종료 후, 아사기리 역에서 오쿠라해안공원 사이 군중들이 서로 밀쳐 넘어진 결과 11명이 압사로 사망하고 183명이 상해를 입은 사안에서, 기본적으로 업무상과실치사상죄의 공동정범이 성립하기 위해서 공동의 주의의무를 공동으로 위반한 것이 필요하다는 일반론을 전개한 후 이 사건 경찰서 부서장과 경찰서 지역관은 각각 분담하고 있는 역할이 기본적으로 다르다고 판단하며 이 사건 사고를 회피하기 위해 양자가 부담하는 구체적 주의의무가 공동이 아니라는 취지로 경찰서 부서장과 지역관 사이 업무상과실치사상죄의 공동정범을 인정하지 아니하였다.[18] 즉, 과실범의 공동정범을 긍정하는 구체적인 연구과정에서 사회, 조직의 구성원으로서 규범적으로 지는 '공동의 주의의무'를 '공동으로 위반'할 때 과실범 공동정범이 인정된다고 보려면, 필연적으로 도대체 어떠한 경우에 '공동의 주의의무'를 지는 사람들 범위를 정할 수 있는 것인가?라는 질문을 낳게 되는데('그러니까 어디까지 묶어서 인정할 수 있는 것인가?'), 이러한 질문에 대하여 '동종, 동질의 역할'을 '공동의 주의의무'의 개념 표지로 볼 수 있다는 사고의 단초를 엿볼 수 있는 판결인 것이다.

이러한 사고는 비단 일본 최고재판소의 위 판결 뿐만 아니라 독일의 형법학자 Roxin의 이론에서도 엿볼 수 있다. Roxin은 심지어, 같은 법익보호를 목적으로 한다면 동종, 동질의 주의의무가 아닌 이종의 주의의무를 지는 사람들 사이에서도 그 지위가 대등할 경우 공동의 주의의무를 진다는 논리를 전개한다.[19] 이러한 Roxin의 사

---

17) 日最判 平成28(2016). 7. 12. 形集 70－6, 411.

18) 이 사건과 유사한 사안인 2022. 10. 29. 서울 용산구 이태원로에서 다수의 사상자가 발생한 사건에서 2024. 10. 17. 선고 서울서부지방법원 2024고합31 판결은, 경찰청장과 경찰청 상황관리관, 경찰청 112상황실 야간 상황팀장인 피고인들에게, 경찰청장에게는 구체적이고 직접적인 주의의무 위반 행위가 인정되기 어렵고 상황관리관은 업무상 과실이 인정되나 사고 발생과 인과관계가 인정되기 어렵고, 야간 상황팀장에게는 업무상 과실 또는 인과관계가 증명되지 아니하였다는 이유로 피고인들에게 모두 무죄를 선고하며 과실범의 공동정범 성립여부에 관하여는 판단하지 아니하였다.

19) 문채규, 「과실범의 공동정범에 대한 논증도구로서의 기능적 범행지배표지」, 법치국가와 형법(심재우 교수 정년기념 논문집)(1998), 369면 참조.

고는 굉장히 주목할만한 가치가 있는데 이에 대한 상세한 연구는 차후의 연구에서 보다 발전시켜나가기로 하고, 일단 위에서 설명한 것과 같이 다수인이 상호 이용·보충관계에 있는 공동의 주의의무를 진다는 것을 인식하고, 이들의 주의의무가 동종, 동질의 역할들로 이루어진 공동의 주의의무로 인정될 경우 일응 과실범의 공동정범 성립을 긍정할 수 있다는 것을 알 수 있다. 그렇다면 이러한 공동의 주의의무 관련하여 다수인이 관여하는 작업을 수평적 분업, 수직적 분업으로 나누어 판단해 보자.

가) 수평적 분업

다수인이 관여하는 작업에서 관여자들의 관계에 따라 수평적, 수직적 분업으로 분류해 볼 수 있다. 즉, 수평적 분업이란 위와 같이 다수인이 관여하는 작업에서 참여자들의 과실이 순차적으로 결합하여 중대한 법익침해의 결과가 발생할 경우, 참여자들이 각각 중첩적으로 위와 같은 중대한 법익침해의 결과를 회피할 의무, 즉 주의의무를 상호 이용, 보충관계에 따라 지고 있는 경우를 말한다.

이러한 상호 이용 보충관계, 즉 관련자 상호간 서로의 행위('주의의무를 다하는 행위')를 이용하는 관계에서 각각 공동의 주의의무가 인정될 여지는 매우 크다. 성수대교 붕괴사고 판결에서도 확인된 바와 같이 각자 안전한 다리를 설계할 '공동의 목표'를 지는 관계는 위와 같이 수평적 분업 관계에 해당하여 과실범의 공동정범이 인정되는 것이 타당한 것이다.[20]

나) 수직적 분업

위에서 살펴본 수평적 분업관계와 달리, 특정 책임자가 실질적으로 행위하고 이에 대한 관리, 감독하는 자가 존재하는 수직적 분업관계에서는 어떨까? 위에서 살펴본 일본 최고재판소 판결에 따르면 소위 '동종'의 주의의무를 부담하고 있지 아니하는 경우를 말한다. 즉, 법익침해 결과를 예견하고 회피조치를 취해야할 실질적인 행위자들이 있고 이들과 이종의 주의의무를 부담하는 사람들 사이에서는 과실범의 공동정범이 인정되지 아니한다는 결론은 일본 최고재판소 판결 등에서 종종 보인다.[21]

다) 비판

그런데 우리는 이러한 질문에 직면하게 된다. 수평적 분업인 경우에는 과실범의 공동정범이 긍정되고, 수직적 분업의 경우에는 과실범의 공동정범이 부정된다? 동종

20) 内海朋子, 「過失共同正犯について」, 成文堂, 2013, 245면.
21) 内海朋子, 위의 책, 245면.

의 주의의무를 부담하면 과실범의 공동정범이 긍정되고, 이종의 주의의무를 부담하면 과실범의 공동정범이 부정된다? 이것이 대체 무슨 말이고, 타당하기는 한 것인가? 지극히 공감되는 질문이다. 그러나, 아직 과실범의 공동정범에 관하여 개개 사건에 대하여 인정한 재판례들이 확인되고 점차 그 구성요건을 암중모색하는 단계에서 이러한 의문점들은 어떻게 보면 당연히 겪게 되는 난관이라고 생각한다.

결국, 과실범의 공동정범들이 지는 '공동의 주의의무'는, 여러 논문들에서 '대등한 지위에서', '동종의 주의의무'이란 단어로 표현되고 있으나 **결국 규범적으로 '공동하여' 주의의무를 질 수 있는지 판단하는 것이 대원칙**이고, 대등한 지위이거나 동종의 주의의무일 경우 공동의 주의의무를 인정하는 것이 규범적으로 보다 타당한 경우라고 판단한 재판례들이 많을 뿐, 지위가 대등한지 여부나 동종의 주의의무인지 여부가 절대적인 판단요소는 아니라고 본다. 중요한 것은, 사회 규범적으로 법관이 개별 사건에서 사후에(ex post) 판단한 공동의 주의의무를 관련자들이 '상호 연결된 관계'에서 지고 있는지(공동위반) 검토한 후에 과실범의 공동정범 성립여부를 결정하는 것이다. 공동위반에 대해서는 항을 바꾸어 서술한다.

3) 공동위반과 공동위반의 인식

과실범의 공동정범을 인정하기 위해서 위에서 살펴본 공동의 주의의무와 더불어, 가담자들의 공동위반이 인정되어야 한다. 즉, 법익침해란 결과의 발생이 가담자들에게 귀속가능하고 집단적 의무위반(kollektive Pflichtverletzung)에 근거한 관계일 때 공동위반을 인정할 수 있는 것이다.[22] 공동의 위반이란, 가담자들이 그들의 작위 또는 부작위로 인한 결과발생, 방지가 가담자들의 상호 이용·보충 관계에 있다는 상황을 말한다. 쉽게 말해 가담자들이 상호 기능적으로 연결된 상황이다.

이러한 공동의 위반 관계에 놓인 가담자는 다른 가담자의 행위가 구체적으로 주의의무를 위반한 행위라고 인식할 필요는 없다. 위에서 서술한 상호 이용·보충관계에 놓여있음을 인식하면 충분하다.

22) 金子 博, 「過失犯の共同正犯について－「共同性」の規定を中心に－」, 立命館法學 4号, 2009, 957면. Weezel의 견해도 이와 같다.

Ⅲ. 결 론

마트에 가서 새로 나온 살균제를 산 사람의 심정을 생각해보자. 포장엔 '인체에 무해'하다고 쓰여 있고, 관련 부처의 인증도 받았다고 한다. 유명한 대기업에서 판매하는 제품이다. 그런데 알고보니 그 살균제는 기화될 경우 폐에 치명적인 유해한 성분이 들어있었고, 특히 노약자에게 노출될 경우 그 생명을 빼앗을 수 있는 치명적인 유해 물질이 포함된 제품이었다. 가족들과 함께 오랜만에 여행을 갔는데, 지방자치단체에서 관리하는 온천이라고 한다. 아이들을 데리고 놀러갔는데 알고 보니 그곳 온천바닥에는 굉장한 흡입압력이 발생하는 배수구가 그냥 노출되어 있었다.23)

이처럼 현대사회의 과실범의 공동정범들의 피해자는 딱히 정형화되어 있지 않은 것이 특징이다. 좀 더 쉽게 말하면, 그 누구도 현대사회에서 다수인의 공동의 주의의무 위반이 결합된 결과의 희생자가 될 수 있는 것이다. 감정에 호소하는 것이 아니다. 과실범은 고의범보다 불법성이 경하다는 기존의 인식을 넘어서는 현대 사회의 엄연한 현실을 이야기하고 있는 것이다.

위의 가습기 살균제를 제작, 안전검사, 유통한 사람들이 서로 모두 모여 범행 결의를 했을까? 당연히 아닐 것이다. 서로가 서로의 역할을 충실히 하여 법익침해를 방지하여야할 주의의무를 지는 가담자 상호간 서로가 서로에게 책임을 떠넘긴 것이다. 이러한 가담자들에게 과실범의 공동정범을 인정하는 견해에 대하여 독일의 통설과 이를 맹종한 국내 다수설들은 과실범의 공동정범을 인정하는 견해는 단지 오해나 착각에서 비롯되었거나 아니면 공동정범의 법리를 잘못 파악했다고 비판하고 있다.24) 그러나 위에서 서술하였듯, 이러한 비판은 타당하지 않다. 과실범은 고의범과 달리, 그 구성요건자체가 법관에 의한 보충이 요청되는 개방적 구성요건이다. 즉, 결과 발생의 위험에 대한 객관적 예견가능성, 지배가능성 판단은 법관이 객관적으로 사후에 관찰하여 평가하는 것이다. 이러한 평가에는 당대의 시대 경험적 지식이 영향을 미치고, 그 결과물인 판례들을 통해 구체적인 한계 등이 축적되는 것이다.25) 과실범에 대한 올바른 이해와 위와 같이 축적된 연구결과를 토대로, 공동의 목표를 가지고 작업을 수행하는 관여자들이 상호 이용·보충 관계에 놓여 공동의 주의의무를 지고 이

23) 실제 사안에 약간의 변형을 가하여 서술하였다.
24) 정진연, 「과실범의 공동정범」, 숭실대 법학논총(제8집), 1995, 23면 등.
25) 조상제, 앞의 논문, 66면.

를 위반한 경우, 과실범의 공동정범을 긍정하는 것은 엄연히 존재하는 현실에 대한 정당한 형법적 평가이다. 이를 통하여 관여자 어느 누구에게도 귀속시킬 수 없는 소위 조직적 무책임(organisierte Unverantwortlichkeit)이 방지될 수 있다.[26)]

『이용식 교수님과의 추억』

법대에 입학하여 강단에 서 계신 이용식 교수님을 처음 뵙고, 겸손하지만 때론 격정적으로 형법 이론에 대하여 열강을 하셨던 모습에 감동받았던 기억이 있습니다. 학부를 졸업하고 법학전문대학원에 진학하여 변호사시험을 준비하던 시절, 이용식 교수님과 교수님의 제자분들의 모임에 나갔는데 몇 시간이 지나도록 열띤 형법 이론에 대한 토론을 하시던 모습을 보고, 형법이란 무엇이길래 이렇게 많은 사람들을 매혹시키는 것인가 생각하며 집으로 돌아왔습니다.

대학원 박사과정에 진학한 후 교수님을 댁 근처에서 뵙고 지하철을 타고 돌아가려는데 제가 가는 모습을 오랫동안 보고 계셨던 교수님 모습이 생각납니다. 교수님께서 아껴주신 만큼 형법 이론을 열심히 공부하였는지, 그리고 교수님께서 그러셨던 것만큼 주변에 형법학 공부에 대한 열정을 나누어 주었는지 돌이켜보면 부족함 투성입니다만, 그래도 형법 공부를 이어가게 하는 제 열정의 근원에는 교수님께서 따뜻하게 지켜보셨던 그 날의 풍경이 자리 잡고 있습니다.

군법무관 시절 많이 부족한 제자를 지도하시면서 밤에는 김치찌개를 사주시고 격려해주셨던 모습, 그리고 인생의 반려자를 만나 결혼식을 올리는데 코로나-19 바이러스가 만연한 엄중한 시국에도 흔쾌히 주례를 서 주신 따뜻한 모습, 검사로 임관하고 법관에 임용되는 순간마다 기뻐해주시고 격려해주시던 모습들을 떠올리며 이 글을 적고 있는 순간에도 참으로 교수님으로부터 받은 은혜가 깊고 넓다는 것을 느낍니다.

이용식 교수님께서는 형법학 이론을 연구하고 토론하실 때는 날카로운 지성으로 문제를 끝까지 연구하시면서, 형법학 공부를 하는 후학들에게는 격려를 아끼지 않으신 따뜻한 분이십니다. 이용식 교수님의 막내 제자로서 고희기념 논문집에 참여할

26) 현대사회에서 의무의 개별화는 각 의무주체에 대한 전문성 강조와 중첩적 의무부과의 방지라는 점에 있어서 의미가 있겠지만, 이로 인하여 안전사고의 피해를 확대시킬 수 있다는 견해로 이천현 등, 앞의 책, 747면 이하 참고.

수 있어서 감사드리고, 앞으로도 교수님의 제자로서 형법학에 조금이나마 보탬이 되고자 합니다. 10년 후에 교수님과 선배님들과 함께 기념논문집을 또 제작하고 싶습니다. 존경하는 이용식 교수님의 고희를 진심으로 축하드립니다.

제8장

보증인의무의 체계상 지위와 착오

보증인의무의 체계상 지위와 착오*

장 성 원**

I. 보증인의무와 착오의 문제

부작위범은 범죄를 구성하는 작위가 없음에도 작위와 마찬가지로 취급하여 일정한 구성요건을 충족한다고 보는 범죄유형이다. 부작위는 사회적으로 유의미한 신체적 거동이 없는 소극적 행위로서, 법적 기대라는 규범적 가치판단 요소에 의하여 사회적으로 유의미한 행태로 보아 작위와 함께 형법상 행위의 기본형태를 이룬다.[1] 작위와 부작위에 대한 구체적인 판단은 에너지투입으로서 신체적 활동이 있었는지와 그 신체활동과 발생된 결과 사이에 인과관계가 존재하는가를 따져 결정하며,[2] 그 구별은 가치적인 측면에서 비난의 중점이 어디에 있는가 하는 규범적 고찰에 의한다.[3] 부작위로 살인을 하는 것과 같은 부진정부작위범은 작위를 예정한 구성요건을 부작위로 실현하는 경우로 작위범과 동등하게 그 구성요건을 충족한다고 하여 처벌한다. 이 경우 수범자로서는 의식하지 못하는 수도 있겠지만, 해당 구성요건은 사실 작위범과 부작위범을 동시에 규정하고 있는 셈이다. 부작위가 범죄가 된다는 사실, 그것도 작위범과 동등한 범죄로 취급된다는 사실을 수범자가 알기도 어렵고 모를 수 있

* 1999년 대학원에 진학한 이래 지난 25여 년간 형법내재적 해석방법론을 통해 현대적 한국형법학을 정립하려는 선생님으로부터 많은 가르침을 받아왔습니다. 격의 없이 지도해주셨을 뿐만 아니라, 부족한 제자를 독일 유학으로 이끌어주시고 학위를 마친 이후에도 연구자로 정진하도록 격려해주셨습니다. 무엇보다 순수한 학문적 호기심으로 끊임없이 고민하며 연구에 몰두하는 모습을 가까이서 지켜보는 소중한 기회를 얻었습니다. 이 자리를 빌어 베풀어주신 학은에 깊이 감사드리며, 선생님께서 보여주신 탁월한 학문적 성취와 소탈한 풍모가 오랫동안 우리와 함께하길 기원합니다.

** 세명대학교 법학과 교수, 법학박사

1) 대법원 2015. 11. 12. 선고 2015도6809 전원합의체 판결.
2) Kühl, Strafrecht Allgemeiner Teil, 8. Aufl., 2017, § 18 Rn. 16 (S. 664 f.).
3) BGHSt 6, 46, 59; 56, 277, 286; 59, 292, 296.

다는 점은 부작위범의 처벌 정당성에 의문을 일게 하는 범죄체계론 외부의 요인이 된다. 범죄체계 내부에서 제기되는 질문은 외견상 포착되는 범죄행태를 찾기 어려운 부작위범을 작위범과 동등하게 취급할 만한 특유의 가벌성 요건을 어디서 찾을 수 있는가에 모아진다.

이는 부진정부작위범에서 보증인지위와 보증인의무가 주목되는 이유이며, 특히 보증인지위와 보증인의무의 체계적 지위에 관하여는 논란이 거듭되고 있다. 그에 관해 보증인지위는 구성요건단계에서 파악하고, 보증인의무는 위법성에 관한 것으로 체계적으로 정서하는 입장이 통설적 이해이다. 보증인지위에 대한 착오와 마찬가지로 보증인의무에 대한 착오도 보증인의무의 체계적 지위에 기속되는 구조를 취한다. 형법이 유의미한 착오로 규정하는 소극적 착오는 구성요건착오와 금지착오로 이원화되어 있고, 착오의 대상 또는 발생지점이 범죄체계론상 어느 단계에 위치하느냐에 따라 착오의 유형도 두 착오 가운데 하나로 결정된다. 보증인지위를 구성요건의 요소로, 보증인의무는 위법성요소로 파악하는 전제에서는 보증인의무에 관한 착오는 위법성 인식의 착오, 즉 금지착오로 분기될 수밖에 없다.[4] 그런데 이렇게 하여 보증인지위와 보증인의무의 체계적 지위나 그 착오의 처리가 정리될 줄 알았는데, 그 내부를 들여다보면 얼마간 혼란스러운 모습이 드러난다. 양자를 체계상 구분하는 입장에서는 보증인지위는 구성요건단계에서 검토하고 보증인의무는 책임단계에서 그 내용을 확인해야 할 것으로 기대된다. 보증인의무가 위법성의 요소라고 보는 한 이를 위법성 인식의 문제로 검토할 것으로 예상되지만, 실상은 보증인지위와 함께 구성요건단계에서 검토할 뿐이다. 즉 부진정부작위범의 성립요건을 기술하면서 책임단계에서 위법성 요소로서 보증인의무를 언급하거나 검토하지 않는다는 점이 이채롭다. 이것이 단지 중복을 피하기 위한 기술상 편의의 결과인지, 아니면 보증인지위와 보증인의무의 내용상 불가분성으로 인해 보증인의무를 구성요건해당성 바깥으로 분리시키기 어렵다는 점을 자인한 결과인지는 단언하기 어렵다.

보증인지위와 보증인의무의 체계적 지위에서 배태된 이원적 구조가 구성요건해당성과 책임단계의 검토 및 적용에 평행하게 작동되지 않음으로써 이에 관한 착오의 취급에도 얼마간 혼란을 가져오고 있다. 핵심은 보증인지위와 밀접한 관련을 맺고 있는 보증인의무에 관한 착오는 구성요건적 사실의 인식과는 무관하며, 사실에 대하

4) 고의 부진정부작위범의 성립에 결과를 방지해야 할 법적 의무에 대한 인식은 요구되지 않는다는 것이다(BGHSt 16, 155).

여는 제대로 인식하면서 단지 법률적 평가면에서 잘못 인식한 착오로 구성될 수 있는가 하는 점이다. 부진정부작위범에서 부작위는 보증인의무를 부담하는 보증인지위에 있는 자의 부작위를 말한다. 보증인지위는 보증인의무를 지는 자의 지위이며, 보증인의무를 부담하는 자가 곧 보증인지위에 선다. 그런 점에서 보증인의무가 무엇이고 어디에 위치하는가 하는 점은 부진정부작위범의 구조 내부에서 보증인지위와 보증인의무의 기능과 내용을 검토하여 양자의 실체를 규명함으로써 설명될 수 있다. 이 과정에서 보증인지위와 보증인의무의 구조적 관계와 보증인의무의 체계상 지위가 드러날 수 있다. 이를 근거로 보증인의무에 대한 착오도 어떻게 정서할지 판단할 수 있겠다.

Ⅱ. 부진정부작위범의 구조와 보증인의무의 본질

1. 부진정부작위범의 가벌성 구조

가. 구성요건요소

작위범은 행위의 전형으로서 외부로 드러나는 동작, 즉 행위자의 신체활동에 기반한 움직임이나 거동을 통해 범죄 구성요건을 실현한다. 구성요건적 결과에 대한 행위자 자신의 행위책임이 여실히 체감된다. 이와 달리 부작위는 동시에도 무수히 많이 할 수 있다는 점에서 부작위범에서는 수많은 부작위 중 평가의 대상이 되는 부작위를 먼저 특정해야 한다.[5] 특히 부작위범은 외부로 드러나는 범죄적 표상이 전혀 없거나 거의 나타나지 않기 때문에 어떤 이유로 행위자가 결과에 대한 책임을 부담하여야 하는지, 그것도 작위범과 동등한 수준으로 책임을 물어야 하는지 추가적인 해명이 요구된다. 구성요건적 부작위란 소극적 무위(Nichtstun)가 아니며, 작위가 가능함에도 법적으로 요구되는 특정한 행위를 실행하지 않는 것이다.[6] 무엇이 요구되는 행위인가는 개별 구성요건에 달려있다. 작위범에 대응한 부진정부작위범을 범죄로 구성하는 일반 요건들로는 구성요건적 상황, 작위가능성, 부작위, 결과발생 및 인과관

5) 오영근/노수환, 형법총론(제7판), 2024, 204면.
6) Schönke/Schröder/Bosch, Strafgesetzbuch Kommentar, 30. Aufl., 2019, Vor §§ 13ff. Rn. 139; Wessels/Beulke/Satzger, Strafrecht Allgemeiner Teil, 47. Aufl., 2017, § 19 Rn. 996.

계가 검토된다. 구성요건적 상황이란 진정부작위범에서는 개별 구성요건에 규정된 규범적 요구를 의미하고, 부진정부작위범에서는 구성요건적 결과발생의 위험을 가리킨다. 작위가능성은 작위에 대한 일반적이고 객관적 가능성과 구체적 상황에서 작위의무를 이행할 개별적 또는 구체적 가능성을 아우르는 말이다. 작위가능성이 작위의무를 발생시키는 전제인지는 논란의 대상이다. 부작위란 규범이 요구하는 행위에 대한 부작위를 가리킨다. 요구된 행위를 하였으나 구성요건실현을 저지하지 못한 경우에는 과실 부작위범 여부가 검토된다. 특히 결과범에서는 부작위와 결과발생 사이에 인과관계가 인정되지 않으면 미수나 불벌이 된다.[7] 객관적 귀속에서는 작위의무위반관련성을 요구한다.

부작위범의 주관적 구성요건요소에는 보증인지위를 포함한 객관적 사실에 대한 불확정적인 인식으로서 미필적 고의가 포함된다. 보증인지위에 있는 자가 주의의무를 위반하여 구성요건실현의 위험발생을 방지하지 아니한 경우에는 망각범이라고 하는 과실 부작위범이 문제된다.[8] 부작위범에서 요구되는 고의의 존재도 결국은 객관적 행위를 통해 증명된다. 고의는 행위 외에도 여러 사정에 의해 증명될 수 있지만, 행위자가 행위태양으로 선택한 작위는 고의를 드러내는 주요한 장치로 기능한다.[9] 이런 관점에서 보면 부작위에서 고의를 직접 추출하기에는 한계가 있다. 작위에 개재된 고의는 작위를 이루는 태양 자체에서 도출되기도 하는데, 부작위 자체로부터는 고의의 개재여부가 쉽게 드러나지 않기 때문이다. 부작위 행위에 투사된 고의를 확인하기 위하여는 부작위 자체보다는 부작위를 둘러싼 행위사정을 살펴볼 수밖에 없는 이유이다. 그에 따라 부작위범에서는 부작위 자체의 태양보다 부작위를 한 행위자에게 부과된 명령규범의 내용, 그리고 행위대상과의 관계에서 행위자가 갖는 특수한 지위를 확인하게 된다.[10] 그러면서 행위자에게 부여된 작위의무와 그 의무자로서

---

7) "작위의무를 이행하였다면 결과가 발생하지 않았을 것이라는 관계가 인정될 경우에는 작위를 하지 않은 부작위와 사망의 결과 사이에 인과관계가 있다."(대판 2015도6809). 객관적 귀속 척도는 김정현, 부작위범의 인과관계, 2023, 121면 이하.

8) 대법원 1994. 8. 26. 선고 94도1291 판결; BGHSt 7, 221(부작위 과실치사죄).

9) 판례는 고의의 존부는 범행 전후의 객관적인 사정을 종합하여 판단할 수밖에 없다고 하며(대판 2006도734), 주관적 요소로서 고의 자체를 객관적으로 증명할 수는 없다고 보면서 사물의 성질상 고의와 관련성이 있는 간접사실 또는 정황사실로도 증명할 수 있다고 한다(대판 2016도15470).

10) 작위의무자의 고의는 "작위의무의 발생근거, 법익침해의 태양과 위험성, 작위의무자의 법익침해에 대한 사태지배의 정도, 요구되는 작위의무의 내용과 이행의 용이성, 부작위에 이르게 된 동기와 경위, 부작위의 형태와 결과발생 사이의 상관관계 등을 종합적으로 고려하여 작위의무자의 심리상태를 추인"(대판 2015도6809)하는 방법에 의한다.

지위에도 불구하고 부작위로 나아간 경우에 그 부작위 양상을 살펴 고의를 추지한다.

나. 부진정부작위범 특유의 요건과 보증인의무

작위범에 비례하여 부작위범에 요구되는 요건들은 특히 구성요건을 채워주는 요소들이다. 그런데 작위범에서와 같은 요건들로는 부작위범의 가벌성을 충분히 근거지울 수 없다. 작위범에 평행한 요건 외에 부작위범 성립에 필요한 특유한 요건을 규명하는 것은 부작위범의 성립 근거를 찾는 일이면서 동시에 부작위범이 갖는 고유한 정체성을 확인하는 길이다. 반대로 보면 부작위범의 고유한 속성을 확인함으로써 부작위범을 근거 짓는 성립요건들을 추출할 수 있다. 이런 문제의식에서 부작위범을 근거 짓는 요건들이 여러 시도들을 거쳐 지금은 어느 정도 정립된 체계 아래 제시되고 있다. 작위범에서 객관적 구성요건요소로 행위태양이나 행위결과, 인과관계 등을 요구하고 주관적 요소로 고의나 과실을 검토한다고 할 때, 부작위범에서는 이와 비슷하면서도 조금 다른 요건들이 확인된다. 이러한 부작위범 특유의 성립요건은 구성요건단계에 그치지 않고 위법성이나 책임단계까지 영향을 미친다. 부진정부작위범에서 요구되는 특유한 요건으로는 보증인지위와 보증인의무, 그리고 행위정형의 동가치성 등이 있다.

부진정부작위범은 작위범의 구성요건을 부작위로 실현하는 것이므로 '부작위에 의한 작위범'(delicta commissiva per omissionem)으로서 작위범에 대응한 요건을 추가로 설정한 것이 부작위의 작위와의 동치성이다. 여기에는 부진정부작위범의 기술되지 않은 객관적 표지로서 보증인지위와 함께 행위정형의 동가치성이 제시되어 있다. 행위정형의 동가치성 또는 상응성은 부작위의 상대적으로 부족한 행위반가치를 작위범과 대등하게 충전하는 역할을 한다. 이는 부작위 결과가 작위로 구성요건을 실현하는 것에 상응하도록 구성요건에서 요구하는 수단과 방법에 의하여 행해질 것을 의미한다.[11] 무엇이 작위와 마찬가지로 구성요건을 실현하는 것인지는 구체적 사정을 기다려야 한다. 판례는 법익침해의 가치와 실행행위면에서 부작위를 작위와 동등하게 평가할 만한지를 고려한다.[12] 행위정형의 동가치성은 구성요건적 부작위의 성립을 제

---

11) 이재상/장영민/강동범, 형법총론(제11판), 2022, 147면.

12) 대법원은 "부진정 부작위범의 경우에는 보호법익의 주체가 법익에 대한 침해위협에 대처할 보호능력이 없고, 부작위행위자에게 침해위협으로부터 법익을 보호해 주어야 할 법적 작위의무가 있을 뿐 아니라, 부작위행위자가 그러한 보호적 지위에서 법익침해를 일으키는 사태를 지배하고 있어 작위의무의 이행으로 결과발생을 쉽게 방지할 수 있어야 부작위로 인한 법익침해가 작위에 의한 법익

한하는 객관적인 불법구성요건요소로 검토되고 있지만,[13] 작위의무와의 관련성 면에서도 문제되고 있다.[14] 동가치성이 실질적 의미에서 작위의무 발생근거를 한정하는 지도원리인지, 작위의무의 존재를 전제로 부작위범 성립을 한정하는 요건인지의 논란이다.

한편, '부작위' 자체는 객관적 구성요건요소로서 행위태양이나 행위방법에 포섭될 수 있다. 구성요건적 행위를 부작위의 형태로 실행한다는 의미이다. 부작위범의 독자적 성립요건으로서 보증인지위는 행위객체와의 관계에서 포착되는 행위주체의 성질을 나타내는 객관적 표지이다. 결과발생을 방지할 보증인, 작위의무자로서 행위자표지를 가리키는 보증인지위는 기술되지 않은 규범적 구성요건요소로 위치하게 된다. 보증인지위에서 비롯되는 보증인의무는 부진정부작위범의 핵심이자[15] 보증인지위의 내용을 충전하는 실체라고 할 수 있다. 보증인의무는 부작위범의 행위주체에 부과되는 근거규범으로서 보증인지위와 불가분의 연관을 갖지만, '의무'라는 용어에서 추론되듯이 구성요건적 사실과 다른 차원의 명령이나 금지에 해당되는 것으로 보아 위법성요소로 이해되고 있다. 금지규범에 대한 위반으로서 작위범에 대응하여 부작위범을 명령규범에 대한 위반으로 도식화한다면, 금지와 마찬가지로 명령규범에 대한 위반도 위법성요소의 문제로 포섭된다는 이해이다.

2. 보증인의무의 근거와 존재형식

2.1. 보증인의무의 발생근거

가. 법적 의무로서 보증인의무

부작위는 요구되는 일정한 작위를 하지 않는 것이므로 부작위범을 처벌하기 위하여는 일정한 행위에 대한 요구, 즉 작위의무가 선행되어야 한다.[16] 보증인의무를 부

침해와 동등한 형법적 가치가 있는 것으로서 범죄의 실행행위로 평가될 수 있다."고 표현한다(대판 91도2951; 2015도6809). 작위와 동가치성 판단으로 부작위범 성립을 부정한 예로 대법원 2017. 12. 22. 선고 2017도13211 판결 참조.

13) 김일수/서보학, 형법총론(제13판), 2018, 370면.

14) 가령 山中敬一, 刑法総論(第3版), 2015, 238면은 동가치성은 그 자체로 작위의무 한정원리도, 부작위범 성립을 한정하는 독립원리도 아니며, 부작위에 의한 작위범 구성요건의 해석원리라고 한다.

15) 이재상/장영민/강동범, 형법총론(제11판), 135면.

16) 보증인의무는 결과발생을 회피하여 구성요건적 결과불발생을 담보해야 할 의무를 뜻하고, 작위의무

담하는 보증인으로서 지위는 구성요건요소이지만 보증인의무 자체는 위법성 요소라는 것이 일반적 이해이다. 이와 같은 이원적 구조 아래 작위의무를 이해하는 것이 정당한지에 대하여는 추가적인 검토가 필요하다. 보증인의무의 체계적 지위, 특히 보증인지위와의 관계를 규명하기 위하여는 보증인의무의 실체를 확인해야 한다. 보증인의무의 내용은 보증인지위의 발생근거로도 논의되는 것으로[17] 여기서는 작위의무의 관점에서 살펴본다. 행위자에게 요구되는 작위의무는 단순한 도덕적 의무로는 부족하고 법적 의무이어야 한다는 점에는 동의하면서도 작위의무가 어디에서 유래하는지에 대하여는 견해가 대립한다. 법령, 계약, 조리와 같이 발생근거의 존재형식에 따라 분류하는 것이 형식설이며, 보호의무와 안전의무처럼 기능적인 구분에 따라 발생근거를 제시하는 것을 실질설로 부른다. 선행행위로 인한 경우는 제18조에서 부작위범의 요건으로 명시하고 있기 때문에 어느 쪽으로 보나 작위의무의 발생근거로 볼 수 있다. 판례는 선행행위로 인한 작위의무를 다양하게 인정하는데, 그 확장을 제한하기 위하여 직접적이고 상당한 위험을 창출한 것이면서 위법한 선행행위일 것이 요구된다.[18] 법익침해적인 결과발생의 선행행위라는 관계가 성립한다고 하여 곧 보증인의무가 인정된다고 보기는 어렵다. 적어도 일정한 의무에 위반한 선행행위로 한정하여야 보증인의무의 확대를 막고 수범자가 예측가능한 범위에서 가벌성을 인정할 수 있겠다.

법령, 계약, 조리 등을 통해 작위의무의 발생근거를 형식적으로 판단하는 것은 보증인지위를 인정하는 범위를 한정함으로써 부작위범이 확대되는 것을 방지할 수 있다는 점에서 지지받는다. 다만 작위의무의 출처에 대하여 형식적 접근으로는 작위의무의 발생근거를 규명하기에 적절하지 않다고 지적된다. 법령, 계약, 조리로 대변되는 형식적 접근이 작위의무의 범위를 명확하게 한정지어 형법의 보충성에 기여하는지도 불확실하다는 것이다.[19] 특히 조리에 의한 작위의무는 유동적이고 임의적으로

는 결과불발생을 위해 결과회피행위를 할 의무를 가리킨다. 개념적으로 보증인의무가 신분으로서 보증인에 중점이 있다면 작위의무는 행위유형으로서 작위에 초점이 있다. 엄밀하게는 작위의무가 있다고 하여 당연히 보증인의무가 인정된다고는 볼 수 없지만, 본고에서는 일반용례에 따라 혼용하되 필요한 경우에는 이러한 의미차이를 염두에 두고 사용하기로 한다.

17) 이주원, 형법총론(제3판), 2024, 141면; 이재상/장영민/강동범, 형법총론(제11판), 140면; 김일수/서보학, 형법총론(제13판), 359면 등에서 보증인지위의 발생근거는 보증인의무의 발생근거와 동일시된다.

18) 이주원, 형법총론(제3판), 144면. 선행행위가 위법하지 않더라도 법적으로 구조의무가 부과되는 경우에는 작위의무가 인정된다(대판 2000도1731 참조). 선행행위가 적법해도 작위의무를 인정해야 한다는 입장은 오영근/노수환, 형법총론(제7판), 208면.

19) 이재상/장영민/강동범, 형법총론(제11판), 141면. 신의칙이나 조리에 기한 작위의무에 대한 비판은

판단될 여지가 있다. 판례는 법적인 작위의무의 범주에 도덕이나 종교상 의무는 포함되지 않는다고 선을 긋고 있지만, 법적인 의무라고 하여 성문법령에 한정되는 것은 아니라는 점 또한 분명히 확인하고 있다.[20] 이에 따라 조리뿐만 아니라 신의성실의 원칙이나 사회상규상 작위의무가 기대되는 경우가 모두 법적인 의무로서 작위의무의 근거가 된다. 형식적 접근에 대하여는 형법 외부의 법령, 계약상 작위의무가 인정되더라도 이를 곧바로 구성요건해당성의 전제가 되는 형법적 작위의무로 치환할 수 있는가 하는 점에도 의문이 제기된다.[21] 이는 비형법영역에서 구성요건 외적인 준거로 작위의무 위반이 인정되더라도 형법에서 정하는 별도의 기준에 따라 작위의무 위반을 인정하여야 한다는 취지로 이해된다. 그 결과 형법 내재적인 관점에서 명확하면서 실질적인 기준을 설정해야 한다는 요구로 나타나게 된다.

나. 보증인의무의 실질적 내용

법령이나 계약과 같은 형식적인 준거를 통하여는 작위의무나 그에 기반한 보증인지위를 인정하기 어렵다는 점에서 권리침해가 일어날 현실적인 위험상황을 전제로 구체적이고 일반적인 기준을 제시하려는 입장이 실질설에 포괄된다. 독일에서도 종래 보증인지위 발생근거로 법률, 계약, 선행된 위험한 행위, 밀접한 생활관계 등을 인정하였지만,[22] 보다 실체적 기준의 필요성에 따라 새로운 기준을 모색하고 있다. 아직 완전히 합의하고 있지는 못하지만, 보증인지위에 대한 기능적 관점에서 대체로 두 가지 기본적 지위에 따라 보증인관계를 구분하려고 한다. 특정 법익을 위한 후견의무를 가진 보호보증인(Beschützergaranten)과 위험원에 대한 안전의무를 지닌 감독보증인(Überwachungsgaranten)이 그것이다.[23] 보호보증인은 자연적·가족적 결합관계, 긴밀한 생활공동체·위험공동체, 사실적·자발적 인수, 공직자와 기관의 보증인지위로 세분하고, 감독보증인은 선행한 위험행위, (위험한) 사물에 대한 사실적·법적 지배,

---

오영근/노수환, 형법총론(제7판), 209면; 김성돈, 형법총론(제8판), 2022, 576면.

20) "작위의무가 법적인 의무인 한 성문법이건 불문법이건 상관이 없고 또 공법이건 사법이건 불문하므로, 법령, 법률행위, 선행행위로 인한 경우는 물론이고 기타 신의성실의 원칙이나 사회상규 혹은 조리상 작위의무가 기대되는 경우에도 법적인 작위의무는 있다."(대판 95도2551; 2015도6809).

21) 山中敬一, 刑法総論(第3版), 241면. 小島秀夫 編, 刑法総論: 理論と実践, 2022, 26면(小島秀夫 집필)은 형법 외의 법역에서 의무위반에 대한 평가는 보증인지위를 해석하는 한계가 될 수는 있지만 작위의무의 발생근거로 직결될 수는 없다고 한다.

22) Vgl. RGSt 63, 392; 74, 309; BGHSt 2, 150; 19, 167.

23) Kühl, AT, § 18 Rn. 44. 기능적 분류는 독일 판례에서도 수용되고 있다(Vgl. BGHSt 48, 77, 82 u. 301; 59, 292, 299 ff.).

제3자의 위법한 행위에 대한 책임, 안전의무의 인수로 분류한다.[24] 이 구분에 의하더라도 그 내부의 개별적 근거에 대하여는 다양한 견해가 제시되고 있다.

보증인의무의 관점에서도 일정한 법익에 대한 특별 보호의무(후견보증인 또는 보호보증인)와 특정 위험원에 대한 책임(감시보증인 또는 통제보증인)으로 나누어, 특별 보호의무는 특별한 법원칙, 긴밀한 자연적 결합관계, 생활공동체나 위험공동체, 보호의무나 조력의무의 자발적 인수, 공직자로서의 지위 또는 법인의 기관 등에서 도출되고, 위험원에 대한 책임은 교통안전의무, 제3자에 대한 감독의무, 의무위반적인 위험한 선행행위, 생산품의 유통 등에서 나온다고 본다.[25] 법익 보호의무 유형에서는 법익침해 위험으로부터 법익을 보호할 의무있는 사람이 보증인적 지위와 작위의무를 갖는다고 한다.[26] 작위의무자에게 일정한 위험이 관련대상자의 법익에 미치지 않도록 보호할 의무가 있다는 점이 공통적이다. 특히 현실적 위험상황이 발생하기 전부터 부작위자에게는 법익을 보호할 관계가 존재해야 하고, 이들 보호의무의 발생근거는 그 존재로 충분하지 않고 사실상 타당하고 현실적으로 기능하고 있을 것을 요한다. 위험원 감독의무 유형은 일정한 위험이 다른 법익을 침해 않도록 관리·감독할 책임을 지는 사람에게 보증인적 지위와 작위의무가 인정되는 경우이다.[27] 이들 위험원 감독의무에서는 일정한 결과를 발생시킬 위험원이 존재할 때 그 위험원에 대한 관리·감독 책임을 지는 의무자가 그 의무를 다하지 않은 때에 작위의무가 문제된다는 점에서 포괄적으로 안전의무라고 규정할 수도 있다.

작위의무를 기능적 관점에서 실체적 기준에 따라 법익 보호의무와 위험원 감독의무로 구분하는 입장은 일본과 우리나라에서도 점차 수용되고 있다. 이같은 기능적 이분설은 선행행위를 차치하더라도 법령, 계약, 조리로 대변되는 형식설적 접근과 상당 부분 중복된다. 기능적 접근의 의의는 결과적으로는 형식설과 같은 부분에서 작위의무를 인정하더라도 보다 구체적이고 실질적인 작위의무의 근거를 제시하려는 데 있다. 가령 긴밀한 위험공동체, 보호의무의 자발적 인수, 위험한 물건이나 설비의 감시책임 등 실질설의 구체적 유형 상당 부분은 형식설에서 말하는 신의칙이나 사회상규, 조리에 해당될 수 있다. 신의칙이나 사회상규, 조리가 추상적이고 일반적인 개념이면서 그 개념범위가 넓고 불확정적이기 때문에 기능적인 관점에서 실체적 기준에

24) Kühl, AT, § 18 Rn. 46a.
25) Wessels/Beulke/Satzger, AT, § 19 Rn. 1005.
26) Vgl. Kühl, AT, § 18 Rn. 47 ff.
27) Vgl. Kühl, AT, § 18 Rn. 91 ff.

따라 이를 구체화하고 유형화하려는 시도로 이해할 수 있다. 기능적 관점에서 작위의무의 구체적 근거를 제시하려는 시도에 대하여도 부작위범의 성립범위가 선행행위에 따라 일정하지 않다거나 법익보호에 대한 개시가 없으면 작위의무가 부정되어 부작위범의 성립이 제한된다든가 하는 등 여전히 개별 의무의 실질적 근거가 문제된다고 지적된다.[28] 또한, 법익 보호의무와 위험원 감독의무의 범위가 명확하지 않아 이렇게 작위의무를 구분하더라도 해석론적 귀결이 불분명하고 오히려 이들 의무의 범위가 확대될 수 있다는 점에서도 우려를 받는다.

2.2. 작위의무의 판단구조

가. 행위가능성 판단

부진정부작위범의 구성요건으로는 구성요건적 상황과 부작위, 결과발생과 인과관계에 더하여 작위가능성 또는 행위가능성(Handlungsmöglichkeit)이 요구된다. 부작위범의 실행행위로서 부작위는 작위가 가능했음에도 부작위한 것을 의미한다. 행위가능성은 특히 행위능력의 관점에서 검토된다. 의식불명이나 마비, 속박과 절대적 폭력상태와 같이 행위능력이 결여된 상태에서 행위란 불가능하기 때문이다.[29] 부작위범의 실행행위가 인정되기 위하여는 행위자가 결과회피를 위한 적절한 행위를 할 수 있었을 것이 요구된다. 행위가능성에 대한 판단은 객관적인 관점에서 이루어져야 한다. 위험제거가 필요함에도 그렇게 하지 않은 부작위에 관해 객관적으로는 가능했을 것이라는 판단이 있어야 한다. 여기서는 해당 부작위자의 개인적 능력을 고려해야 한다. 행위가능성은 행위자가 개인적으로 할 수 있는 위험제거행위만을 의미한다는 점에 의견이 일치된다.[30] 위험을 제거할 능력이 없는 사람에게는 그와 같은 작위가능성이 기대되지 않기 때문이다.

행위가능성은 개인적 행위능력과 함께 구조수단과 같은 객관적인 상황 요건도 필요로 한다. 행위자가 객관적으로 존재하는 구조수단을 인식하지 못한 경우에는 고의를 인정할 수 없다. 가령 수영을 못하는 사람이 눈에 띄게 부착된 구명부표를 보지

28) 西田典之/山口厚/佐伯仁志 編, 注釈刑法(第1巻), 2010, 290면(佐伯仁志 집필).
29) Schönke/Schröder/Bosch, Vor §§ 13ff. Rn. 141. 'Tatmacht'에 기반하여 이같은 'Handlungsfähigkeit' 개념에 비판적인 입장으로 Stratenwerth/Kuhlen, Strafrecht Allgemeiner Teil, 6. Aufl., 2011, § 13 Rn. 57 f.
30) Kühl, AT, § 18 Rn. 30.

못해서 자신에게 가능했던 구조행위를 수행하지 못했더라도 행위가능성의 측면에서 고의는 부정된다.[31] 물에 빠져 익사할 위험에 처한 사람을 구조해야 할 의무가 있는 행위자가 수영을 못한다면, 보트나 구명부표, 구조요원 호출과 같은 생명구조에 활용할 가용수단이 없는 한 개인적 행위능력은 결여된 것으로 간주된다. 행위능력은 수영을 못하는 사람이라는 신체적 결격뿐 아니라 구조요원을 호출할 기계장치를 조작할 줄 모를 때처럼 기술적 지식이 부족한 경우에도 결여될 수 있다. 결국 행위가능성판단은 위험에 대한 객관적 인식가능성과 위험을 제거할 수단을 전제로 한다. 일반적으로 상황이 위험했고 구조수단을 객관적으로 인식할 수 있었던 상황에서 행위자가 부작위했다면 결과발생방지라는 상황적 요구를 충족하지 못한 것으로 평가된다. 이처럼 행위가능성은 일반적이고 객관적인 작위가능성과 동시에 구체적 상황에서 작위의무를 이행할 수 있는 개별적이고 구체적인 작위가능성을 충족할 것을 요구한다.[32] 일반적 행위가능성은 시간이나 장소와 같은 상황적 요구에 연관된 가능성이라면, 개별적 행위가능성은 객관적 구성요건상황에서 요구되는 행위를 개인적으로 할 수 있었을 것을 의미한다.

행위가능성이 일반적 객관적 작위가능성과 구체적 개별적 작위가능성으로 구분된다고 할 때, 그 판단기준을 어디에 두어야 할지, 그 체계상 지위는 어떻게 위치시킬지 문제된다. 이에 관해 작위능력이나 작위가능성은 일반적 기준으로 판단하고 당해 행위자의 작위가능성은 책임의 문제로 나누어 볼 수도 있다.[33] 불법차원에서 행위자 능력을 고려하게 되면 불법은 객관적이어야 한다는 것에 배치된다는 점에서 개인적인 행위능력으로서 작위가능성을 책임단계로 귀속시켜야 한다는 지적이 가능하다. 그러나, 불법이 객관적이어야 한다는 점과 규범의 이해능력이나 이해가능성으로서 책임문제와는 별개로 행위자 속성으로서 작위가능성을 불법단계에서 논의하는 것이 모순된다고 할 수는 없다.[34] 책임요소와 불법요소는 구분하더라도 그래서 개인적 작위가능성이 없는 경우에 비록 책임은 조각되어 범죄가 불성립된다고 하더라도 그 부작위

31) Kühl, AT, § 18 Rn. 31.

32) Schönke/Schröder/Bosch, Vor §§ 13ff. Rn. 141.

33) 부작위범에서 적법행위 기대가능성은 책임요소로서 작위의무를 제한한다고 보면서, 한편으로 이는 작위의무의 전제조건이 되므로 구성요건해당성 단계에서 파악해야 한다는 것으로 박상기, 형법총론(제9판), 2012, 275, 340면.

34) 이용식, "부진정부작위범에 있어서 작위가능성과 결과회피가능성의 의미내용: 부작위범의 실행행위와 인과관계의 구별", 고시계 581호(2005.7), 36면.

를 부진정부작위범의 구성요건에 해당하는 위법한 행위라고 할 수 있을지는 의문이다. 오히려 부작위범에서 행위가능성은 형법규범적 요구의 전제가 된다는 점에서 구성요건 단계에서 검토해야 한다.[35] 구성요건해당성에 대한 판단은 일반적·유형적 판단이므로 일반인을 표준으로 해야 한다고 볼 수 있지만, 개인의 능력과 상황을 배제하고 작위가능성을 인정하기는 어렵다. 개인을 기준으로 한 주관적 판단에서 작위가능성이 인정되지 않는 때에도 일반인을 기준으로 작위의무를 인정하는 것은 불합리한 결과에 이를 수 있다.

행위가능성을 구체적으로 판단하기 위하여 이를 결과방지가능성 또는 결과회피가능성(위험회피가능성)으로 치환하기도 한다.[36] 부작위행위자가 결과회피를 위해 필요한 행위를 할 수 있는 물리적이고 현실적인 가능성을 가지고 있어야 한다는 것이다.[37] 행위자가 원격지에 멀리 떨어져 있거나 구조 등 작위할 능력이 결여되어 있는 경우 구성요건에 해당하는 부작위는 존재하지 않는다. 작위가능성을 결과회피가능성으로 판단하면 양자의 관계와 함께 체계적 지위에 관한 문제도 뒤따르게 된다. 또한 작위가능성이 구성요건 단계의 문제라고 할 때 이것이 작위의무와는 어떤 관계를 가지는지도 문제된다.

나. 작위의무의 전제로서 작위가능성

작위가능성을 판단하는 기준과 관련해 작위가능성이 작위의무를 발생시키는 전제요건으로 기능하는지 논의된다. 작위의무는 작위가능성 없이도 성립할 수 있는지, 나아가 모든 의무는 실행가능성을 전제로 해야만 성립가능한지의 문제이다. 작위가능성이 작위의무의 전제인지, 구성요건해당성 판단의 독립된 기준인지에 대하여는 합의를 보지 못하고 있다. 부작위범에서 작위가능성의 체계상 위치에 관하여 작위의무에 독립된 구성요건요소로 병존하는 것으로 이해하면서 작위가능성을 기초하는 사정은 구성요건요소이지만 작위가능성 자체는 위법요소로 보기도 한다. 그렇지만 작위가능성

35) 이재상/장영민/강동범, 형법총론(제11판), 135면은 타행위가능성을 책임단계에서 검토하는 작위범과 달리 부작위범에서 행위가능성은 구성요건 단계에서 검토한다고 본다. 구성요건해당성의 요소로서 개별적 행위가능성과는 달리 일반적 행위가능성은 부작위 개념성립의 문제로서 구성요건해당성 이전의 검토대상으로 보아야 한다는 지적은 김일수/서보학, 형법총론(제13판), 354면.

36) 작위가능성과 결과회피가능성을 구별하는 것은 山口厚, 刑法総論(第3版), 2016, 95면.

37) 판례도 구성요건적 결과발생의 위험이 있는 상황에서 행위자가 구성요건의 실현을 회피하기 위하여 요구되는 행위를 현실적·물리적으로 행할 수 있었음에도 하지 아니하였다고 평가될 수 있어야 형법적으로 유의미한 부작위가 된다고 본다(대판 2015도6809).

은 작위의무의 전제가 된다고 보아야 한다.[38] "불가능한 것은 의무화되지 않는다"(ultra posse nemo obligatur)는 법언이 작위범뿐 아니라 부작위범에도 적용된다. 의무란 가능할 때에만 요구될 수 있다. 불가능을 의무지울 수 없다는 점에서 작위의무도 행위가능성을 전제로 하게 된다. 부진정부작위범의 결과방지의무인 작위의무는 결과방지가 가능한 경우에만 작위의무 위반이 될 수 있다. 작위가능성과 작위의무의 관계를 구체적으로 접근하기 위하여 작위가능성의 개념요소를 추출하여 분석해볼 수 있다. 바다에 빠져 익사위험에 처한 아이를 아버지가 구조하지 못한 경우를 상정해 보면, 그 아버지가 수영할 수 있는지, 파도가 매운 높은 상황에서 생명의 위험을 걸고 구조해야 하는지, 아이의 위험을 발견한 시점에 바다에 뛰어들어 구조하고 인공호흡등 조치를 했다면 결과를 피할 수 있었는지 등이 검토되어야 한다. 여기서 작위가능성은 작위능력, 작위의 용이성, 결과회피가능성이라는 개념요소로 분리할 수 있다.[39] 그렇더라도 이런 구체적 요소로부터 작위가능성의 기능을 곧바로 가늠할 수는 없고 개별 요소로부터 작위의무와의 관계를 확인해야 한다.

작위가능성이 보증인의무의 전제가 된다고 할 때, 보증인의 작위의무는 일반적이고 객관적인 작위가능성은 물론 개별적이고 구체적인 작위가능성까지 충족하여야 인정된다. 특히 당해 행위자의 능력을 고려하지 않고 유효한 작위의무를 부과할 수 없다는 점에서 작위가능성은 개별행위자를 기준으로 한다. 작위능력면에서 행위자에게 불가능한 것은 의무로 요구할 수 없기 때문이다. 작위의 용이성 측면에서는 행위자가 작위로 나가는 것 자체는 가능하기 때문에 위법성이나 책임, 특히 기대가능성 문제로 취급하는 것이 체계적으로 일관될 수는 있다. 그러나 행위자에게 작위가 용이했다는 점을 근거로 부진정부작위범의 성립이 인정될 수 있으므로, 작위의 용이성은 부진정부작위범의 구성요건으로 볼 수 있다.[40] 통상 작위범에서 부작위를 기대할 수 없다고 볼 경우는 드물지만, 부진정부작위범에서는 작위를 기대할 수 없는 경우가 폭넓게 인정될 수 있다.[41] 결과회피가능성 측면에서는 작위가능성을 결과회피가능성

38) 이용식, 앞의 글(주34), 36면.

39) 山中敬一, 刑法総論(第3版), 238면; 佐伯仁志, 注釈刑法(第1巻), 284면.

40) 판례는 부작위에 의한 현주건조물방화치사상죄가 성립하기 위하여는 법률상 소화의무가 인정되는 외에 소화의 가능성 및 용이성이 있었음에도 피고인이 그 소화의무에 위배하여 이미 발생한 화력을 방치함으로써 소훼의 결과를 발생시켜야 한다고 판시한다(대판 2009도12109). "결과발생을 쉽게 방지할 수 있었음을 예견하고도"(대판 2015도6809), "결과발생을 쉽게 방지할 수 있는데도"(대판 2022도16120)라고 표현하기도 한다.

41) 佐伯仁志, 注釈刑法(第1巻), 285면은 불타는 주거에 남아있는 아이를 구조하도록 부모에게 강제할

여부로 가늠하는지, 가능성의 정도를 따져서 기준으로 삼을지가 문제된다. 먼저 부작위와 결과 사이의 조건관계에서 결과회피가능성이 갖는 의미이다. 결과방지를 위한 작위가 있었다면 결과회피가능성이 있다는 관계가 인정되면 부작위와 결과 사이의 인과관계를 긍정할 수 있는지의 문제이다. 결과회피가능성이 없는 경우에도 작위의무를 긍정할 수 있는지도 논란이다. 부진정부작위범이 법익보호를 위한 예외적 처벌이므로 결과회피가능성이 인정되지 않으면 부진정부작위범의 실행행위가 인정되지 않는다고 보아야 한다. 결과회피가능성이 상당정도 있다면 부진정부작위범의 실행행위는 인정될 수 있다. 결과방지가능성이 없으면 작위의무가 인정되지 않는다는 점에서 결과를 회피할 수 없었던 경우에는 인과관계가 결여되어 미수가 되는 것이 아니라 실행행위성이 결여되어 무죄가 되어야 한다.[42] 여기서 보듯이 실행행위로서 결과회피가능성과 인과관계 또는 객관적 귀속의 기준으로서 결과회피가능성 사이에는 중첩이 발생하고 그 구별 문제가 제기된다.

다. 결과회피가능성의 이중성과 작위의무

부작위 실행행위시에 요구되는 작위가능성의 개념내용은 작위로 결과를 방지할 사실적 가능성으로 해석된다. 여기서 작위가능성을 결과를 회피할 가능성으로 치환하여 판단할 때 결과회피가능성의 이중적 성격으로 인해 문제가 발생된다. 작위가능성을 결과회피가능성 또는 결과방지가능성으로 직결하여 부작위범의 실행행위성을 판단하게 되면 부작위 인과관계 또는 객관적 귀속 판단의 기준으로서 결과회피가능성과 중첩이 일어난다.[43] 인과관계에 관하여 부작위에서 인과관계를 부정하면서 행위능력 개념으로 귀속을 설명하거나 결과방지의무를 기준을 내세워 부작위라는 의무위반행위와 결과 사이의 귀속관련성을 요구하기도 한다.[44] 부작위 인과관계 판단에 관한 통상적인 경로는 가설적인 내용을 담고 있는 조건공식에 의거 기대된 작위를 했더라면 결과는 회피되었을 경우에 인과관계를 긍정하는 방식으로 진행된다. 인과관계 판단을 생략하고 객관적 귀속의 문제로 보든 조건설에 따라 가설적 공식을 활용하든

수 없고, 위독한 아이를 부모가 고액의 수술비를 들여 치료하도록 형벌로 강제하는 것은 불가능하다고 한다.

42) 이용식, 앞의 글(주34), 30면.

43) 판례에서도 작위가능성(결과회피가능성) 판단이 실행행위와 인과관계를 결정하는 자료로 혼용된다고 지적된다(이용식, 위의 글, 33-34면).

44) 박상기, 형법총론(제9판), 330면.

부작위에서 인과관계나 귀속 판단은 공통적으로 작위를 하였다면 결과가 회피될 수 있었는가를 묻고 있다.

즉 결과회피가능성 또는 작위가능성은 부작위의 실행행위와 인과관계 모두의 요건이 되고 있다. 두 차원에서 따로 판단되어야 할 결과회피가능성이 하나로 혼용되면서 혼란이 야기된다. 이에 따라 결과회피가능성에 개재된 두 판단, 즉 행위시의 결과발생의 개연성 판단으로서 실행행위와 행위 이후에 개입된 인과과정의 이상성 판단으로서 인과관계를 구분할 필요가 생긴다.[45] 부작위의 실행행위 관점에서 논의되는 결과회피가능성(작위가능성)은 행위시 결과발생에 대한 개연성판단으로서 상당인과관계 혹은 객관적 귀속의 위험창출관계를 가리킨다. 이에 대해 인과관계 관점에서 문제되는 결과회피가능성이란 부작위의 조건관계로서 객관적 귀속의 위험실현관계를 의미한다. 이런 관점에서는 결과회피가능성이 작위의무의 전제가 되는지도 다시 검토된다. 결과회피가능성이 부작위의 실행행위에 관한 문제로서 규범적 판단을 의미한다고 할 때, 동시에 개별 행위자를 기준으로 하는 작위의무의 전제로 볼 수 있을지에 대한 의문이다. 행위가능성과 결과회피가능성을 분리한다면 작위의무의 전제는 부작위 인과관계 문제로서 결과회피가능성이 아니라 행위능력을 중심으로 한 행위가능성 개념으로 보아야 한다는 결론에 이르게 된다.[46] 작위의무의 전제로서는 행위자에게 작위를 행할 수 있는 능력이 있는가를 판단하면 족하다는 것이다.

작위의무의 전제라는 사실적 측면과 인과관계로서 상당성이라는 규범적 기준이 결과회피가능성이라는 하나의 개념에 융화되기 어렵다는 점은 부인할 수 없는 사실이다. 다만 결과회피가 불가능한 경우까지 작위의무가 있다고 볼 수는 없다는 점에서 작위의무의 전제로서 결과회피가능성을 실질적으로 포기하기는 어려운 점이 있다.[47] 결과회피가 불가능하다면 실질적으로 작위의무를 논할 이유가 없기 때문이다. 작위가능성에는 작위능력을 중심으로 사전적 판단인 작위가능성 판단을 의미하는 경우와 사후적 판단인 결과회피가능성을 의미하는 경우라는 양면성이 병존하고 있다.[48] 작위가능성 개념은 결과귀속에 앞서서 작위의무가 발생하는 전제를 획정하는데 기여한다. 작위의무는 추상적·일반적으로 발생하는 것이 아니라 구체적 행위상황

45) 이용식, 앞의 글(주34), 34면.

46) 이용식, 위의 글(주34), 37면.

47) 이용식, 위의 글(주34), 37면도 결과회피가 불가능한 경우에 형식적으로는 작위의무가 발생하지만 실질적으로는 작위의무 자체가 무의미하게 된다고 한다.

48) 山中敬一, 刑法総論(第3版), 249면.

에 구속된다는 점에서 인과관계나 현실적 위험상황의 존재도 작위의무의 전제가 된다. 작위가능성이 있더라도 구체적 상황에서는 결과회피가 불가능할 수 있다. 그런 점에서 작위의무는 결과방지가능성 또는 결과회피가능성이 있는 경우에만 구체적으로 발생한다는 추가적인 제약이 필요하다. 이렇게 보면 결과발생에 관한 현실적 위험상황이 존재하고 사전적 판단에서 그 위험상황으로부터 예측될 수 있는 전형적인 결과가 작위로 나아가면 회피할 수 있는 것일 때 비로소 작위의무가 구체적으로 발생한다고 할 수 있다. 행위자의 개인적 능력은 작위가능성에 대한 사전적 판단에서 고려되어야 하고, 작위가능성에 대한 사후적 판단으로서 결과회피가능성은 부작위에 대한 객관적 귀속 검토를 통해 확정된다. 행위능력과 결과회피가능성을 기반으로 한 작위가능성 판단은 결국 장소, 시간, 수단, 능력과 같은 행위 당시의 제반 여건을 고려할 때 행위자가 작위를 실현하여 결과를 회피할 수 있었는가를 묻는 것으로 작위의무 판단의 실질적 전제가 된다.

Ⅲ. 보증인의무의 체계적 지위와 착오의 지점

1. 보증인의무의 체계적 지위

1.1. 보증인 지위와 의무의 체계에 관한 지형

가. 신분과 의무의 이중구조

부작위범에서 보증인은 결과를 방지해야 할 의무가 있는 사람, 즉 결과의 불발생을 보장해야 하는 사람이다. 보증인의 부작위만 실행행위로 인정되기 때문에 보증인 지위는 부작위범 성립의 핵심적 표지가 된다. 보증인지위가 작위의무자로서 지위를 가리킨다는 점에서 보증인의무와는 깊이 관련되어 있으면서도 엄밀하게는 구분되는 개념이다. 종래 보증인의무와 보증인지위의 불가분성과 양립가능성이 혼재하는 구조를 체계적으로 이해하려는 시도가 있어왔다. 이는 보증인 지위 또는 의무 중 하나가 인정되면 양자의 필요충분관계에 따라 보증인 의무 또는 지위가 당연히 인정되는지의 문제, 보증인지위는 인정되지만 보증인의무는 인정되지 않거나 반대로 보증인지위는 부정되지만 보증인의무는 인정되는 경우는 없는지에 대한 물음으로 이어진다.

달리 보면 이는 보증인의 인식의 차원에서도 검토될 수 있다. 의무에 대한 인식 없는 상태에서 지위를 인정할 수 있는가의 문제이다. 즉 보증인지위는 보증인의무에 대한 인식을 전제로 하는지, 보증인의무에 대한 인식 없이도 인정될 수 있는지 하는 것이다. 물론 여기에 답하기 위하여는 행위자의 인식이 보증인 지위와 의무에 어떤 식으로 영향을 미치는지가 같이 규명되어야 한다. 보증인지위와 보증인의무가 부작위범의 구조 내에서 맺고 있는 교차적 관계의 이면에는 양자의 체계적 지위를 이해하는 관점의 차이가 자리잡고 있다. 부작위범에서 보증인지위와 보증인의무의 관계, 그 가운데 체계적 지위의 정서에 관하여는 견해가 양분되어 있다.

나. 이원적 이해

기술되지 않은 구성요건요소로서 보증인지위는 구성요건적 행위규범에 대한 위반으로 보아 구성요건 단계에서 검토하지만, 보증인의무는 의무위반으로서 위법성 요소로 파악해야 한다는 입장이다. 양자의 지위에 관한 분리설이자 보증인의무에서는 위법성요소설이라 할 수 있다. 작위범에서 금지의무위반에 대한 인식이 불법의식이 되듯이 부진정부작위범에서 명령의무위반에 대한 인식이 불법의식이 된다고 본다.[49] 불법의식의 인식대상으로서 보증인의무는 구성요건표지가 아니라 위법성과 관련된 요소로 파악된다. 보증인의무를 근거지우는 사실적·법적 사정은 구성요건에 속한다고 보지만, 보증인의무 자체는 위법성에 관련된다고 하여 구분한다. 구성요건은 가치중립적인 행위유형이며 불법유형이지만 가급적 법적 평가를 넣지 않은 유형적이고 사실적인 판단이라는 점을 근거로 한다. 그에 비해 보증인의무 위반은 법적 평가를 떠난 가치중립적 유형일 수가 없다는 점에서 위법성 요소에 속한다고 본다. 위법성요소설에서는 보증인의무 위반이라고 하는 실질적 위법판단을 구성요건에 포함시킨다면 구성요건이 규범화·가치화가 되어 구성요건의 명확성을 해칠 것을 우려한다.

무엇보다 부작위범의 고의 대상이 무엇인가, 착오가 있을 경우 어떤 효과가 생기는가에 대한 고려를 한 것으로 평가된다. 부작위범에서 고의의 대상이 되는 것은 보증인의무 그 자체가 아니라 보증인의무를 근거로 하는 사실적·법적 사정이고 그에 대한 착오는 고의를 조각한다. 보증인의무 자체에 대한 착오는 금지착오로서 고의는 조각되지 않고[50] 오인에 정당한 이유가 있다면 책임이 조각될 뿐이다.

---

49) 김일수/서보학, 형법총론(제13판), 359면; 이재상/장영민/강동범, 형법총론(제11판), 140면; 이주원, 형법총론(제3판), 142면 등. 일본에서는 小島秀夫, 刑法総論: 理論と実践, 25면.

다. 일원적 이해

보증인지위와 함께 보증인의무도 구성요건요소로 정서해야 한다는 구성요건요소설은 보증인 지위와 의무의 불가분성을 강조하는 일체설이라 할 수 있다. 과실범의 객관적 주의의무가 구성요건요소이듯 부진정부작위범의 작위의무 역시 구성요건요소로 이해해야 한다고 본다.[51] 보증인지위와 그 기초가 되는 보증인의무를 모두 부진정부작위범의 구성요건요소로 보는 Nagler의 보증인설을 토대로 한다. 보증인지위와 보증인의무는 사회관념상 일체화되어 이해되는 경우가 많으므로 일반적으로 구별이 어렵고, 이는 기술되지 않은 규범적 구성요건요소로 볼 수 있다는 것이다.

보증인의무의 인식면에서도 단순히 의무의 존부에 대하여 착오하는 것이 아니라 반드시 그 사실적 근거에 관한 인식을 통해 의무의 유무에 대한 인식 및 착오에 이르므로, 일반적으로 양자는 불가분이라고 볼 수밖에 없다고 한다. 보증인의무가 있다는 것을 인식하려면 보증인의무의 전제가 되는 의무의 내용에 대한 이해를 거쳐야 한다는 지적이다. 인식과정에 대한 판단근거 없이 의무에 대한 인식이 없다고 보기는 어렵고, 의무가 없다고 착오하는 경우도 특별한 사정에 기반하는 예외적인 경우라고 본다. 이에 따르면 작위의무 존재자체는 구성요건요소에 속하는 것이라고 할 수 있으며, 예외적으로 법적으로 인정되는 보증의무의 한계를 제한적으로 인정하여 자기에게 보증의무가 없다고 오신한 경우나 보다 높은 가치를 우월하다고 생각하여 자기행위에 대한 법적 평가를 그르친 경우에는 위법성 착오가 문제된다고 한다.[52] 정당화사유의 사실적 전제가 존재한다고 적극적으로 착오한 경우에도 구성요건착오로서 고의를 조각한다고 본다.

1.2. 보증인 지위와 의무의 관계

가. 위법성요소설의 한계

보증인지위와 보증인의무의 체계적 지위를 분리하는 입장을 취한다면, 보증인지위와 보증인의무는 각각 구성요건요소와 위법성요소로 나누어 검토하는 것이 수미일관

50) 이재상/장영민/강동범, 형법총론(제11판), 149면(법률의 착오); 이주원, 형법총론(제3판), 142면(위법성의 착오); 김일수/서보학, 형법총론(제13판), 359면(명령착오).

51) 김성돈, 형법총론(제8판), 581면. 일본은 山中敬一, 刑法総論(第3版), 247면.

52) 김성돈, 형법총론(제8판), 581면; 山中敬一, 刑法総論(第3版), 248면.

된다. 작위의무를 구성요건단계에서 검토하면 구성요건의 가치화를 초래하여 구성요건의 명확성이 상실된다고 보므로, 작위의무는 위법성요소로 검토해야 한다. 그런데, 구성요건단계에서 보증인지위나 보증인의무의 발생근거는 검토하면서도 책임단계에서 위법성의 요소로서 작위의무를 기술하는 경우는 찾아보기 힘들다는 점은 일본과 우리가 다르지 않다. 부진정부작위범에서 보증인 지위와 의무의 체계적 지위를 정면에서 다루는 경우에도 보증인의무는 구성요건단계에서 보증인지위와의 관계 속에서 검토된다. 보증인의무가 위법성요소에 해당한다고 선험적으로 정의해놓지만 위법성인식 또는 불법의식과 관련된 책임문제로서 보증인의무의 내용은 찾아보기 어렵다.

보증인의무를 위법성요소로 보는 이유는 구성요건은 사실적·객관적인 것이고 규범적인 것은 위법성요소라고 구분하는 데에서 비롯된다. 이는 규범적 구성요건요소를 배제하려는 종래의 구성요건이론에 기반한다. 일본의 구성요건이론은 우리와 차이를 보이고 특히 인과적 행위론의 영향을 많이 받아왔다. 구성요건은 되도록 사실적·객관적으로만 보려고 하고 규범적·평가적인 것들은 위법성에 관련된 것으로 남겨두려고 한다. 그 결과 구성요건에서도 규범적 요소는 인정하지 않으려는 입장이 견지된다. 보증인의무는 책임요소인 고의의 인식대상이 아니라는 전제에서 보증인의무에 대한 착오는 고의는 인정되고 책임만 조각되는 위법성착오가 된다고 본다. 이와 같은 체계적 이해에 대한 차이를 무시하고 그대로 원용하기는 어렵다. 그럼에도 독일에서 보증인 지위와 의무를 모두 구성요건요소로 파악하는 Nagler의 보증인설을 비판하는 와중에 종래 Welzel이 개방적 구성요건을 주장하면서 주의의무와 작위의무를 위법성요소라고 보았던 점을 일본과 마찬가지로 수용하여 오늘날까지 전승하고 있는 것은 아닌지 의문이 인다.

나. 보증인 지위와 의무의 견련성

보증인지위란 작위의무자로서 지위를 일컫는 말이다. 결과발생을 방지할 작위의무자가 곧 보증인이다. 작위의무는 보증인지위를 형성하는 규범적 명령으로서 특정 보증인지위에 결부된 규범상 의무로 이해된다. 행위자에게 부여된 법적인 의무로서 작위의무의 존재라는 것은 곧 행위자가 보증인지위에 있음을 의미한다. 보증인지위에 서면서 동시에 작위의무가 부여된다. 양자의 관계에 대해 보증인지위는 보증인의무의 기초가 되는 사실적·규범적 사정을 말하고 보증인의무는 보증인지위로부터 발생하는 구체적 결과방지 또는 위험발생방지 작위의무를 가리킨다거나,[53] 작위의무는 보증인지위를 인정하는 가장 중요한 요소이자 보증인지위의 근거가 된다고 보기도 한다.[54) 보증인이라는 행위자에 대하여 규범이 명령하는 실체는 보증인의무이며 그에 따른 수범자로서 형식은 보증인지위로 나타난다. 보증인의무를 통해 보증인지위가 규정되고, 보증인지위의 구체적 내용이 보증인의무라 할 수 있다. 어느 것이 어느 것의 기초가 되거나 근거가 되는지에 관해 기술하는 방식은 다르지만 그 의미는 한 가지로 귀결된다. 보증인 지위와 의무는 필요충분관계에 서며, 양자는 서로에게 분리가 불가능한 동전의 앞면과 뒷면과 같은 존재라는 것이다. 그렇다고 하여 양자가 사실상 동일한 개념이라는 의미는 아니다. 앞서 작위가능성은 작위의무의 전제가 되며 이때 작위가능성이란 일반적 작위가능성뿐 아니라 구체적 작위가능성임을 보았다. 보증인에게 작위의무가 인정되기 위하여는 결과를 방지하거나 회피할 일반적이고 객관적 작위가능성과 함께 구체적 개별적 작위가능성이 요구된다. 특히 보증인이 행위당시에 처한 행위상황을 고려할 때를 기준으로 한 구체적이고 개별적인 작위가능성에 대한 판단이 필요하다. 그에 따라 부작위 행위자는 작위가능성에 기반한 작위의무를 부담하는 보증인지위에 있는 자이다.

이처럼 보증인지위는 작위의무로부터 도출되고 보증인의무를 통해 충전되는 개념이다. 보증인지위란 보증인의무자로서 지위라는 말이 이 구조를 잘 설명하고 있다. 이러한 구조적 이해는 보증인의무와 보증인지위의 불가분적 관련성을 충분히 고려하여 그에 부합하도록 해석할 것을 요구한다. 서로를 충전하는 실질과 형식으로서 양자의 불가분적인 견련성은 보증인의 인식대상을 확인하고 그에 수반하여 착오를 판단하는 과정에서 특히 의미있게 고려되어야 한다. 보증인의무를 보증인지위와 함께 구성요건요소로 파악하는 일원적 이해는 이와 같은 양자의 불가분적 견련성에 기반하고 있다. 이 경우 부작위범에서 보증인에 관한 것은 지위이든 의무이든 기술되지 않은 구성요건요소로 파악할 수 있다. 보증인의무의 내용에 대한 인식 없이 보증인의무자로서 신분에 대하여 인식할 수 없다는 점에서 보증인 지위와 의무는 범죄성립의 같은 단계에서 검토되어야 한다. 그렇게 보면 보증인의무에 대한 착오를 사실에 대한 인식문제로서 구성요건 착오의 대상으로 삼는 것을 이해할 수 있다. 이처럼 체계적 지위에 관해 보증인의무는 보증인지위와 마찬가지로 구성요건요소로 보는 것이 타당하다. 이때 보증인의무는 오관의 작용을 통해 기술적으로 파악하기 어려운 규범

53) 김일수/서보학, 형법총론(제13판), 358면; 이주원, 형법총론(제3판), 141면.
54) 이재상/장영민/강동범, 형법총론(제11판), 139면.

적 표지에 해당하므로 이에 관한 착오는 규범적 표지에 관한 착오 일반과 마찬가지로 취급하게 된다.

2. 보증인의무에 관한 착오

2.1. 보증인의 착오

가. 보증인의 인식

과실 부작위범이 되는 경우를 제외하면 부진정부작위범의 성립에는 고의가 요구된다. 고의는 구성요건적 상황과 같은 부작위범의 객관적 구성요건요소에 대한 인식과 의사를 가리킨다. 이때 보증인지위는 기술되지 않은 구성요건요소로서 고의의 인식대상이 된다. 보증인지위는 구성요건요소이지만 보증인의무는 그렇지 않다고 보는 입장에서는 보증인의무는 고의의 인식대상이 아닌 것이 된다. 작위의무를 기초하는 사실과 작위의무의 존부를 구분하여 그 사실만 고의의 인식대상으로 보기도 한다. 즉 부작위범에서 고의는 작위의무를 기초로 하는 사실을 인식하고 있으면 인정되고 작위의무가 있다는 것을 인식하고 있을 필요는 없다는 것이다.[55] 이에 따르면 작위의무의 존부에 대한 인식은 고의의 인식대상이 아니므로 작위의무를 인식하지 못하였다고 하여 고의가 부정되지는 않는다. 이렇게 보더라도 보증인의무에 대한 착오는 위법성착오에 불과하게 된다. 그렇지만 고의의 대상으로서 보증인지위에 대해 인식한다고 하는 경우에도 보증인지위를 그 자체로 인식하는 것이 아니라 보증인지위를 기초하는 현실적 사정, 즉 행위사정(Tatumstände)으로서 보증인지위를 개별적이고 구체적으로 인식하는 것을 의미한다. 그런 점에서 보증인지위에 대한 착오도 보증인지위 자체를 대상으로 하는 착오가 아니라 구성요건을 기초하는 행위사정으로서 보증인지위에 대한 착오를 가리킨다.

부진정부작위범의 행위자에게는 본인이 부담하는 보증인의무에 관한 인식도 필요하다. 보증인 지위와 의무의 불가분적 관계를 고려할 때, 보증인의무에 대한 인식 없이 사실적 요소로서 보증인지위를 인식하기란 불가능에 가깝다. 보증인지위의 인식에는 보증인의무의 인식이 전제되거나 병행되고 있다. 앞서 보았듯이 보증인적 의무를 지는 지위에 서면서 결과발생을 방지하거나 회피할 가능성이 있을 때 행위자에게 작

---

55) 佐伯仁志, 注釈刑法(第1巻), 291면.

위의무가 발생된다. 작위의무에 관해 행위자는 보호나 감독 대상자에 대해 위험한 결과가 발생할 수 있다고 인식하면서 자신이 그 결과의 발생을 방지할 의무가 있다는 것을 인식해야 한다. 이는 고의에 필요한 보증인지위에 대한 인식이 구체적 사실에 기반해 자신이 결과불발생을 담보할 지위에 있다는 인식을 가리키는 것과 같은 모습이다. 구성요건단계에서 행위자에게 고의로 요구되는 것은 보증인지위의 전제이자 사실적 기초로서 이러한 작위의무를 인식하는 것이다. 사실에 기반한 작위의무의 인식과 무관하게 자기 행위의 불법성에 대한 잘못된 판단을 통하여 본인에게 작위의무가 없다는 결론에 이른 때에는 고의 인식문제가 아닐 수 있다. 이는 보증인의무에 관련된 사실 인식의 측면이 아니고 보증인의무에 관한 법적 평가에 근거한 행위자 판단을 의미한다. 그에 따라 보증인의무를 근거짓는 구체적 사실에 대한 인식과 그에 기반한 보증인의무의 존부에 대한 인식은 고의의 대상이 되고, 보증인의무에 관계된 사실과는 무관한 법적인 평가로서 보증인의무에 대한 위법성 판단은 고의의 대상이 되지 않는다고 구분할 수 있다.

나. 보증인지위에 대한 착오와 중첩관계

부진정부작위범의 특유한 성립요건으로서 보증인지위와 보증인의무가 밀접한 관련을 가지기 때문에 이들 사이에 착오가 일어나는 경우에도 그 구분이 문제된다. 더구나 보증인 지위와 의무에 관한 이원적 이해에 따르면 둘은 체계적 지위를 달리한다고 보아 서로 다른 착오로 귀속시키게 되므로 그 전제로서도 양자의 구분이 필요하다. 보증인의무를 위법성요소로 분리하는 입장에서는 보증인의무의 착오를 위법성 인식의 문제, 즉 법률의 착오로 처리하고자 한다. 보증인의무에 대한 착오를 보증인지위의 착오와 동일하게 구성요건착오에 기속된다고 보더라도 역시 두 착오는 구별의 실익이 있다. 보증인의무에 관한 착오는 구성요건착오로 볼 수 있지만 경우에 따라 금지착오로도 발현될 수 있기 때문이다.

보증인지위의 착오는 행위자가 보증인으로서 지위에 관한 사실을 잘못 인식하여 그 지위가 없다고 생각한 경우이다. 아이가 바닷물에 빠졌고 이를 구조해야 할 부모를 행위자로 보아 그 부작위를 평가해본다면, 보증인지위는 아이에 대한 사상의 결과발생을 방지하거나 회피해야 할 보증인의무를 부담하는 법적 의무자로서 부모라는 신분을 가리키게 된다. 만약 물에 빠진 아이가 자신의 자녀가 아니라고 오신하여 구조하지 않았고 그 결과 아이가 익사하게 되었다면, 그 부모는 결과의 불발생을 보증해야 할 자신의 신분에 대해 착오한 것이다. 이때 자신의 자녀가 아니라고 오신하게 된 이유에는 행위당시의 제반사정에 기반하여 사실적인 부문에서 자신의 자녀인지 여부에 관해 착오가 있을 것을 전제로 한다. 아이의 외양이라든가 행동이라든가 아니면 여타의 행위사정과 같은 사실적 상황에 기반해 행위자가 객체나 객체가 처한 상황을 혼동하여 본인의 보증인지위를 오신하는 경우이다. 구체적으로는 다른 집 아이라고 오해한 경우, 장난치는 것으로 오해한 경우, 구조가 불가능하다고 오해한 경우, 다른 사람이 구할 것으로 오해한 경우 등이 모두 보증인지위에 관한 착오로 예시된다.[56] 여기서는 객관적 구성요건요소 가운데 구조대상에 관한 사실측면에서 오인으로 인해 보증인이라는 자신의 신분을 착오했다고 볼 수 있다. 고의 조각이나 과실범이 문제되는 구성요건착오에 해당한다.

그런데, 이렇게 보면 부진정부작위범의 규범적 표지로서 보증인지위에 관한 착오는 보증인이 보증인지위나 보증인의무에 관해 사실인식면에서 일으킨 거의 모든 오인을 대상으로 하게 된다. 보증인 지위와 의무는 발생근거에 관한 논의에서 살펴보았듯이 사실상 동일한 실체에 대한 다른 차원의 인식일 뿐이다. 보증인지위가 보증인의무의 근거가 되는지, 아니면 그 반대인지조차도 혼용되고 있으며, 보증인지위가 발생하는 사실적 기초는 보증인의무의 사실적 기초와 같은 지점을 가리킨다. 위 사례들에서 구조가 불가능하다고 오해한 경우나 다른 사람이 구할 것으로 오해하여 구조로 나가지 않은 경우를 보면 이는 자신이 결과불발생을 보증하여야 할 신분에 있지 않다고 오신한 보증인지위에 관한 착오에 해당한다고 할 수 있다. 한편으로는 현재 구조대상인 아이에게 벌어진 위험한 행위상황에 대한 잘못된 인식에 기반하여 객관적으로 구조가 가능했음에도 구조가 불가능하다고 여기거나, 자신이 쉽게 구할 수 있음에도 구조요원과 같은 다른 사람이 구할 것으로 오신한 상황으로 생각해볼 수도 있다. 그 결과 행위자의 작위능력에 기반한 작위가능성 측면에서 자신에게 결과를 방지할 의무가 없다고 여겨 보증인의무를 착오한 경우로도 평가할 수 있다. 이처럼 보증인지위에 관한 착오는 보증인의무의 착오와 같은 대상을 가리키거나 중첩되어 발생할 수 있다. 그런데 행위자에게 착오가 발생한 부분이 보증인으로서 지위에 관련되는지 의무에 관련되는지 하는 실질적 내용을 살피기보다는 착오가 발생한 지점이 사실적 요소인가 평가적 요소인가를 나누어서 보증인에 관한 사실 오인은 구성요

---

56) 오영근/노수환, 형법총론(제7판), 211－212면.

건착오이자 보증인지위에 관한 착오로 의율하고 있다.

사실에 대한 오인 가운데에는 작위의무의 기초가 되는 구체적 내용에 대한 인식이 없거나 잘못된 경우가 있을 수 있다. 또, 작위의무를 기초짓는 사실을 토대로 작위의무가 존재하지 않는다고 여긴 경우에도 사실에 기반한 착오로 볼 수 있다. 부작위범에서 보증인의무에 관한 착오는 그 중첩성으로 인하여 보증인지위에 대한 착오로 연결될 수 있다. 행위자에게 작위의무의 존부나 범위에 대한 사실적 인식은 사정에 따라 자신이 보증인지위에 있는지에 대한 판단에 직결될 수 있기 때문이다. 그러나 보증인의무에 관련된 사실임에도 불구하고 이것이 보증인에 관한 '사실'이라는 점에 착안하여 구성요건착오로서 보증인지위에 관한 착오로 자동 전환된다고 보는 점은 불합리하다. 우리가 구성요건착오라고 할 때 행위자 인식의 방향은 구성요건표지 자체에 있지 않다. 구성요건표지에 해당하는 현실적 사정에 관한 행위자 인식면에서 발생한 문제가 구성요건착오로 취급된다. 그런 점에서 보증인의무 자체와 보증인의무를 기초짓는 사실을 구분하여 후자만 구성요건착오로 보는 것은 이해하기 어렵다. 행위자의 인식면에서는 보증인의무와 그 기초사실을 분리하기도 어렵거니와 보증인의무를 기초짓는 현실적 사정에 관한 착오는 보증인지위가 아니라 보증인의무에 대한 착오이기 때문이다.

2.2. 보증인의무에 관한 착오의 양면성

가. 사실 인식의 착오와 법적 평가의 착오

보증인의무에 관한 착오는 사실과 무관한 법적 평가에 관한 착오가 있을 수 있지만, 작위의무를 형성하는 내용이나 근거, 보증인의무의 존재나 범위에 관하여 발생하는 인식의 문제도 적지 않다. 사실에 대한 인식 없이 의무를 인식하는 것은 쉽지 않기 때문에 보증인의무에 관한 착오의 많은 경우는 보증인의무를 둘러싼 사실에 대한 인식문제에 기인한다. 그런 점에서 보증인의무에 관한 착오는 기본적으로 구성요건착오가 된다. 보증인의무가 구성요건착오라는 것은 보증인의무를 기초지우는 사실적 사정에만 국한되지 않고 사실에 터잡은 의무의 존부에 관한 인식 착오도 포함한다. 즉 부진정부작위범에서 그 구성요건적 사실에 기반한 보증인의무의 존부에 관한 착오도 구성요건착오로 보아야 한다. 작위의무의 존재에 관련된 사실이라면 사실적 사정이든 법적 사정이든 묻지 않는다. 부작위범에서 보증인에 관한 것은 지위든 의무든 모두 기술되지 않은 규범적 구성요건요소이다. 보증인의무를 보증인지위와 같이 구성요건요소로 본다면, 착오의 정서도 그에 따라 처리되어야 한다. 보증인의무는 규범적 표지에 해당하므로 이에 관한 착오는 규범적 표지에 관한 착오로서 보증인지위에 관한 착오와 마찬가지로 일차적으로 구성요건착오로 볼 것이다. 행위자가 착오한 방향면에서 보증인 의무나 지위의 사실적 착오로서 성격은 유사하지만, 사실과 평가라는 차원을 고려할 때 보증인의무의 착오는 보증인지위의 착오와 다른 모습을 보인다. 즉 보증인의무의 착오는 위와 같은 사실에 관한 착오로만 발현되는 것은 아니다.

사실에 대한 인식과 무관하게 작위의무 자체에 관한 법적 평가를 잘못한 경우에는 달리볼 수 있다. 작위의무에 대한 규범적 평가를 통해 명령규범으로서 작위의무가 없다고 판단한 경우이다. 앞선 사례에서 바닷물에 빠진 자녀에 관해 부모로서 보증인지위와 작위의무를 발생시키는 작위능력이나 작위가능성과 같은 기초사실은 제대로 인식하면서도 입양된 자녀에 대하여 친생부모에게는 구조의무가 없다고 법적 평가를 오인한 경우를 들 수 있다. 행위자인 부모가 물에 빠진 자녀에 대해 그 아이가 자신의 자녀라는 사실은 제대로 인식했지만, 어떤 이유에서인지 양자로 간 자녀에 대한 구조의무는 발생하지 않는다고 잘못 평가한 사안이다. 이는 행위자가 보증인의무에 대한 법적 평가를 잘못하여 본인이 불법을 행한다는 인식, 즉 위법성인식이 없었던 경우이다. 이때는 작위의무에 관한 사실 인식에는 문제가 없고 불법에 관한 인식, 즉 위법성 인식만 문제되고 있다. 사실과 무관하게 법적 의무에 관하여 소극적으로 평가하여 의무가 없다고 오인한 것이다. 구성요건적 사실에 대한 오인식의 개재가 없거나 행위사정에 관한 오인식이 법적 평가에 영향을 미치지 않은 경우라 할 수 있다. 이는 작위의무에 관한 착오이지만 작위의무에 관한 법적 평가의 착오로서 법률의 착오에 해당될 수 있다.

나. 규범적 표지의 착오

보증인의무에 관한 착오는 규범적 구성요건요소로서 구성요건착오와 금지착오의 길로 갈 수 있음을 살펴보았다. 규범적 표지는 행위자가 인식할 대상의 측면에서 사실과 평가가 혼재된 것이 특징이다. 사실적 표지라고 하여 평가적 요소가 전혀 없다고는 할 수 없지만, 규범적 표지에서 평가적 요소가 두드러진다. 규범적 표지에서는 해당 표지가 갖고 있는 사회적 법적 의미를 행위자가 인식할 것이 요구된다. 주지하듯 일반 수범자로서 행위자가 해당 구성요건표지가 갖는 사회적 법적 의미를 전문가 수준에서 이해하여 인식하기란 사실상 불가능에 가깝다. 이를 그대로 인정한다면 규범적 표지에 관한 한 고의를 인정하기가 매우 어렵게 된다. 그에 따라 규범적 표지에서는 인식의 정도를 완화하여 비전문가인 문외한의 입장에서 일반인과 평행한 평가를 했다면 구성요건적 고의에 요구되는 인식이 충족된 것으로 보려고 한다. 보증인의무는 부작위범의 구성요건요소이지만 작위범을 부작위로 실행한다는 부진정부작위범의 특성을 고려할 때 해당 작위의무가 구성요건에 기술되어 있을 것을 상정하기는 어렵다. 그래서 기술되지 않은 구성요건요소로 남게 되지만 보증인이 인식해야 하는 것은 구성요건에서 기술여부와 별개로 관념적인 작위의무 그 자체는 아니다. 해당 구성요건이 예정하는 보증인의무에 해당하는 현실적인 의무에 대한 사실적 법적 사정이다.

구성요건과 같은 규범에 대한 착오는 규범의 존재와 범위 또는 한계에 대한 것이 있고, 구성요건에 기술된 범죄성립요건에 대응하는 행위사정에 대한 것이 있다. 보증인의무에 관한 착오도 의무의 존재와 범위에 대한 것과 의무를 근거지우는 구체적인 행위사정에 대한 것이 있을 수 있다. 규범에 관한 행위자의 착오는 현재까지 통용되는 형법상 착오의 구별기준에 따라 사실에 관한 것과 평가에 관한 것으로 나누어 구성요건착오와 금지착오로 정서된다. 즉 사실의 오인식에 관한 것은 구성요건착오로 하고, 사실은 제대로 인식하였지만 법적 평가를 그르친 경우에는 금지착오로 구분한다.[57] 그런데 어떤 경우에는 사실 인식 문제에 해당되지만 이로 인해 규범적 평가에도 영향을 미치는 경우가 있다. 즉 사실과 평가 양면에 걸쳐서 착오가 발생하는 수가 있다.[58] 이는 착오의 구별기준에 따르더라도 구성요건착오이면서 금지착오인 상태를 가리킨다. 이런 점을 고려한다면, 규범에서 금지하는 것에 대한 잘못된 인식으로 위법하지 않다고 여기는 경우 가운데에는 사실에 대한 오인식으로 자신의 행위가 구성요건에 해당하지 않는다고 여기는 경우가 포함될 수 있다.[59] 즉 구성요건착오는 때로는 금지착오를 동반한다. 구성요건착오가 구성요건요소에 대응하는 행위사정에 대한 착오이지만 그 결과로 행위자는 구성요건해당성에 관해 착오하게 된다. 구성요

57) 장성원, “구성요건착오와 금지착오의 구별: 구성요건착오의 도출을 중심으로”, 형사법연구(제25권 제2호), 2013, 34면.

58) 규범적 표지에서 포섭착오 문제는 장성원, “범죄체계론의 변화에 따른 포섭착오의 정서: 고의 및 위법성인식의 체계적 지위와 포섭착오”, 경북대 법학논고(제49집), 2015, 550면 이하 참조.

59) 착오의 중첩 논의로 장성원, “법률의 착오에 관한 판례의 경향”, 형사법연구(제35권 제1호), 2023, 138면.

건해당성은 위법성을 징표할 뿐만 아니라 법질서 전체의 관점에서 위법여부를 판단하는 위법성의 구체적 실례가 된다. 그에 따라 구성요건착오에 해당하는 자는 금지착오에 해당하는 자일 수가 있다. 보증인의무에 관해 착오한 경우에도 규범적 표지의 속성으로 인해 양가적인 착오의 모습을 보일 수 있으며, 이는 우선적으로 구성요건착오로 처리되어야 한다.

Ⅳ. 구성요건착오로서 보증인의무의 착오

형법 구성요건에 해당하는 결과의 발생을 방지하여야 할 보증인지위에 있는 자는 결과가 발생하지 않도록 보증해야 할 법적 의무가 있고 그때 부작위가 작위에 의한 법적 구성요건의 실현에 상응한 것인 경우에는 부작위범으로 처벌된다. 작위범을 부작위로 실행하는 부진정부작위범은 작위범과 달리 이와 같은 보증인지위와 보증인의무가 구성요건요소로서 요구된다. 보증인지위와 보증인의무는 불가분적 관련성을 맺고 보증인이 갖는 행위주체로서 신분과 보증인이 부담하는 작위의무가 결합되어 부작위범의 구성요건적 행위를 기초한다. 보증인지위는 보증인의무를 부담하는 자의 신분적 특성을 가리킨다. 보증인의무는 보증인지위에 있는 자가 부담하는 행위의무이다. 보증인에게서 의무와 지위는 사실상 결과발생을 방지하거나 회피해야 한다는 부작위범 구성요건의 실체를 나타내는 서로 다른 이름이라 할 수 있다. 보증인의무가 보증인지위와 맺는 특수한 관계는 행위자 인식의 측면에서도 쉽게 대비된다. 바로 의무라는 근거에 기초하지 않고 신분을 인식하기 어렵다는 점이다. 이러한 점에서도 보증인의무는 보증인지위와 범죄성립요건상 동일한 단계에서 검토할 필요가 생긴다.

그와 동시에 보증인의무는 법적 의무로서 그것이 법령에 의한 것이든 계약에 의한 것이든 조리에 의한 것이든 상관없이 행위자에게는 기본적으로 사실에 기초하여 인식된다. 행위자가 착오하는 장면은 보증인의무에 관련된 법적 평가라는 추상적이고 관념적인 부분을 향할 때도 있지만, 대개는 보증인의무를 근거짓는 구체적 사실에 관한 오인식에 머무른다. 행위자로서는 보증인의무에 관계된 사실에 대한 인식을 통해 보증인의무의 내용을 파악하고 그에 따라 보증인의무의 존부와 한계를 설정하게 된다. 보증인의무를 근거짓는 사실로서 보증인에 관한 사실적 법적 사정은 그것이 사실이라는 이유로 보증인지위의 문제로 전환되어서는 안 된다. 부작위범의 구성요건에 해당하는 사실에 대한 인식의 문제는 그것이 보증인지위의 내용이든 보증인의무의 내용이든 차별없이 구성요건단계의 문제로 처리해야 한다.

형법은 고의가 조각되는 사실의 착오의 대상은 죄의 성립요소인 사실로 제한하면서, 그 사실에 대하여는 착오가 없이 자신의 행위가 죄가 되지 아니한다고 오인한 때에는 정당한 이유를 전제로 책임이 조각되는 법률의 착오로 본다. 보증인의무에 관한 착오를 구성요건착오로 본다면 고의가 조각되어 과실범이 되거나 범죄가 불성립하게 된다. 금지착오로 보면 구성요건적 고의는 인정되고 위법성인식 여하에 따라 책임단계의 문제로 넘어가게 된다. 범죄가 불성립할 수 있다는 점에서 금지착오는 구성요건착오와 마찬가지 결과에 이른다 하더라도, 그 범죄불성립의 원인이 범죄성립의 어느 단계에 위치하느냐에 따라 위법성조각이나 공범성립 등 여러 방면에서 차이를 가져온다. 구성요건착오로 보게 된다면 행위자에 대해 유리한 취급을 할 수 있다는 점에서도 실익이 있다.

보증인지위와 보증인의무는 보증인이라는 부진정부작위범의 행위자를 표현하는 겉과 속이며 같은 실체에 대한 다른 차원의 표현이다. 양자의 불가분적 견련성에 기반할 때 그에 관한 착오도 분리하기 어렵다. 보증인의무에 관한 착오는 대체로 의무를 발생시키는 사실에 기반하고 있어 이는 구성요건적 사실에 관한 착오로 볼 수밖에 없다. 보증인의무를 위법성요소로 보는 입장은 보증인의무를 기초짓는 사실에 관한 오인을 구성요건착오로 보면서도 이를 보증인지위로 연결시켜 보증인의무의 착오가 아니라 보증인지위에 관한 착오로 의율하는 우회방식을 쓴다. 보증인의무의 착오는 작위가능성을 전제로 하여 작위의무를 발생시키는 사실에 관한 착오이자 보증인지위의 근거를 충전하는 사실에 관한 착오이다. 작위의무에 대한 평가를 잘못한 경우에도 이것이 사실에 기반하는 경우에는 규범적 표지에 관한 착오 일반과 마찬가지로 구성요건착오로 보아야 한다.

제 9 장

(부작위에 의한) 사기죄 구조의 재검토의 단초

(부작위에 의한) 사기죄 구조의 재검토의 단초

김 정 현*

** 석사 입학부터 박사 졸업까지 연구실 막내 방돌이였던 10년 –되돌아보니 저의 가장 찬란했을 청춘 10년– 의 대부분은 교수님과, 그리고 형법 이야기와 함께였습니다. 넘쳐 흐르던 책과 연구실을 가득 메운 프린트물 틈에서도, 길거리에서도, 프랑스 식당에서도, 이른 새벽인지 늦은 새벽인지 분간하기 어려운 시간에도... 그 어떠한 시간과 장소도 불문했던, 열정 넘치는 형법 이야기, 전혀 다른 주제의 이야기로 시작했지만 언제나 형사법 토론으로 끝났던 수백 수천 시간을 떠올려봅니다. 가르침이라는 단어만으로는 설명되지 않는 충만한 시간이었습니다.*

추운 관악의 겨울 늦은밤과 주말에도 아랑곳않고 열강하시던 교수님 수업을 들으면서, 하나의 도서관 같던 교수님 연구실에서 밤늦도록 불을 밝히고 공부하면서, 어디에서도 들을 수 없는 번뜩이는 아이디어를 세상 행복하게 말씀하시는 것을 보고 들으면서, 교수님 같은 학자가 되어야겠다고 무수히 다짐해왔는데, 그것이 결코 녹록지 않은 일이라는 것을 절감하는 요즈음입니다.

l'esprit simple. 이 글의 마감을 앞두고 길을 걷다가 왜인지 오랜만에 문득 떠오른 단어입니다. 아마 석사시절에 교수님께서 이야기해주셨던 개념으로 기억합니다. 개인적인 지향점으로 삼아 번잡한 것들을 정리하고 집중하여 매진할 때라는 생각이 듭니다.

지금도 연구에 날카롭게 매진하시어 무궁무진한 주제로 말씀 주시는, 여전하신 교수님의 고희를 감축드리며, 산수연에도 여전하시기를 바라봅니다. 부끄러운 글이지만 이 주제로 나누었던 말씀과 시간을 추억하며 이 글을 교수님께 올립니다.

---

* 서울대학교 법무팀장(변호사)/법학박사

*** 이용식 교수님의 뜻에 따라, 이 논문집에서는 기존 법학논문의 틀을 깨는 형태의 글이 장려됨을 전제로, 아래 글에서는 약간씩을 시도해보았습니다.*

1. 들어가며

우리 형법 제347조 제1항은 "사람을 기망하여 재물의 교부를 받거나 재산상의 이익을 취득한 자는 10년 이하의 징역 또는 2천만원 이하의 벌금에 처한다."고 하여 사기죄를 처벌하고 있다. 사기죄의 핵심적인 구성요건요소인 '기망(행위)'에 대하여, 대법원은 "사기죄의 요건으로서의 기망은 널리 재산상의 거래관계에서 서로 지켜야 할 신의와 성실의 의무를 저버리는 모든 적극적 또는 소극적 행위를 말한다"고 한다.1) 대다수의 문헌 또한 '기망'의 수단과 방법에는 제한이 없고, 기망의 방법에 대하여 작위 및 부작위에 의해 모두 가능하다고 쓰고 있다.2)

이러한 학계와 판례의 입장을 간략히 요약해보면, 사기죄의 기망행위에는 일반에게 착오를 일으킬 수 있는 모든 행위가 포함되고, 기망의 형태는 통상적으로 명시적, 묵시적인 것을 불문하고, 작위와 부작위도 불문한다는 취지로 이해된다.

이와 같이 학설과 판례 모두는 사기죄의 기망행위의 수단과 방법에 제한이 없어 그 태양이 작위이건 부작위이건 불문하고 가능하다고 하면서도, 굳이 다시 기망행위의 태양에 기초하여 사기죄를 작위에 의한 사기죄와 부작위에 의한 사기죄를 구별하여 설명한다. 그리고 나아가 다시 통설과 판례의 표현을 빌자면, 적극적이건 소극적이건 그 행위태양과 무관하게 사기죄의 성립요소로서 기망행위는 널리 거래관계에서 지켜야 할 신의칙에 반하는 행위로서 사람으로 하여금 착오를 일으키게 하는 것을 말한다.3)

---

1) 대법원 2000. 1. 28. 선고 99도2884 판결; 대법원 2020. 6. 25. 선고 2018도13696 판결; 대법원 2023. 6. 29. 선고 2022도16422 판결 등.
2) 김성돈, 형법각론(제9판), 박영사, 2024, 368면; 김일수/서보학, 새로쓴 형법각론(제9판), 2020, 박영사, 341면; 오영근, 형법각론(제6판), 2021, 박영사, 309면; 이재상/장영민/강동범, 형법각론(제13판), 2023, 박영사, 337면 등.
3) 이재상 외, 형법각론, 337면; 대법원 1992. 9. 14. 선고 91도2994 판결; 대법원 2000. 1. 28. 선고 99도2884 판결; 대법원 2005. 5. 26. 선고 2002도5566 판결; 대법원 2017. 2. 16. 선고 2016도13362 전원합의체 판결 등.

2. 기망행위의 분류

그렇다면 다시 사기죄에서 행위태양은 큰 의미를 가지지 않는 것으로 볼 수도 있을 것 같은데, 동시에 부작위에 의한 기망은 작위에 의한 기망과 구별되어 다루어지는 것도 같다. 먼저 아래에서는 사기죄 교과서적 차원에서 부작위에 의한 사기죄를 어떻게 서술하고 있는지를 살펴본다. 대부분의 문헌은 대체로 기망행위의 형태를 명시적인 것, 묵시적인 것, 그리고 부작위에 의한 것의 세 가지로 나눌 수 있음을 언급한다.[4)]

(1) 명시적 기망행위

먼저, 명시적 기망행위는 언어에 의하여 객관적 진실에 반하는, 허위의 주장을 하는 경우로, 진실에 반하는 사실이 표현의 객체로 되어 기망행위가 되는 경우이며, 기망의 가장 전형적인 예라고 분류된다.

(2) 묵시적 기망행위 – 부작위에 의한 기망과의 구별

이와 달리, 묵시적 기망행위는 허위의 주장을 언어에 의하여 표현하는 것이 아니라, 행동을 통하여 설명하는 경우를 의미한다. 묵시적 기망행위와 아래에서 볼 부작위에 의한 기망행위는 구별되는 개념으로, 묵시적 기망행위는 명시적 기망행위와 함께 작위에 의한 기망행위의 한 형태로 보고 있다.[5)] 이 묵시적 기망행위는 행위자의 전체행위가 설명가치를 가질 때에 인정되는데, 그 행위가 어떤 설명가치를 가지는지는 사회통념에 따라 결정된다고 한다.[6)]

식당에서 음식 대금의 지불능력과 지불의사 없이 음식을 주문하고 식사를 마친 사람이 대금을 지급하지 않고 식당을 떠난 경우, 즉 무전취식의 경우가 대표적인 묵시적 기망행위의 형태로 이해되고 있다.

---

4) 김성돈, 형법각론, 368면 이하; 김일수/서보학, 형법각론, 341면 이하; 오영근, 형법각론, 310면 이하; 이재상 외, 형법각론, 337면 이하; 최호진, 형법각론, 2022, 박영사, 439면 이하 등.

5) 오영근, 형법각론, 310면은 묵시적 기망은 작위에 의한 기망이므로, 사실을 고지해야 할 보증인적 지위나 의무, 동가치성 등을 논할 필요가 없다고 한다.

6) 이재상 외, 형법각론, 337면.

(3) 부작위에 의한 기망행위

부작위에 의한 기망행위는 통상 행위자가 적극적인 기망행위에 나아가는 것이 아닌 고지의무 있는 사실에 대하여 침묵하는 것을 일컫는다.

묵시적 기망과 부작위에 의한 기망이 구별됨을 전제로, 그 차이점을 살펴보면 묵시적 기망은 행위자의 행위로 인하여 상대방이 착오에 빠진 경우에 문제된다면, 부작위에 의한 기망은 행위자와 무관하게 상대방이 착오에 빠져있는 경우에 문제된다.7)

즉, 예컨대 위의 무전취식의 경우가 묵시적 기망행위에 해당한다면, 가게 주인이 착오로 거스름돈보다 많은 돈을 거슬러 주는 경우, 가게 주인의 착오는 행위자(손님)와 무관하게 이루어진 것이므로 부작위에 의한 기망이 문제된다.8)

사기죄를 부진정부작위범으로 보는 통설적 입장에서는 부작위에 의한 기망이 인정되기 위해 행위동가치성, 보증인지위, 보증인의무를 요하게 되고, 보증인적 의무는 법령, 계약, 선행행위는 물론 신의성실원칙에 의하여도 발생한다고 한다.9)

3. 명시적 기망 – 묵시적 기망 – 부작위에 의한 기망의 구별에 대한 문제제기

통설적 입장에 따라 기망행위를 명시적 기망행위, 묵시적 기망행위, 그리고 부작위에 의한 기망으로 나누었을 때, 명시적 기망행위의 경우 행위자가 진실에 반하는 정보를 피해자에게 고지하므로 기망행위는 비교적 쉽게 인정될 것이다. 그러나 진실에 반하는 정보를 알리는 것이 아니라, 진실을 전달하지 않은 경우, 즉 침묵한 경우인 묵시적 (작위) 기망행위와 부작위에 의한 기망행위의 구별은 언제나 명확한 것은 아니다. 그럼에도 두 기망행위의 양태를 구별하는 것의 의미는, 먼저 통설적 입장에서는 묵시적 기망행위, 즉 작위에 의한 사기죄의 경우 행위의 동가치성, 행위자의 보증인적 지위 및 보증인 의무를 검토할 필요가 없는 반면,10) 부작위에 의한 기망행위가 사기죄를 구성하기 위하여는 행위자가 착오를 제거해야할 보증인지위에 있을 뿐 아니라, 그 부작위가 작위에 의한 기망행위와 동가치를 가질 것을 요한다는 것, 즉, 그 구성요건해당성을 판단하는 요소가 달라진다는 것에 있다.

7) 오영근, 형법각론, 310면.
8) 오영근, 형법각론, 310면.
9) 이재상 외, 형법각론, 340면.
10) 이재상 외, 형법각론, 340면.

이를 구체적으로 언급한 문헌은 많지 않으나, 작위와 부작위에 관한 다수설적 입장을 따르면 부진정부작위범에서 작위에 의한 기망의 성부를 검토하고, 그것이 성립되지 않으면 보증인적 지위 및 의무가 인정되는 경우에 부작위에 의한 기망을 검토하게 될 것이다. 그렇다면 묵시적 기망행위의 경우, 행위자의 명시적 언어를 제외한 '태도'에 어떤 사실이 표시되어 있다고 해석하여야 하는지가 문제될 것이고, 행위자가 묵시적으로 표시한 내용은 각각의 구체적 거래에서 객관적으로 표시된 당사자의 거래목적 등에 의하여 결정된다 할 것이다.

그렇다면 작위범인 묵시적 기망행위의 경우 행위자의 행위나 태도가 일정한 의사를 내포하고 있다고 할 수 있을 텐데, 이는 부작위에 의한 기망의 경우에도 마찬가지로, 부작위자에게 그와 같은 의사의 내용이 내포되지 않는다고 단언하기는 어려울 것으로 보인다.

예컨대 호텔에 숙박하고 있는 투숙객이 1일의 숙박료를 지불할 의사와 능력 없이, 이를 호텔에 말하지 않고 1박을 하겠다고 체크인 한 후 이틀간 연박한 경우 −그 투숙객이 숙박 2일째에 아무것도 하지 않고 방에서 자고 있었을 뿐이어도(부작위)− 그에게는 그 호텔을 떠나지 않고 머무름으로써 2박 째에도 숙박계약을 연장하겠다는 의사가 표시된 것으로 볼 여지가 있다.[11] 이렇게 보면 작위 침묵에 의한 기망행위뿐 아니라 부작위 침묵에 의한 기망행위도 묵시적인 의사표시가 인정되는 경우도 존재한다고 볼 여지가 있고, 그렇다면 작위 침묵과 달리 부작위 침묵의 경우에만 추가적으로 보증인적 지위와 의무를 필요로 볼 이유 또한 불분명해진다.

또한 묵시적 기망의 경우 의사표시가 명시적이지 않음에도 불구하고 거기에 추정적인 의사(표시)가 있다고 보는 것은 애매하다. 무전취식의 경우 행위자는 주문시에는 어떤 음식을 주문할지에 대하여 명시적으로 표시하였으나 대금지불에 대해서는 의사를 표시하지 않았는데, 다수설적 입장에 따르면 이 주문행위에 대금지불의사까지 (당연히) 포함된다고 보고 있다. 그러나 이는 의사표시가 추단된다기보다는 사회 통념 내지 통상적 거래 관습의 내용에 가까운 것은 아닐까 한다. 만약 그 손님이 이미 같은 식당에서 여러차례 무전취식을 한 전력이 있고, 이번에도 무전취식의 목적으로

---

11) 저당권 또는 가등기 설정 사실을 고지하지 아니한 부동산의 처분, 피보험자가 질병을 감추고 보험계약을 체결한 경우, 무전취식이나 무전숙박의 경우 등을 모두 부작위에 의한 기망행위로 해석해 온 과거의 다수설로 유기천, 형법학(각론강의), 법문사, 2012, 239면; 황산덕, 형법각론(제6정판), 방문사, 1992, 299면.

주문하였으며 식당 직원도 그 손님이 무전취식을 의도하고 있다고 추측하고 있는 경우라면, 그 주문행위에 대금지불 의사표시가 반드시 포함되어 있다고 보기는 어렵다.

위의 맥락에서 묵시적 기망과 부작위 기망의 한계선상에 있는 사안의 사기죄 성립여부를 보다 분명하게 해볼 수는 없는가, 나아가 과연 기망행위의 이러한 세 가지 분류가 사기죄의 검토를 위해 반드시 필요한 것인가에 대한 의문을 품고 아래의 검토를 진행해본다.

4. 기망행위에 대한 통일적 접근 시도 – 진실할 의무의 위반

(1) 독일의 의무범론적 접근

독일에서도 다수설적 입장은 사기죄의 기망행위를 명시적, 묵시적(추단적), 부작위에 의한 기망 세 가지로 나누는데, 특히 추단적 기망행위와 부작위에 의한 기망행위 혹은 세가지 모두를 통일적인 원리 하에서 파악하여 사기죄를 의무범으로 보는 견해가 제시되고 있는 것으로 보인다.

Lackner는 추단적 기망을 사실적인 것이 아닌 규범적인 것으로 파악하여야 한다고 하는데, 구체적으로는 은닉된(명시되지 않은) 사실로부터 불이익이 발생할 위험을 행위자와 피기망자 중 누가 부담하는지에 대한 규범적 판단에 따라, 행위자가 고지의무(설명의무)를 부담하는지를 정하고, 그 고지의무의 위반이 존재할 경우 묵시적 기망인지 부작위 기망인지를 불문하고 기망행위라고 인정하게 된다.[12)]

한편, Pawlik은 사기죄 피해자의 '진실을 요구할 권리'와 기망행위자의 '진실고지의무'를 중심으로 논의를 전개하여, 피해자의 착오 시정이 행위자의 영역에서 이루어졌는지 여부를 기준으로 기망행위의 성립여부를 검토하였다.[13)]

그리고 Frisch는 기망행위를 진실을 요구하는 권리의 침해로 이해해야 한다고 한다.[14)] 당해 거래의 전제가 되는 상황이나 사태에 대해 더 이상 명시적인 설명이 필요없고 그 사태를 의문시할 필요도 없다고 생각되는 경우에 그 진실의무가 인정된다고 하는데, 이때 중요한 것은 피해자의 처분행위에 있어 그 의무가 중요한 것이어야

12) Lackner, Strafrecht BT, 10. Aufl., 1988, §263 Rn. 28.
13) Pawlik, Das unerlaubte Verhalten beim Betrug, Heymann, 1999, S. 75f. Fn. 18.
14) Frisch, Konkludentes Täuschen. Zur Normativität, Gesellschaftsbezogenheit und theoretischen Fundierung eines Begriffs(Jakobs 고희기념 논문집), Heymanns, 2007, S. 97f. Fn. 24.

한다는 것이다.

Kindhäuser는 사기죄의 자유침해의 성격을 중시하여, 피해자의 진실을 요구할 권리를 침해하는 행위에 한하여 사기죄의 성립이 인정되며, 사기죄의 보호법익은 재산 자체뿐 아니라 재산을 처분할 자유도 포함된다고 보는 견해를 취한다.[15] 이에 따르면 사기죄에 있어 재산상의 손해는 결과반가치의 내용을 구성한다면, 재산처분의 자유에 대한 침해는 행위반가치의 내용을 구성한다 할 것이다. 진실의무위반은 바로 이 행위반가치의 기초로서 요구되는 것으로 보인다.

위와 같이 주장하는 학자나 견해마다 일부 차이가 있는 것으로 보이는데, 그 기본적인 사고방식은 묵시적 기망과 부작위에 의한 기망을 아우르는 원리를 주장한다는 점에서는 유사하다고 이해된다. 요컨대, 공통적으로 기망행위를 진실의무의 위반행위 그 자체로 해석하는 것으로 보인다.

(2) 다시, 개념과 판단의 혼돈

우리의 경우 부작위에 의한 사기죄에 대한 의무 내용을 구성해보자면 주로 판례가 사용하는 '고지의무'가 아닌가 한다. 예컨대 "사기죄의 요건으로서의 기망은 널리 재산상의 거래관계에 있어 서로 지켜야 할 신의와 성실의 의무를 저버리는 모든 적극적 또는 소극적 행위를 말하는 것인바, 거래의 상대방이 일정한 사정에 관한 고지를 받았더라면 당해 거래에 임하지 아니하였을 것임이 경험칙상 명백한 경우 그 거래로 인하여 재물을 수취하는 자에게는 신의성실의 원칙상 사전에 상대방에게 그와 같은 사정을 고지할 의무가 있다고 할 것이므로 이를 고지하지 아니한 것은 고지할 사실을 묵비함으로써 상대방을 기망한 것이 되어 사기죄를 구성한다."[16]거나, "사기죄의 요건인 기망에는 재산상의 거래관계에서 서로 지켜야 할 신의와 성실의 의무를 저버리는 모든 적극적 또는 소극적 행위가 포함되고, 소극적 행위로서의 부작위에 의한 기망은 법률상 고지의무 있는 자가 일정한 사실에 관하여 상대방이 착오에 빠져 있음을 알면서도 이를 고지하지 아니하는 것을 말한다."[17]는 등, 요컨대 법률상 내지 신의칙상 고지의무가 발생하였는데도[18] 그에 위반하여 침묵함으로써 고지하지

15) Kindhäuser, Täuschung beim Betrug, ZStW 103(1999), S. 398ff.
16) 대법원 1996. 7. 30. 선고 96도1081 판결 등.
17) 대법원 2017. 4. 26. 선고 2017도1405 판결 등.
18) 고지의무의 발생 원인을 신의성실의 원칙에서 도출해내는 것에 대한 논의는 별도의 큰 쟁점을 이룬다.

않으면 부작위에 의한 기망이 성립한다고 한다. 학설들 또한 판례의 고지의무에서 크게 벗어나는 논의는 찾기 어렵다.

다시 앞의 논의와 연결시켜보면, 판례는 주로 침묵에 의한 기망이 문제된 경우, 학설상으로 구별하고 있는 작위에 의한 묵시적 기망행위나 부작위에 의한 기망행위 두 가지 경우에 모두 고지의무 위반을 그 판단기준으로 삼고 있다. 기본적인 작위범과 부작위범 논의의 틀에서 사기죄를 바라보면, 작위 사기에 대하여 고지의무를 논할 필요는 없음에도 불구하고 판례는 물론, 기망행위의 종류를 세 가지로 보고 있는 학설들 또한 이를 검토하게 되는 모순이 발생한다.

(3) 기망행위 개념과 진실할 의무

형법 제347조에서 '사람을 기망하여'라고 정하고 있는 바, 그 '기망'행위를 해석하자면, 그 행위태양이 무엇이든지 핵심은 '진실을 감추는' 것에 있다고도 보인다. 적극적인 사술 등 작위적인 행위태양을 통하여 진실을 감추거나, 고지의무가 있는데도 진실을 고지하지 않아 (그 묵비가 작위이건 부작위이건) 진실을 감추는 것으로 말이다. 이렇게 볼 경우, 행위자에게 '진실할 의무'가 인정된다면, 혹은 피기망자에게 '진실한 정보를 요구할 권리'가 있다면, 그 태양이 적극적 사술이건 고지의무 위반이건 진실의무를 위반한 것으로 보아 사기행위 내지 기망행위가 성립한다고 이해해볼 수 있지 않을까 한다.

5. 진실할 의무의 내용

(1) 정보의 격차 내지 우열 존재

거래에 있어서 양 당사자는 자신이 파악하고 있는 정보에 기초하여 의사결정을 한다. 공평한 거래나 거래주체 자신이 가진 정보의 정확성을 보증하기 위해, 타인에 의한 허위 정보의 제공은 원칙적으로 금지된다 할 것이다. 즉, 진실(을 고지)할 의무는 거래상대방과의 정보의 격차를 전제로 하고 있다. 그리고 이러한 정보의 격차는 법에 의해 금지되는 것이어야 한다. 만약 양 거래 당사자가 동일한 정도의 정보를 가지고 있다면 정보의 우위가 인정되지 않아 애초에 사기죄의 성립은 문제되지 않는다. 또한 정보의 격차가 존재한다 하더라도 그 정보가 구체적인 거래에서 중요하지 않은 것이라면 —예컨대 매매계약의 이행과 관련 없는 당사자의 성명 등— 그것은 형법의 범위 밖에 있는 것으로 형법상 책임을 물을 수 없을 것이다. 나아가 법으로 금지되는 정보의 격차에 대해 행위자에게 그 격차를 제거할 의무가 있어야 한다.[19) 정보의 격차가 존재하는지 등을 판단하려면 정보수집능력, 수집비용, 정보제공의 동의 여부, 구체적 거래의 성질, 정보의 독점 여부 등 여러 가지를 종합적으로 고려해야 할 것이다.

(2) 거래에서 중요한 사항

다만 진실을 요구하는 권리의 범위는 모든 사정에 대한 것은 아니고, 어느 정도의 과장이나 흥정이 금지되는 것은 아니어서, 거래에서 중요한 사항으로서 당해 거래의 성질, 목적에 비추어 합리적으로 제한될 것이다. 예를 들어 판매자가 상품을 팔기 위해 진실에 반하여 이 상품을 사고자 하는 고객이 다수 있다고 속였다면, 이는 통상의 영업전략을 벗어나는 것이 아니며, 고객의 진실을 요구할 권리를 해하는 것도 아니라 할 것이다.[20) 거래대상의 성질과 관련되지 않은 점에 대하여 진실을 요구할 권리를 제한 없이 보호하면 거래 당사자의 행동의 자유를 현저히 제한하게 되고, 만약 이에 대한 진실의무를 부과할 경우, 작위건 부작위건 불문하고 합리적 이유 없이 상대방에게 지나친 의무를 부담시키는 것이 된다. 예컨대 마트 사장이 특정 야구구단의 열혈팬이라 고객의 그 구단의 팬클럽 회원인지 여부 등을 확인하여 구단 회원인 경우에만 마트 구매 액에서 특별할인 해주는 방침을 정하자, 그 팬클럽 회원이 아닌 마트 고객이 진실에 반하여 마트 고객이 구단 회원이라고 이야기한 경우, 고객이 어느 구단의 팬클럽 회원인지 여부는 일반적인 슈퍼마켓 상품의 판매거래 유형에 비추어 중요한 사항이 될 수 없다고 본다면 기망행위에 해당하지 않는다고 보게 된다.[21)

19) Pawlik, S. 82. Fn. 18.

20) Kindhäuser, ZStW 103(1999), S. 398ff.

21) 이와 반대로, 피해자의 공공적 역할에 따른 법적, 사회적 요청에 적합하고, 또한 피해자가 '중요'하다고 생각하는 '사회적' 내지 '비경제적' 사항에 대해 속이는 행위도 사기죄의 규제 대상으로 삼을 것인지에 대한 논의가 있을 수 있겠다.

(3) 거래상 중요한 사항이나 고지의무는 없는 경우 – 진실을 요구할 권리

한편, 기망행위의 내용을 '진실할 의무'에 위반하는 것으로 본다면, 무엇보다 당해 거래의 '중요한 사항'에는 해당하나, 상대방이 그것에 대해 고지할 의무를 진다고는 할 수 없는 경우 중요성 외에 규범적인 관점에서 추가적인 것을 정해볼 수 있고, 이는 거래 당사자가 그 중요한 사항에 대해 '진실한 정보를 요구할 권리'나 '진실에 반하지 않을 의무'라는 측면에서 접근해볼 수 있을 것으로 생각된다.

(가) 진실에 반하는 정보를 제공하지 않을 의무

명시적인 작위 기망의 경우, 행위자가 진실에 반하는 정보를 상대방에게 명시적으로 부여함으로써 상대방을 착오에 빠지게 하는 것은, 의사결정이나 처분행위와 관련된 피해자의 자유를 해치는 것으로, 적극적으로 타인의 진실을 요구할 권리를 침해하는 점이 인정된다.

묵시적인 작위 기망의 경우에는 무전취식 등과 같이 특정 행동을 통해 특정 의사를 표시했다고 하기에는 불충분하지만, 사회통념 등을 고려하여 행동자체에 일정한 설명적 의미가 포함되는 경우가 있을 것이다. 예컨대 피고인이 제3자에게 양도할 목적으로 예금계좌의 개설을 신청한 사안에서, 신청행위(신청서 조항에 동의하고 서명하는 행위)는 본인이 계좌를 자기 자신이 이용할 의사를 나타내는 것이므로, 항에 동의하고 서명하는 것 자체에는 일정한 의사 표명이 있을 것으로 생각된다. 언어에 의한 의사표시와 행동에 의한 의사표시는 본질적으로 다르지 않다고 생각된다.

이에 비하여 부작위 기망의 경우에는 당사자간의 거래관습이나 약속에 의해 부작위에 일정한 의미가 부여되기도 한다. 예를 들어 행위자가 피해자에게 주가가 변화하면 피해자에게 통지하겠다고 합의했지만, 현재 주가가 변화하고 있는데도 이를 고지하지 않는 부작위는 곧 '주가가 변화하지 않았다'는 것을 표시하는 것이므로, 명시적 기망의 경우와 마찬가지로 취급되어야 한다.

요컨대 이 경우에는 작위와 부작위의 구별이 어디까지나 형식적, 표현적인 것에 지나지 않아 잘못된 정보의 작출이라는 측면에서 양자는 동일하게 된다.

한편, 고의가 없는 선행행위로 인하여 허위의 정보를 만들어낸 경우, 아직 피해자가 그 정보에 근거한 처분행위를 하지 않은 동안 행위자는 진실에 반하는 정보를 제거하거나, 진실을 고지할 의무를 지게 된다 할 것이다.

(나) 사실 자체를 조작하지 않을 의무

사기죄에서의 착오는, 인식내용이 현실과 다른 경우로 통상 진실에 반하는 정보의 제공에 의해 생기는데, 고지할 당시에는 정보가 진실에 반하는 것은 아니었지만, 인식 내용과 일치하지 않도록 사실을 조작하는 경우도 생각해볼 수 있다. 예컨대 사기도박의 경우, 행위자가 임의로 이길 확률을 높여 결과를 조작하는 행위는 상대방에게 허위의 정보를 제공하는, 즉 진실에 반하는 것을 고지하는 것은 아니지만, 자신에게 유리하도록 진실 자체를 조작함으로써 타인의 인식과 현실 간에 착오를 발생시킬 때 사기가 인정된다는 것이다.

진실의무 위주로 생각해보면, 행위자에게 유리한 사실의 조작이 없다면 원칙적으로 고지의무가 인정되지 않을 것이다. 이에 반해 행위자에게 유리한 방향으로 사실의 조작이 이루어졌다면, 상대가 인식한 확률과 현실의 확률에 차이가 발생하게 되고, 이때의 확률은 내기방법을 결정할 때 중요한 사항이라 할 것이므로 진실할 의무에 대한 위반이 인정된다.

다만 이때에도 사실의 조작만으로는 부족하고 상대방이 처분행위에는 나아가야 한다. 예를들어 기차의 검표담당직원의 부주의를 틈타 무임승차의 의사로 차내에 숨는 경우, 사실의 조작이 있지만, 그것은 담당자의 처분행위와 관계되는 착오를 발생시키는 것이 아니라, 애초에 피고인의 존재나 이익의 처분을 의식시키지 않도록 이루어지는 것이므로 기망행위로 인정되지 않는다 할 것이다.[22]

(다) 정보제공에 동의한 경우의 고지의무

거래에 있어서 거래주체는 자신이 가진 정보에 근거하여 행동하고, 정보의 불충분함과 관계되는 위험은 스스로 부담하는 것이 원칙이다. 그러나 법질서는 일방 당사자에게 거래와 관련된 자신의 정보를 제공하게 하거나 일정한 사정을 상대방에게 확인하는 것을 금지하지는 않는다. 정보 주체가 자기에 관한 정보의 제공을 거부하는 것은 물론 가능하지만 이 경우 애초에 계약이 성립하기는 어려울 것이고, 정보 주체가 제공에 동의한 경우, 그에 따른 위험은 행위자에게 전환되어 그 정보 주체는 상대방에 대한 고지의무를 지게 된다.

예컨대 금융기관에서 대출을 받고자 하는 사업자가 영업상황 등에 관한 금융기관

---

22) Pawlik, S. 82. Fn. 18.

의 확인조치에 협력하기로 동의했음에도 불구하고 파산 등의 상환불능 상황에 대하여 물었을 때 그 해당 사실을 명시적으로 고지하지 않은 경우, 이 또한 기망행위가 될 수 있다. 금융기관은 차주인 사업자와 관련된 정보의 불충분함의 위험을 부담하나, 사업자의 동의한 부분에 대해서는 그 정보의 위험이 사업자의 부담으로 전환하게 되기 때문이다.

보험회사가 질환에 대하여 고지할 것을 피보험자에게 요청하고 피보험자가 그에 동의한 이상 위와 같은 이유로 고지의무가 인정된다 할 것인데, 판례가 보험계약 체결에 있어 피보험자가 자신의 현재 질환을 고지하지 않는 행위를 '부작위에 의한 사기'라고 판시하는 것을 이 분류에 포섭시켜볼 수 있을 것이다.[23)]

이때, 거래주체가 일정한 사정을 거래의 전제로 설정하는 것도 원칙적으로 허용된다 할 것인데, 일방 당사자가 어떤 사정을 중요하게 생각하는 것만으로는 불충분하고, 현실에서 일정한 확인조치를 취하고 상대방이 그 정보로 인한 위험의 이전 내지 전환에 대해 동의한 경우에 한하여 인정하여야 할 것이다.

예를 들어 A와 B가 수년간 당좌예금계정[24)]에 의해 거래하고 있고, 결산기한까지 채무자는 채권자에게 상세한 결산보고서를 송부하고, 채권자가 검토 후 일정한 기간 내에 답변이 없으면 그 결산보고서를 시인한 것으로 간주한다는 합의가 이루어졌다. A는 B가 보내온 결산보고서 중에 B에게 불이익한 기재가 있음을 발견했지만, 자기의 이익을 위해 고지하지 않았고, 결과적으로는 A에게는 이익이 B에게는 불이익이

23) 사기죄의 요건인 기망에는 재산상의 거래관계에서 서로 지켜야 할 신의와 성실의 의무를 저버리는 모든 적극적 또는 소극적 행위가 포함되고, 소극적 행위로서의 부작위에 의한 기망은 법률상 고지의무 있는 자가 일정한 사실에 관하여 상대방이 착오에 빠져 있음을 알면서도 이를 고지하지 아니하는 것을 말한다.
부작위에 의한 기망은 보험계약자가 보험자와 보험계약을 체결하면서 상법상 고지의무를 위반한 경우에도 인정될 수 있다. 다만 보험계약자가 보험자와 보험계약을 체결하더라도 우연한 사고가 발생하여야만 보험금이 지급되는 것이므로, 고지의무 위반은 보험사고가 이미 발생하였음에도 이를 묵비한 채 보험계약을 체결하거나 보험사고 발생의 개연성이 농후함을 인식하면서도 보험계약을 체결하는 경우 또는 보험사고를 임의로 조작하려는 의도를 가지고 보험계약을 체결하는 경우와 같이 '보험사고의 우연성'이라는 보험의 본질을 해할 정도에 이르러야 비로소 보험금 편취를 위한 고의의 기망행위에 해당한다. 특히 상해·질병보험계약을 체결하는 보험계약자가 보험사고 발생의 개연성이 농후함을 인식하였는지는 보험계약 체결 전 기왕에 입은 상해의 부위 및 정도, 기존 질병의 종류와 증상 및 정도, 상해나 질병으로 치료받은 전력 및 시기와 횟수, 보험계약 체결 후 보험사고 발생 시까지의 기간과 더불어 이미 가입되어 있는 보험의 유무 및 종류와 내역, 보험계약 체결의 동기 내지 경과 등을 두루 살펴 판단하여야 한다(대법원 2017. 4. 26. 선고 2017도1405 판결 등).
24) 현금이나 타인으로부터 받은 수표로 예금은 할 수 있으나 예금의 인출은 반드시 수표의 발행에 의하여서만 할 수 있는 요구불예금인 당좌예금의 예입과 인출을 처리하는 계정.

발생하였다. 이 사안에서 당사자의 (묵시적) 합의에 따른 고지의무가 인정된다면 부작위에 의한 사기죄가 인정될 수 있다 할 것이다. 그러나 A에게 이러한 고지의무가 있다고 인정되지 않는다면, 비록 규범적으로 A에게 재산관리 의무가 있다 하더라도 사기죄는 인정될 수 없다.

한편 법질서가 당사자 간의 지위나 정보수집 능력의 격차에 비추어, 약자의 정보권을 보호하는 경우가 있다. 예컨대 사업자는 고도의 정보 수집 능력을 가지고 있는데 반하여, 소비자는 상대적으로 정보에 취약하다. 따라서 사업자에게 거래와 관계되는 일정한 중요한 사안을 고지할 의무를 지게 하는 것이 부당하지 않은 경우가 있을 수 있는데, 정보의 격차로 인한 이익 취득이 금지되는 것이 아닌 이상, 고지의무 등을 부과하여 거래일방 당사자를 보호하려면 특별한 법적 근거가 제시되어야 할 것이다.

(라) 거래의 전제가 되어야 할 사항에 관한 고지의무

위의 (다)에서 본 것처럼 거래 당사자는 스스로 거래를 위한 정보를 수집할 의무를 지게 되므로, 정보의 제공에 관한 동의가 없다면 원칙적으로 거래 상대방에게 정보를 적극적으로 제공할 의무를 지우기는 어렵다할 것이다. 특정 정보가 일방 당사자에게 중요하다는 것만으로는 곧바로 그에 대한 고지의무를 부과할 수 없다. 다만, 구체적인 거래의 유형, 성질에 비추어 거래의 효율성의 보장이나 사회 통상의 거래관습에 비추어 계약의 기본적인 목적이나 전제가 되는 사항에 대해서는 고지의무를 지우는 것이 부당하지 않은 경우도 있을 수 있다.

예컨대 무전취식의 사례에서 주문자는 주문시 －매매계약 체결시－ 에 자신의 지불의사나 능력에 관계되는 하자를 상대방에게 알릴 의무가 있다는 것이다. 통상적으로 식당에서 손님에게 식사를 교부할 의무와 손님이 그 음식값을 지불할 의무는 음식에 대한 매매계약의 기본적인 사항으로, 사회통념상 계약을 체결하고자 하는 의사표시에는 계약에 따른 의무를 다할 의사가 포함되어 있고 특별한 사정이 없는 한 상대방이 이 점을 확인할 필요는 없음이 일반적으로 정착되어 있기 때문에, 그 통상적 경우에 반하는 사정이 있으면 그것을 상대에게 고지할 의무를 지우는 것이 규범적으로 부당하다고 보기는 어렵다는 것이다. 만약 지불능력을 확인할 의무를 상대방인 식당 주인에게 부담시킨다면 그것은 과중한 부담이 되면서 거래의 효율도 현저히 저하시킬 것이다. 이러한 맥락에서 그 고지의무를 행위자인 손님에게 부담시키면, 행위자가 고지의무를 이행하는 비용도 높다고 할 수 없고, 거래상대방이 그 파악하기 어려운 정보를 수집하지 않아도 되어 거래의 효율성은 보장받게 된다.

통설에 의하면, 주문하는 행위 자체에 지불의사가 포함되므로 작위에 의한 기망행위가 인정된다고 하지만, 위에서도 지적한 바와 같이 명확하게 표시되지 않은 것을 의사내용에 포함시키는 것은 기망행위 판단의 안정성을 해치고, 보다 복잡한 사안에서는 그 판단이 쉽지 않다. 따라서 여기에 의무범적 접근을 해보자면 의사표시가 포함되지 않은 내용을 쉽게 추가하지 않고, 행위자가 상대방에 대해 구체적인 거래 상황에 따라 어떤 고지의무를 다해야 하는지의 사고방식을 채택하는 것은 의미를 가질 것으로 보인다.

구체적으로는 재산을 처분할 권한이나 능력(예컨대 피성년후견인, 피한정후견인 등)에 대하여 고지하지 않고 법률상 거래를 한 경우, 사회통념이나 거래관습에 비추어 보면 특별한 사정이 없는 한 상대방이 재산을 처분하려고 한 때에는 그 재산을 처분할 권한이 당연하다고 생각되므로, 피고인이 처분의 전제가 되는 사정, 즉 사회통념상 암묵적 전제로 되어 있는 사정이 없음을 숨기고 그 처분능력 없음을 상대방에 고지하지 않은 행위는 고지의무를 위반하는 것으로 볼 수 있다고 보인다.

또한 채무를 이행할 의사나 능력에 관한 사항으로, 처음부터 지불의사나 능력이 없는 자에 의한 무전취식도 이러한 고지의무 위반의 전형적인 유형으로 볼 수 있을 것 같다. 신용카드회사에 대금을 지불할 의사나 능력이 없는데도 있는 것과 같이 신용카드를 제시하여 상품을 교부하게 한 사안도 마찬가지이다. 채무를 이행하는 능력은 거래의 전제가 되는 사항이면서도 한편으로는 거래관념상 매매계약상의 의무로서, 특별한 사정이 있는 경우에는 거래 당사자는 상대방에게 이를 고지하여야 할 것이다.

한편, 당사자 간에 거래 대상 목적물의 기본적인 성질에 관하여 합의를 하고 있는 경우, 실제로 교부된 대상물에 그 합의한 성질에 관한 효용이나 가치가 없어 거래의 기본적 목적이 달성되지 못하는 경우를 들 수 있다. 다만 이 경우에도 상품의 품질에 대한 구체적인 합의가 사전에 있었던 것이 아니면 이를 고지할 의무가 인정되기는 어렵다고 보인다.

마지막으로는 대리나 위탁관계 등 특별한 지위에 기초한 고지의무에 대하여 살펴본다. 예를 들어 당사자로부터 거래상대방에 관한 정보를 조사하는 업무를 위탁받은, 그러나 처분권은 가지고 있지 않은 자가 제3자와 공모하여 거래에 관계되는 리스크를 본인(위탁자)에게 전달하지 않아 본인이 이 제3자와 거래를 하여 손해를 입은 경우를 생각해볼 수 있겠다. 허위 정보의 적극적 전달은 없지만, 본인과의 위탁계약관계 및 그 내용을 고려하였을 때, 본인은 수탁자가 아무런 보고를 하지 않으면 거래 상대방에게는 문제가 없다고 판단하게 될 것이다. 그렇다면 이 경우의 수탁자에게는 처분행위에 있어서의 본인의 정보의 리스크를 인수하였다고 할지라도 고지의무가 인정된다 할 것이다.

6. 제언

다양한 거래에 있어서의 진실의무 위반의 판단은 반드시 용이하지 않으며, 판례를 유형화해도 일률적이고 명확한 기초를 세우는 것이 어려운 영역도 분명히 존재할 것이다. 이 글은 사기죄의 기망행위적 측면의 접근과, 부작위범의 구성요건요소적 측면의 접근의 접점에 있는 부작위에 의한 기망행위, 그리고 그 가까이에서 맞닿아 구별에 어려움을 겪는 묵시적 기망행위에 대한 아주 간략한 단상을 적은 것이다.

부작위범에서의 일반론 및 의무범론, 사기죄에서의 신의칙상의 고지의무에 대한 구체적 언급을 들어내고 글을 쓰게 되어 아주 슬림하면서도, 그 와중에 정확한 내용이 무엇인지 그 관계성에 파악이 어려워 한없이 부족한 글이지만, 이 글이 출발한 지점은 명확하게 다음의 것이라고 말할 수 있을 것 같다.

사기죄의 기망행위에 대하여 어떠한 행위태양도 불문한다고 하면서도, 기망행위의 태양 내지 유형을 세 가지로 나누고 있으나, 그 경계가 불명한 점을 해결하기 위해 기망행위 자체를 진실과 관련된 의무를 위반한 행위라고 보게 되면 기망행위를 작위나 부작위, 적극적이거나 소극적인 행위별로 나누는 실익이 낮아지고, 사기죄의 성립여부를 판단하는 데에 조금은 용이해질 수 있다는 것이 그것이다. 이에 따르면 부작위에 의한 기망이라는 개념 자체가 크게 필요하지 않은 개념이 된다.

사기죄를 정하고 있는 형법 제347조의 문언상, 사기죄의 구조를 살인죄와 같은 지배범으로 해석할 여지가 없는 것은 아닐 것으로 보인다. 그러나 만약 사기죄를 지배범이라고 볼 경우, 사기죄의 성립요건은 지나치게 좁아지게 된다. 사기죄에 있어 대부분의 사안에서 피해자가 회피조치를 취하는 것을 차단하는 행위나, 피해자가 위험 인수행위 등에 의해 자기위태화를 유발하는 등의 위험을 회피하는 원인에 대한 지배는 인정되지 않기 때문이다. 즉, 사기죄를 지배범으로 보게 되면 결국 적극적인 원인에 대한 지배가 인정되는 선행행위에 기초한 작위의무만이 인정되게 될 것이다.

물론 이 이유만으로 사기죄를 의무범으로 보아야 할 것은 아닐 것이다. 다만, 사기죄를 의무범적 관점에서 파악해보면, 행위자의 피해자의 착오에 대한 사실상의 지배관계가 아닌, 규범적인 관점에서, 거래에 있어 행위자는 어떠한 정보의 제공의 의무가 있는지, 피해자가 어떠한 정보를 행위자에게 요구할 권리를 가지는지가 중점적인 문제가 되어, 사안에 따른 유연한 해석론이 가능할 것으로 보인다.

부작위에 의한 사기죄의 구성요건요소를 위와 같이 재검토하는 것은 사기죄와 같이 '태도'와 결부된 범죄의 부작위범에 대하여는 부진정부작위범이라 하여도 그 결과를 야기한 특수한 수단의 작위와 부작위 간의 행위 동가치성을 고려할 필요가 없을 수 있다는 것과 연결된다. 순수 결과범(대표적으로 살인죄)에서의 보증인적 의무의 내용을 살펴보면, 그 의무 내용 자체로 여러 가지 결과를 발생시킬만한 방법이나 행위에 대한 작위행위와의 동가치성을 인정하는 근거로 작용하는데, 하물며 특정 행위태양을 요하는 범죄(대표적으로 사기죄)에서도 그 보증인적 의무 내용을 적절히 획정한다면 굳이 행위정형의 동가치성문제를 검토할 필요가 없어진다. 부진정부작위범에 관한 보증인설은 살인죄와 같은 순수결과범을 상정한 논의이기 때문이다.

사기죄를 벗어나 이러한 관점을 부작위범의 측면에서 접근하여 살펴보면, 부작위범은 크게 세 가지로 나누어 볼 수 있다. 진정부작위범, 부진정부작위범, 그리고 의무범적 부작위범의 세 가지이다. 이 분류에 따르면 각 부작위범의 의미는 다음과 같다. 진정부작위범이 다중불해산죄나 퇴거불응죄와 같이 기존 우리가 인지하고 있던 구성요건 자체에서 부작위만을 예정하고 있는 범죄라면, 부진정부작위범은 조문에서 오로지 작위만을 행위태양으로 정하고 있는 범죄이다. 그리고 의무범적 부작위범은 조문 자체로 보았을 때 그 행위태양으로 작위와 부작위가 모두 가능한 범죄들로, 예컨대 유기죄나 배임죄, 사기죄 등의 범죄를 예정해볼 수 있다.

부작위범의 성립요건으로서 '행위정형의 동가치성'은 단순결과범 －대표적으로 살인죄－ 에서는 판단할 필요가 없는 반면, 행태의존적 결과범 －대표적으로 사기죄－ 에서는 행위정형의 동가치성을 판단할 필요가 있다. 그런데 판례는 이와는 반대로, 부작위 살인죄의 경우 행위정형 동가치성을 요구하는 반면, 부작위 사기죄의 경우 그 행위가 작위와 같은 가치를 가치는 행위인지는 판단하지 않는다. 만약 사기죄에서의 기망행위를 위의 의무위반행위로 해석하여 전개하게 된다면, 올바른 부작위범의 구성요건요소 판단과도 부합하게 될 수 있을 것으로 보인다.

제10장

순차공모와 공범

순차공모와 공범

이 순 욱*

Ⅰ. 서 설

순차공모는 있었으나, 그 공모의 내용에서 범행 실행계획의 전모 및 분담할 내역이 정해진 경우에는 공동가공의 의사나 공동가공의 사실 모두 인정된다고 할 것이어서, 순차로 공모가 있었다고 보이는 가담자를 공동정범으로 처벌할 수 있다. 그러나 순차공모가 있었으나 그 공모된 내용이 '분담된 실행행위' 정도에 불과한 경우에도 공동정범의 성립을 긍정할 수 있는지 의문이 있다.

예를 들어 보이스피싱 사기범죄가 문제되는 사안에서, 처음부터 사기범행에 관여하는 사람들이 모두 모여서 범행을 모의하고 그 계획에 따라 범행을 분담하게 된 경우에는, 그 관여자 모두 사기죄의 공동정범으로 처벌할 수 있다. 한편 처음부터 범행을 모의한 것이 아니지만 그 공모 내용이 단지 시간적으로 순차로 전달되어 관여자 모두 그 범행에 대한 공모가 있었다고 보여지는 경우로서 그 계획에 따른 실행행위를 분담하였다면 당연히 그 관여자 모두 사기죄의 공동정범으로 처벌할 수 있다. 그러나 공모가 시간적 선후로 연결되었을 뿐 전체 범행의 일부에 대한 것이어서, 전체 범행 측면에서 보면 그 관여자들의 모든 공모를 합산해야 그 전체 범행의 계획이 완성되는 경우로서 실행행위 분담 역시 전체 범행의 '분담'이라는 인식이 아니라, 본인에게 맡겨진 부분의 '전부'실행이라고 생각하고 범행을 하게 되는 경우에는, 과연 전체 범행에 대한 공동정범이 가능하다고 할 것인지 선뜻 결론을 내리기에 주저되는 점이 있다.

따라서 보이스피싱, 마약범죄 등과 같이 점조직의 관여자가 많고 각 관여자는 전

* 전남대학교 법학전문대학원 부교수

체범행의 그림을 잘 알지 못하면서도 자신의 실행행위를 하게 되어, 전체 범행 측면에서 보면 일부 실행행위를 분담한 것이지만 과연 그 관여자에게 전체범행에 대한 공동정범이 된다고 할 것인가, 아니면 그 관여자가 알고 있는 그 특정 부분에 대한 인식 밖에 없었던 사정을 감안하여 그 부분에 대한 공동정범, 또는 종범만 된다고 할 것인가 살펴볼 필요가 있다.

공모공동정범이 문제되었던 '공모만 있고 실행행위는 없는 사안'과 반대되는 상황이 아닌지, 따라서 위와 같은 사례에서 전체 범행에 대한 공동정범을 긍정할 수 있다면, 공모공동정범 논의를 차용해서 해결해 볼 수 있지 않은지 여부를 검토해 보고, '순차공모'의 개념에 각 관여자들의 인식내용을 합산하는 것도 포함되므로 점조직의 직전 전달자로부터 전달받은 내용만 알고 있는 관여자라고 하더라도 앞선 관여자들의 인식내용을 합산하여 전달받은 것으로 보아 전체 범행에 대한 인식이 있는 것으로 볼 것인가 여부도 아울러 살펴본다. 그 외에 승계적 공동정범 이론에 의하여 가담하기 전에 벌어진 부분에 대한 공동정범이 가능한지, 승계적 종범 논의 역시 이 경우에 가능할지 여부도 따져볼 필요가 있다. 공모의 의미 자체를 재구성하는 방법도 고민할 필요가 있다고 본다.

다수의 피해자들이 발생하고, 그 해악이 커서 범죄의 예방과 처벌의 필요성이 부각되는 보이스피싱과 같은 범죄 군에서, 그 사회적 요구에 부응할 수 있는 이론적 논의가 있어야 하지 않을까 한다. 일망타진과 엄벌, 그리고 그 처벌에 따른 위하라는 사회적 요구만으로 각 관여자의 선고형이 '형법적으로' 수용될 수 있는 것은 아니기 때문이다.

Ⅱ. 순차공모

1. 공모의 의미

교과서에서는 공모에 관하여 다음과 같이 설명을 하고 있다.

① "공모는 법률상 어떠한 정형을 요구하지 않는다. 두 명 이상이 어느 특정범죄에 공동으로 가공하여 그 범죄를 실현하려는 의사의 합치만 있으면 된다. 공모는 공모자들 사이에 전체적인 모의과정이 없어도 성립할 수 있다. 공모는 여러 사람 사이

에 순차적으로 일어날 수 있다. 공모는 명시적으로 일어날 필요가 없다. 여러 명의 의사가 암묵적으로 상통하거나 순차적으로 의사의 결합이 이루어지더라도 공모관계는 성립한다(대법원 1988. 9. 13. 선고 88도1114 판결)",[1] ② "공동가담의 의사는 가담자 간에 각각 인정되어야 한다. 따라서 일방만이 공동가담의 의사를 가지는 경우에는 공동정범이 될 수 없고(편면적 공동정범 부정), 경우에 따라 타인의 범죄에 대한 방조범이나 상호 의사연락이 없는 동시범이 될 수 있을 뿐이다. 판례도 편면적 방조범은 인정하나 편면적 공동정범은 인정하지 않는다(대법원 1985. 5. 14. 선고 84도2118 판결). 공동가담의 의사는 가담자 전체가 한꺼번에 동일 장소에 모여서 형성할 필요 없이 순차적으로 이루어져도 되고(순차적 공동정범 인정), 의사연락의 방법도 반드시 명시적이지 않아도 된다. 판례도 '공모는 법률상 어떤 정형을 요구하는 것은 아니고 2인 이상이 공모하여 범죄에 공동가공하여 범죄를 실현하려는 의사의 결합만 있으면 되는 것으로서, 비록 전체적인 모의과정이 없었다고 하더라도 수인 사이에 순차적으로 또는 암묵적으로 상통하여 그 의사의 결합이 이루어지면 공모관계가 인정된다'고 하거나(대법원 1999. 9. 17. 선고 99도2889 판결), '범인 전원이 동일 일시, 동일 장소에서 모의하지 아니하고 순차적으로 범의의 연락이 이루어짐으로써 그 범의 내용에 대하여 포괄적 또는 개별적 의사의 연락이나 인식이 있었다면 범인 전원의 공모관계가 있다'(대법원 1988. 6. 14. 선고 88도592 판결)는 태도를 취하고 있다. 공동가담의 의사는 사전에 형성되는 예비모의가 대부분일 것이지만 반드시 사전에 예모의 형식을 띨 필요 없이 우연히 만난 장소에서도 공동가담의 의사형성이 가능하다(우연적 공동정범의 인정). 판례도 '공동정범이 성립하기 위해서 반드시 공범자 간에 사전에 모의가 있어야 하는 것은 아니며, 우연히 만난 자리에서 서로 협력하여 공동의 범죄를 실현하려는 의사가 암묵적으로 상통하여 범행에 공동가공하더라도 공동정범은 성립된다고 할 것이다'라고 하면서(대법원 1984. 12. 26. 선고 82도1373 판결) 공동의 가담의사가 실행착수 이후에도 형성될 수 있다고 한다",[2] ③ "공동실행한다는 의사의 연락은 치밀한 범행계획의 모의(공모)를 필요로 하는 것은 아니고 범행을 공동으로 한다는 '양해' 정도로서 족하다. 또 의사의 연락은 반드시 명시적으로 행해질 필요는 없고 묵시적이어도 족하며, 직접적이든 간접적이든 불문한다. 의사의 연락이 여러 사람 사이에 순차로 있게 되는 소위 '순차적 공동정범'도 인정된다(대법원 1994. 9. 9. 선고 94도1831

1) 신동운, 형법총론(제15판), 법문사, 621면.
2) 김성돈, 형법총론(제8판), 성균관대학교 출판부, 2022, 634-635면.

판결, 대법원 1994. 3. 8. 선고 93도3154 판결). 공동정범자 사이에 서로 면식이 있을 필요도 없으며, 다른 공동자의 행위내용을 세부적으로 알고 있을 필요도 없다",[3] ④ "범죄공동의 의사는 사전모의 없이 행위 도중에도 형성될 수 있고, 묵시적인 의사연락이나 릴레이식의 의사연락(대법원 2001. 6. 29. 선고 2001도1319 판결) 즉 순차적, 암묵적 공모(대법원 2018. 4. 19. 선고 2017도14322 전원합의체 판결)도 무방하다. 공범자 사이의 면식도 필요 없다",[4] ⑤ "공동정범이 성립하기 위해서는 행위자 사이에 주관적으로 공동의 범행결의가 있어야 한다. 공동범행의 의사는 범행을 함께 한다는 의사연락을 말하며, 타인의 범행을 인식하면서 이를 제지하지 아니하고 용인하는 것만으로는 부족하고 공동의 의사로 특정한 범죄행위를 하기 위하여 일체가 되어 서로 다른 사람의 행위를 이용하여 자기의 의사를 실행에 옮기는 것을 내용으로 하는 것이어야 한다(대법원 2018. 9. 13. 선고 2018도7658 판결)",[5] ⑥ "공동의사는 반드시 명시적일 필요는 없고 묵시적인 의사연락만 있어도 족하다(대법원 1986. 1. 28. 선고 85도2421 판결). 1인 또는 2인 이상이 릴레이식으로 하는 연쇄적 의사연락이나 간접적 의사연락이라도 그 내용에 대한 포괄적 또는 개별적인 의사연락이나 인식이 있으면 전원에게 공동의사가 인정된다(대법원 1983. 3. 8. 선고 82도2873 판결). 공범자 전원이 일정한 장소에 집합하여 직접 모의해야만 하는 것도 아니다(대법원 1986. 1. 28. 선고 85도2421 판결). 서로 면식이 있을 필요도 없다. 2인 이상이 범죄에 공동가공하는 공범관계에서 공모는, 법률상 어떤 정형을 요구하는 것이 아니고, 2인 이상이 공모하여 어느 범죄에 공동가공하여 그 범죄를 실현하려는 의사의 결합만 있으면 되는 것으로서, 비록 전체의 모의과정이 없었다 하더라도 수인 사이에 순차적으로 또는 암묵적으로 상통하여 그 의사의 결합이 이루어지면 공모관계가 성립한다(대법원 2012. 1. 27. 선고 2010도10739 판결)",[6] ⑦ "통설, 판례(대법원 1983. 3. 8. 선고 82도2873 판결)에 의하면 의사연락은 법률상 어떤 정형을 요구하는 것이 아니고, 2인 이상이 공동으로 범죄를 실현하려는 의사의 결합만 있으면 족하다. 따라서 전체적인 모의과정이 없었다고 하더라도 수인 사이에 순차적으로 또는 암묵적으로 상통하여 그 의사의 결합이 이루어져도 의사연락이 인정된다. 이를 순차적 공동정범이라 한다"[7] 등과 같이 설명

3) 임웅, 형법총론(제12정판), 법문사, 2021, 465면.
4) 이상돈, 형법강론(제3판), 박영사, 2020, 319면.
5) 배종대, 형법총론(제16판), 홍문사, 2022, 416면.
6) 이주원, 형법총론(제2판), 박영사, 2023, 337면.
7) 오영근, 형법총론(제6판), 박영사, 2021, 377면.

하고 있다.

순차적인 의사연락도 공동정범의 주관적 요건에 해당한다고 해석하는 것은 당연한 것인데, 이 경우 그 의사연락은 순차적인 즉 다 같이 모여서 전체적인 모의과정이 없어도 된다는 것이지, 점조직에서 어떤 관여자는 앞 관여자 1명과 뒤 관여자 1명 외에는 알지 못하고 그 전달받거나 전달한 내용 역시 전체 범행의 그림에 비추어 일부에 불과한 경우까지 순차적 의사연락에 해당하여 이를 전체 범행에 대한 공모로 보는 것인지에 관하여 앞서 본 교과서에서는 명확하게 지적하고 있지는 않는 것으로 보인다. 보이스피싱 사기에서, 사기범행에 사용할 통장을 확보하는 역할을 한 사람, 그 통장에 입금된 돈을 인출하는 역할을 한 사람 등과 같이 전체 범행 중 일부의 실행행위를 하였으나, 전체 범행의 전체 그림을 알지 못하는 경우가 있고 이러한 사건에서는 그 일부 역할을 한 사람에게 전체 범행에 대한 공모를 인정하여 전체 범행에 대한 공동정범이 된다고 할 것인지 여부는 결국, 시간적 선후관계인 순차적 의사연락뿐 아니라 '합산적' 의사연락도 순차공모에 해당된다고 볼 것인지 여부도 한번 살펴볼 필요가 있다고 본다.

2. 합산적 의사연락과 공모공동정범

관여자들이 모두 한자리에 모여서 모의하지는 않았으나 시간적으로 모의 내용이 전달되어 가는 과정뿐 아니라, 관여자 모두의 의사연락이 합쳐져야 해당 범죄의 그림이 완성되는 모습까지도 '순차'공모에 해당한다고 본다면, 그러한 "합산적" 의사연락도 공모에 해당하게 되고 공동정범의 모습으로 볼 수 있다. 다만 위에서 살펴본 교과서 논의에서는 이와 같은 공모의 모습을 설명하고 있지는 않으므로, 최소한 교과서 단계에서는 그러한 의사연락을 상정하고 있는 것 같지는 않다.

종래의 공모공동정범 논의에서, 공모만 있을 뿐 실행행위를 분담하지 않는 경우에도 공동정범으로 처리하는 경우가 있다는 설명이 있었는데 그 설명에 의하면 본고에서 다루는 장면은 그 공모공동정범이 문제되는 상황과 반대의 상황의 모습이 있어 보인다. 실행행위는 있었으나 공모가 전체범행의 그림을 커버하지 못하는 상황이기 때문이다. 물론 이 때의 실행행위는 전부실행이 아니라 전체범행의 일부실행이겠지만, 공모 역시 전체범행에 대한 의사연락이라고 보기는 어렵기 때문에, 실행행위는 있으나 공모 측면에서 온전한 공모로 보기 어려운 상황이라고 볼 수 있다.

이와 같은 형태의 범죄에서 "합산적" 의사연락을 제외하고 오로지 시간적 순차공모만 공모에 해당하는 것이라고 한다면, 과연 그 공모는 전체범행에 대한 공모로서의 역할을 하는 것인지 의문이 있을 수밖에 없다. 앞에서 언급한 보이스피싱 사기사건의 일부 실행을 담당한 관여자를 그 사기의 공동정범으로 처리한다면 마치 공모공동정범의 반대되는 상황을 공동정범의 한 형태로 인정하는 것이어서, 공동정범이 된다는 설명을 최소한 교과서 수준에서는 (교과서에서는 이와 같은 내용을 다루지 않고 있으므로) 딱 떨어지는 설명을 하기 어려운 상황이 된다.

만약 "합산적" 의사연락도 공모에 해당하고 이 경우까지 '순차'공모에 해당한다고 보게 된다면, 당연히 보이스피싱 사기 사건의 일부를 담당한 관여자를 공동정범으로 처리하는 것은 가능하게 된다. 이 경우 공모공동정범에 관한 판례[8]에 비추어 보면, 과연 공동정범으로 처리하는 것이 가능한 것인지 고민이 있을 수밖에 없다. 판례는 실행행위를 분담하지 않아도 단순한 공모자에 그치는 것이 아니라 본질적 기여를 통한 기능적 행위지배가 있다면 공동정범이 가능하다고 하면서, 전체범죄에서의 지위, 역할, 지배, 장악력 등을 종합하여 판단한다고 하고 있는데, 본고에서 다루는 보이스

8) 형법 제30조의 공동정범은 공동가공의 의사와 그 공동의사에 의한 기능적 행위지배를 통한 범죄실행이라는 주관적·객관적 요건을 충족함으로써 성립하므로, 공모자 중 구성요건행위를 직접 분담하여 실행하지 않은 사람도 위 요건의 충족 여부에 따라 이른바 공모공동정범으로서의 죄책을 질 수 있다. 구성요건행위를 직접 분담하여 실행하지 않은 공모자가 공모공동정범으로 인정되기 위해서는 전체 범죄에서 그가 차지하는 지위·역할, 범죄 경과에 대한 지배나 장악력 등을 종합하여 그가 단순한 공모자에 그치는 것이 아니라 범죄에 대한 본질적 기여를 통한 기능적 행위지배가 존재한다고 인정되어야 한다. 공모공동정범의 경우 범죄의 수단과 모습, 가담하는 인원과 그 성향, 범행 시간과 장소의 특성, 범행과정에서 타인과의 접촉 가능성과 예상되는 반응 등 여러 상황에 비추어, 공모자들이 공모한 범행을 수행하거나 목적을 달성하고자 나아가는 도중에 부수적인 다른 범죄가 파생되리라고 예상하거나 충분히 예상할 수 있는데도 그러한 가능성을 외면한 채 이를 방지하기에 충분한 합리적인 조치를 취하지 않고 공모한 범행에 나아갔다가 결국 그와 같이 예상되던 범행들이 발생하였다면, 비록 그 파생적인 범행 하나하나에 대하여 개별적인 의사의 연락이 없었더라도 당초의 공모자들 사이에 그 범행 전부에 대하여 암묵적인 공모는 물론 그에 대한 기능적 행위지배가 존재한다고 보아야 한다. 2인 이상이 범죄에 공동 가공하는 공범관계에서 공모는 법률상 어떤 정형을 요구하는 것이 아니고 2인 이상이 공모하여 범죄에 공동 가공하여 범죄를 실현하려는 의사의 결합만 있으면 충분하다. 비록 전체의 모의과정이 없더라도 여러 사람 사이에 순차적으로 또는 암묵적으로 의사의 결합이 이루어지면 공모관계가 성립한다. 이러한 공모관계를 인정하기 위해서는 엄격한 증명이 요구되지만, 피고인이 범죄의 주관적 요소인 공모관계를 부인하는 경우에는 사물의 성질상 이와 상당한 관련성이 있는 간접사실 또는 정황사실을 증명하는 방법으로 이를 증명할 수밖에 없다. 이때 무엇이 상당한 관련성이 있는 간접사실에 해당할 것인지는 정상적인 경험칙에 바탕을 두고 치밀한 관찰력이나 분석력으로 사실의 연결 상태를 합리적으로 판단하는 방법으로 하여야 한다. (대법원 2018. 4. 19. 선고 2017도14322 전원합의체 판결 등)

피싱 사기 사건의 일부를 담당한 관여자의 경우 그 공모공동정범 기준에 의할 때 '본질적 기여를 통한 기능적 행위지배'를 인정할 수 있을지 의문이 있기 때문이다. 그렇다면 공모공동정범에서의 기준과 달리 (물론 공모가 없는 것은 아니고, 실행행위도 있는 것이므로 당연히 공모공동정범과는 다른 점이 있다) "합산적" 의사연락의 경우에도 공동정범이 된다고 할 때에는 전체범죄에서의 지위, 역할, 지배, 장악력 등의 기준보다 낮은 기준에서 기능적 행위지배를 판단할 여지가 있다고 보거나, 아니면 "합산적" 의사연락은 순차공모에서 제외한다고 하는 수밖에 없는 것 같다.

즉 공동정범의 기능적 행위지배는 공모, 실행행위 분담을 형식적으로 양 요건을 모두 충족하는 것으로 판단하지 않고, 기능적 행위지배 여부로 보되, 본고에서 다루는 장면의 경우에는 낮은 정도의 의사연락이 있고 실행행위의 분담이 있으므로 이 정도라면 기능적 행위지배가 있다고 볼 수 있고, 공모공동정범에서는 실행행위를 분담하지 않은 것이므로 '본질적 기여를 통한 기능적 행위지배'라는 용어를 판례에서 사용하는 것으로 보고 양자를 다르게 평가할 여지도 있기는 한 것 같다. 그러나 이렇게 보더라도 전체범행에 대한 공동정범이 되는 이유를 '규범적 평가' 이외의 다른 기준으로 명확하게 설명하는 데 한계가 있기 때문에, 여전히 설명상 난점이 존재하는 것으로 생각된다. 그렇다고 "합산적" 의사연락도 순차공모에 해당한다고 전제한 다음 공동정범이 되는 이유를 여기에서 찾을 수 있다고 하는 것도 어딘지 이상하다.

결국 일부만 실행한 피고인의 변소취지는 아마도, 전체 사기 범행의 규모나 정도를 전혀 알지 못했고, 무언가 불법이 있을 수 있다는 정도만 인식하였다는 것이 아닐까 싶은데, 대체로 방조 정도라면 인정할 수 있다는 취지로 읽을 수 있는 상황으로 보인다.

Ⅲ. 승계적 공범

1. 승계적 공범

본고에서 언급하고 있는 보이스피싱 사기 사건의 경우, 그 공모 부분과 관련하여 승계적 공동정범 논의나 승계적 방조 쟁점을 언급하면서 처리하는 경우는 찾아보기 어렵다. 그러나 "합산적" 의사연락을 순차공모로 보기 어렵고, 실행행위의 분담과 전체범행에 대한 낮은 정도의 의사연락이 있다는 이유로 공동정범이 가능하다는 설명이 가능하지만 그 관여자의 변소취지에 비추어 보면 어딘지 딱 맞는 해결방법이라고 보기 어려운 점을 생각해 본다면, 문제해결을 위하여 무언가 이론적인 뒷받침이 필요해 보이고 여기서 승계적 공동정범과 승계적 방조 논의를 통하여 참고를 해볼 수 있다고 생각된다.

2. 승계적 공동정범

승계적 공동정범에 관하여, 이미 교과서 단계에서도 많은 설명이 있다. 대표적인 내용 몇 가지를 살펴본다.

① 승계적 공동정범이란 일단 일부 행위자에 의한 실행의 착수가 있고 실행행위가 어느 정도 진행되었으나 아직 범죄가 완성되기 전의 중간단계에서 다른 행위자가 의사연락을 이루면서 참여하는 공동정범을 말한다. '승계적'이라 함은 의사연락이 일어나기 전에 타인이 행한 범죄부분까지도 뒤에 참가한 행위자가 의사연락을 통하여 이어받는다는 것을 의미한다. 우리 대법원은 승계적 공동정범을 인정하지 않는다(대법원 1982. 6. 8. 선고 82도884 판결). 우리 대법원은 승계적 공동정범의 이론을 부인하면서 도중에 타인의 범행에 관여한 자에 대하여 두 가지 해결방안을 제시하고 있다. 하나는 보통의 공동정범을 인정하는 방법이다. 연속된 범죄행위 도중에 공동정범으로 범행에 가담한 자는 비로 끄가 그 범행에 가담할 때에 이미 이루어진 종전의 범행을 알았다 하더라도 그 가담 이후의 범행에 대해서만 공동정범의 책임을 진다는 것이다. 다른 방법은 의사연락 이전의 부분까지 포함한 전체 범죄에 대하여 방조범의 성립을 인정하는 것이다(대법원 1982. 11. 23. 선고 82도2024 판결). 방조범은 정범의 실행행위 이전의 시점에서뿐만 아니라 정범의 범죄행위가 기수에 달한 후 완료에 이르기 전의 시점에서는 그 성립이 가능하기 때문이다. 의사연락 이후의 공동정범으로만 처벌할 것인가 아니면 전체 범죄의 방조범으로 처벌할 것인가의 문제는 도중에 관여한 자의 의사연락의 내용을 기준으로 결정해야 할 것이다. 다만 이 경우 의사연락 이후의 공동정범으로서 부과될 형량의 범위와 전체범죄에 대한 방조범으로서 필요적으로 감경한 형량의 범위를 비교하여 무거운 쪽으로 해석하는 것이 형사정책적으로 타당하다.[9] ② 공동정범의 공동가담의 의사형성 시기를 사전모의에 국한시키지 않는 태

9) 신동운, 형법총론(제15판), 법문사, 623면.

도를 취하는 한, 선행행위자가 구성요건의 일부를 실행한 후에도 공동정범이 성립하는 데 문제가 없다. 이러한 경우 공동정범이 성립할 수 있는 종기를 선행행위자의 범죄기수 전이라고 한다면, 후행가담자는 어느 부분에 대해 공동정범이 성립하는가, 그리고 그러한 공동정범을 무엇이라고 부를 것인가에 관하여 설명 방식이 나뉜다. 판례는 선행행위자의 기수 후에도 선행행위자와 후행가담자의 공동정범이 가능하다고 하면서도 후행가담자의 책임범위에 관하여 명시적으로 태도를 밝히지 있지 않다. 다만 예외적으로 포괄일죄의 경우 후행가담자의 공동정범 성립은 인정하지만 후행가담자에게 선행행위자의 실행부분에 대한 책임을 묻지 않는다는 태도를 취한다(대법원 1997. 6. 27. 선고 97도163 판결, 포괄일죄의 범행 도중에 공동정범으로 가담한 자는 이미 이루어진 종전의 범행을 알았다 하더라도 가담 이후의 범행에 대해서만 공동정범으로서의 책임을 진다). 적극설에 대해서는 선행행위자의 행위부분에 대한 후행가담자의 기능적 행위지배가 없다는 점, 사후고의를 인정하는 결과가 될 것이라는 점, 선행 결과를 후행가담행위 탓으로 볼 수 없기 때문에 자기 책임의 원칙에 반한다는 점 등이 비판점으로 제시되고 있다. 하지만 이러한 비판들은 실제로 선행행위자의 행위가 종료되고 기수에 도달한 후에 후행가담자가 가담한 경우에 타당한 비판이다. 후행가담자가 선행행위자의 실행행위 도중에 개입한 경우라면 당해 '구성요건적 실행행위'는 여전히 계속되는 것이고 따라서 후행가담자로 여전히 실행행위를 한 것이고, 결과가 발생하기 전이라면 후행가담자의 행위를 여전히 의미 있는 실행행위라고 할 수 있기 때문이다. 이러한 조건이라면 후행가담자의 행위에 기능적 행위지배도 인정될 수 있고, 사후고의가 인정되는 결과가 되는 것도 아니며, 결과에 대한 인과력이 부정된다고 할 수도 없기 때문에 후행가담자에게도 공동정범의 성립을 인정하는 것이 타당하다.[10] ③ 범죄를 공동실행할 의사가 범죄의 실행 착수 이후 기수 이전에 성립하는 공동정범을 승계적 공동정범이라 한다. 포괄일죄나 계속범은 기수와 범죄행위의 종료 사이에도 승계적 공동정범이 성립한다. 공동의사의 형성시기가 늦은 점 외에는 공동정범의 요건을 구비해야 한다. 승계적 공동정범의 책임범위에 관하여, 포괄일죄의 일부에 공동정범으로 가담한 자는 비록 그가 그때에 이미 이루어진 종전의 범행을 알았다 하여도 그 가담 이후의 범행에 대해서만 공동정범으로서의 책임을 진다(대법원 1982. 6. 8. 선고 82도884 판결). (독일 판례는 후행자가 선행자의 범행내용을 인식하고 가담

10) 김성돈, 형법총론(제8판), 성균관대학교 출판부, 2022, 636-637면.

한 경우에는 범죄의 전체계획에 동의한 것일 수 있다는 점을 중시하여 선행자의 범행 전체에 대해 책임을 져야 한다고 본다) 물론 이미 행해진 범죄와 함께행하는 범죄가 분할 가능하면(포괄일죄, 연속범) 후행자는 함께 실행을 분담한 범죄에 대해서만 책임을 지고 분할이 불가능하면(단순일죄의 결합범) 전체계획에 동의했다는 점을 중시하여 범죄 전체에 대해 책임을 진다.[11] ④ 승계적 공동정범의 개념을 인정하는 것이 일반적이다. 즉 공동정범의 주관적 요건인 공동의사는 반드시 실행착수 이전이나 실행 착수시에 있을 것을 요하지 않는다는 이유로 실행행위 도중에 성립한 경우에도 공동정범이 성립될 수 있다고 한다. 그런데 합리적인 접근을 위해서는, 단일행위로 구성된 범죄(단일행위범, 일행위범)와 2개 이상의행위로 구성된 범죄(결합범, 포괄일죄, 실경 등)을 구분하여 검토할 필요가 있다. 우선 단일행위범에서는, 비록 후행자가 선행자의 실행착수 이후에 가담했더라도 실행행위를 종료(25조 1항)하기 전이라면, 승계라는 문제 자체가 발생하지 않는다. 실행행위를 종료하기 전에 의사연락을 통해 실행행위를 분담한 이상 공동정범의 2가지 요건(공동의사, 공동실행)을 모두 충족하기 때문이다. 단일행위범에서 승계 여부가 문제되는 것은, 단지 선행자가 실행행위를 종료한 이후부터 기수 이전까지의 문제로 한정된다. 다음 계속범에서도, 후행자가 선행자의 기수 이후에 가담했더라도 범죄행위의 종료(형소 252조 1항) 이전이라면 의사연락을 통해 공동의 실행행위를 한 이상, 공동정범의 2가지 요건을 모두 충족한다. 따라서 여기에서도 승계의 문제는 발생하지 않는다. 선행자의 범죄행위가 계속되는 상태에서 새롭게 역할분담을 통해 기능적 행위지배의 형태로 가담하고 선행행위와 후행행위가 불가분의 관계에 있으므로 통상의 공동정범이 성립하게 된다. 따라서 계속범의 경우 엄밀한 의미에서 승계적 공동정범의 문제는 아니다.[12] ⑤ 승계적 공동정범에 관한 긍정설은 최근에는 지지하는 학자가 없기 때문에 연혁적 의미밖에 갖지 못하는 견해이다. 승계적 공동정범을 인정하는 것은 피고인에게 불리한 소급효를 인정하는 것과 같으므로, 일반 원칙에 따라 후행자는 자신이 가담한 부분에 대해서만 공동정범의 죄책을 진다고 해야 한다.[13]

본고에서 승계적 공동정범 자체의 논의를 하고자 하는 것은 아니다. 그러나 전체 범행 그림을 전부 알지 못하는 부분실행 관여자의 경우, 승계적 공동정범이라는 개

11) 이상돈, 형법강론(제3판), 박영사, 2020, 319－320면.
12) 이주원, 형법총론(제2판), 박영사, 2023, 342면.
13) 오영근, 형법총론(제6판), 박영사, 2021, 381면.

념도구가 있다면 그 부분실행 관여자를 전체 범행의 공동정범으로 인정하는데 다소 명확해진 근거를 제시할 수 있을 것이다.

보이스피싱 사기 사건의 경우라면 단일행위범의 경우로 보아서 전체범죄에 대한 공동정범으로 볼 여지가 생기게 되는데, 다만 이 경우에도 전체 범행 그림을 모두 알지는 못했다는 점을 어떻게 평가할 것인가 여부는 명쾌하게 해명된 것은 아니다. 승계적 공동정범은, 선행자와 후행자 사이에 양해가 이루어지고 후행자는 선행자가 형성한 정황을 인용하여 이용한다는 관계에서 이해된다[14]는 전제에서 보면 선행자와 후행자 사이의 양해가 있어야 하는 것이므로, 보이스피싱 사기 사건에서 위와 같은 정도의 '양해'가 있다면 당연히 공모도 있는 것이고, 전체 범행에 대하여 일부실행 전부책임을 부과하는 데 무리가 없다. 그러나 위 '양해' 정도의 사정이 없다면, 즉 선행자로부터 정확한 설명을 들은 바 없이 막연히 불법을 저지르고 있다는 정도의 사정이 있는 경우에는 여전히 전체 범행에 대한 의사연락이 있는 것으로 단정하기는 어렵다. 이 경우라면 결국 승계적 방조를 검토할 필요가 있어 보인다.

3. 승계적 방조

선행행위자가 특정한 범죄의 실행에 착수하여 그 전부를 종료하지 아니한 때에 후행행위자가 그 사정을 알면서 범행에 개입하여 행위하는 상황에서 실행행위 자체를 행하는 것이 아니라 그 이외의 행위로 선행행위자의 실행행위를 용이하게 하는 경우가 승계적 종범의 문제이다.[15] 승계적 종범이 문제되는 상황에서도, 종범의 이중적 고의는 필요한 것이고, 일반적으로 방조범에서 요구되는 정범의 고의는 정범에 의하여 실현되는 범죄의 구체적 내용을 인식할 것까지 요구하는 것이 아니라 미필적 인식이나 예견으로 족하다고 하므로, 본고에서 다루고 있는 일부실행 관여자의 경우에는 이 부분은 승계적 방조 개념으로 방조에 해당한다고 볼 수 있게 된다.

물론 ① 정범이 실행행위의 일부를 행하였으나 남은 실행행위가 종료되기 전에 타인이 중도에서 가담하여 정범의 나머지 실행행위를 방조한 경우인 '승계적 방조'에 있어서, 정범의 실행행위 전부에 대하여 방조범이 성립한다고 볼 것인가 아니면 중도에 가담한 이후 부분의 실행행위에 대해서만 방조가 성립한다고 볼 것인가에 있

14) 이형국·김혜경, 형법총론(제6판), 법문사, 2021, 405면.

15) 이용식, 승계적 종범의 성립범위, 형사판례연구 15, 한국형사판례연구회, 박영사, 2007, 102－103면.

다. 예컨대 결합범인 강도살인죄(형338)에 있어서 갑이 강도살인의 의사로 먼저 피해자를 살해하였는데 마침 지나가던 을이 이를 보고 갑의 절취행위에 조력한 경우, 을이 강도살인죄의 방조범이 된다고 볼 것인가 아니면 절도죄의 방조범이 된다고 볼 것인가가 문제된다. 이 문제의 해결은 승계적 공동정범에서와 유사한 논거에 의하여, 방조의 의사는 가담하기 이전의 부분까지 소급될 수 없고, 방조자에게 가담하기 이전의 부분에까지 책임을 지우는 것은 법감정상 과잉처벌로 받아들여질 것이므로, 가담한 이후 부분의 실행행위에 대해서만 방조범(앞의 예에서 절도죄의 방조범)이 성립한다고 봄이 타당하다.[16] ② 승계적 종범은 (일부 실행행위를 하였지만 아직) 기수에 도달하지 않은 상태에서 방조행위를 하는 것을 말한다. 책임원칙의 관점에서 보면, 방조행위 이전 정범의 실행행위부분은 승계적 종범의 불법으로 귀속(차용)시켜서는 안된다. 다만 종범에 의해 촉진된 정범의 실행행위와 그 이전의 실행행위가 불가분적일 경우에는 정범의 실행행위 전체가 종범의 불법으로 귀속될 수 밖에 없다.[17] 등의 교과서 설명이 있으나, 본고에서 다루는 일부실행 관여자의 경우에는 범죄행위 종료 후의 가담형태라고 보기 어렵고 결합범 같은 형태라고 보기도 어렵기 때문에, 전체범행에 대한 방조가 된다고 보는 것이 타당해 보인다.

Ⅳ. 마치며

보이스피싱 사기 사건에서 수많은 피해자가 발생하고 피해회복이 되지 않아 사회적으로 많은 이슈가 된 경우가 많았다. 형사처벌을 통한 위하력이 필요한 것은 당연한 것이지만, 실제 개별 사건으로 들어가 보면 피싱 사기 사건의 주동자나 책임자급의 관여자가 아닌 경우에는 각 피고인마다 '사기 사건의 공동정범'으로 처벌받기에 억울하다는 입장이 많은 것 같다. 형사처벌을 하는 데 있어서 그 피고인들이 납득이 될 이론적 근거를 제시해 주는 것은, 막연히 '이 큰 범죄에 관여했으면 다 공동정범'이라는 식으로 처벌하는 것보다는 훨씬 처벌의 효과가 분명할 것은 자명하다.

대포통장을 확보하거나, 대포폰을 수집하거나, ATM에서 현금을 인출하거나, 인출된 현금을 지시받은 사람에게 전달하는 등, 사기 사건 전체 그림에서 분명한 행위분

16) 임웅, 형법총론(제12정판), 법문사, 2021, 524면.
17) 이상돈, 형법강론(제3판), 박영사, 2020, 350면.

담을 한 것은 맞지만, 각 피해자에 대한 사기죄가 성립한다고 했을 때 그 사기죄에 가담하고 있다는 점을 위 사람들이 과연 인식을 한 것인가 여부를 그 피고인에게 명쾌하게 설명할 수 있는가 하는 점이 본고의 출발점이다. 가장 명백한 장면은, 사기에 관여한 모든 사람이 한자리에 모여서 전체 범행을 모의한 다음 각각 행위를 분담하고 그 계획에 따라 사기죄를 범한 경우이다. 이 경우에는 그 관여자 모두를 공동정범으로 처벌하게 되는 것임은 분명하다.

ATM에서 현금을 인출하는 부분을 실행하는 경우, 전체 범행 계획을 모두 전달받은 후 그 해당부분을 담당하게 되는 것이라면 당연히 공동정범이 될 것이지만, 전체 범행 계획을 전달받지 못한 채 (더 나아가 그 현금인출을 지시한 사람조차 전체 범행 계획을 알지 못하는 경우) 현금을 인출하는 경우라면 사기죄의 공동정범이 될 수 있는가 여부는 별도의 검토가 필요하다. 교과서에 등장하는 '순차공모'라는 것이, 의사연락이 시간적으로 선후관계에 있을 뿐 공모의 양 자체는 그대로 전달되는 경우에 한정된다면, 위와 같은 현금인출 사안은 순차공모에도 해당하지 않게 되고, 전체 범행에 대한 공모를 인정하는데 어딘가 어색한 점이 있다. 불법에 관여한다는 의사연락은 당연히 있는 것이지만, 실제 범행인 사기사건에 관여한다는 공모가 있다고 할 수 있는가 여부가 여전히 깔끔하지 않기 때문이다.

그렇다고 '순차공모'에 공모의 양은 비록 적지만, 관여자 전후를 합산해 보면 전체 범행에 대한 공모가 인정된다고 할 수 있다면 현금인출 사안은 당연히 공모와 행위분담이 있게 되는 것이어서 공동정범이 되는데 이론적인 무리수가 없게 된다. 그렇지만 이와 같은 "합산적" 의사연락이 과연 공모에 해당한다고 할 수 있는지 여부에 관하여 최소한 교과서 단계에서는 전혀 언급이 없다. 종래 공모공동정범이 문제되는 상황에서 공모만 있고 실행행위를 분담하지 않은 경우에도 공동정범이 가능한 경우가 있다고 하였으므로, 본고에서 계속 언급하는 현금인출 사안은 실행행위를 분담한 것이고 공모는 없다거나 또는 공모의 양이 적은 때에 해당하고, 공모공동정범의 역상황으로서 공동정범이 불가능하지 않다는 식의 가설을 만들어 논리전개를 하는 것도 하나의 방법일 수 있다.

그러나 공모공동정범도 결국 '본질적 기여를 통한 기능적 행위지배'가 필요한 것이지 실행행위분담 여부만으로 도식적으로 결정된다고 할 수 없으므로, 현금인출 사안 역시 기능적 행위지배 관점에서 해결할 수 있다고 생각할 수 있다. 이 경우에는 기능적 행위지배 측면의 검토시, 공모의 양, 전달방식, 전체 범행에서의 역할의 크기

등을 모두 고려할 것이고, 이 경우 보이스피싱 범죄는 현 단계에서 그 불법성을 모두 인식하고 있는 '다 아는 범죄'이며, 묵시적인 의사연락도 공모에 해당하는 것이므로, 그러한 전제에서 보면 공동정범이 가능하다고 할 수도 있다.

다만 그 이상의 논리적 근거가 덧붙여지면 조금 더 명확한 논거를 제시할 수 있을 것이라서, 승계적 공동정범과 승계적 방조 관점이 필요해 보인다. 승계적 공범 자체에 대한 여러 가지 논란이 있고 학계에서도 통일적인 입장이 있는 상황은 아니지만, 사기죄와 같은 범죄에서는 그 관여자가 의사연락이 있다는 전제에서 선행행위자의 사기에 관하여 공동정범이 가능하다. 물론 여전히 선행자와 후행자 사이의 의사연락 부분이 명쾌하게 정리된 것은 아니지만, 공모로 평가할 수 있다면 전체 범행의 공동정범이, 그렇지 않다면 전체 범행에 대한 방조가 된다고 보는 것이 타당해 보인다. 이 부분에서 승계적 공동정범, 승계적 방조의 개념이 있어야 전체 범행에 대한 공동정범, 방조범의 성립을 인정하는 데 설득력이 생기게 된다고 할 것이다.

기능적 행위지배라는 것이 전가의 보도인 것은 부인할 수 없는 사실이지만, 과연 그 세부적인 내용과 기준이 무엇인지는 여전히 미궁에 있는 것이 아닐까 한다. 만약 '순차적인' '합산적' 의사연락과 행위분담이 있는 경우를 공동정범의 기능적 행위지배에 해당한다고 할 수 있다면, 현금인출과 같은 장면은 간명하게 해결될 수 있을 것이다. 과연 '기능적 행위지배'라는 용어로 이러한 경우를 당연하게 담아낼 수 있는 것인지 궁금하다. 오늘도 여전히 '기능적 행위지배'를 탐험해야 하는 것이 아닐까 한다. 그러나 본고에서 언급하고 있는 대포통장 확보, 수집, 현금인출, 인출금액의 전달 등에만 한정적으로 관여한 사기사건은 수없이 많이 발생하고 국가 전체에 큰 영향을 주고 있다. 따라서 막연히 언젠가 정리될 내용으로 데코레이션을 하는 것보다는, 현재 가용할 수 있는 쟁점을 동원해서 한발 더 명료한 근거를 제시하는 것이 필요할 것으로 생각한다. 결국 승계적 공동정범과 승계적 종범 논의를 출발점으로 하여, 공모의 양이 적은 행위분담자의 공모를 인정하는 것까지 더해서 근거를 제시할 수 있지 않을까 한다.

「이용식 교수님과의 추억」

제가 대학에 입학했던 그 해, 교수님께서 서울대로 부임하셔서 저희 학부지도반을 맡아주셨습니다. 학교 행정실에서 가나다 순으로 정해준 지도반이었지만, 교수님께서는 그 학부지도반 학생들을 항상 사랑과 관심으로 지켜봐 주셨고, 매 학기 고기를 사주시면서 학부생활 내내 저희들을 보살펴 주셨습니다. 제가 1학년 때부터 학부 졸업할 때까지 항상 지도반 모임을 해주셔서 저뿐 아니라 다른 조원들도 항상 기쁘고 감사한 마음으로 자리에 참석하곤 했었습니다. 교수님께서 베풀어주신 따뜻함이 저희 지도반 학생들에게 큰 울림이 되어, 저희 지도반은 학부 지도반이었음에도 나중에 학부를 졸업하고도 한참동안 교수님을 따로 찾아뵈면서 철없던 학부생 시절에 교수님께서 살펴주셔서 너무 감사했었다는 말씀을 드리곤 했었습니다. 저는 그 많은 학생들 중 하나였지만, 교수님께서 보여주시는 소탈함, 인간미, 배려심, 역지사지 등 말로 다 표현할 수 없는 모습에 많은 감동을 하였습니다.

그 후 제가 석사과정에 진학했을 때 교수님께서 석사 지도교수를 맡아주셨습니다. 저는 당시 사시 준비를 하고 있어서 대학원생보다는 고시생 역할을 하는 편이었지만, 그때에도 저를 항상 살펴주시고 신경써 주셔서 너무 감사했었습니다. 사시 준비하던 어느 해에는, 제가 불합격 사실을 받아들이기가 너무 어려워 무작정 교수님을 찾아뵈었는데, 그 때 저를 다독여주시면서 위로해 주셨고, 다시 시험에 도전할 수 있는 큰 용기를 주셨습니다. 또 한번은 사시 준비 중 교수님께서 쓰신 공모공동정범에 관한 논문을 읽고 나서는 탁 하고 머리를 맞은 것 같은 충격과 함께 '공모공동정범이 이런 거였구나!'를 느끼면서 법대 도서관 계단 앞에서 주저앉을 뻔한 경우도 있었습니다.

그렇게 석사과정이 끝나고 사시에 합격하고 결혼을 하게 되었습니다. 그때 교수님께 주례 부탁을 드렸는데, 교수님께서 흔쾌히 수락해 주셔서 너무 기뻤던 기억이 아직도 생생합니다. 그 후 연수원 생활과 변호사 생활, 그리고 박사과정 진학 등 제가 지내온 매 순간 교수님을 찾아 뵙고 교수님의 가르침 속에서 생활하였습니다.

변호사를 하던 중 우연한 기회에 미국에 방문학자를 가게 되었는데, 미국에 머물던 그 시기에 박사논문을 쓸까 고민하던 순간에도 교수님께 조언을 구했고 그때의 선택이 박사학위를 취득할 수 있는 신의 한수가 되었던 것 같습니다. 당시 가족들은 모두 미국에 있었지만 박사논문 심사를 위하여 몇 달 동안 저 혼자 서울에 머물게 되었고, 논문심사를 준비하는 그 몇 달 동안 교수님의 가르침을 영광스럽게도 독차지한 느낌을 받을 정도로 제가 교수님의 모든 가르침을 받으면서 비약적인 성장을 할 수 있었습니다. 교수님의 보살핌 속에서 성장했던 20대와 30대를 거쳐, 지금은 학교에서 형사법 교수로 근무하고 있습니다. 교수님께 처음 인사올렸던 학부 1학년 때를 떠올려보면 제가 형사법 교수가 되었다는 사실이 아직도 믿기지 않습니다. 오늘도 형법 수업 준비를 하면서, 교수님께서 말씀해주셨던 내용을 다시 떠올리고 저의 부족함을 절감하면서 다시 또 반성하는 시간을 가지게 되었습니다. 아직도 교수님의 가르침을 다 이해하지 못하는 수준에 머물러 있지만, 제가 교수님의 업적과 명성에 누가 되지 않도록 최선을 다하겠다는 다짐을 하였습니다. 교수님께 항상 죄송한 마음과 감사한 마음이 가득하고, 제 인생의 지향점이 되어 주신 점에 대하여 다시 또 깊은 감사의 말씀을 올립니다. 항상 건강하시길 기원하고, 또 많은 가르침을 여쭤볼 수 있도록 많이 더 공부하겠습니다. 교수님! 감사합니다!

제11 장

공동정범의 초과실행에 관한 판례의 태도

공동정범의 초과실행에 관한 판례의 태도*

김 웅 재**

I. 서 론

특정 범죄를 공모한 공동정범 중 1인이 공모범위를 초과하여 더 중한 범죄구성요건을 실현한 경우, 나머지 공모자는 그 중한 결과에 대하여 어떤 책임을 부담하는가? 이는 이른바 '공동정범의 초과실행' 또는 '공동정범의 과잉'이라고 불리는 문제이다.[1] 이에 대한 학설의 일반적인 설명은, 공동정범은 공모한 범위 내에서만 책임을 부담하는 것이 원칙이므로, 공모한 범죄와 초과실행된 범죄 사이에 질적으로 차이가 있는 경우에는 나머지 공모자는 초과실행된 결과에 대하여 책임을 부담하지 않고 양적으로만 차이가 있는 경우에는 공모내용과 그 발생결과가 중첩되는 부분에 대해서만 공동정범의 책임을 부담하지만, 양적 초과실행의 경우 중한 결과발생에 대해 예견가능성이 있다면 결과적 가중범의 죄책이 성립할 수 있다는 것이다.[2]

---

* 이용식 선생님께서는 부족한 필자를 항상 따뜻하게 지도하고 격려해 주셨다. 이용식 선생님의 고희를 진심으로 축하드린다.

** 서울대학교 법학전문대학원 조교수

1) 이 문제를 이론적으로 천착한 선행연구로 이용식, "공동정범의 초과실행과 결과적 가중범의 성립", 서울대학교 법학 제48권 제3호 (2007. 9.); 同, "공동정범과 예견가능성 문제" (한국형사법학회 편집), 죄형법정원칙과 법원 I, 박영사 (2023)가 있다. 판례에 대한 비판적 검토를 중심으로 한 선행연구로 이재상, "특수절도범의 1인의 폭행과 강도상해죄의 성부", 경희법학 제23권 제1호 (1988); 서보학, "공동정범관계중 일부 공범자의 초과실행에 대한 다른 공범자의 책임", 경희법학 제37권 제1호 (2002); 손동권, "공범의 착오, 특히 공동정범 사이의 실행행위의 착오", 안암법학 제17호 (2003); 김봉수, "「공동정범의 과잉」에 대한 비판적 고찰－준강도 및 (준)강도상해죄의 공동정범 성립에 관한 대법원의 태도를 중심으로－", 형사법연구 제20권 제4호 (2008); 이창섭, "준강도죄 및 강도상해죄의 공동정범의 성립범위에 관한 단견(短見)", 한양법학 제27권 제4집 (2016. 11.); 강효원·최민영, "공범 혹은 공동정범의 초과행위에 대한 형사책임 성립요건", 형사법연구 제35권 제3호 (2023) 참조.

2) 이용식, 형법총론(제2판), 박영사 (2020), 94－95 참조. 다만 초과실행된 중한 결과에 대해 예견가

그렇다면 이 문제에 대해 판례는 어떤 태도를 취하고 있는가? 공동정범의 초과실행 사안에 관한 대법원 판결은 다수 존재하는데, 사안별로 대법원이 판시하는 법리가 동일하지 않을 뿐만 아니라 판시내용의 의미에도 불분명한 점이 있다. 그간 실무상 공동정범의 초과실행이 문제된 사안은 초과실행된 중한 결과에 대해 나머지 공범의 고의범(주로 결합범)의 성립 여부가 문제된 사안[3]과 그 중한 결과에 대해 결과적 가중범의 성립 여부가 문제된 사안[4]으로 구분할 수 있고, 이에 대해 선고된 대법원 판결들은 크게 다음과 같이 다섯 가지 유형으로 묶을 수 있다.

① 초과실행 부분에 대해 공모가 인정되어야만 고의범의 죄책을 진다고 판시한 사례(1유형).
② 나머지 공범이 그 초과실행을 "예기하지 못한 것으로 볼 수 없으면" 고의범의 죄책을 진다고 판시한 사례(2유형).
③ 기본범죄를 공모하였으면 초과실행 부분에 대해서도 고의범의 죄책을 진다고

능성이 있어 결과적 가중범이 성립한다고 할 때 결과적 가중범의 공동정범을 인정할 것인지 아니면 행위자별로 결과적 가중범의 단독범이 성립한다고 할 것인지 견해대립이 있다[단독범만이 성립한다는 견해로 임웅, 형법총론(제13정판), 법문사 (2022), 484-485; 배종대, 형법총론(제16판), 홍문사 (2022), 417-419 등 참조]. 또한, 이러한 일반적인 견해와 달리 ① 중한 결과에 대한 예견가능성만으로 결과적 가중범의 공동정범 성립을 인정해서는 안 되고 중한 결과를 낳은 초과실행 '행위'에 초점을 맞추어 그 행위가 공모 범위에 포함되는지에 따라 판단을 달리해야 하며, 만약 초과실행 행위가 공모 범위에 포함된다면 중한 결과에 대한 예견가능성을 전제로 결과적 가중범의 공동정범을 인정할 수 있지만 초과실행 행위가 당초의 범행계획을 현저히 벗어나는 등으로 공모 범위를 벗어난다면 결과적 가중범이 성립할 수 없다는 견해가 있고[이용식(주 1), "공동정범의 초과실행과 결과적 가중범의 성립"; 同(주 1), "공동정범과 예견가능성 문제" 참조], ② 초과실행행위가 고의에 의한 것인지 과실에 의한 것인지를 구분하여 후자의 경우에만 결과적 가중범의 공동정범 성립을 인정하는 견해(서보학, 앞의 글 참조)도 있다. 한편 위 ①의 견해는 공동정범 중 1인이 고의로 초과실행 행위로 나아갔다면(즉 그 1인에게 결합범 등 더 중한 고의범이 성립하는 경우라면) 그 행위는 원칙적으로 당초의 공모 범위에 포함된다고 할 수 없어 나머지 공모자들에게 그 초과실행 부분에 대한 공동정범이 성립할 수 없고, 반면 그 1인이 과실로 초과실행에 이르게 된 것이라면(즉 그 1인에게 결과적 가중범이 성립하는 경우라면) 원칙적으로 그 초과실행 행위가 당초의 공모 범위에 포함되므로 나머지 공모자들에게도 결과적 가중범의 공동정범이 성립할 수 있다고 하므로[이용식(주 1), "공동정범과 예견가능성 문제", 254-255 참조], ①과 ②의 견해는 유사한 결론에 도달하는 것으로 보인다.

3) 절도의 공모자 중 1인이 체포면탈 등 목적으로 타인을 폭행·협박하여 준강도죄를 범한 경우나, 강도의 공모자 중 1인이 그 기회에 상해 또는 강간행위까지 저질러 강도상해죄 또는 강도강간죄를 범한 경우 각 나머지 공모자에게도 준강도죄나 강도상해죄, 강도강간죄가 성립하는지가 다투어진 사례들이 전형적인 예이다.

4) 강도 또는 상해의 공모자 중 1인이 살인행위로 나아간 경우 나머지 공모자에게 강도치사죄 또는 상해치사죄가 성립하는지 문제된 사례들이 전형적인 예이다.

판시한 사례(3유형).

④ 초과실행 부분에 대한 예견가능성 요부를 특별히 언급하지 않은 채 결과적 가중범의 죄책을 진다고 판시한 사례(4유형).

⑤ 초과실행 부분에 대해 예견가능성이 있으면 결과적 가중범의 죄책을 진다고 판시한 사례(5유형).

이에 대해서는 특히 2, 3, 4유형 판결들에 대해[5] 학설상 많은 비판이 제기되어 왔다. 2유형 판결에 대해서는 '중한 결과에 대한 예견가능성(과실)만으로 고의범의 책임을 인정하는 것(과실에 의한 고의책임)이므로 책임주의에 반한다'는 비판이 제기되었고,[6] 3, 4유형 판결에 대해서는 책임성립에 필요한 주관적 요건(고의·과실) 없이 책임을 인정하는 것(고의·과실 없는 고의책임, 과실 없는 과실책임)이어서 부당하다는 비판이 제기되었다.[7]

이들 비판론은 위 판결들에 나타난 '판례의 태도', 다시 말해 그 판결들에서 대법원이 표명한 해석론이 무엇인지에 대한 일정한 이해를 전제로 한다. 그것은 대법원이 ① 2유형의 판결들에서는 '중한 결과에 대한 예견가능성만 있으면 고의범의 죄책을 진다'는 입장을 취했다는 것, 그리고 ② 3유형의 판결들에서는 '중한 결과에 대한 고의·과실이 없어도 고의범의 죄책을 진다'는 입장을 취했다는 것, ③ 4유형의 판결들에서는 '중한 결과에 대한 예견가능성(과실)이 없어도 결과적 가중범의 죄책을 진다'는 입장을 취했다는 것이다.

그러나 과연 이러한 이해는 정확한 것인가? 그간 공동정범의 초과실행에 관한 논의에서 판례의 태도에 대한 비판론은 계속해서 반복·재생산되었지만 정작 그 논의의 전제가 옳은지, 즉 정말로 '판례의 태도'가 비판론이 이야기하는 그대로인지에 대해서는 본격적으로 문제제기가 이뤄진 바 없다. 그러나 그간 익숙해져버린 논의의 틀로부터 한 걸음 떨어져서 다시 생각해 보면, 비판론의 판례 이해에 대해서는 의문이 떠오른다. 비판론의 이해가 맞다면 대법원은 '과실만 있으면 고의범이 성립한다'거나,

5) 1, 5유형 판결들에 대해서도 그 판시 문언의 적절성 등을 두고 일부 비판이 제기되어 왔지만, 그 핵심 판단내용은 앞서 본 학설의 일반적인 입장에 대체로 부합하는 것이기에 상대적으로 비판의 여지가 적었다.

6) 대표적으로 이재상, 앞의 글, 89－92; 서보학, 앞의 글, 64－65, 71－73; 손동권, 앞의 글, 65－67; 김봉수, 앞의 글; 이용식(주 1), "공동정범과 예견가능성 문제", 244－252 참조.

7) 대표적으로 서보학, 앞의 글, 62－73; 손동권, 앞의 글, 65－70 참조.

심지어는 ‘아무런 고의·과실 없이도 고의범 또는 결과적 가중범이 성립한다’라는, 명문의 법률규정[8]에 어긋날 뿐만 아니라 형법의 가장 기초적인 이론에 정면으로 반하는 입장을 취하고 있는 셈이 된다. 정말로 대법원이 그처럼 ‘형법의 abc조차 모르는’ 태도를 취하고 있는 것인가? 우리 최고법원이 형법체계의 근간을 이루는 고의범과 과실범의 개념조차 제대로 구별하지 못한다는 말인가? 만약 그렇지 않다면, 즉 비판론이 전제로 삼고 있는 판례 이해가 사실은 부정확한 것이라면 비판론의 주장은 상당 부분 그 의미를 상실할 수밖에 없다.[9]

나아가, 설령 비판론의 판례 이해가 전부 또는 부분적으로 정확하다고 하더라도 여전히 의문은 남는다. 우리 대법원이 위와 같은 태도를 취하는 것이 맞다면, 대체 대법원은 왜 그러한 입장을 취하는 것인가? 법률조문과 형법의 기본이론에 명백히 반하는 입장을 취하는 대법원 나름의 이유 또는 내적 논리는 무엇인가? 그러나 이들 의문에 대해서도 그간 충분한 탐구가 이뤄진 바 없는 것은 마찬가지이다.

Ⅱ. 판례의 해석과 자비의 원칙(principle of charity)

해석의 원칙이자 논쟁의 원칙으로 ‘자비의 원칙(principle of charity)’이 있다. 누군가의 진술을 해석할 때나 그가 제시한 논증을 분석·평가할 때에는 그 진술이나 논증이 가능한 한 최선의 진술·논증이 되도록 이를 해석해야 한다는 원칙이다.[10] 자비의 원칙에 따르면, 우리는 진술이나 논증을 제시한 사람이 합리적이고 진실되다고 전제

8) 형법 제13조 제1항(“죄의 성립요소인 사실을 인식하지 못한 행위는 벌하지 아니한다.”), 제15조 제1항(“특별히 무거운 죄가 되는 사실을 인식하지 못한 행위는 무거운 죄로 벌하지 아니한다.”), 제2항(“결과 때문에 형이 무거워지는 죄의 경우에 그 결과의 발생을 예견할 수 없었을 때에는 무거운 죄로 벌하지 않는다.”) 참조. 위 각 조항은 2020. 12. 8. 개정되어 그 문언이 일부 수정되었고, 본고에서 검토 대상으로 삼는 판결들은 개정 전 구법이 적용되었던 것들이지만, 2020. 12. 8. 개정은 표현만을 순화하는 개정이었을 뿐 그 내용에는 실질적으로 변화가 없었다. 따라서 구법의 문언을 기준으로 하더라도 학설이 전제하는 대법원의 태도가 법문에 정면으로 반하는 것은 마찬가지이다.

9) 양창수, 민법입문(제9판), 박영사 (2023), 174－175 참조(“판례를 아는 것은 … ‘현재 존재하는 법’에 대한 평가나 의견이 아니라, ‘현재 존재하는 법’의 객관적 인식이다. 만일 이러한 인식 자체가 부정확하다면, 그에 대한 의견이나 평가는 내용 없는 것이 되기 [쉽다.]”). 인용문 중 대괄호([ ]) 안의 부분은 문맥에 맞게 인용자가 수정한 것이다. 이하 같다.

10) 이하 자비의 원칙에 관한 설명은 김광수, 논리와 비판적 사고(전정판), 철학과현실사 (2002), 183－184; Jakub Prus and Piotr Sikora, “The Dialectical Principle of Charity: A Procedure for a Critical Discussion”, Argumentation, Vol. 37 (2023), 578－581 참조.

해야 하고, 따라서 만약 어떤 진술이 다의적으로 해석 가능하다면 진술자가 그중 가장 합리적인 의미를 의도하였을 것이라고 해석하여야 한다. 다음과 같은 사례를 들어 설명할 수 있다.[11)]

어떤 사람이 “카이사르”에 대해 다음 다섯 가지 진술을 하였다고 하자.

① 카이사르는 갈리아를 정복하였다.
② 카이사르는 루비콘 강을 건넜다.
③ 카이사르는 3월 15일에 살해당했다.
④ 카이사르는 탈격 독립구문을 매우 많이 사용하였다.
⑤ 카이사르는 부디카(Boudicca)[12)]의 배우자였다.

만약 화자가 말한 “카이사르”가 로마의 율리우스 카이사르를 의미하는 것이라면 ⑤를 제외한 ① 내지 ④의 진술이 참이 되고, 만약 프라스타고스(Prasutagus)를 의미하는 것이라면 ⑤의 진술만이 참이고 나머지는 모두 거짓이 된다. 자비의 원칙에 따르면 이때 해석자는 가장 많은 진술이 참이 되는 최선의 해석을 취하여야 한다. 즉, 화자의 “카이사르”라는 말이 율리우스 카이사르를 의미한다고 해석해야 하는 것이다.

또한 자비의 원칙에 따르면 해석자는 사람이 진술·논증을 제시할 때 표현의 경제성 원칙을 따른다고 전제해야 한다. 자명한 전제 또는 자명하지는 않더라도 자신이 생각하기에는 완전히 정당화되는 주장으로 여겨지는 것은 생략하는 것이 보통이므로, 해석자로서는 상대방의 진술에 빠진 부분이 있는 경우 그것을 논리적 흠결이라고 해석하기보다 단지 상대방 입장에서 당연하다고 생각한 부분을 생략하였을 뿐이라고 해석하여야 한다. 나아가, 누구나 실수를 범할 수 있는 것이므로 상대방이 진술·논증을 제시하는 과정에서도 실수로 표현상 오류를 범하였을 수 있다는 점을 인정하여야 한다.

자비의 원칙은 결국 상대방의 진술·논증을 최대한 합리적이고 논리적인 것으로 해석하여야 한다는 것으로 요약된다. 실무상 사용되는 표현을 빌자면 상대방의 주장

---

11) Neil L. Wilson, “Substances Without Substrata”, The Review of Metaphysics, Vol. 12 (1958. 1.), 530에 제시된 사례이다. 이를 자비의 원칙을 설명하는 사례로 활용하는 것은 Prus & Sikora, 앞의 글, 578－579를 참조하였다.

12) 브리튼섬을 점령한 로마제국에 저항하였던 고대 영국 이케니족의 여왕이다. 그 배우자는 프라스타고스였다.

을 최대한 '선해(善解)'해 주어야 한다는 것이라고 할 수 있다.[13] 이 원칙을 지킴으로써 우리는 논쟁 과정에서 허수아비 공격의 오류(straw man fallacy)[14]에 빠지는 것을 막을 수 있다. 혹자는 여기서 한 걸음 더 나아가서, 상대방 주장의 논리성·합리성을 보강·강화하여 가장 강력한 것으로 재구성한 뒤에 이를 비판하는 것이 바람직한 비판의 자세라고 주장하기도 한다. 상대를 밀짚으로 된 허수아비(straw man)로 왜곡하지 않는 데 그칠 것이 아니라, 상대를 철인(steel man)으로 강화한 뒤에 비판하여야 한다는 것이다.[15]

판결도 해석을 요하는 텍스트이다. 개개의 판결들에서 '판례', 즉 "법원이 구체적인 사건에 대한 재판을 통하여 행한 법에 대한 공정(公定)의 해석으로서 장래의 재판에 대하여 지침이 되는 것"[16]을 해석해 내는 것은 쉬운 일이 아니다. 법관이 쓰는 판결은 일차적으로 당해 사건의 적정한 해결을 목적으로 쓰여지는 것일 뿐 법률의 해석론을 일반적·추상적으로 전개하는 것을 목적으로 하는 것이 아니므로, 법관은 당해 사건과 관련되는 법률조문의 해석상 쟁점을 일일이 들추어내어 대응할 필요도 없고 그렇게 하는 것이 그의 임무도 아니기 때문이다.[17] 판결을 쓰는 법관은 동일하거나 유사한 쟁점에 관한 기존의 판결들을 참조하여 그 판결에 포함된 '판례'에 따라 판단하는 것이지만, 당해 사건의 해결이 주목적인 법관 입장에서 기존의 다른 판결들과의 엄밀한 논리적 일관성을 유지하는 것은 상대적으로 부차적인 문제가 될 수밖에 없다. 그렇기 때문에 개별 판결들의 판시내용 사이에는 모순되거나 비일관된 점들이 생겨나게 마련이다. 또한, 판결을 쓰는 법관의 입장에서는 당해 사건에서 당사자들 사이에 쟁점으로 다투어진 부분에 한하여 판단을 기재하면 족한 것이고, 그렇지 않은 부분은 (설령 그것이 범죄성립요건에 해당하는 사항이라 하더라도) 굳이 기재하지 않고 생략해도 무방하다고 생각하기 쉽다. 그 판결이 인정되는 범죄사실과 그 인정근거 및 적용법령을 원칙적으로 모두 밝혀야 하는 사실심판결이 아니라 상고이유에 관

13) '선해하다'는 말은 '선의로 해석하다', '좋게 해석하다'는 뜻으로 실무상 쓰이고 있고 판결문에도 종종 등장하지만(가령 대법원 2022. 5. 19. 선고 2021도17131 전원합의체 판결 참조), 국어사전에 등재되어 있는 말은 아니다.

14) 상대의 주장을 손쉽게 격파될 수 있도록 가능하면 약하게 또는 문제성 있게 재구성하여 비판하는 오류를 가리킨다. 김광수, 앞의 책, 423 참조.

15) 이러한 주장을 'straw man fallacy'에 대응하여 'steel man argument'라고 부른다. Daniel Dennet, Intuition Pumps and Other Tools for Thinking, New York: Norton Company (2013), 39 참조.

16) 양창수, 앞의 책, 173.

17) 양창수, 앞의 책, 197.

하여 판단하는 상고심판결인 경우라면 더욱 그러하다. 그렇기 때문에 많은 경우 판결에 기재된 내용은 판단에 이르게 된 이유 중 많은 부분이 생략된 불완전한 것이다.

이처럼 논리적 모순이나 비일관성, 불완전성을 띠고 있는 판결들로부터 '판례'를 해석해 내고 이를 비판함에 있어서도 자비의 원칙을 준수하는 것이 온당한 자세일 것이다. 일견 모순되거나 비일관된 판결들이 있다면 그들을 조화롭게 설명할 수 있는 가장 합리적인 해석을 찾아야 하고, 만약 조화로운 해석이 불가능하다면 그중 가장 많은 판결을 합리적으로 설명할 수 있는 해석을 취하여야 한다. 그리고 단순히 서술을 생략한 것으로 볼 수 있거나 표현상 오류에 불과한 것으로 이해할 수 있는 부분이 있다면 이를 누락이나 논리적 흠결로 속단하여서는 안 될 것이다.

이하에서는 이러한 해석의 원칙을 염두에 두고 공동정범의 초과실행에 관한 판례의 태도가 무엇인지, 기존 비판론의 판례 인식이 과연 정확한 것인지 살펴보기로 한다.

Ⅲ. 공동정범의 초과실행에 대한 판결의 분석

1. 공모가 인정되어야만 초과실행에 대해 고의책임을 진다고 판시한 사례 (1유형)

1유형의 대표적 판결로는 대법원 1988. 9. 13. 선고 88도1114 판결과 대법원 1991. 11. 12. 선고 91도2156 판결이 있다.

그중 88도1114 판결의 사안은 강도를 공모한 3인의 공범 중 2인이 강도의 기회에 강간 범행을 저질렀을 때 나머지 1인에게도 강도강간죄가 성립하는지가 문제된 것이었다. 그 판결에서 대법원은, 다른 공범들의 진술 등 제출된 증거에 의하면 '피고인이 다른 공범자들의 강간사실을 알게 된 것은 이미 (강간의) 실행의 착수가 이루어지고 난 다음이었음이 명백하고, 강간사실을 알고 나서도 암묵리에 그것을 용인하여 그로 하여금 강간하도록 할 의사로 다른 공범들과 일체가 되어 공범들의 행위를 통하여 자기의 의사를 실행하였다고 볼 수 없으므로 결국 강도강간의 공모사실을 인정할 증거가 없다'고 판단하여 피고인에게 강도강간죄를 유죄로 인정한 원심판결을 파기환송하였다. 비록 명시적으로 판시가 이루어지지는 않았지만 위 대법원 판단에는 '피고인에게 다른 공범의 강간행위로 인한 강도강간죄가 성립하기 위해서는 강도뿐만 아니라 강간에 대해서까지 공모하였음이 인정되어야 한다'는 판단이 당연히 전제되어 있다고 할 수 있다. 이는 '공동정범은 공모한 범위 내에서만 책임을 진다'는 일반원칙에 부합하는 이론상 타당한 판단이다. 다만 위 판결에서 대법원은 당해 사건의 쟁점이었던 '강간의 공모를 인정할 수 있는가'라는 점에 집중하여 이유를 설시하였을 뿐, 공동정범의 초과실행 사안을 어떻게 해결하여야 하는지에 관한 일반론은 따로 판시하지 않았다. 당해 사건의 당사자들과 법원 모두 '강도강간죄가 성립하려면 나머지 공범에게도 강간 부분에 대한 공모가 인정되어야 한다'는 점을 당연한 것으로 여기고 있었기 때문에 굳이 이를 이유에 설시하지 않은 것으로 이해할 수 있을 것이다.

공동정범의 초과실행에 관한 판례의 태도를 이해하는 데에 보다 중요한 것은 91도2156 판결이다. 위 판결의 사안은 강도를 공모한 공범 중 1인이 살인을 초과실행한 것이었는데, 대법원의 주요 판시내용은 다음과 같다.[18]

[대법원 1991. 11. 12. 선고 91도2156 판결]

"...살피건대 강도살인죄는 고의범이므로 강도살인죄의 공동정범이 성립하기 위하여는 강도의 점 뿐 아니라 살인의 점에 관한 고의의 공동이 필요하다고 할 것인데 제1심이 들고 있는 증거를 살펴보면 피고인이 위 C와 공모하여 강도의 범행을 한 사실은 인정할 수 있으나, 이들 증거에 의하여 피고인이 위 C와 살인의 공모까지 하였다고 인정하기는 어렵고 피고인이 살해행위에 가담하였다고 인정할 증거도 없다. 다만 강도의 공범자 중 1인이 강도의 기회에 피해자에게 폭행 또는 상해를 가하여 살해한 경우, 다른 공모자가 살인의 공모를 하지 아니하였다고 하여도 그 살인행위나 치사의 결과를 예견할 수 없었던 경우가 아니면 강도치사죄의 죄책을 면할 수 없다고 할 것이나, 그렇게 한다고 하여도 이 사건에서 피고인이나 변호인은 항소이유로서 이를 전혀 예견할 수 없었다고 주장하고 있으므로, 이에 관하여는 사실심인 원심이 판단을 하여야 할 것이다.

...강도살인죄는 고의범이고 강도치사죄는 이른바 결과적가중범으로서 살인의 고의까지 요하는 것이 아니므로, 수인이 합동하여 강도를 한 경우 그 중 1인이 사람을 살해하는 행위를 하였다면 그 범인은 강도살인죄의 기수 또는 미수의 죄책을 지는 것이고 다른 공범자도 살해행위에 관한 고의의 공동이 있었으면 그 또한 강도살인죄의 기수 또는 미수의 죄책을 지는 것이 당연하다 하겠으나, 고의의 공동이 없었으면 피해자가 사망한 경우에는 강도치사의, 강도살인이 미수에 그치고 피해자가 상해만 입은 경우에는 강도상해 또는 치상의, 피해자가 아무런 상해를 입지 아니한 경우에는 강도의 죄책만 진다고 보아야 할 것이다."

18) 본문의 밑줄과 굵은글씨 등 강조 표시는 인용자가 한 것이다. 이하 같다.

위 판결은 공동정범 중 1인이 초과실행을 한 경우("강도의 공범자 중 1인이 강도의 기회에 피해자에게 폭행 또는 상해를 가하여 살해한 경우") 나머지 공모자의 책임범위 문제를 명시적으로 쟁점화하여 논하면서, 그 초과실행된 결과에 대한 고의범의 공동정범 책임을 묻기 위해서는 '고의의 공동', 즉 공모가 필요하다는 점 및 고의의 공동이 없더라도 예견가능성이 있으면 결과적 가중범의 책임은 물을 수 있다는 점을 명확히 밝히고 있다. 문제되는 쟁점과 그에 관한 해석론을 일반적·추상적인 명제의 형태로 제시하였다는 점에서 향후 다른 사건에 적용될 수 있는 지침으로서의 가치가 매우 높다고 할 수 있다. 또한, 초과실행된 결과에 대해 고의범의 죄책이 성립하는 경우와 결과적 가중범의 죄책이 성립하는 경우를 구분하면서 양자의 요건을 모두 판시하였다는 점도 의미가 있다. 다른 판결들은 고의범 죄책의 성부 또는 결과적 가중범 죄책의 성부 한 가지에 대한 판단만을 밝힌 것이 대부분인데, 위 판결은 양자 모두에 대해 판단함으로써 '공동정범의 초과실행' 또는 '공동정범의 과잉'으로 불리는 문제상황을 가장 폭넓게 다루었다.[19] 본고에서 검토하는 다른 판결들과 달리 이 판결에 대해서만 대법원판례해설[20]이 간행되었다는 점도 특징이다. 위 판결에 관여한 재판연구관이나 대법관들도 해당 판결의 선례로서의 가치를 높이 평가하였다고 추측해 볼 수 있다.

위 판결에서 대법원이 제시한 해석론은 학설의 일반적인 태도와 일치하는 것이므로, 그 이론적 타당성에도 별다른 문제가 없다.[21] 다만 결과적 가중범 성립의 요건을 논하면서 "그 살인행위나 치사의 결과를 예견할 수 없었던 경우가 아니면"이라고 마치 예견가능성이 추정되는 것처럼 오해의 소지가 있는 표현을 사용한 것은 부적절하다. 예견가능성은 결과적 가중범의 구성요건에 해당하므로 검사가 적극적으로 예견가능성 있음을 증명할 책임이 있는 것이지 예견가능성 없음을 피고인이 증명해야 하는 것이 아니기 때문이다.[22] 그러나 대법원의 위 판시를 이런 사안에서 중한 결과에 대한 예견가능성의 증명책임이 피고인에게로 전환된다는 취지를 밝힌 것으로까지 이해할 수는 없고, 부적절한 표현을 사용한 표현상의 오류에 불과한 것으로 이해해야 할

19) 그런 의미에서 91도2156 판결은 1유형에 속함과 동시에 5유형에 속하기도 한다.

20) 홍성무, "강도살인죄와 공동정범", 대법원판례해설 제16호 (1992).

21) 물론 이는 다수설의 입장을 전제로 할 때의 이야기이다. 결과적 가중범의 책임인정과 관련하여 다수설과 다른 견해가 제시되고 있음은 앞서 각주 2에서 살펴본 바와 같다.

22) 이러한 표현상의 문제는 이미 선행연구들이 지적한 바 있다. 서보학, 앞의 글, 67−68; 손동권, 앞의 글, 69−70, 73−74 참조.

것이다(자비의 원칙!). 범죄구성요건을 이루는 사실은 주관적 요건이든 객관적 요건이든 모두 검사에게 증명책임이 있다는 것이 위 판결 선고 당시에나 지금이나 확고한 판례이고,[23] 위 판결에서 증명책임 전환에 관해 명시적으로 판시가 이루어진 것도 아니기 때문이다. 위 판결의 법리를 적용한 하급심 판결들을 살펴보더라도, 중한 결과에 대한 예견가능성은 검사가 제출한 증거에 의해 적극적으로 증명되어야 한다는 전제하에 판단하고 있다.[24] 대법원 판결의 부적절한 표현에도 불구하고 하급심 법원은 그 판시내용을 증명책임의 일반원칙에 따라 올바르게 이해하여 적용하고 있는 것이다. 그러나 대법원이 불필요한 오해를 낳을 수 있는 표현을 사용한 잘못이 있는 것은 분명하므로, 향후 판결에서 표현을 바로잡는 것이 바람직할 것이다.

문제상황을 폭넓게 다루면서 그에 대한 해결방법을 일반적·추상적 명제의 형태로 명확히 판시하였다는 점, 대법원이 밝힌 해석론이 일반적인 학설에 의해 지지되는 이론적 타당성을 갖추고 있다는 점 등을 고려하면 위 91도2156 판결의 판시내용이야말로 공동정범의 초과실행 사안에 대한 '판례'로서의 객관적인 가치가 가장 높다고 보아야 할 것이다.

2. "예기하지 못한 것으로 볼 수 없으면" 초과실행에 대해 고의책임을 진다고 판시한 사례(2유형)

가. 2유형 판결의 판시 내용

2유형 판결은 대부분 합동절도의 공모자 중 1인이 체포면탈 등 목적으로 타인을 폭행하여 상해를 가함으로써 준강도에 의한 강도상해죄를 범한 사안에서 나머지 공범에게도 준강도상해죄가 성립하는지가 문제된 것들인데, 1959년부터 2005년까지 장기간에 걸쳐 다수의 판결들이 선고되었다.[25] 아마도 최초의 것으로 생각되는 판결

---

23) 대법원 1984. 6. 12. 선고 84도796 판결; 대법원 2012. 8. 30. 선고 2012도7377 판결 등 참조.

24) 가령 서울중앙지방법원 2010. 10. 8. 선고 2010고합1142 판결; 제주지방법원 2023. 7. 13. 선고 2023고합5 판결 참조.

25) 대법원 1959. 7. 11. 선고 4292형상175 판결; 대법원 1967. 3. 7. 선고 67도178 판결; 대법원 1969. 12. 26. 선고 69도2038 판결; 대법원 1970. 1. 27. 선고 69도2280 판결; 대법원 1972. 1. 31. 선고 71도2073 판결; 대법원 1982. 7. 13. 선고 82도1352 판결; 대법원 1984. 2. 28. 선고 83도3162 판결; 대법원 1984. 2. 28. 선고 83도3321 판결; 대법원 1984. 10. 10. 선고 84도1887, 84감도296 판결; 대법원 1984. 10. 5. 선고 84도1544 판결; 대법원 1984. 12. 26. 선고 84도2552 판결; 대법원 1988. 2. 9. 선고 87도2460 판결; 대법원 1989. 3. 28. 선고 88도2291 판결; 대법원 1989. 12. 12.

(4292형상175)[26]과 이후 판결들의 전형적인 판시를 보여주는 판결 2개를 살펴보면 다음과 같다.

[대법원 1959. 7. 11. 선고 4292형상175 판결[27]]

"…피고인 및 기소 외 ○○○, 동 △△△ 등이 공모합동하여 원판시 석암(石岩)을 절취한 사실은 이를 인정할 수 있으나 ○○○의 폭행치상행위에 대하여는 우(右) 각 범인 간에 사전 상의가 없었음은 물론 체포 현장에 있어서도 피고인과의 사이에 전연 의사연락 없이 돌연 ○○○ 단독으로 폭행하여 상해를 가한 것에 불과함을 능히 간취할 수 있음으로 동 폭행상해를 **예기하지 못한** 피고인에게까지 준강도치상의 죄책을 문의할 수 없다고 해석함이 타당하다 할 것이[다.]"

[대법원 1982. 7. 13. 선고 82도1352 판결]

"…합동하여 절도를 한 경우 범인의 1인이 체포를 면탈할 목적으로 폭행을 하여 상해를 가한 때에는 나머지 범인도 **이를 예기하지 못한 것으로 볼 수 없으면** 강도상해죄의 죄책을 면할 수 없다고 할 것이다(당원 1959. 7. 11. 선고 4292형상175 판결, 1967. 3. 7. 선고 67도178 판결, 1969. 12. 26 선고 69도2038 판결, 1970.1.27. 선고 69도2280 판결, 1972. 1. 31. 선고 71도2073 판결 참조). … 사실관계가 위와 같다면 … 제1심 공동 피고인의 소위는 준강도상해죄에 해당된다고 할 것이나 피고인으로서는 사전에 제1심 공동 피고인과의 사이에 상의한 바 없었음은 물론 체포 현장에 있어서도 피고인과의 사이에 전혀 의사연락 없이 제1심 공동 피고인이 피해자로부터 그가 가지고 간 몽둥이로 구타당하자 돌연 이를 빼앗아 피해자를 구타하여 상해를 가한 것으로서 **피고인이 이를 예기하지 못하였다고 할 것이므로** 동 구타상해행위를 공모 또는 예기하지 못한 피고인에게까지 준강도상해의 죄책을 문의할 수 없다고 해석함이 타당하다고 할 것이[다.]"

선고 89도1991 판결; 대법원 1990. 2. 13. 선고 89도2426 판결; 대법원 2006. 3. 10. 선고 2005도9987 판결.

이들 중 4292형상175 판결은 '절도 공모 → 준강도치상 초과실행'의 사안이고, 83도3162 판결은 '강도 공모 → 강도살인 초과실행' 사안, 84도1544 판결은 '폭행·상해 공모 → 살인 초과실행' 사안, 83도3162 판결은 '강도 공모 → 강도살인 초과실행' 사안이다. 나머지는 모두 '절도 공모 → 준강도상해 초과실행'의 사안이다.

26) 그 외에 하급심판례집에 수록된 서울고법 1975. 12. 5. 선고 75노1213 판결(강도 공모 → 강도상해 초과실행)에 참조판례로 열거된 1946. 7. 30. 선고 4279형상53 판결이 있다(75노1213 판결이 판결문에서 위 판결을 인용한 것은 아니다. 하급심판례집 간행 과정에서 참조판례로 적시된 것으로 생각된다). 4279형상53 판결은 그 내용을 확인하지 못하였으나, 우리 형법이 시행되기 전의 판결이므로 현행법의 해석에 관한 선례로서 가치가 크다고 할 수 없다.

27) 엘박스(http://lbox.kr) 데이터베이스에 판결 원본의 스캔본이 등록되어 있다.

[대법원 1988. 2. 9. 선고 87도2460 판결]

"…2인 이상이 합동하여 절도를 한 경우 범인 중의 1인이 체포를 면탈할 목적으로 폭행을 하여 상해를 가한 때에는 나머지 범인도 **이를 예기하지 못한 것으로 볼 수 없으면** 강도상해죄의 죄책을 면할 수 없다 할 것인바(당원 1984. 12. 26 선고 84도2552 판결 참조) … 사실이 위와 같다면 피고인이 범행이 발각되어 함께 도망가던 공소외인이 추격하는 피해자에게 체포를 면탈할 목적으로 위와 같은 상해를 입힐 것을 **전혀 예기치 못한 것으로는 볼 수 없다 할 것이므로** 그 결과에 대하여 형법 제337조, 제335조의 강도상해죄가 성립된다고 판단한 원심의 조치는 정당하다."

82도1352 판결과 87도2460 판결에서 볼 수 있듯이, 2유형 판결들이 공동정범 중 1인의 초과실행에 관하여 판시하는 일반적·추상적 법리는 '나머지 범인도 이를 예기하지 못한 것으로 볼 수 없으면 초과실행된 결합범(고의범)의 죄책을 면할 수 없다'는 것이고, 당해 사안별로 위와 같은 일반법리를 구체적 사안에 적용하여 '피고인은 초과실행을 예기하지 못하였다'고 판단하고 결합범의 책임을 부정한 사례[28]와 '피고인도 초과실행을 예기하지 못한 것으로 볼 수 없다'고 판단하여 결합범의 책임을 인정한 사례[29]가 모두 존재한다.

나. 2유형 판결에 대한 종래 학설의 이해

소수의 예외를 제외한[30] 대다수의 문헌들은 2유형 판결들을 '초과실행에 대해 예견가능성이 인정되면 그에 대한 고의범(결합범)의 책임을 인정하는 것'이라고 이해하고 있다. 그리고 이에 대해 '과실(예견가능성)만으로 고의범 책임을 인정하는 것이어서 부당하다'고 비판하고, '초과실행된 부분에 대해 최소한 미필적 고의나 암묵적 공모가 인정될 수 있는 경우에만 고의의 공동책임을 인정하여야 한다'고 한다.[31] 최근

28) 주 26의 판결 중 4292형상175 판결, 82도1352 판결, 84도1544 판결.

29) 주 26의 판결 중 67도178 판결, 69도2038 판결, 69도2280 판결, 71도2073 판결, 84도1887 등 판결, 84도2552 판결, 87도2460 판결, 88도2291 판결, 89도1991 판결, 89도2426 판결.

30) 이창섭, 앞의 글, 211－213; 임웅, 형법각론(제12정판), 법문사 (2021), 398－399; 손동권 · 김재윤, 새로운 형법총론, 율곡출판사 (2011), 560－561; 신동운, 형법각론(제3판), 법문사 (2023), 1100－1101.

31) 서보학, 앞의 글, 70－71, 75; 김봉수, 앞의 글, 231; 이용식(주 1), "공동정범과 예견가능성 문제", 251－252; 강효원·최민영, 앞의 글, 60; 이용식, 형법각론, 박영사 (2019), 20, 23; 이재상 · 장영민 · 강동범, 형법각론(제12판), 박영사 (2021), 315－316; 김일수·서보학, 새로쓴 형법각론(제8판), 박영사 (2016), 274; 배종대, 형법각론(제14판), 홍문사 (2023), 339－341; 오영근, 형법각론(제7판),

에 출판된 주석서 중 준강도죄 부분에 등장하는 아래의 서술[32]이 이 문제에 관한 종래의 일반적인 논의상황을 잘 보여 준다.

> "절도를 공모한 상태에서 공모범의 1인이 체포를 면탈할 목적으로 폭행·협박을 한 때에 성립하는 죄의 범위에 관해 학설과 판례의 태도가 극명하게 갈린다. … 판례는 그간 '예견가능성'을 기준으로 본죄의 공동정범 성립을 인정해 왔다. … 결과적 가중범을 인정하기 위해 적용하는 예견가능성이라는 기준을 여기에도 접목시킨 것처럼 보이기도 하는데, 이와 같은 기준에 따라 절도가 범행 현장에서 준강도와 강도상해에 이르기까지 죄의 성립 범위가 넓어지고 책임이 확산된다는 문제가 꾸준히 지적되어 왔다. … 그러나 '예견가능성'을 기준으로 본죄의 공동정범 성립을 인정해 오던 판례 태도에 찬성하는 학자는 찾기 어렵다. 그 비판 내용을 보면, 준강도죄는 절도죄의 결과적 가중범이 아니므로 '무거운 결과에 대한 예견가능성이 있을 것을 조건으로 하여 공동정범을 인정할 수 있는 결과적 가중범의 공동정범의 법리'를 본죄에 대해 그대로 적용할 수 없고, 예견가능성의 표지로써 본죄의 공동정범을 인정하는 것은 본죄를 과실범으로 취급하는 것과 다를 바가 없고 따라서 법적 근거가 없다는 점을 지적한다. 절도의 공동정범 중 1인의 초과 행위에 대해 다른 공범자에게 고의가 인정되지 않는 한 본죄의 책임이 아닌, 해당 부분의 단독정범으로 처리해야 한다는 것이 일관된 학자들의 견해이다."

다. 종래 학설의 판례 이해의 부정확성

그러나 위와 같은 판례 이해는 정확하지 않다. 2유형 판결들에서 대법원은 초과실행 부분에 대해 '예견가능성'만 인정되면 고의범의 책임을 부담한다고 판시한 것이 아니다. 초과실행 부분을 '<u>실제로 예견한 경우</u>'에 고의범 책임을 부담한다고 판시하였을 뿐이다.

형법상 구성요건 실현에 대한 '예견'과 '예견가능성'은 분명히 구별되는 개념이다.

박영사 (2022), 288－289; 박상기·전지연, 총론·각론 강의 형법학(제4판), 집현재 (2018), 627－628; 김성돈, 형법각론(제8판), 성균관대학교출판부 (2022), 362－363; 정성근·정준섭, 형법강의 각론(제2판), 박영사 (2022), 235; 한상훈·안성조, 형법개론(제2판), 정독 (2020), 516; 김혜정·박미숙·안경옥·원혜욱·이인영, 형법각론(제3판), 정독 (2023), 330; 이형국·김혜경, 형법각론(제3판), 법문사 (2023), 387; 이정원, 형법각론, 신론사 (2012), 345, 348－349; 정웅석·백승민, 형법강의(제4판), 대명출판사 (2014), 956; 하태훈·김정철, 형사법사례연습(제6판), 박영사 (2022), 195－196; 김대휘·김신 편집대표, 주석형법(제5판), 형법각칙(5), 한국사법행정학회 (2017), 511(김경선) 등.

32) 조균석 편집대표, 형법주해 각칙 8권, 박영사 (2023), 335－337(함석천). 원문의 각주는 생략하였다.

전자는 장래에 구성요건이 실현될 가능성이 있음을 현실적으로 인식한 것을 뜻하고, 후자는 단지 이를 인식할 수 있었음(그러나 현실적으로 인식하지는 못하였음)을 뜻한다.[33] 전자는 고의의 요소이고 후자는 과실의 요소로서, 일상어법상으로는 몰라도 형법상 실제로 '예견한 것'과 단지 '예견할 수 있었던 것'은 엄격히 구별되어야 한다.

고의는 구성요건의 실현을 인식하고(지적 요소) 이를 용인 또는 의욕하는(의지적 요소) 것으로 정의된다. 그런데 어떤 행위에 나서는 사람이 구성요건의 실현을 인식한다고 할 때, 그 인식은 언제나 미래의 일, 즉 장래에 구성요건이 실현될 것이라는 점에 대한 인식일 수밖에 없다. 장래의 일은 그 확실성의 정도에 차이가 있을 뿐 필연적으로 불확실할 수밖에 없고, 따라서 장래의 구성요건 실현에 대한 인식은 결국 '구성요건이 장래에 실현될 가능성'에 대한 인식일 수밖에 없는 것이다.[34] 그 실현가능성이 높으면 확신이 되고, 낮으면 불확실한 추측이나 막연한 기대가 되겠지만, 모두 '구성요건의 실현가능성에 대한 인식'이라는 점에서는 동일하다. 그리고 '예견'이란 '앞으로 일어날 일을 미리 짐작함', '앞으로 닥쳐올 일을 미리 내다봄'으로 풀이되는데,[35] 이는 결국 '장래에 어떤 일이 발생할 가능성이 있음을 인식함'과 동일한 뜻이다. 그러므로 구성요건 실현의 '예견'이란 곧 고의의 지적 요소인 구성요건 실현의 '인식'과 같은 의미이다.

반면 과실은 '구성요건의 실현을 예견할 수 있었고(예견가능성) 회피할 수 있었으나(회피가능성) 이를 예견하지 못하거나 회피하지 못한 것'으로 통상 정의된다. '예견가능성'이라는 말을 곧 과실을 의미하는 것으로 사용하는 경우가 많지만, 그때 '예견가능성'이란 엄밀히 말하면 '예견가능성은 있지만 실제로 예견하지는 못한 것'을 의미하고, 이는 곧 구성요건의 실현가능성에 대한 인식의 결여를 뜻한다.[36] 표현의 경제성 원칙상 이를 '예견가능성'이라고 한 단어로 표현할 뿐이다.[37]

---

33) 김성돈, 형법총론(제8판), 성균관대학교출판부 (2022), 399 각주 434("예견은 현실적으로 예견한 경우로서 대상에 대한 인식이 존재(有)한 경우에 해당하는 반면, 예견가능성은 현실적으로 예견하지 못했으나 예견할 가능성만 있었던 경우로서 잠재적 예견에 불과하여 대상에 대한 인식이 부존재(無)한 경우에 해당[한다.]") 참조.

34) 그러므로 엄밀히 따지면 모든 구성요건실현의 인식은 미필적 인식이다.

35) 전자는 표준국어대사전의, 후자는 고려대한국어대사전의 풀이이다. 네이버 국어사전(https://ko.dict.naver.com/#/entry/koko/8507e416ba8a4a6c8c21ef8c7ef58ff8) 참조.

36) 엄밀히 개념을 분석하면, 구성요건 실현의 '예견'이란 '구성요건의 실현가능성에 대한 인식'을 의미하므로, '예견가능성'이란 '구성요건의 실현가능성에 대한 인식가능성'을 의미하게 된다. 예견은 '가능성의 인식', 예견가능성은 '인식의 가능성'이다.

37) 물론 과실에는 구성요건 실현에 대한 인식이 있는 과실, 즉 '예견'을 전제로 하는 과실도 있기는 하

형법상 ‘예견’과 ‘예견가능성’ 개념이 이처럼 분명히 구별된다는 점은 이미 여러 문헌에서 지적하고 있는 바이다.[38] 특히, 원인에 있어 자유로운 행위를 규정한 형법 제10조 제3항의 “위험의 발생을 예견하고”라는 문언을 ‘예견(고의)’만을 의미하는 것으로 볼 것인지 아니면 ‘예견가능성(과실)’까지 의미하는 것으로 볼 것인지에 대해 종래부터 논쟁이 이뤄져 왔음은 주지하는 대로이다. 그 논쟁의 핵심은 바로 ‘예견가능성만 있는 것’은 ‘현실적으로 예견한 것’과 구별되는 것임에도 이를 제10조 제3항의 규율범위에 포함되는 것으로 해석하면 문언의 한계를 넘는 것이 아닌가 하는 데에 있고, 이는 예견과 예견가능성의 개념차이를 당연한 전제로 하고 있다.

판례 역시 양자의 개념차이를 분명히 인식하고 대체로 정확하게 개념을 사용해 왔다. 대법원은 일찍부터 ‘예견’을 고의의 요소인 ‘인식’과 동일한 의미로 혼용해 왔다. 대표적인 예로 “살인죄에 있어서의 고의는 반드시 살해의 목적이나 계획적인 살해의 의도가 있어야 하는 것은 아니고 자기의 행위로 인하여 타인의 사망의 결과를 발생시킬 만한 가능 또는 위험이 있음을 인식하거나 예견하면 족한 것이고 그 인식 또는 예견은 확정적인 것은 물론 불확정적인 것이더라도 소위 미필적 고의로서 살인의 범의가 인정되는 것”이라는 판시[39]와 “다수인이 현존하는 건조물에 방화를 한다면 인명피해가 있을지도 모른다는 것은 당연히 예견되는 것이어서 오히려 미필적 인식이 있다고 할 수 밖에 없[다]”고 한 판시[40]를 들 수 있고, 그 외에도 인식과 예견을 호환되는 용어로 사용한 예는 매우 많다.[41]

다. 이른바 ‘인식 있는 과실’이 그것이다. 이는 구성요건의 실현가능성을 현실적으로 인식하여 고의의 지적 요소는 있지만 이를 인용·의욕하지 않아 의지적 요소는 없는 상태를 가리킨다.

38) 대표적으로 이용식, “원인에 있어서 자유로운 행위의 구조” (지송이재상교수화갑기념논문집 간행위원회 편집), 형사판례의 연구 I, 박영사 (2003), 398; 김성돈(주 33), 형법총론, 399−400; 오영근·노수환, 형법총론(제7판), 박영사 (2024), 316−321 참조. 그러나 일부 문헌에서는 양자의 개념을 혼동하는 모습도 나타난다. 이주원, 형법총론(제3판), 박영사 (2024), 242(“가능성의 가능성의 예견’이 ‘예견가능성’을 의미할 수 있다’고 하여 ‘가능성의 인식’과 ‘인식의 가능성’을 혼동하고 있다); 강효원·최민영, 앞의 글, 74−75[‘예견(foresight)’과 ‘예견가능성(foreseeability)’을 혼동하고 있는 것으로 보인다] 참조.

39) 대법원 2004. 6. 24. 선고 2002도995 판결. 그 외에 대법원 1988. 6. 14. 선고 88도692 판결, 2002. 2. 8. 선고 2001도6425 판결, 대법원 2006. 4. 14. 선고 2006도734 판결 등 다수의 판결에서 거의 동일한 판시를 반복하고 있다.

40) 대법원 1983. 3. 8. 선고 82도3248 판결.

41) 초기의 것으로 대법원 1965. 6. 29. 선고 65오1 판결(“범죄성립에 필요한 고의는 죄가 될 사실의 인식 또는 예견이 있으면 족하고 그 사실 발생을 희망한다거나 결과 발생을 의욕하면서 그 행위를 할 것을 요하지 아니함은 물론이다.”), 최근의 것으로 대법원 2022. 10. 27. 선고 2020도12563 판결(“방조범에서 정범의 고의는 정범에 의하여 실현되는 범죄의 구체적 내용을 인식할 것을 요하는

또한, 대법원은 ‘예견’과 ‘예견가능성’을 구별하여 예견가능성은 과실을 의미하는 용어로 사용하고 있다. “특수공무집행방해치사상과 같은 이른바 부진정결과적가중범은 예견가능한 결과를 예견하지 못한 경우뿐만 아니라 그 결과를 예견하거나 고의가 있는 경우까지도 포함하는 것”이라는 판시[42]에서 ‘예견가능하였지만 실제로 예견하지 못한 것’과 ‘실제로 예견한 것’을 명확히 구분하여 전자를 고의와 구별되는 개념으로 보고 있음을 확인할 수 있다. 또한 대법원은 형법 제10조 제3항의 해석에 관하여 “이 규정은 고의에 의한 원인에 있어서 자유로운 행위만이 아니라 과실에 의한 원인에 있어서의 자유로운 행위까지도 포함하는 것으로서 위험의 발생을 예견할 수 있었는데도 자의로 심신장애를 야기한 경우도 그 적용대상이 된다”고 판시하였는데,[43] 여기서도 ‘예견할 수 있었던 것(예견가능성)’을 고의가 아닌 과실에 상응하는 개념으로 이해하고 있음을 알 수 있다.[44] 대법원이 이들 개념을 이렇게 명확히 구별하는 데에는 우리 형법전이 ‘죄가 되는 사실을 인식한 것(인식)’과 ‘죄의 결과 발생을 예견할 수 있었던 것(예견가능성)’을 명확히 구별하여 규정하고 있는 것[45]도 원인이 되었을 것이다.

다만 일부 판결들에서는 ‘예견가능성’이란 표현을 인식(고의)과 결부시켜 사용한 예가 발견되기도 한다.[46] 그러나 위에서 본 바와 같이 양자를 명확히 구별하여 사용한 대다수의 판례들에 비추어 보면 이런 소수의 예외는 표현상의 오류에 불과한 것으로 이해하여야 할 것이다(자비의 원칙). 예견과 예견가능성이 실제 사건처리의 국면에서는 밀접하게 연결된다는 점도 고려할 필요가 있다. 실제 사건에서 만약 피고인이 ‘예견하지 못하였다’고 주장하며 고의를 다툰다면, 결국 법관 입장에서는 객관적 예견가능성이 얼마나 되는지를 따져서 예견 유무를 판단할 수밖에 없다. 이때 ‘예견

것은 아니고 미필적 인식 또는 예견으로 족하다.”) 참조.

42) 대법원 1990. 6. 26. 선고 90도765 판결.

43) 대법원 1992. 7. 28. 선고 92도999 판결.

44) 그 외에 ‘현실적 인식 있는 과실’과 ‘현실적 인식 없이 예견가능성만 있는 과실’ 개념을 분명히 구별하는 모습이 나타난 사례로 대법원 1984. 2. 28. 선고 83도3007 판결 참조.

45) 형법 제15조 제1항은 “특별히 무거운 죄가 되는 사실을 인식하지 못한 행위는 무거운 죄로 벌하지 아니한다.”라고 규정하고, 제2항은 “결과 때문에 형이 무거워지는 죄의 경우에 그 결과의 발생을 예견할 수 없었을 때에는 무거운 죄로 벌하지 아니한다.”라고 규정한다.

46) 대법원 1979. 12. 11. 선고 79도1334 판결; 대법원 1981. 3. 24. 선고 81도115 판결 등. 주로 수표발행 후 부도로 인한 부정수표단속법위반죄 사건에서 이러한 개념혼동이 발견된다. 반면 부정수표단속법위반죄에서 고의 인정을 위해 ‘예견’이 요구된다고 정확히 판시한 예로 대법원 1982. 4. 13. 선고 80도537 판결.

가능성 있음'은 '현실적으로 예견하였다'고 사실인정하는 근거가 되고 '예견가능성 없음'은 '예견하였다고 보기에 부족하다'고 판단하는 근거가 된다. 객관적으로 누구에게나 쉽게 예견가능했다고 인정되면 피고인도 실제로 예견하였다고 추론할 수 있고, 반대로 객관적으로 예견가능하지 않았다면 피고인도 실제로 예견하지 못하였다고 볼 여지가 많다. 이런 사고 과정을 거쳐 판단에 이른 법관이 판결을 쓰면서 '예견'이라고 써야 하는 곳에 '예견가능성'이라고 쓰는 실수를 저지르는 것도 (그것이 물론 바람직한 것은 아니겠으나) 있을 수 있는 일이다.

혹자는 2유형 판결들에서 대법원이 '예견'이 아닌 '예기'라는 용어를 사용하였으므로[47] 이는 달리 보아야 한다고 주장할지 모른다.[48] 그러나 '예기'의 사전적 의미는 '앞으로 닥쳐올 일에 대하여 미리 생각하고 기다림', '앞으로 닥쳐올 일에 대하여 미리 기대하거나 예상함'으로서,[49] '예견'과 실질적으로 다르지 않다. 대법원은 '예기'를 '예상'이나 '예측'과 동일한 의미로 호환적으로 사용하기도 하고,[50] 다름아닌 '예견'과도 호환하여 사용하고 있다. 이는 다음 두 판결을 보면 명백하다.

---

47) 앞서 본 대법원 1959. 7. 11. 선고 4292형상175 판결에서부터 이미 '예기(豫期)'라는 표현이 사용되었으나 그 용어사용의 연원이 무엇인지는 알기 어렵다. 다만 시간적으로 앞서는 일본 최고재판소 판결 중에 "피고인은 가벼운 절도의 범의로 중한 강도의 결과를 발생시킨 것이지만 공범자의 강도 소위는 피고인이 예기(予期)하지 아니한 바이므로 이 공범자의 강도행위에 대하여 피고인에게 강도의 책임을 물을 수는 없다"고 하여 유사한 용례가 발견되는 것이 있는데(最高裁昭和23年5月1日判決, 刑集2券5号435頁), 혹시 그 영향을 받은 것은 아닐까 추측해 볼 뿐이다. 80년대에 이르기까지도 우리 실무가 일본의 실무와 이론의 "압도적 영향"하에 있었다는 회고는 양창수, "어느 법학교수가 살아온 이야기", 저스티스 161호 (2017), 387－389 참조.

48) 이재상, 앞의 글, 91("물론 예기가 무엇을 의미하는가는 명백하지 않다. 이를 고의있는 경우를 설명하기 위한 것이라고 해석하고 싶지만 고의와 예기를 동의어로 보기 어렵고, 고의라는 용어가 있음에도 불구하고 구태여 예기라는 표현을 한 취지에도 반한다고 생각된다. 그렇다면 예기할 수 있다는 것은 결국 예견가능성을 의미하는 것이라고 해야 한다."); 홍성무, 앞의 글, 739－740("판례에서 말하는 '예기'가 무엇을 의미하는지 분명치 않은데, 고의라는 용어와는 별도로 굳이 예기라고 표기한 점에 비추어 고의와 같은 뜻으로는 볼 수 없고.."); 김봉수, 앞의 글, 235("대법원은 … 예기하지 못한 것으로 볼 수 없다면"이라는 표현을 주로 사용하고 있지만, 그 실질적 의미는 '초과실행행위에 대한 예견가능성'을 의미한다.") 참조.

49) 전자는 표준국어대사전의, 후자는 고려한국어대사전의 풀이이다. 네이버 국어사전(https://ko.dict.naver.com/#/entry/koko/802ec48cd138489db5078374637ed010) 참조.

50) 대법원 1988. 9. 6. 선고 87다카2331 판결('예상'과 혼용한 사례); 대법원 1973. 9. 12. 선고 73도1684 판결('예측'과 혼용한 사례) 참조.

[대법원 1989. 3. 28. 선고 88도2291 판결]

"피고인이 원심공동피고인과 공모하여 타인의 재물을 절취하려다 미수에 그친 이상 원심공동피고인이 체포를 면탈하려고 경찰관에게 상해를 가할 때 피고인이 비록 거기에는 가담하지 아니하였다 하더라도 원심공동피고인의 행위를 **예견**하지 못한 것으로 볼 수 없는 한 준강도 상해의 죄책을 면할 수 없는 것이다."

[대법원 1989. 12. 12. 선고 89도1991 판결]

"피고인과 원심피고인들이 타인의 재물을 절취하기로 공모한 다음 피고인은 망을 보고 원심피고인들이 재물을 절취한 다음 달아 나려다가 피해자에게 발각되자 체포를 면탈할 목적으로 피해자를 때려 상해를 입혔다면 피고인도 이를 전연 **예견**하지 못하였다고 볼 수 없어 강도상해죄의 죄책을 면할 수 없는 것이다."

위 두 판결은 전형적인 2유형 판결로서, 다른 2유형 판결들과 나머지 부분은 동일하게 판시하면서 오로지 '예기'라는 단어만 '예견'으로 바꾼 것이다. 대법원이 '예기'와 '예견'을 서로 치환 가능한 것으로 여기고 있음을 확인할 수 있다.

이처럼 '예기'가 '예견'과 같은 의미라면, '예견'과 '예견가능성'이 구별되는 것처럼 '예기'도 '예기가능성'과 개념상 구별된다고 해야 하지 않을까? 물론이다. 그리고 비록 절차법의 맥락에서이긴 하나 대법원은 "무죄의 자료가 유죄로 쓰여질 수 있음을 피고인이나 변호인이 예기하였거나 할 수 있었을 것이라는 구실만으로 위와 같은 절차가 불필요하다고 보아서는 안 된다."라고 판시한 바 있는데,[51] 여기서 대법원이 '예기한 것'과 '예기할 수 있었던 것'의 개념차이를 분명히 인식하고 있음을 간취해낼 수 있다. '예기한 것'는 고의의 지적 요소인 '인식'에 상응하고, '예기할 수 있었던 것(예기가능성)'은 과실에 상응한다.[52] 결론적으로 판례상 '예견'과 '예기'는 모두 고의의 요소인 '인식'과 동일한 의미로 사용되고 있다고 할 수 있다.[53]

---

51) 대법원 1989. 10. 10. 선고 87도966 판결.

52) 대법원 1972. 4. 11. 선고 71다2165 판결('예기할 수 없음'을 이유로 과실을 부정한 사례); 대법원 1972. 3. 28. 선고 71다2193 판결, 대법원 2012. 12. 13. 선고 2012다65317 판결, 대법원 2013. 11. 28. 선고 2013다202922 판결[민법상 착오취소와 관련하여 '예기하였음'을 '미필적으로 인식함(즉 착오 없음)'과 동일시한 사례]; 대법원 1973. 9. 12. 선고 73도1684 판결('예기하였음'을 미필적 인식과 동일시한 사례) 등 참조.

53) 이를 정확히 지적하는 선행연구로 이창섭, 앞의 글, 212-213 참조.

라. 2유형 판결의 정확한 이해

이상의 논의를 기초로 2유형 판결의 판시를 다시 살펴보자. 대법원이 판시하는 일반법리는 '공모자 중 1인이 초과실행을 한 경우 나머지 범인도 이를 예기하지 못한 것으로 볼 수 없으면 그 초과실행 부분에 대해 고의범의 죄책을 면할 수 없다'는 것이다. 이중부정을 사용하여 불필요하게 문장을 복잡하게 만들고 마치 예기가 추정되는 것으로 오해할 소지가 있는 표현을 사용하였다는 문제는 분명 있지만, 이중부정을 단순긍정으로 바꾸고 증명책임의 법리에 부합하도록 표현을 수정하면 결국 '나머지 범인도 초과실행을 예기하였다면 그에 대해 고의범의 죄책을 진다'는 것에 다름 아니다. 그리고 위 법리를 구체적 사안에 적용하여 나머지 범인이 초과실행을 '예기하지 못하였으면'[54] 고의범 책임을 부정하고, 이를 '예기치 못한 것으로 볼 수 없으면(=예기하였으면)' 고의범 책임을 인정하고 있는 것이다. 여기서 판단기준이 되는 것은 '현실적으로 예기·예견하였는지'이지, '예기·예견가능성이 있었는지'가 아니다.

다만, 2유형 판결들 중에 예기·예견가능성을 언급한 것들도 발견되기는 한다. 아래 세 개의 대법원 판결이 그렇다.[55]

[대법원 1984. 2. 28. 선고 83도3321 판결]

"공모합동하여 절도를 한 경우 범인중의 하나가 체포를 면탈할 목적으로 폭행을 하여 상해를 가한 때에는 나머지 범인도 이를 **예기하지 못한 것으로 볼 수 없으면** 강도상해죄의 죄책을 면할 수 없다 할 것인바(당원 1982. 7. 13. 선고 82도1352 판결 참조), … 이러한 상황하에서는 피고인이 원심 상피고인의 폭행행위를 **전연 예기할 수 없었다**고 보여지므로 같은 견해에서 피고인에게 준강도상해죄의 공동책임을 지울 수 없다 하여 무죄로 판단하고, 특수절도죄로 의율한 원심의 조치는 정당하게 수긍되며 거기에 준강도죄의 법리를 오해한 위법이 있다 할 수 없고, 사전에 어떠한 상황하에도 폭행, 협박을 가하지 않는다는 약속이 있거나 범인의 신체조건상 통상적인 폭행, 협박이 불가능하여 이를 **예견할 수 없다는 특단의 사정이 없는 한** 다른 공범이 현장에 있는 여부에 관계없이 폭행, 협박을 가하지 아니한 공범도 **이를 예견하는 것이 통례**라는 전제 아래 원심을 비난하는 논지는 독자적 견해로서 채용할 수 없다."[56]

---

54) 증명책임에 따라 엄밀히 표현하면 '피고인이 예기하였음이 증명되지 못하면'이라고 해야 할 것이다.
55) 그 외에 하급심 판결로 서울고등법원 1975. 12. 5. 선고 75노1213 판결이 있다.
56) 이 판결에서도 '예기'와 '예견'이 동일한 의미로 혼용되고 있다.

[대법원 1984. 2. 28. 선고 83도3162 판결]

"…수인이 합동하여 강도를 한 경우 범인중의 일인이 강취하는 과정에서 간수자를 강타하여 사망케한 경우에는 나머지 범인도 이를 **예기하지 못한 것으로 볼 수 없는 경우에는** 강도살인죄의 죄책을 면할 수 없다 할 것인바(당원 1982. 7. 13. 선고 82도1352 판결 참조) … 사실관계가 위와 같다면, 피고인들이 사전에 본건 금품강취범행을 모의하고, 전원이 본건 범행현장에 임하여 각자 범죄의 실행을 분담하였으며 그 과정에 피고인 2를 제외한 나머지 3명이 모두 과도 또는 쇠파이프등을 휴대하였고 쇠파이프를 휴대한 피고인 3이 위 피해자를 감시하였던 상황에 비추어 피고인 3이 신철동을 강타, 살해하리라는 점에 관하여 나머지 두 피고인들도 예기할 수 없었다고는 보여지지 아니하므로 피고인들을 모두 강도살인죄의 정범으로 처단한 원심이 유지한 제1심의 조치는 정당하[다.]"

[대법원 2006. 3. 10. 선고 2005도9987 판결]

"…2인 이상이 합동하여 절도를 한 경우 범인 중의 1인이 체포를 면탈할 목적으로 폭행을 하여 상해를 가한 경우, 나머지 범인이 이를 **예기하지 못한 것으로 볼 수 없다면** 강도상해죄의 죄책을 면할 수 없다고 할 것인바(대법원 1988. 2. 9. 선고 87도2460 판결 참조), 피고인 B이 피고인 A와 공모하여 이 사건 절도범행을 실행하였고, 이 사건 상해가 절도범행 현장에서 일어난 점 및 피고인들이 범행도구로 긴 드라이버 등을 준비하여 갔고, E 순경이 엎드리라고 지시하였음에 이에 불응한 채 오히려 함께 손에 긴 드라이버를 들고 일어서서 E 순경과 맞서는 행동을 한 점 등을 종합하여 보면, 피고인 B으로서도 피고인 A의 상해행위를 예견할 수 없었다고 볼 수는 없으므로, 피고인 B 역시 강도상해죄의 죄책을 면할 수 없다[.]"

위 세 판결은 당해 사안에 적용되는 일반법리를 선언한 뒤 구체적 사실관계를 그 일반법리에 포섭하여 결론을 도출하는 전형적인 삼단논법의 논증을 제시하고 있다. 그리고 세 판결이 선언하는 일반법리, 즉 삼단논법의 대전제는 '나머지 공모자가 초과실행을 예기·예견하였다면 고의범의 죄책이 성립한다'는 것으로, 앞에서 본 다른 2유형 판결들과 동일하다. 문제는 사실관계를 그와 같은 일반법리에 포섭하여 결론을 도출하는 단계에 있는데, 위 판결들은 '피고인이 초과실행을 예견하였다/예견하지 못하였다'는 이유로 결론을 내는 것이 아니라, '피고인이 초과실행을 예견할 수 있었다/예견할 수 없었다'는 이유로 결론을 내고 있다. 사안포섭 단계에 와서 '예견'과 '예견가능성'의 개념을 혼동하고 있는 셈이다. 그간 학설이 판례의 태도를 정확하게 이해하지 못한 데에는 바로 위 판결들이 이처럼 개념을 혼동한 판시를 한 것이 큰 원인이 되었다고 생각한다.

그렇다면 위 판결들을 어떻게 합리적으로 이해할 수 있을까? 앞서의 논의에서 도달한 결론, 즉 '대법원은 예견과 예견가능성을 구별하고 있고, 2유형 판결들은 초과실행을 실제로 예견한 경우 고의범의 죄책이 성립한다는 취지이지 예견가능성만으로 고의범이 성립한다는 취지가 아니다'라는 결론을 더 이상 유지할 수 없는 것일까? 그렇게 볼 것은 아니라고 생각한다. 먼저, 위 세 판결 모두 일반법리, 즉 일반적·추상적 법명제의 차원에서는 다른 2유형 판결들과 동일하게 "예기하지 못한 것으로 볼 수 없다면" 고의범의 죄책을 진다고 하여 예견가능성이 아닌 '현실적 예견'을 판단기준으로 선언하였음을 고려하여야 한다. 다음으로, '예견가능성'에 대한 언급이 사안의 포섭 단계, 즉 당해 사건의 구체적 사실관계를 근거로 결론을 도출하는 단계에서 이루어졌음도 주목할 필요가 있다. 앞서 언급하였듯이, 실제 사건에서 피고인이 당시 실제로 예견하였었는지가 쟁점이 되는 경우 법관으로서는 객관적 예견가능성 유무를 따져서 이를 근거로 예견 여부를 추론하는 수밖에 없다. 이런 관점에서 본다면 위 판결들에서 '예견가능성'은 예견 여부에 대한 판단근거로서 언급된 것으로 이해할 수 있다. 83도3321 판결의 '피고인은 전연 예기할 수 없었다'는 판시는 '피고인은 전연 예기할 수 없었고, 따라서 예기하였다고 인정할 수 없다'는 판시가 축약된 것이고,[57] 83도3162 판결과 2005도9987 판결의 '피고인은 예기할 수 있었다'는 판시는 '피고인은 충분히 예기할 수 있었고, 따라서 실제로 예기하였다고 인정할 수 있다'는 판시가 축약된 것이라고 볼 수 있는 것이다. 또한, 현재 확인되는 2유형 판결들 총 16개 중 위와 같이 예견가능성이 언급된 판결은 단 3개뿐이고 그나마도 공간된 판결은 2005도9987 판결을 제외한 2개뿐이라는 점, 세 판결 중 83도3321 판결과 83도3162 판결은 같은 날 같은 소부에서 선고한 판결들로서 특정 재판부가 특정 시기에 범한 표현상의 실수로 볼 여지가 있는 점도 추가로 고려할 수 있다. 그리고 2005도9987 판결은 원심판결의 판단을 그대로 승인하는 판결인데, 예견가능성에 대한 언급은 대법원 단계에서 비로소 등장한 것이 아니라 원심판결에서 먼저 이루어졌다는 점[58]도 눈여

57) 83도3321 판결의 판시를 면밀히 살펴보면, 결국 당해 사건 검사의 상고이유 주장은 '합동절도를 공모한 경우라면 공모자 중 1인의 폭행·협박을 예견할 수 없었다는 특별한 사정이 없는 한 이를 예견하는 것이 통례이고, 당해 사건에는 그러한 특별한 사정이 없으므로 피고인도 이를 예견한 것으로 보아야 한다'는 취지이지, '피고인도 예견할 수 있었다'는 취지가 아님을 알 수 있다.

58) 원심판결인 서울고등법원 2005. 12. 7. 선고 2005노1915 판결("…피고인 B은 비록 당시 드라이버를

겨보아야 한다. 대법원이 원심을 승인하는 판결을 하는 과정에서 원심판결의 설시내용을 세심하게 살피지 못한 채 이를 그대로 옮기면서 개념사용에 실수가 발생한 것으로 볼 수 있다. 이렇게 이해하는 것이 '예견'과 '예견가능성'을 구별하는 수많은 다른 대법원판결, 그리고 절대 다수를 차지하는 나머지 2유형 판결들과 위 세 판결들을 최대한 조화롭게 이해하는 방법이자 대법원 판결들을 전체적으로 가장 합리적으로 이해하는 방법이기도 하다(자비의 원칙!).

마. 소결론

결국 2유형 판결들을 두고 '예견가능성만으로 고의범의 죄책을 인정하므로 부당하다'고 비판하는 종래의 주장은 잘못된 판례 이해를 전제로 하는 허수아비에 대한 공격에 불과함을 알 수 있다. 허수아비 공격의 오류를 범하지 않고 2유형 판결들을 유효하게 비판하려면 ① 대법원이 '예견하지 못한 것으로 볼 수 없으면'이라고 마치 예견이 추정되는 것처럼 판시한 것이 증명책임의 원칙에 반한다고 비판하거나,[59] ② 고의에는 지적 요소뿐만 아니라 의지적 요소도 필요한데, 예견은 지적 요소에 불과하므로 의지적 요소(용인 또는 의욕) 없이 예견만으로 고의범 죄책을 인정하는 것은 부당하다고 비판하거나,[60] ③ 여기서 한 걸음 더 나아가서 '편면적 공동정범은 인정될 수 없으므로 다른 공모자의 초과실행 부분을 일방적으로 예견하고 용인·의욕하였다 하더라도 고의범의 공동정범의 죄책을 물을 수 없고,[61] 초과실행 부분에 대해서

C 순경 등에게 직접 휘두르지는 않는 등 특별한 저항을 하지 않았으나 범행현장에서 피고인 A에 동조하여 손에 드라이버를 들고 일어서 C 순경에게 맞서는 행동을 한 이상 피고인 A가 체포를 면하기 위하여 C 순경에게 대항하면서 상해를 가할 수도 있다는 점을 충분히 예견할 수 있었다고 할 것이므로, 위에서 본 법리에 비추어 피고인 B도 강도상해의 죄책을 면할 수 없다.") 참조. 참고로 83도3321 판결의 원심판결(서울고등법원 1983. 12. 2. 선고 83노1947 판결)과 83도3162 판결의 원심판결(서울고등법원 1983. 11. 10. 선고 83노2515 판결)은 모두 정확하게 '예견가능성이 있었는지'가 아니라 '실제로 예견하였는지'를 따져서 죄책을 판단하고 있다. 시간적 순서를 살펴보면, 예견과 예견가능성 사이의 개념상 혼란은 1984. 2. 28. 같은 날 같은 소부에 의해 선고된 83도3162 판결과 83도3321 판결 때문에 태동되었고, 그 때문에 2005노1915 판결이 양 개념을 혼동하였으며, 2005도9987 판결이 그 개념혼동을 바로잡지 못함으로써 혼란이 가중되었다는 한 편의 서사를 그려 볼 수도 있을 듯하다.

59) 서보학, 앞의 글, 67-68; 손동권, 앞의 글, 69-70, 73-74; 이창섭, 앞의 글, 213 참조.

60) 손동권, 앞의 글, 65-66; 손동권·김재윤, 앞의 책, 561 참조.

61) 대법원 1985. 5. 14. 선고 84도2118 판결("공동가공의 의사는 공동행위자 상호간에 있어야 하며 행위자 일방의 가공의사만으로는 공동정범 관계가 성립할 수 없다."); 대법원 1999. 9. 17. 선고 99도2889 판결("공동정범이 성립하기 위한 주관적 요건으로서 공동가공의 의사는 타인의 범행을 인식

도 의사연락에 의한 공모(고의의 공동)가 인정되는 경우에만 고의범의 죄책을 인정하여야 한다'고 비판하여야[62] 할 것이다.

물론 위와 같은 비판에 대해서도 자비의 원칙에 입각하여 다음과 같이 반론할 수 있다. ① 첫째, 대법원이 실제로 예견 여부에 대해 증명책임이 전환된다고 판시한 것은 아니며 단지 부적절한 표현이 사용된 것에 불과하다. ② 둘째, 대법원은 많은 판결에서 고의의 지적 요소(인식)만을 언급하고 의지적 요소에 대해서는 언급을 생략하고 있는데, 이는 당해 사건에서 의지적 요소가 쟁점으로 등장하지 않았기 때문에 표현의 경제성 원칙에 따라 판시를 생략한 것으로 이해할 수 있다.[63] 2유형 판결들 역시 이런 맥락에서 지적 요소인 '예기' 내지 '예견'만 언급한 것일 뿐, 의지적 요소가 필요하지 않다는 취지는 아니라고 보아야 한다. ③ 셋째, '예기' 내지 '예견'이 필요하다고 하는 대법원의 진의는 초과실행에 대한 예견이 인정되면 곧 그에 대한 암묵적 공모를 인정할 수 있다는 취지로 이해하지 못할 바 아니다.[64] 최초의 판결인 4292형상175 판결과 이를 이어받은 82도1352 판결이 '사전 상의' 또는 '의사의 연락'이 없었다는 점을 '예기하지 못하였다'는 것과 연결짓고 있다는 점이 이러한 해석을 뒷받침한다.[65] 특히 고의의 결합범이 성립하기 위해서는 초과실행 부분에 대해 '고의의

하면서도 이를 제지하지 아니하고 용인하는 것만으로 부족하고, 공동의 의사로 특정한 범죄행위를 하기 위하여 일체가 되어 서로 다른 사람의 행위를 이용하여 자기의 의사를 옮기는 것을 내용으로 하는 것이어야 한다.") 등 참조.

62) 이용식(주 1), "공동정범과 예견가능성 문제", 246－252; 임웅(주 30), 형법각론, 398－399 참조.

63) 이에 관하여는 우선 김대휘·김신 편집대표, 주석형법(제5판), 형법총칙(1), 한국사법행정학회 (2017), 177－178, 190－192 참조.

64) 예견 내지 예견가능성을 근거로 암묵적 공모를 인정한 사례로 대법원 2004. 3. 12. 선고 2004도126 판결("비록 피고인들이 처음부터 위 공소외인과 피해자를 살해하기로 공모하지는 아니하였다 하더라도 위 공소외인과 함께 피해자를 폭행할 당시에는 이로 인하여 피해자가 사망할지도 모른다는 점을 인식하고 있었다고 보이므로, 위 공소외인과 암묵적으로 상통하여 피해자를 살해하기로 공모하였다고 인정되고…"); 대법원 2007. 4. 26. 선고 2007도428 판결, 대법원 2010. 12. 23. 선고 2010도7412 판결; 대법원 2018. 4. 19. 선고 2017도14332 전원합의체 판결("공모자들이 공모한 범행을 수행하거나 목적을 달성하고자 나아가는 도중에 부수적인 다른 범죄가 파생되리라고 예상하거나 충분히 예상할 수 있는데도 그러한 가능성을 외면한 채 이를 방지하기에 충분한 합리적인 조치를 취하지 않고 공모한 범행에 나아갔다가 결국 그와 같이 예상되던 범행들이 발생하였다면, 비록 그 파생적인 범행 하나하나에 대하여 개별적인 의사의 연락이 없었더라도 당초의 공모자들 사이에 그 범행 전부에 대하여 암묵적인 공모는 물론 그에 대한 기능적 행위지배가 존재한다고 보아야 한다.") 참조.

65) 문헌들 중에는 '절도 공모 → 준강도 초과실행' 사안에 관한 판례의 태도를 논하면서 "대법원은 종래 폭행·협박에 대하여 공동의사가 없는 공동정범에게는 [준강도죄]의 성립을 인정할 수 없다는 태도를 취하였으나(대법원 1959. 7. 11. 선고 4292형상175 판결), 그 후에 태도를 변경하여 다른

공동'이 필요하다고 명확하게 판시한 1유형의 91도2156 판결이 선고된 현재 시점에서는 더욱 그러하다(2유형에 속하는 대법원 판결은 미공간 판결인 2005도9987 판결을 제외하고는 모두 91도2156 판결이 선고되기 전의 것들이다). 91도2156 판결까지 고려하여 판례의 태도를 조화롭게 해석하기 위해서는 2유형 판결이 말하는 '예견'이란 곧 '고의의(암묵적) 공동'을 의미하는 것으로 이해하여야 한다.[66]

3. 기본범죄를 공모하였으면 중한 결과에 대해 고의범의 죄책을 진다고 판시한 사례(3유형)

3유형 판결은 강도의 공모자 중 1인이 고의의 상해행위를 저지른 경우 나머지 공모자에게도 강도상해죄가 성립하는지가 문제된 사안에 대한 것이 절대 다수이다.[67] 그 대표적인 판시는 다음과 같다.

공범자도 이를 예상할 수 없었다고 할 수는 없다는 이유로 [준강도죄]의 성립을 인정하고 있다."라고 서술한 것이 있다[이재상 등, 앞의 책, 315; 주석형법 각칙(5), 511(김경선) 참조]. 그러나 이러한 서술은 이해하기 어렵다. 앞서 살펴보았듯이 4292형상175 판결에서부터 '예기'라는 표현이 똑같이 사용되었을 뿐만 아니라, 4292형상175 판결과 이후의 82도1352 판결은 그 판시 문언과 구조가 매우 유사하여 동일한 법리가 그대로 유지되고 있다고 볼 수밖에 없기 때문이다(82도1352 판결은 명시적으로 4292형상175 판결을 선례로 인용하고 있기도 하다). 만약 대법원이 4292형상175 판결에서 '폭행·협박에 대한 공동의사 없는 자에게는 준강도죄의 성립을 인정할 수 없다'는 태도를 취한 것으로 이해된다면 이후 후속 판결들에서도 그 태도가 그대로 유지되었다고 보아야 하고, 만약 대법원이 후속 판결들에서 '다른 공범자도 이를 예상할 수 있었다면 준강도죄가 성립한다'는 태도를 취한 것으로 이해된다면(물론 본문에서 밝혔듯이 이런 이해는 정확하지 않다) 4292형상175 판결에서도 그와 같은 입장을 취했다고 보아야 하는 것이지, 대법원이 중간에 태도를 변경하였다고 평가할 수는 없는 것이다.

66) 다만 이러한 반론 중 ①, ②는 자비의 원칙에 의한 합리적 판례해석의 한계를 넘지 않는다고 보는 데 큰 무리가 없겠으나, ③은 '선해'의 한계를 넘는 것, 즉 단순히 판례의 논리를 왜곡하지 않는 수준이 아니라 이를 적극적으로 보강·강화하여 재구성하는 과도한 정당화라는 비판이 제기될 수도 있을 것으로 생각된다.

67) 대법원 1976. 12. 14. 선고 76도3267 판결; 대법원 1981. 7. 28. 선고 81도1590 판결; 대법원 1983. 4. 26. 선고 83도210 판결; 대법원 1985. 9. 24. 선고 85도1686 판결; 대법원 1987. 5. 26. 선고 87도832 판결; 대법원 1988. 12. 13. 선고 88도1844 판결; 대법원 1990. 10. 12. 선고 90도1887 판결; 대법원 1990. 12. 26. 선고 90도2362 판결; 대법원 1991. 11. 26. 선고 91도2267 판결; 대법원 1998. 4. 14. 선고 98도356 판결.

이들 중 91도2267 판결은 '절도 공모 → 준강도상해 초과실행'의 사안이고, 나머지는 모두 '강도 공모 → 강도상해 초과실행'의 사안이다. 다만 그중 90도2362 판결은 나머지 공모자에게 강도상해 죄책을 인정한 것인지 강도치상 죄책을 인정한 것인지 불분명하다.

[대법원 1985. 9. 24. 선고 85도1686 판결]

"원심이 확정한 바와 같이 피고인 1은 가지고 있던 과도를 피해자 1의 목에 들이대어 협박하고 피고인 2는 노끈으로 그녀의 손과 발을 묶고 피고인과 공소외 인은 과도를 피해자 2의 목에 들이대어 협박하고 그녀의 손과 발을 원피스 허리띠로 묶고 앞치마로 입을 틀어 막아 항거불능케 한 다음 재물을 강취하고 과도로 협박할 때에 피해자 1에게 상처를 입게 하였다면 강도가 비록 상해의 점에 공동가공의 의사가 없었고 상해의 결과가 그의 행위에 인한 것이 아니었다고 하더라도 강도상해죄의 죄책을 면할 수 없는 법리이므로 피고인에 대하여 강도상해의 죄를 인정한 원심조치에 아무런 잘못도 없으므로 상고논지 역시 받아드릴 것이 되지 못한다."

[대법원 1998. 4. 14. 선고 98도356 판결]

"원심 공동피고인이 피고인과 공모한대로 과도를 들고 강도를 하기 위하여 피해자의 거소를 들어가 피해자를 향하여 칼을 휘두른 이상 이미 강도의 실행행위에 착수한 것임이 명백하고, 원심 공동피고인이 피해자들을 과도로 찔러 상해를 가하였다면 피고인이 원심 공동피고인과 구체적으로 상해를 가할 것까지 공모하지 않았다 하더라도 피고인은 상해의 결과에 대하여도 공범으로서의 책임을 면할 수 없다 할 것인바(당원 1990. 12. 26. 선고 90도2362 판결, 1990. 10. 12. 선고 90도1887 판결, 1988. 12. 13. 선고 88도1844 판결 등 참조), 같은 취지의 원심판단은 정당하고, 여기에 논하는 바와 같이 강도상해죄의 법리를 오해한 위법이 있다고 할 수 없다."

[대법원 1991. 11. 26. 선고 91도2267 판결]

"원심이 유지한 제1심판결 채용증거를 기록에 의하여 살펴보면 원심판시와 같이 피고인과 원심공동피고인 1, 2, 3 등은 봉고승합차량을 타고 다니면서 행인의 재물을 탈취할 것을 공모하고 합동하여 원심판시 범행일시 및 장소에서 그 곳을 지나가는 피해자 유금순을 범행대상으로 지목하고 위 차량을 세운 후 원심 공동피고인 1, 2는 위 차량안에서 대기하거나 위 차량주위에서 망을 보고 피고인과 원심 공동피고인 3은 위 차량에서 내려 위 피해자에게 다가가서 원심 공동피고인 3이 위 피해자가 들고 있던 가방을 나꿔채고 피고인은 위 피해자를 힘껏 떠밀어 콘크리트바닥에 넘어져 상처를 입게 함으로써 추적을 할 수 없게 한 사실이 인정되는바, 피고인들 사이에 사전에 피해자를 밀어 넘어뜨려서 반항을 억압하기로 하는 구체적인 의사연락이 없었다고 하여도 합동하여 절도범행을 하는 도중에 피고인이 체포를 면탈할 목적으로 위 피해자에게 폭행을 가하여 상처를 입혔고 그 폭행의 정도가 피해자의 추적을 억압할 정도의 것이었던 이상 피고인들은 강도상해의 죄책을 면할 수 없는 것이다."

위 판결들의 판시 내용은 '기본범죄(강도 또는 절도)를 공모하였다면 다른 공모자가 초과실행한 부분에 대하여 공모하지 않았어도 고의범(강도상해죄 또는 준강도상해죄)의 죄책을 진다'는 것으로 이해된다. 종래 학설의 이해도 이와 같았고, 그에 대해서 '고의는 물론이고 과실도 요구하지 않은 채 중한 결과에 대해 고의범을 인정하는 것'으로서 책임주의에 반한다는 비판이 제기되어 왔다.[68]

2유형 판결에 대한 종래 다수 학설의 이해가 부정확하였던 것과 달리, 3유형 판결의 경우에는 그 판시 내용을 달리 합리적으로 해석할 여지가 없다고 보인다. 98도356 판결과 91도2267 판결의 경우에는 초과실행에 대해 "구체적인" 공모나 의사연락이 없더라도 책임을 진다고 판시하였다는 점을 주목하여 그 의미를 '명시적인 공모가 없더라도 묵시적·암묵적 공모가 인정되면 책임을 진다'는 취지로 최대한 합리적으로 이해해 볼 여지가 조금이나마 있다고 할 수 있다.[69] 그러나 85도1686 판결의 판시는 '초과실행된 상해에 대해 공모(공동가공의 의사)가 없더라도 강도상해죄의 죄책을 진다'라는 의미임이 문언상 명백하기 때문에 그런 여지조차 없다. 그리고 이러한 판시는 고의 없이 고의범 책임을 인정하는 것으로서 공모한 범위 내에서만 다른 사람(공범)의 행위에 대해 책임을 진다는 공동정범의 기본원칙에 정면으로 반하고, 이를 이론상 정당화할 여지도 없다. 이에 대해서는 '강도의 수단인 폭행·협박의 과정에서 자칫하면 상해에까지 이르게 되는 일반 강도상해사건의 실상에 비추어 상해의 결과에 직접 가담하지 않은 다른 강도 공모자도 적어도 상해에 대한 미필적 고의 또는 상해의 결과에 대한 인식이 있는 것으로 볼 수 있는 경우가 대부분일 것이므로 상해에 관하여 공모하지 않은 공범자도 강도상해죄의 책임을 진다는 판례이론은 이해될 수 있다'는 설명이 제시된 바 있으나,[70] 사실의 차원에서 강도 공모자가 상해에 대한 미

68) 대표적으로 임웅(주 30), 형법각론, 403-404; 김일수·서보학, 새로쓴 형법총론(제12판), 박영사(2014), 465-466.

69) 김성돈(주 31), 형법각론, 369 각주 212는 98도356 판결을 들면서 "위 판례의 판시내용과 관련하여 판례의 태도가 다른 공범자에게 중한 결과에 대한 과실(예견가능성) 여부를 묻지 않고 무조건 강도치상죄나 강도치사죄의 책임을 지우고 있다고 비판해서는 안 된다. 판시내용에서 예견가능성요건에 대한 태도표명이 없는 것은 당해 사건에서 예견가능성이 법률적 쟁점화되지 않았기 때문에 구체적으로 거론하지 않은 것일 뿐 원칙적으로 판례도 예견가능성을 요건으로 인정하고 있다고 보아야 하기 때문이다."라고 한다. 그러나 후술하듯이 이러한 이해는 4유형 판결에 대해서는 타당한 것이지만, 98도356 판결이 속하는 3유형 판결에 대해서까지 이렇게 판례를 이해해 주는 것은 무리이다. 우선 98도356 판결을 포함한 3유형 판결들은 결과적 가중범인 강도'치상'죄나 강도'치사'죄를 인정한 것이 아니라 고의 결합범인 강도'상해'죄를 인정한 것이고, 그러면서 85도1686에서 보듯 '상해의 점에 공동가공의 의사가 없더라도' 강도상해죄가 성립한다고 명시적으로 밝히고 있기 때문이다.

필적 고의가 있는 경우가 많다는 것이 규범적 차원에서 상해에 대한 고의(공모) 없이도 강도상해죄가 성립한다는 결론, 즉 실제로 상해에 대한 고의가 없는 예외적 사건에서까지 강도상해죄의 죄책을 물을 수 있다는 결론을 정당화할 수는 없다.[71)]

3유형 판결의 판시는 대법원 스스로 1유형의 91도2156 판결에서 밝힌 '강도살인죄는 고의범이므로 강도살인죄의 공동정범이 성립하기 위하여는 강도의 점뿐 아니라 살인의 점에 관한 고의의 공동이 필요하다'는 입장과도 모순된다. 강도상해죄도 고의의 결합범인 것은 마찬가지이므로, 강도뿐만 아니라 상해의 점에 대해서도 고의의 공동이 있어야만 강도상해죄의 공동정범이 성립할 수 있다고 보아야 한다. 강도살인죄와 강도상해죄를 이 문제에 있어서 달리 취급해야 할 이유는 없다. 3유형 판결들 중에서 91도2267 판결과 98도353 판결은 공동정범의 초과실행 사안에 대해 정리된 형태의 일반법리를 판시한 91도2156 판결이 선고된 뒤에 선고되었음에도 그 판결이 판시한 법리를 제대로 고려하지 않은 채 종래의 부적절한 판시를 그대로 답습하였다는 점에서 특히 더 문제이다.

결국 3유형 판결에 대해서는 종래 학설이 제기해 온 비판이 적확한 것이었다고 할 수 있다. 그렇다면 남는 것은 대체 왜 대법원이 이처럼 형법의 가장 기본적인 원칙에 반하는 판결들을 선고하였는가 하는 의문이다. 자비의 원칙에 따라 대법원의 입장에 서서 이런 판결을 선고한 나름의 이유가 무엇인지를 최대한 합리적으로 이해해 본다면 이들 판결을 극복하기 위한 새로운 계기를 마련할 수 있을지도 모른다.

이해의 첫 번째 실마리는 3유형에 속하는 판결들이 단 하나의 예외(91도2267)를 제외하고는 모두 '강도 공모 → 강도상해 초과실행'의 사안에 관한 것이라는 데에서 찾을 수 있다. 대법원은 유독 이런 사안유형에 대해서만 3유형과 같은 판시를 해온 것처럼 보인다. 대법원 1976. 12. 14. 선고 76도3267 판결이 이를 잘 보여 주는 사례이다. 위 사건의 공모자들 중 일부는 체포·감금만 공모하고 다른 일부는 강도까지 공모하였는데, 강도의 공모자 중 일부가 강도상해를 범하였고, 이에 검사는 공모자 전원을 강도상해의 공동정범으로 기소하였다. 체포·감금만 공모한 피고인들 입장에서는 '체포·감금 공모 → 강도상해 초과실행'의 사안이고 강도까지 공모한 피고인들 입장에서는 '강도 공모 → 강도상해 초과실행'의 사안이었던 셈인데, 대법원은 체포·

70) 홍성무, 앞의 글, 738 참조.
71) 같은 취지로 이용식(주 1), "공동정범의 초과실행과 결과적 가중범의 성립", 37; 서보학, 앞의 글, 73 참조.

감금만 공모한 피고인들에 대해서는 '강도를 공모하였다고 인정할 만한 증거가 없다'는 이유로 강도상해죄를 무죄로 판단하면서도, 강도를 공모한 피고인들에 대해서는 "강도의 공동정범자는 강도의 기회에 공범자가 한 상해행위에 대하여 책임을 면할 수 없"다면서 강도상해죄를 유죄로 인정하였다. 같은 판결에서 하나의 초과실행에 대해서는 1유형의 판시를, 다른 하나의 초과실행에 대해서는 3유형의 판시를 한 셈인데, 이를 보면 대법원이 '강도 공모 → 강도상해 초과실행' 사안을 다른 초과실행 사안과 구별하여 특별취급하고 있음을 짐작할 수 있다.[72)]

두 번째 실마리는 3유형 판결 중 "재물강취의 수단으로 <u>폭행이 가하여질 것이라는 점에 관하여 상호의사의 연락이 있었던 것이므로</u>" 구체적으로 상해에 관하여 공모하지 않았다 하더라도 강도상해죄가 성립한다는 취지로 판시한 사례들[73)]이 발견된다는 것이다. 대법원 판결 중에는 상해죄에 관하여 '상해죄의 성립에는 상해의 원인인 폭행에 대한 인식이 있으면 충분하고 상해를 가할 의사의 존재까지는 필요하지 않다'고 판시한 것들이 있다.[74)] 3유형 판결들도 바로 이러한 태도, 즉 '폭행의 고의만 있으면 상해의 결과에 대해 상해죄가 성립할 수 있다'고 보는 입장이 반영된 것일지 모른다. 즉, 강도의 공모는 폭행의 공모를 포함하는 것인데,[75)] 폭행행위로 상해의 결과가 발생한 경우 폭행의 고의만 있으면 상해죄를 인정할 수 있으니, 결국 강도만 공모하면 초과실행된 상해 결과에 대해 강도상해죄를 인정할 수 있다고 판단한 것이라고 추론해 볼 수 있다.

그러나 이렇게 대법원이 3유형 판결에 이르게 된 내적 논리를 어느 정도 합리적으로 재구성해 내는 것이 가능하다 하더라도, 그렇다고 3유형 판결의 판시 내용까지

---

72) 홍성무, 앞의 글, 735－739도 그때까지의 대법원 판결들을 분석하여 3유형 판결은 '강도－강도상해 사안'에 한정되는 것이라고 분석하고 있다.

73) 대법원 1990. 10. 12. 선고 90도1887 판결, 대법원 1990. 12. 26. 선고 90도2362 판결.

74) 대법원 1983. 3. 22. 선고 83도231 판결; 대법원 2000. 7. 4. 선고 99도4341 판결. 그러나 이것을 '판례의 태도'라고 평가할 수는 없다고 생각한다. 그와 반대로 '폭행에 대한 미필적인 고의는 있어도 상해에 대한 고의를 인정할 수 없으면 폭행치상죄를 적용하여야 하고 상해죄를 적용하여서는 안 된다'는 취지로 이론상 타당한 판시를 한 사례도 있기 때문이다(1985. 1. 29. 선고 84도2655 판결). 하급심을 보더라도 83도231 판결의 판시를 무분별하게 좇은 판결들도 있지만(가령 전주지방법원 2013. 6. 5. 선고 2013노134 판결), 84도2655 판결을 인용하며 타당한 판시를 한 판결도 다수 존재한다(가령 서울서부지방법원 2018. 4. 26. 선고 2017노1415 판결; 수원지방법원 평택지원 2023. 11. 21. 선고 2023고정136 판결).

75) 물론 폭행이 아닌 협박에 의한 강도도 가능하니 강도의 공모가 필연적으로 폭행을 수반하는 것은 아니다. 그러나 3유형 판결들 중 폭행 의사 없이 오로지 협박만에 의해 강도할 것을 공모하였던 사례는 없었던 것으로 보인다.

정당화되는 것은 아니다. 폭행의 고의만 있으면 상해의 결과에 대해 상해죄가 성립할 수 있다는 일부 판결의 판시는 상해죄 구성요건이 고의에 의한 상해죄와 폭행치상죄를 모두 포함하는 것으로 해석되는 일본형법[76]을 의용하던 시절에나 가능한 해석이고, 폭행치상죄 구성요건이 상해죄와 별도로 규정된 우리 형법하에서는 채택할 수 없는 입장이다.[77] 폭행의 고의만으로 상해죄가 성립한다는 일부 판결의 판시는 의용형법 시절의 해석론을 무분별하게 답습한 것이라는 설명 외에는 달리 그 이유를 찾기 어렵고, 이론상 정당화할 수 없는 판시로서 폐기되어야 마땅하다. 그러므로 만약 3유형 판결이 상해죄에 관한 이러한 일부 판결의 입장을 전제로 한 것이라면 3유형 판결 역시 마땅히 폐기되어야 할 뿐이다.

그나마 다행인 점은, 1998년에 선고된 98도356 판결 이후로는 (적어도 공간된 판결 중에는) 대법원이 3유형 판결을 한 사례를 확인하기 어렵다는 것이다. 대법원도 3유형 판결의 이론상 문제점을 인식하고 더이상 그와 같은 판시를 하지 않는 것일지 모른다. 그러나 기존에 선고된 다수의 판결들이 이후의 사건처리에 영향을 미칠 가능성이 여전히 남아 있으므로, 법상황을 분명히 하기 위해 대법원이 전원합의체 판결로 3유형 판결들을 폐기하는 것이 바람직하다.

폐기되지 않고 남아 있는 3유형 판결들이 후속 사건에 부정적 영향을 미칠 수 있음을 보여 주는 것이 바로 위에서 살펴본 91도2267 판결이다. 그 판결은 '절도 공모 → 강도상해 초과실행' 사안에 대한 것으로서, 앞서 살펴보았듯이 종래 그런 사안유형에 대해서는 '초과실행을 예견(예기)하였다면 고의범의 죄책을 진다'는 판시, 즉 2유형 판결이 반복적으로 이뤄져 오고 있었고, 3유형 판결이 내려진 적은 없었다. 그런데 91도2267 판결은 이런 사안에 대해 종래와 달리 초과실행에 대한 예견(예기)조차 요구되지 않는 것처럼 판시한 것이다. 그 판시 문언("사전에 … 구체적인 의사연락이 없었다고 하여도")의 유사성을 보면 종래 '강도 공모 → 강도상해 초과실행' 사안에 관한 3유형 판결들의 영향을 받은 것으로 의심된다. 앞서 보았듯 2유형 판결은 '예견' 내

76) 일본형법 제204조는 상해죄에 관하여 "사람의 신체를 상해한 자"를 처벌한다고 우리 형법의 상해죄 규정과 동일하게 규정하고 있지만, 우리와 달리 별도의 폭행치상죄 규정이 없고 제208조의 폭행죄 규정이 "폭행을 가한 자가 사람을 상해에 이르게 하지 아니한 때"에 폭행죄가 성립한다고 규정하고 있는 결과, 제204조의 상해죄 규정이 고의에 의한 상해행위뿐만 아니라 폭행치상행위에도 적용된다고 해석하는 것이 다수설·판례이다. 따라서 폭행의 고의로 (상해의 고의 없이) 상해의 결과를 발생시킨 때에도 상해죄가 성립한다고 보게 된다. 大塚 仁·河上和雄·中山善房·古田佑紀 編集, 大コンメンタール刑法(第三版) 第10巻, 青林書院 (2019), 427-429(渡辺咲子·古川原明子) 참조.

77) 신동운, 앞의 책, 654-655 참조.

지 고의, 더 나아가 암묵적 공모를 조건으로 초과실행 부분에 대해 공동정범 책임을 인정하는 취지로 이론상 타당성을 인정할 여지가 있는 반면 3유형 판결은 도무지 이론상 정당화의 여지가 없으므로, 91도2267 판결은 명백히 퇴보에 해당한다. 3유형 판결들이 폐기되지 않고 남아 있는 이상 이처럼 '강도 공모 → 강도상해 초과실행' 사안유형이 아닌 다른 사안유형의 판결들에까지 부정적 영향을 미칠 위험이 있다.[78)]

4. 초과실행 부분에 대한 결과적 가중범의 죄책이 문제된 판결(4, 5유형)

초과실행 부분에 대한 결과적 가중범의 죄책이 문제된 사안에 관한 대법원 판결들은 ① 초과실행 부분에 대한 고의든 과실(예견가능성)이든 아무런 언급 없이 기본범죄를 공모한 이상 결과적 가중범의 죄책을 진다고 판시한 사례[79)]와 ② 초과실행 부분에 대해 고의나 공모가 없더라도 결과적 가중범은 성립할 수 있다고 하면서 (예견가능성이 요구되는지에 대한 특별한 언급은 없이) 결과적 가중범의 죄책을 인정한 사례,[80)] 그리고 ③ 초과실행 부분에 대해 예견가능성이 있으면 결과적 가중범의 죄책을 진다고 판시한 사례[81)]가 있다. 예견가능성이 요구된다는 점을 명확히 판시하였는

78) 반대로 2유형 판결이 '강도 공모 → 강도상해 초과실행' 사안에 긍정적인 영향을 미친 사례도 확인된다. 대법원 1988. 12. 13. 선고 88도1844 판결은 일반법리는 3유형 판결처럼, 즉 '재물강취의 수단으로 폭행이 가하여질 것이라는 점에 관하여 상호의사의 연락이 있었던 것이므로 구체적으로 상해에 관하여까지 공모하지 않았더라도 폭행으로 생긴 결과에 대해 책임을 져야 한다'고 판시하고서, 사안포섭 부분에 가서는 "…그렇다면 피고인이 위와 같은 상해의 결과를 전혀 예기하지 못하였다고는 볼 수 없으므로" 하여 2유형의 '예기' 판단기준을 적용하여 강도상해죄가 불성립한다고 결론을 내고 있다. 3유형만이 지배하던 '강도 공모 → 강도상해 초과실행' 사안에서 진일보하여 2유형 판시로 나아간, 긍정적인 변화이다. 그리고 이후 1990. 2. 13. 선고 89도2426 판결은 이를 이어받아 '강도 공모 → 강도상해 초과실행' 사안에서 일반법리까지 온전히 2유형 판시를 하기에 이르렀다("수인이 합동하여 강도를 한 경우에 그 범인 가운데 일부가 그 기회에 피해자에게 상해를 가했을 때에는 나머지 범인도 이를 예기하지 못한 것으로 볼 수 없는 경우에는 강도상해의 죄책을 면할 수 없는 것인바…"). 그러나 아쉽게도 88도1844 판결과 89도2426 판결의 이러한 진화가 후속 판결들에 큰 영향을 주지는 못한 것으로 보인다(홍성무, 앞의 글, 736은 '강도 → 강도상해 초과실행' 사안유형에서 89도2426 판결의 진일보한 측면을 주목하지 못하고 이를 단순히 이례적인 판결에 불과한 것으로 평가하였다).

79) 대법원 1991. 10. 11. 선고 91도1755 판결.

80) 대법원 1978. 1. 17. 선고 77도2193 판결; 대법원 1984. 2. 14. 선고 83도3120 판결; 대법원 1987. 9. 8. 선고 87도1458 판결; 대법원 1987. 11. 24. 선고 87도2011 판결; 대법원 1988. 9. 13. 선고 88도1046 판결; 대법원 1992. 12. 22. 선고 92도2462 판결.

81) 대법원 1990. 6. 26. 선고 90도765 판결; 대법원 1991. 5. 14. 선고 91도580 판결; 대법원 1991. 11. 12. 선고 91도2156 판결; 대법원 1993. 8. 24. 선고 93도1674 판결; 대법원 1996. 4. 12. 선고 96도215 판결; 대법원 2000. 5. 12. 선고 2000도745 판결; 대법원 1997. 10. 10. 선고 97도1720 판

지에 따라 구분하여 ①, ②를 4유형으로, ③을 5유형 판결로 묶을 수 있다.

4유형 판결은 결과적 가중범 성립에 기본범죄와 중한 결과 사이의 인과관계 외에 예견가능성이 별도로 요구되지 않는다고 보는 일본의 판례[82]를 무분별하게 답습한 것으로 보이기도 하지만, 다른 한편 4유형에 속하는 다수 판결에서 '결과적 가중범 성립에 중한 결과에 대한 고의까지 필요한 것은 아니다'라고 판시하고 있는 점[83]을 주목하면 대법원은 이들 판결에서 단지 소극적으로 '중한 결과에 대한 고의가 없어도 결과적 가중범은 성립한다'는 판단을 밝힌 것일 뿐 적극적으로 '예견가능성이 없어도 결과적 가중범이 성립할 수 있다'는 판단을 밝힌 것은 아니라고 이해할 수 있다. 당해 사안에서 중한 결과에 대한 고의 유무만이 주로 다투어지고 예견가능성의 존부는 쟁점으로 등장하지 않았기 때문에 표현의 경제성 원칙에 따라 당연한 내용을 생략한 것뿐이라고 이해하는 것이다(자비의 원칙).[84] 예견가능성이 요구됨을 명확히 판시한 5유형 판결인 대법원 1991. 5. 14. 선고 91도580 판결을 보면 "…예견이 가능한 공범의 가해행위로 사망의 결과가 초래된 이상, 상해치사죄의 죄책은 면할 수 없는 것"이라고 판시하면서 그 근거로 4유형 판결인 대법원 1988. 9. 13. 선고 88도1046 판결을 인용하고 있는데, 이를 보면 대법원도 4유형 판결들이 밝힌 취지는 중한 결과에 대한 고의가 필요치 않다는 것일 뿐 그에 대한 예견가능성까지 요구되지 않는다는 취지는 아니라고 이해하고 있음을 짐작할 수 있다. 이렇게 본다면 4유형 판결이 '과실 없는 과실책임'을 인정한 것이라는 일부 학설의 해석[85]은 (자비의 원칙상) 타당하지 않고, 4유형 판결이 5유형 판결과 다른 법리를 판시하고 있는 것은 아니라고 보아야 할 것이다. 설령 4유형 판결에 대한 일부 학설의 해석이 옳다고 하더라도, 4유형 판결보다 5유형 판결의 절대 숫자가 더 많을 뿐만 아니라 특히 공동정범의 초과실행 사안에 관한 일반법리를 가장 명확히 정리하여 판시한 91도2156 판결(이는 1유

결; 대법원 2000. 12. 8. 선고 2000도4459 판결; 대법원 2013. 4. 26. 선고 2013도1222 판결.

82) 일본형법에는 우리 형법 제15조 제2항처럼 결과적 가중범 성립에 예견가능성이 요구된다고 규정한 명문의 조항이 없고, 그에 따라 중한 결과에 대한 예견가능성은 별도로 요구되지 않는다고 해석하는 것이 일본형법이 우리나라에 의용될 당시부터 현재까지 일관된 판례의 태도이다[홍태석, "한·일 형법상 결과적 가중범에 있어 예견가능성의 요부 비교—일본 판례에 대한 비판적 관점에서—", 원광법학 제36권 제1호 (2020), 12－17 참조].

83) 가령 87도1458 판결("강도치사죄…는 이른바 결과적 가중범으로서 살인의 고의까지를 요하는 것이 아니므로"), 87도2011 판결("비록 살해의 범의는 없었다 하더라도…상해치사죄의 죄책을 면할 수 없다…") 참조.

84) 김성돈(주 33), 형법총론, 659도 4유형 판결들을 이렇게 이해한다.

85) 김일수·서보학(주 68), 새로쓴 형법총론, 465－466; 임웅(주 30), 형법각론, 403－404.

형 판결이자 5유형 판결이기도 하다)이 선고된 뒤로는 5유형 판결의 숫자가 절대적으로 더 많은 것을 고려하면, 4유형 판결은 5유형 판결에 의해 사실상 극복된 상황이라고 평가해도 무방하다고 본다.

한편, 5유형 판결의 판시 내용, 즉 '초과실행 부분에 대해 예견가능성이 있으면 결과적 가중범의 죄책을 진다'는 것은 앞서 91도2156 판결을 검토하면서 살폈듯이 종래 학설의 일반적인 견해에 부합하는 것으로서—일단 다수설의 입장을 전제로 한다면—이론상 문제가 없다. 다만 91도2156 판결에서 보았듯이 불필요하게 이중부정 표현을 사용하여 마치 예견가능성이 추정되는 것처럼 판시한 사례들이 있으나,[86] 그것이 실제로 예견가능성에 관한 증명책임이 전환된다는 취지를 밝힌 것이라고 볼 수는 없다. 다만 그 표현이 적절하지 못함은 분명하므로 향후의 판결에서는 교정되어야 할 것이다.

마지막으로, 결과적 가중범의 죄책이 문제된 사례 중 매우 특이한 것이 하나 확인된다. 대법원 1990. 11. 27. 선고 90도2262 판결은 '강도 공모 → 강도살인 초과실행' 사안에서 "… 피고인 1, 2, 3 등이 등산용 칼을 이용하여 노상강도를 하기로 공모한 이 사건에서는 그 공모내용으로 보아 범행 당시 차안에서 망을 보고 있던 피고인 2이나 등산용 칼을 휴대하고 있던 피고인 1과 함께 차에서 내려 피해자 1로부터 금품을 강취하려 했던 피고인 3 등으로서는 그때 우연히 현장을 목격하게 된 피해자 2를 피고인 1이 소지중인 등산용 칼로 제1심 판시와 같이 살해하여 <u>강도살인행위에 이를 것을 전혀 예상하지 못하였다고 보여지지 아니하므로</u> 원심이 같은 취지에서 피해자 2를 살해한 행위에 대해 피고인 2, 3을 <u>강도치사죄로 의율처단한 … 것은 정당하[다]</u>"고 판시하였다. 결과적 가중범인 강도치사죄의 성부가 문제되었으므로 '예견가능성' 유무가 문제되는 것인데 "전혀 예상하지 못하였다고 보여지지 아니하므로", 즉 '예상(예견)하였음'을 이유로 강도치사죄를 유죄로 인정하였다. 앞서 검토하였듯 대법원은 '예견'을 고의와 사실상 동일한 의미로 사용하고 있으므로, 위 판시는 중한 결과에 대한 고의를 이유로 결과적 가중범을 인정한 것처럼 읽히기도 한다. 일견 이론상 납득하기 어려운 위 판결은 어떻게 이해해야 하는 것일까?

이에 대해서는 우선, 실제로 중한 결과에 대한 고의까지 인정되는 사안이었지만 강도치사죄로 기소되었기 때문에 강도치사죄의 죄책만 인정한 것이라는 해석을 해볼

---

86) 91도2156 판결 외에도 93도1674 판결, 2000도745 판결, 2013도1222 판결 등.

수 있다. 그러나 위 사건에서 문제된 피고인은 당초 강도살인죄로 기소되었던 것을 살인 부분에 대한 고의가 인정되지 않는다고 보아 강도치사죄로 바꾸어 인정한 것이기 때문에[87] 이러한 해석은 타당하지 않다. 다음으로 가능한 해석은, 대법원이 여기서 '예상하였음'이라고 한 것은 오로지 '인식'만을 의미하는 것으로서, 대법원은 인식 있는 과실을 이유로 결과적 가중범을 인정한 것이라는 해석이다. 그러나 대법원이 종래 '예상' 내지 '예견'이라는 용어를 사용해 온 통상의 용례에 비추어 보면 이는 그다지 설득력이 있다고 보기 어렵다.

마지막으로 가능한 해석은 대법원이 원심판결을 승인하는 판결을 하면서 원심판결이 사용한 표현을 그대로 가져오는 과정에서 '예견'과 '예견가능성' 개념차이를 세심하게 살피지 못하고 표현상의 오류를 범한 것이라는 해석이고, 이것이 가장 합리적인 해석이라고 생각된다. 문제의 표현은 원심판결인 서울고등법원 1990. 8. 23. 선고 90노1615 판결이 이미 사용하였는데, 해당 부분을 옮겨보면 다음과 같다. "…피고인들의 공모내용으로 보아 상피고인 甲이 위 F에 대한 강도살인, 위 G에 대한 강도살인미수, 위 E에 대한 강도상해의 각 행위로 나아갈 것을 전연 예상하지 못하였을 것이라고는 보여지지 아니하므로 상피고인 甲이 강도살인, 강도살인미수, 강도상해의 죄책을 면할 수 없는 이 사건에 있어, 피고인 乙, 같은 丙이 피해자 F에 대하여는 강도치사죄, 피해자 G, E에 대하여는 강도상해죄의 죄책을 짐이 법리상 상당하다고 할 것이[다.]" 이를 보면 강도살인의 초과실행 부분에 대해서만 판단이 이뤄진 대법원과 달리 당초 원심에서는 '강도 공모 → (F에 대한) 강도살인 초과실행'뿐만 아니라 '강도 공모 → (G, E에 대한) 강도상해 초과실행'까지 함께 판단의 대상이 되었음을 알 수 있다. 원심판결은 위 각 초과실행 부분에 대해 한꺼번에 이유를 설시하면서 위와 같이 "전연 예상하지 못하였을 것이라고 보여지지 아니하므로"라는 표현을 사용한 것이다. 원심은 강도상해 초과실행 부분에 대해 강도상해죄의 죄책을 인정하기 위해 종래 대법원 판결들을 좇아 2유형의 판시('예기하지 못한 것으로 볼 수 없으면')를 한 것인데, 거기에 강도살인 초과실행 부분에 관한 판시까지 한꺼번에 하다 보니 강도치사죄의 죄책에 대해서까지 2유형 판시가 이루어지고 만 것으로 추측해 볼 수 있

87) 사건명이 "강도살인(피고인 2, 3에 대하여 인정된 죄명: 강도치사)"로 기재되어 있는 것을 보면 알 수 있다. 원심판결을 보면 이미 1심에서부터 강도살인을 강도치사로 바꾸어 인정한 것으로 확인되는데, 1심판결문을 확인할 수 없어 그와 같이 범죄사실을 변경하여 인정한 구체적 이유는 알 수 없다.

다. 그리고 대법원은 상고심에서 쟁점으로 된 강도치사죄 부분에 한정해서 판단하면서도 원심이 위와 같은 판시를 하게 된 원인이나 그 판시가 갖는 의미를 세심하게 살피지 않은 채 원심의 판시를 그대로 옮겨오는 바람에 4유형이나 5유형의 판시가 이뤄져야 하는 사안에서 2유형 판시를 하는 실수를 저지르게 된 것이다.

5. 소결론

이상의 검토 결과를 정리하면 다음과 같다.

공동정범 중 1인이 중한 범죄결과를 초과실행한 경우 나머지 공모자가 그에 대해 어떤 책임을 지는지에 대한 대법원 판결들은, ① 초과실행에 대한 공모(고의의 공동)가 인정되면 그에 대해 고의범(결합범)의 죄책을 진다고 판시한 사례(1유형), ② 초과실행을 '예견하였으면' 그에 대해 고의범의 죄책을 진다고 판시한 사례(2유형), ③ 기본범죄를 공모하기만 하면 초과실행에 대해서 공모가 없어도 고의범 죄책을 진다고 판시한 사례(3유형), ④ 초과실행 부분에 대한 예견가능성 요부를 특별히 언급하지 않은 채 결과적 가중범의 죄책을 진다고 판시한 사례(4유형), ⑤ 초과실행 부분에 대해 예견가능성이 있으면 결과적 가중범의 죄책을 진다고 판시한 사례(5유형)가 있다.

종래 2유형 판결을 두고 대법원이 초과실행에 대한 '예견가능성'만 있으면 고의범의 죄책을 인정하는 것이라고 해석하는 입장이 다수였으나, 이는 정확한 해석이 아니다. 대법원은 초과실행을 실제로 '예견'한 경우 고의범의 죄책을 진다고 판시한 것이며, 그 진의는 초과실행에 대한 고의를 요구하는 것, 더 나아가 암묵적 공모를 요구하는 것이라고 합리적으로 이해할 수 있다.

3유형 판결은 한 건의 예외를 제외하고는 모두 '강도 공모 → 강도상해 초과실행'의 사안을 다룬 것인데, 다른 일부 대법원판결에 나타난, '상해죄의 성립에는 폭행의 고의만 있으면 되고 상해의 고의까지 필요하지 않다'는 입장의 연장선상에서 나온 판결로 추측해 볼 수 있다. 그러나 3유형 판결은 공모(고의)가 없음에도 다른 사람의 행위에 대한 고의범 죄책을 인정하는 것으로서 이론상 정당화될 수 없고, 대법원 스스로의 1유형 판결과도 모순된다. 3유형의 대법원 판결들은 폐기되어야 한다.

4유형 판결은 결과적 가중범 성립에 중한 결과발생에 대한 고의까지는 요구되지 않는다는 취지를 밝힌 것뿐, 예견가능성(과실)도 요구되지 않는다는 취지를 밝힌 것은 아니라고 이해해야 한다. 5유형 판결에서 명시적으로 밝힌 것처럼, 초과실행된 중한 결과에 대해 예견가능성이 있는 경우에만 결과적 가중범의 죄책을 인정하는 것이 대법원의 일관된 태도라고 이해함이 옳다.

결국 이들 여러 판결들로부터 추출해 낼 수 있는 공동정범의 초과실행 사안에 관한 '판례'의 태도는 '초과실행된 부분에 대해 공모(고의의 공동)가 있으면 고의범의 죄책을 지고, 그에 대해 예견가능성이 있으면 결과적 가중범의 죄책을 진다'는 것이라고 할 수 있다. 이에 모순되는 3유형 판결들이 여전히 폐기되지 않은 채 존재하고 있으나, 이렇게 해석하는 것이 가장 많은 판결을 가장 합리적으로 이해하는 방법이다.

Ⅳ. 결론: 판례의 해석과 학설의 역할

'판례'를 정확히 인식하는 것은 법관이 실제 사건에서 장차 어떠한 재판을 할 것인지 예측을 가능하게 해준다는 점에서 "극히 중요한 실천적 의미"가 있다.[88] 법의 해석·적용상 문제점을 파악하여 비판하고 그 개선방안을 모색하는 작업은 모두 '현재 존재하는 법'에 대한 정확한 인식에서부터 출발한다. 그렇기 때문에 법에 대한 학문적 탐구에서는 물론이고 법률가 양성을 위한 교육과 자격시험에서도 '판례의 태도'가 무엇인지는 중요한 비중을 차지할 수밖에 없다.[89]

판례의 정확한 인식은 "무수히 많은 공간된 관련 판결들을 읽고 정리하는 지루하고 시간이 드는 작업을 거쳐야" 하는,[90] 면밀한 분석과 검토를 요하는 일이다. 본고는 나름대로 그와 같은 작업을 시도한 결과물이지만, 분석 대상이 주로 대법원 판결에 한정되었다는 한계가 있다. 하급심 판결 또한 현재 존재하는 법을 구성하는 주요 요소이므로, 판례에 대한 정확한 이해를 위해서는 대법원 판결들의 판시가 하급심에서 어떻게 이해되고 적용되고 있는지를 분석하는 작업까지 이루어져야 한다. 이는 대법원 판결들을 읽고 정리하는 것보다 더 지난한 작업이 될 것이다.

여기서는 결론을 갈음하여, 앞서 검토한 대법원 판결들의 판시내용이 현재 일선에서 어떻게 이해되고 적용되고 있는지를 보여 주는 사건 하나를 살펴보기로 한다.

---

88) 양창수, 앞의 책, 198.

89) 변호사시험 문제에서 '다툼이 있으면 판례에 의하라'거나, '학설·판례 등의 견해가 대립되는 경우 한 견해를 취하되, 대법원 판례와 다른 견해를 취하여 의견을 제시하고자 하는 경우에는 대법원 판례의 취지를 적시할 것'이라고 지시하는 것도 그 때문일 것이다.

90) 양창수, 앞의 책, 198.

피고인은 성매매를 제안하여 피해자를 모텔로 유인한 뒤 폭행·협박하여 금품을 빼앗는 속칭 '각목치기' 범행을 하기로 공범들과 공모하였다(합동에 의한 특수강도의 공모). 특수강도 범행 중 공모자 중 1인이 피해자를 협박하여 강제추행 범행을 저질렀고, 피고인은 이에 대해 특수강도와 강제추행의 결합범인 성폭력범죄의처벌등에관한법률위반(특수강도강제추행)죄로 기소되었다.[91] 피고인은 '특수강도를 공모하지 않았고, 설령 특수강도를 공모하였더라도 다른 공범의 강제추행은 공모 범위를 초과하므로 피고인은 그에 대해 책임이 없다'고 주장하며 공소사실을 다투었다. 이에 대해 1심 법원은 다음과 같이 판시하여 피고인을 유죄로 인정하였다.

[전주지방법원 2021. 1. 21. 선고 2020고합155 판결]

"…수인이 공모합동하여 특수강도를 하던 중 1인이 강제추행행위를 한 경우에 나머지 범인에 대하여 성폭력범죄의처벌및피해자보호등에관한법률위반(특수강도강간)죄의 죄책을 지우기 위하여는 **공범의 강제추행행위에 대하여 사전양해나 의사의 연락이 있거나 최소한 이를 예견하였어야 할 것**이다(대법원 1984. 2. 28. 선고 83도3321 판결, 대법원 1984. 10. 5. 84도1544 판결 등 참조).

…이 법원이 적법하게 채택하여 조사한 증거들에 의하여 인정되는 다음과 같은 사정 및 사실을 종합하면, 피고인은 나머지 공범들이 이 사건 범행을 하던 도중 R모텔에 들어가 이 사건 범행에 가담한 사실이 인정된다. 즉, 피고인이 피해자…에 대한 폭행, 추행이 계속되던 도중 이 사건 범행에 가담한 이상, 이 사건 범행 과정에서 다른 공범들의 폭행, 추행은 피고인과 나머지 공범들의 공모범위를 초과하므로 이 부분에 대하여는 피고인에게 죄책을 물을 수 없다는 피고인의 예비적 주장에 대하여는 더 나아가 살펴볼 필요 없이 피고인의 주장은 어느 모로 보나 이유 없다."

위 판결에서 1심법원은 그 사안에 적용되는 일반법리를 판시하면서, 공범 중 1인에 의해 초과실행된 부분에 대해 나머지 공모자에게 고의범(결합범)의 책임을 묻기 위해서는 그 초과실행 부분에 대해 "사전양해나 의사의 연락이 있거나 최소한 이를 예견하였어야" 한다고 하였다. 그러면서 그 근거로 83도3321 판결과 84도1544 판결을 제시하였다. 그리고 당해 사건의 경우 피고인이 강제추행 범행에 대해서도 공모·가담한 것이 인정되므로, 즉 애초에 '공모범위를 초과'한 사안이 아니므로 초과부분에

91) 실제 사건은 관련자도 더 많고 공소사실도 그 외에 더 많지만 논의의 편의를 위해 사안을 단순화하였다.

대해 책임을 물을 수 없다는 피고인의 주장은 더 나아가 살펴볼 필요가 없다고 판시하였다.

1심법원이 판시한 일반법리는 초과실행에 대해 공모(사전양해나 의사의 연락)나 고의(예견)가 인정되어야만 고의범의 죄책을 물을 수 있다는 것으로서, 앞서 보았듯이 학설이 일반적으로 취하는 태도와 일치하고, 의사연락에 의한 공모가 아니라 편면적인 예견(고의)만으로도 책임이 성립할 수 있다고 읽힐 여지가 있는 표현이라는 점만 제외하면 이론상 타당한 판시이다. 흥미로운 점은 1심법원이 근거로 제시한 83도3321 판결과 84도1544 판결에는 위와 같은 일반론이 등장하지 않는다는 것이다. 83도3321 판결은 앞서 살펴보았듯이 '절도 공모 → 준강도상해 초과실행' 사안에 대한 전형적인 2유형 판결로서, "나머지 범인도 이를 예기하지 못한 것으로 볼 수 없으면 강도상해죄의 죄책을 면할 수 없다"고 판시한 판결이다. 다만 당해 사건의 사실관계를 일반법리에 포섭하여 구체적 판단을 밝히는 부분에서 "폭행행위에 대하여 사전양해나 의사의 연락이 전혀 없었"다는 점을 '예기하지 못하였음'이라는 결론의 근거로 설시하였을 뿐이다. 84도1544 판결도 2유형에 속하는 판결로, '폭행·상해 공모 → 살인 초과실행' 사안에서 "피고인 등이 상해 또는 폭행죄 등과 결과적 가중범의 관계에 있는 상해치사 또는 폭행치사 등의 죄책은 이를 면할 수 없다고 하더라도 [상피고인의] 살인 등 소위는 피고인 등이 전연 예기치 않은 바로서 상피고인의 살인 등 소위에 대하여 피고인 등에게 그 책임을 물을 수는 없다"고 판시하였을 뿐, '사전양해나 의사의 연락'에 대해선 언급이 이뤄진 바 없다. 1심법원은 위 판결들을 근거로 적시하면서도 그 판결의 판시를 그대로 옮기지 않고, 그 판결들을 합리적으로 해석하여 그 진의를 정확히 파악한 뒤 이를 정리된 일반명제의 형태로 고쳐 쓴 것이다. 비록 적시한 판결은 두 개뿐이지만 공동정범의 초과실행 문제에 관한 기존의 판결들을 광범위하게 검토하였을 것으로 짐작되고(하급심 판결이 법리설시의 근거로 대법원 판결을 적시할 때에는 그보다 많은 판결들을 참고했더라도 한두 개의 판결만을 언급하는 것이 통상이다), 그 판결들을 면밀히 살펴 문언 뒤에 숨은 진의를 올바르게 이해하기 위해 노력을 기울인 결과물이 위 판시로 나타났을 것이다(하급심 판사는 어지간한 고민 없이는 인용하는 대법원 판결의 문언을 임의로 바꾸어 쓰지 않는다).

그러나 유감스럽게도 1심법원의 이러한 정확한 판례 이해가 항소심법원에게는 공유되지 못하였다. 피고인은 항소심에서도 같은 주장을 하며 다투었는데, 이에 대해 항소심법원은 다음과 같이 판시하였다.

[광주지방법원 2021. 6. 23. 선고 (전주)2021노27 판결]

"1) 원심의 판단

피고인은 원심에서도 같은 취지의 주장을 하였으나, 원심은 … 수인이 공모·합동하여 특수강도를 하던 중 1인이 강제추행행위를 한 경우에 나머지 범인에 대하여 성폭력범죄의처벌및피해자보호등에관한법률위반(특수강도강간)죄의 죄책을 지우기 위하여는 공범의 강제추행행위에 대하여 **최소한 예측가능성이 필요하다**는 법리(대법원 1984. 2. 28. 선고 83도3321 판결 등 참조)를 설시하며 … 피고인은 다른 공범들이 이 사건 범행을 하던 도중 이 사건 범행 장소인 R모텔에 들어가 이 사건 범행에 가담한 사실을 인정할 수 있고, 피고인이 피해자 N에 대한 폭행, 추행 등이 계속되던 중 이 사건 범행에 가담한 이상, 피고인의 예비적 주장 즉 '이 사건 범행 과정에서 다른 공범들의 폭행, 추행은 피고인과 다른 공범들의 공모범위를 초과하므로, 이 부분에 대하여는 피고인에게 죄책을 물을 수 없다'는 주장에 대하여는 더 나아가 살펴볼 필요 없이 이유 없다고 판단하였다. …

2) 이 법원의 판단

원심이 적절히 설시한 위와 같은 사실 및 사정들에다가 원심이 적법하게 채택하여 조사한 증거들에 의하여 인정되는 다음과 같은 사실 및 사정들을 더하여 보면, 이 부분 공소사실을 유죄로 인정한 원심판결은 정당하므로, 피고인의 사실오인 및 법리오해 주장을 받아들이지 않는다. …

다) 추행행위를 예측할 수 없었다는 주장에 관하여

… 등에 비추어 보면, 피고인이 이 사건 범행 중 피해자에 대한 추행행위가 일어날 수 있음을 충분히 **예측할 수 있었다**고 봄이 상당하[므로,] 피고인의 이 부분 주장 역시 이유 없다."

항소심법원은 어째서인지 원심법원이 판시한 일반법리를 '초과실행 부분에 대해 최소한 예측가능성이 있으면 고의범(결합범) 죄책을 물을 수 있다'는 것으로 잘못 이해하고, 당해 사건에서 쟁점이 되는 것 역시 '공모(사전양해나 의사연락)'이나 '예견'이 아닌 '예견가능성(예측가능성)'이라고 보았다. 왜 항소심법원이 1심판결을 이처럼 오해하였는지 알 수는 없으나, 항소심법원도 종래 다수의 학설처럼 관련 대법원 판결들이 '예견가능성'만 있으면 고의범 책임을 인정하는 취지라고 오해하였고, '예견'이란 개념과 '예견가능성'의 개념 차이도 제대로 인식하지 못하였던 것이라고 추측해 볼 수 있을 것이다.[92)]

---

92) 피고인은 위 항소심판결에 대해 상고하였으나 대법원은 상세한 이유 없이 단순히 '원심의 판단에 잘못이 없다'고만 하여 상고를 기각하였다(대법원 2021. 9. 9. 선고 2021도8660 판결). 물론 상고이

위 1심판결과 항소심판결은 공동정범의 초과실행 문제에 관한 '현재 존재하는 법'의 혼란스런 상황을 단적으로 보여 주고 있다. 이런 쟁점이 등장하는 사건을 맡게 된 법관의 입장이 되어 한 번 생각해 보자. 그는 다른 사건에서 해 오던 대로, 해당 쟁점에 대한 '판례'가 무엇인지 우선 파악하여 이를 기초로 사건을 처리하려고 할 것이다. 그러나 그는 이런 사안에 적용되는 '판례'가 무엇인지를 인식하는 일이 결코 쉽지 않다는 것을 금방 깨닫게 될 것이다. 1유형부터 5유형까지의 서로 모순되는 것처럼 보이기까지 하는 대법원 판결들이 다수 존재하고, 3유형 판결처럼 형법의 기본이론에 명백히 반하여 도저히 따르기 힘든 판결들도 있다. 비교적 정리된 형태로 타당한 일반법리를 판시한 사례(91도2156)가 있기는 하지만, 후속 판결들을 찾아보면 그 판결의 법리가 이후의 사건들에서 일관되게 적용되고 있는 것도 아니어서 무작정 그를 따르기 망설여진다. 도움을 받기 위해 주석서 등 관련 문헌을 찾아보면, 2유형 판결에 대해서 '예견가능성만 있으면 고의범 죄책을 인정하는 취지'라고 설명하고 있는데, 이러한 문헌들의 설명은 '예기'나 '예견'이라는 개념에 관한 자신의 평소 이해에 어긋나는 방법으로 2유형 판결들을 독해하고 있는 것 같다. 설령 학설의 위 독해가 맞다 하더라도 이는 공동정범의 기본이론에 반하는 것이어서 역시나 따르기 망설여진다. 혹시 문제되는 범죄가 무엇인지에 따라, 즉 준강도상해 사안은 2유형 판결대로, 강도상해 사안은 3유형대로, 강도치사·살인은 1유형대로 처리해야 하는 것일까? 그렇지만 사안의 논리적 구조가 똑같은데 범죄가 다르다고 처리방법을 달리할 이유가 없지 않은가? 법관은 혼란스러울 수밖에 없다.

어떤 법관은 여러 판결들과 관련 논의를 세심히 검토하여 이런 혼란을 뚫고 기존 판결들로부터 '판례'를 최대한 합리적인 모습으로 해석해 낼 것이다["나머지 범인에 대하여 결합범의 죄책을 지우기 위하여는 공범의 초과실행행위에 대하여 사전양해나 의사의 연락이 있거나 최소한 이를 예견하였어야 할 것이다."]. 더 나아가 기존 판결들의 흠을 적극적으로 보강하여 마치 철인(steel man)과도 같은 최선의 판례를 만들어내는 데에까지 다다를 수도 있을 것이다. 반면 어떤 법관은 혼란 속에서 길을 잃고 허수아비(straw man)를 판례로 오해하고 말 것이다["나머지 범인에 대하여 결합범

유가 인정되지 않는 사건에서 이처럼 간략한 이유만을 밝혀 상고를 기각하는 것 자체는 아무런 문제가 없지만, 만약 공동정범의 초과실행 사안에 관한 종래의 혼란스런 판례 상황에 대한 분명한 문제의식을 갖고 있었더라면 위 사건을 기회로 삼아 대법원이 정리된 형태의 법리를 제시하고 과거의 부당한 판례들을 폐기하는 판결을 선고할 수도 있었을 것이다. 빠른 시일 내에 대법원이 그런 적극적인 모습을 보여 주길 기대한다.

의 죄책을 지우기 위하여는 공범의 초과실행행위에 대하여 최소한 예측가능성이 필요하다.”].

학설은 법관이 매번 처음부터 스스로의 힘만으로 이 혼란을 헤쳐나가지 않아도 되도록 길잡이를 제공해 주어야 한다. 법관이 무(無)에서 출발하여 철인을 만들어내지 않아도 되도록, 그가 도중에 길을 잃고 좌절하지 않도록 그의 부담을 덜어 주어야 한다.[93] 그 출발점은 ‘현재 존재하는 법’, 즉 ‘판례’에 대한 정확한 인식에 있고, 이는 개별 판결의 부정확한 표현이나 일견 보이는 논리상 허점을 피상적으로 지적하는 식으로는 얻을 수 없다. 우리는 복잡하게 뒤엉킨 판결들을 세심히 살피고 자비의 원칙에 따라 그 의미를 최대한 합리적으로 해석해 내는 노력을 게을리하지 말아야 한다.[94] 전장으로 나가는 실무가의 손에 밀짚 방패가 아닌 강철의 갑옷을 쥐어 주어야 하지 않겠는가?

93) 에른스트 A. 크라머(최준규 역), 법학방법론 (박영사), 2022(“명확하게 규정되지 않은 특정 문제영역을 위해 논리일관된 해법을 사고를 통해 개발하고, 이 해법을 법적용을 위해 기능적으로 유용한 이론, 관념, 개념으로 요약하는 것은, 본질적인 그리고 법실무를 안정화시킬뿐만 아니라 법실무의 부담을 덜어주는, 법도그마틱의 실무적 효용이다. 이러한 측면에서 법도그마틱은 복잡성완화에 기여한다.”) 참조.

94) 이런 작업에는 여러 판결들 중 어떤 것이 객관적으로 ‘판례’가 될 가치가 있고 어떤 것은 그렇지 않은지를 정확히 가려내어 전자는 그 적극적 활용을 촉진하고 후자는 가급적 그 영향력을 줄이는 것도 포함된다. 그런 점에서 앞서 본 판결들 중 특히 문제가 있는 것들, 가령 의용형법의 해석론을 답습하여 ‘상해죄의 성립에는 폭행의 고의만 있으면 족하다’고 하는 99도4341 판결과 ‘절도 공모 → 준강도상해 초과실행’ 사안에서 종래보다 퇴보하여 3유형의 판시를 한 91도2267 판결이 법학전문대학원협의회의 ‘표준판례’로 선정되었다는 점은 우려스럽다. 반대로 폭행의 고의와 상해의 고의, 폭행치상죄와 상해죄를 정확히 구별하여 판시한 84도2655 판결은 표준판례로 선정되지 않았고(다만 유사 취지의 84도1544 판결을 99도4341 판결에 대한 해설에서 언급하고 있기는 하다), 공동정범 초과실행 사안에 관하여 이론상 가장 타당한 판시를 하였다고 볼 수 있는 91도2156 판결은 단지 참조판례로 선정되어 있을 뿐이다. 법학전문대학원협의회, 변호사시험의 자격시험을 위한 형법 표준판례연구 개정판 (2023), 102, 177, 272 참조.

제12장

간접정범의 실행 착수 및 장애미수/불능미수/불능범 구별에 관한 사례

- 서울서부지방법원 2023. 10. 12. 선고 2023노180 판결 -

간접정범의 실행 착수 및 장애미수/불능미수/불능범 구별에 관한 사례

- 서울서부지방법원 2023. 10. 12. 선고 2023노180 판결 -*

우 인 성**

I. 들어가며

형사재판의 묘미 중 하나는, 원칙적으로 처분권주의[1]의 제한을 받는 민사재판과는 달리, 당사자의 주장이 없어도 법원이 직권으로 잘못된 점을 찾아 바로잡을 수 있다는 점이다. 물론 민사재판에서도 조정절차에서 재판장이 처분권주의 제한을 받지 아니하고 사안을 적절하게 해결할 수는 있지만, 이는 비송이지 소송인 재판절차는 아니다. 이에 비하여 형사재판에서는 당사자의 주장에 구애받지 아니하고 달리 판단할 수 있다. 심지어 자백을 하더라도, 그 자백에 신빙성이 없다는 이유로 배척할 수 있다.[2] 기수로 기소된 사건에 대하여 미수에 관해 전혀 다투지 아니함에도 법원은 직권으로 미수로 인정할 수 있다[3]. 형사재판에서는 당사자의 의사보다 형사정의가 적절하게 실현되는 것이 더 중요하기 때문이다.

이 글에서 살펴볼 사안은, 기수로 기소된 사건에 관해 당사자가 미수를 다투지

---

* 이따금씩의 고민거리로 영감을 주시는 교수님, 앞으로도 늘 건강하시길 기원합니다. 감사드립니다!
** 서울중앙지방법원 부장판사/법학박사

1) 민사소송법 제203조(처분권주의) 법원은 당사자가 신청하지 아니한 사항에 대하여는 판결하지 못한다.
2) 대법원 2008. 6. 26. 선고 2008도1994 판결 등; 민사재판에서는 당사자가 일정한 요건을 입증하여 자백을 취소할 수 있으나[제288조(불요증사실) 법원에서 당사자가 자백한 사실과 현저한 사실은 증명을 필요로 하지 아니한다. 다만, 진실에 어긋나는 자백은 그것이 착오로 말미암은 것임을 증명한 때에는 취소할 수 있다.], 이는 당사자의 주장, 입증에 의하는 것일 뿐이다.
3) 대법원 1999. 11. 9. 선고 99도3674 판결; 물론 현저한 정의와 형평에 반하지 아니하는 이상, 공소사실보다 가벼운 범죄사실을 반드시 인정하여야만 하는 것은 아니라는 것이 판례이다(대법원 1990. 10. 26. 선고 90도1229 판결, 대법원 2001. 12. 11. 선고 2001도4013 판결). 법원의 가벼운 범죄사실 인정이 의무인지에 관하여, 심희기, “공소사실의 축소인정과 ‘현저한 정의와 형평 기준’”, 고시연구 27권 6호(2000. 5.); 이재상, “축소사실의 인정과 법원의 심판범위”, 형사재판의 제문제 제3권, 박영사(2000. 3.) 등 참조.

아니함에도 법원이 직권으로 불능미수로 인정한 사례인데, 총론적으로 몇 가지 음미해 볼 만한 것들이 있다고 생각되어 다루게 되었다. 이 글에서 살펴볼 사안의 내용은 다음과 같다.

가. 사안의 개요

피고인은 서울 마포구 소재 아파트 아래층에 거주하고, 피해자는 바로 위층에 거주하는 사람이다. 피고인은 2021. 12. 24.경부터 2021. 12. 26.경까지 위 피고인의 집에서 관리사무실 직원에게, 피해자의 집에서 소음이 난다는 이유로 수회 전화를 걸어, "(피해자의 집에) 도끼를 가지고 죽이러 올라간다.", "도끼로 찍어버리겠다. 죽여버리겠다.", "내가 도끼로 찍는다고 말한 것을 전달했느냐?"라고 수차 말하였다. 관리사무실 직원은 인터폰을 통해 피해자에게 연락하여, "아래층에서 '시끄러우니 조용히 해 달라'고 한다."고 전하였고, '도끼로 찍어버린다'는 등의 협박성 발언은 전달하지 아니하였다. 며칠 후인 2021. 12. 29. 10:00경 피고인과 피해자 사이의 층간소음 문제로 경찰관이 출동하였고, 경찰관은 위 관리사무실에서 피고인, 피해자, 피해자의 가족, 관리사무실장, 관리사무실 직원 등으로부터 진술을 듣게 되었다. 관리사무실 직원은 피해자가 있는 자리에서 경찰관에게, 피고인과 피해자 사이의 관계에 관한 정보를 제공하기 위하여 "피고인이 2021. 12. 24.경부터 2021. 12. 26.경까지 사이에 관리사무실로 전화하여, '피해자를 도끼로 찍어버리겠다. 죽여버리겠다.'라는 등의 말을 하였다."라고 알려주었다.

나. 공소제기

검사는 위 사실관계를 기초로, 피고인이 관리사무실 직원에게 2021. 12. 24.경부터 2021. 12. 26.경까지 수회 전화를 하여 피해자에게 협박성 발언을 전달하게끔 지시하여, 같은 달 29. 10:00경 경찰관이 출동한 자리에서 관리사무실 직원이 피해자에게 피고인이 말한 협박성 발언을 전달함으로써 피해자를 협박하였다는 취지로 기소하였다.

다. 1심의 판단(서울서부지방법원 2023. 2. 8. 선고 2022고정408 판결)

1심에서는 관리사무실 직원이 피고인으로부터 위와 같은 '협박성 발언'을 전달받았는지 여부가 문제되었다. 관련 증거들을 종합하여 협박죄의 기수를 인정하고, 피고인을 벌금 150만 원에 처하였다. 피고인이 항소하였다.

라. 피고인의 항소이유

피고인이 위와 같은 '협박성 발언'을 말한 상대방은 관리사무실 직원 갑이지 직원 을이 아닌데, 1심은 관리사무실 직원 을이 '협박성 발언'을 피고인으로부터 전달받아 이를 전달하였다고 잘못 사실인정하였다. 즉 피고인의 '협박성 발언'이 피해자에게 전달된 것은, 관리사무실 직원 갑으로부터 피고인의 발언을 우연히 전해들은 관리사무실 직원 을이 경찰관에게 이야기함으로써 피해자가 듣게 된 것일 뿐이다.

즉 피고인이 관리사무실 직원 갑에게 '협박성 발언'을 하여 관리사무실 직원 갑이 이를 피해자에게 전달하였어야 하는데, 직원 갑이 아니라 직원 을이 우연히 전해 듣고 이를 경찰관에게 이야기하는 과정에서 피해자가 듣게 된 것뿐이어서 인과관계가 없으므로, 피고인의 직원 갑에 대한 교사행위는 실패하였고, 따라서 실패한 교사의 경우 형법 제31조 제3항에 따라 음모 또는 예비에 준하여 처벌할 수 있을 뿐인데, 협박죄의 경우 음모 또는 예비죄를 처벌하는 규정이 없기 때문에 피고인은 불가벌이다.

마. 2심의 판단(서울서부지방법원 2023. 10. 12. 선고 2023노180 판결)

2심은, 피고인이 관리사무실 직원 갑, 을 모두에게 '협박성 발언'을 피해자에게 전달하게끔 이야기하였다고 사실인정한 후, 피고인의 위와 같은 행위는 관리사무실 직원들을 도구로 이용하여 피해자를 협박하려는 간접정범 형태의 범행임을 전제로, 간접정범의 실행의 착수 시점에 관하여 피이용자를 이용하여 법익침해의 위험이 발생한 때로 보고, 다만 통상적으로 관리사무실 직원이 '협박성 발언' 그대로를 공동주택 거주자인 피해자에게 전달할 가능성(결과발생의 가능성)은 없었다고 보아, 직권으로 협박의 불능미수를 인정하고, 피고인을 벌금 100만 원에 처하였다. 피고인이 상고하였다.

바. 대법원의 상고기각결정(대법원 2023. 12. 28.자 2023도15286 결정)

피고인은 항소심과 비슷한 취지로 사실오인 내지 법리오해를 주장하였고, 이에 대하여 대법원은 '형사소송법 제383조 제4호에 의하면 사형, 무기 또는 10년 이상의 징역이나 금고가 선고된 사건에 한하여 원심판결에 중대한 사실의 오인이 있어 판결에 영향을 미쳤음을 이유로 상고할 수 있다.'는 전제에서, '법리오해를 내세우며 실질적으로 원심의 증거 선택 및 증명력에 관한 판단 내지 이에 기초한 사실인정을 탓하거나 원심이 인정한 사실과 다른 사실관계를 전제로 법리오해를 지적하는 취지의 주장은 모두 적법한 상고이유가 되지 못한다.'는 이유로 상고기각결정하였다.

Ⅱ. 쟁점

위 사안에서 문제되는 몇가지 쟁점은 아래와 같다.

가. 피고인이 간접정범인지 교사범인지 관련하여, 간접정범과 교사범을 어떻게 구별하여야 하는지(우리 형법상 간접정범과 교사범의 구별), 즉 피고인이 관리사무실 직원에게 자신의 말('협박성 발언')을 피해자에게 전달하도록 전화하여 요구한 행위가 형법 제31조 제1항의 교사범으로서의 교사행위인지, 아니면 형법 제34조 제1항의 간접정범으로서의 교사행위인지 여부(이는 타인의 협박성 발언을 전달하도록 교사받은 관리사무실 직원이 협박죄의 책임을 부담하는지와 관련됨),

나. 간접정범으로서의 행위라고 볼 경우, 관리사무실 직원에게 '협박성 발언'을 전달해 달라고 요구한 행위가 협박죄의 실행의 착수인지(아니면 관리사무실 직원이 피해자에게 이를 전달하기 시작할 때가 실행의 착수인지, 즉 간접정범에 있어 실행의 착수를 언제로 볼 것인지),

다. 관리사무실 직원이 경찰관과 피해자가 있는 자리에서 '협박성 발언'을 전달한 행위에 대하여 피고인의 교사행위와 인과관계가 있는지,

라. 피고인의 행위가 기수가 아니라면 장애미수인지 불능미수인지, 아니면 불능범인지 여부이다.

이하 차례로 살펴본다.

Ⅲ. 간접정범과 교사범의 구별: 의사지배라는 개념으로 구별 가능한가?

1. 간접정범의 본질에 관한 논의의 실익?

형법 제31조는 교사범을, 제34조는 간접정범을 규정하고 있다. 행위를 범한 실행자의 형사책임을 따져서, 행위책임이 인정될 경우에는 그 실행자를 정범으로 처벌하고, 그 실행자에게 범행을 교사한 자는 교사범으로 처벌한다. 만약 실행자에게 형사책임이 인정되지 아니할 경우(구성요건해당성, 위법성, 책임 중 어느 하나가 조각될 경우)에는, 범행을 교사한 자에게 행위책임을 부담시킬 수 있는지를 따져서 그에게 정범의 죄책을 지운다. 따라서 간접정범 성립 여부를 검토할 경우에는, 실행자에 대하여 정범이 성립되지 아니할 경우, 즉 교사범의 성립 여부가 먼저 검토되는 것으로 보이기도 한다. 이는 간접정범은 교사범에 보충적으로 성립한다(즉 실행자가 정범으로 처벌될 경우 교사자는 교사범으로 처벌되고, 실행자가 정범이 될 수 없는 경우 보충적으로 교사자는 간접정범으로 처벌된다)고 볼 여지, 곧 간접정범은 교사범의 특수한 형태라는 입장의 근거가 될 수도 있다.

그러나 간접정범을 정범으로 본다고 하더라도, 간접정범의 성립은 위와 같은 순서로 검토될 수밖에 없을 것이다.[4] 이는 실행자의 정범성 검토가 최우선적이기 때문에 불가피하다. 즉 실행자의 정범 여부를 우선 검토한 다음 교사범이 성립하지 않을 경우 간접정범이 성립한다는 검토의 순서만으로 간접정범의 본질, 즉 정범성 여부를 판별할 수는 없다고 생각한다.

그렇다면 간접정범의 정범성 인정의 근거는 무엇인가?

간접정범의 정범성을 인정하는 견해는, 간접정범의 실행자에 대한 의사지배를 통해 정범으로서의 행위지배가 있다고 본다.

의사지배란, 행위자가 실행자의 의사결정 및 그에 따른 행위를 지배함으로써, 실행자가 범죄행위를 실행하도록 하는 것을 말한다. 통상 정범과 교사범 사이의 관계에 있어서 교사범이 정범에 대하여 의사지배를 한다고 평가하지는 않고, 간접정범과 실행자의 관계에 있어서 간접정범이 실행자에 대하여 의사지배를 한다고 평가한다.

4) 가령 김성돈, 형법총론, SKKUP(2022), 681.

이것이 공범인 교사범과 정범인 간접정범을 구별하는 행위지배설의 입장이다. 그런데, 과연 그러한가?

범죄에너지를 비교하여 본다. 교사범이 성립하기 위하여는, 범죄의 고의가 없는 실행자에 대하여 교사행위에 의하여 범죄를 결의하게 하고, 나아가 교사행위에 기하여 구성요건해당행위를 실현하게 하여야 한다. 이는 원래 법질서에 반하지 아니하는 적법한 의사를 가지고 있던 실행자에 대하여 법질서에 반하는 법적대적/위법한 의사를 갖도록 야기하는 행위이다('적법' → '위법'). 그런데 간접정범의 경우, 가령 구성요건해당성이 결여되어 있거나(목적 없는 도구나 신분 없는 도구, 객관적 구성요건요소에 대한 인식이 결여된 도구) 위법성이 조각되는 실행자를 이용하는 경우(정당방위 등의 상황을 이용하는 경우), 그 실행자는 원래 적법한 의사결정을 하고 있던 상태에서 구성요건해당행위를 실현하기는 하지만, 그 구성요건해당행위는 그 실행자에 대하여는 여전히 적법한 것으로 평가되고, 따라서 실행자 자신은 법질서에 반하는 행동을 한다는 의사를 가지고 있다고 평가할 수는 없다. 즉 간접정범에 의하여 구성요건해당행위를 실현하는 실행자에게 결과반가치는 있을지언정, 행위반가치까지 있다고 평가할 수는 없다. 즉 실행자에게 야기된 위법이 없다('적법' → '적법'). 그렇다면, 교사자와 실행자 사이의 관계적 측면에서 볼 때, 실행자를 '적법' → '위법'으로 바꾸는 범죄에너지와, '적법' → '적법'으로 바꾸는 범죄에너지 사이에는, 전자의 범죄에너지가 더 높다고 평가하는 것이 타당하다. 행위지배라는 것이 범죄의 실현에 대하여 어느 행위자가 본질적으로 기여하였는가, 즉 누구의 범죄에너지(내지 지식 등 상대방에 대해 우월한 무언가)에 의하여 범죄가 실현되었는가라는 측면에 본질이 있다고 본다면, 위에서 살펴본 것처럼 간접정범보다 오히려 실행자의 법질서 준수에 대한 의사결정 자체를 바꾸게 하는 교사범이 범죄 실현에 본질적인 기여를 하였다고 평가하는 것이 타당하다.

또한 사안에 따라서 교사행위에 있어 교사자의 상대방(실행자)에 대한 의사결정에 대한 영향력이 훨씬 강한 경우도 있다. 상대방(실행자)이 원래부터 범죄를 의도하고 있었다거나(이 경우 교사는 성립하지 않고,[5] 경우에 따라 방조가 성립될 수는 있을 것이다), 성향 자체가 범죄에 기울어져 있는 경우를 제외하고는, 실행자는 교사자의 교사행위에 의하여 범행을 결단하게 되는바, 이러한 교사범의 역할(특히 의사지배에 있어서의 역할)은, 단순히 적법행위 사이에서 의사를 변경하는 실행자에 대한 간접정

5) 대법원 1991. 5. 14. 선고 91도542 판결, 대법원 2012. 8. 30. 선고 2010도13694 판결 등.

범의 역할보다 큰 경우가 많을 것이다.

특히 앞에서 언급하였던, 목적 없는 도구나 신분 없는 도구의 경우, 실행자가 교사행위자의 범행 계획을 알고 있다면, 실질적으로 교사행위자와 실행자의 범죄행위 실현에 관한 인식 정도는 동등하다고 볼 수밖에 없고, 실행자가 스스로의 의지에 따라 행동하는 이상 교사행위자가 실행자의 의사에 대하여 지배적 위치에 있다고 평가할 수도 없기 때문에, 교사행위자가 실행자에 대하여 과연 '어떠한' 우월적 요소를 가지고 있는가라는 문제가 생긴다. 법적, 규범적 의사지배라는 말로 교사행위자(간접정범)의 실행자에 대한 관계를 설명하려는 시도, 즉 규범적 관점에서 볼 경우 교사행위자가 실행자에 대하여 우월적 위치에 있다고 설명하는 것[6]은, 기실 양자간에 우월적 관계가 존재한다는 것처럼 보이기 위한 언어적 포장에 불과하다. 실상 우월적 요소는 없다. 즉 이러한 경우 교사범과 간접정범의 교사행위는 본질적으로 다를 바는 없고, 단지 교사범으로 처벌될 수 없는 간극을 간접정범이라는 개념으로 채우게 되었을 뿐으로 생각된다.

책임조각상황을 이용하는 경우에도, 제한적 종속형식을 취할 경우, 간접정범과 교사범 모두가 성립할 수 있다. 이 경우 행위지배설에서는, 교사행위자에게 실행자에 대한 의사지배가 있다고 볼 것인가에 따라서 간접정범으로 의율할 것인가, 교사범으로 의율할 것인가를 가르게 되는데, 우리나라 형법에서 교사의 형식을 통한 간접정범과 교사범의 법정형은 동일하기 때문에 법정형에 관하여 본다면, 간접정범의 본질이 정범이냐 여부에 관한 실익은 별달리 없는 것으로 보이기도 한다.

더욱이 간접정범의 성립형태는, 구성요건이 조각되는 경우, 위법성이 조각되는 경우, 책임이 조각되는 경우 등 일의적으로 다잡을 수 없고 매우 다양하다. 이렇게 다양하게 성립할 수 있는 범죄형태를 하나의 기준을 설정하여 카테고리화하는 것 자체가 쉬운 일이 아니다. 이와 같이 다양한 형태로 성립하기 때문에, 간접정범은 정범으로 보이는 경우뿐만 아니라 공범으로 보이는 경우도 있을 수밖에 없다.

그렇다면 간접정범의 본질이 정범이냐, 공범이냐에 관한 구별의 실익은 언제 있는 것일까? 다음과 같은 상황을 생각하여 보면, 실익이 없는 것은 아니라는 견해도 가능할 수 있다.

실행의 착수는 '행위자의 범행계획에 비추어 구성요건실현을 위한 직접적인 개시

---

6) 가령 김성돈, 형법총론, 673~6.

행위'를 한 때라고 본다[7]. 미수는 별다른 방해행위가 없을 경우 행위자가 직접적으로 구성요건실현으로 나아간다고 볼 수 있거나 또는 구성요건실현에 대하여 직접적인 공간적, 시간적 연결이 존재할 경우에 인정된다.[8] 여기서의 '행위자'는 정범을 의미한다. 만약 A가 B를 교사하여 B가 구성요건실현행위를 하도록 함으로써 범행계획을 실현하려 할 경우, B가 정범이라면 B가 자신의 범행계획에 비추어 직접적으로 구성요건실현으로 나아간다고 볼 수 있어야 실행의 착수가 있다고 보게 될 것이다. 그런데 B는 도구이고 A가 정범이라면, A의 범행계획에 비추어 별다른 방해가 없을 경우 구성요건실현으로 나아갈 수 있다면, A가 B를 교사하는 행위도 실행의 착수 행위가 될 수 있다고 보게 될 것이다. 즉 A가 교사범이냐, 간접정범이냐에 따라서 실행의 착수 시점이 달라질 수 있게 된다고 볼 수 있다. 즉 간접정범의 본질을 공범으로 보는 견해에서는 B가 구성요건실현에 근접한 행위를 하여야만 A에게 실행의 착수가 인정된다고 보는 것이 논리적일 것이다.[9] 물론 공범설을 취한다고 하더라도, 그것은 본질에 관한 논의일 뿐이고 그것만으로 간접정범의 실행의 착수에 관하여도 반드시 그와 같이 볼 것은 아니라는 입론(가령 간접정범의 본질은 공범이지만 법규정에 의하여 정범으로 간주되는 것이므로, 정범이라는 전제에서 도구의 실행 착수와는 무관하게 간접정범의 입장에서 실행 착수를 따져야 한다는 입론)도 불가능하다고 생각되지는 않는다. 이러한 입론을 전제한다면, 간접정범의 본질을 정범으로 보든 공범으로 보든, 법현실의 취급에 있어 별반 차이가 생기는 것은 없다고 생각된다. 어떻게 본다 하더라도, 기본적인 출발은 교사범의 성립 여부와 마찬가지로, 실행자를 정범으로 처벌할 수 있는 것인가 여부부터 따지게 된다. 더욱이, 간접정범의 실행의 착수 시기에 관한 논의는 간접정범의 본질론에서 출발할 것이 아니라, 미수범의 성립에 관한 논의에서 출발하여야 한다고 본다면, 간접정범의 본질론에 관한 논의가 실익을 갖는 경우는 실상 별로 없는 것 아닌가 생각된다.

결국 앞서 언급한 것처럼, 간접정범의 본질이 정범이냐 공범이냐와 상관 없이, 실행자가 정범이 될 수 있는지 여부를 먼저 검토한 후, 그가 정범이 될 수 없다면 교

---

7) 김성돈, 형법총론, 460.

8) BGHSt 28, 162 (163) = NJW 1979, 378; BGH, Urt. v. 26. 7. 1979 – 4 StR 304/79 (Ein Versuch liegt deshalb vor, wenn der Täter Handlungen begeht, die im ungestörten Fortgang unmittelbar zur Tatbestandserfüllung führen sollen oder die im unmittelbaren räumlichen und zeitlichen Zusammenhang mit ihr stehen)

9) 신동운, 형법총론, 법문사(2023), 728.

사자가 간접정범이 될 수 있는지를 검토하여야 할 것이다. 이를 전제로 대상사안을 살펴본다.

2. 대상사안

대상사안에서 피고인은 관리사무실 직원을 상대로 피고인의 말('도끼로 찍어버리겠다. 죽여버리겠다.' 등)을 그대로 전달하라는 내용의 교사행위를 하였다. 피고인의 말은 상대방으로 하여금 공포심을 일으키기에 충분하다.

만약 관리사무실의 직원이 피고인의 요구대로 피해자에게 피고인의 말('도끼로 찍어버리겠다. 죽여버리겠다.')을 그대로 전달한다고 가정할 경우, 관리사무실의 직원에게 협박죄가 성립하는가? 반대 견해[10]도 가능하지만, 그러한 말을 들을 경우 공포심이 야기될 수 있다고 볼 수 있으므로 이는 협박죄의 해악의 고지로 보아야 한다.

그렇다면 관리사무실 직원에게 '협박'의 고의가 있다고 볼 것인가? 협박죄는 행위자가 해악을 실현할 의사가 있다는 인상을 피해자에게 주어서 피해자가 그러한 해악이 행위자 내지 제3자에 의하여 발생할 가능성이 있음을 인식하여야 한다. 행위자는 피해자의 이러한 인식에 대한 인식 및 인용(의욕)이 있어야 한다. 즉 협박죄의 주관적 구성요건으로, 해악을 고지함으로써 해악이 발생할 가능성이 있다고 피해자가 인식하여 공포심을 일으킨다는 행위자의 인식 및 인용(의욕)이 있어야 한다. 여기서 '해악'은 행위자가 통제 가능한 범주 내의 것으로 피해자에게 인식되어야 한다.[11] 대상

---

10) 그러한 말은 단지 '조용히 하라'는 취지의 과장된 표현일 뿐, 실제로 해악을 가할 의사가 있는 것으로 받아들이지는 않을 것이라는 견해도 가능할 수 있다. 이와 같이 볼 경우에는 피고인에게 협박의 고의를 인정할 수 없을 것이다.

11) 협박죄가 성립하려면 고지된 해악의 내용이 행위자와 상대방의 성향, 고지 당시의 주변 상황, 행위자와 상대방 사이의 친숙의 정도 및 지위 등의 상호관계, 제3자에 의한 해악을 고지한 경우에는 그에 포함되거나 암시된 제3자와 행위자 사이의 관계 등 행위 전후의 여러 사정을 종합하여 볼 때에 일반적으로 사람으로 하여금 공포심을 일으키게 하기에 충분한 것이어야 하지만, 상대방이 그에 의하여 현실적으로 공포심을 일으킬 것까지 요구하는 것은 아니며, 그와 같은 정도의 해악을 고지함으로써 상대방이 그 의미를 인식한 이상, 상대방이 현실적으로 공포심을 일으켰는지 여부와 관계없이 그로써 구성요건은 충족되어 협박죄의 기수에 이르는 것으로 해석하여야 한다(대법원 2007. 9. 28. 선고 2007도606 전원합의체 판결); 공갈죄의 수단으로써의 협박은 객관적으로 사람의 의사결정의 자유를 제한하거나 의사실행의 자유를 방해할 정도로 겁을 먹게 할 만한 해악을 고지하는 것을 말하고, 그 해악에는 인위적인 것뿐만 아니라 천재지변 또는 신력이나 길흉화복에 관한 것도 포함될 수 있으나, 다만 천재지변 또는 신력이나 길흉화복을 해악으로 고지하는 경우에는 상대방으로 하여금 행위자 자신이 그 천재지변 또는 신력이나 길흉화복을 사실상 지배하거나 그에 영향을 미칠 수 있는 것으로 믿게 하는 명시적 또는 묵시적 행위가 있어야 공갈죄가 성립한다(대법원

사안에서 관리사무실 직원은 피해자에게 피고인의 말을 전달함으로써 피해자가 공포심을 일으킬 수 있다는 점에 대한 인식은 있으나, 이를 의욕한다고 볼 수는 없다. 더욱이 관리사무실 직원이 고지하는 해악은 관리사무실 직원이 통제 가능한 범주 내의 것이 아니다. 매우 이례적인 경우[12]일 수 있기는 하지만, 관리사무실 직원이 전한 피고인의 말에 의하여 상대방이 공포심을 일으켜 우울증이나 PTSD 등의 증상이 발현되어, 이것이 상해죄나 과실치상죄로 의율되는 경우가 있을 수 있다고 하더라도,[13] 관리사무실 직원이 피해자의 공포심 발생을 의욕하였다고 평가할 수 없다면, 협박죄의 고의를 인정하기는 어려울 것이다.[14]

즉 관리사무실 직원은 협박죄의 정범이 될 수는 없다고 보아야 하고, 결국 피고인이 협박죄의 정범, 즉 간접정범으로 처벌될 수 있는지 여부가 문제된다.[15]

Ⅳ. 간접정범의 실행 착수

1. 관련 독일 사례

우리 형법상 간접정범이 성립하려면, '범죄행위의 결과를 발생'하게 하여야 한다(제34조 제1항). '결과의 발생'이라는 것은 '구성요건의 실현'을 의미하므로, 기수만이 아니라 미수(실행의 착수)도 포함된다.[16]

간접정범의 실행 착수 시기에 관하여, 간접정범 본질론의 연장선상에서, 정범으로

2002. 2. 8. 선고 2000도3245 판결).

12) 가령 아래층에 사는 피고인이 수회의 살인 전과가 있는 조직폭력배라는 사실을 아파트 주민들 모두 알고 있을 경우, 피고인의 말을 전달받은 주민은 극심한 스트레스를 겪을 수 있을 것이다.

13) 이 경우에도 관리사무실 직원에게는 그러한 결과발생에 대한 의욕이 있다고 보기 어려워, 상해죄로 의율하기는 어려울 것이다. 물론 그러한 결과발생에 대한 용인 내지 묵인에 의하여 미필적 고의가 있다고 보아 성립한다는 견해도 가능할 것이다.

14) 물론 이에 대하여는 미필적 고의 인정에 관하여 무관심설이나 감수설의 입장에서 인정 가능하다는 반론도 있을 수는 있다.

15) 만약 관리사무실 직원이 협박죄의 정범이 된다고 본다면, 피고인은 간접정범이 아닌 교사범에 해당할 수 있을 뿐이고, 관리사무실 직원이 피고인의 말을 피해자에게 전달하지 아니하였을 경우, 이는 효과없는 교사 내지 실패한 교사로[모두어 실패한 교사라 한다. 신동운, 형법총론, 687~8], 예비 또는 음모의 예에 의하여 처벌되지만(제31조 제2항, 제3항), 협박죄에는 예비, 음모 규정이 없기 때문에 피고인은 불가벌이 된다.

16) 김성돈, 형법총론, 681; 신동운, 형법총론, 711; 이재상/장영민/강동범, 형법총론, 박영사(2022), 477.

보는 견해는 간접정범이 실행자를 도구로 이용하기 시작하는 행위를 한 때라고 보고,[17] 공범으로 보는 견해는 실행자의 실행 착수를 기준으로 살펴야 한다고 보게 된다.[18] 실행자의 고의 유무에 따라 고의 있는 도구일 경우에는 실행자가 실행에 착수하는 때에, 고의 없는 도구일 경우에는 간접정범이 실행자를 이용하는 때에 실행 착수가 있다고 보는 견해, 간접정범의 본질론과 큰 관련 없이 미수범에서 논의하는 일반적인 실행 착수의 기준에 따라 판단해야 한다는 견해(개별화설)도 있다.[19]

이에 관하여 독일에서 문제되었던 염산 사건(Salzsäure Fall, BGHSt 30, 363)에 관하여 검토하고, 그 시사점을 살펴본다.

가. 사실관계[20]

『피고인은 경쟁자 J를 질투심에서 죽이고 싶어하였다. J는 피고인을 알고 있어서 실수를 하게 되면 발각될 것이기 때문에, 피고인은 제3자를 통해 그 행위를 실현하기로 결심하였다. 강도행위를 통해 고가의 물건을 강취하고 행위실현에 있어 치명적인 수단을 남들 모르게 제공함으로써, 자신의 살인의 고의를 감추려고 하였다. 1980년 12월, 피고인은 G에게 플라스틱병을 넘겨주면서 거기에 수면제가 들었다고 하였으나, 사실은 최소 100ml 당 35%의 염산이 들어 있었고, 이는 20ml의 섭취만으로도 치명적인 것이었다. G는 터키인 C 등과 J를 습격하기로 계획하였는데, 부득이하면 강제로라도 수면제를 먹여서 강도행위를 하려고 하였다. 가는 도중에 G 등은 호기심에 플라스틱병의 뚜껑을 열었다. 톡 쏘는 냄새 때문에 그들은 그것이 수면제가 아니라 위험한 산성물질이라는 것을 알게 되었다. 그 때문에 그들은 더 이상의 행위를 포기하였다.

1981년 1월 피고인은 비계공 A에게 플라스틱병을 건네주면서 산화 알루미늄[21]이

17) 이재상/장영민/강동범, 형법총론, 478.

18) 신동운, 형법총론, 728; 이에 반하여 김성돈, 형법총론, 686은 간접정범의 본질을 정범으로 보나, 실행 착수는 실행자의 실행 착수를 기준으로 삼는다.

19) 오영근, 형법총론, 박영사(2021), 422는 개별화설이 간접정범의 정범성을 전제로 한다는 취지로 설명하나, 개별화설은 간접정범의 정범성 유무와 반드시 연결되는 견해는 아니라고 생각된다.

20) BGH, Urteil vom 26－01－1982 － 4 StR 631/81 (LG Frankenthal) https://beck－online.beck.de/Dokument?vpath＝bibdata%2Fzeits%2Fnjw%2F1982%2Fcont%2Fnjw.1982.1164.1.htm&anchor＝Y－300－Z－BGHST－B－30－S－363&readable＝1 2023. 10. 3. 방문

21) [역자 주] 공기 중 입자가 빠르게 유해 농도에 도달할 수 있는바, 단기간 고농도 분진을 흡입할 경우 눈과 기도 염증을 유발할 수 있고, 장기간 또는 반복적 노출시에는 중추신경계에 영향을 미칠

담겨 있다고 말하였으나, 실제 내용물은 39.6%의 불화수소산(하이드로플루오린산.[22] 맹독의 액체)으로 경구 섭취시 5ml만으로도 4시간 뒤 죽음에 이르고, 단지 피부에 스치는 것만으로도 치명적일 수 있으며, 눈에 접촉되면 심각한 기형이나 실명에 이를 수 있는 것이었다. A는 J에게 이 액체를 뿌려서 당분간 병원신세를 지게 하고, 피고인으로 하여금 J의 집에서 강도를 범할 수 있게 하려 하였다. A는 표면상으로는 피고인의 계획대로 하려는 것처럼 행동하였다. A는 플라스틱병을 경찰관에게 넘겨주었다.

지방법원은 피고인을 살인 미수와 중상해 미수로 4년 6월에 처하였다. 피고인의 상고는 기각되었다.』

나. BGH의 판단

『자신의 표상(Vorstellung)[23]에 따라 구성요건 실현을 위한 행위로 직접 나아간 자는 미수에 해당한다(제22조). 예비와 미수의 경계는, 행위자가 구성요건표지를 실현할 때 구분되어질 수 있을 뿐 아니라, 그가 그의 행위계획에 따라 구성요건표지를 충족시키는 행위에 선행하는 행위를 하여 구성요건행위로 이어지고 행위자의 표상에 따라 보호법익에 구체적인 위험이 생겼을 경우이다. 그렇기 때문에 행위자가 방해받지 아니하고 진행되면 직접 구성요건실현으로 나아갈 수 있다거나 또는 구성요건실현에

수 있다. 다만 인간 발암 물질로 분류되어 있지는 아니하다. 국제노동기구(ILO) ICSC database 중 ICSC 0351번 산화 알루미늄 부분 참조(https://www.ilo.org/dyn/icsc/showcard.listcards3?p_lang=ko 2024. 2. 7. 방문); 따라서 산화 알루미늄은 중상해를 일으킬 정도의 물질은 아니다.

22) [역자 주] 단기 노출시 눈, 피부 그리고 기도에 매우 부식성이 있고, 가스 또는 증기 흡입시 폐부종을 발생시킬 수 있으며, 흡입시 천식 유사 반응(RADS)을 유발할 수 있고, 노출되면 후두부 부기로 인한 질식을 일으킬 수 있으며 흡입시 폐렴을 유발할 수 있고, 저칼슘혈증을 일으킬 수 있으며, 허용농도 이상으로 노출되면 사망을(를) 일으킬 수 있다. 장기간 또는 반복적인 노출시에는 불소가 치아, 관절, 뼈에 축적될 수 있으며, 이로 인해 치아 법랑질 변색, 관절/뼈 질환이 나타날 수 있다. 국제노동기구(ILO) ICSC database 중 ICSC 0283번 하이드로플루오린산 부분 참조(상기 각주 사이트. 같은 날 방문); 따라서 불화수소산은 중상해를 일으킬 정도의 물질이다.

23) '표상'의 사전적 의미는 '외부 세계의 대상을 마음속에 나타내는 것(심리학)' 내지 '지각(知覺)에 의하여 의식에 나타나는 외계 대상의 상(像). 직관적인 것으로 개념이나 이념과 다르다(철학)'이다 (Naver 국어사전 참조). 미수범 개념 관련하여 표상이란 행위자가 내심으로 그리고 있는 그림, 다시 말해 내심으로 그리고 있는 범죄의 진행과정을 의미한다[신동운, 형법총론, 518]. 다만 표상이라는 용어 자체가 쉽게 이해되지는 아니하므로, 표상이라는 번역보다는 '(범행)계획' 내지 '(범행)설계(도)'라고 번역하는 것도 괜찮을 듯한데, Tatplan(행위계획)이라는 용어가 있으므로 '(범행)설계(도)'라고 번역하는 것이 어떨까 싶다.

대하여 직접적인 공간적, 시간적 연결이 있을 경우에 미수가 성립한다. 이 사건에서 이러한 전제는 충족되었다. (중략)

간접정범의 형식으로 미수를 범한 자란, 자신의 표상에 따라 피이용자에게 필요한 영향력을 가한 결과, 자신의 범행계획에 따라 피이용자가 그것에 직접적으로 연결된 범행을 실행하고, 그로 인해 보호법익을 직접적으로 위태롭게 한 자이다. 왜냐하면 타인을 통해서 범죄를 실행하고자 한 자는 '그 자신이 범죄실행으로 나아가게 한 피이용자가 자신의 영향권 내에서 벗어나면 구성요건적 행위를 차후 감행하리라'는 생각이었다면, 계획한 범죄의 구성요건실현을 위해 착수한 것이다. 이 사건도 그러한 경우에 해당한다. 피고인은 G에게 표면상 수면제라고 속이고, 즉시 보석상 J를 습격하도록 보냈으나, 사실상 그가 사용한 것은 맹독성 염산이었다. 피고인의 표상에 따르면, 그의 행위 안에 이미 범죄피해자의 건강과 생명에 대한 직접적인 침해가 있는 것이고, 따라서 보석상 J는 이미 위험에 처해진 것이며, 보석상 J에 대한 침해는 직접 그의 행위와 연계될 수 있다. 그러나 G가 그 범죄를 실행하지 않았고, 때문에 피고인의 살인 계획 역시 실패에 그쳤다는 사실이 피고인의 가벌성을 배제하는 것은 아니다.』[24]

다. 평가

BGH는 미수범에 있어 일반적인 실행의 착수 시기에 관하여 판시한 다음, 간접정범의 경우에도 그 기준에 맞추어 판단하고 있는 것으로 보인다.[25] 즉 간접정범이 범행매개자(=피이용자)를 이용하는 행위가 개시된 때에 실행의 착수가 있다고 단정한 것이 아니라, 범행계획에 따를 경우 별다른 방해행위가 없으면(im ungestörten Fortgang) 구성요건실현의 결과로 이어지는 단계에 있을 때 실행의 착수가 있다고 판단한 것으로 보인다(개별화설). 위 독일 사례 이전에도 간접정범의 실행 착수 시기에 관한 사례들이 있었다.

첫 번째 사례[26]는, 자신의 남편을 형사고소하여 사형당하게 하려 한 피고인에 대하여, 법원이 남편에 대한 사형판결을 선고하였을 때 별다른 방해행위가 없으면 사형집행으로 나아가게 되는 상황이 되어 생명(법익)의 침해 위험이 발생하였으므로 실

24) 요하네스 베셀스(허일태 역), 형법총론, 세종출판사(1998), 295에서 해당 문단 번역 참조.
25) Küper, "Der Versuchsbeginn bei mittelbarer Täterschaft", JZ 1983, 363.
26) BGHSt 3, 110("Todesurteil").

행의 착수를 인정하였다.[27)]

두 번째 사례[28)]는, 화의절차 개시 후 자신의 상품창고의 재고목록을 틀리게 작성하여 화의 관재인에게 제출함으로써 자신의 채권자로 하여금 화의절차를 종결하고 더 이상 자신의 재산에 대한 압류를 못하게 하려고 한 피고인에 대하여, 사람을 쉽게 믿는 범행매개자(화의 관재인)를 통해 간접정범이 범행을 실행하려 하였다면, 범행매개자에게 영향을 미칠 때에 이미 미수에 이른다고 보았다. 그 판시에서 개별화설을 발전시켰는바, 간접정범에서 범행매개자가 반드시 실행에 이를 필요는 없고, 실행의 착수는 전체적으로 보아 간접정범의 행위에 의하여 법익 침해의 위험이 생겼는지를 기준으로 한다고 보았다.[29)]

위의 두 선행사례는 다소 차이점이 있는바, 첫 번째 사례는 범행매개자의 행위로 인하여 법익침해의 위험이 만들어졌다고 보았으나, 두 번째 사례는 범행매개자의 행위로 인하여 법익침해의 위험이 만들어진 것은 아니라고 본 것이다. 다만 공통점은 법익 침해의 위험이 생긴 때에 실행의 착수가 인정된다고 본 것으로, BGHSt 30, 363도 같은 취지로 판단하였다. 나아가 BGHSt 30, 363은 법익 침해의 위험이 생겼는지 여부는 간접정범의 표상(Vorstellung)에 따르는 것으로 보았다.[30)]

라. 독일 사례의 우리 형법상의 검토

우리 형법에 의할 경우 독일 사례에서 피고인에게 어떠한 죄책이 성립하는지에 관하여 살펴본다.

먼저 구성요건해당행위에 근접한 행위를 하려 한 G의 죄책을 살펴본다. G는 피고인의 교사행위에 의하여 강도를 범하기로 마음먹고 이를 실행하기 위해 도움이 되는 수면제(명목상)를 피고인으로부터 교부받은 상태이기 때문에, 강도의 예비, 음모죄가 성립될 수는 있을 것이다(형법 제343조). 그러나 형법 제333조의 강도의 실행 착수가 있으려면, 구성요건상 '폭행 또는 협박'이 개시되어야 하므로, 단지 강도할 계획으로 그 피해자의 주거지나 영업장을 향해 가는 것만으로는 실행의 착수가 있다고 평가할 수는 없다. 이 경우 피고인은 강도죄의 교사에 대하여 G가 승낙한 이상 강도죄

27) Küper, a.a.O., 362.
28) BGHSt 4, 270("Vergleichsverwalter－Fall").
29) Küper, a.a.O., 362.
30) Küper, a.a.O., 364.

의 음모로 처벌될 수 있을 것이다(형법 제31조 제2항). G는 살인의 고의가 없으므로, 살인죄의 정범이 될 수는 없다. 그러나 살인의 고의 없는 G를 이용하여 살인죄를 범하려는 피고인은 G를 이용한 살인죄의 간접정범이 될 수 있다. 다만 피고인의 행위가 살인죄의 실행의 착수에 이르렀다고 보아야 하는지, 아니면 단지 예비, 음모 단계에 불과하다고 보아야 하는지가 문제된다. 피고인은 J를 살해할 목적을 가지고 염산(독약)과 이를 실행할 사람을 구하였다. 이러한 행위는 객관적 예비행위로 보기에 족하다. 따라서 피고인에게 살인의 예비가 성립한다고 봄이 타당하다. 나아가 피고인에게 살인의 실행의 착수가 있었는가? 만약 G가 피고인이 의도한 대로 강도행위로 나아갔다면, 필요에 따라 플라스틱병에 든 염산(독약)을 J에게 강제로 주입시킬 수도 있었다. 그러한 행위까지 나아갔다면 J는 사망에 이르렀을 것이다. 문제는 G에게 살인의 실행 착수가 있다고 보기는 어렵다는 점이다. 피이용자인 G에게 살인의 실행 착수가 없다면, 이용자인 피고인에게 살인의 실행 착수가 있다고 보아야 하는가? 이에 관하여 간접정범의 본질에 관하여 정범설, 공범설의 입장에 따라 결론을 달리 할 것이다. 정범설의 입장에서는 이용행위 개시만으로, 공범설의 입장에서는 이용행위 개시에서 더 나아가 피이용자의 실행 착수가 있어야만 간접정범에게도 실행 착수가 있다고 볼 것이다.

그런데 이를 간접정범의 본질론과 연결시켜야 할까? 만약 J가 피고인의 살인 계획을 모르는 상태가 아니라, 살인 계획을 모두 알고 있고 사물변식능력과 의사결정능력이 모두 있지만 책임능력 없는 형사미성년자의 경우, 피고인을 간접정범으로 볼 것인가, 아니면 교사범으로 볼 것인가? 이에 대하여 공범의 종속성에 관하여 제한적 종속형식을 취하면서 간접정범을 정범으로 보는 입장에서는 피고인에게 행위지배(의사지배)가 있었는지를 기초로 하여 구분할 것이지만, 제한적 종속형식을 취하면서도 간접정범을 공범으로 보는 입장이라면 간접정범이 성립하는 것으로 보든 교사범이 성립하는 것으로 보든 별 차이가 없다고 볼 것이다. 극단적 종속형식을 취하면서 간접정범을 공범으로 보는 입장[31]이라면 간접정범의 성립을 긍정하고 교사범의 성립을 부정할 것이다.

그런데 앞서 보았듯 행위지배(특히 의사지배)라는 것은 불확정적, 상대적이다. 교사범이라고 하더라도 간접정범보다 더 강하게 실행자를 지배하는 경우가 있을 수 있다.

---

31) 신동운, 형법총론, 710.

즉 행위지배(특히 의사지배) 유무로 간접정범인지 교사범인지를 구분하는 것은 큰 의미가 없고, 이를 근거로 실행의 착수 시점을 가르는 것도 큰 의미가 없다고 생각한다.

오히려 BGH의 판단처럼, 미수의 일반론적 관점에서, 구성요건을 실현하는 행위에 근접한 행위가 이루어졌을 때 실행의 착수를 인정하는 것이 타당하다(개별화설).[32] 즉 이용자가 더 이상 아무런 조치를 취하지 않는다 하더라도 다른 방해 요인이 없을 경우 피이용자의 행위에 의하여 구성요건이 실현될 상황이라면 간접정범의 실행의 착수를 인정할 수 있다. 따라서 BGH의 판단처럼, 피고인이 G, A에게 독극물을 교부한 상태에서, 만약 별다른 방해 없이 G, A가 피고인의 의도대로 행동하였다면 결과 발생에 이르렀을 것이기 때문에, 피고인이 구체적인 행위를 지시하면서 G, A에게 독극물을 교부하였을 때 실행의 착수가 있다고 볼 것이다.

2. 대상사안

그렇다면 대상사안에서는 어떠한가? 피고인은 관리사무실 직원에게 피고인의 말('도끼로 찍어버리겠다. 죽여버리겠다.' 등)을 전달하라고 말하였다. 만약 별다른 방해 없이 관리사무실 직원이 피고인의 의도대로 행동하였다면 피해자는 위 말을 듣게 되어 공포심을 일으킬 수 있을 만한 상황이 되었을 것이다. 따라서 피고인이 관리사무실 직원에게 피고인의 말을 전달하였을 때 피고인은 협박죄의 실행의 착수에 이르렀다고 봄이 상당하다.

V. 관리사무실 직원이 피고인의 말을 경찰관에게 전달한 것과 인과관계

1. 구체적인 사실관계

피고인이 관리사무실 직원에게 이 사건 발언을 한 후 며칠이 지난 2021. 12. 29. 다른 일(피고인과 피해자 사이의 다른 층간소음 문제)로 이 사건 아파트 관리사무실에 경찰관이 출동하게 되었다. 경찰관은 관련자들(피고인, 피해자와 그 가족, 관리사무실 직

32) 오영근, 형법총론, 422.

원 등)을 불러 모아 조사를 하게 되었는데, 그 상황에서 관리사무실 직원은 경찰관에게 며칠 전에 있던 일(이 사건 공소사실)에 관하여 정보제공(피고인과 피해자 평소 사이에 사이가 좋지 않다는 점) 차원에서 이야기를 하면서 피고인이 이 사건 공소사실과 같은 말을 하였다고 진술하였다. 그 자리에는 피해자도 있었는데, 피해자는 그 말을 듣고 충격을 받았다. 이에 피해자는 피고인을 협박죄로 고소하게 되었다.

2. 대상사안에서 인과관계 유무

간접정범이든 교사범이든, 교사행위에 '기인하여' 실행행위가 이루어져 결과가 발생하여야 한다. 그러한 경우 인과관계가 인정된다. 교사행위에 기하여 실행행위가 이루어져 결과가 발생한 것이 아니라, 결과의 발생이 다른 원인에 의하여 이루어졌다면, 교사행위와 결과발생 사이에는 인과관계가 존재한다고 볼 수 없고, 그러한 경우 그 결과를 교사자인 간접정범이나 교사범에게 귀속시킬 수 없다.

이 사건 사실관계를 보면, 관리사무실 직원이 피해자에게 피고인의 말을 전달하게 된 원인은 피고인의 교사행위(피해자에게 전달하라는 지시)가 아니라, 다른 일을 조사하기 위해 출동한 경찰관에게 평소 피고인과 피해자의 관계가 어떠하였는지에 관한 정보제공을 하는 과정에서 이루어졌을 뿐이다. 그러하다면, 가사 피해자가 관리사무실 직원이 한 '피고인의 말'을 듣고 공포심을 느낄 수 있는 상황이 되었다고 하더라도, 이는 피고인의 교사행위와 인과관계가 있다고 볼 수 없다.

결국 관리사무실 직원이 경찰에게 이야기한 '피고인의 말'을 피해자가 들었다고 하더라도, 이는 피고인의 교사행위로 인한 것이라고 볼 수 없어 인과관계가 인정되지 아니한다.

Ⅵ. 불능미수와 장애미수

1. 형법 규정

형법 제25조 제1항은 "범죄의 실행에 착수하여 행위를 종료하지 못하였거나 결과가 발생하지 아니한 때에는 미수범으로 처벌한다.", 제2항은 "미수범의 형은 기수범보다 감경할 수 있다."라고 규정하고(장애미수), 제27조는 "실행의 수단 또는 대상의 착오로 인하여 결과의 발생이 불가능하더라도 위험성이 있는 때에는 처벌한다. 단, 형을 감경 또는 면제할 수 있다."라고 규정한다(불능미수).

장애미수와 불능미수를, 이론상 그리고 실무상으로 구별하는 것이 일반적이다.[33] 그러나 현행 형법상 양자가 반드시 구별되는 개념인가? 오히려 장애미수 중 일부 유형의 행위가 불능미수로 평가될 수 있는 것, 즉 장애미수가 불능미수를 포괄하는 더 큰 개념이라고 해석될 가능성은 없을까?

장애미수에 관한 제25조 제1항은 '결과가 발생하지 아니한 때'라고만 규정하고 있을 뿐, 결과가 발생하지 아니한 원인이 애당초 결과발생이 불가능한 경우를 배제하고 있지는 아니하다. 즉 결과발생이 사실상 불가능한 경우라서 결과가 발생하지 아니한 때에도 법문상으로는 형법 제25조 제1항의 장애미수에 포섭될 수 있다. 즉 장애미수의 결과 불발생은, 애당초 사실상 불가능인 경우도 포함된다고 볼 수 있고, 그와 같이 본다면 장애미수 중 특수한 경우가 불능미수라고 볼 수 있다.[34][35] 이에 의

33) 가령 대법원 2019. 3. 28. 선고 2018도16002 전원합의체 판결.

34) 이재상/장영민/강동범, 형법총론, 392; 독일형법 제22, 23조의 해석도 이와 같게 해석될 수 있다. 연구 부족으로 독일형법 제23조 제3항(불능미수)이 어떠한 연혁을 거쳐 규정된 것인지 알 수는 없으나, 조문 구조상 장애미수(현행 제22조, 제23조 제1항)가 먼저 규정된 후 불능미수(현행 제23조 제3항)가 규정되었을 것으로 추측된다. 신동운, "불능범에 관한 형법 제27조의 성립경위", 서울대학교 법학 제41권 제4호, 서울대학교 법학연구소(2001. 2.), 41~44에 의하면, 1880. 5. 24. 독일제국법원은 절대적으로 불가능한 방법을 사용한 낙태미수의 경우도 처벌가능하다고 판단하였고(RG 1, 439~443), 1913. 이후 독일형법초안에서 불능미수에 관하여 규정하려 하였다. 1880. 5. 24. 판결 당시 처벌의 근거가 된 규정은 1871년 독일제국형법 제218조, 제43조인데, 제218조는 낙태에 관한 규정이고, 제43조는 (장애)미수에 관한 규정이다. 당시의 문헌은 제43조를 근거로 하여 불능미수(untaugliche Versuch)의 가벌성을 논하고 있다[가령 Franz v. Liszt, Lehrbuch des Deutschen Strafrechts, J. Guttentag, Verlagsbuchhandlung(Berlin 1908), 208]. 이는 불능미수 규정이 따로 없더라도 장애미수 규정으로 불능미수를 포섭할 수 있음을 의미한다. 제43조는 '중범죄나 경범죄를 범하려고 결의한 자가 그 실행의 착수 행위를 하였으나 의도한 중범죄나 경범죄의 기수에 이르지 못하였을 경우 미수로 처벌된다. 경범죄의 미수는 법령에 명시적으로 규정이 있는 경우에 처벌된다.'는 내용이었다(Wer den Entschluß, ein Verbrechen oder Vergehen zu verüben, durch Handlungen, welche einen Anfang der Ausführung dieses Verbrechens oder Vergehens enthalten, bethätigt hat, ist, wenn das beabsichtigte Verbrechen oder Vergehen nicht zur Vollendung gekommen ist, wegen Versuches zu bestrafen. Der Versuch eines Vergehens wird jedoch nur in den Fällen bestraft, in welchen das Gesetz dies ausdrücklich bestimmt. https://de.wikisource.org/wiki/Strafgesetzbuch_f%C3%BCr_das_Deutsche_Reich_(1871)#%C2%A7._43. 2024. 2. 15. 방문).

독일에서 불능미수 규정이 별도로 마련된 이유가 처벌을 경하게 하기 위함인지(결과발생이 불가능한 경우에도 장애미수로 처벌하여 감경만이 가능하도록 하는 것은 가혹하므로 면제까지 가능하도록 하겠다는 입법자의 결단에서), 아니면 처벌의 확대를 위해서인지(결과발생이 불가능한 경우는

하면 '위험성'의 요건이 장애미수에도 요구된다고 보게 된다.[36)]

물론 이에 대하여 반론도 가능하다. 장애미수와는 달리 불능미수의 경우에는 '위험성'의 요건이 법규정에 의하여 요구되는바, 장애미수의 경우 '위험성'이 없다고 하더라도 성립될 수 있다고 해석한다면, 장애미수와 불능미수는 포섭관계가 아니라, 별개의 병립관계가 될 것이다.

그렇다면 불능미수에 있어서의 법문상 요건인 '위험성'이 어떠한 의미인지를 살펴보아야 한다. '위험성'의 개념에 관하여 여러 학설이 있는바, 그 의미를 '행위자의 입장에서 객관적으로 보았을 때 결과발생이 가능하다는 규범적 평가'라고 이해한다면[37)], 이는 실행의 착수와 같은 구조로 이해할 수 있는 것 아닌가 생각된다.[38)] 별다른 방해행위가 없을 경우 결과발생이 가능하다고 인정되면 실행의 착수는 인정되기 때문에, 행위자 입장에서도 그와 같이 판단된다면 위험성은 긍정될 수 있다고 볼 수 있을 것이기 때문이다. 즉 불능미수의 경우 '위험성' 요건이라는 것이 다른 것이 아니라 장애미수의 '실행의 착수' 시점에 발생하는 '위험성'[39)]을 의미한다면,[40)] 그리고

장애미수로 처벌하는 것은 애매하지만, 이를 처벌 가능하도록 하되 감면이 가능하도록 하겠다는 입법자의 결단에서), 아니면 두 가지 이유 모두에서인지는 추가적인 연구가 필요하다. 이러한 연구를 통해 장애미수와 불능미수의 관계를 보다 명확히 알 수 있을 것으로 생각된다.

35) 현행 일본형법은 불능미수에 관한 규정이 없음에도, 미수범 규정(일본형법 제43조)에 근거하여 우리 형법상의 불능미수에 해당하는 미수의 처벌 가능성 관련하여 우리의 불능미수와 불능범의 구별에 있어서의 위험성에 관한 논의가 거의 그대로 이루어지고 있는바[大コメンタール刑法 第4卷, 青林書院(2013), 37~43; 條解 刑法, 弘文堂(2023), 199~200], 이는 불능미수가 일반 미수범(장애미수) 규정에 근거하여 인정될 수 있음을 보여주는 것이라고 생각된다.

36) '위험성' 요건이 미수 전반에 필요하다고 보는 견해[천진호, "사자를 상대로 한 허위 내용의 소송과 사기죄의 불능미수와의 관계", 형사재판의 제문제 제4권, 형사실무연구회(2003), 105]도 같은 견지로 이해된다.

37) 대법원 2019. 3. 28. 선고 2018도16002 전원합의체 판결; 이는 입법자의 의사이기도 한 것으로 보인다. 형법 제27조 규정에 대한 국회 심의 당시 엄상섭 의원(법제사법위원장 직무대리)은 "사후의 판단을 해 보아서 도저히 그런 결과가 발생 못하더라도 우리가 사전에 보아서 역시 미수범으로 처벌하자는 것입니다. (중략) 이 객관적인 사회적인 위험성이 있을 때에 일반 미수범과 같이 처벌하자 이러한 것입니다."라고 하였다[한국형사정책연구원(신동운 편), 형사법령제정자료집(1) 형법, 1990, 216].

38) "형법 제27조에서 말하는 위험성은 미수범 처벌의 근거에 관한 입법자의 생각이 표현된 것이라고 할 수 있다. 미수범의 성립을 위해서는 미수범 처벌의 근거로서 미수범의 실질적 불법을 근거지워주는 위험성이 확인되어야 한다고 요구하고 있는 것이다." 이용식, "부작위범의 불능미수: 미수범의 객관적 구성요건 정립을 위한 생각의 작은 단초", 서울대학교 법학 제47권 제4호(2006), 248.

39) 다만 장애미수에 있어서의 '위험성'이 통상 사실적인 것이기는 하나, 결과발생이 불가능한 경우도 장애미수의 범주에서 제외되는 것이 아니라고 본다면, 장애미수에 있어서의 '위험성'에는 규범적인 것도 포함된다고 볼 수 있을 것이다. 장애미수와 불능미수에 있어서의 위험성을 같은 개념으로 보

아야 하는 근거로 다음을 들 수 있다. ① 만약 불능미수에 있어서의 '위험성'이 장애미수의 '위험성'보다 양적이나 질적으로 더 낮은 개념으로 볼 경우[가령 한상훈, "불능미수(형법 제27조)의 '위험성'에 대한 재검토: 행동법경제학적 관점을 포함하여", 형사정책연구 제24권 제1호, 한국형사정책연구원(2013 봄), 51~3에 의하면, 위험성의 정도 관련하여 장애미수는 '현실적 위험성', 불능미수는 '잠재적 위험성'으로 본다], 행위불법이 동일한 상태에서, 장애미수일 경우에는 '현실적 위험성'이 있어야 처벌되지만 '불능미수에 있어서는 '잠재적 위험성'만으로 처벌 가능하다는 것인데, 장애미수에서 '잠재적 위험성'만 발생시키는 행위를 할 경우 결과발생의 현실적 발생 가능성을 고려하여 불능미수의 그것과 불법의 총량(특히 결과불법 부분)을 비교하여 보면, 장애미수의 경우가 더 높을 것임에도 장애미수의 경우는 처벌되지 아니하고 불능미수의 경우에는 처벌된다는 논리라서 균형모순이 발생하게 된다(천진호, "불능미수범의 위험성 판단", 85~6의 지적처럼, 침해범이냐 위험범이냐에 따라서 위험의 내용이 달라질 뿐이다. 물론 '잠재적 위험성'을 가진 행위를 불능미수로 처벌하는 이유가, 불능미수가 장애미수로 의율될 수 없는 행위까지 확장하여 형사처벌하기 위함이라고 본다면, 형사정책적인 이유에서 위 견해에 타당성이 부여될 수도 있을 것이다). ② 불능미수 규정이 없는 일본형법에서도, 미수범 규정(일본형법 제43조)에 기초하여 우리 형법상의 불능미수에 해당하는 미수행위의 처벌 가능성에 관하여 논하고 있는바(각주 35번 참조), 이는 일본형법 제43조에서 처벌의 임계점 기준이 우리 형법 제27조의 '위험성'과 같다는 것, 즉 불능미수나 장애미수나 처벌의 최저기준은 같아야 함을 의미한다. ③ 법현실에서 장애미수와 불능미수의 구별이 어려운 경우도 많다. 가령 소매치기 현장에서 사복 경찰관이 소매치기가 피해자의 주머니에 손을 넣으려고 하는 찰나에 검거하여 소매치기가 절도 미수에 그친 경우, 통상적으로 피해자의 주머니에 무엇이 들어 있었는지까지 확인을 하지는 아니하고 기소되는바, 이 경우 장애미수로 의율(이는 통상적으로 피해자 주머니에 무엇인가 있을 것이라는 규범적 평가에 근거한다)될 것이다. 그런데 공소제기된 이후 증인으로 출석한 피해자의 진술에 의하여 '당시 주머니에는 아무것도 들어 있지 않았음'이 밝혀질 경우, 이는 불능미수로 보아야 하는가? 착수 미수의 경우 이러한 문제가 생길 수 있다. 장애미수와 불능미수를 구별하는 '가능성' 개념을 규범적으로 파악할 때에는 여전히 장애미수로 평가할 수도 있다[이승준, "불능미수에 관한 연구", 연세대학교 박사학위논문(2004), 87 이하; 홍영기, "준강간의 미수: 장애미수와 불능미수의 구별－대법원 2019. 3. 28. 선고 2018도16002 전원합의체 판결－", 법조 제68권 제3호, 법조협회(2019), 669 등]. 그러나 장애미수의 범주에 포섭되던 불능미수가 피고인에게 유리한 양형을 위해 임의적 감면이 가능하게 한 것이라고 본다면, 굳이 피고인에게 유리한 법령적용을 하지 아니할 이유는 없으므로 불능미수로 평가함이 상당하다.

40) "즉 제27조의 위험성이란 미수범으로 처벌하기 위하여 필요한 최소한(Minumum)의 위험을 명확히 하고 있는 것이다."[이용식, "부작위범의 불능미수: 미수범의 객관적 구성요건 정립을 위한 생각의 작은 단초", 서울대학교 법학 제47권 제4호(2006), 248~9]; "제27조의 위험성 표지는 불능미수를 특징지우는 독자적인 표지가 아니라는 견해는 정당하며 타당하다."[이정원, "불능미수에서 범죄실현의 불가능과 위험성", 형사정책연구 제18권 제4호, 한국형사정책연구원(2007. 12.), 22]; "'위험성'이라는 표지가 불능미수범을 근거지우는 독자적인 표지가 아니라 결과발생이 불가능하더라도 일반적인 미수범과 같이 실행에 착수한 행위가 '위험한 행위'이기 때문에 일반미수범과 같이 처벌하자는 취지에서 이를 신설한 것으로 보아야 한다."[천진호, "불능미수범의 위험성 판단: 해석상의 오류를 중심으로", 비교형사법연구 1권, 한국 비교형사법학회(1999), 79]; "불능미수범을 처벌하는 이유는 이처럼 형법 제25조의 장애미수범과 다를 바 없다. 어쩌면 불능미수범도 일종의 장애미수범이기도 하다."[허일태, "불능미수범에 있어서 위험성의 의미", 형사판례연구 제8권, 박영사(2000), 53]; "위험성은 불능미수뿐만 아니라 다른 모든 미수에서도 갖추어지는 요건일 것이기 때문이다."[홍영기, "불능미수의 가능성 표지: 장애미수와 불능미수의 구별 요건", 형사법연구 제20권 제1호, 한국형사

앞서 본 것처럼 결과발생이 불가능한 경우도 장애미수 성립에 장애가 되지 않는다면, 불능미수와 장애미수 양자는 병립관계가 아니라 포섭관계로 보아야 할 것이다.[41)]

만약 양자를 포섭관계로 본다고 하면, 양자를 구별하여야 할 실익이 있나? 임의적 감경과 임의적 감면의 차이에서 양자를 구별하여야 할 실익이 존재한다. 피고인의 입장에서 임의적이나마 형의 면제 가능성이 있는, 불능미수로 의율되는 것이 유리할 것이기 때문이다.[42)]

다만 형을 면제하지 아니하고 1/2 감경함에 그치는 정도이거나 감경조차 하지 아니하여야 하는 경우[43)]라면, 이를 장애미수로 의율하든, 불능미수로 의율하든 유의미한 차이가 있다고 볼 수 있을까? 항소이유 또는 상고이유가 받아들여지기 위하여는 '판결(결과)에 영향을 미친' 법령의 위반(형사소송법 제361조의5 제1호, 제383조 제1호)이 필요한데,[44)] 위와 같은 경우(임의적 감경 내지 미감경이 적정하다고 판단되는 경우)라면 이를 장애미수로 보든 불능미수로 보든 처단형의 범위에 차이가 없기 때문에 판결에 영향을 미친 법령 위반이 있다고 보기는 어렵다.[45)] 물론 이에 대하여 반론[46)]도 가능하다. 다만 적어도, 장애미수로 인정되어야 하는 것을 불능미수로 인정한 다음 임의적 감경을 한 경우라면, 이는 판결에 영향을 미친 법령 위반이 있다고 보기는 어려울 것이다.[47)]

법학회(2008 봄), 57]

41) 성시탁, "불능미수", 김종원 교수 화갑기념논문집, 법문사(1991), 392.

42) 대법원 1984. 2. 14. 선고 83도2967 판결(피고인이 피해자를 독살하려 하였으나 동인이 토함으로써 그 목적을 이루지 못한 경우에는 피고인이 사용한 독의 양이 치사량 미달이어서 결과발생이 불가능한 경우도 있을 것이고, 한편 형법은 장애미수와 불능미수를 구별하여 처벌하고 있으므로 원심으로서는 이 사건 독약의 치사량을 좀 더 심리하여 피고인의 소위가 위 미수 중 어느 경우에 해당하는지 가렸어야 할 것이다).

43) 불능미수에 있어 1/2 이상 감경하는 경우에는 그 구별이 의미가 있을 수 있다. 판례는 '감경'의 의미에 관하여 1/2까지로만 보는 듯하다. 대법원 2019. 4. 18. 선고 2017도14609 전원합의체 판결 참조.

44) 형소법 제361조의5 제1호, 제364조 제2항, 제383조 제1호.

45) 가령 대법원 2003. 2. 28. 선고 2002도7335 판결, 대법원 2004. 4. 9. 선고 2003도7762 판결, 대법원 2015. 12. 10. 선고 2015도11550 판결 등 참조.

46) 불능미수로 규율되어야 하는데 장애미수로 규율되었을 경우, 형 면제의 가능성이 박탈되기 때문에, 불능미수를 장애미수로 본 것은 판결에 영향을 미친 것으로 보아야 한다는 반론이 가능하다.

47) 불능미수로 보아 처단형을 법정형의 1/2 감경 범위로 정하였을 경우, 장애미수의 경우와 비교하여 처단형에 차이가 없기 때문이다. 따라서 장애미수인지 불능미수인지 명확하지 아니할 경우에도 불능미수로 인정하고 처단형을 법정형의 1/2 감경까지만 한다면, 가사 장애미수를 불능미수로 잘못 인정한 경우라고 하더라도, 파기사유가 되지는 아니할 것으로 생각된다.

2. 대상사안

대상사안에서, 관리사무실 직원이 피고인의 말을 피해자에게 전달하는 것은 사실상 불가능한 경우는 아니다. 별 생각 없는 사람도 있어서 피고인의 말을 그대로 전달하는 사람도 있을 수 있기 때문이다(또한 말을 그대로 전달하는 것이 일반적인 관행인 곳이 있을 수도 있다).[48] 그러나 통상적인 관리사무실 직원이라면, 피고인의 말 그대로를 피해자에게 전달하지는 아니할 것이다. 왜냐하면 피고인의 말을 그대로 전달한다는 것은 피해자에게 상당한 불안감 내지 공포감을 조성할 수 있기 때문이다. 통상적으로 내지 규범적으로 평가한다면, 피고인의 말이 피해자에게 그대로 전달될 수 없는 상황이다.[49] 즉 사실(자연과학)[50]상으로는 결과의 발생이 가능하다고 볼 수 있지만, 규범적으로는 수단(전달자)의 착오에 의하여 결과의 발생이 불가능한 상황이라고 볼 수도 있다. 이러한 규범적 불가능성의 경우에도 불능미수의 '결과의 발생이 불가능'한 경우에 포섭된다고 보아야 하는가? 판례 중에는 불능미수에 있어서의 '결과의 발생이 불가능'한 경우의 의미를 "불능범은 범죄행위의 성질상 결과발생 또는 법익침해의 가능성이 절대로 있을 수 없는 경우를 말한다."[51]고 하여, 사실상의 불가능의 경우만을 한정하는 것처럼 판시한 것도 있다. 상당수의 학설도 '사실상'의 불가능의 경우로 한정하는 듯하다. 그러나 반드시 그와 같이 한정하여 해석하여야 할까?

간접정범의 구성요건실현에 있어 간접정범 외에 자유의지가 있는 존재(가령 인간)의 행위가 개재되어 있지 아니한 경우 절대적 불가능인 경우가 있겠으나, 그렇지 아니하고 구성요건실현에 있어 자유의지가 있는 존재의 행위가 개재되어 있는 경우(즉 간접정범의 도구 내지 실행자가 자유의지 있는 존재일 경우[52])로, 가령 고의나 목적, 신분이

48) 가령 영화 John Wick에서 보듯, 상부자가 수족과 같이 부리는 매개자를 통해 특정 표식을 특정인에게 전달함으로써 그 특정인에게 '상부자의 지시를 듣지 아니할 경우 살인의 표적이 될 수 있음'을 주지시키는 것이 일반적인 관행으로 인정되는 사회를 가정해 본다. 그 경우 매개자가 중간에서 표식을 전달하지 않는다면, 이는 장애미수일 수 있다.

49) 이는 사후적인 규범적 평가이다. 행위 당시에 이루어지는, 사전적인 규범적 평가는 다를 수 있다. 전자는 객관적 평가에 가까울 것이지만, 후자는 주관적 평가에 가까울 것이다.

50) 사실과 자연과학은 일반적으로 같은 의미로 쓴다. 다만 반드시 동일한 것은 아니라는 견해로, 김호기, "불능미수에서의 착오, 결과발생의 불가능, 위험성", 비교형사법연구 제9권 제1호, 한국비교형사법학회(2007), 74~5.

51) 대법원 2007. 7. 26. 선고 2007도3687 판결.

52) 법원을 이용하는 소송사기가 대표적인 경우일 것이다. 다만 대법원은 불능미수로 인정될 수 있다고 보이는 사안에서 불능범으로 인정하는 경우가 있다. 가령 대법원 1986. 10. 28. 선고 84도2386 판결(소송사기에 있어서 피기망자인 법원의 재판은 피해자의 처분행위에 갈음하는 내용과 효력이 있

없는 도구를 이용하는 경우 등), 불가능인가 아닌가는 상대적 내지 확률적으로, 다시 말하여 규범적으로 평가할 수밖에 없을 것이다. 구체적인 범죄에서 형법이론 및 형사

는 것이어야 하고 그렇지 아니한 경우에는 착오에 의한 재물의 교부행위가 있다고 할 수 없어서 사기죄는 성립되지 아니한 다고 할 것이므로 피고인의 제소가 사망한 자를 상대로 한 것이라면 그 판결은 그 내용에 따른 효력이 생기지 아니하여 상속인에게 그 효력이 미치지 아니하고 따라서 사기죄를 구성하지 아니한다), 대법원 1997. 7. 8. 선고 97도632 판결(피고인의 제소가 사망한 자를 상대로 한 것이라면 그 판결은 그 내용에 따른 효력이 생기지 아니하여 상속인에게 그 효력이 미치지 아니하므로, 사기죄를 구성할 수 없다), 대법원 2002. 1. 11. 선고 2000도1881 판결(소송사기에 있어서 피기망자인 법원의 재판은 피해자의 처분행위에 갈음하는 내용과 효력이 있는 것이어야 하고, 그렇지 아니하는 경우에는 착오에 의한 재물의 교부행위가 있다고 할 수 없어서 사기죄는 성립되지 아니한다고 할 것이므로, 피고인의 제소가 사망한 자를 상대로 한 것이라면 이와 같은 사망한 자에 대한 판결은 그 내용에 따른 효력이 생기지 아니하여 상속인에게 그 효력이 미치지 아니하고 따라서 사기죄를 구성한다고 할 수 없다), 대법원 2002. 2. 8. 선고 2001도6669 판결(임대인과 임대차계약을 체결한 임차인이 임차건물에 거주하기는 하였으나 그의 처만이 전입신고를 마친 후에 경매절차에서 배당을 받기 위하여 임대차계약서상의 임차인 명의를 처로 변경하여 경매법원에 배당요구를 한 경우, 실제의 임차인이 전세계약서상의 임차인 명의를 처의 명의로 변경하지 아니하였다 하더라도 소액임대차보증금에 대한 우선변제권 행사로서 배당금을 수령할 권리가 있다 할 것이어서, 경매법원이 실제의 임차인을 처로 오인하여 배당결정을 하였더라도 이로써 재물의 편취라는 결과의 발생은 불가능하다 할 것이고, 이러한 임차인의 행위를 객관적으로 결과발생의 가능성이 있는 행위라고 볼 수도 없으므로 형사소송법 제325조에 의하여 무죄를 선고하여야 한다), 대법원 2005. 12. 8. 선고 2005도8105 판결(소송비용을 편취할 의사로 소송비용의 지급을 구하는 손해배상청구의 소를 제기한 경우, 사기죄의 불능범에 해당한다고 한 사례) 등을 들 수 있다. 이러한 판례의 태도가 타당한 것인지는 의문이 있다. 먼저 84도2386 판결은 법률적으로 행위자가 의도하는 법률효과가 발생할 수 없다는 이유로 범죄성립 자체가 안된다는 것인데, 이는 그 자체로 부당하다. 그러한 논리라면 절도죄의 재물 절취행위나 강도죄의 재물 강취행위는 민사적으로 평가하면 법률관계가 모두 무효이기 때문에 모두 불능미수 또는 불능범이 되어야 할 수밖에 없다. 형법에서 살피는 불가능은 민사적인 법률관계에서의 법률효과 발생의 불가능이 아니라 법익침해의 불가능을 의미한다고 보아야 한다. 더욱이 법률효과 불발생을 이유로 불가능이라고 보더라도, 그러한 행위에 '위험성'이 인정된다고 볼 것인지는 또 다른 차원의 문제인데, 이에 관하여는 판단도 없다. 소송사기를 불능범으로 본 판결은 84도2386 판결이 효시인 듯한데, 그 이후의 판결들은 84도2386 판결을 무비판적으로 수용한 것으로 보인다. 가령 97도632 판결이나 2001도6669 판결의 경우에도 위험성 판단이 있는 것으로 보이지 아니한다[윤동호, "허위채권에 기한 임의경매의 무효와 소송사기죄의 성부", 형사재판의 제문제 제8권, 사법발전재단(2016), 161~2]. 행위자가 상대방 당사자의 사망사실을 알았든, 몰랐든 법원의 판단 여하에 따라서는 편취판결을 통하여 행위자가 자신이 의도한 바를 성취할 수도 있는바, 그렇다면 위험성은 존재한다고 보는 것이 타당하기 때문이다. 2005도8105 판결의 경우에도, 모든 소송비용이 소송비용확정절차를 통해서만 인정되는 것이 아니고 경우에 따라서는 법적으로 인정되는 소송비용을 초과하는 소송비용에 대하여 불법행위를 이유로 하여 청구하는 것이 가능한 경우도 있고(대법원 2010. 6. 10. 선고 2010다15363, 15370 판결), 법원에 따라서는 직권으로 소송비용 청구임을 밝혀내지 못하고 청구대로 인용하는 경우도 있을 수 있으므로, 위험성이 없다고 볼 수 없어[김태명, 판례형법총론, 정독(2019), 431], 적어도 불능미수는 성립할 수도 있다고 봄이 타당하다.

정책적으로 합리적인 결론을 도출하기 위해서는 사실적 판단에 부가하여 규범적, 평가적인 판단이 이루어질 필요가 있는 경우가 있다.[53)]

대상사안처럼 간접정범의 도구 내지 실행자인 관리사무실 직원(자유의지가 있는 존재)의 행위가 개재되어야 구성요건실현이 완성될 수 있다면, 그러한 구성요건실현이 가능한지 여부는 상대적 내지 확률적으로 평가할 수밖에 없는 것이다. 위 2007도3687 판결은 자유의지가 있는 존재의 행위가 개재되지 아니한 사안에 관한 것이다. 따라서 피고인의 말 전달이라는 해악의 고지가 '피이용자라는 도구'에 의하여 이루어진다면, 그러한 '해악의 고지'라는 '결과'의 발생이 불가능한가 여부는, 상대적 내지 확률적, 혹은 일반적 내지 통념적, 다시 말하여 규범적으로 살펴야 할 것이다.

이와 같이 본다면 일반적인 관리사무실 직원은 이웃 주민의 협박성 언사를 여과없이 그대로 전달하지는 않을 것이므로, 대상사안의 피고인 말을 피해자에게 그대로 전달하지는 않을 것이다. 단지 '이웃으로부터 민원이 있으니, 조용히 하시길 바란다'라는 정도로 순화시켜 전달할 것이고, 이러한 경우 해악의 고지는 없다고 보아야 한다. 즉 규범적으로는 해악의 고지가 발생할 수 없는 구조라고 봄이 타당하다.

다만 그럼에도 불구하고, 피고인의 계획에 따르면 관리사무실 직원이 피고인의 말을 그대로 피해자에게 전달할 경우 협박죄의 기수는 가능하므로, 피고인이 관리사무실 직원에게 '자신의 말을 피해자에게 전달해 달라'고 요구하는 행위에 의하여 실행의 착수, 곧 행위의 '위험성'은 인정된다고 보아야 할 것이다. 따라서 이는 불능미수로 포섭된다고 봄이 타당하다. 불능미수를 장애미수의 일부분으로 볼 경우, 장애미수도 성립된다고 볼 것이지만, 피고인에게 유리한 불능미수가 장애미수의 특별규정이라고 보아야 할 것이기 때문에 불능미수가 성립한다면 장애미수는 따로 성립하지 않는다고 봄이 타당하다.

한편, 일반적으로 관리사무실 직원이 주민의 말을 그대로 이웃주민에게 전달하는 것이 관행인데, 대상사안의 관리사무실 직원이 특이한 사람이라서 전달되지 아니한 것이라면, 이는 외부 요인에 의하여 결과발생이 되지 아니한 것으로 장애미수에 해당될 수 있을 뿐, 불능미수로 볼 수는 없을 것이다.

53) 이승준, "형법 제27조(불능범) 논의의 재검토", 형사정책연구 제18권 제4호(2007, 겨울호), 37.

Ⅶ. 불능미수와 불능범

대상사안은 불능미수가 아니라 불능범은 아닌가 검토할 필요성이 있다. 만약 앞서 언급한 것처럼, 관리사무실 직원이 피고인의 말과 같은 협박성 언사를 이웃 주민에게 그대로 전달해 주지 아니하는 것이 일반적이라면, 피고인의 행위는 아예 불능범으로 평가해야 하는 것 아닌가의 문제이다.

'위험성'의 의미는 (1) 구성요건 해석에 있어서 '실행의 착수'라는 측면과 (2) '법익침해'의 위험이라는 측면의 이중적 의미를 갖는다고 생각한다. (1)은 전술한 것처럼 장애미수와 불능미수에 공통되는 것이고, (2)는 불능미수와 불능범을 구별하는 기준이 될 수 있다. (1)과 (2)는 동일한 법형상을 서로 다른 측면에서 바라본 것일 수도 있고, 보호법익(2)의 구성요건해당성(1)에 대한 보충적 역할을 생각하여 보면 양자는 서로 구별되는 것으로 볼 수도 있을 것이다.[54] 다만 실행의 착수가 있다고 인정되면서 법익 침해의 위험이 발생하지 않았다고 보아야 하는 경우는 드물 것이다.

그렇다면 '법익 침해'의 위험이 있는지 여부는 어떻게 판별하는가? 이에 대하여 구객관설(절대적/상대적 불능설), 법률적/사실적 불능설, 구체적 위험설, 추상적 위험설, 주관설, 인상설 등이 주장된다.[55] 독일형법은 주관설의 입장에서 불가벌적 불능범을 인정하지 아니하는데,[56] 우리나라에서는 추상적 위험설, 구체적 위험설,[57] 인상설

---

54) 실행의 착수 시기 관련하여 주관적 객관설(독일형법 제22조)이 다수설인데, 이는 실질적 객관설과 크게 차이가 나지 않는다(이재상/장영민/강동범, 317). 실질적 객관설에서는 구성요건에 해당하는 행위가 아니라 하더라도 '보호법익에 대한 직접적 위험을 초래하는 행위', '법익침해에 밀접한 행위'를 실행의 착수로 이해하는바, 결국 실행의 착수로 인정되기 위하여는 보호법익 침해의 위험(가능성)이 존재하여야 한다. 이는 실행의 착수가 보호법익 침해의 위험이 초래되는 행위이어야 한다고 본다면 (1)과 (2)는 동일한 법형상에 대한 서로 다른 측면에서의 고찰일 수도 있으나, 보호법익을 구성요건해당성의 제한원리로 생각한다면 이는 서로 다른 차원의 문제일 수도 있다. 보호법익의 관점을 고려하는 것은 구성요건의 내용 범위를 제한적으로 해석하기 위한 것, 환언하여 법익은 구성요건요소의 제한원리이기 때문이다[이용식, "횡령죄의 기수성립에 관한 논의 구조－횡령죄의 구조－", 형사재판의 제문제 제7권: 차한성 대법관 퇴임기념 논문집, 사법발전재단(2014), 152~3].

55) 이 중 우리나라에서 주장되는 학설 중, 추상적 위험설은 행위자가 인식한 사실을 기초로 일반인의 관점에서 위험성(결과발생의 가능성)을 검토하고, 구체적 위험설은 일반인(행위자의 인식 정도가 일반인보다 높을 경우에는 행위자)의 인식을 기초로 일반인의 관점에서 위험성(결과발생의 가능성)을 검토하며, 인상설은 결과발생의 가능성 여부가 아니라 법익평온상태의 교란 유무로 위험성을 검토한다. 김호기, "불능미수에서의 착오, 결과발생의 불가능, 위험성", 비교형사법연구 제9권 제1호, 한국비교형사법학회(2007), 84.

56) 김수길, "불능미수에 관한 소고", 법과 정책 제9호, 제주대학교 사회과학연구소(2003. 8. 30.), 108.

57) 신동운, 형법총론, 568; 대법원 1978. 3. 28. 선고 77도4049 판결은 "피고인의 행위의 위험성을 판

(Eindruckstheorie)이 주로 주장되고 있다. 문제는 이러한 논의의 이해가 쉽지는 않다는 점이다. 도대체 어떤 경우에 '추상적 위험' 내지 '구체적 위험'이 인정되는지, 나아가 '법익평온상태의 교란'이라는 것이 무슨 의미인지 쉽게 와닿지 않기 때문이다. 인상설은 행위자의 법적대적 의사의 표현에 의한 법익평온상태의 교란이 발생하였을 경우 위험성이 인정된다고 본다. 일반인들이라면 법적대적 의사가 표현되는 것 자체만으로 불안감을 느낄 수 있을 것이고, 그 불안감이 '법익평온상태의 교란'이라 한다면, 인상설이 의미하는 바가 무엇인지 어느 정도는 이해될 수도 있다. 그런데 그렇게 본다고 하면, 이는 실상 주관설과 별반 차이가 없다고 볼 수도 있고,[58] 또한 국가적/사회적 법익이 아닌 개인적 법익에 관련된 범죄에 있어서 법공동체에 대한 '법익평온상태의 교란'이라는 개념을 기준으로 삼을 경우, 개인적 법익의 국가적/사회적 법익화, 곧 '형법의 전체주의화'라는 문제도 지적하지 않을 수 없다. 따라서, 이러한 다소 '추상적'인 논의보다는, 앞서 언급한 것처럼, '위험성'이라는 것이 장애미수와 불능미수의 공통인자이므로, <u>행위자가 처한 상황에서 행위자의 '(수단 또는 대상의) 착오'가 제거되더라도 '결과발생이 불가능한 경우'가 아님[59]을 전제로 피고인의 행위를 '(장</u>

단하려면 피고인이 행위 당시에 인식한 사정 즉 에페트린에 빙초산을 혼합하여 80－90도의 가열하는 그 사정을 놓고 이것이 객관적으로 제약방법을 아는 일반인(과학적 일반인)의 판단으로 보아 결과발생의 가능성이 있느냐를 따졌어야 할 것"이라고 하여 구체적 위험설의 입장에 서 있는 것처럼 보이기도 하나, 사전적 위험성과 사후적 결과발생 불가능을 혼동한 것으로 보이기도 한다. 임웅, "불능미수에 있어서 '착오로 인한 결과발생불가능'과 '위험성'에 관한 연구", 형사법연구 제22권 제4호, 한국형사법학회(2010 겨울), 173.

58) 김일수, "미수의 불법귀속에 관한 연구: 특히 불능미수를 중심으로", 고려법학 제40호, 고려대학교 법학연구원(2003), 17은 인상설이 일정한 범죄와 관련된 미수의 불법이 아니라 법질서 전체에 대한 불법을 문제삼음으로써 죄형법정주의 원칙을 잠탈하고 처벌범위를 확장시킬 수 있는 위장된 주관주의 미수론이라는 비판을 받을 수 있음을 인정하고 있다.

59) 다만 착오의 의미가 무엇인지, 착오의 제거 범위가 어떠한지, 착오의 제거 범위에 따라서는 주관설과는 어떤 차이가 있다고 할 수 있는지 등에 관하여 비판이 있을 수 있는바, 이에 관하여는 추가적인 연구가 필요하다. 깊은 연구 없는 졸견은 다음과 같다. 가령 행위자가 설탕이 독약인 것으로 착각하였다면 그러한 행위에는 위험성이 긍정될 것이다. 그러나 설탕도 독약의 일종이라고 인식한 상태에서 설탕으로 살인을 저지르려 하였다면, 행위자에게 착오가 존재한다고 볼 수 있는지 불분명하다. 착오의 의미를, 행위자의 기존 지식과 현실적인 인식의 차이라고 한다면 착오는 부존재한다고 보아야 하지만(따라서 착오로 결과발생이 불가능한 경우가 아니라서 불능미수의 적용 여지가 없게 될 것이다), 일반적인 지식과 행위자의 인식의 차이라고 한다면 착오는 존재한다고 보아야 하기 때문이다. 그런데 착오의 의미에 관하여 전자의 입장에 설 경우라도 설탕도 독약이라고 생각하면서 행위 당시 함께 소지하던 청산가리 대신 설탕을 택하여 살인을 저지르려 하였다면, 위험성에 대한 평가는 달라질 수도 있을 것이다. 한편 대상의 착오의 경우에도, 객관적으로 인식되는 사정에 대한 행위자 내부의 인식과정 오류는 착오로 보지 않고(가령 누가 보아도 멧돼지인데 행위자만 사

애)미수'에 있어서 '실행의 착수'로 볼 수 있는지 여부로 판별하는 것이, 보다 용이한 접근방법이 될 수 있지 않을까 생각된다.

대상사안은 인상설에 의하면 '법익 침해'의 위험이라는 측면에서의 '위험성'이 인정된다고 볼 수도 있을 것이다. 피고인이 관리사무실 직원에게 협박성 언사를 피해자에게 전달해 달라고 말함으로써 피해자 본인에게는 아니더라도 법공동체의 일원인 관리사무실 직원에게 불안감은 발생되었을 것이기 때문이다. 법공동체에 불안감을 조성할 수 있는 것이면 법익평온상태의 교란이 발생하였다고 보아야 할 것이다. 만약 피고인의 언사가 '천벌을 받도록 하겠다'는 등의 허무맹랑한 이야기라면, 그러한 이야기만으로는 법공동체에 불안감 조성이 될 수는 없으므로 위험성도 없다고 보아야 할 것이다. 추상적 위험설이나 구체적 위험설에서는, 위험성이 인정되는지에 대하여 명확하게 결론을 내리기는 어려울 듯하나, 행위 당시의 정황(피고인이 수차에 걸쳐 관리사무실 직원에서 협박성 언사를 전달할 것을 요구하였으므로, 반복된 요구로 관리사무실 직원이 이에 응할 가능성도 없지 않다는 점)에 비추어 보면, 인정된다고 보는 견해가 다수일 것으로 생각된다. 개인적으로는, 앞서 언급하였듯 행위 당시의 정황에 비추어 피고인의 '수단의 착오'가 제거될 경우[60] 결과발생의 가능성[61]이 있다는 전제(즉 피고인이 제3자에게 자신의 협박성 언사를 피해자에게 전달하라는 것을 제3자가 이행한다는 전제)에서 '실행의 착수'가 있었는지 여부로 검토한다면, 피고인이 관리사무실 직원에게 자신의 협박성 언사를 전달하였을 시점에 구성요건 실현 및 이로 인한 보호법익 침해의 위험이 발생한다고 보아야 하므로, 실행의 착수는 인정되고, '위험성'도 긍정된다고 보아야 한다.

람으로 인식한 경우), 객관적으로 인식되는 사정이 실제 사실과 불일치하는 경우(가령 누가 봐도 사람인데 사실은 멧돼지인 경우)를 착오로 본다면, 전자의 경우 불능미수가 성립되는지에 관해 견해가 나뉠 것이나, 후자의 경우에는 대부분 불능미수가 성립된다고 볼 것이다. 물론 이에 대하여 구체적 위험설과 무슨 차이가 있냐는 비판이 가능할 수 있다.

60) 가령 피고인의 말을 그대로 전달해 줄 만한 관리사무실 직원일 경우

61) 앞서 언급한 것처럼, 사후적 결과발생의 가능성과 사전적 결과발생의 가능성을 모두 규범적으로 평가할 경우, 사후적, 규범적 평가에 의하여 결과발생의 가능성이 없는 경우라고 하더라도, 사전적, 규범적 평가에 의하여 결과발생의 가능성이 있는 경우가 있을 수 있다.

Ⅷ. 마치며

이상으로 대상사안에서 피고인의 죄책이 무엇인지에 관하여 살펴보았다. 만약 관리사무실 직원이 협박죄의 정범이 될 수 있다고 본다면, 피고인의 행위는 협박죄의 실패한 교사에 해당하여, 예비 또는 음모로 처벌될 수 있을 뿐인데, 협박죄에 예비, 음모죄 처벌규정이 없기 때문에 불가벌이 될 것이다.

다만 관리사무실 직원이 정범이 될 수 없고 피고인이 정범이 될 수 있을 뿐이라면, 피고인이 관리사무실 직원에게 협박성 언사를 전달하도록 교사하는 행위를 하였을 때 피고인의 범행계획에 의하면 별다른 방해행위가 없을 경우 피고인의 말이 피해자에게 전달될 것이기 때문에 법익 침해의 위험이 발생하여 실행의 착수는 존재한다고 평가함이 상당하므로 위험성이 존재하고, 다만 통념상 이를 그대로 전달하는 관리사무실 직원은 존재하지 아니할 것이므로, 규범적으로 보아 그 결과의 발생이 불가능한 경우라서, 이는 불능미수에 해당한다고 보게 될 것이다. 물론 통상적으로 관리사무실 직원이 협박성 언사일지라도 전달하는 것이 일반적인데, 대상사안 관리사무실 직원이 특이한 사람이라서 피고인의 협박성 언사를 전달하지 아니하였다고 본다면, 이는 외적 요인에 의한 결과 불발생이기 때문에 장애미수라고 보아야 할 것이다.

어느 원로법관의 "큰 사건은 작게 보고, 작은 사건은 크게 보라"는 말[62]이 떠오른다. 대상사안은, 보기에 따라서는 작은 사건일 수도 있지만, 간접정범의 실행의 착수 시기, 장애미수와 불능미수의 관계, 불능미수와 불능범 등 여러 가지를 생각해 볼 만한, 크게 보면, 상당히 흥미로운 사안이다.

62) [시인이 만나는 법] 정년 퇴임하는 강영호 원로법관… "법관은 스스로 자신을 지켜야, 그것이 법원을 지키는 길" 법률신문 2023. 1. 30.자 기사(https://www.lawtimes.co.kr/news/184801 2024. 2. 25. 방문).

제 13 장

위법성조각사유의 전제사실에 관한 착오의 불법성과 관련한 의문

위법성조각사유의 전제사실에 관한 착오의 불법성과 관련한 의문*

김 재 현**

Ⅰ. 들어가는 말

이용식 교수님께서는 형법적 논의가 교차되는 영역, 한계선상의 논의 등 형법학의 이론적 정합성을 위해 부단히 노력하심으로써 우리나라의 형법학 발전에 큰 기여를 하셨고 그러한 덕택에 우리 형법학이 견고해질 수 있었다고 생각한다.

이용식 교수님과 필자와의 인연은 그리 길지 않았지만 교수님과 함께 시간을 가질 때면 항상 배울 수 있었기에 배움의 즐거움으로 인해 유익하였던 반면 인연이 더 길었었다면 더 많은 배움이 있었을 수 있기에 길지 않은 인연에 늘 아쉬움을 느꼈다. 필자는 부족한 사람으로서 교수님과 꾸준한 학문적 교류를 통해 더 큰 배움을 얻고 싶었으나 삶의 바쁨을 이유로 교수님과 함께 형법을 사유하지 못한 불성실함과 더불어 학문적 탐구에 대한 불성실함에 대하여 죄송하다는 말씀을 올리고 싶다. 그럼에도 불구하고 교수님의 고희기념 논문집에－논문이라고 표현하기는 어렵지만－미천한 하나의 글을 올릴 수 있게 되어 감사의 마음과 영광스러운 마음이 크다.

위법성조각사유 전제사실에 관한 착오, 형법학 분야에서 이 영역만큼이나 다양한 견해가 존재하는 영역은 없을 것이다. 위법성조각사유 전제사실에 관한 착오라는 명칭이 짧지 않은 관계로 두문자를 이용한 줄임말인 '위전착', 다른 표현으로서 정당화 사정의 착오, 그리고 정당방위나 긴급피난의 정당화 사정의 착오로서 오상방위, 오상피난이라는 용어를 사용하기도 한다. 용어의 정확한 표현은 중요하지만 이하부터는 편의상 오상방위 또는 정당화 사정의 착오라는 표현을 사용하고자 한다.

---

* 이용식 교수님의 고희를 감축드립니다. 교수님의 연구는 앞으로도 후학들에게 큰 가르침이 될 것이라고 믿고 있으며 저 또한 많은 가르침을 받았기에 이 글을 통하여 감사의 말씀을 드립니다.

** 오산대학교 경찰행정학과 교수. 법학박사

이와 관련해서는 이미 오래 전부터 수많은 연구가 이루어져 왔기에 지금 이러한 주제로 글을 작성한다는 것이 어떠한 의미가 있을지 의문이 들기도 한다. 그럼에도 불구하고 본 주제를 택하고자 한 것은 형법을 나름 짧지 않은 세월 공부했음에도 정당화 사정의 착오에 대한 해결책으로서 확고한 신념이 서지 않은 면도 있고 근본적인 의문점도 존재하기에 이러한 물음을 던져보고 스스로 생각해 본 물음에 대한 답을 적어보고자 하는 데 취지가 있다. 이 의문점들이 너무도 단순한 문제의식이라서 아무도 이러한 문제의식을 갖지 않은 것인지, 아니면 필자가 의미 없는 문제의식을 갖고 있는 것인지, 피상적이거나 잘못 이해한 것인지 등 문제의식 자체에 대한 궁금증도 있고 이러한 물음을 누군가에게 해본 적이 없이 없으므로 누가 명쾌하게 설명을 해주었으면 좋겠다는 생각이다. 의문점을 말하자면, 오상방위는 객관적 정당화 상황은 없었지만 행위자에게 주관적 정당화 요소가 있는 경우로서 이를 해결하기 위한 견해들 중 엄격책임설 및 법효과제한적 책임설은 주관적 정당화 요소가 있음에도 고의불법이 그대로 인정된다고 하는데, 이에 대한 명확한 설명 없이 불법이 인정된다는 것을 전제로 사안을 해결하고자 한다는 점이다. 이제부터 오상방위에 대한 이러한 의문점을 불법론과 범죄체계론적 관점에서 살펴보면서 나름 작은 생각을 서술해 보고자 한다.

Ⅱ. 불법론과 위법성조각

1. 결과반가치 일원론

결과반가치 일원론은 객관적 정당화 상황만 존재하면 위법성이 조각된다는 입장이다. 결과반가치 일원론에서 주관적 정당화 요소의 존부는 위법성조각에 영향을 미치지 않으므로 객관적 정당화 상황이 결여된 오상방위는 위법성이 조각되지 않는다.

2. 행위반가치 일원론

오상방위는 객관적으로 정당방위 상황은 존재하지 않지만 방위행위에 필요한 주관적 정당화요소가 존재한다. 따라서 불법의 본질을 행위반가치만으로 파악하는 입장에서는 주관적 정당화 요소가 존재하는 오상방위에 대하여 위법성이 조각된다고 이해하는 것이 논리적일 것이다.

3. 행위반가치·결과반가치 이원론

불법의 본질을 행위반가치와 결과반가치 양자에서 모두 찾는 입장에 의하면 오상방위의 경우 주관적 정당화 요소의 존재로 인해 행위반가치는 상쇄되지만 객관적 정당화 상황의 결여로 인해 결과반가치는 그대로 남아 있으므로 위법성이 온전히 조각된다고 말할 수는 없을 것이다. 아니면, 위법성이 조각되지 않는다고 한다면 반대로 불법이 인정된다고 말할 수 있을까? 물론 불법이원론에서는 행위반가치의 탈락과 결과반가치의 존재만으로 온전한 불법을 인정하는 것은 무리라고 보인다. 그렇다면 축소된 정도의 불법만 인정된다고 주장하는 것은 불가능한 것인가? 이와 같은 단순한 의문에 대한 설명은 지금까지 찾아보기 어려웠는데, 해답이 존재함에도 필자의 부족한 이해력으로 인해 이러한 의문에 대한 해답임을 인지하지 못하였을 수도 있고, 연구의 불성실함으로 인해 연구자료를 찾지 못하였을 수도 있다. 어쨌든 불법이원론의 입장에서는 오상방위의 경우 불법의 양 축 중 하나가 결여되었다고 해서 위법성이 조각된다고 단정하는 것은 어렵다고 생각한다.

Ⅲ. 범죄체계론적 관점에서 본 오상방위

행위론과 범죄체계론의 흐름을 보면 인과적 행위론은 (신)고전적 범죄체계론, 목적적 행위론은 목적적 범죄체계론, 사회적 행위론은 합일태적 범죄체계론으로 이어진다. 그리고 불법론의 등장과 함께 행위반가치론과 결과반가치론의 대립, 그리고 불법이원론의 합의로 이어지는 과정 또한 범죄체계론과 함께 하여 왔다. 오상방위가 불법론과 결부될 수밖에 없다면 범죄체계론적 관점에서 볼 필요성이 있을 것인데, 합일태적 범죄체계론을 취하고 있는 현재 입장에서도 엄격책임설이 유력하게 주장되고 있는 이상 목적적 범죄체계론의 관점에서뿐만 아니라 합일태적 범죄체계론의 관점에서의 엄격책임설 양자의 차이점이 발생할 여지는 없는지 생각해 볼 필요도 있다고 본다. 따라서 이하에서는 정당화 사정의 착오를 범죄체계론 관점에서 바라볼 때 도출되는 논리와 이와 관련한 의문을 던져보고자 한다.

1. (신)고전적 범죄체계론과 고의설

(신)고전적 범죄체계론은 불법의 본질과 관련하여 결과반가치 일원론의 입장을 취하고 있다. 우선 고전적 범죄체계 하에서는 주관적 정당화 요소는 필요치 않고 객관적 정당화 상황만으로 위법성이 조각되므로 오상방위는 논의의 실익이 없다고 할 수 있다. 나아가 위법성의 인식개념을 구체적으로 논하지 아니한 시절이었다는 점에서 법률의 착오도 논할 여지가 없다. 따라서 위법성 인식 불요설의 입장에서는 정당화 사정의 착오는 범죄될 사실 부분에 대한 인식은 있으므로 고의범이 성립된다는 추론은 가능하다.

신고전적 범죄체계론도 고전적 범죄체계론과 같이 결과반가치 일원론을 취하고 있으므로 정당화 사정의 착오는 논의의 실익이 크지 않다. 다만 위법성의 인식개념을 논하고 있고 위법성의 인식(가능성)을 고의의 내용으로 파악하고 있으므로 오상방위를 사실의 착오로 이해하든 법률의 착오로 이해하든 고의가 조각된다는 점에서는 동일한 결론에 이르게 된다. 따라서 정당화 사정의 착오를 논할 실익이 크지 않다고 할 수 있다.

2. 목적적 범죄체계론 관점에서의 엄격책임설

엄격책임설은 목적적 행위론을 취하는 입장에서 주장된 견해이다. 목적적 범죄체계론은 위법성의 인식(가능성)을 고의의 내용으로 이해하고 있었던 (신)고전적 범죄체계와 달리 위법성의 인식을 고의에서 분리하여 책임단계에 그대로 두고 고의와 과실을 구성요건 단계에 위치시킴으로써 종래 체계론과는 대비되는 모습을 보이게 된다. 엄격책임설이라는 명칭은 위법성에 관한 모든 착오에 엄격하게 책임설을 적용하려고 하기 때문에 이러한 이름을 가지게 된 것이다.[1)]

엄격책임설에 대한 일반적인 설명을 정리하자면 오상방위를 금지의 착오로 해결하고자 하므로 고의범의 불법성립에는 문제가 없고 행위자가 그러한 착오를 한 것에 대하여 정당한 이유가 있다면 책임이 조각되어 무죄가 되며, 착오에 정당한 이유가 없다면 고의범을 인정하되 형을 필요적으로 감경하자는 견해이다. 독일 형법 제17조와 달리 우리 형법 제16조는 형의 감경규정이 없으므로 회피불가능한 착오에 대하여

1) 이용식, "이중착오", 서울대학교 법학 제44권 제1호, 서울대학교 법학연구소, 2003, 190면.

필요적 감경이 가능한지 의문이라는 비판도 있다. 하지만 형법 제16조에 필요적 감경규정은 없지만 오상방위의 경우 양형단계에서 감경이 가능할 것으로 보인다. 물론 법률로 명확히 규정되어 있지 않은 입법상의 아쉬움은 있다.[2)]

목적적 범죄체계론은 불법의 본질을 행위반가치만으로 파악하고 있으므로 객관적 정당화 상황은 위법성조각에 영향을 미치지 않고 주관적 정당화 요소의 존재만으로 위법성이 조각된다. 그렇다면 정당화 사정의 착오의 경우, 객관적 정당화 상황은 존재하지 않았지만 행위자에게 방위의사든, 피난의사든 주관적 정당화 요소만큼은 분명 존재하였으므로 목적적 범죄체계에 의하면 오상방위를 위법성이 조각되는 것으로 이해하는 것이 논리적일 것이다. 하지만 엄격책임설은 위법성이 조각되지 않고 고의불법이 그대로 인정된다고 한다. 즉, 정당화 사정의 착오를 금지의 착오로 이해하고자 하므로 위법성이 조각되지 않고 책임조각 내지 책임감경으로 해결하고자 하는데, 금지의 착오로 이해하여 책임단계에서 해결한다는 이유만으로 고의불법을 인정한다는 설명이 과연 충분한 것일까?

행위반가치 일원론은 주관적 정당화 요소가 있으면 위법성이 조각되는 것으로 파악하고 있는데 오상방위의 경우 분명 방위의사가 존재하였음에도 불구하고 위법성을 조각시키지 않고 고의불법을 그대로 인정하고 있다는 점에서 의문이므로 이러한 의문을 해소시키려면 고의불법을 인정하는 근거가 무엇인지 설명되어야 할 것이다.

3. 합일태적 범죄체계론 관점에서의 엄격책임설

합일태적 범죄체계론에서 설명하는 엄격책임설도 목적적 범죄체계에서의 엄격책임설과 차이가 없는 설명방식을 취하고 있다. 즉, 정당화 사정의 착오에 대하여 고의불법을 인정하면서 책임단계에서 금지의 착오로 파악하고자 한다. 하지만 합일태적 범죄체계론은 불법의 본질을 행위반가치와 결과반가치 모두에서 찾고 있다. 따라서 위법성이 조각되려면 객관적 정당화 상황의 존재로써 결과반가치가 상쇄되고 주관적 정당화 요소로 인해 행위반가치가 상쇄됨으로써 위법성이 조각될 것인데, 정당화 사정의 착오의 경우에는 주관적 정당화 요소는 있었으나 객관적 정당화 상황의 결여되

2) 어쨌든 엄격책임설은 오상방위에 행위자를 일반 고의범에 비해 경하게 처벌하고자 한다는 의지는 있다. 법효과제한적 책임설, 구성요건적 착오 직접적용설 및 유추적용설은 서로 논리적 과정은 다를지언정 결과적으로는 과실범을 인정하고자 하는데, 이 학설들이나 엄격책임설 모두 경하게 처벌하고자 한다는 점에서는 공통적이라고 할 수 있다.

었으므로 온전하게 위법성이 조각되지도, 불법이 인정되는 것도 아니다. 그럼에도 왜 합일태적 범죄체계론에서 주장되는 엄격책임설도 고의불법이 그대로 인정된다고 주장하는 것일까? 이에 대한 설명을 찾아보기 어렵다는 점이 매우 아쉽다. 정당화 사정의 착오를 불법론의 관점에서 순수하게 도식적으로 본다면, 행위반가치 일원론에서는 주관적 정당화 요소의 존재로 인해 위법성이 조각될 것이며, 불법이원론에서는 주관적 정당화 요소의 존재로써 행위반가치는 탈락되지만 결과반가치 만큼은 남으므로 위법성이 조각되지 않는다. 위법성이 조각되는 것은 아니지만 그렇다고 하여 불법이 고스란히 인정된다고 말하기도 어렵다. 불법이원론에서 말하는 불법은 행위반가치와 결과반가치가 모두 존재해야 고의불법이 인정되는 것이므로, 행위반가치가 결여되었음에도 고의불법이 인정된다고 하는 것은 타당성이 부족하다.

굳이 따지자면 행위반가치론 일원론 보다는 불법이원론에서 엄격책임설을 주장하는 것이 상대적으로 볼 때 논리적으로 보이기는 한다. 왜냐하면 불법이원론의 관점에서 오상방위는 행위반가치는 없지만 결과반가치의 존재로 인해 위법성이 바로 조각된다고 말하는 것은 어렵기 때문이다. 그렇다면 위법성이 조각되지 않으므로 반대로 위법성이 인정된다고 할 수 있을까? 이러한 물음에 대한 대답이라고 단정할 수는 없지만, "오상방위는 구성요건적 고의가 존재하고 위법성이 조각되지 않는 행위인 것 만큼은 분명하므로 책임의 영역에서 이뤄져야 한다."는 견해도 있다.[3] 이 견해는 고의불법을 온전하게 적극적으로 인정하는 것으로 보이지는 않지만, 위법성이 조각되는 것은 아니기 때문에 이를 반대로 보면 위법성이 어느 정도 인정될 수 있다는 취지로 해석된다. 하지만 이 또한 명확한 설명이라고 하기는 어렵다.

합일태적 범죄체계론에 의하면 분명 결과반가치와 더불어 행위반가치까지 인정되어야만 위법성이 조각되지 않고 온전한 고의불법이 인정될 것인데, 행위반가치가 인정되지 않음에도 불구하고 어떠한 근거로 고의불법을 인정한다는 것인지 이에 대한 설명을 찾아보기 힘들다는 점에서 아쉬움이 크다. 어쨌든 엄격책임설을 주장하는 목적적 범죄체계론과 합일태적 범죄체계론 입장 모두 정당화 사정의 착오에 대하여 고의불법을 인정하는 근거를 마련하는 것이 중요하다고 생각한다.

3) 김경락, "오상방위의 형사책임", 비교형사법연구 제8권 제1호, 한국비교형사법학회, 2006, 101면.

4. 합일태적 범죄체계론에서의 법효과제한적 책임설

책임설의 일종인 법효과제한적 책임설은 정당화 사정의 착오에 대하여 구성요건적 고의가 존재하여 고의불법은 인정되지만 심정반가치로서의 책임고의가 결여되어 있어 고의범으로 처벌할 수 없다는 견해이다. 엄격책임설과 같이 고의불법을 인정하는 점에서는 동일하지만 책임고의가 결여되어 순수하게 고의책임을 묻기 어려우므로 법효과 면에서 과실범 정도의 책임을 묻고자 하는 것이다.

법효과제한적 책임설도 고의불법만큼은 인정하고 있다는 점에서는 엄격책임설과 공통되므로 법효과제한적 책임설에서도 엄격책임설에서 제시한 동일한 문제의식을 갖게 한다. 이용식 교수님께서 과거에 쓰신 논문에서도, 즉 "법효과제한적 책임설에 의하면 고의불법이 인정되는데, 이는 결국 구성요건고의가 있으면 당연히 고의불법이 인정된다는 논리에 입각해 있다고 보여진다. 기본적으로 고의불법이 인정되려면 결과불법과 행위불법 양자가 모두 있어야 하는데, 법효과제한적 책임설은 행위반가치가 결여된 위법성조각사유의 전제사실에 관한 착오에서 결과반가치만으로 고의불법을 인정한다는 점에 문제가 있다고 생각된다."라고 하시면서 본고에서 제시한 의문과 같은 의문을 제시한 바 있으시다.[4)]

법효과제한적 책임설에 대한 다양한 비판과 그에 대한 반론들도 존재하지만 엄격책임설에서 제시한 의문과 동일한 문제, 즉 고의불법을 인정하는 근거에 대한 불명확성은 1차적으로 해결해야 할 문제라고 보인다.

Ⅳ. 책임설에서 오상방위의 고의불법을 인정하는 근거는 무엇일까?

오상방위는 사실의 착오도 아니고 금지의 착오도 아니므로 3단계 범죄체계론에서 형법 제13조 또는 제16조를 적극적으로 적용할 수는 없다.[5)] 특히 엄격책임설은 제16조로, 법효과제한적 책임설은 책임고의를 문제 삼는다는 점에서 양 입장 모두 책임단

4) 이용식, "이중착오", 서울대학교 법학 제44권 제1호, 서울대학교 법학연구소, 2003, 192면.
5) 소극적 구성요건 표지이론은 2단계 범죄체계론이므로 오상방위를 구성요건적 착오로 이해하여 형법 제13조를 직접적용하고 있다.

계에서 오상방위를 해결하고자 하므로 그 전제로서 고의불법을 인정하지 않을 수 없다. 반복하다시피 행위반가치 일원론의 입장에서는 주관적 정당화 요소만으로 위법성이 조각될 것이므로 주로 목적적 행위론자들이 주장한 엄격책임설은 위 문제를 더욱 중하게 다뤄야 할 것이며, 불법이원론 입장에서도 주관적 정당화 요소의 존재로 위법성이 조각되는 것도 아니고 그렇다고 하여 불법이 온전히 인정된다고 할 수도 없으므로 고의불법을 그대로 인정하는 근거를 논하지 않을 수 없다.

크게 4가지 관점에서 생각을 해보았다. 첫째, 오상방위의 경우 주관적 정당화 요소로 인해 행위반가치는 탈락되지만 결과반가치는 그대로 존재하므로 위법성이 조각되지 않는다. 따라서 위법성이 조각되지 않는 이상 그 반면에는 불법이 어느 정도는 인정된다고 평가할 수 있지 않을까 하는 점이다.

아니면 둘째, 주관적 정당화 요소로 인해 행위반가치가 상쇄되는 것이 아니라 감소되는 것으로 이해한다면 감소된 행위반가치와 더불어 결과반가치의 존재로 인해 전체적으로 축소된 형태의 불법이 인정된다고 이해하는 것이다.

셋째, 오상방위도 착오에 해당하며 특히 엄격책임설은 형법 제16조로 해결하고자 하므로 어쨌든 해결조문이 존재하는 이상 책임단계에서 제16조를 적용하는 것으로 충분하기 때문에 굳이 고의불법 여부를 따질 실익이 없는 것으로 이해할 수도 있을 것이다.

넷째, 구성요건적 착오에서 무시될 정도의 가벼운 착오는 고의를 조각시키지 않고 그대로 고의를 인정하고자 하는데 이러한 논리를 정당화 사정의 착오 사안에 적용하여 이해하는 시도를 해보는 것은 어떨까 생각해 본다.

어쨌든 오상방위를 책임단계에서 해결하고자 한다면 고의불법을 인정하는 이유와 근거를 논하지 않을 수 없으므로 상술한 4가지 정도의 관점에서 생각해 보도록 하겠다.

1. 위법성이 조각되지 않으므로 불법이 인정될 수 있다는 입장

이 입장은 오상방위의 경우 객관적 정당화 상황이 존재하지 않아 결과반가치는 인정되지만, 주관적 정당화 요소의 존재로 행위반가치는 처음부터 성립하지 않는 것으로 이해한다.[6] 즉, 구성요건적 고의가 존재하고 위법성이 조각되지 않는 행위인 것만큼은 분명하므로 오상방위에 대한 논의는 책임영역에서 이뤄져야 한다는 것이

6) 김경락, 앞의 논문, 100면.

다.[7] 이 입장은 행위반가치의 결여로 불법이라고 평가할 수 없지만 결과반가치는 분명 존재하므로 불법이 성립되지 않는다고 평가할 수도 없다고 하면서 '불법한 행위도 아닌', 그리고 '불법한 행위가 아닌 것도 아닌' 형태라는 것이다.[8] 다시 말해서 불법의 양대 축 중 하나의 결여로 오상방위의 불법이 인정될 수는 없지만, 또한 위법성이 조각되지 않는 이상 책임단계에서 해결할 수밖에 없다는 논지를 취하고 있다.

이러한 사고는 행위반가치와 결과반가치를 일도양단식의 관점에서 도식적으로 파악하는 것으로 이해할 수 있다. 즉, 행위반가치와 결과반가치 모두 인정되지 않아야 위법성이 조각되는데, 행위반가치가 부정되는 것만으로는 위법성이 조각되지 않지만 불법이원론을 취하고 있는 이상 불법을 인정하기도 곤란하다는 논리라고 보인다. 물론 불법이원론의 입장에서는 불법의 양대 축이 모두 구비되어야 불법이 인정된다는 것은 당연하므로 결과반가치만으로 불법이 인정된다고 말하는 것도 무리가 있다. 하지만 행위반가치의 결여로 불법이 온전히 인정되는 것은 아니겠지만 결과반가치만 인정되는 축소된 형태의 불법을 인정하는 것이 절대적으로 불가능한 것일까라는 의문도 가지게 된다. 이에 앞서 행위반가치가 감소된다는 입장을 이하에서 우선 살펴보도록 한다.

2. 행위반가치가 탈락되지 않고 감소 내지 감경 된다는 입장

오상방위에 있어서의 행위반가치는 탈락하는 것이 아니라 감소 또는 감경될 뿐이라고 하는 견해가 있다.[9] 그렇다면 결과반가치는 존재하고 행위반가치는 감소된 형태로 존재하게 되므로 불법이원론의 입장에서는 축소되어 있는 형태지만 불법이 온전히 인정된다고 이해하는 것이 가능하다.

오상방위의 경우 행위반가치가 감소된 형태라고 하는 입장에서는, 오상방위에 있어서 주관적 정당화 요소는 있었지만 이에 착오가 있었다는 점에서 바로 행위반가치를 탈락시키지 않고 불법을 인정한 것이 아닌가라는 생각도 가능할 것이다. 이러한 생각은 앞에서 제시한 의문에 대한 명확한 설명이 부족한 것에 기인한 궁금증을 어떻게든 해소하고자 하는 마음에도 비롯된 것이기에 의문이 담긴 하나의 물음이라고

7) 김경락, 앞의 논문, 101면.
8) 김경락, "오상방위의 형사책임에 관한 연구", 박사학위논문, 중앙대학교 대학원, 2005, 31면.
9) 신양균, "정당화 사유의 전제사실에 대한 착오", 법학연구 제12집, 전북대학교 법학연구소, 1985, 109면; 이재상, "위법성조각사유의 전제사실의 착오", 고시계, 1990, 58면.

생각할 수도 있다. 어쨌든 행위반가치의 감소라는 주장을 이해하고자 한다면 불법의 본질을 행위반가치와 결과반가치로 이해하는 불법이원론이 현재 통설적 지위이므로 행위반가치와 결과반가치 상호 관계를 이해하는 것이 우선이라고 보인다.

일단 행위반가치라는 용어에서 볼 수 있듯이 '행위'라는 표현으로 인해 그 주된 내용이 '행위'라고 보일 수 있지만, 실제로는 행위자의 범죄적 의사, 즉 의사반가치 내지 의도반가치(Intentionsunwert)로 환원하여 파악하므로 행위반가치의 핵심은 행위자의 의사에 놓인다. 이러한 범죄적 의사를 불법의 실질로 파악하고자 하지만 범죄적 의사는 행위자의 내면의 세계이므로 범죄적 의사가 반영되어 외부로 표출된 행위가 없는 이상 그 누구도 생각만 한 자를 탓할 수 없으며, 범죄의사만을 위법성의 평가대상으로 삼는다면 의사형법 내지 심정형법이 될 위험이 있다. 따라서 행위형법의 원칙이라는 법언이 철칙으로 되어 있는 것이다. 그리고 범죄의 실현단계는 '의사 → 행위 → 결과'라는 순서를 거치게 되는데, 이러한 순서를 보면 행위는 곧 의사와 결과를 이어주는 가교역할을 한다는 것도 알 수 있다. 즉, 법익의 침해 또는 위태화라는 결과반가치는 자연재해와 같이 인간의 행위와 무관한 법익침해까지 위법성의 판단대상이 되는 것은 아니므로, 법익침해를 초래한 '행위'를 떠나서는 위법하다는 반가치 판단이 내려질 수 없는 것이다. 이와 같이 일정한 결과의 발생 내지 구성요건의 실현은 인간의 범죄적 의사에서 비롯된 행위에 기인해야 하므로 결과에 대해 내려지는 사회적 평가인 결과반가치는 결국 행위반가치를 떠나서는 아무런 의미가 없다고 할 수 있겠다. 이와 같이 행위반가치와 결과반가치는 상호 절연된 배척관계가 아니라 밀접한 관련성 내지 불가분의 관계에 있다고 보아야 한다.[10)]

나아가 행위의 객체가 없거나 결과발생을 요하지 않는 거동범의 경우도 당해 범죄규정이 가지고 있는 보호법익이 존재하는 이상 법익침해 또는 위태화라는 결과반가치가 인정되어야 한다. 이에 대하여 거동범의 불법은 행위반가치만으로 구성된다는 입장이 있는데[11)] 이는 행위반가치와 결과반가치의 관계를 오해한 것에 기인한다.

그렇다면 거동범의 결과반가치는 어떻게 판단해야 하는지 문제될 것인데, 그 판단 또한 결국 일정한 법익을 해하려는 방향으로 행해진 '행위'에 대해 내려질 수밖에 없다. 반대로 범죄적 의사에 기한 행위반가치도 불법이원론을 따르는 이상 일정한 법

10) Roxin, Strafrecht AT., Bd. Ⅰ, 4, Aufl., §10 Rn. 96.
11) 이진권, "주관적 정당화요소와 위법성의 본질에 관한 고찰", 법학연구 제39집, 한국법학회, 2010, 262면.

익을 해하려는 방향으로 행해진 행위이어야 하며, 그러한 행위는 단순히 사회 윤리적 평가가 아닌 사회적 유해성이 더해진 반가치 판단이[12] 내려진 행위여야 한다.[13] 예컨대, 범죄적 의사가 반영된 행위라고 할지라도 터무니없이 집 앞 정원에서 허공에 칼을 휘두르는 행위는 형법적으로 아무런 의미가 없다고 할 수 있고, 나아가 설탕으로 사람을 살해할 수 있다고 믿고 살해의사로 타인에게 설탕을 먹이는 행위는 사회적으로 유해한 행위로 평가될 수 없으므로 결과반가치가 부정된다. 따라서 '행위'는 결국 행위반가치와 결과반가치의 교집합적 요소로 작용한다고 할 수 있으며, 양 불법은 행위를 교집합적 요소로 삼아 상호 연결되어 있는 것으로 보는 것이 타당하다고 생각한다.[14] 이러한 논지에 다른다면 행위반가치에는 결과반가치적 요소라고 할 수 있는 법익을 해하려는 방향으로 수행된 행위에 대한 위법성의 평가를 내포하고 있기 때문에 행위반가치만으로 미수범의 불법을 구성한다고 주장하더라도 결국 그 실질적인 내용은 결과반가치도 인정한다는 의미가 될 수 있다고 하겠다. 따라서 행위반가치와 결과반가치는 서로 배척관계에 있는 것이 아니라 상호 연결되어 있는 불가분의 관계에 있다고 할 수 있겠다.

행위반가치와 결과반가치가 상호 불가분의 관계에 있다는 것을 더 확실히 하기 위해서는 행위의 위험성과 법익침해의 위험성이라는 두 개념을 파악함으로써 더 명확해진다. 즉, 형법상의 판단은 항상 '행위'를 대상으로 하며, 행위형법의 원칙 내지 '범죄는 곧 행위이다'라는 명제를 생각해 볼 때, 불법이원론의 관점에서 행위의 위험성과 법익침해의 위험성이 어떤 차이가 있는지 파악해볼 필요가 있다. 우선 행위반가치 일원론의 입장에서는 행위의 위험성이라는 용어를 사용하고 있는데, 그 이유는 행위반가치론에서는 위법성의 본질을 사회윤리규범 위반으로 파악했기 때문이다. 반면 법익침해설을 취하는 결과반가치론의 입장에서 법익침해의 위험성이라는 개념을 인정한다. 그리고 형법상 불법의 판단대상은 행위이지만 일정한 행위가 있다고 바로 범죄가 성립하는 것이 아니라 그 행위에 대하여 위법하다는 평가가 이루어져야 한다.

위험성이라는 것은 여러 측면에서 파악될 수 있는 개념이지만, 행위의 위험성은 행위자의 범죄적 의사를 떠나서는 생각할 수 없으므로[15] 행위자의 범죄적 의사에 기

12) 임웅, 형법총론(제9정판), 법문사, 2017, 203면.
13) 문채규, "형법 제27조(불능범)의 '위험성'표지, 비교형사법연구 제8권 제2호, 한국비교형사법학회, 2006, 42~43면.
14) 김성돈, 형법총론(제8판), 성균관대학교 출판부, 2022, 278면.
15) 도서관 책상 위에 있는 휴대폰을 가져가는 행위를 제3자가 보았을 때 절취인지 자기 재물을 가져

한 행위를 제3자 또는 사회 일반인의 입장에서 위험성이 있다고 판단되면 행위의 위험성을 인정할 수 있을 것이다. 상술했듯이 법익침해의 위험성은 결과반가치의 내용이라고 하였는데, 법익에 대한 위험성도 인간의 행위에 의한 것만 위법성의 판단대상이 된다고 보아야 하므로 결국 행위의 위험성과 법익침해의 위험성이라는 두 개념은 동일한 의미라고 할 수 있다.[16] 즉, 법익을 해하려는 방향으로 행해진 행위에 대한 위험성은 곧 행위의 결과반가치로의 지향성[17]이라고 할 수 있다.

이와 같이 행위반가치와 결과반가치는 일도양단식으로 구분되는 관계에 있는 것이 아니라 '행위'라는 매개체를 통해 상호 연결되는 관계에 있다고 보아야 한다. 즉, '행위'는 행위반가치적 요소와 결과반가치적 요소에 모두 해당하는 것으로서 양자를 연결해주는 역할을 한다. 따라서 오상방위의 경우에는 주관적 정당화 요소로 인해 행위반가치의 핵심요소인 의사반가치는 상쇄되지만 객관적 정당화 상황이 없음에도 이를 오인하여 행한 행위에 대한 사회적 평가는 정당화 될 수 없으므로 행위반가치가 완전히 탈락된다고 평가하는 것은 어렵다고 할 수 있다. 그렇다면 의사반가치가 결여되어 감소된 행위반가치만 인정되고 객관적 정당화 상황의 결여로 인해 결과반가치도 인정될 것이므로 전체적으로 축소된 형태의 불법이 인정된다고 평가할 수 있을 것이다.

3. 불법인정 여부에 대한 논증은 실익이 없는 것인가?

특히 엄격책임설은 오상방위를 금지의 착오로 이해하여 형법 제16조로 해결하고자 한다. 금지의 착오로 이해하려는 결단에 의해 책임단계에서 제16조를 적용하여 해결하기 때문에 고의불법의 의제는 자연스러운 수순일 수 있으므로 굳이 고의불법을 논증할 이유가 없다고 주장할 수도 있을 것이다. 문제는 법효과제한적 책임설이다. 이 견해도 엄격책임설과 같이 고의불법은 그대로 인정하고 있는데, 엄격책임설은 오상방위를 책임단계에서 금지의 착오로 해결하고자 하여 고의불법의 논증의 무의미성을 주장하는 것이 그나마 가능한 반면 본 견해는 금지의 착오로 보지 않고 독자적 성격을 띤 제3의 착오로 이해하고 있으므로 고의불법을 인정한다는 점을 명확히 해야 하는데 이에 대한 설명을 찾아보기 어렵다. 법효과제한적 책임설을 취하려면 주

가는 것인지는 행위자의 의사를 떠나서는 아무도 알 수 없다.

16) 임웅, 앞의 책, 402면.

17) 문채규, 앞의 논문, 41면.

관적 정당화 요소가 있었음에도 고의불법을 그대로 인정하는 이유에 대한 설명이 반드시 필요할 것이다.

4. 착오를 무시하여 불법을 인정하는 것이 가능할까?

정당화 사정을 착오한 경우 그 착오를 무시하여 위법성을 조각하지 않고 온전히 불법을 인정하는 것이 가능할까? 구성요건적 착오에서 설명하는 것과 착오가 무시될 정도라면 그대로 고의를 인정하고, 반면 착오가 무시될 정도가 아니라면 착오를 존중하여 고의를 조각한다는 논리를 정당화 사정의 착오에 적용하는 것이 가능할까? 즉, 행위자가 경솔하게 정당화 상황이 존재하는 것으로 오인하였다면 그 착오는 무시될 정도의 착오로서 그 착오를 부정하여 행위반가치가 탈락되지 않아 고의불법이 그대로 인정되는 것으로 평가하고, 반대로 중대한 착오로서 무시되지 않는다면 행위자에게 착오를 인정하여 행위반가치가 탈락되어 불법이 인정되지 않는다는 것으로 이해하는 것도 가능하지 않을까 하는 것이다.

이러한 사고를 엄격책임설과 법효과제한적 책임설에서 고의불법을 인정하고자 하는 것과 관련지어 보고자 한다. 우선 어느 입장이 타당하다는 확신이 없기 때문에 각 입장의 편에 서서 각 입장을 지지한다면 어떤 주장이 가능할 것인지 생각해 보려는 것이다.

우선 목적적 범죄체계론에서 주장하는 엄격책임설은 불법의 본질을 행위반가치 일원론으로 파악하고 있으므로 앞에서 언급했듯이 주관적 정당화 요소가 있으면 위법성이 조각된다. 따라서 오상방위도 주관적 정당화 요소는 분명 존재하므로 위법성이 조각된다고 이해함이 논리적이겠지만 엄격책임설은 위법성조각 여부는 문제 삼지 않고 고의불법을 그대로 인정하고 있다. 그 이유도 이미 상술했듯이 오상방위를 금지의 착오로 이해하여 책임단계에서 해결하려면 불법의 인정은 불가피하게 전제되어야 한다. 따라서 이러한 불법의 전제는 당연한 것으로서 논할 필요가 없다고 여길 수도 있다. 아니면 오상방위에서 행위자의 방위의사는 위법성이 조각되기 위한 조건을 갖추지 못한 문제가 있는 주관적 정당화 요소인 방위의사, 즉 착오에 의해 발생한 방위의사이므로 진정한 주관적 정당화 요소라고 볼 수 없어 위법성이 조각되지 않고 고의불법이 인정된다고 주장하는 것이 아닌가라는 생각도 해 보았다.

그렇다면 합일태적 범죄체계론에서의 엄격책임설 및 법효과제한적 책임설도 비슷한 논리를 취할 수 있다. 불법이원론을 취하는 한 오상방위의 경우 결과반가치는 존재하며, 착오에 의한 방위의사는 진정한 주관적 정당화 요소로서의 자격을 갖추지 못하였으므로 방위의사가 부정되어 결과적으로는 위법성이 조각되지 않고 고의불법이 인정되는 것으로 주장할 수 있다고 생각한다. 하지만 행위자가 그렇게 오인할 수밖에 없었다면, 즉 평균인의 관점에서 볼 때 누구라도 행위자의 입장에서 행위자와 동일한 착오를 할 수밖에 없었던 경우라면 이에 대해서도 고스란히 고의불법을 인정하는 것이 과연 타당한 것인가라는 문제제기가 있을 수 있다. 어떻게 답을 해야 할 것인가?

명확하지는 않지만 판례는 이와 비슷한 논리를 취하고 있는 것으로 보인다. 일반적으로 정당화 사정의 착오와 관련하여 종래 3가지 정도의 판례가 소개되고 있다. 즉, ① "소속 중대장의 당번병이 근무시간 중은 물론 근무시간 후에도 밤늦게까지 수시로 영외에 있는 중대장의 관사에 머물면서 집안일을 도와주고 그 자녀들을 보살피며 중대장 또는 그 처의 심부름을 관사를 떠나서까지 시키는 일을 해오던 중 사건당일 중대장의 지시에 따라 관사를 지키고 있던 중 중대장과 함께 외출나간 그 처로부터 24:00경 비가 오고 밤이 늦어 혼자 귀가할 수 없으니 관사로부터 1.5킬로미터 가량 떨어진 지점까지 우산을 들고 마중을 나오라는 연락을 받고 당번병으로서 당연히 해야 할 일로 생각하고 그 지점까지 나가 동인을 마중하여 그 다음날 01:00경 귀가하였다면 위와 같은 당번병의 관사이탈 행위는 중대장의 직접적인 허가를 받지 아니하였다 하더라도 당번병으로서의 <u>그 임무범위 내에 속하는 일로 오인하고 한 행위로서 그 오인에 정당한 이유가 있어 위법성이 없다</u>고 볼 것이다.",[18] ② "피해자인 공소외인에게 피고인을 상해할 의사가 없고 객관적으로 급박하고 부당한 침해가 없었다고 가정하더라도 원심이 인정한 사실자체로 보아도 피고인으로서는 <u>현재의 급박하고도 부당한 침해가 있는 것으로 오인하는데 대한 정당한 사유가 있는 경우</u>(기록에 의하면 공소외인은 술에 취하여 초소를 교대하여야 할 시간보다 한 시간 반 늦게 왔었고, 피고인의 구타로 동인은 코피를 흘렸다는 것이며, 동인은 코피를 닦으며 흥분하여 "월남에서는 사람하나 죽인 것은 파리를 죽인 것이나 같았다. 너 하나 못 죽일 줄 아느냐"라고 하면서 피고인의 등 뒤에 카빙 총을 겨누었다고 한다)에 해당된다고 아니할 수 없음에도 불구하고, 원심이 위와 같은 이유로서 피고인의 <u>정당방위의 주장을 배척하였음은 역시 오</u>

18) 대법원 1986. 10. 28. 선고 86도1406 판결.

상방위에 관한 법리를 오해한 위법이 있다.",[19] ③"명예훼손죄에 있어서는 개인의 명예보호와 정당한 표현의 자유보장이라는 상충되는 두 법익의 조화를 꾀하기 위하여 형법 제310조를 규정하고 있으므로 적시된 사실이 공공의 이익에 관한 것이면 진실한 것이라는 증명이 없다 할지라도 행위자가 진실한 것으로 믿었고 또 그렇게 믿을 만한 상당한 이유가 있는 경우에는 위법성이 없다고 보아야 할 것…"[20]이라고 판시하고 있다.

나아가 최근 정당화 사정의 착오를 다룬 판례가 등장하였다. 즉, "만일 공소외 1·피해자가 몸싸움을 하느라 신체적으로 뒤엉킨 상황에서 피해자가 실제로 위험한 물건을 꺼내어 움켜쥐고 있었다면, 그 자체로 공소외 1의 생명·신체에 관한 급박한 침해나 위험이 초래될 우려가 매우 높은 상황이었다고 봄이 타당하다. 수사기관도 이러한 정황을 모두 고려하였기에 원심에서 공소장을 변경하기 전까지 공소사실에 피고인이 한 행위의 이유·동기에 관하여 '위험한 물건으로 착각하여 빼앗기 위하여'라고 기재하였는바, 이러한 수사기관의 인식이야말로 당시 상황에 대한 객관적 평가이자 피고인이 피해자의 행동을 오인함에 정당한 이유가 있었음을 뒷받침하는 사정에 해당하고…이는 형법 제20조의 정당행위에 관한 판례의 법리, 즉 사회상규에 의한 정당행위를 인정하려면, 행위의 동기나 목적의 정당성, 행위의 수단이나 방법의 상당성, 보호이익과 침해이익과의 법익균형성, 긴급성, 그 행위 외에 다른 수단이나 방법이 없다는 보충성 등의 요건을 갖추어야 하는데, 위 '목적·동기', '수단', '법익균형', '긴급성', '보충성'은 불가분적으로 연관되어 하나의 행위를 이루는 요소들로 종합적으로 평가되어야 하고, 그 중 행위의 긴급성과 보충성은 다른 실효성 있는 적법한 수단이 없는 경우를 의미하는 것이지 '일체의 법률적인 적법한 수단이 존재하지 않을 것'을 의미하는 것은 아니라고 하는 법리에 비추어 보아도 그러한바, 이 사건 당시 피고인의 행위는 적어도 주관적으로는 그 정당성에 대한 인식 하에 이루어진 것이라고 보기에 충분하다. 그럼에도 원심은 판시와 같은 이유만으로 피고인이 공소사실 기재 행위 당시 죄가 되지 않는 것으로 오인한 것에 대해 '정당한 이유'를 부정하여 공소사실을 유죄로 판단하였는바, 이러한 원심의 판단에는 위법성조각사유의 전제사실에 관한 착오, 정당한 이유의 존부에 관한 법리를 오해함으로써 판결에 영향을 미친 잘못이 있다."[21]고 함으로써 판례의 기존 법리를 그대로 취하고 있다.

19) 대법원 1968. 5. 7. 선고 68도370 판결.
20) 대법원 1996. 8. 23. 선고 94도3191 판결.

위 판례들은 엄격책임설과 일치하는 설명을 하고 있지만 결과적으로 책임이 아닌 위법성이 조각되는 것으로 이해함으로써 정당화 사정의 착오를 해결하는 지금까지의 학설들과는 다른 입장을 취하고 있다. 즉, 판례는 정당화 사정의 착오를 구성요건적 착오도 금지의 착오도 아닌 것으로서 그 착오에 정당한 이유 내지 상당한 이유가 있는 경우에 한하여 위법성이 조각된다고 하는 것이다. 물론 이러한 설명내용이 엄격책임설과 유사한 측면은 있지만 엄격책임설은 책임감경 내지 책임조각으로 해결하는 반면 판례는 위법성이 조각된다고 결론을 내리고 있으므로 판례가 엄격책임설을 취한다고 할 수는 없다.

판례의 법리에 따르면, 정당화 사정의 착오를 놓고 행위자가 그렇게 오인한 것을 정당한 것으로 평가할 수 있다면 그 착오를 존중하여 주관적 정당화 요소가 인정됨으로써 행위반가치가 탈락되는 것으로 보아 위법성이 조각된다는 것이다. 이를 반대해석하면, 그 착오에 정당한 이유 내지 상당한 이유가 없었다면 착오를 부정하게 될 것이며 결국 주관적 정당화 요소가 부정되어 온전한 불법을 인정하게 된다는 논리가 성립하게 된다.

하지만 여기서 발생하는 문제는 반복하는 바와 같이 착오에 정당한 이유가 있어 행위반가치가 탈락된다고 하더라도 결과반가치는 그대로 남으므로 온전히 위법성이 조각된다고 하는 것이 어렵고, 착오에 정당한 이유가 없었다고 하더라도 행위자에게 방위의사가 있었던 이상 순수하게 불법을 인정하기도 어렵다는 점이다.

5. 행위에 대하여 내려지는 평가로서의 불법

불법은 사실판단의 영역이 아닌 평가의 영역이다. 실제로 상대방이 일정한 '해(害)'를 입었는지 여부를 살피는 것은 사실판단의 영역이지만 행위의 불법성을 논하고 이에 대한 책임을 논하는 것은 평가의 영역이라고 할 수 있다.

위법성이란 사회 전체적인 입장에서 평가하여 허용되지 않는다는 부정적인 가치판단을 의미한다. 이를 반대해석하자면 사회 전체적인 입장에서 볼 때 허용되는 것으로 평가하면 위법성이 부정된다는 의미로 이해할 수 있을 것이다. 위법성이 조각된다는 것은 그 행위가 적극적으로 용인, 권장된다는 의미가 아니라 특정한 상황 하에서 그 행위가 범죄행위로서 처벌대상이 될 정도의 위법성을 갖추지 못하였다는 것

21) 대법원 2023. 11. 2. 선고 2023도10768 판결.

을 의미한다.[22] 그리고 위법성 판단의 대상은 구성요건적 행위이므로, 일정한 구성요건적 행위에 대하여 사회 전체적인 관점에서 볼 때 허용되는 행위로 보기 어렵다는 평가가 내려지면 불법이 인정된다. 따라서 정당화 상황이 없었음에도 이를 오인하여 상대방을 공격하는 행위인 오상방위라는 '행위'를 사회 전체적인의 관점에서 평가해 보아야 할 것이다. 여기서 주의할 것은 행위자가 정당화 사정을 어떻게 착오하였는지, 중대한 착오였는지 경솔한 착오였는지에 대한 개인적 사정은 중요하지 않고 이러한 것들이 배제된 '상황을 오인한 방위행위'만을 놓고 이에 대한 사회적 평가가 내려져야 한다. 왜냐하면 행위자가 정당화 사정을 경솔하게 오인하였는지, 오인할 만한 특별한 이유가 있었는지 여부는 행위자 개인에 대한 평가로서 책임영역에서 다루어져야 할 문제이기 때문이다. 따라서 정당화 상황을 ① 경솔하게 오인한 경우와 ② 오인에 정당한 이유가 있었던 경우를 반영 및 구분하여 불법을 평가할 필요는 없다. 그렇다면 법질서 전체의 관점에서 볼 때 오상방위라는 '행위'에 대하여 '허용' 또는 '용인'된다는 평가가 내려지는 것은 어려울 것이라고 생각한다. 다만, 오상방위에 대하여 불법성이 인정된다고 하더라도 일정한 구성요건적 행위와 불법성의 경중을 비교할 때 오상방위였다는 점에서 상대적으로 경한 정도의 불법성이 인정된다고 할 것이다.

그리고 앞에서 언급한 행위반가치와 결과반가치와의 관계에 있어서 행위반가치와 결과반가치가 접점이 없이 일도양단으로 구분되는 관계가 아니고 행위라는 교집합을 인정하고자 한다면, 불법이원론의 관점에서 볼 때 정당화 상황에 대한 착오는 그러한 착오로 인해 의사반가치는 상쇄되지만 행위반가치가 완전히 탈락된다고 보기는 어려우므로 전체적으로 축소된 불법이 인정될 수 있다고 생각한다.

V. 나오는 말

정당화 사정의 착오는 과거부터 형법이론 분야에서 논의의 정점이라는 인식이 강한 반면, 실제 현실에서 발생할 가능성은 희박한 사안이므로 실무상 논의의 중요성을 얻지 못하는 영역으로 보일 수 있다. 하지만 상당히 최근 오상정당행위를 인정한 판례가 등장한 바 있으며, 발생이 희박하다고 해서 논의를 도외시해서는 안 될 것이

22) 대법원 2021. 12. 30. 선고 2021도9680 판결.

라고 생각한다. 최근 판례는 여전히 기존의 법리를 유지하여 착오에 정당한 이유가 있는 경우에 한하여 위법성이 조각된다고 판시하고 있다. 즉, 판례는 착오에 정당한 이유가 있으면 행위반가치가 탈락되는 것으로 파악하고 있다고 보이는데, 행위반가치의 결여로 인해 불법의 양 축의 한 기둥이 탈락되어 위법성이 조각된다고 이해할 여지도 있지만, 반대로 보면 행위반가치의 결여로 불법이 반만 인정된다고 주장할 수도 있기에 이와 관련한 명확한 근거가 뒷받침되지 않는 이상 판례는 논리적 결함의 문제를 여전히 안고 있다고 하겠다.

우리나라에서 주장되는 정당화 사정의 착오와 관련한 견해들은 구성요건적 착오 유추적용 내지 직접 적용설을 제외하고는 모두 고의불법을 인정하고 있는 것으로 보인다.[23] 부족한 이 글의 출발점은 행위반가치에 문제가 있음에도 엄격책임설과 법효과제한적 책임설 모두 고의불법을 그대로 인정하고 있다는 점이 항상 의문이었고, 이와 반대로 판례는 위법성이 조각된다고 하는 점이 의문이었으며, 대체 무엇이 타당한 것인지 진지하게 사유하지도 못한 것에 필자의 잘못에도 기인한다. 글을 작성하는 동안에 혼란이 사라진 것도 아니며, 정당화 사정에 관한 착오에 대하여 어떤 결론이 타당하다고 강하게 주장할 자신도 없다.

법률 문외한으로서의 일반인에게 오상방위 사례를 종종 질문하면 행위자의 입장과 피해자의 입장에 따라 다를 것 같다는 대답을 하는데, 이는 곧 불법과 책임을 구분하여 보아야 한다는 것과 맥을 같이 하는 대답이 아닌가 생각한다. 부족한 이 글의 논지도 이와 유사하다. 정리하자면 오상방위를 놓고 오상방위라는 '행위'에 대한 평가와 객관적 정당화 상황을 오인한 '개인'에 대한 평가를 구분하여 이해하고자 하였다. 정당방위 상황을 오인한 방위행위는 방위의사로 인해 행위반가치의 내용인 의사반가치는 상쇄되지만 행위반가치가 완전히 탈락되는 것이 아니라 감소된 정도만 남아 있는 것으로서 결과반가치와 함께 전체적으로 보면 축소된 형태의 불법이 인정되는 것으로 이해하고자 한다. 그리고 정당화 사정을 행위자가 경솔하게 착오한 것인지, 중대한 착오였는지 여부는 행위자 개인에 대한 평가인 책임영역의 문제이므로 책임단계에서 형법 제16조를 원용하여 해결하고자 한다. 따라서 행위자의 착오에 정당한 이유가 인정된다면 그 착오를 존중하여 책임이 조각되며, 착오에 정당한 이유가 있다고 볼 수 없다면 경솔한 착오로서 책임을 묻되 형을 필요적으로 감경하는 것

23) 김경락, 앞의 논문, 100면.

이 타당하다고 생각한다. 여기서 정당한 이유의 판단은 일반인이 행위자의 입장에서 행위자와 동일하게 착오를 할 수밖에 없었는지에 따라 결정되어야 할 것이다. 일반인 누구라도 행위자의 입장이었을 때 행위자와 달리 오인하지 않았으리라는 판단이 서게 되면 비난이 가능할 것인 반면, 행위자와 똑같이 행위할 수밖에 없었다면 과연 행위자를 비난할 수 있을 것인가?

마지막으로 우리 형법 제16조는 독일형법과 달리 형 감경 규정이 없어 형 감경의 근거가 부족하다는 비판도 있지만 축소된 정도의 불법이 인정되는 한 형을 필요적으로 감경하는 것이 타당하므로 불법의 양 만큼 그에 비례하여 책임을 물어야 하는 이상 형 감경은 논리 필연적이다.

이용식 교수님의 고희를 기념하여 본 논문집에 글을 올릴 수 있게 되어 감사의 마음을 가짐과 동시에 부족한 글이라는 점에서 누가 되지 않을까라는 염려의 마음을 가지고 글을 마치고자 한다.

제14 장

연결효과에 의한 상상적 경합 사례의 해결 방안

- 스토킹범죄처벌법위반을 중심으로 -

연결효과에 의한 상상적 경합 사례의 해결 방안*
- 스토킹범죄처벌법위반을 중심으로 -

서 효 원**

감사하고 존경하는 이용식 교수님께

1999년 법학부 형법 강의 때 교수님을 뵌 이후 지난 25년간 교수님께 받은 수많은 은혜를 생각하면 그 동안 제자로서 역할도 제대로 하지 못하였는데, 논문집 제작에 참여할 수 있는 기회를 주셔서 감사드립니다.

사법시험을 준비하면서 대학원에 진학하여 형법 공부를 계속 하고 싶다고 말씀드렸을 때 제자로 받아주시며 장학금 추천도 해주시고, 대학원 공부와 사법시험 준비를 병행할 수 있도록 배려해주셨던 은혜,

사법시험 2차를 치르고 불안정한 상황에 있을 때 석사논문 준비와 박사과정 진학을 독려해주셔서 헛되이 시간을 보내지 않도록 해주신 은혜,

사법연수원을 수료하고 군법무관을 하는 동안 박사과정에서 형사법의 이론적 체계를 잡고 실무로 나갈 수 있도록 해주신 은혜,

검사가 된 이후 결혼을 할 때 흔쾌히 주례를 맡아주셨던 은혜,

법무부 형사법제과에서 근무할 때 형법개정특별위원회 위원으로 활동하시면서 깊이 있는 가르침을 주셨던 은혜,

서울대 법학전문대학원에 검찰실무 교수로 파견되었을 때 박사학위를 받을 수 있도록 아낌없는 조언과 지원을 해주셨던 은혜 등 제가 교수님께 받은 크고 작은 은혜는 헤아릴 수 없을 정도입니다.

바쁘다는 핑계로 자주 인사도 드리지 못하는 부족한 제자이지만 흔들림없이 공부하는 것이 교수님의 은혜에 조금이라도 보답하는 길이라 생각하고, 실무를 하면서 가지게 된 여러 의문점에 대해 교수님의 가르침을 바탕으로 계속 연구해 나가도록 하겠습니다.

교수님의 고희를 축하드리고, 항상 건강하시길 기원합니다.

---

* 이 글은 2024. 3. 14.(목) 부산지방검찰청에서 개최된 제261회 영남형사판례연구회에서 발표한 내용을 수정·보완한 것임

** 법무부 행정소송과장(부장검사), 법학박사

Ⅰ. 들어가며

형법 제2장 제5절은 경합범이라는 표제로 제37조부터 제40조까지 4개의 조문을 두고 있다. 형법 제37조(경합범)는 “판결이 확정되지 아니한 수개의 죄 또는 금고 이상의 형에 처한 판결이 확정된 죄와 그 판결확정 전에 범한 죄를 경합범으로 한다.”고 규정한다. 형법 제38조(경합범과 처벌례), 제39조(판결을 받지 아니한 경합범, 수개의 판결과 경합범, 형의 집행과 경합범)는 제37조의 경합범에 대한 처벌 방식을 정한다. 형법 제40조(상상적 경합)는 “한 개의 행위가 여러 개의 죄에 해당하는 경우에는 가장 무거운 죄에 대하여 정한 형으로 처벌한다.”고 규정한다. 강학상 형법 제37조의 경합범을 실체적 경합, 제40조의 경합범을 상상적 경합이라 한다.

죄수론에 대해서는 구체적 사안에 따라 다양하게 해결하여야 할 실무적 문제로 양형으로 해결할 수 있다는 등의 이유로 범죄론에서 형벌론으로 죄수론의 체계적 지위가 옮겨가면서 논의가 표류된다는 지적이 있다.[1] 실무적으로 검사는 구체적인 사건에서 선고형이 부당한지 여부에 대해서는 많은 관심을 가지지만 선고형에 이르기까지 과정인 법정형, 처단형이 적절한 방식으로 산정되었는지에 대해서는 상대적으로 관심이 적은 것도 사실이다.

연결효과에 의한 상상적 경합은 실체적 경합과 상상적 경합이 중첩되는 영역으로 2개의 독립된 행위가 제3의 행위에 의하여 연결되어 서로 상상적 경합의 관계에 있을 수 있는가 하는 문제이다.[2] 종래 우리 학계에서 연결효과에 의한 상상적 경합에 대한 연구가 활발했다고 보기는 어렵다.[3] 관련 연구가 이러한 상황에 처하게 된 여러 이유가 있겠지만 현실에서 연결효과에 의한 상상적 경합이 문제되는 사례 자체가 많지 않다보니 상대적으로 관심을 가지지 못한 것도 주된 이유 중 하나가 될 수 있다고 본다.

하지만 2021. 10. 21. 스토킹범죄의 처벌 등에 관한 법률(이하 ‘스토킹처벌법’이라 한다)이 시행된 이후에는 연결효과에 의한 상상적 경합이 문제되는 사례가 현실에서 빈번하게 발생하고 있다. 과거에는 극히 예외적으로 발생했던 문제가 현재는 일상적

1) 편집대표 박상옥·김대휘, 주석 형법 총칙(제3판), 한국사법행정학회(2020), 274쪽(김대휘 집필 부분)
2) 위의 책, 362쪽
3) 2020년 이후 연결효과에 의한 상상적 경합을 주된 주제로 삼은 논문은 이창섭, “형법 제56조의 관점에서 본 연결효과에 의한 상상적 경합”, 연세법학 제41호, 연세대학교 법학연구소(2023)가 유일하고, 2000년대로 범위를 넓히더라도 관련 논문이 10개를 넘지 않는 것으로 보인다.

으로 발생하는 문제가 되었으므로 연결효과에 의한 상상적 경합이 문제되는 사례를 합리적으로 해결하기 위한 논의와 연구가 집중될 필요가 있다. 스토킹처벌법은 스토킹범죄를 "지속적 또는 반복적으로 스토킹행위"를 하는 것으로 정의하였다.[4] 스토킹범죄의 구성요건인 지속적 또는 반복적인 스토킹행위는 그 자체가 여러 개의 스토킹행위를 한 개의 죄로 규정한 것이기 때문에 그러한 스토킹범죄를 저지르는 과정에서 발생하는 다른 범죄들이 서로는 실체적 경합 관계에 있더라도 스토킹범죄와는 상상적 경합 관계에 놓이게 된다. 특히 스토킹처벌법은 스토킹행위자가 긴급응급조치나 잠정조치를 이행하지 아니한 경우를 별도의 형사처벌 대상으로 규정하고 있기 때문에 긴급응급조치나 잠정조치가 내려진 이후에 발생하는 스토킹행위는 긴급응급조치나 잠정조치 불이행으로 인한 스토킹처벌법위반과 스토킹범죄로 인한 스토킹처벌법

---

4) 스토킹처벌법 제2조(정의) 이 법에서 사용하는 용어의 뜻은 다음과 같다.

1. "스토킹행위"란 상대방의 의사에 반(反)하여 정당한 이유 없이 다음 각 목의 어느 하나에 해당하는 행위를 하여 상대방에게 불안감 또는 공포심을 일으키는 것을 말한다.

가. 상대방 또는 그의 동거인, 가족(이하 "상대방등"이라 한다)에게 접근하거나 따라다니거나 진로를 막아서는 행위

나. 상대방등의 주거, 직장, 학교, 그 밖에 일상적으로 생활하는 장소(이하 "주거등"이라 한다) 또는 그 부근에서 기다리거나 지켜보는 행위

다. 상대방등에게 우편·전화·팩스 또는「정보통신망 이용촉진 및 정보보호 등에 관한 법률」제2조제1항제1호의 정보통신망(이하 "정보통신망"이라 한다)을 이용하여 물건이나 글·말·부호·음향·그림·영상·화상(이하 "물건등"이라 한다)을 도달하게 하거나 정보통신망을 이용하는 프로그램 또는 전화의 기능에 의하여 글·말·부호·음향·그림·영상·화상이 상대방등에게 나타나게 하는 행위

라. 상대방등에게 직접 또는 제3자를 통하여 물건등을 도달하게 하거나 주거등 또는 그 부근에 물건등을 두는 행위

마. 상대방등의 주거등 또는 그 부근에 놓여져 있는 물건등을 훼손하는 행위

바. 다음의 어느 하나에 해당하는 상대방등의 정보를 정보통신망을 이용하여 제3자에게 제공하거나 배포 또는 게시하는 행위

1)「개인정보 보호법」제2조제1호의 개인정보

2)「위치정보의 보호 및 이용 등에 관한 법률」제2조제2호의 개인위치정보

3) 1) 또는 2)의 정보를 편집·합성 또는 가공한 정보(해당 정보주체를 식별할 수 있는 경우로 한정한다)

사. 정보통신망을 통하여 상대방등의 이름, 명칭, 사진, 영상 또는 신분에 관한 정보를 이용하여 자신이 상대방등인 것처럼 가장하는 행위

2. "스토킹범죄"란 지속적 또는 반복적으로 스토킹행위를 하는 것을 말한다.

제18조(스토킹범죄) ① 스토킹범죄를 저지른 사람은 3년 이하의 징역 또는 3천만원 이하의 벌금에 처한다.

② 흉기 또는 그 밖의 위험한 물건을 휴대하거나 이용하여 스토킹범죄를 저지른 사람은 5년 이하의 징역 또는 5천만원 이하의 벌금에 처한다.

위반에 모두 해당하게 된다.

이하에서는 연결효과에 의한 상상적 경합이 문제되는 사례 해결을 위한 전제로 우선 스토킹처벌법위반의 죄수 및 경합 관계를 검토하고(Ⅱ), 연결효과에 의한 상상적 경합에 대한 기존의 판례와 학설의 논의 상황을 분석한 후(Ⅲ), 상상적 경합의 비교단위설에 따라 연결효과에 의한 상상적 경합이 문제되는 사례를 해결할 필요가 있음을 논증하고, 스토킹처벌법위반과 관련된 구체적 사례에 이를 적용해 보고자 한다(Ⅳ).

Ⅱ. 스토킹처벌법위반의 죄수 및 경합 관계

1. 스토킹범죄와 잠정조치 등 불이행죄의 죄수

스토킹범죄는 지속적 또는 반복적인 스토킹행위이므로 자연적 의미에서 행위가 한 개인지 여러 개인지와는 상관 없이 스토킹범죄라는 하나의 죄가 성립한다는 점에 대해서는 별다른 의문이 없다.[5] 그런데 스토킹범죄가 성립하는 것과 별개로 당해 스토킹행위가 법원의 잠정조치나 사법경찰관의 긴급응급조치 불이행에 해당하여 이로 인한 스토킹처벌법위반이 성립하고, 여러 번에 걸쳐서 불이행 행위가 있는 경우에 이러한 불이행죄의 죄수를 어떻게 볼 것인지에 대해서는 실무상 혼선이 있다.[6] 이러

---

5) 물론 스토킹범죄의 경우도 언제부터 언제까지의 스토킹행위를 지속적 또는 반복적인 스토킹행위로서 하나의 스토킹범죄로 볼 수 있을 것인지 실무상 명확하지 않은 경우가 있고, 상당한 시간적 간격을 두고 범의가 갱신된 여러 개의 스토킹범죄도 성립할 수 있으나 이 글에서는 이러한 경우는 일단 논외로 한다.

6) 스토킹처벌법 제4조(긴급응급조치) ① 사법경찰관은 스토킹행위 신고와 관련하여 스토킹행위가 지속적 또는 반복적으로 행하여질 우려가 있고 스토킹범죄의 예방을 위하여 긴급을 요하는 경우 스토킹행위자에게 직권으로 또는 스토킹행위의 상대방이나 그 법정대리인 또는 스토킹행위를 신고한 사람의 요청에 의하여 다음 각 호에 따른 조치를 할 수 있다.
 1. 스토킹행위의 상대방등이나 그 주거등으로부터 100미터 이내의 접근 금지
 2. 스토킹행위의 상대방등에 대한 「전기통신기본법」 제2조제1호의 전기통신을 이용한 접근 금지 제9조(스토킹행위자에 대한 잠정조치) ① 법원은 스토킹범죄의 원활한 조사·심리 또는 피해자 보호를 위하여 필요하다고 인정하는 경우에는 결정으로 스토킹행위자에게 다음 각 호의 어느 하나에 해당하는 조치(이하 "잠정조치"라 한다)를 할 수 있다.
 1. 피해자에 대한 스토킹범죄 중단에 관한 서면 경고
 2. 피해자 또는 그의 동거인, 가족이나 그 주거등으로부터 100미터 이내의 접근 금지
 3. 피해자 또는 그의 동거인, 가족에 대한 「전기통신기본법」 제2조제1호의 전기통신을 이용한 접근 금지

한 상황은 스토킹처벌법위반 외에 가정폭력처벌법위반의 경우에도 발생한다. 스토킹처벌법이 잠정조치, 긴급응급조치를 불이행한 경우를 형사처벌 대상으로 규정하고 있는 것과 마찬가지로 가정폭력처벌법은 보호처분, 피해자보호명령, 임시보호명령, 임시조치를 불이행한 경우를 형사처벌 대상으로 규정하고 있는데,[7] 통상 위와 같은 보호처분 등에 대한 불이행은 한 번이 아닌 여러 번에 걸쳐서 반복적으로 발생하기 때문이다.

스토킹처벌법의 잠정조치 불이행의 죄수에 대해서는 ① 각각의 위반 행위별로 별 죄가 성립한다는 견해, ② 잠정조치별로 포괄하여 별 죄가 성립한다는 견해, ③ 단일한 범의로 반복적으로 범행한 경우에는 포괄일죄가 성립한다는 견해 ④ 잠정조치 위반 행위의 태양별로 별 죄가 성립한다는 견해 등이 다양하게 있을 수 있다.[8]

제20조(벌칙) ① (생략)
② 제9조제1항제2호 또는 제3호의 잠정조치를 이행하지 아니한 사람은 2년 이하의 징역 또는 2천만원 이하의 벌금에 처한다.
③ 긴급응급조치(검사가 제5조제2항에 따른 긴급응급조치에 대한 사후승인을 청구하지 아니하거나 지방법원 판사가 같은 조 제3항에 따른 승인을 하지 아니한 경우는 제외한다)를 이행하지 아니한 사람은 1년 이하의 징역 또는 1천만원 이하의 벌금에 처한다.

7) 가정폭력처벌법 제29조(임시조치) ① 판사는 가정보호사건의 원활한 조사·심리 또는 피해자 보호를 위하여 필요하다고 인정하는 경우에는 결정으로 가정폭력행위자에게 다음 각 호의 어느 하나에 해당하는 임시조치를 할 수 있다.
1. 피해자 또는 가정구성원의 주거 또는 점유하는 방실(房室)로부터의 퇴거 등 격리
2. 피해자 또는 가정구성원이나 그 주거·직장 등에서 100미터 이내의 접근 금지
3. 피해자 또는 가정구성원에 대한 「전기통신기본법」 제2조제1호의 전기통신을 이용한 접근 금지
제40조(보호처분의 결정 등) ① 판사는 심리의 결과 보호처분이 필요하다고 인정하는 경우에는 결정으로 다음 각 호의 어느 하나에 해당하는 처분을 할 수 있다.
1. 가정폭력행위자가 피해자 또는 가정구성원에게 접근하는 행위의 제한
2. 가정폭력행위자가 피해자 또는 가정구성원에게 「전기통신기본법」 제2조제1호의 전기통신을 이용하여 접근하는 행위의 제한
3. 가정폭력행위자가 친권자인 경우 피해자에 대한 친권 행사의 제한
제63조(보호처분 등의 불이행죄) ① 다음 각 호의 어느 하나에 해당하는 가정폭력행위자는 2년 이하의 징역 또는 2천만원 이하의 벌금 또는 구류(拘留)에 처한다.
1. 제40조제1항제1호부터 제3호까지의 어느 하나에 해당하는 보호처분이 확정된 후에 이를 이행하지 아니한 가정폭력행위자
2. 제55조의2에 따른 피해자보호명령 또는 제55조의4에 따른 임시보호명령을 받고 이를 이행하지 아니한 가정폭력행위자
② 정당한 사유 없이 제29조제1항제1호부터 제3호까지의 어느 하나에 해당하는 임시조치를 이행하지 아니한 가정폭력행위자는 1년 이하의 징역 또는 1천만원 이하의 벌금 또는 구류에 처한다.
③ 상습적으로 제1항 및 제2항의 죄를 범한 가정폭력행위자는 3년 이하의 징역이나 3천만원 이하의 벌금에 처한다.

검사들은 주로 ①의 방식에 따라 각각의 위반 행위별로 별도의 스토킹처벌법위반이 성립함을 전제로 기소하는 것이 일반적인 실무례로 보인다. 현재까지 대법원이 잠정조치 불이행죄의 죄수에 대해 직접적으로 언급한 사례는 확인되지 않는다. 하급심 판결은 기본적으로 ①의 입장을 취하는 경우가 다수인 것으로 보이기는 하나, ③의 입장을 취하는 경우도 적지 않고, 그 외에도 다양한 입장을 취하고 있다.

판결문의 이유 중 법령의 적용 부분에서 범죄사실에 대한 해당법조를 보면 잠정조치위반죄의 죄수에 대한 당해 판결의 입장을 엿볼 수 있다. 하급심에서는 불이행 행위별로 별 죄가 성립함을 전제로 단순히 스토킹처벌법 제20조, 제9조 제1항 제2호(잠정조치 불이행의 점)만 기재한 사례,[9] 스토킹처벌법 제20조, 제9조 제1항 제2호, 제3호(잠정조치 불이행의 점, 포괄하여)로 기재한 사례,[10] 스토킹처벌법 제9조 제1항 제2호, 제3호(잠정조치위반의 점, 피해자별로 포괄하여)로 기재한 사례,[11] 스토킹처벌법 제20조, 제9조 제1항 제2호, 제3호(잠정조치 불이행의 점, 각 잠정조치에 대한 위반행위별로 포괄하여)로 기재한 사례[12] 등 다양한 방식으로 잠정조치 불이행의 죄수를 판단하고 있다.[13]

2. 스토킹범죄와 잠정조치 등 불이행죄의 경합 관계

잠정조치 등 불이행의 죄수에 대해 아직 확립된 실무례가 형성되지 않은 것처럼 스토킹범죄와 잠정조치 등 불이행죄의 경합 관계에 대해서도 실무상 이를 상상적 경합으로 보는 입장, 실체적 경합으로 보는 입장이 모두 존재한다.

대법원이 스토킹범죄와 잠정조치 등 불이행죄의 경합 관계에 대해 명시적으로 판단한 사례는 확인되지 않는다. 하급심은 피고인에 대한 잠정조치 결정 이후의 스토킹범죄로 인한 스토킹처벌법위반죄와 잠정조치 불이행으로 인한 스토킹처벌법위반죄는 상호간 그 범행일시와 장소, 범행내용이 모두 동일하므로 사회관념상 1개의 행위로 평가함이 타당하다는 이유로 상상적 경합 관계로 본 경우가 있다.[14] 이와는 달리

8) 가정폭력처벌법의 보호처분 불이행죄 등에 대해서도 동일한 상황이다.
9) 대전지방법원 2023. 8. 23. 선고 2023노1723 판결
10) 부산고등법원 2023. 7. 17. 선고 (창원)2023노40 판결
11) 서울고등법원 2023. 6. 14. 선고 (춘천)2022노258 판결
12) 서울고등법원 2023. 7. 6. 선고 2023노787 판결
13) 이 글에서 인용된 사례가 특별히 대표성이 있는 사례는 아니며, 비교적 최근에 선고된 고등법원 판결을 위주로 필자가 임의로 선별한 것이다.

잠정조치불이행으로 인한 스토킹처벌법위반죄는 스토킹범죄의 원활한 조사·심리 또는 피해자 보호를 위해 법원이 한 잠정조치결정을 위반한 행위를 처벌하는 것으로 스토킹행위로 인한 스토킹처벌법위반죄와는 그 보호법익에 차이가 있는 점, 구성요건상 양 죄는 동시에 성립할 수밖에 없는데, 양 죄를 상상적 경합범 관계로 본다면 법정형이 더 무거운 스토킹행위로 인한 스토킹범죄처벌법위반죄에서 정한 형으로만 처벌하게 되어 잠정조치불이행으로 인한 스토킹처벌법위반죄는 사실상 무의미해지는 결과가 초래되는 점 등에 비추어 보면, 잠정조치불이행으로 인한 스토킹처벌법위반죄와 스토킹행위로 인한 스토킹처벌법위반죄는 실체적 경합범 관계에 있다고 봄이 타당하다고 판단한 경우도 있다.15)

3. 검토

잠정조치 등 불이행죄의 죄수나 스토킹범죄와 잠정조치 등 불이행죄의 경합 관계를 어떻게 평가할 것인지는 죄수론이나 경합론 전반에 대한 고민이 필요한 부분이다. 해당 내용이 이 글의 주된 논의 대상은 아니므로 여기서 상세히 검토할 수는 없지만 이 글의 주제인 연결효과에 의한 상상적 경합이 문제되는 스토킹처벌법위반 사례를 논의하기 위한 전제가 되는 쟁점이므로 간략히 필자의 입장을 밝히도록 한다.

잠정조치 등 불이행죄의 죄수에 대하여는, 현실에서 스토킹행위자가 잠정조치 등 불이행죄를 여러 차례에 걸쳐서 반복적으로 저지르는 경우가 많은 것은 사실이지만 스토킹처벌법에서 규정하는 잠정조치 등 불이행죄의 구성요건이 반드시 다수의 잠정조치 등 불이행을 전제하고 있는 것은 아니고, 1회의 불이행으로도 잠정조치 등 불이행죄가 성립한다. 또한 잠정조치 등 불이행죄가 계속범, 영업범의 성질을 가지고 있는 것도 아니므로, 각각의 잠정조치 등 불이행 행위별로 별개의 잠정조치 등 불이행죄가 성립한다고 보는 것이 타당하다고 생각한다.16)

14) 부산고등법원 2023. 7. 17. 선고 (창원)2023노40 판결 및 대상판결도 동일한 입장이다.

15) 서울고등법원 2023. 6. 14. 선고 (춘천)2022노258 판결

16) 대법원이 무면허운전죄의 죄수에 대해 "무면허운전으로 인한 도로교통법위반죄에 있어서는 어느 날에 운전을 시작하여 다음날까지 동일한 기회에 일련의 과정에서 계속 운전을 한 경우 등 특별한 경우를 제외하고는 사회통념상 운전한 날을 기준으로 운전한 날마다 1개의 운전행위가 있다고 보는 것이 상당하므로 운전한 날마다 무면허운전으로 인한 도로교통법위반의 1죄가 성립한다고 보아야 할 것이고, 비록 계속적으로 무면허운전을 할 의사를 가지고 여러 날에 걸쳐 무면허운전행위를 반복하였다 하더라도 이를 포괄하여 일죄로 볼 수는 없다(대법원 2002. 7. 23. 선고 2001도6281 판결)"고 판시한 것과 유사하게 기본적으로 잠정조치 불이행죄는 행위별로 별 죄가 성립하나 동일한

법원에서 잠정조치 결정을하거나 사법경찰관이 긴급응급조치를 한 이후 스토킹행위를 계속하는 경우에는 잠정조치 등 불이행죄와 스토킹범죄가 동시에 성립하는 것이 일반적이다.[17] 양 죄가 보호법익에 차이가 있다거나, 상상적 경합을 인정하면 사실상 잠정조치 등 불이행죄가 무의미해지는 결과를 초래한다는 지적은 타당하지만 그러한 이유만으로 완전히 동일한 한 개의 행위를 수 개의 행위로 보는 것은 해석론의 범위를 벗어난 것이므로 양 죄는 (전형적인) 상상적 경합 관계로 보는 것이 타당하다.

입법론적으로는 단순 스토킹범죄 외에 잠정조치 상태에서 스토킹범죄를 저지른 경우에는 결합범 형태로 가중처벌하는 규정을 두는 것을 적극적으로 고려할 필요가 있다. 이는 잠정조치 불이행죄와 스토킹범죄를 실체적 경합으로 무리하게 해석하는 방식보다 잠정조치 제도의 실효성을 더욱 높이는 방안이 될 수 있다고 생각한다.

Ⅲ. 연결효과에 의한 상상적 경합의 논의 상황

1. 판례의 태도

가. 대법원의 입장

(1) 연결하는 범죄의 법정형이 더 무거운 경우

대법원은 공무원이 건축사 사무실 직원으로부터 다세대주택 건축에 애로가 있으니 토지 경계선과 도시계획 도로선을 일치시켜 달라는 부탁을 받고 300만원을 뇌물로 수수한 후, 도시계획도로선을 새로 긋는 방법으로 공도화인 도시계획도를 변조하고, 변조한 도시계획도를 비치하여 행사한 사안에서 “형법 제131조 제1항의 수뢰후부정처사죄에 있어서 공무원이 수뢰후 행한 부정행위가 공도화변조 및 동행사죄와 같이 보호법익을 달리하는 별개 범죄의 구성요건을 충족하는 경우에는 수뢰후부정처

시기에 한 번에 보낼 수 있는 문자메시지를 단순히 여러 번에 끊어서 보낸 것에 불과한 경우나 접근한 상태에서 이탈하지 않고 계속 머물러 있는 경우라면 하나의 죄로 평가할 수 있을 것이다.

17) 아주 예외적인 경우이겠으나, 상대방이 연락을 요청하여 그에 따라 행위자가 연락을 하였다면 상대방의 의사에 반하지 않는 연락이므로 스토킹범죄는 성립하지 않지만 잠정조치 불이행죄에는 해당될 수 있을 것이다.

사죄 외에 별도로 공도화변조 및 동행사죄가 성립하고 이들 죄와 수뢰후부정처사죄는 각각 상상적 경합 관계에 있다고 할 것인바, 이와 같이 공도화변조죄와 동행사죄가 수뢰후부정처사죄와 각각 상상적 경합범 관계에 있을 때에는 공도화변조죄와 동행사죄 상호간은 실체적 경합범 관계에 있다고 할지라도 상상적 경합범 관계에 있는 수뢰후부정처사죄와 대비하여 가장 중한 죄에 정한 형으로 처단하면 족한 것이고 따로이 경합범 가중을 할 필요가 없다."고 판시하였다.[18]

위 판결과 관련하여 대법원이 연결효과에 의한 상상적 경합 이론을 받아들인 것인지에 대하여 다양한 평가가 있다.[19] 최소한 연결하는 범죄의 법정형이 더 무거운 경우에는 이중평가를 방지하는 연결효과에 의한 상상적 경합을 간접적으로 인정한 것으로 이해하는 입장이 일반적인 것으로 보이나,[20] 대법원이 연결효과 이론을 긍정한 것이 아니라 형법의 일반적인 법령적용 순서에 따라 법령을 적용한 결과로 이해할 수 있다는 견해도 있다.[21]

(2) 연결하는 범죄의 법정형이 더 가벼운 경우

대법원은 공무원이 범인도피를 위하여 허위공문서를 작성하여 행사한 사건에서 허위공문서작성죄 및 동행사죄는 범인도피죄와 각각 상상적 경합관계에 있다고 보면서도 상상적 경합관계에 있는 허위공문서작성죄와 범인도피죄 사이에서는 형이 더 무거운 허위공문서작성죄에 정한 형으로, 허위작성공문서행사죄와 범인도피죄 사이에서는 형이 더 무거운 허위작성공문서행사죄에 정한 형으로 각 처벌하되, 허위공문서작성죄와 동행사죄는 실체적 경합범 관계에 있으므로 경합범 가중을 하여야 한다고 판시하였다.[22] 대법원이 연결효과에 의한 상상적 경합의 인정 여부나 성립 범위에 대해 언급하지는 않았으나, 위와 같은 판시 내용에 비추어 보면 최소한 대법원이 연결되는 범죄와 연결하는 범죄의 법정형 중 어느 쪽이 무거운지와 상관없이 연결효과에 의한 상상적 경합을 인정하거나 부정하는 입장은 아닌 것으로 보인다.

---

18) 대법원 2001. 2. 9. 선고 2000도1216 판결

19) 동일한 판시시내용에 대해 상반된 평가가 내려질 수 있는 것은 대법원이 결론에 이르는 과정을 논증적으로 설명하고 있지 않은 것이 일차적인 이유가 있다는 지적이 있으며 타당하다고 본다. 김성돈, "이중평가금지와 연결효과에 의한 상상적 경합", 형사판례연구 제10권, 형사판례연구회(2002), 178쪽

20) 각주 1)의 책, 364쪽 이하

21) 이창섭, 각주 3)의 논문, 615쪽

22) 대법원 2005. 4. 14. 선고 2005도114 판결

나. 하급심의 입장

(1) 연결효과에 의한 상상적 경합을 전면적으로 긍정한 경우

일부 하급심 판결은 대법원 2001. 2. 9. 선고 2000도1216 판결을 참조 판결로 적시하면서 대법원이 연결효과에 의한 상상적 경합을 긍정하는 것으로 이해하고, 당해 판결에서 명시적으로 연결효과에 의한 상상적 경합을 인정하였다. 아래 하급심 판결의 범죄사실은 연결하는 범죄의 법정형이 더 무거운 위 대법원 판결의 사안과 달리 연결하는 범죄의 법정형이 더 가벼운 경우에 해당하지만 연결효과에 의한 상상적 경합을 인정하여 3개의 범죄가 모두 상상적 경합에 있는 경우와 동일하게 취급하였다.

서울중앙지방법원은 피고인이 2017. 6. 23. 20:10경부터 22:00경까지 피해자를 억지로 차에 태우고 다녀 감금을 한 상태에서 2017. 6. 23. 20:10경 1회 강간을 하고, 2017. 6. 23. 21:00경 재차 강간을 한 사건에서, 2회의 강간죄와 감금죄 상호간은 각각 상상적 경합관계에 있는데, "이와 같이 이른바 연결효과에 의한 상상적 경합관계가 인정되는 경우 가장 중한 죄에 정한 형으로 처단하면 족하므로(대법원 2001. 2. 9. 선고 2000도1216 판결 참조)" 위 각 죄와 관련하여서는 형과 범정이 가장 무거운 첫 번째 강간죄에 정한 형으로 처벌하고 따로 경합범 가중을 하지 아니한다고 판시하였다.[23] 항소심인 서울고등법원에서도 피고인의 양형부당 주장을 받아들여 원심판결을 파기하고 형을 다시 선고하면서도 상상적 경합과 관련된 원심의 법령 적용은 그대로 인용하여 연결효과에 의한 상상적 경합을 인정하였다.[24] 형법 제297조 강간죄의 법정형은 3년 이상의 유기징역이고, 형법 제276조 제1항 감금죄의 법정형은 5년 이하의 징역 또는 700만원 이하의 벌금이므로 강간죄의 법정형이 더 무거움에도 불구하고 연결효과에 의한 상상적 경합을 인정하여 연결되는 범죄인 2회의 강간죄와 연결하는 범죄인 감금죄 모두를 상상적 경합관계에 있는 것처럼 다룬 것이다.

또한 서울중앙지방법원은 피고인이 만 16세의 피해자에게 피고인의 지시를 따르지 않는다면 소지하고 있는 피해자의 나체 사진을 유포하겠다고 협박하여 피해자와 영상통화를 하면서 피해자로 하여금 자위 행위를 하게 하고 그 장면을 녹화하여 아동·청소년의성보호에관한법률위반(음란물제작·배포등)죄와 아동·청소년의성보호에관한법률위반(강제추행)죄, 아동복지법위반(아동에대한음행강요·매개·성희롱등)죄를 범한 사건에

23) 서울중앙지방법원 2018. 5. 25. 선고 2018고합73, 222(병합)
24) 서울고등법원 2019. 1. 8. 선고 2018노1519 판결

서 “아동·청소년의성보호에관한법률위반(음란물제작·배포등)죄와 아동·청소년의성보호에관한법률위반(강제추행)죄는 실체적 경합관계에 있다고 할 것이나, 위 각 범행과 아동복지법위반(아동에대한음행강요·매개·성희롱등)의 범행은 각각 상상적 경합 관계에 있다. 결과적으로 각 범죄는 아동복지법위반(아동에대한음행강요·매개·성희롱등)죄를 매개로 한 연결효과에 의해, 각 일시·장소별로 모두 상상적 경합관계에 있게 된다(대법원 2001. 2. 9. 선고 2000도1216 판결 참조)”고 보아 형이 가장 무거운 아동·청소년의성보호에관한법률위반(음란물제작·배포등)죄에 정한 형으로 처벌한다고 판시하였다.[25] 항소심인 서울고등법원에서도 피고인의 양형부당 주장을 받아들여 원심판결을 파기하고 형을 다시 선고하면서도 상상적 경합과 관련된 원심의 법령 적용은 그대로 인용하여 연결효과에 의한 상상적 경합을 인정하였다.[26] 구 아동·청소년의성보호에관한법률(2020. 6. 2. 법률 제17338호로 개정되어 같은 날 시행되기 전의 것) 제11조 제1항의 아동·청소년이용음란물 제작의 법정형은 무기징역 또는 5년 이상의 징역이고, 아동·청소년의성보호에관한법률 제7조 제3항, 형법 제298조의 아동·청소년 강제추행의 법정형은 2년 이상의 유기징역 또는 1천만원 이상 3천만원 이하의 벌금이며, 아동복지법 제71조 제1항 제1의2호, 제17조 제2호의 아동에대한음행강요·매개·성희롱등의 법정형은 10년 이하의 징역 또는 1억원 이하의 벌금이므로 연결되는 범죄인 아동·청소년이용음란물 제작 및 아동·청소년 강제추행이 연결하는 범죄인 아동복지법위반보다 법정형이 더 무겁지만 모두를 상상적 경합관계에 있는 것처럼 다루었다.

서울고등법원은 “사전선거운동으로 인한 공직선거법위반죄와 탈법방법에 의한 영상 상영으로 인한 공직선거법위반죄, 확성장치 사용으로 인한 공직선거법위반죄 사이에 이른바 연결 효과에 의한 상상적 경합관계가 인정되어 가장 중한 죄에 정한 형으로 처단하면 족하므로(대법원 2001. 2. 9. 선고 2000도1216 판결 참조), 범정이 가장 무거운 확성장치 사용으로 인한 공직선거법위반죄에 정한 형으로 처벌(따로 경합범 가중을 하지 아니함)”한 사례도 있다.[27]

위 하급심 판결들은 모두 연결하는 범죄의 법정형이 더 무거운 경우 가장 중한

---

25) 서울중앙지방법원 2022. 10. 24. 선고 2022고합319 판결

26) 서울고등법원 2023. 3. 28. 선고 2022노2805, 2022전노127(병합) 판결

27) 서울고등법원 2023. 5. 25. 선고 2023노219 판결, 이 사건의 상고심인 대법원 2023. 8. 31. 선고 2023도7333 판결은 원심의 이유 무죄 부분에 대한 검사의 상고에 대해서는 원심 판단에 법리 오해가 없다는 등의 이유로 기각하면서 원심이 연결 효과에 의한 상상적 경합을 인정한 부분에 대해서는 별도로 언급을 하지 않았다.

죄에 정한 형으로 처단하면 족하다고 본 대법원 판결(대법원 2001. 2. 9. 선고 2000도1216 판결)을 참조 판결로 적시하면서 연결효과에 의한 상상적 경합을 긍정하였다. 그러나 위 하급심 판결들은 오히려 당해 사안과 유사한 경우에 대해 연결하는 범죄의 법정형이 더 가벼운 경우에는 (연결효과에 의한 상상적 경합이 인정되지 않으므로) 상상적 경합 관계에 있는 형이 더 무거운 연결되는 죄에 정한 형으로 각각 처벌하되, 각 죄는 실체적 경합범 관계에 있으므로 경합범 가중을 하여야 한다고 본 대법원 판결(대법원 2005. 4. 14. 선고 2005도114 판결)에 대해서는 별도로 언급하지 않았다.

(2) 연결하는 범죄의 법정형에 따라 상상적 경합 성립 범위를 달리 본 경우

서울고등법원은 피고인이 피해자를 협박한 가정폭력 행위에 관하여 피해자나 그의 주거 및 직장에서 100미터 이내의 접근금지, 피해자의 핸드폰 또는 이메일로 부호, 문언, 음향 또는 영상을 송신하지 아니할 것 등을 내용으로 하는 임시조치 결정을 받은 상태에서 여러 번 피해자의 휴대전화로 메시지나 사진 파일을 전송하거나 부재중 전화 표시가 나타나게 하여 임시조치를 이행하지 아니함과 동시에 반복적으로 스토킹행위를 하고(제1의 가항), 피해자가 거주하는 곳에 찾아가 임시조치를 이행하지 아니함과 동시에, 반복적으로 스토킹행위를 하고(제1의 나항), 피해자의 집을 찾아가 위협적인 발언을 하였다가 협박으로 입건된 뒤, 경찰로부터 위 사건이 검찰에 송치되었다는 문자메시지를 받자 화가 나 보복할 것을 마음먹고, 피해자에게 “검찰에 송치했더만”, “살고 싶으면 도망가 O년아”라는 카카오톡 메시지를 전송하여 자기의 형사사건의 수사와 관련하여 수사단서의 제공 및 진술에 대한 보복의 목적으로 피해자를 협박하고, 이와 동시에 정당한 사유 없이 임시조치를 이행하지 아니하고, 반복적으로 스토킹행위(제2항)를 한 사안에서 죄수관계를 아래 그림과 같이 정리하였다.[28]

28) 서울고등법원 2022. 11. 24. 선고 2022노2157 판결

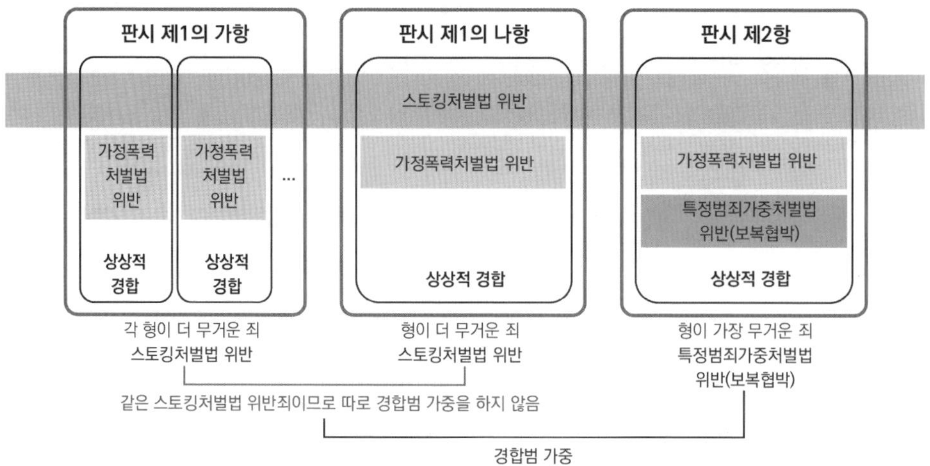

위 사건의 1심인 인천지방법원 부천지원 2022. 8. 12. 선고 2022고합129 판결은 범죄사실 제1의 가항 해당법조 부분에 스토킹범죄의 처벌 등에 관한 법률 제18조 제1항[29](스토킹범죄의 점, 포괄하여), 가정폭력범죄의 처벌 등에 관한 특례법 제63조 제2항,[30] 제29조 제1항 제3호[31](전기통신 이용 접근금지 임시조치 불이행의 점, 포괄하여), 범죄사실 제1의 나항 해당법조 부분에 스토킹범죄의 처벌 등에 관한 법률 제18조 제1항(스토킹범죄의 점), 가정폭력범죄의 처벌 등에 관한 특례법 제63조 제2항, 제29조 제1항 제2호(100미터 이내 접근금지 임시조치 불이행의 점), 범죄사실 제2항 해당법조 부분에 특정범죄 가중처벌 등에 관한 법률 제5조의9 제2항[32], 제1항, 형법 제283조

29) 스토킹범죄의 처벌 등에 관한 법률 제18조(스토킹범죄) ① 스토킹범죄를 저지른 사람은 3년 이하의 징역 또는 3천만원 이하의 벌금에 처한다.

30) 가정폭력범죄의 처벌 등에 관한 특례법 제29조(임시조치) ① 판사는 가정보호사건의 원활한 조사·심리 또는 피해자 보호를 위하여 필요하다고 인정하는 경우에는 결정으로 가정폭력행위자에게 다음 각 호의 어느 하나에 해당하는 임시조치를 할 수 있다.
1. 피해자 또는 가정구성원의 주거 또는 점유하는 방실(房室)로부터의 퇴거 등 격리
2. 피해자 또는 가정구성원이나 그 주거·직장 등에서 100미터 이내의 접근 금지
3. 피해자 또는 가정구성원에 대한 「전기통신기본법」 제2조제1호의 전기통신을 이용한 접근 금지
제63조(보호처분 등의 불이행죄) ① (생략)
② 정당한 사유 없이 제29조제1항제1호부터 제3호까지의 어느 하나에 해당하는 임시조치를 이행하지 아니한 가정폭력행위자는 1년 이하의 징역 또는 1천만원 이하의 벌금 또는 구류에 처한다.

31) 1심 원판결문에는 제2호로 기재되어 있으나, 제3호의 명백한 오기로 보이므로 필자가 수정하였다.

32) 특정범죄 가중처벌 등에 관한 법률 제5조의9(보복범죄의 가중처벌 등) ① 자기 또는 타인의 형사사건의 수사 또는 재판과 관련하여 고소·고발 등 수사단서의 제공, 진술, 증언 또는 자료제출에 대한 보복의 목적으로 「형법」 제250조제1항의 죄를 범한 사람은 사형, 무기 또는 10년 이상의 징역에 처한다. 고소·고발 등 수사단서의 제공, 진술, 증언 또는 자료제출을 하지 못하게 하거나 고소·고

제1항(보복목적 협박의 점), 스토킹범죄의 처벌 등에 관한 법률 제18조 제1항(스토킹범죄의 점), 가정폭력범죄의 처벌 등에 관한 특례법 제63조 제2항, 제29조 제1항 제3호(전기통신 이용 접근금지 임시조치 불이행의 점)를 기재하고, 상상적 경합 단계에서 범죄사실 제1의 가항은 형이 더 무거운 스토킹처벌법위반죄에 정한 형으로 처벌, 범죄사실 제1의 나항도 형이 더 무거운 스토킹처벌법위반죄에 정한 형으로 처벌, 범죄사실 제2항은 형이 가장 무거운 특정범죄가중처벌등에관한법률위반(보복협박등)죄에 정한 형으로 처벌하는 것으로 보았으며, 경합범 가중 단계에서 형이 가장 무거운 특정범죄가중처벌등에관한법률위반(보복협박등)죄에 정한 형에 위 모든 죄의 장기형을 합산한 범위 내에서 경합범 가중을 하였다.[33]

하지만 항소심인 서울고등법원은 상상적 경합 단계에서 "스토킹범죄의 처벌 등에 관한 법률 위반죄, 원심 판시 범죄사실 제2항의 가정폭력범죄의 처벌 등에 관한 특례법 위반죄, 특정범죄가중처벌등에관한법률위반(보복협박등)죄 상호 간, 형이 가장 무거운 특정범죄가중처벌등에관한법률위반(보복협박등)죄에 정한 형으로 처벌, 스토킹범죄의 처벌 등에 관한 법률 위반죄와 원심 판시 범죄사실 제2항을 제외한 나머지 각 가정폭력범죄의 처벌 등에 관한 특례법 위반죄 상호 간, 각 형이 더 무거운 스토킹범죄의 처벌 등에 관한 법률 위반죄에 정한 형으로 처벌"하기로 하고, 경합범 가중 단계에서는 "스토킹범죄의 처벌 등에 관한 법률 위반죄와 특정범죄가중처벌등에관한법률위반(보복협박등)죄 상호 간, 형이 더 무거운 특정범죄가중처벌등에관한법률위반(보복협박등)죄에 정한 형에 위 두 죄의 장기형을 합산한 범위 내에서 경합범 가중"을 하였다. 위 서울고등법원 판결은 "대법원은 2001. 2. 9. 선고 2000도1216 판결에서 C죄가 A죄, B죄에 비해 형이 중한 사안에서 A죄와 B죄가 C죄와 각각 상상적 경합범 관계에 있을 때 A죄와 B죄 상호 간은 실체적 경합범 관계에 있다고 할지라도 상상적 경합범 관계에 있는 C죄와 대비하여 가장 중한 C죄에 정한 형으로 처단하면 족한 것이고 따로 C죄에 대하여 경합범 가중을 할 필요가 없다고 하였는바, 이는 상상적 경합 단계에서 각각 C죄에 정한 형으로 처벌하는 것으로 정하였다가 경합범 가중 단계에 이르러서는 단일한 C죄를 이중으로 평가하여 경합범 가중을 하는 불합리

발을 취소하게 하거나 거짓으로 진술·증언·자료제출을 하게 할 목적인 경우에도 또한 같다.

② 제1항과 같은 목적으로 「형법」 제257조제1항·제260조제1항·제276조제1항 또는 제283조제1항의 죄를 범한 사람은 1년 이상의 유기징역에 처한다.

33) 따라서 1심 판결 양형의 이유에는 "법률상 처단형의 범위: 징역 1년~36년"으로 기재되어 있다.

가 발생하기 때문에 따로 경합범 가중을 하지 않은 것이다. 반면 대법원은 2005. 4. 14. 선고 2005도114 판결에서 A죄, B죄가 C죄보다 중한 사안의 경우 원칙으로 돌아가 상상적 경합범 관계에 있는 A죄와 C죄 사이에서는 형이 더 무거운 A죄에 정한 형으로, B죄와 C죄 사이에서는 형이 더 무거운 B죄에 정한 형으로 각 처벌하되, A죄와 B죄는 실체적 경합범 관계에 있으므로 경합범 가중을 하여야 한다고 하였다. 이에 따라 위 스토킹범죄의 처벌 등에 관한 법률 위반죄 상호 간은 따로 경합범 가중을 하지 않고, 스토킹범죄의 처벌 등에 관한 법률 위반죄와 특정범죄가중처벌등에관한법률위반(보복협박등)죄 상호 간은 원칙으로 돌아가 경합범 가중을 하기로 한다"고 판시하여 위와 같이 경합 관계를 파악하는 이유를 밝혔다.[34]

위 판결은 연결효과에 의한 상상적 경합의 인정 여부나 범위에 대해서는 직접적인 언급을 하지 않으면서 ① 판시 제1의 가. 나항 부분에 대해서는 임시조치를 위반한 각각의 가정폭력처벌법위반죄와 스토킹처벌법위반죄는 상상적 경합 관계에 있으나(즉 연결효과에 의한 상상적 경합 적용 여부가 문제되는 사례에 해당하나) 스토킹처벌법위반죄가 가정폭력처벌법위반죄보다 형이 더 무거우므로 스토킹처벌법위반죄에 정한 형으로만 처벌하면 되고, ② 판시 제2항 부분에 대해서는 보복협박으로 인한 특정범죄가중법위반죄와 가정폭력처벌법위반죄, 스토킹처벌법위반죄가 상상적 경합 관계에 있으나 형이 가장 무거운 특정범죄가중법위반죄에 정한 형으로 처벌해야 하며, ③ 판시 제1의 가. 나항 부분에서 정한 스토킹처벌법위반죄와 판시 제2항 부분에서 정한 특정범죄가중법위반죄는 실체적 경합 관계에 있으므로 경합범 가중을 하는 것으로 판단하였다.

위 판결의 범죄사실인 판시 제1의 가. 나항과 판시 제2항은 모두 포괄일죄인 스토킹처벌법위반죄로 연결되어 있다. 그럼에도 불구하고 판시 제1항 부분은 상상적 경합 관계에 있는 죄 중 형이 더 무거운 스토킹처벌법위반죄에 정한 형으로 처벌하고, 판시 제2항 부분은 상상적 경합 관계에 있는 죄 중 형이 가장 무거운 특정범죄가중법위반죄에 정한 형으로 처벌하기로 한 후, 양자는 실체적 경합 관계에 있다고 본 것이다. 위 판결은 ① 부분과 관련하여서는 연결하는 범죄의 법정형이 가장 무거운 경우에는 그 죄에 정한 형으로 처단하면 족하다는 대법원의 입장을 따른 것으로 보이나, 대법원이 입장을 밝힌 바가 없는 연결하는 범죄의 법정형이 가장 무겁거나

34) 따라서 항소심 판결 양형의 이유에는 "법률상 처단형의 범위: 징역 1년~33년"으로 기재되어 있다.

가장 가볍지 않고 연결되는 범죄들의 법정형 가운데 위치하는 경우에는 원래 상상적 경합 관계인 연결되는 범죄 중 법정형이 더 무거운 범죄와 연결하는 범죄를 실체적 경합 관계로 본 것으로 평가할 수 있다.[35)]

2. 학설의 대립

연결효과에 의한 상상적 경합 인정 여부에 대해 학설은 크게 긍정설과 부정설로 나눌 수 있다. 긍정설은 다시 전면적 긍정설과 제한적 긍정설로 나눌 수 있다. 부정설은 연결효과에 의한 상상적 경합 인정 여부가 문제되는 경우에 연결효과를 인정하지 않는 것을 전제로 각 죄의 경합 관계를 어떻게 처리할지에 대해 다양한 견해가 있다. 법정형 기준설, 실체적 경합설, 경합범죄설 또는 상상적 경합의 비교단위설 등이 부정설에 속한다.

가. 긍정설

(1) 전면적 긍정설

전면적 긍정설은 실행행위의 부분적 동일성에 의하여도 상상적 경합이 가능하다면 연결하는 범죄와 부분적 동일성이 인정되는 수 개의 범죄도 전체로서 하나의 역사적 사실을 이루게 되므로 전체에 대하여 상상적 경합을 인정하는 것이 타당하다는 입장이다.[36)]

(2) 제한적 긍정설

제한적 긍정설 또는 예외적 부정설은 연결하는 범죄가 다른 두 개의 범죄들에 비해 무겁거나 적어도 동가치한 경우 또는 최소한 하나의 범죄보다는 무겁거나 동등한 경우에는 연결효과에 의한 상상적 경합을 인정하고, 연결하는 범죄가 다른 두 개의 범죄들보다 가벼운 경우에는 연결효과에 의한 상상적 경합을 인정하지 않아야 한다

---

35) 아래의 학설 중 법정형 기준설이나 상상적 경합, 실체적 경합 순차 적용설에 따르는 것과 동일한 결론으로 볼 수 있다.

36) 한상훈, "상상적 경합의 유형, 효과에 대한 재검토와 형법 제40조의 입법론", 형사법연구 제22권 제1호, 한국형사법학회(2010), 235쪽 이하(다만 이 견해는 현행법과 같이 상상적 경합의 경우 가장 중한 형으로만 처벌하면 처벌의 불균형이 발생하므로 입법론적으로 형법 제40조를 개정하여 예외적으로 실체적 경합에 준하여 가중처벌할 수 있도록 할 필요가 있다고 한다.)

는 견해이다.

이 견해는 연결하는 범죄가 다른 범죄들에 비해 법정형이 가벼워 연결효과에 의한 상상적 경합이 인정되지 않는 경우에 경합 관계를 어떻게 처리할 것인지에 대해서는 다시 의견이 나뉜다. 각각의 상상적 경합을 거친 범죄들을 실체적 경합 관계로 해결하는 입장을 기본으로 하는 것으로 보이나, 연결하는 범죄가 이중평가되지 않도록 하기 위해 각각의 범죄를 모두 실체적 경합 관계로 보아야 한다는 견해도 있다.[37]

나. 부정설

(1) 법정형 기준설

법정형 기준설은 형법 제38조와 제40조는 법정형이 가장 무거운 죄를 기준으로 처단형을 정하고 있으므로 경합 관계가 충돌할 경우에는 법정형을 비교하여 가장 무거운 죄와 그다음으로 무거운 죄의 경합 관계에 따라 상상적 경합 또는 실체적 경합으로 보아야 한다는 견해이다.[38]

(2) 실체적 경합설

실체적 경합설은 연결하는 범죄에 대한 이중평가는 피하되 상상적 경합을 인정하여 더 많은 범죄를 저지를 행위자가 더 유리하게 취급받은 것은 형사정의에 어긋나므로 관련 되는 범죄 모두를 실체적 경합 관계로 보아야 한다는 입장이다.

(3) 상상적 경합의 비교단위설

상상적 경합의 비교단위설은 실체적 경합과 상상적 경합의 적용 순서를 바꾸어 우선 연결되는 범죄의 실체적 경합을 거친 다음 그 경합범 자체를 상상적 경합의 비교단위로 설정하여 연결하는 범죄와 상상적 경합 관계로 처리하는 입장이다.[39] 연결되는 범죄의 경합범의 형을 먼저 정하고 연결하는 범죄와 상상적 경합을 인정하면 된다는 경합관계설도 결과적으로는 유사한 입장으로 보인다.[40]

---

37) 김성돈, 각주 19)의 논문, 197쪽

38) 윤동호, "연결효과에 의한 상상적 경합의 재고찰", 비교형사법연구 제9권 제1호, 한국비교형사법학회(2017), 133쪽

39) 이승호, "상상적 경합의 비교단위", 형사판례연구 제10권, 형사판례연구회(2002), 218쪽; 김태계, "연결효과에 의한 상상적 경합에 대한 비판적 고찰", 법학연구 제21권 제3호, 충북대학교 법학연구소(2010), 53쪽

(4) 상상적 경합, 실체적 경합 순차 적용설[41]

부정설 중 일부 견해는 연결효과에 의한 상상적 경합이 문제되는 경우에도 일반적인 법령 적용의 순서에 따라 처리하면 된다고 한다. 형법 제56조는 형을 가중·감경하는 순서를 규정하고 있다.[42] 상상적 경합과 형의 선택에 대해서는 순서를 별도로 규정하고 있지 않지만 형법 제40조의 형은 법정형을 의미하고, 형법 제35조 제2항[43]의 '그 죄에 대하여 정한 형'은 선택형을 의미하기 때문에 상상적 경합과 누범 가중 사이에 형을 선택할 수밖에 없으므로 현재의 실무와 같이 우리 형법 해석상으로는 각칙 조문에 따른 가중과 형법 제34조 제2항[44]에 따른 가중을 거친 후에는 상상적 경합, 형의 선택, 누범 가중, 법률상 감경, 경합범 가중 순서로 적용할 수 밖에 없다는 입장이다.[45]

3. 검토

대법원은 연결효과에 의한 상상적 경합 인정 여부나 인정 범위에 대해 명시적으로 언급하지는 않았다. 하지만 결론에 있어서는 연결하는 범죄의 법정형이 가장 무

---

40) 안경옥, "연결효과에 의한 상상적 경합과 합리적 처단형의 결정", 법학논집 제15권 제4호, 이화여자대학교 법학연구소(2011), 314쪽

41) 이 학설의 명칭은 필자가 임의로 정하여 기재하였다.

42) 형법 제56조(가중·감경의 순서) 형을 가중·감경할 사유가 경합하는 경우에는 다음 각 호의 순서에 따른다.
1. 각칙 조문에 따른 가중
2. 제34조제2항에 따른 가중
3. 누범 가중
4. 법률상 감경
5. 경합범 가중
6. 정상참작감경

43) 형법 제35조(누범)
① 금고(禁錮) 이상의 형을 선고받아 그 집행이 종료되거나 면제된 후 3년 내에 금고 이상에 해당하는 죄를 지은 사람은 누범(累犯)으로 처벌한다.
② 누범의 형은 그 죄에 대하여 정한 형의 장기(長期)의 2배까지 가중한다.

44) 형법 제34조(간접정범, 특수한 교사, 방조에 대한 형의 가중)
① 어느 행위로 인하여 처벌되지 아니하는 자 또는 과실범으로 처벌되는 자를 교사 또는 방조하여 범죄행위의 결과를 발생하게 한 자는 교사 또는 방조의 예에 의하여 처벌한다.
② 자기의 지휘, 감독을 받는 자를 교사 또는 방조하여 전항의 결과를 발생하게 한 자는 교사인 때에는 정범에 정한 형의 장기 또는 다액에 그 2분의 1까지 가중하고 방조인 때에는 정범의 형으로 처벌한다.

45) 이창섭, 각주 3)의 논문, 614쪽

거운 경우에는 연결효과를 인정하고, 연결하는 범죄의 법정형이 가장 가벼운 경우에는 연결 효과를 부정하면서 연결되는 범죄의 실체적 경합을 인정하는 제한적 긍정설과 유사한 입장으로 파악할 수 있다.

연결효과를 전면적으로 긍정하는 일부 하급심 판결은 대법원 판결을 참조판결로 기재하면서도 대법원이 연결하는 범죄의 법정형이 더 무거운 경우에만 제한적으로 연결효과에 의한 상상적 경합을 긍정하는 것과 동일한 효과를 부여하는 이유에 대해서는 충분히 고민하지 않은 것으로 보인다. 물론 하급심이 연결효과 전면 긍정설의 입장에서 판결을 할 수는 있지만 유사 사건의 대법원 판결과 결론을 달리한다면 그와 같이 경합 관계를 판단한 이유를 충분히 설시할 필요가 있다고 본다.[46)]

대법원의 입장에 따라 연결하는 범죄의 법정형과 연결되는 범죄의 법정형을 비교하여 상상적 경합 성립 여부를 달리 본 서울고등법원 2022. 11. 24. 선고 2022노2157 판결에 대해서는 다음과 같은 의문이 든다. 위 서울고등법원 판결은 판시 제1의 가항과 판시 제1의 나항의 경합 관계를 먼저 검토한 후 판시 제2항과 경합 관계를 순차로 검토하였는데, 왜 그와 같이 순차로 경합 관계를 검토해야하는지에 대해서는 별다른 언급을 하지 않았다. 만약 순차로 경합 관계를 따지는 방식을 취하더라도 판시 제1의 나항과 판시 제2항의 경합 관계를 우선 검토한다면, 판시 제1의 나항 부분에서 형이 더 무거운 스토킹처벌법위반죄와 판시 제2항 부분에서 형이 가장 무거운 특정범죄가중법위반죄를 실체적 경합을 하였을 것으로 보이고, 그 이후에 판시 제1의 가항과 경합 관계를 검토한다면 형이 더 무거운 스토킹처벌법위반죄 부분을 실체적 경합으로 보아야 하는지 아니면 포괄일죄의 일부인 스토킹처벌법위반죄가 이미 특정범죄가중법위반죄와 실체적 경합으로 판단되었으므로 다시 경합 관계를 검토할 필요는 없다고 보는 것인지 명확하지 않다. 범죄사실별로 순차적으로 경합을 검토하지 않고 전체적으로 상상적 경합을 우선적으로 판단하여 판시 제1의 가항 부분은 스토킹처벌법위반죄, 판시 제1의 나항 부분은 스토킹처벌법위반죄, 판시 제2항은 특정범죄가중법위반죄를 각각 형이 가장 중한 죄로 보고, 이들을 실체적 경합으로 보아 경합범 가중을 할 수도 있으나, 이 경우에도 원래 (포괄)일죄의 관계에 있던 스토킹처벌법위반죄가 가정폭력처벌법위반죄와 특정범죄가중법위반죄와 상상적 경합 관계에 있다는 이유로 일죄가 분리되어 실체적 경합을 따져야 하는 여러 개의 스토

---

46) 해당 하급심 판결은 대법원 판결을 참조판결로 언급하고 있으나, 결론적으로는 다른 대법원 판결의 입장과는 배치되게 경합 관계를 판단한 것이므로 판결 이유에서 이를 더욱 명확히 할 필요가 있다.

킹처벌법위반죄가 성립하게 되는 이유에 대한 설명이 필요하다.

연결효과에 의한 상상적 경합이 문제되는 사례들을 어떻게 해결할 것인지는 결국 연결하는 범죄에 대한 이중평가는 피하면서 연결하는 범죄가 있다는 이유만으로 행위자에게 부당한 이익 또는 불이익을 주지 않는 방법을 찾는 것이다. 이러한 차원에서 접근한다면 연결하는 범죄에 대한 이중평가를 피하기 위해서는 연결효과 전면적 긍정설, 법정형 기준설, 실체적 경합설, 상상적 경합의 비교단위설에 따라야 한다. 그러나 연결하는 범죄의 존재로 행위자에게 부당한 이익(실체적 경합 관계의 범죄에 대해 상상적 경합의 효과를 부여)을 주지 않으려면 연결효과 전면적 긍정설을 받아들이긴 어렵고, 행위자에게 부당한 불이익(상상적 경합 관계의 범죄에 대해 실체적 경합의 효과를 부여)을 주지 않으려면 실체적 경합설도 받아들이기 어렵다. 상상적 경합, 실체적 경합 순차 적용설은 연결효과 제한적 긍정설과 마찬가지로 연결하는 범죄의 법정형이 무거운 경우에는 연결하는 범죄에 대해 이중평가가 이루어지고, 연결하는 범죄의 법정형이 중간인 경우에는 원래 상상적 경합 관계인 범죄에 대해 행위자에게 불리하게 실체적 경합의 효과를 부여하는 문제가 있다.

Ⅳ. 상상적 경합의 비교단위설을 위한 논박

1. 해석론의 범위를 벗어나는가?

상상적 경합과 실체적 경합의 적용 순서와 관련하여 실무상으로는 상상적 경합을 실체적 경합에 우선하여 처리하고 있다. 이에 대해 실체적 경합보다 상상적 경합을 우선 적용한다는 법률 규정이나 원칙이 있는 것은 아니라는 견해가 있고,[47] 형법 제56조의 해석상 상상적 경합의 처리와 누범 가중 사이에 형의 종류를 선택하여야 하기 때문에 경합범 가중은 상상적 경합 이후에 이루어지는 것으로 해석할 수 밖에 없다는 견해도 있다.[48] 형법 해석상 상상적 경합을 우선할 수 밖에 없다는 견해는 형법 제40조가 '가장 무거운 죄에 대하여 정한 형'으로 처벌한다고 규정하고 '죄'는 그에 대한 '형'이 정해져 있음을 전제하는데, 실체적 경합에 의하여 가중된 형은 미리

47) 윤동호, 각주 38)의 논문, 126쪽; 김태계, 각주 39)의 논문 53쪽
48) 이창섭, 각주 3)의 논문, 614쪽 이하

정해져 있는 것이 아니므로 상상적 경합의 비교단위설은 문언의 한계를 벗어난다고 지적한다.[49] 상상적 경합 관계에 서는 대상을 '죄'와 '죄'로 보지 않고, '죄'와 '형' 사이에 경합을 인정하게 되어 수용할 수 없다는 비판도 있다.

여러 개의 죄가 있는 경우에 상상적 경합, 형의 선택, 경합범 가중의 순서로 법령을 적용하는 것이 형법 제35조, 제56조를 포함한 형법의 해석 방법으로 가장 자연스럽고, 현행 실무가 일반적으로 취하는 방식이기도 하다. 그렇다고 하더라도 연결효과에 의한 상상적 경합이 문제되는 사례의 경우에 법령 적용의 순서를 일부 달리하는 것이 형법 해석론의 범위를 벗어난 것으로 보이지는 않는다.

형법 제40조는 '한 개의 행위'가 여러 개의 죄에 해당하는 경우의 처리 방식에 대해 규정한 것이다. 형법 제40조는 연결효과에 의한 상상적 경합이 문제되는 사례인 (한 개의 죄를 구성하는) 한 개의 행위가 여러 개의 죄에 해당하고, (같은 한 개의 죄를 구성하는) 다른 행위도 여러 개의 죄에 해당하여 결국 한 개의 죄가 여러 개의 행위로 나뉘어 결국 여러 개의 행위가 여러 개의 죄에 해당하게 되는 경우를 직접적인 규율 대상으로 하고 있지는 않다.

상상적 경합의 비교단위설은 한 개의 행위가 여러 개의 죄에 해당하는 경우에는 가장 무거운 죄에 대하여 정한 형으로만 처벌하도록 하는 상상적 경합 규정의 취지를 반영하여 연결효과에 의한 상상적 경합이 문제되는 사안에서만 법령 적용의 순서에 예외를 두는 것으로 볼 수 있다. 상상적 경합의 비교단위설에 대해 '죄'와 '형' 사이에 상상적 경합을 인정하는 문제가 있다는 비판은 적절하나, 엄밀히 말하면 상상적 경합의 비교단위설은 '죄'와 '형' 사이에 직접 형법 제40조에 따른 상상적 경합을 인정한다기보다는 연결효과에 의한 상상적 경합이 문제 되는 사안의 해결을 위하여 (형법이 규정하는 상상적 경합 그 자체는 아니지만 형법이 상상적 경합을 실체적 경합과 달리 취급하는 취지를 고려하여) 상상적 경합과 동일한 효과를 부여하는 입장으로 이해할 수 있다.

2. 법정형에 따라 경합 대상 범죄나 경합 관계가 변경될 수 있는가?

법정형 기준설은 여러 죄의 법정형의 경중을 비교하여 가장 무거운 죄와 그 다음으로 무거운 죄를 선택하여 그 두 죄의 경합 관계에 따르는 방식이므로 이중평가를

49) 이창섭, 각주 3)의 논문, 605쪽

피하면서도 구체적 사안에서 비교적 합리적인 처단형을 산정할 수 있다는 장점이 있다. 그러나 법정형이 가벼운 죄라도 경합의 고려 대상에서 완전히 제외하는 것이 해석상 가능한지는 의문이다. 이에 따르면 동일한 범죄가 발생하였더라도 관련 범죄의 법정형이 개정이 되면 경합 대상이 되는 범죄 자체가 달라지게 된다. 또한 관련 범죄의 법정형이 동일한 경우에는 피고인에게 유리하게 연결하는 범죄와 연결되는 범죄를 선택하여 두 죄가 상상적 경합에 있다고 보게 되는데, 연결효과에 의한 상상적 경합 긍정론에 대한 비판과 마찬가지로 실체적 경합 대상 범죄만 범한 행위자보다 연결하는 범죄를 추가로 범한 행위자가 오히려 부당하게 유리하게 되는 문제도 있다.

형법 해석상 예외 없이 상상적 경합을 실체적 경합에 우선할 수밖에 없다는 견해에 따르더라도 각각의 상상적 경합의 결과로 남은 법정형이 가장 무거운 연결하는 범죄 상호간에 경합범 가중을 하지 않는 이유를 논리적으로 설명하기는 곤란하다. 연결하는 범죄를 실체적 경합 관계로 보지 않는 것은 이중평가를 최소화하기 위한 부득이한 방식이라거나 원래 한 개의 죄는 상상적 경합을 거치더라도 여전히 한 개의 죄로 남는다고 설명할 수도 있을 것이다. 그러나 연결하는 범죄의 법정형이 연결되는 범죄의 중간인 경우에는 상황이 달라진다. 상상적 경합 과정에서 이미 평가되었던 연결하는 범죄가 원래 상상적 경합 관계에 있던 법정형이 무거운 연결되는 범죄와 다시 실체적 경합 대상이 되는 문제가 여전히 남게 되는 것이다. 이러한 불합리한 결과를 형법상 법령 적용 순서의 당연한 결과이자 실무 관행으로 여기기보다는 합리적인 해석 방안을 찾을 필요가 있다고 본다.

3. 상상적 경합 이후에도 형이 가벼운 죄가 잠재되어 있는 것으로 볼 수 없는가?

형법 제40조에 따르면 여러 개의 죄가 상상적 경합을 거치면 가장 무거운 죄에 대하여 정한 형으로만 처벌하므로, 가벼운 죄 또는 가벼운 죄에 대하여 정한 형은 실질적인 의미를 가지지 못하게 되는 경우가 많지만 그 의미가 완전히 사라지는 것으로 볼 수는 없다.

대법원은 형법 제40조가 여러 개의 죄 중 가장 무거운 죄에 대하여 정한 형으로 처벌한다는 것은 각 죄에 대하여 정한 형의 상한과 하한을 모두 무거운 형의 범위 내에서 처단한다는 것을 포함하는 것으로 해석한다.[50)] 그 결과 상상적 경합 관계에 있는 사기죄와 변호사법위반죄에 대하여 형이 더 무거운 사기죄에 정한 형으로 처벌하기로 하면서도 변호사법에 따라 추징을 하는 것도 가능하다고 본다.[51]

상상적 경합과 관련된 위와 같은 대법원의 입장을 고려한다면 상상적 경합의 비교단위설에 대해 상상적 경합의 순서를 실체적 경합 이후로 (무리하게) 변경하는 견해라고 비판할 필요가 없다고 생각한다. 상상적 경합을 거치면서 법정형이 가벼운 죄는 일단 법정형이 무거운 죄에 포함되어 잠재되어 있는 상태가 되지만 연결효과에 의한 상상적 경합이 문제되는 예외적인 상황이 발생하는 경우에는 잠재되어 있던 법정형이 가벼운 죄가 다시 실체적 경합 대상으로 고려될 수 있다는 해석도 가능하다.

4. 다수범죄 처리에 관한 양형기준은 어떠한가?

대법원 산하의 양형위원회가 설정한 양형기준은 실체적 경합범에 대해 형법 총칙과는 다른 다수범죄 처리기준을 정하고 있다. 양형기준은 단일범을 기준으로 법률상 필요적 가중·감경사유는 물론 임의적 감경사유와 정상참작감경사유까지 모두 고려하여 유형을 분류하고 권고 영역을 정한 다음 경합범 처리를 하는 순서를 따르고 있으므로 법정형 ⇒ (형종 선택) ⇒ 누범가중 ⇒ 법률상 필요적 가중·감경 ⇒ 법률상 임의적 감경 ⇒ 경합범 가중 ⇒ 정상참작감경 ⇒ 처단형의 범위 결정 ⇒ 선고형 결정 순으로 이루어지는 형법 총칙에 따른 순서와 달리, 범죄유형의 결정 ⇒ 특별양형인자에 대한 평가 및 형량범위의 결정(법률상 필요적 가중·감경사유, 임의적 감경사유 및 정상참작감경사유의 반영) ⇒ 다수범죄 처리기준의 적용 ⇒ 선고형의 결정 순으로 이루어진다.[52] 또한 다수범죄의 형량범위를 산출함에 있어서도 형법의 경합범 가중과 달리 2개의 다수범인 경우는 기본범죄의 형량범위 상한에 다른 범죄의 형량범위 상한의 1/2을 더하나, 3개 이상의 다수범인 경우에는 기본범죄의 형량범위 상한에 다른 범죄 중 형량범위 상한이 가장 높은 범죄의 형량범위 상한의 1/2을 더하고, 형량범위 상한이 그 다음으로 높은 범죄의 형량범위 상한의 1/3을 더하는 방식을 취하고 있다.[53]

양형기준은 상상적 경합범에 대해 별도의 처리방식을 제시하지는 않아 개별 범죄의 권고 형량범위 중에서 높은 것이 반드시 적용되는 것은 아니지만 상상적 경합범

50) 대법원 1984. 2. 28. 선고 83도3160 판결
51) 대법원 2006. 1. 27. 선고 2005도8704 판결
52) 양형위원회, 양형기준(2023), 849쪽 이하
53) 양형위원회, 각주 52)의 책, 854쪽

에 있어서도 양형기준을 적절히 참조할 필요가 있다는 측면에서 개별 범죄의 형량범위 중 가중 높은 하한을 상상적 경합범 전체의 하한으로 취급하는 방안을 검토해 볼 수는 있다.[54]

향후에 양형기준이 상상적 경합범에 대한 처리방식도 정하게 된다면 현재 실체적 경합범에 적용되는 다수범죄 처리에 관한 순서에 따라 범죄유형의 결정 ⇒ 특별양형인자에 대한 평가 및 형량범위의 결정(법률상 필요적 가중·감경사유, 임의적 감경사유 및 정상참작감경사유의 반영) 이후에 상상적 경합범인 다수범죄 처리기준[55]을 적용하게 될 것으로 보인다.[56]

비록 현행법상 양형기준이 법적 구속력을 갖지는 않지만[57] 형법에 규정된 법령 적용의 순서와 다른 다수범죄 처리 기준을 설정하여 양형 영역에서 합목적성의 필요성과 중요성을 나타내고 있다.[58]

5. 상상적 경합의 비교단위설 적용례

위에서 언급한 하급심 판결 중 연결하는 범죄의 법정형에 따라 상상적 경합 성립 범위를 달리 본 서울고등법원 2022. 11. 24. 선고 2022노2157 판결의 사실관계를 전제로 상상적 경합의 비교단위설에 따를 때 경합 관계가 어떻게 되는지 살펴보자.

위 판결의 1심은 상상적 경합을 거쳐 판시 제1의 가항과 판시 제1의 나항은 각각 형이 더 무거운 스토킹처벌법위반죄, 판시 제2항은 형이 가장 무거운 특정범죄가중법위반죄에 정한 형으로 처벌하기로 한 후, 특정범죄가중법위반죄의 법정형인 1년 이상 30년 이하의 징역형에 각 스토킹처벌법위반죄의 법정형인 3년 이하의 징역형의

---

54) 양형위원회, 각주 52)의 책, 853쪽

55) 개별 범죄의 권고 형량범위 중 가중 높은 상한과 하한을 취하는 방식을 고려할 수 있을 것이다.

56) 양형기준이 시행된지 상당한 시간이 지났음에도 상상적 경합범에 대해 양형기준이 설정되지 않은 상황에 대한 비판적 견해로는 박형관, "경합범의 양형에 관한 비교법적 고찰", 형사법의 신동향 통권 제59호, 대검찰청(2018), 192쪽 이하 참조

57) 법원조직법 제81조의7(양형기준의 효력 등)

① 법관은 형의 종류를 선택하고 형량을 정할 때 양형기준을 존중하여야 한다. 다만, 양형기준은 법적 구속력을 갖지 아니한다.

② 법원이 양형기준을 벗어난 판결을 하는 경우에는 판결서에 양형의 이유를 적어야 한다. 다만, 약식절차 또는 즉결심판절차에 따라 심판하는 경우에는 그러하지 아니하다.

58) 형법 제37조(경합범) 내지 제40조(상상적 경합)은 형법 제2장 죄 중 제5절 경합범에 규정되어 있으나, 형법 제56조(가중·감경의 순서)를 포함한 형법 제51조(양형의 조건) 내지 제58조(판결의 공시)는 형법 제3장 형 중 제2절 형의 양정에 규정되어 있다.

장기형을 합산한 범위 내에서 경합범 가중을 하여 처단형의 범위를 징역 1년 이상 36년 이하로 보았다.

항소심은 1심과 마찬가지로 상상적 경합을 거쳐 판시 제1의 가항과 판시 제1의 나항은 각각 형이 더 무거운 스토킹처벌법위반죄, 판시 제2항은 형이 가장 무거운 특정범죄가중법위반죄에 정한 형으로 처벌하기로 한 후, 각 스토킹처벌법위반죄를 이중으로 평가하여 경합범 가중을 하는 불합리가 발생하지 않도록 하나의 스토킹처벌법위반죄와 특정범죄가중법위반죄만 경합범 가중을 하여 처단형의 범위를 징역 1년 이상 33년 이하로 보았다.

상상적 경합의 비교단위설에 따르면 연결되는 범죄인 각각의 가정폭력처벌법위반죄와 특정범죄가중법위반죄를 실체적 경합한 후 연결하는 범죄인 스토킹처벌법위반죄와 상호간에 상상적 경합의 효과를 부여하게 된다. 이 경우 특정범죄가중법위반죄의 법정형인 1년 이상 30년 이하의 징역형에 형법 제38조 제1항 제2호에 따라 장기에 1/2을 가중한 1년 이상 45년 이하의 징역형과 스토킹처벌법위반죄의 법정형인 3년 이하 징역형을 비교하여 무거운 형인 1년 이상 45년 이하의 징역형이 처단형이 된다.[59]

위 사안에서는 상상적 경합의 비교단위설에 따른 처단형의 상한이 가장 높은 것으로 확인된다. 그러나 만약 특정범죄가중법위반죄와 실체적 경합관계에 있는 가정폭력처벌법위반죄가 하나만 있는 경우를 상정해보자. 위 항소심 판결의 접근 방식에 따르면 여전히 처단형의 범위는 징역 1년 이상 33년 이하가 되나, 상상적 경합의 비교단위설에 따르면 처단형의 범위는 징역 1년 이상 31년 이하가 되므로 상상적 경합의 비교단위설이 항상 피고인에게 불리한 방식으로 작용하는 것은 아님을 알 수 있다.

실무상 자주 발생하는 여러 개의 잠정조치 불이행죄와 스토킹범죄를 동시에 저지른 사례에 대해 살펴보자. 대법원의 입장 또는 연결효과에 의한 상상적 경합 제한적 긍정설에 따르면 연결하는 스토킹범죄가 가장 무거운 죄이므로 스토킹범죄의 법정형인 3년 이하의 징역 또는 3천만원 이하의 벌금형으로 처벌하게 된다. 상상적 경합의 비교단위설에 따르면 잠정조치 불이행죄의 법정형이 2년 이하의 징역 또는 2천만원 이하의 벌금형이므로 여러 잠정조치 불이행죄에 대해 실체적 경합을 하더라도 처단형은 3년 이하의 징역 또는 3천만원 이하의 벌금형이 된다. 그러므로 그 이후에 스

59) 각각 실체적 경합 관계에 있는 가정폭력처벌법위반죄가 15회보다 더 많아 각 죄에 대하여 정한 형의 장기를 합산한 형기가 15년을 초과하므로 30년의 1/2인 15년까지 가중할 수 있다.

토킹범죄와 사이에 상상적 경합의 효과를 부여하더라도 결론은 동일하게 된다.

그런데 스토킹범죄와 각각 상상적 경합 관계에 있는 잠정조치 불이행죄 외에 협박죄도 저지른 경우를 가정해보자. 대법원의 입장에 따르면 여전히 스토킹범죄가 가장 무거운 죄이므로 스토킹범죄의 범정형인 3년 이하의 징역 또는 3천만원 이하의 벌금형으로 처벌하게 된다. 하지만 상상적 경합의 비교단위설에 따르면 협박죄의 법정형이 3년 이하의 징역 또는 500만원 이하의 벌금이므로 협박죄와 잠정조치 불이행죄와 실체적 경합을 하면 4년 6월 이하의 징역 또는 750만원 이하의 벌금형이 되어[60] 기존 대법원의 입장에 비해 처단형의 상한이 높아진다. 그러나 이러한 결론이 피고인에게 불리하다는 이유로 부당하다고 볼 수는 없고, 연결하는 스토킹범죄를 추가로 저질렀다는 이유로 처단형이 더 가벼워진다면 그것이 오히려 부당한 결과라 하겠다.[61]

V. 결론

종래 현실적으로 문제되는 사례가 많지 않아 학계와 실무에서 연결효과에 의한 상상적 경합과 관련된 논의가 활발하지 못하였다. 현재는 스토킹처벌법의 시행으로 연결효과에 의한 상상적 경합이 문제되는 사건이 다수 발생하는 새로운 국면을 맞이하게 되었다. 하지만 아직까지는 이렇게 변화된 상황에 대한 충분한 연구와 논의는 없이 실무가 운용되고 있다. 하급심에서는 다양한 접근 방식이 제시되고 있으나, 대법원은 일부 사례에서 별다른 설명 없이 결론만 제시하는 등 연결효과에 의한 상상적 경합이 문제되는 사례에서 경합 관계를 어떻게 볼 것인지에 대해 논리적인 설명을 하지 못하고 있다.

연결효과에 의한 상상적 경합이 문제되는 사례를 어떻게 해결할 것인지는 결국 연결하는 범죄에 대한 이중평가는 피하면서 연결하는 범죄가 있다는 이유만으로 행위자에게 부당한 이익 또는 불이익을 주지 않는 방법을 찾는 것이다. 이러한 차원에

60) 법정형이 3년 이하의 징역 또는 3천만원 이하의 벌금형인 스토킹범죄와 사이에 상상적 경합 효과를 부여하더라도 처단형에 영향을 미치지는 않는다.

61) 만약 연결되는 범죄만 있을 때보다 연결하는 범죄가 추가로 존재하여 처단형이 더 낮아지는 경우가 생긴다면 검사가 연결하는 범죄를 굳이 기소할 이유도 없을 것이다.

서 이 문제에 접근한다면 상상적 경합의 비교단위설이 원래의 상상적 경합 또는 실체적 경합 관계를 왜곡하지 않으면서 가장 합리적이고 통일적으로 문제를 해결하는 방안이 될 수 있다고 본다. 물론 상상적 경합의 비교단위설에 대해서는 형법의 자연스러운 해석에 따라 실무상 확립되어 있는 일반적인 법령의 적용 순서에 따르지 않는다는 비판을 할 수 있으나, 형법은 연결효과에 의한 상상적 경합이 문제되는 경우 경합 관계를 어떻게 처리할 것인지에 대해 직접 규정하고 있는 것은 아니다.

기존의 상상적 경합의 비교단위설은 연결효과에 의한 상상적 경합이 문제되는 사례에서 실체적 경합과 상상적 경합의 순서를 바꾸는 경우 합리적인 결론을 도출할 수 있다는 점은 명확히 인식하고 있었으나, 이론적으로 충분한 논거를 제시하였다고 보기는 어렵다. 필자는 부족하지만 몇 가지 측면에서 상상적 경합의 비교단위설의 결론에 대한 근거지움을 위해 노력해 보았다. 상상적 경합의 비교단위설은 형법의 직접적 규율이 없는 공백 상태에서 실체적 경합과 상상적 경합의 효과를 달리 규정한 취지를 고려하여 실체적 경합 관계에 있는 연결되는 죄들의 경합 관계를 정리한 후에 연결하는 죄와 상상적 경합의 효과를 부여하는 입장 또는 일반적 법령의 적용순서에 따라 상상적 경합을 우선적으로 고려하되 연결효과에 의한 상상적 경합이 문제되는 범위 내에서 잠재되어 있던 죄가 다시 의미를 가져 실체적 경합 대상이 되도록 하는 입장으로 이해할 수 있다. 그 과정에서 형법의 법령 적용의 순서와 달리 다수범죄 처리에 관한 기준을 설정하고 있는 양형기준의 관점도 참고해보았으며, 이에 더하여 스토킹처벌법위반죄와 관련된 구체적인 사례에 상상적 경합의 비교단위설을 적용한 결론을 제시하여 그 견해의 합리성을 재확인하였다.

제15장

간병살인에 관한 연구

간병살인에 관한 연구

윤 영 석*

Ⅰ. 들어가며

우리 주위의 질병 중에는 환자의 생명을 곧바로 빼앗지는 아니하되 정신적·신체적으로 타인에게 의지해야 하는 상태로 만들어 버리는 것들이 있다. 말기암, 뇌병변, 중(重)증의 지체장애, 노인성 치매(알츠하이머병) 등이 그것이다. 이 병들은 현대의학으로 치료가 매우 어려우며 의학이 할 수 있는 일은 환자의 상태가 더 나빠지지 않도록 돕는 것에 그친다.

중병 환자의 의식주를 해결하고 고통을 유지 또는 일시적으로 감소시켜 주는 행위는 간병이라 불린다. 즉 앓는 사람이나 다친 사람의 곁에서 돌보고 시중을 드는 것이 간병행위라 할 수 있다.[1] 간병의 구체적 내용에는 음식물 섭취 조력, 대소변 배설 조력, 욕창 방지, 이동 조력, 약물 투여 조력 등이 포함된다.

간병행위로 인해 간병인과 피간병인 사이에는 인적 관계가 맺어진다. 문제는 이 간병행위가 결코 쉽거나 즐거운 일이 아니라는 점이다. 정식 의료인력인 의사나 간호사를 간병에 투입하려면 엄청난 경제적·물질적 지출이 발생한다. 따라서 일반인은 간병인을 파트타임으로 고용하거나, 피간병인의 직계존비속, 배우자, 기타 친족이 간병인 역할을 할 수밖에 없다. 실질적으로 의료행위의 외주화가 이루어진다고 하겠다. 병원에 입원한 환자의 경우에도 간호행위는 간호사가 하지만 개별적인 수발서비스는 자연스럽게 가족들의 몫이 된다.[2]

전문 간병인에 의한 간병은 계약에 의하므로 간병인과 피간병인 사이에는 일종의

---

* 변호사, 법학박사

1) 네이버 국어사전에서 발췌.

2) 엄영란, “생명의 돌봄”, 인간연구 제26호, 가톨릭대학교 인간학연구소, 2014, 73쪽.

공적 관계가 생긴다. 간병인은 일이 힘들다고 여겨지면 계약을 해지하거나 더 많은 보수를 요구할 수 있고 피간병인도 간병인을 해고할 수 있다. 따라서 간병행위가 극심한 파국으로 치닫는 경우는 많지 않다. 진정 문제가 발생하는 것은 가족 등 피간병인과 가까운 사람이 피간병인을 돌보는 경우이다. 간병인과 피간병인이 혈연관계 혹은 가족관계에 있다면 간병인과 피간병인 모두 사적 관계에서 벗어나기 어렵다. 자녀가 중병에 걸린 부모를 간병한다고 할 때, 부모가 자녀를 고용하는 형식으로 간병이 이루어지지는 않는다. 그러므로 후자의 간병은 간병인이 힘들다고 하여 간병을 쉽사리 그만둘 수도 없다. 간병인과 피간병인은 심리적으로도 서로 상대방이 자신의 어려움을 이해해 주리라 기대하는 관계에 있으므로, 서로 상대방의 말이나 행동으로 큰 상처를 받게 된다.

간병이 계속된다면 간병인과 피간병인은 모두 정신적으로나 육체적으로 매우 지치게 된다. 불치병의 간병이 계속된다면 어느 시점에서 간병인은 자신의 능력상 한계에 부딪힌다. 간병을 계속하여도 상황이 나아지리라는 희망이 없고, 간병 이외의 자기 생활을 전부 포기하는 삶을 끝없이 이어나가야 한다는 압박이 생긴다. 결국 간병인은 정신적·육체적·사회적 스트레스에 시달리고 최후의 수단으로 피간병인을 살해하고 만다. 이것이 우리가 알고 있는 전형적인 간병관계에서의 살인이다.[3)]

공식적으로 정의되지는 않았지만, 위와 같은 유형의 범죄는 언론과 사회에서 종종 '간병살인'이라고 불린다. '간병'은 지극히 이타적인 행위인 반면 '살인'은 매우 불법성이 큰 행위이므로 두 단어의 결합은 언뜻 모순적인 것으로 느껴지기도 한다. 이 논문은 간병살인이라는 용어에 어떤 요소들이 포함되어야 적당할 것인가에 대한 의문을 출발점으로 삼는다. 나아가 이 간병살인이라는 행위에는 어떠한 특수성이 있는지, 그리고 그 특수성은 우리의 형사법 체계 내에서 어떻게 해석되어야 하는지 전반적 영역에서 검토하여 보기로 한다.

---

3) 根本治子, "裁判事例にみる医療·福祉·司法の連携の必要性", 法政論叢 第43巻 第2号, 日本政法学会, 2007, 40頁.

Ⅱ. 간병살인의 모습

1. 간병살인의 실태

구글 뉴스탭에서 간병살인이라는 키워드를 넣고 검색하여 나온 결과들 중, 중복되는 항목 및 이 논문과 무관한 항목을 제외하면 다음과 같은 내용들을 찾아볼 수 있다.[4)]

① [중증장애인 딸 38년간 돌보다 살해한 60대 집행유예]:[5)] 피고인은 38년간 중증장애인인 피해자(친딸)를 돌보다가 딸에게 수면제를 먹여 살해하고, 자신도 같은 방법으로 자살을 시도하였으나 미수에 그쳤다. 피해자인 딸은 중증장애 이외에 대장암도 앓고 있는 것으로 파악됐다. 법원은 피고인에게 징역 3년에 집행유예 5년을 선고하였다.

② [아내 간병하다 살해 후 극단 선택 시도한 80대]:[6)] 자신이 병간호해온 아내를 살해하고 극단 선택을 시도한 80대가 경찰에 붙잡혔습니다. 전북 전주완산경찰서는 살인 혐의로 80대 A씨를 조사하고 있습니다. A씨는 어제저녁 8시 50분쯤 전주 시내 자택에서 80대 아내를 살해한 혐의를 받습니다. A씨는 자신의 대장암 투병과 아내의 뇌졸중 투병 사실 등 신변을 비관하는 유서를 남긴 것으로 전해졌습니다. 경찰 관계자는 A씨가 병원에서 치료를 거부하고 있다며 건강을 회복하는 대로 범행 동기를 조사할 예정이라고 밝혔습니다.

③ [22세 청년의 간병 살인, 국가의 책임은 없나]:[7)] 20대 청년 A씨가 중병에 걸린 아버지를 굶겨 죽인 사실이 드러났다. A씨는 병원비를 감당하지 못해 아버지를 퇴원시켰다. 월세가 밀리거나 쌀이 떨어지는 일이 있었고 도시가스, 인터넷, 전화가 요금을 납부하지 못해 공급 중단되었다. A씨는 아버지의 음식물을 콧줄에 넣고, 대소변을 치우고, 2시간마다 자세를 바꾸며 마비된 팔다리를 주무르는 끝없는 간병 노동에 시달리다가 우울증과 무기력 증상을 앓게 되었고 결국 모든 것을 놓아 버렸다.

④ ['간병 살인' 비극으로 끝난 40년 해로…老老돌봄 대책 절실]:[8)] 피해자는 관절염과 당뇨 등으로 긴 시간 투병해왔다. 그러다 지난 4월 치매 판정을 받았고, 지난 8월부터는 증상이 악화돼 거동이 어렵고 용변도 가리지 못했다. 남편인 A씨 역시 뇌경색 등을

---

4) 2023년 3월 30일 기준.

5) 한겨레신문, 2023. 1. 19. <https://www.hani.co.kr/arti/area/capital/1076390.html> 검색일: 2024. 2. 25.

6) YTN, 2023. 2. 2. <https://www.ytn.co.kr/_ln/0115_202302021124589014> 검색일 : 2024. 2. 25.

7) 시사인, 2022. 5. 7. <https://www.sisain.co.kr/news/articleView.html?idxno=47538> 검색일: 2024. 2. 25.

8) 국제신문, 2021. 12. 20. <http://www.kookje.co.kr/news2011/asp/newsbody.asp?code=0300&key=20211221.22006005495> 검색일: 2024. 2. 25.

앓아 몸이 좋지 않았다. 게다가 지난 8월엔 치매 의심 판정을 받기도 했다. A씨는 자녀에게 부담을 주지 말자는 생각에 이날 아침 식사 중 부인을 살해했다.

보도되지 않은 사례가 훨씬 많으리라는 점을 감안하면 우리나라에서 간병살인은 결코 가벼운 문제가 아니다. 게다가 우리나라는 국가인구의 노령화가 세계에서 유례를 찾기 어려울 정도로 급속하게 이루어지고 있다.

노령인구가 많은 일본에서는 가족들이 노인에게 위해를 가하는 사례가 많아 사회적 문제가 되고 있다. 일본 후생노동성이 발표한 2020년도 가정 내 고령자 학대 사건은 1만7천여 건에 이른다.[9] 일본의 경우 2007년부터 경찰청에서 간병 스트레스로 인한 사건(살인미수 포함)의 통계를 별도로 구분하여 유지하고 있는데, 2007년부터 2014년까지 전국에서 371건이 이 통계에 포함되었다.[10] 한 가지 사례를 보면, 치매에 걸린 아버지의 병간호가 어려워지자, 아들 A씨가 어머니, 지인 B씨와 공모해 아버지를 살해한 사건이 있다. A씨의 아버지는 중증 치매 환자였으며 아버지의 치매 증상 때문에 A씨는 다니던 의대를 그만두었다가, 서류를 위조하여 한국 의대를 졸업한 것으로 꾸미고 의사 자격증을 손에 넣었다. 증상이 악화된 아버지가 어머니를 부엌칼로 찌르려는 일까지 벌어지자 A씨는 지인 B씨, 어머니와 함께 아버지를 살해하였다.[11]

우리나라도 현 추세대로라면 저출산과 노인인구 급증으로 인하여 노인에게 충분한 의료·복지를 제공하지 못할 가능성이 크다. 노령화 문제를 이미 겪고 있는 일본의 사례를 볼 때 우리나라에서도 존속과 비속의 갈등이 늘어나고, 간병인인 자녀가 피간병인인 부모를 살해하는 일도 더 자주 일어나게 될 위험이 있다. 또한 간병인과 피간병인이 모두 노인인 노－노(老－老) 관계에서는 간병으로 인한 갈등이 더 심해질 수 있다. 노－노 관계는 간병인도 노인이기 때문에 자신도 병에 걸려 있거나 몸상태가 온전치 않을 확률도 높아서 피간병인을 간병하는데 매우 큰 어려움을 겪을 수 있다.

---

9) 연합뉴스, 2022. 1. 20. <https://www.yna.co.kr/view/AKR20220119085100501> 검색일: 2024. 2. 25.

10) 김상용a, “간병살인 범죄의 문제와 대응방안”, 한국범죄심리연구 제15권 제3호, 한국범죄심리학회, 2019, 60쪽.

11) 産経新聞, 2023. 1. 20. <https://www.sankei.com/article/20230120－5EG56WYP3ZJ3XDDBAA2KFADRNQ> 검색일: 2024. 2. 25.

2. 간병살인의 정의

이러한 사건들은 통상의 살인죄나 존속살인죄 등과 비교하여 범행동기에 뚜렷한 차이가 있다. 사람의 생명을 해하는 행위는 정상의 범주를 넘는 결단을 요한다. 그 동기로는 우발적인 분노, 이익 취득, 쾌락 추구, 비틀어진 우월감, 복수, 정신적 장애 등이 있다. 간병살인의 동기는 이 중 어디에도 속하지 않고, 현재 존재하는 간병의 고통에서 벗어나려는 것이 주된 동기가 된다. 간병상태에서 벌어지는 살해행위의 가해자들은 객관적으로 볼 때 정신적·신체적·경제적 측면에서 극히 곤궁한 상태에 처해 있음이 확인된다. 즉 이러한 일련의 사건에서는 가해자가 피해자를 해한다는 강렬한 해의(害意)를 갖고 있지 않다.

이처럼 '피간병인을 간병하던 간병인이 간병의 어려움을 견디지 못하고 피간병인을 살해하는 행위'는 해의의 존재에 관하여 기존의 살해 범죄들과 다르다. 이러한 범주의 사건을 일단 '간병살인'이라고 정의해 볼 수 있다. 이를 좀 더 상세히 살펴보기로 한다.

기본적으로 간병살인은 여러 가지 형태의 살인 중에 한 부문을 일컫는다. 간병은 질병이나 장애가 있는 사람을 돌보는 일체의 행위를 의미한다. 그러므로 간병은 두 명 이상의 사람이 각각 간병인과 피간병인의 지위에 있음을 전제한다. 이 간병인과 피간병인 중 어느 한쪽은 살인의 가해자, 다른 한쪽은 피해자에 해당한다. 간병인은 복수(複數)로 존재할 수 있으므로 이론상 공범 형태로도 범할 수 있지만, 실제로 간병살인이 공범이나 교사 등의 형태로 나타나는 사례는 찾기 어렵다.[12)]

간병인과 피간병인이 가해자, 피해자라 할 때, 거의 모든 사례에서는 간병인이 가해자, 피간병인이 피해자가 된다. 일단 피간병인은 건강상태가 간병인보다 훨씬 나쁘고, 간병인의 간병을 받는 것이 살해동기가 되기도 어렵기 때문이다. 반대로 간병인은 피간병인을 신체적으로 압도할 수 있고, 자신이 간병을 하여야 하는 입장, 즉 신체적·정신적·경제적 부담을 지고 있는 상황에 놓여 있다. 이 각 부담은 서로 악순환을 이루며 나타난다. 간병인은 간병 과정에서의 신체적 부담 때문에 생계를 잇기 위한 직업을 포기하게 되고, 이는 경제적 어려움과 정신적 고통까지 발생시킨다.[13)] 이

12) 이은영/전연규, "간병살인 범죄의 특징과 대응방안에 관한 연구", 한국범죄심리연구 제18권 제3호, 한국범죄심리학회, 2022, 89쪽.

13) 아서 클라인먼(노지양 옮김), 케어, 시공사, 2022, 35−37면은 명문 대학교 교수로 재직중인 저자(간병인)조차 경제적 현실과 간병의 어려움 사이에서 갈등하는 모습을 보여주고 있다.

러한 끝이 보이지 않는 부담을 해소하는 방편으로 살인이라는 극단적 방법이 사용된다면 그것이 전형적인 간병살인이 된다고 할 것이다.

상당수의 간병살인 사안을 보면 피간병인이 간병인의 살인에 저항하지 않거나, 오히려 간병인으로 하여금 자신을 살인하여 달라고 요청하는 예가 있다. 피간병인이 간병인의 어려움에 깊이 공감하고, 차라리 자신이 사망함으로써 피간병인을 해방시켜 주려는 의도가 있는 경우이다. 이 때 피간병인은 자살을 택할 수도 있지만 거동 불편이나 신체 마비 등의 이유로 자살실행을 할 수 없는 경우도 많다. 따라서 최후의 해결책으로 간병인에게 자신을 살해하고 간병의 부담에서 벗어나라고 요청하는 것이다. 간병인이 위 요청을 받아들여 피간병인을 살해하였다면 피간병인의 요청 자체가 살인동기의 일부가 되겠으나, 피간병인이 간병인에게 살해 요청을 할 정도라면 간병인이 실제로 피간병인을 간병하는 데 객관적 한계를 느끼고 있는 상태라고 보아야 할 것이다. 즉 피간병인의 요청이나 양해가 있어야만 간병살인의 범주에 포함시킬 수 있는 것은 아니다.

다음으로 간병의 기간에 대해 논해보기로 한다. 간병생활이 간병인에게 살인을 결심케 할 정도로 큰 부담이 되고 있다면, 대개 이 생활이 상당히 장기간 동안 이루어졌다고 가정할 수 있을 것이다. 그렇지만 '상당히 장기간'의 개념은 지극히 상대적이고,[14] 간병기간과 간병살인 발생빈도가 정비례 관계에 있다는 명확한 증거는 찾기 어렵다. 오히려 간병살인에 대한 판결문 108건의 연구 결과[15]에 의하면 '간병 스트레스로 환자를 살해하거나 같이 죽고 싶다는 생각을 한 적이 있다'는 질문에 긍정(매우 자주 있다+종종 있다)하는 비율이 간병기간 1년 미만인 경우부터 5－7년인 경우까지 약 20－25% 내외로 큰 차이를 보이지 않았다. 간병기간이 7－10년인 경우 긍정비율이 45%로 증가하였는데, 간병기간이 10년 이상인 경우 긍정비율이 44.6%로 오히려 낮아졌다. '매우 자주' 살해 충동을 느낀다는 대답만 놓고 보면 간병기간 7－10년인 경우가 20%, 10년 이상인 경우가 12.3%로 역시 간병기간이 늘어났음에도 강한 살해 충동은 줄어들었다. 추측하건대 간병기간이 얼마 되지 않은 시점에서는 간병인이 장차 장기간 간병을 하여야 한다는 현실을 받아들이지 못한 상태이거나 간병에 익숙하지 않아 실수를 저지르는 경우가 많고 이로 인한 스트레스가 극단적 행위로 이어지는 것이 아닐까 한다. 간병연차가 올라갈수록 현실을 받아들이고 간병에 익숙해지면

14) 천정환, "간병범죄와 효 및 시스템 교정", 효학연구 제28호, 한국효학회, 2018, 162쪽.
15) 유영규 외, 간병살인, 154인의 고백, 루아크, 2021, 70쪽.

서 간병미숙에 의한 스트레스는 줄어들지만, 간병하는 기간 동안 발생하는 여러 스트레스가 계속 누적되면서 이 부분 스트레스는 늘어나게 되고, 양자가 서로 상쇄되어 간병기간이 1년 미만인 경우와 5－7년인 경우의 총 살인충동 비율은 비슷하게 되는 것으로 생각할 수 있다. 단지 이 추론은 가설 수준일 뿐이며, 추후 보다 정밀한 연구에 의해 교정되어야 할 것이다. 여기서는 간병 시작 후 얼마 되지 않은 상태에서 지속적 간병의 불가능성을 인식하고 미리 피간병인을 살해하는 것도 간병살인의 범주에 포함되어야 하며, 간병기간이 오랜 시간 동안 이어져 왔다는 것은 간병살인의 필수적 전제가 아니라는 점까지만 논의하기로 한다.[16)]

전술하였듯이 간병인이 간병관계의 어려움을 주된 동기로 하여 피간병인을 살해하는 것이 간병살인의 전형적인 모습이다. 그런데 피해자－가해자의 반전이 있는 때, 즉 피간병인이 간병인을 살해하는 사례도 간병관계에서 비롯된 살인이므로 간병살인의 정의에 포함시킬 것인지 논의가 필요하다. 살인까지는 아니더라도 피간병인이 간병인에게 폭언을 하거나 폭행을 휘두르는 일은 적지 않게 발생하고 있다.[17)] 이는 피간병인의 평소 성행이 폭력성과 거리가 멀다고 하더라도 마찬가지이다.[18)]

간병살인이 여타 살인범죄와 구별되는 뚜렷한 특징은 간병인－피간병인 사이의 일상적 사건들이 쌓여서 범죄의 도화선이 된다는 점이다. 애초에 간병살인을 특수한 살인으로 다루는 이유는 간병인이 장기간 간병생활로 정상적 사회생활을 하기 어려운 상태에 놓여 있고 이를 타개하고자 극단적인 방법을 선택하였다는 점에 참작할 만한 사유가 있기 때문이다. 피간병인이 간병인을 살해하는 것은 간병살인이라는 용어 도입의 목적과 거리가 있다. 그러므로 목적론적 입장에서 피간병인의 간병인 살해는 간병살인의 범주에 포함시키지 않는 것이 타당하다. 간병인이 피간병인을 돌보다가 어려움을 견디지 못하고 자살한 경우, 사람이 사망하였다는 결과가 발생하였지만 피간병인에게는 살인죄의 고의가 없으므로 살인죄가 성립하지 않고 간병살인의 범주에 넣을 수도 없다.

한편, 간병인이 피간병인을 살해한 후 자신도 자살하리라 마음먹고 피간병인을 살해하는 사례가 적지 않다. 간병인이 범행 후 자살에 성공하였다면 애초에 간병인은

16) 천정환, 앞의 논문, 161면.

17) 2006년에서 2018년까지 간병살인 판결문을 분석한 글에 의하면 108개 중 36개(33.3%)의 사건에서 피간병인이 간병인에게 물리적 폭력이나 언어폭력을 행사한 적이 있는 것으로 나타났다(유영규 외, 앞의 책, 86면).

18) 아서 클라인먼(노지양 옮김), 앞의 책, 83－94면.

소송법상 공소권 없음 또는 공소기각결정의 대상이 된다. 하지만 실체법적으로는 이 때도 일단 간병살인은 기수에 이른 것이고 살해 후 자살하였다는 사유는 살인죄의 실체법적 성립에 어떠한 지장도 초래하지 않는다. 그러므로 자신도 자살하리라는 마음에 피간병인을 살해하고 실제 자살에 성공한 경우 역시 간병살인의 범주에 포함된다. 마찬가지로 간병인과 피간병인이 동반 자살을 시도하였다면 간병인은 살인죄의 죄책을 피하기 어려우며,[19] 이 또한 간병살인의 범주에 포함된다. 간병인이 자살에 실패하여 살아남았다면 자살교사 또는 자살방조의 책임을 질 것이며, 간병인 자신도 자살행위로 나아갔다는 점은 자살관여죄의 성립에 영향을 미치지 않는다.[20]

결론적으로 간병살인이란 '간병인이 간병생활 중에 정신적·신체적·경제적 곤궁에 빠져 더 이상 간병을 계속하기 어려워진 상태에서 곤궁을 벗어나기 위해 피간병인을 살해하는 행위'로 정리할 수 있다.[21] 간병살인은 그 동기에 크게 참작할 측면이 있을 뿐만 아니라, 때로는 피해자인 피간병인의 희망에 의해 저질러지기도 한다. 간병관계가 성립하였다는 것은 피해자와 가해자가 긴밀한 인적 관계에 있다는 의미이기 때문에, 피해자의 사망으로 가해자 또한 −비록 자신의 행위에 의한 것이었다 하더라도− 슬픔과 우울감, 절망감 등의 정신적 충격을 강하게 받을 수 있다. 이러한 요소들은 일반적 살인사건과는 분명한 차이점을 보이며, 간병살인을 형사실체법이나 형사정책적으로 특수한 위치에 자리매김하도록 한다.

살인은 통상적으로 가장 극악한 범죄로 여겨지지만 간병살인의 경우에는 그렇게 단정할 수 없다. 살인죄는 애초에 수많은 하위 카테고리로 나눌 수 있으며 간병살인도 여타 살인죄와 구별하여 범주화될 수 있으리라 보인다. 아래에서는 간병살인 행위를 형법상 어떤 구성요건과 대응시킬 수 있는지, 그리고 각 구성요건마다 특수하게 고려되어야 할 요소는 무엇인지 검토해 본다.

---

19) 배종대, 형법각론(제13판), 홍문사, 2022, 47면.

20) 신동운, 형법각론(제2판), 법문사, 2018, 560면.

21) 우리나라와 간병사정이나 가족주의가 유사한 일본에서는 간병살인과 비슷한 개념으로 '개호살인(介護殺人)'이라는 용어가 널리 쓰이고 있다(根本治子, 前揭論文, 40頁).

Ⅲ. 실체법상 구성요건으로의 간병살인

1. 살인죄와 존속살인죄

간병살인죄는 기본적으로 형법 제250조 제1항의 살인죄의 구성요건에 해당한다. 하지만 모든 간병살인에 형법 제250조 제1항이 적용되는 것은 아니다.

우선 간병인과 피간병인의 관계를 살펴보아야 한다. 가해자인 간병인이 피해자인 피간병인의 직계비속인 상태에서 간병살인이 발생했다면 형법 제250조 제2항의 존속살인죄에 해당할 것이다. 피간병인인 피해자가 배우자의 직계존속인 때에도 같은 조항이 적용된다. 집에서 피간병인을 간병하는 사람은 피간병인의 혈족, 그중에서도 자녀 혹은 자녀의 배우자인 경우가 많다. 그러므로 간병살인 중에서는 존속살인의 비중이 상당히 높을 것으로 예측할 수 있다.

위와 반대로 가해자가 존속이고 피해자가 비속인 경우에는 존속살인죄가 당연히 성립하지 아니하고, 비속살해죄를 가중처벌하는 구성요건은 없으므로 일반살인죄가 성립할 뿐이다. 형법상 존속살인죄를 살인죄와 구별하여 가중처벌하는 것은 헌법에 위반된다는 견해[22]가 꾸준히 주장되어 왔으나 헌법재판소는 존속살인죄 조항이 합헌이라고 결론내렸다.[23]

존속살인죄의 합헌 여부는 이 논문의 범위에서 벗어나므로 상세한 검토는 생략하기로 한다. 다만 적어도 간병살인의 범주에서는 존속살인과 비속살인, 혹은 혈연관계 없는 간병인에 의한 일반살인을 조문상 구별하여야 할 특단의 사정을 찾기가 어렵다는 점은 지적하고자 한다. 존속살인과 비속살인을 구별하는 '패륜성', '효(孝)의 가치'라는 요소는 간병살인에서는 많이 희석된다. 간병살인의 핵심은 살인범죄가 간병의 어려움에서 유발되었다는 것이며, 피해자가 존속이든 비속이든 간병인의 어려움이 크게 바뀌는 것은 아니기 때문이다. 간병의 고통 끝에 부모가 자녀를 살해하는 행위와, 자녀가 부모를 살해하는 행위를 다르게 볼 근본적 이유가 없다. 간병살인은 어차피 간병인에게 극한 사정이 닥친 것을 전제하는 것이므로 피간병인의 증세가 어느 수준

22) 예컨대 배종대, 앞의 책, 38면.

23) 헌법재판소 2013. 7. 25. 2011헌바267 전원재판부. 다만 이 판결에서 청구인은 존속살인죄가 형법상 평등권을 침해한다는 주장만 하였고 헌법재판소도 이에 대한 판단만 하였다. 추후 누군가가 존속살인죄는 평등권 이외의 다른 기본권을 침해한다고 주장한다면 이 조항이 다시 헌법재판소의 판단대상이 될 수도 있다.

인지가 중요한 것이지, 피해자가 존속인지 비속인지는 당해 간병살인의 처벌을 좌우하는 결정적 역할을 한다고 보기는 어렵다.

그런데 공교롭게도 우리 형법은 일반살인죄 중 유기징역형의 법정형 하한을 5년, 존속살인죄는 7년으로 정하고 있는데, 유기징역에 대해 집행유예를 과할 수 있는 상한은 3년이기 때문에 문제가 된다. 일반살인죄는 작량감경 후 집행유예가 가능하나 존속살인죄는 그렇지 못하기 때문이다. 이와 관련한 입법론은 후술하기로 한다.

2. 유기치사죄

간병살인은 간병인이 피간병인을 적극적으로 살해하는 것 이외의 방식으로도 행해질 수 있다. 간병인이 피간병인에게 주기적·지속적으로 이루어져야 할 치료·투약·섭식·의료적 처치 등을 하지 않음으로써 결국 사망에 이르도록 하는 것도 간병살인의 일종이다.

이는 일단 형법상 유기치사 또는 존속유기치사죄의 구성요건에 해당할 수 있다. 피간병인은 어느 모로 보더라도 유기죄의 '도움이 필요한 사람'에 해당하며, 간병인은 '도움이 필요한 사람을 법률상 또는 계약상 보호할 의무'가 있는 사람이기 때문이다. 그런데 간병인은 대체로 피간병인의 사망을 막아야 할 보증인지위에 있기 때문에 부작위에 의한 살인죄를 범할 수 있는 지위에 있다. 결국 유기치사죄와 부작위에 의한 살인죄의 구별이 문제되는데, 양자는 외관의 관찰만으로는 구분하기 어렵다.

살인·존속살인죄와 유기치사·존속유기치사죄는 법정형이 차이나기 때문에 양자의 구별은 중요하다. 부작위에 의한 살인죄와 유기치사죄의 차이는 사망의 결과를 인식·의욕하였는지, 아니면 부주의로 인해 사망의 결과가 나타난 것인지 여부에 달려 있다. 외적으로 드러나는 여러 사정을 종합적으로 고려하여 최종적인 죄명이 확정된다. 현실에서 이 문제를 판단하기란 매우 어렵다. 하급심 판례 중에 간병살인으로 분류할 수 있는 아래 두 사례는 사실관계가 유사해 보이지만 결론에서 차이가 있었다.

<사례1>[24]

– 검사의 기소내용

피고인은 피해자(71세)의 유일한 자녀이다.

피해자는 2015년경부터 반신불수가 되었고 혼자서 앉는 것도 불가능하고 식사도

24) 서울중앙지방법원 2018고합397 사건의 내용을 요약한 것이다.

혼자서 준비하거나 주문할 수 없는 상태가 되어 배우자의 도움으로 생명을 유지해 왔다.

배우자가 사망하자 피고인은 피해자 소유 주거지에서 피해자와 단둘이 거주하며 피해자를 간병하게 되었다.

피고인은 피해자가 자력으로 식사를 하거나 대소변을 치울 수 없고, 앉거나 일어서기도 못하는 상태이지만 누군가가 조력하여 준다면 적절한 일상생활을 할 수 있다는 것을 알고 있었다. 피고인은 자신이 집을 비우면 피해자가 음식을 먹을 수 없으리라는 점을 알면서도 약 10일[25]간 외출하면서 피해자에게 식사를 제공할 대책을 마련하지 않았다. 이로써 피고인은 피해자가 굶어죽게 하여 직계존속인 피해자를 살해하였다.

– 법원의 판단

피고인은 공판단계에서 피해자에 대한 살인의 범의가 없었다고 주장하였다.

법원은 다음과 같은 이유로 피고인의 주장을 받아들였다.

피고인에게 피해자를 살해할 만한 뚜렷한 동기를 찾아볼 수 없고 피고인이 피해자를 두고 집을 나설 때 9일간 피해자를 방치할 것을 결심하였다고 볼 증거도 부족하다. 피고인이 피해자의 사망 위험을 알면서 이를 용인하였다고 단언할 수 없다. 피고인이 현장에서 도망치지 않고 오히려 사건을 신고하였다는 점도 피고인이 존속살인의 의사는 갖지 않았다는 정황으로 볼 수 있다.

그러나 피고인은 피해자에 대한 간병을 시작한지 고작 3, 4개월 만에 피해자를 방치하기 시작하였으며, 피고인을 요양시설에 입소시키거나 요양보호사를 고용하는 등의 조치를 취하지 아니하였다. 피고인은 피해자의 상태를 알면서도 9일간 피해자를 방치하여 사망에 이르게 하였다. 결론적으로 피고인에게는 존속살인죄가 성립하지 아니하지만 유기치사죄가 성립한다.

<사례2>[26]

– 검사의 기소내용

피고인은 피해자의 외동아들로, 약 10년 전부터 피해자와 둘이서 살고 있었다.

피해자는 입원치료를 받던 중 치료비 부담 등의 사정으로 2021. 4. 23. 퇴원하였다. 퇴원 당시 피해자는 왼쪽 팔다리 마비 증상으로 혼자서는 거동을 할 수 없었고 정상적인 음식섭취가 불가능하여 다른 사람의 도움을 통해서만 음식을 먹을 수 있었다. 대소변을 가릴 수 없어 도뇨관을 삽입하는 방식으로 소변을 제거해야

25) 실제로 피고인이 외출한 기간은 9일이다.

26) 대구지방법원 2021고합248 사건의 내용을 요약한 것이다.

했으며, 폐렴으로 인한 호흡곤란 증세가 반복되어 지속적 관찰이 필요한 상태로서 다른 사람의 도움 없이는 생명을 유지할 수 없었다.

피고인은 피해자의 아들로 피해자의 생명을 보호할 의무가 있고, 자신의 도움이 없다면 피해자가 사망하리라는 것도 알고 있었다. 그럼에도 불구하고 피고인은 퇴원 다음 날인 2021. 4. 24. 경부터 피해자에게 처방약을 일절 제공하지 아니하고, 하루 3개 섭취가 필요한 치료식은 7일 간 10개만 제공하였으며 2021. 5. 1. 부터 2021. 5. 8. 까지 피해자의 방에 전혀 들어가지 않았다. 그 결과 피해자는 영양실조와 폐렴으로 인해 사망하였다.

– 법원의 판단

피고인은 공판단계에서 피해자에 대한 살인의 범의가 없었다고 주장하였다.

법원은 다음과 같은 이유로 피고인의 주장을 받아들이지 않았다.

피고인은 민법상 피해자를 부양할 의무가 있는 아들로서, 피해자가 퇴원할 때 병원으로부터 피해자를 돌보는 방법을 교육받았다. 교육받은 내용을 이행하여 피해자의 생명과 신체를 돌볼 책임은 전적으로 피고인에게 있었다. 피고인은 피해자를 퇴원시킬 때 피해자가 타인의 조력 없이 일상생활을 할 수 없으며, 지금 퇴원하면 호흡곤란 등으로 피해자가 사망할 수 있다는 내용을 의사로부터 전달받았다.

그럼에도 불구하고 피고인은 향후에 도저히 피해자를 돌볼 수 없으리라는 생각을 하고, 피해자에게 규정보다 적은 양의 음식물과 약을 주는 등 간병을 소홀히 하였다. 피고인은 피해자의 사망 무렵 8일간 피해자의 방에 들어가지 않아 이 기간 동안 피해자는 음식물이나 약을 전혀 섭취하지 못했다. 피고인의 간병 포기 행위가 피해자의 사망을 유발하였다는 점이 입증되고, 피고인에게 살인의 범의도 인정된다. 따라서 피고인은 존속살인죄에 대하여 유죄이다.

사례1과 사례2는 꽤 유사한 사건으로 보이나 대법원의 판단은 달랐다. 그런데 두 사례의 판단이 다른 이유를 찾기가 쉽지 않다. 한 가지 실마리는 사례1과 사례2의 각 간병인의 속성에서 찾을 수 있다. 사례1의 피고인은 피해자를 어떻게 간병하여야 하는지 구체적인 교육을 받지 못하였던 반면[27] 사례2의 피고인은 피해자를 퇴원시킬 때 집에서 피해자를 어떻게 간병해야 하는지 교육받았다. 사례1과 사례2의 피해자는 모두 타인의 조력 없이 일상생활을 할 수 없는 상황에 있었다. 그러나 사례1의 피해자는 적어도 자가호흡능력이나 음식을 섭취하는 능력은 온전한 편이었던 것으로 보이는 반면 사례2의 피해자는 스스로 음식물을 섭취할 수도 없었고 자가호흡이 불안

27) 최소한 판결문에는 사례1 피고인이 간병교육을 받았다는 언급이 없다.

정하여 상시 누군가의 관찰이 필요한 상태였다. 이상의 여러 사실들을 종합하면 사례2의 피고인은 사례1의 피고인보다 더 막중한 간병책임이 있었다고 할 수 있고, 그럼에도 불구하고 단 하루 만에 간병을 포기한 것은 피간병인을 돌볼 책임을 사실상 전혀 이행하지 않은 것이다. 이 두 개의 판례는 똑같은 간병살인 범주에 있는 사건이라도 그 안에 나타난 구체적 간접증거들을 통해 서로 다른 죄명이 될 수 있음을 보여준다.[28]

그런데 위 두 사건에 관한 판례 입장은 형식논리적으로는 타당하나 형사정책적으로는 위험하다. 사례2의 피고인은 피간병인의 간병방식을 비교적 자세하게 교육받았지만 사례1의 피고인은 그렇지 못하였다. 즉 사례1과 사례2 피고인의 간병능력에는 차이가 있었다. 간병능력을 더 갖춘 사람이 더 막중한 책임을 진다는 것은 분명히 이론상으로는 아무런 하자가 없다. 헌데 법집행기관이 이러한 시각으로 계속 사안을 다루고 그것이 일반인의 행동규범이 된다면, 피간병인에게 관심이 많고 피간병인을 도우려고 열심히 노력한 간병인에게는 중한 범죄의 성립가능성이 높아지는 반면, 피간병인에게 관심이 없고 간병능력도 없는 간병인에게는 경한 범죄만이 성립할 가능성이 높다. 간병의무에 전혀 관심없는 간병인이 선처를 받고 간병의무를 잘 이행하려 노력한 간병인이 중하게 처벌된다면 법감정과 정의에 반할 뿐만 아니라 간병을 기피하려는 풍조를 심화시킬 것이다.

법의 해석만으로는 이 부조리한 상황을 해결하기 어렵다. 따라서 간병능력과 의지를 갖춘 간병인을 보호하기 위한 입법이나 행정작용이 있어야 할 것으로 본다. 평소 간병관계를 유지해 오고 있다가 갑작스레 포기했다는 사정이 살인의 고의를 추단하는 데 쓰이는 것을 논리상 막을 수는 없지만, 위 사정이 인정되면 선고형이 아닌 법정형과 처단형을 결정하는 단계에서 양형상 유리하게 고려되어야 한다.

3. 촉탁·승낙에 의한 살인죄 및 자살교사·방조죄

촉탁·승낙에 의한 살인죄 및 자살교사·방조죄는 모두 간병살인과 밀접한 관계에 있다. 이 범죄들은 피해자가 죽음을 받아들인 것을 전제로 하므로 자살의 일종으로 볼 수 있으며 타인의 도움이 있었다는 점에서 '조력자살'이라고 부를 수 있다.[29] 형

28) 참고로 사례1은 징역 5년을, 사례2는 징역 4년을 선고받아 오히려 사례1의 피고인이 더 엄한 벌을 받았다. 그러나 이는 사례1의 피고인이 존속유기치사 이외에 성폭력범죄의처벌등에관한특례법위반(카메라등이용촬영)도 저질렀기 때문인 것으로 보인다.

법은 촉탁·승낙에 의한 살인죄(제252조 제1항)와 자살교사·방조죄(동조 제2항)를 구분하여 정하면서도 법정형에는 차이를 두지 아니하여 양자를 구별할 실익[30]이 크지 않아 보인다. 그러나 촉탁·승낙살인죄는 타살이 인정된 상태에서 피해자의 촉탁이나 승낙 유무를 따지게 되고 그 '존재'에 대하여 '사실상' 피고인이 입증책임을 부담할 수밖에 없기 때문에,[31] 자살교사·방조죄보다 훨씬 인정되기 어려울 것이다.

앞에 언급된 판결문 108개를 분석한 결과 8건에서는 피해자가 자신을 죽여 달라는 말을 했지만, 살인죄가 아닌 촉탁·승낙살인죄가 적용된 사안은 한 건도 없었다.[32] 법원은 촉탁·승낙살인죄를 인정하는 데 상당히 보수적이라 하겠다. 수사기관의 입장도 이와 크게 다르지 않다. 경찰청범죄통계에 의하면 최근 2018-2021년간 살인기수 범죄 중 촉탁·승낙살인죄와 자살교사·방조죄로 검거된 건수는 다음과 같다.[33] 조력자살 중 자살교사·방조죄와 비교하여 보더라도 촉탁·승낙살인죄의 비율이 극히 낮음을 확인할 수 있다.

	2018	2019	2020	2021
살인기수 총계	298	299	299	261
일반살인죄[34]	217	226	245	196
촉탁·승낙살인죄	1	1	1	1
자살교사·방조죄	29	26	18	24
살인기수 중 조력자살죄 비율	10.0%	9.0%	6.3%	10.4%
살인기수 중 촉탁·승낙살인죄 비율[35]	0.33%	0.33%	0.33%	0.38%

29) 이하에서도 '조력자살'이라는 용어는 촉탁·승낙에 의한 살인죄와 자살교사 · 방조죄를 포함하는 의미로 사용하기로 한다.

30) 단, 이론상으로 본다면 촉탁·승낙살인죄와 자살교사·방조죄는 행위와 결과의 직접성을 기준으로 구별될 수 있다(이용식, "존엄사에 관한 최근의 논의와 형법적 문제점", 경찰학논총 제2권 제2호, 원광대학교 경찰학연구소, 2007, 289면).

31) 촉탁·승낙의 '부존재'를 검사가 입증하게 하는 것이 이론상 타당하겠지만 실제로는 일단 피고인이 촉탁·승낙의 존재를 입증할 증거를 제시하고 검사는 이 증거를 반박하는 형식으로 재판이 이루어질 것이다(대법원 2018. 11. 1. 선고2016도10912 전원합의체 판결 참조).

32) 박숙완, "노인 간병범죄 원인분석과 대책방안에 관한 연구", 법학연구 제29권 제2호, 경상국립대학교 법학연구소, 2021, 69쪽.

33) 국가통계포털(KOSIS)에서 경찰청범죄통계를 기초로 제공하는 통계자료를 필자가 정리한 것이다.

34) 영아살해, 존속살인, 위계·위력살인, 보복살인, 아동학대살해 등은 포함되지 아니하였다.

35) 소수점 아래 두 번째 자리까지만 백분율로 표기하였다.

통상적인 사람이 자의로 타인에게 살해당하고자 하는 의사를 갖는 것은 이례적인 일이다. 사법기관이 촉탁·승낙살인죄 성립을 쉽게 인정하지 않는 것은 이 때문일 것이다. 그러나 중병에 걸리거나 불구가 되어 일상생활을 영위하지 못하는 것만으로도 피간병인은 엄청난 스트레스를 받게 된다. 더구나 피간병인은 자신을 간병하는 자녀, 배우자, 기타 친척이나 친구가 육체적으로 고통을 받고 경제적으로도 궁핍하게 되어 가는 모습을 그저 지켜볼 수밖에 없다. 피간병인은 대체로 회복이나 완치가 불가능한 상태에 있으므로 현실이 나아질 것이라는 희망도 없다. 이러한 요소들이 결합되어 피간병인은 무의미한 고통을 연장시키기보다는 스스로 목숨을 끊으려는 동기를 가질 수 있다.

촉탁·승낙살인죄가 쉽게 인정된다면 통상의 살인범죄자에게 관대한 양형으로의 도피처를 마련하게 될 위험이 있음은 부정할 수 없다. 일반살인죄와 촉탁·승낙살인죄의 구별은 결국 사실인정의 문제로 귀결될 것이고 이 부분에서는 자유심증주의가 작용하므로 촉탁·승낙살인죄를 보다 관대하게 인정하여 달라는 요청을 하는 것은 적절하지 않을 것이다. 그러나 죽고 싶지만 스스로 죽지 못하는 사람이 상당수 존재하는 것도 명백하다. 법집행기관에서는 이러한 냉엄한 현실을 인식할 필요가 있다. 살인에 대한 촉탁·승낙은 분명 이례적인 일이지만, '법집행기관이 인식하는 정도만큼이나' 크게 이례적인 일은 아니라고 사료된다.

타인의 동의 아래, 타인의 희망에 따른 행위(살인)를 하는 것을 형사처벌하여야만 하는 것인지 근본적 의문도 든다. 개인의 생명은 각 개인에게 일신전속적으로 귀속되며, 따라서 피해자가 스스로 자신의 생명을 포기하는 것도 가능하다고 볼 여지가 있기 때문이다.[36] 당사자가 자신의 삶을 마감하는 자율적 결정을 원천 봉쇄하는 것이 옳은지도 고려해야 한다.[37] 특히 피간병인의 촉탁·승낙에 의한 간병인의 촉탁·승낙살인은 희망 없는 피간병인이 스스로 죽음을 선택하는 것, 즉 존엄사에 가깝다고 볼 여지가 크다.[38] 존엄사에 대해 많은 논란이 있으나, 최소한 중증질환으로 인한 피간병인에게 품위 있는 죽음을 맞이할 권리가 있다는 것과, 이들이 자신의 장래 처우에 대한 결정권을 보유하여야 한다는 점에는 논란의 여지가 거의 없을 것이다.[39] 이들

36) 임웅, 형법각론(제5정판), 법문사, 2013, 43쪽.

37) 윤재왕, "자기결정권과 후견주의", 고려법학 제67호, 고려대학교 법학연구원, 2012, 152쪽.

38) 이동임, "간병살인범죄 방지 방안에 관한 연구 -치매를 중심으로-", 법학논총 제27집 제3호, 조선대학교 법학연구원, 2020, 222쪽.

39) 엘리자베스 퀴블러 로스(이진 옮김), 죽음과 죽어감, 청미, 2023, 295면.

의 의사를 실행해주는 행위는 동기에 참작할 사유가 있다. 따라서 피간병인의 진정한 의사에 따른 촉탁·승낙살인은 처벌을 감면해야 한다는 견해도 충분히 가능하다.[40]

Ⅳ. 간병살인과 생명에 대한 재음미 - 조력자살을 중심으로

이상으로 간병살인에 대한 현행법상 처리에 대해 살펴보았다. 간병살인 중에서도 (존속)살인죄나 유기치사죄가 형사처벌 대상임에는 큰 의문이 없다. 이 각 행위는 타인의 의사에 반하거나 타인의 의사에 합치하지 않은 상태에서 그 타인의 생명을 빼앗기 때문이다.

그렇지만 이와 달리, 조력자살을 범죄로 의율하여야 하는지 논의할 필요가 있다. 이는 타인(피간병인이자 피해자)의 의사에 전적으로 합치하는 행위이기 때문이다. 타인의 의사에 거스르는 생명박탈행위는 조력자살 사례에서 존재하지 않는다.

물론 생명의 존엄을 보호해야 한다는 법감정에 의한다면 조력자살을 형사처벌에서 제외하는 것은 반직관적이다. 그러나 어떤 주장이 반직관적이라 하여 논리적으로 틀렸다거나, 논의조차 하여서는 안 된다고 볼 수는 없다.[41] 이에 본 항에서는 조력자살범죄 −자살교사·방조죄 및 촉탁·승낙살인죄− 를 처벌하는 것이 과연 정당화될 수 있는지에 대해 좀 더 논의하여 보기로 한다. 이는 조력자살의 보호법익이 무엇인지, 그리고 생명이라는 가치가 어떤 속성을 지니고 있는지, 생명은 어디까지 보호되어야 하는지의 문제와 직접적 연관을 갖고 있다.

1. 조력자살의 보호법익 검토

가. 조력자살의 보호법익 검토 필요성

생명이라는 가치에는 세 가지 주목할 만한 특성이 있다. 첫째로, 생명은 자연인이 다른 모든 권리를 누릴 수 있도록 하는 근본적 가치이다. 생명이 없는 자연인은 그 자체로 존재할 수 없다. 둘째로, 둘째로, 생명은 일단 박탈되면 복구하는 것이 불가

40) 이동임, 앞의 논문, 222쪽.
41) 데이비드 베네타, 태어나지 않는 것이 낫다, 서광사, 2022, 280쪽.

능하다. 셋째로, 생명은 철저히 일신전속적인 것이므로 타인에게 대여하거나 유보하는 것 등이 불가능하다. 이러한 특성들이 있기 때문에 생명은 극히 중요한 법익이라 할 수 있다. 생명이라는 법익이 중대하기 때문에 동서고금을 막론하고 다른 사람의 생명을 빼앗는 것은 매우 중대한 행위로 다루어졌다. 우리의 현재 형법도 살인죄에 대해 최고 사형까지 선고할 수 있도록 함으로써 생명에 대한 국가의 보호 의지를 천명하고 있다.

생명의 특성 중 세 번째에 의하면, 생명을 갖고 있는 개인이 이를 스스로 포기하는 것은 당연히 허용되어야 한다. 생명의 포기는 다른 개인이나 국가·사회에게 어떠한 영향을 미치지 않기 때문이다. 형법은 자살죄를 두고 있지 않은 것은 이와 논리적으로 합치된다. 그런데 우리 형법은 스스로 자살하는 것이 아니라 다른 사람의 힘을 빌려 자살하는 경우, 그 자살에 조력한 사람은 자살교사·방조죄로 처벌하고 타인의 촉탁·승낙을 받아 그 타인을 살해한 사람은 촉탁·승낙살인죄로 처벌하고 있다(조력자살). 이는 생명의 철저한 일신전속성과는 상충된다.

조력자살범죄의 존재가 정당성을 지니려면 생명의 절대적인 일신전속성을 부정하거나, 조력자살범죄가 생명뿐 아니라 다른 법익도 침해한다는 전제가 성립하여야 한다. 전자를 부정하는 것은 거의 불가능하다. 따라서 조력자살범죄를 처벌하는 것이 정당화되려면 살인죄는 타인의 생명을 빼앗는 범죄일 뿐 아니라 다른 법익, 특히 국가적·사회적 법익을 침해하거나 이에 대한 위험을 야기하는 범죄이기도 하여야 한다는 결론이 된다.

형법각론에 규정된 범죄들은 법익 기준으로 국가적 법익에 대한 죄·사회적 법익에 대한 죄·개인적 법익에 대한 죄로 구별된다고 설명된다. 단, 이러한 구별론은 법전 편찬상의 편의가 일정부분 가미된 것이며 철저하게 죄의 본질론이나 가치론에 기반한 것이라고 할 수는 없다.[42] 또한 각각의 죄가 국가·사회·개인 중 어느 하나의 법익과 항시 일대일 대응관계에 있는 것은 아니게 된다. 예컨대 공무집행방해죄는 국가적 법익에 관한 죄에 해당한다고 할 수 있지만 공무를 집행하는 자연인의 신체를 보호하는 기능도 수행한다. 방화죄는 사회적 법익에 관한 죄인 동시에 재산에 대한 범죄의 성질도 가진다. 이러한 논의를 바탕으로 하여, 조력자살을 범죄로 본다고 할 때 그 보호법익이 무엇인지 논의해 보기로 한다.

42) 이재상/장영민/강동범, 형법각론(제13판), 박영사, 2023, 5면.

나. 생명의 존엄에 대한 인식인가?

조력자살을 범죄로 처벌할 때, 그 보호법익 중 가장 쉽게 떠올릴 수 있는 것은 '생명의 존엄에 대한 인식'이라는 가치이다. 조력자살을 범죄로서 벌하는 것은 이 행위가 생명을 경시하는 풍조를 조장할 우려가 있기 때문이라는 것이다. 피살해자의 동의나 승낙이 있었다 하여 살인행위를 허용한다면 생명의 존엄성에 대한 인식이 흔들릴 수 있으므로, 조력자살이라 하여도 형법상 처벌이 불가피하다는 논리가 된다.

그러나 어떠한 사상이나 인식을 보호하기 위해 형법을 동원하는 것은 과잉형벌화의 위험으로부터 자유로울 수 없다. 생명의 존엄에 대한 인식을 형벌을 동원하여 지키는 것이 과잉형벌화의 비판을 피해 정당화되려면 생명의 존엄성에 거의 무한에 가까운 보호가치가 부여되어야 할 것이다. 즉, 어떤 경우에도 생명은 침해되어서는 안 되고 생명의 절대성에 대한 의구심이나 의문이 제기되는 것도 허용되어서는 안 된다는 논리가 전제되어야 한다.

그러나 이 논리에는 무리가 있다. 물론 생명이 존엄하다는 일반론에 이견은 있을 수 없다. 허나 이것이 모든 생명이 무한히 존엄한가 하는 질문으로 바뀐다면 여러 가지 다른 의견이 가능하다. 예컨대 우리나라에서는 아직 사형제를 공식적으로 철폐하지 않고 있다. 국가가 합법적으로 개인의 목숨을 빼앗는 제도가 남아 있으므로, 모든 생명이 무한히 존엄하다는 논리는 쉽게 부정된다. 그 외에도 정당방위로 사람을 살해하는 행위, 전쟁에서 다른 사람을 살해하는 행위, 뇌사상태의 사람으로부터 장기를 떼어 내는 행위 등도 우리 법상 처벌대상이 되지 않으므로 생명을 빼앗는 모든 행위가 처벌대상이 되는 것은 아니다. 바꿔 말하면, 우리나라의 법체계상 생명은 일정한 경우에 합법적으로 박탈될 수 있다.

이는 다음과 같은 의문을 낳는다. 생명이 귀속되는 개인의 동의 '없는' 생명 박탈이 허용될 수 있다면, 대는 소를 포함한다는 원칙에 의해 그 생명의 귀속주체인 개인의 동의가 '있는' 생명 박탈도 자연히 허용될 수 있어야 하는 것은 아닌가? 생명이 절대적으로 일신에 전속하는 것이라면 개인이 진정한 의사에 의하여 생명을 포기하는 행위에는 누구도 간섭할 수 없다. 그리고 생명의 포기는 종국적인 것이므로 일단 포기된 생명을 국가가 형벌을 동원하여 보호해야 하는지도 의문이다. 개인이 포기한 생명을 침해하는 행위를 처벌하면서, 개인이 포기하지 아니한 생명을 침해하는 행위를 처벌하지 않는 것은 선뜻 납득이 되지 않는다.

이러한 상황에서는 생명의 절대성에 대해 의문을 제기하거나, 생명의 절대성에 대한 인식을 흔드는 행위를 형사처벌하는 것이 정당화되기 어렵다. 이미 생명은 절대적으로 보호되지 않는 것이 전체 법체계의 현실이기 때문이다. 따라서 조력자살을 처벌하는 이유가 '생명의 존엄성에 대한 인식'을 보호하기 위해서라는 주장은 설득력이 약하다고 할 수밖에 없다.

다. 국가의지 선언의 엄숙성 보호인가?

다음으로 생각할 수 있는 것은, 조력자살을 범죄로 규정한 것이 국가의 생명에 대한 보호를 강력히 선언한다는 주장이다. 이를 법익으로 표현한다면 '생명보호에 대한 국가의 의지 표명 엄숙성 보호'가 된다.

그러나 이것이 형법상 보호할 만한 법익이 되기 어렵다는 점은 쉽게 알 수 있다. 국가가 자신의 의지를 표명하거나, 관철시키려고 한다면 형벌권이 아닌 다른 공권력을 먼저 동원하는 것이 올바른 순서이다. 강제력 이전에 각종 비강제적인 홍보수단을 사용하는 것도 충분히 가능하다. 형벌이라는 최후수단을 동원하면서 자신의 의지 표명을 보호하는 것은 어떻게 보더라도 정당성을 찾기 어렵다.

그리고 국가는 모든 생명에 대해서 무한한 보호를 제공하는 것도 아니다. 오히려 각 생명을 선별하여 일부 생명에 대해서는 보호가 아닌 적극적인 박탈을 시도하기도 한다(사형제도). 따라서 조력자살을 범죄로 규정함으로써 생명 보호에 대한 국가의 신성한 선언을 보호하고자 한다는 주장은 받아들일 수 없다.

라. 생명의 절대성 자체가 보호법익인가?

생명은 절대적이고 지고한 가치를 지니므로 어떤 형태로든 타인의 생명을 빼앗는 것은 범죄라는 주장도 가능하다.[43] 어쨌든 이 주장에 의하면 개인이 자신의 생명을 포기하더라도 그 생명은 여전히 보호가치가 있는 것이므로 이를 침해한다면 형사처벌함이 마땅하다. 이 주장은 조력자살행위가 생명 자체 이외에 다른 법익을 침해하지 않더라도 처벌되어야 한다는 주장과 논리적으로 가장 적절히 연결된다. 즉 살인죄의 보호법익이 생명인 것처럼 조력자살죄의 보호법익도 생명이며 여기에 피해자의

43) 이재상/장영민/강동범, 앞의 책, 32면.

양해나 승낙은 전혀 고려될 수 없다. 이 주장의 가장 큰 장점은 다름아닌 인간의 직관에 결정적으로 합치한다는 점이다.

그렇지만 이는 생명은 존엄하기 때문에 존엄하다는 동어반복적 주장으로 보이기도 한다. 그리고 생명의 존엄성과 생명의 일신전속성은 서로 뗄 수 없는 관계에 있다는 점에도 주목하여야 한다. 생명이 다른 사람에게 양도되거나 유보될 수 없고 모든 자연인에게 단 1개씩만 평등하게 귀속되기 때문에 생명은 존엄한 것이다. 생명이 개인간에 거래될 수 있거나 제3자가 타인의 생명을 마음대로 처분할 수 있다면 생명에 절대적 존엄성이 부여되기란 매우 어렵다.

따라서 개인에게는 자신이 갖고 있는 생명을 자유로이 처분할 자유가 있고 이것이 생명의 존엄성의 근간을 이룬다고 하지 않을 수 없다. 그렇다면 개인이 처분(=포기)한 생명을 제3자가 개입하여 그 처분의 의미를 판단하고, 포기된 생명까지 보호하겠다고 나서는 것은 생명의 존엄성을 존중하는 것이 아니라 반대로 생명의 '진정한' 존엄성을 무시하는 것에 가깝다. 이는 형사법의 영역에서 경계되어야 하는 국가 후견주의의 발현으로 볼 여지가 있다. 국가는 개인이 죽음을 원할 때, 이를 허용해서는 안 되는가? 만약 국가가 생명의 존엄성을 기치로 내걸고 어떤 형태의 비자연적 죽음도 허용하지 않겠다고 하면 이는 생명에 대한 지나친 간섭이 될 수 있다.

많은 신화와 전설에서는 이미 '죽지 않는 고통'을 적나라하게 묘사하였던 바 있다. 굶어 죽지 못하는 탄탈로스, 평생 독수리에게 간을 쪼여야 하는 프로메테우스, 영원히 돌아가는 차륜에 묶인 익시온 등은 생명이 꼭 죽음보다 우월하지만은 않다는 인류 의식의 원형을 보여준다. SF 작가 할란 엘리슨(Harlan Ellison)은 '나는 입이 없다. 그리고 나는 비명을 질러야 한다(I have no mouth, and I must scream)'에서 죽음과 생명의 가치 전도를 섬뜩하게 묘사하기도 하였다. 적어도 특별한 영역에서만큼은 생명의 절대성이 희석된다는 점을 부정하기 어렵다.

마. 소결

이상에서 검토한 바와 같이 조력자살을 범죄로 의율한다고 할 때 그로 인해 보호하고자 하는 법익이 무엇인지 명확히 해명하기는 쉽지 않다. 생명이 매우 중요한 법익이라는 점에 의문은 있을 수 없다. 생명이 존엄하다는 것이 일반적 명제임은 앞서 밝힌 바와 같다. 단, 이 주장은 죽음은 그 원인이나 경위를 불문하고 항상 나쁜 것이라는 전제에 있다. 그러나 어떤 생명이든지 항상 생명 없는 상태보다 우월한가 하는 특수론도 언제나 참이라고 할 수 있는지는 다른 문제이다. 다른 말로 표현하면, '가장 나쁜 생명이라도 가장 좋은 죽음보다 우월한가'라는 질문이 된다. 이 질문의 답이 부정이라면 모든 생명박탈 행위에 대해서는 재평가가 필요하다. 그렇다면 여기서 생명이 존엄하다는 명제가 기본적으로 타당하다고 하더라도 이를 어느 범위까지 일반화할 수 있는지 논의하여 볼 여지가 있다.

2. 생명의 존엄성에 대한 검토

전술한 바와 같이 생명은 다른 권리를 누리는 기본 전제이기 때문에 중요하다. 어떤 권리도 생명이 없다면 무의미하다. 그런데 이는 의무의 측면에서도 동일하다. 생명 없는 자연인에게는 의무를 과하거나 책임을 지울 수도 없다. 권리－의무는 행복－고통으로 바꾸어 말해 볼 수도 있다. 생명이 있는 존재만이 행복을 느낄 수 있지만, 동시에 생명이 있는 존재만이 고통을 느낀다. 인간을 포함하여 모든 생명체는 일생동안 어느 정도의 고통을 경험할 수밖에 없다. 고통이 전혀 없이 생명을 누리는 것은 불가능하다.[44] 그리고 불치병에 걸리거나 복구할 수 없는 신체훼손을 당하는 등의 사건으로 말미암아 고통의 크기가 한계점(threshold)을 돌파하였다면, 아무리 많은 행복으로도 위와 같은 고통을 상쇄할 수 없다고 보아야 할 것이다.[45] 예컨대 중증 조현병에 걸리거나 사고로 사지가 절단되었다면, 그 이후에 아무리 많은 행복이 더해지더라도 행복이 고통의 크기보다 많아진다고 보기 어렵다. 여하한 이유로 인해 생명을 지닌 어떤 자연인이 누리는 행복의 총량보다 고통의 총량이 크다면, 과연 생명을 갖고 있는 것이 언제나 좋은 것인지 의문이다[46].

물론, 일정 시점 또는 구간에서 '행복의 총량〈고통의 총량'이 된다 하더라도 곧바로 생명이 가치를 잃는다고는 단정하기 어렵다. 생명이 존재하는 한 추후에 행복의 총량이 고통의 총량을 역전할 가능성이 언제나 있기 때문이다. 생명의 박탈은 이 가능성을 원천 제거한다는 점에서는 여전히 부당한 행위라고 볼 수 있다. 생명의 존재는 행복을 누릴 가능성을 부여한다는 점에서 그 자체로 일정한 가치를 지닌다. 생

44) 데이비드 베네타(이한 옮김), 앞의 책, 138쪽.

45) 데이비드 베네타(이한 옮김), 앞의 책, 101－102쪽.

46) 셸리 케이건(박세연 옮김), 죽음이란 무엇인가, 엘도라도, 2018, 301쪽은 생명의 박탈(비존재)이 당연히 나쁘다는 것은 직접적인 대답이라고 볼 수 없음을 지적하고 있다.

명의 존재 그 자체가 어느 정도의 행복이라는 말로 바꾸어 표현할 수도 있다. 따라서 행복의 총량과 고통의 총량을 비교할 때는 각 요소의 총량만 비교하는 것이 아니고 행복의 총량에 생명의 존재가치를 더해야 한다. '행복의 총량+생명의 존재'와 '고통의 총량'을 비교하여야 한다는 것이다.[47]

다만, '행복의 총량+생명의 존재〈 고통의 총량'인 상태가 이미 매우 오랫동안 유지되었거나, 혹은 앞으로 행복의 총량이 고통의 총량보다 많아질 가능성이 거의 없기 때문에, 장래에 어떤 일이 발생하더라도 이 부등식의 부호가 바뀔 가능성이 없다면 또다시 결론은 달라질 수 있다. 예를 들어 현재 시점까지 50의 행복과 100의 고통이 있고, 향후 생명이 자연히 사라질 때까지 행복의 증가 가능성은 거의 없는 반면 고통의 증가 가능성은 지극히 높다면 과연 생명을 유지하는 것이 바람직한가 하는 논란이 제기될 수밖에 없다.

이 논란이야말로 간병살인에 대한 논의의 핵심이다. 완치가능성 없는 환자에 대한 기약 없는 간병은 추후에 고통의 총량만이 증가할 것으로 예상되는 상황과 정확히 들어맞는다. 이러한 상황에서도 생명을 존재하도록 하는 것이 과연 바람직한 것이며, 국가는 형벌로서 이를 강요하도록 해야 하는 것인가? 지금까지의 논의에 의하면, 이에 대해서는 부정적인 결론을 내릴 수밖에 없을 것이다.

재차 언급하건대 생명이 존엄하다는 점에는 반론이 있을 수 없다. 그러나 모든 생명이 무한히 존엄하며, 나아가 어떤 생명도 절대로 포기되거나 보호의 범위에서 벗어나서는 안 된다는 주장은 논리적으로나 현실적으로 맞지 않는다. 무엇보다 우리의 법체계 자체에서 일정한 생명은 보호대상에서 이미 제외하고 있다. 그것이 극히 예외적인 경우에 한정된다고 하더라도, 단 하나의 예외라도 있다면 '절대성'은 깨어지게 마련이다.

이미 생명권의 절대성에 대한 예외가 존재하는 한 간병살인 내지 조력자살행위도 이 예외에 포함시키지 못할 본질적 이유는 없다. 어떤 경우에 간병살인이나 조력자살행위를 인정할 것이며, 그때의 법적 처우는 어떠한가 하는 구체적인 논의도 충분히 가능하다고 볼 것이다. 국가와 법체계가 스스로 자연인의 생명을 빼앗는 행위를 하면서, 유독 간병살인·조력자살에 대해서만 생명권의 절대성을 관철시키고자 하는

---

47) 셸리 케이건, 앞의 책, 368면은 이러한 관점을 '그릇 이론(container theory)'이라 설명한다. 그릇 이론 중에서 '생명의 존재'의 가치가 0이라는 주장을 중립적 그릇 이론(neutral container theory), 가치가 0보다 큰 경우를 가치적 그릇 이론(valuable container theory)이라고 한다.

것은 일관성을 잃은 행위라고 하지 않을 수 없다.

대다수의 간병살인은 행위자나 피해자 모두 별다른 선택의 여지가 없는 상황에서 발생하게 마련이다. 이미 개인의 노력으로는 상황을 타개하기 어렵다. 그럼에도 불구하고 국가가 생명의 존엄성을 내세우면서 어떤 경우에도 조력살인은 형사처벌할 것이라고 주장한다면 국가가 개인에게 불가능한 것을 요구하는 것이 된다. 형벌은 개인이 실행 불가능하거나 극히 어려운 것을 해내도록 요구하는 도구가 되어서는 안 된다. 국가가 간병살인의 발생 원인이나 실태를 파악하려는 노력 없이 간병살인행위를 벌하는 데 집중하는 것은, 개인의 생명이 존중되고 있음을 선전하는 일종의 프로파간다로 전락할 수 있다.

결국 간병살인에 관한 논란은 생명의 귀속주체인 개인이 최후까지 이에 대한 자기결정권을 행사할 수 있는지, 국가는 이를 막을 수 있는지의 논의와 연관된다고 할 수 있다. 이 중 전자에 비중을 둔다면 간병살인범죄에 대한 특수한 형법적 취급은 한층 정당성을 갖게 된다고 할 것이다.

V. 간병살인에 대한 대응

이상으로 간병살인을 정의하고 형사법적 시각에서 간병살인을 분석하여 보았다. 인구구조상 우리 사회는 가까운 시일 내에 초고령사회[48]가 될 수밖에 없다. 노인의 수가 급증하면 노인성 질병이나 장애를 갖게 되는 사례가 늘어날 것이고, 이 질병이나 장애의 상당수가 장기간의 지속적 간병을 필요로 한다. 따라서 간병행위와 관련된 여러 범죄들은 앞으로 폭발적으로 늘어나리라 예상된다.

간병살인에 대해서는 크게 두 가지 관점에서 접근할 수 있다. 첫째로, 이는 간병살인이 극악한 범죄가 아닐 뿐만 아니라, 어떤 경우에는 불가피한 선택이라는 시각이다. 이 시각에서는 형법적으로는 간병살인을 촉탁·승낙살인죄의 일종으로 해석할 수 있다. 따라서 간병살인의 불법은 상당히 작고, 어떤 경우에는 아예 불처벌이 될 수도 있다. 이 주장이 가능하다는 점은 앞에서 논의한 바와 같다.

둘째로, 어쨌든 간병살인이 바람직한 행위는 아니라는 시각이다. 이 시각에서 간

48) 65세 이상의 고령층이 전체 인구의 20% 이상인 사회를 의미한다.

병살인은 가능한 한 억제되어야 하는 행위가 된다. 이는 간병살인이나 기타 간병관련 범죄를 줄이기 위해 각종 정책을 펴는 근거가 된다.

위 두 가지 관점은 양립 불가능한 것은 아니다. 간병살인이 바람직한 것은 아닐지라도, 엄벌에 처할 만큼 법익을 심대하게 침해하는 행위라고 보지 않는 것이 가능하다. 그러므로 간병살인을 경하게 처벌하거나 심지어 벌하지 아니하는 입장을 취하면서도 가급적 이 행위를 줄이고자 노력하는 것에는 논리적 모순이 없다.

본 항목에서는 이러한 입장에서 간병살인의 실태를 개선하기 위한 몇 가지 제안을 하고자 한다.

1. 양형론과 해석론

간병관계가 성립되면 간병인은 사실상 모든 외부활동을 할 수 없고 하루 종일 피간병인의 생활을 도와 주는 역할을 수행하게 된다. 간병인들이 더욱 힘든 이유는 피간병인들 중에 자신의 병식 자체를 인식하지 못하거나(조현병, 치매 등), 자존심을 세우기 위해 간병인에게 비협조적인 사람도 적지 않다는 것이다. 간병활동을 거부하거나 간병활동을 하려 하면 갑자기 포악해짐으로써 간병인에게 정신적·신체적 상처를 남기는 경우도 많다.

이러한 상황을 견디다 못해 간병인이 피간병인을 살해하였다면 그 동기에 참작할 사유가 있고 범행 발생에 피간병인(피해자)의 책임도 전혀 없다고 할 수 없으므로 살인죄의 불법이 감소한다고 볼 것이다.[49] 그러므로 탐욕, 복수, 원한, 기벽 실현 등을 이유로 한 살인보다 가벼운 형량이 선고되어야 마땅하다.

대법원 양형위원회의 양형기준에 의하면 살인범죄는 참작 동기 살인, 보통 동기 살인, 비난 동기 살인, 극단적 인명경시 살인으로 나누어진다(아래 그림 참조[50]).

---

49) 이재상/장영민/강동범, 앞의 책, 32면.

50) 대법원 양형위원회, “살인범죄 양형기준”, <https://sc.scourt.go.kr/sc/krsc/criterion/criterion_01/murder_01.jsp> 검색일: 2024. 2. 25.

유형	구분	감경	기본	가중
1	참작 동기 살인	3년~5년	4년~6년	5년~8년
2	보통 동기 살인	7년~12년	10년~16년	15년 이상, 무기 이상
3	비난 동기 살인	10년~16년	15년~20년	18년 이상, 무기 이상
4	중대범죄 결합 살인	17년~22년	20년 이상, 무기	25년 이상, 무기 이상
5	극단적 인명경시 살인	20년~25년	23년 이상, 무기	무기 이상

간병과정에서 피간병인이 간병인을 다치게 하거나 모욕하는 일은 어렵지 않게 발생할 수 있다. 간병인은 장기간 간병생활을 하여 심신이 지쳤거나 향후 매우 장기간 이어질 간병생활에 좌절하기가 쉬운 상태이고, 간병과 경제활동을 병행할 수 없어 경제적 어려움에 처할 가능성도 높다. 이러한 사정을 종합하면 간병살인은 피해자의 귀책 있는 사유이거나 그에 준하는 경우로서 참작 동기 살인에 해당한다. 기본 권고 형량은 4-6년의 징역형이다. 실제 판결 선고 과정에서는 다수의 양형인자들이 고려될 것이다. 예컨대 피해자의 유족이 있다면 피고인이 처해져 있던 간병생활의 어려움을 고려하여 피고인에 대한 처벌을 원치 않을 확률이 높다.[51] 피고인이 깊은 죄책감을 가질 개연성이 높고, 자수할 가능성도 적지 않으리라 보인다.

집행유예를 선고할 것인지도 중요한 문제이다. 살인죄는 생명을 빼앗는 범죄이기 때문에 경위가 어찌 되었든 일정한 실형을 선고하는 경우가 많다. 특이하게도 양형기준에는 살인기수범죄에 대한 집행유예 기준이 없고, 살인'미수'범죄에 대해서만 집행유예의 기준을 마련하고 있다. 그러나 각 재판부는 법적 양심에 따라 살인기수범에 대해서도 집행유예 판결을 할 수 있으며, 이것이 위법인 것도 아니다.

간병살인범죄에서 살인기수범에 대한 집행유예 판결이 선고되는 경우도 적지 않다. 2017년 6월부터 2022년 5월까지 1, 2심 판결문 42건을 분석한 결과 15건(35.7%)에 대해 집행유예가 선고되었다.[52] 사법연감에 기재된 살인죄 전체에 대한 집행유예 비율을 보면 항소심 기준으로 2018년에는 5.2%(460건 중 24건), 2019년에는 4.6%(455건 중 21건), 2020년에는 3.9%(453건 중 18건)에 그치는 것과 비교된다.

51) 유영주 외, 앞의 책, 172쪽.

52) 한국일보, 2022. 6. 16. <https://m.hankookilbo.com/News/Read/A2022061510360000040> 검색일: 2024. 2. 25.

이는 간병살인 중 다수가 간병 자체의 어려움, 희망 없는 미래, 경제적 궁핍, (주로 정신적 문제가 있는) 피해자로부터의 폭언과 폭행, 전혀 잠을 잘 수 없는 생활환경 등에 절망하여 살인을 저질렀다고 볼 소지가 크고(동기에 크게 참작할 사유), 간병살인의 발생에는 중병자의 간병책임을 개개인에게 떠맡겨 버린 국가도 책임을 면하기 어렵기 때문이다. 국가는 '도덕 확립', '생명은 포기할 수 없는 가치', '부모와 노인 공경', '효의 가치 실현'이라는 구호를 외치기는 데 집중하기보다는 실질적으로 간병인과 피간병인에게 어떤 도움을 줄 수 있을지 고민하여야 한다.

사람의 생명을 빼앗는 행위에 대해서는 절대로 무죄를 선언할 수 없다는 논리가 성립될 수 없음은 이미 앞에서 살펴보았다. 따라서 궁극적으로 간병살인·조력자살행위에 대해 형법적으로 무죄를 선언할 수 있는지도 진지하게 논의될 필요가 있다. 간병살인·조력자살행위에 대해서는 극도의 경제적·정신적·사회적 어려움을 면하기 위한 행위로 보아 형법 제20조의 사회상규에 반하지 않는 행위로 위법성을 조각시킬 여지가 있다. 또한 간병살인이나 조력자살을 일종의 존엄사로 보아, 존엄사에 관한 기존의 논의에 따라서 죄의 성립을 부정할 수도 있다. 단, 현재의 사회상규가 이를 허용할 것인지에 대해서는 아직 분명한 답이 나와 있지 않으므로 조심스러운 접근이 필요할 것임은 물론이다.[53] 일반인이 참여하는 한 국민참여재판에서, 정신질환에 걸려 폭력성을 발현하는 남편을 살해한 간병인에게 배심원 전원일치로 징역 7년 실형을 평결한 예도 있다.[54] 이러한 사례를 보면 간병살인에 대해 사회 일반인의 시각이 대단히 동정적일 것이라 단정하기는 어렵다.

기존 학설과 판례의 해석론 및 형법상 조력자살죄 조항(형법 제252조)에 의하면 피해자(피간병인)가 살해를 승낙한 경우에도 가해자(간병인)에 대한 형사처벌이 이루어지는 것은 피할 수 없다. 다만, 이에 대한 입법상 변화가 있다면 기존의 해석론에도 수정이 이루어져 피해자의 양해나 승낙에 의해 살인죄나 조력자살죄의 구성요건해당성 혹은 위법성이 부정될 수도 있으리라 보인다. 무엇보다 간병살인이 일종의 존엄사의 영역에 포섭된다면, 존엄사를 둘러싼 여러 논쟁에서 간병살인의 가벌성도 함께 논의될 수 있을 것이다.

53) 이용식, 앞의 논문, 293면.
54) 유영규 외, 앞의 책, 177면.

2. 입법론

법적 안정성은 쉽사리 무시될 수 있는 것이 아니다. 만약 간병살인에 대한 입법 작업을 하더라도 꼭 필요한 부분만 개정하여야 할 것이다. 이러한 전제 아래 약간의 입법론을 제안하고자 한다.

우선 살인죄와 존속살인죄의 구별 폐지를 검토해볼 필요가 있다. 살인죄와 존속살인죄는 양형상 차이만 있는 것이 아니고 조항 자체가 별개로 되어 있다. 간병살인의 상당수가 부모–자식 간에 일어난다. 그런데 간병살인 사례에서 피간병인인 피해자가 간병인인 가해자의 직계존속인지 아닌지 여부가 크게 중요한 것인지 의문이다. 특히 부부 간에 일어나는 간병살인과, 부모–자녀 간에 일어나는 간병살인 사이에 본질적 차이를 발견할 수는 없다.

존속살인죄 폐지에 찬성하는 의견은 적지 않으며 그 위헌성 논란은 계속되고 있다.[55] 폐지론에는 몇 가지 이유가 있다. 존속살인의 경위에는 피해자가 평소 가족들에게 폭언·폭행을 하였다거나, 피해자에게 심한 정신병력이 있어 수시로 다른 가족들을 괴롭혔다거나, 피해자가 먼저 흉기를 들고 난동을 부리며 다른 가족들의 생명과 신체를 위협하는 경우 등, 참작할 만한 사유가 있을 가능성이 있다. 그리고 존속살인죄를 폐지하여도 살인의 패륜성이 입증된다면 양형과정에서 중형을 선고하는 것이 얼마든지 가능하다. 현재의 존속살인죄 규정은 최저형이 7년의 유기징역이므로 작량감경을 하여도 집행유예가 불가능하다는 문제가 있다. 따라서 장시간의 간병 끝에 가해자가 존속인 피해자를 살해하였다면 원칙적으로 집행유예가 불가능하고 최하 3년 6개월의 징역형을 집행받게 된다. 반대로 부모가 자식을 간병하다가 살해한다면 집행유예가 가능하다. 이러한 차별적 판결은 간병살인의 특수성을 제대로 반영하지 못한 결과이다. 간병살인의 영역에서 존속살인죄의 가중처벌은 형평에 어긋나거나 가혹한 결과를 초래할 수 있다.

존속살인죄의 폐지에 더하여, 간병살인죄라는 감경적 구성요건의 신설을 생각해 볼 수도 있다. 앞에서 논한 바와 같이 간병생활의 어려움에서 비롯된 동기 내지 경향이 간병살인의 구성요건에 포함되어야 한다. 이에 관하여 참고할 만한 조문으로는 신분관계로 인하여 형이 감경되는,[56] 살인죄의 감경적 구성요건인 (구)형법 제251

55) 김영태, 형법주해[Ⅷ], 박영사, 2023, 168면.
56) 김영태, 앞의 책, 187면.

조[57)][58)]가 있다. 현행 영아살해죄는 "치욕을 은폐하기 위하거나 양육할 수 없음을 예상하거나 특히 참작할 만한 동기"라는 특별한 주관적 구성요건을 요하고 있었다. 간병살인죄도 형식적으로는 이를 참고하여 문구를 정하면 될 것으로 보인다.

다음으로 법정형에 관하여 본다. 간병살인은 '궁핍, 간병인의 건강악화, 간병인의 정서적 무기력, 기타 더 이상 간병을 하기 어려운 사정'이라는 특수한 동기로 살인을 하는 행위이므로 (구)형법 제251조의 영아살해죄와 비슷한 구조를 띤다.[59)] 간병살인 범죄의 상당수는 우발적으로 발생하지만, 이 상황을 (구)영하살해죄가 상정하는 상황처럼 분만 중 분만 직후라는 당혹스러운 상황과 동치시킬 수는 없다. 간병살인은 (구)영아살해죄에 비하면 당혹이나 경악의 정도가 약하다. 그러므로 간병살인죄를 입론한다 할 때 그 법정형은 (구)영아살해죄보다는 높아야 한다. 또한, 간병살인 중 피해자의 의사에 반하거나 그 의사에 의하지 않는 행위는 조력자살범죄보다 불법이 크다고 보아야 한다. 조력자살 범죄(형법 제252조)는 피해자가 생명의 박탈에 대해 동의한 경우이므로, 피해자의 의사에 반하여 행해질 수도 있는 간병살인죄보다 불법이 약하기 때문이다. 그러므로 간병살인죄는 현행 조력자살 범죄들보다 법정형이 높아야 한다.

간병살인죄는 가해자의 특수한 범행동기가 가해자에 대한 비난을 줄여 주기 때문에 그러한 특수 범행동기가 없는 일반살인죄보다 법정형이 가벼워야 한다. 그리고 형사정책적으로 보아 간병살인죄라는 새로운 구성요건을 창설하는 근본 이유는, 가해자를 형사처벌하는 것이 불가피하다 하더라도 정상참작에 의한 작량감경을 한 뒤에 집행유예 판결을 할 수 있도록 함에 있다. 따라서 간병살인죄의 하한선은 징역 6년(작량감경하여 징역 3년)을 초과하여서는 안 된다.

이러한 점을 종합할 때, 간병살인죄의 법정형 하한은 1년(조력자살 범죄들의 법정형 하한)으로 하고, 무기징역, 사형, 벌금형 이하의 형은 법정형에서 배제하는 것이 타당하다. 즉 간병살인죄에 대한 처벌은 1년 이상의 유기징역형으로 정하는 것이 합리적이다.[60)] 이로써 간병살인은 일반살인죄의 감경적 구성요건이 된다. 일반적인 살인을 저지른 범인이 형을 감경받기 위해 자신의 행위가 간병살인에 해당한다는 주장을 남

---

57) 동조는 2024. 2. 9. 시행된 법률 제19582호로 폐지되었다.

58) 영아살해죄가 폐지된 주된 이유는 이 죄가 직계존속의 명예와 체면이 영아의 생명보다 중하다는 구시대적 사상에서 비롯된 것이라는 점이 크게 작용한 것으로 보인다(김영태, 앞의 책, 188면).

59) 김상용a, 앞의 논문, 69쪽.

60) 김상용b, "간병살인의 법제도적 개선 및 사회적 대응방안: 일본의 판례분석을 중심으로", 동국대학교 법학과 박사학위논문, 2020, 112쪽.

용할 수도 있겠지만, 살인죄를 부정하고 조력자살죄를 인정하는 것에 보수적인 태도를 보이는 판례의 입장을 대입해 본다면 위와 같이 부당하게 형을 감경받는 사례가 많지는 않으리라 사료된다.

마지막으로, 형법 제252조를 전면적으로 폐지하는 것도 검토의 여지가 있다. 간병살인 중에는 간병인이 피간병인의 동의나 부탁을 받고 피간병인을 살해하는 사례가 많다. 형법 제252조를 폐지한다면 간병인이 피간병인의 자살을 돕거나 피간병인의 부탁을 받고 그를 살해하는 행위를 벌할 수 없게 된다. 이 입법론은 상당히 급진적인 것으로 보이지만 논리적인 문제는 없다. 오히려 조력자살범죄를 처벌하는 것이 생명의 본질에 반하는 것이고 논리적으로 해명하기 어렵다는 점은 전술한 바와 같다. 형법 제252조 폐지와 관련된 진정한 문제는 이 부분보다는 국가적·사회적인 합의와 국민 법감정의 수용 문제일 것이다. 그러나 세계적으로 존엄사 혹은 스스로 죽음을 선택할 권리[61]가 진지하게 논의되는 요즘, 형법 제252조의 폐지도 논의 자체는 가능하다고 사료된다.

3. 정책론

가족주의와 가부장주의가 강한 한국 사회에서는 중증질환자를 가장이나 가족이 온전히 책임지려는 경향이 있다.[62] 이로 인해 가족 중에 중증질환자가 있다면 가족 전체가 정신적·경제적으로 큰 고통을 겪게 된다. 간병기간이 계속된다면 환자의 가족이 겪는 어려움은 점점 가중되며 이것이 간병관련 범죄의 주된 원인이 된다. 고령자가 급증할 수밖에 없는 한국의 사회구조상 노화에 의한 중증질환자도 크게 늘어날 것이고, 따라서 간병살인을 비롯한 간병범죄는 증가할 것으로 예상된다.[63] 이를 방지하기 위해서는 국가와 사회의 개입이 불가피하다.

간병관계에서는 피간병인과 간병인이 모두 극심한 고통에 놓여 있게 된다. 통상 피간병인의 어려움 –거동을 못하고, 큰 고통에 시달리는– 은 가시적이기 때문에 관심의 대상이 되기 쉽다. 반면 간병인의 어려움은 상대적으로 이차적인 고려대상이

61) 스위스에서 스스로 죽음을 선택한 사람에 대한 관찰기록으로 신아연, 스위스 안락사 현장에 다녀왔습니다, 책과나무, 2022 참조. 특히 90–98쪽 참조.

62) 이철호, “고령화 사회와 간병범죄”, 한국민간경비학회보 제15권 제1호, 한국민간경비학회, 2016, 120쪽.

63) 이철호, 앞의 논문, 120쪽.

다. 그러나 간병현실을 논할 때 피간병인에 대한 지원에만 초점을 맞추면 그 반대급부로 간병인의 권리나 지위, 안전이 떨어질 위험이 있다. 예컨대 피간병인을 위하여 응급보호사에게 24시간 출동대기 상태로 있으라는 것은 간병인에게 매우 불리한 정책이라 할 것이다. 그러므로 간병에 대한 지원을 '피간병인에 대한 지원', '간병인에 대한 지원'으로 나누기보다는 간병행위 전체를 하나로 묶어서 종합적 대책을 마련해야 할 것이다. 특히 간병살인이라는 극단적 결과를 막으려면 간병인에 대한 정서적 지원과 사회적 지지가 반드시 필요하다. 간병살인의 특성상 피간병인이 아닌 간병인의 결심이 범죄 성립에 결정적인 기제가 되기 때문이다. 말기암환자의 간병인에 대한 연구에 의하면 전체 연구 대상자의 과반인 57.7%가 우울증이 있는 것으로 파악되고 있다.[64] 또한, 간병인의 정서적 소진에 가장 큰 영향을 미치는 것은 감정노동과 직무스트레스인 것으로 보고되었다.[65] 간병에 대한 스트레스를 낮출 수 있다면 간병살인 범죄 발생을 낮출 수 있을 것이다.

전체적인 업무부담을 줄이기 위해서 직업 간병인을 국가나 지방자치단체에서 다수 선발하여 간병 수요가 있는 곳에 투입하는 것이 바람직하다. 다만 현재 24시간 근로 기준 간병요금이 10만원을 넘는 것으로 조사되었는데,[66][67] 피간병인이 24시간 관찰이 필요한 중증질환자라면 해당 환자 1인당 지출액이 매우 커질 수 있다. 한편, 다수의 중증질환자는 국가나 지방자치단체 직영의 간병시설 입소를 선호하는데, 수요에 비해 공급이 크게 부족한 것으로 조사되고 있다.[68] 이러한 문제들을 해소하려면 예산의 확보와 집행이 필수적이다.

많은 예산을 단기간에 확보하기가 어렵다면 차선책으로 간병관계가 있는 가구를 사전에 파악해 둔 다음, 담당공무원들이 유선으로 애로사항을 청취하거나 주기적으로 현장조사를 하도록 하는 것이 바람직하다.[69] 전문가는 레스핏(respite) 제도의 도입을

64) 한경희/정진규/오선근/김종성/김성수/김삼용, "말기암환자 가족간병인의 우울수준", 가정의학회지 제26권 제12호, 대한가정의학회, 2005, 755-756쪽.

65) 한종숙/한혜지, "노인요양병원 간병인의 소진에 대한 영향요인", 가정간호학회지 제24권 제1호, 한국가정간호학회, 2017, 84면.

66) 임창민, "간병인 중개서비스 이용 실태조사 -개인 간병인 이용서비스를 중심으로-", 한국소비자원, 2022, 24-25쪽.

67) 언뜻 보면 상당한 고임금이지만, '24시간' 동안의 노동에 대한 대가라는 점을 참작하면 매우 적은 임금이다. 고용된 간병인들은 최저임금 수준의 대우를 받으면서도 강한 노동 강도에 시달리고 있다(최성민, "노인 간병과 서사적 상상력", 비교한국학 제29권 제2호, 국제비교한국학회, 2021, 77쪽).

68) 유영규 외, 앞의 책, 180-181면.

69) 김상용a, 앞의 논문, 67쪽.

제안하고 있다.[70] 레스핏은 가족 간병인들이 간병에서 잠시 벗어나 휴식을 취할 수 있도록 단기적으로나마 피간병인을 전문시설에 보내거나 간병인을 투입하는 제도이다.[71] 간병인이 짧은 시간이나마 간병으로부터 벗어나 몸과 마음을 추스릴 수 있게 함으로써 간병이 극단적 행동으로 이어지는 것을 방지할 수 있다. 우리 남녀고용평등과 일·가정 양립 지원에 관한 법률 제22조의2는 근로자의 가족 돌봄을 지원하기 위하여 연간 최장 10일(위 법 제22조의2 제4항 제2호)의 가족돌봄휴가를 쓸 수 있도록 하고 있다. 그런데 이 휴가는 간병을 위해서 쓸 수는 있지만, 오랜 간병생활로부터 잠시 벗어나 여행이나 등산 등 외부활동을 위해서 쓰기는 어렵다는 점에서 레스핏 제도와는 다소 차이가 있다.

간병이 길어질수록 간병인과 피간병인 모두 정신적·심리적으로 지치게 되고 일상생활에서 성격이 날카로와져 있을 가능성이 높다. 이 상태에서는 작은 다툼이 순식간에 살해행위로 이어질 수 있다. 앞서 보았듯이 간병살인의 동기 중 상당수(순간적 분노, 장기 간병 스트레스, 신변비관 등)가 심리적인 불안과 직접적 연관을 지닌다. 그러므로 설령 국가가 피간병인 전부를 책임질 수 없다고 하더라도, 최소한 이들의 심리적인 문제를 관리해주는 인력은 공급해 주어야 한다. 우리와 같이 고령화와 그로 인한 범죄가 심각한 일본에서도 간병당사자의 정신건강을 지키기 위해 정신장애에 대응하는 지역포괄 케어시스템을 구축하여 지역주민 누구라도 우울증 등 관련 증상이 있으면 조기치료를 받을 수 있도록 하고 있다.[72] 현실적으로 국가가 모든 국민의 간병수요를 충족시켜줄 수 없다면, 적어도 간병인과 피간병인에게 정서적 안정만이라도 제공할 수 있어야 할 것이다. 감정의 어긋남이야말로 간병살인의 직접적 기제이기 때문이다.

---

70) 유영규 외, 앞의 책, 218면.
71) 박숙완, 앞의 논문, 152쪽.
72) 정임수·최응렬, “일본의 노인학대 실태와 대책”, 한국경찰연구 제21권 제1호, 한국경찰연구학회, 2022, 198쪽.

Ⅵ. 결어

이미 우리 주위에서 간병살인은 그리 어렵지 않게 발견할 수 있다. 언론에 노출된 사례 이외에도 훨씬 많은 간병살인이 일어났을 것이다. 우리나라는 세계적으로 유례 없는 급격한 인구감소와 노인층 인구비율 증가의 운명 앞에 서 있다. 노인층의 비율이 높아지므로 간병의 수요도 크게 늘어날 것이다. 간병이 많이 이루어지면 간병범죄의 발생빈도도 점점 늘어날 수밖에 없다. 피간병인을 죽이고 자신도 자살하는 경우, 동반자살하는 경우, 피간병인이 간병인에게 자신을 죽여 달라고 부탁하는 경우 등이 이에 해당한다.

간병살인은 일반적 살인범죄와 달리 살인범에게서 흉악·패륜성을 찾기 어려운 경우가 많다. 간병은 워낙 힘든 일이고 기약 없이 이어지기 때문에, 자신의 삶 전체를 간병에 바치던 간병인이 정신적·신체적·경제적 궁지에 몰려 최후의 탈출 수단으로 피간병인을 살해하는 모습은 충분히 인간적인 이해가 가능하기 때문이다.

형법의 적용을 놓고 볼 때, 간병살인은 살인죄, 영아살해죄, 유기치사죄, 촉탁·승낙에 의한 살인죄, 자살교사·방조죄 등에 해당할 것이다. 간병살인이라는 이유만으로 위 구성요건들이 간병인에게 적용되지 않는다고 말할 수는 없다. 다만 실무상 간병살인 범죄에 대해서는 일반살인 범죄보다 낮은 형이 선고되는 것으로 보인다. 이는 간병살인의 현실을 고려한 너그러운 처사라 할 수 있다.

앞으로 크게 늘어날 간병살인에 대비하기 위해서는 간병 및 간병살인의 개념을 법률로서 명확히 정하는 것이 필요하다. 그리고 일반살인보다 법정형이 낮은 간병살인이라는 구성요건을 새로 만드는 것도 고려할 만 하다. 정책적으로는 간병인과 피간병인을 모두 지원하는 레스핏 제도 도입, 심리상담서비스 지원, 간병에 대한 금전적 지원, 실력있는 간병인의 육성 등이 지속적으로 이루어져야 한다.

간행위원회 명단

이용식교수 고희기념논문집 간행위원회

위원장　장 성 원 (세명대학교 법학과 교수)
위　원　김 봉 수 (전남대학교 법학전문대학원 교수)
김 상 오 (김 · 장 법률사무소 변호사)
김 정 현 (서울대학교 법무팀장/변호사)
김 태 훈 (판사)
류 부 곤 (경찰대학 법학과 교수)
서 효 원 (법무부 행정소송과장/부장검사)
안 정 빈 (경남대학교 법학과 교수)
우 인 성 (서울중앙지방법원 부장판사)
윤 영 석 (변호사)
이 순 욱 (전남대학교 법학전문대학원 교수)

이용식교수 고희기념논문집

초판발행 2025년 1월 24일

지은이 이용식교수 고희기념논문집 간행위원회
펴낸이 안종만 · 안상준

편 집 이수연
기획/마케팅 조성호
표지디자인 BEN STORY
제 작 고철민 · 김원표

펴낸곳 (주) 박영사
서울특별시 금천구 가산디지털2로 53, 210호(가산동, 한라시그마밸리)
등록 1959. 3. 11. 제300-1959-1호(倫)
전 화 02)733-6771
f a x 02)736-4818
e-mail pys@pybook.co.kr
homepage www.pybook.co.kr
ISBN 979-11-303-4889-6 93360

정 가 49,000원